KB013387

영애승람역주瀛涯勝覽譯注

Annotations and Translations of Yingya Shenglan

【상】

영애승람역주瀛涯勝覽譯注【上】

Annotations and Translations of Yingya Shenglan

—

1판 1쇄 인쇄 2023년 3월 10일

1판 1쇄 발행 2023년 3월 22일

—

저 자 | 마 환

교주자 | 풍승균

역주자 | 박세욱

발행인 | 이방원

발행처 | 세창출판사

신고번호 제1990-000013호

주소 03736 서울시 서대문구 경기대로 58 경기빌딩 602호

전화 02-723-8660 팩스 02-720-4579

이메일 edit@sechangpub.co.kr 홈페이지 www.sechangpub.co.kr

블로그 blog.naver.com/scpc1992 페이스북 fb.me/Sechangofficial 인스타그램 @sechang_official

—

ISBN 979-11-6684-174-3 94910

979-11-6684-173-6 (세트)

—

이 역주서는 2019년 대한민국 교육부와 한국연구재단의 지원을 받아 수행된 연구임.

(NRF-2019S1A5A7068721)

—

이 책은 한국연구재단의 지원으로 세창출판사가 출판, 유통합니다.

영애승람역주瀛涯勝覽譯注

Annotations and Translations of Yingya Shenglan

【上】

마환 저

풍승균 교주

박세욱 역주

세창출판사

Sebastian Münster(1489~1552), 『Cosmographiae Universalis』, 바젤, 1572. 「인도의 경계(India Extrema)」, 31×

Hyperboreus
Balor regio
TANGVT
INDIA
superior
Oechardes fl.
CATHAY
Quinsai
SERICA
regio
MANGI
Issedon
Cyamba
Marcotta
Rhanda
Ambastæ
Archipelagus
7448 insularũ
Chientij
Sindi
Regio aurea
Malaqua
Porne
Gilolo
Vel
Siloi
Iaua minor
Moluca
Insulæ pdonũ
Iaua maior
Timos

일러두기

- 풍승균 씨의 교주본은 1935년 대만상무인서관에서 처음으로 간행되었다. 이 초판본은 펠리오 씨가 『통보』, 1936년, 32쪽과 210쪽에서 밝히고 있는 것처럼, 19+2+2+2+2+72+2로 구성된 책으로, 이후 중화서국(1955년)과 대만상무인서관(1960년)에서 원본을 영인하여 다시 출간했다. 본역주에는 초판본을 확보하지 못하여, 1960년 대만상무인서관본이 가장 인쇄상태가 분명하므로 이를 저본으로 삼았다.
- 풍승균 씨의 교주는 본문에, 역자의 주석은 각주로 명확하게 구분하였다. 원주는 【 】로 표기하였고, 짧고 단순한 주석은 본문에 곧바로 '밑줄'로 표기하였다. 원문의 밑줄은 지명, 인명, 연호, 서명에 한정하여 표기하였다.
- 풍승균 씨가 원문을 교감하면서 괄호 안에 알파벳으로 표기한 고유 명사들은 역자주에서 다루었다.
- 『국조전고』의 판본은 주당면(朱當㴐)의 필사본이 있고 등사룡(鄧士龍)의 간행본이 있다. 등사룡의 명간본은 허대령(許大齡)과 왕천유(王天有)가 표점하고 교감하여, 1993년 북경대학출판사에서 3권으로 간행되었다. 이 교정본은 주당면의 필사본을 저본으로 간행한 것이 등사룡의 간본이므로 이를 『국조전고』본의 저본으로 삼는다.
- 이본들의 전체적 의미가 같은 경우 각 글자의 출입에 대해서는 일일이 교감하지 못했다.

- 독자의 이해와 가독성을 돕기 위해, 나라마다 해제를 붙였고, 맨 뒤에는 역자가 교정한 원문과 번역문을 붙였다. 역자가 교정한 부분은 굵은 글씨로 표시했다.

- 자주 인용되는 문헌 약칭

I. 교감에 활용된 판본

『삼보정이집』: 『三寶征彝集』, 중국국가도서관 소장본.

『국조전고』: 1. 鄧士龍 輯, 許大齡 · 王天有 點校, 『國朝典故』(3책), 북경대학출판사, 1993.

2. 朱當㴐 編, 『國朝典故』(필사본), 중국국가도서관 소장본.

『설집』: 佚名 編, 『說集』, 중국과학원 도서관 소장본.

『설집(說集)』은 편집자가 알려지지 않은 총서이다. 4함(函), 20책(冊)으로 구성되어 있고, 고대에서 명나라 시기까지 60종의 서적을 필사하여 전하고 있다. 『영애승람』은 제2함, 산(山)부에 수록되어 있다. 현재 중국과학원 도서관에 소장되어 있는 유일본이다. 이 판본은 역자가 원본을 직접 확인하지 못하고, 만명 씨가 『명초본영애승람교주』의 부록에 옮겨 놓은 것을 참고하였다.

『기록휘편』: 『紀錄彙編』(叢書集成初編), 중화서국, 1985, 영인본.

『담생당』: 祁承爜淡生堂鈔本. 『淡生堂鈔本瀛涯勝覽』, 해협출판 · 복건인민출판사, 2016.

『영애승람교주』: 馮承鈞 校注, 『瀛涯勝覽校注』, 중화서국중인, 1955(1933년 초판).

『명초본영애승람교주』: 萬明, 『明鈔本《瀛涯勝覽》校注』, 해양출판사, 2005.

II. 학술저널

『통보』: T'oung Pao

『JA』: Journal Asiatique

『BEFEO』: Bulletin de l'École française d'Extrême-Orient

『차이나리뷰』: China Reviews

『AQR』: Asiatic Quarterly Review

『JRAS』: The Journal of the Royal Asiatic Society of Great Britain and Ireland

『JChBRAS』: Journal of the China Branch of the Royal Asiatic Society

『JMBRAS』: Journal of the Malayan Branch Royal Asiatic Society

『JGIS』: Journal of the Greater India Society

『TBG』: Tijdschrift v. Indische Taal-, Land- en Volkenkunde van het Bat. Gen.

III. 주요 참고문헌 약칭

서 명	활용한 판본
『유양잡조』	段成式 著, 方南生 點校, 『酉陽雜俎』, 中華書局, 1981.
『대당서역기』	玄奘 著, 季羨林 等校注, 『大唐西域記校注』, 中華書局, 2000.
『남해기귀내법전』	義淨 著, 王邦維 校注, 『南海寄歸內法傳校注』, 中華書局, 1995.
『대당서역구법고승전』	義淨 著, 王邦維 校注, 『大唐西域求法高僧傳校注』, 中華書局, 1988.
『통전』	杜佑 著, 『通典』, 中華書局, 1988.
『만서』	樊綽 著, 向達 校注, 『蠻書校注』, 中華書局, 1962.
『문헌통고』	馬端臨 著, 『文獻通考』(點校本), 中華書局, 2011.
『계해우형지』	范成大 著, 嚴沛 校注, 『桂海虞衡志校注』, 廣西人民出版社, 1986.
『영외대답』	周去非 著, 楊武泉 校注, 『嶺外代答校注』, 中華書局, 1999.
『제번지교주』	趙汝适 著, 馮承鈞 校注, 『諸蕃志校注』, 商務印書館, 1940.
『제번지교석』	趙汝适 著, 楊博文 校釋, 『諸蕃志校釋』, 『中華書局』, 1996.
『진랍풍토기교주』	周達觀 著, 夏鼐 校注, 『眞臘風土記校注』, 中華書局, 2000.
『도이지략교주』	汪大淵 著, 藤田豊八 校注, 『島夷誌略校注』, 文殿閣書莊, 1936. 역주본, 『바다와 문명: 도이지략역주』, 2022, 영남대학교출판부.
『도이지략교석』	汪大淵 著, 蘇繼廎 校釋, 『島夷志略校釋』, 中華書局, 1981.
『마환』	J.J.L. Duyvendak, 『Ma Huan Re-examined』, Amsterdam, Noord-

	Hollandsche uitgeversmaatschappij, 1933.
『영애승람역주』	J.V.G. Mills, Ying-Yai Sheng-Lan 'The Overall Survey Of The Ocean's Shores', Cambridge, Published for the Hakluyt Society, at the University Press. 1970.
『명초본영애승람교주』	馬歡 著, 萬明 校注, 『明鈔本瀛涯勝覽校注』, 海軍出版社, 2005.
『성사승람교주』	費信 著, 馮承鈞 校注, 『星槎勝覽校注』, 商務印書館, 1938ǀ1939.
『서양번국지교주』	鞏珍 著, 向達 校注, 『西洋番國志』, 中華書局, 1961ǀ1982.
『서양조공전록교주』	黃省曾 著, 謝方 校注, 『西洋朝貢典錄校注』, 中華書局, 2000.
『동서양고』	張燮 著, 謝方 點校, 『東西洋考』, 中華書局, 2000.
『고대남해지명회석』	陳佳榮, 謝方, 陸峻嶺 著, 『古代南海地名匯釋』, 中華書局, 1986.
『조여괄』	Friedrich Hirth and William Woodville Rockhill, 『CHAU JU-KUA: His Work on the Chinese and Arab Trade in the Twelfth and Thirteenth Centuries, entitled Chi-fan-chi』, St. Peterbourg, Printing Office of Imperial Academy of Sciences, 1911.
「15세기 초 중국의 대항해」	P. Pelliot, 「Les Grands voyages maritimes chinois au début du XVe siècle」, 『통보』, Vol. 30, 1933. 237~452.
「8세기 말 중국에서 인도로 가는 두 갈래 여정」	P. Pelliot, 「Deux itinéraires de Chine en Inde à la fin du VIIIe siècle」, 『BEFEO』, IV(1904), 131~413쪽; 역주본, 영남대학교출판부, 2020.
『프톨레마이오스의 동아시아 지리에 관한 연구』	Colonel G.E. Gerini, 『Researches On Ptolemy's Geography Of Eastern Asia』, London, 1909.
『말레이반도와 말라카에 관한 주석』	W.P. Groeneveldt, 『Notes on the Malay Archipelago and Malacca』, Batavia, The Hague, 1876.
「14세기 중국과 인도양 연안, 동부 열도와의 무역 관계에 관한 주석」	W. W. Rockhill, 「Notes on the relations and trade of China with the eastern archipelago and the coasts of the Indian Ocean during the fourteenth century」: Part I, 『통보(通報)』, 15-3(1914), 419-447; Part II-1, 『통보(通報)』, 16-1(1915) pp. 61-159; Part II-2, 『통보(通報)』, 16-2(1915), 236-271; Part II-3, 『통보(通報)』, 16-1, 374-392; Part II-4, 『통보(通報)』, 16-1, 435-467; Part II-5, 『통보(通報)』, 16-1, 604-626.
『중국과 이란』	Berthold Laufer, 『Sino-Iranica』, Chicago, 1919.
『영국-인도 용어사전』	H. Yule & A.C. Burnell, 『Hobson-Jobson: A Glossary of Colloquial Anglo-Indian Words and Phrases, and of Kindred Terms, Etymological, Historical, Geographical and Discursive』, London, 1903.

무게와 길이 단위: 진(秦)~청(淸)

* Endymion Wilkinson, 『Chinese History A Manual』(2000), 237쪽의 도표를 중심으로 정리하였음.

	단위	상응하는 값
길이	분(分)	10리(厘); 0.3㎝
	촌(寸)	10분(分)
	척(尺)	10촌(寸). 청나라 시기 1척=31.75㎝
	장(丈)	10척
	인(引)	10장
용량	초(抄)	10촬(撮)
	작(勺)	10초(抄)
	홉(合)	10작(勺); 2약(龠)
	승(升)	10홉(合)
	두(斗)	10승
	부(釜)	4두(斗)[명나라 이후에는 사용되지 않음]
	곡(斛)	10두[남송 이후 5두]
	석(石)	10두[북송 이후]; 2곡(斛)[남송 이후]
무게	전(錢)	1/10냥
	수(銖)	621년 전(錢)으로 대체됨
	냥(兩)	24수(銖); 4치(錙); 621년부터 1냥=10전(錢)
	근(斤)	16냥
	균(鈞)	30근[명나라 이후에는 사용되지 않음]
	석(石)	4균=120근
면적·거리	보(步)	진-당: 6척 당-청: 5~6척. 청나라 시기 1보=5척=1.5875m
	무(畝)	1/6에이커; 사방 240보
	경(頃)	100무(畝)
	리(里)	송나라 시기부터 공식적으로 360보=536m[원나라 시기에만 예외적으로 240보]
	경(更)	물길로 60리 정도
	정(程)	육로로 30리 남짓

영애승람역주(上) 목차

영애승람역주 총 목차

『명사』「정화전(鄭和傳)」[1]을 참고해 보면, 영락(永樂, 1403~1424), 선덕(宣德, 1426~1435) 연간에 정화 등이 서양(西洋)에 사신으로 갈 때, 사졸(士卒) 2만 7천여 명을 거느리고 많은 황금과 비단을 가지고 감에 큰 배 수십 척을 건조했다(정화 본전에 따르면 제1차에는 모두 62척이 있었고, 『성사승람(星槎勝覽)』에 따르면, 2차에는 모두 48척이 있었다). 소주(蘇州) 유가항(劉家港)에서 바다로 나가 복건(福建)에 이르렀고, 다시 복건의 오호문(五虎門)에서 돛을 올려 먼저 참파[占城]

1 15세기 초 중국의 항해를 이끈 정화(鄭和)의 행적에 관하여 생몰연대조차도 확정할 수 없을 정도로 정보가 빈약하다. 정난지변(靖難之變, 1399년)을 통해 영락제(永樂帝, 1360~1424)가 즉위하면서, 혜제(惠帝, 1398~1402년 재위)의 종적을 추적하고, 이역에 군대의 힘을 빛내 중국의 부강함을 과시하려는 의도를 충족시켜 줄 사람이 바로 측근이었던 환관 정화였다. 정화에 관한 정사의 기록은 『명사』, 권304, 「정화전」(중화서국, 7766~7769쪽)인데, "정화는 운남 사람으로 세간에서 '삼보태감(三保太監)'이라고 하는 자이다. 처음에는 번저(藩邸, 왕위에 오르기 전 거처하는 곳)에서 연왕(燕王)을 섬기다가 이후 거병할 때 공이 있어 여러 차례 태감으로 발탁되었다." 이후 정화는 영락 3년(1405)부터 선덕 5년(1530)까지 7차에 걸친 바다 원정을 수행하며, 17(또는 20)개국을 편력했다는 것이 정사에서 확인할 수 있는 정보들이다. 한편, 당시 예부 상서를 지낸 이지강(李至剛, 1428년 죽음)이 영락 3년에 정화의 부친을 위해 쓴 「고 마공 묘지명(故馬公墓誌銘)」에 따르면, 정화의 원래 성씨는 마씨(馬氏)이고 부친 마합지(馬哈只)와 모친 온씨(溫氏) 사이에 2남 4녀의 둘째 아들로 태어났다. 부친의 자(字)인 '합지'는 순례자를 의미하는 [하지 حجی]를 음역한 것으로 볼 때 이슬람교도였다고 추정된다. 『정화하서양자료휘편(鄭和下西洋資料彙編)』(상책, 99~139쪽)에 실린 정화의 「연보(年譜)」에 따르면, 부친이 죽기 1년 전[1381년], 운남이 명군(明軍)에 점령됨에 따라 10대 초반부터 당시 주장이었던 부우덕(傅友德, 1327~1394)의 포로로 생활하는 과정에서 환관이 되었다. 이후 부우덕을 따라 북경으로 이동했고, 태조의 7차 북벌(1390)을 계기로 연왕(燕王, 영락제)의 측근으로 발탁되었다. 이후 정난지변(靖難之變, 1399~1402)과정에서 연왕을 따라 공을 세워 영락 2년(1404년), '정(鄭)'이라는 성씨를 하사받았고, 내관감태감(內官監太監)으로 발탁되었다. 이때 정화의 나이는 34세였다. 정화의 행적에 관한 많은 연구가 쏟아지고 있지만, 생몰연대, 원정한 나라들, 항로, 보선(寶船) 등등의 문제들은 여전히 해결되지 않고 있다. 이러한 문제 해결에 토대가 되는 자료가 바로 『성사승람』, 『영애승람』, 『서양번국지』일 것이다.

에 이르렀으며, 다음으로 여러 외국[番國]을 편력했다. 영락 3년(1405) 처음 항해를 시작하여 선덕 8년(1433) 도읍으로 돌아오는 28년간 앞뒤로 7차례 사신으로 나아가 반역한 왕을 세 사람이나 사로잡으며 30여 개국을 편력했다. 정화 이후에 바다에 사신으로 가는 자들은 정화가 바다 밖의 외국에 국위를 선양했다고 칭송하지 않는 자가 없었다. 그러므로 세간에서는 삼보태감(三保太監)이 서양에 간 것을 명나라 초기의 성대한 일로 말한다. 또 정화가 통솔한 대함대가 인도양을 종횡할 때를 생각해 보면, 아직도 서방의 대항해가 바스쿠 다 가마(Vasco da Gama, 1460~1524) 콜럼버스(Christopher Columbus, 1450~1506)의 항해보다 수십 년 이전이므로 중국인의 이러한 미증유의 항해 사업은 동서 교통에 있어서 일대 사건이다. 지금까지 서방의 역사서에서 항해한 사람들을 기술하면서 정화를 언급하지 않았고, 삼보태감이 서양으로 간 일은 옛날 중국의 작은 골목에서 평화(平話)[2]로 연출한 것이 있었지만, 지금은 거의 자취를 감추어 빛을 보지 못하고 있으니 어찌 이러한 옛일을 다시 꺼내지 않을 수 있겠는가.

정화가 명을 받아 바다로 나갔을 때 수행한 사신 중에는 회계(會稽) 출신인 마환(馬歡),[3] 태창(太倉) 출신 비신(費信),[4] 응천(應天) 사람 공진(鞏珍)[5]이 있

2 평화(平話)란 '평화(評話)'라고도 하는 일종의 민간의 구전문학으로, 송나라 시기에 성행하여 주로 역사 고사를 중심내용으로 한다. 이러한 양식은 명나라, 청나라 시기 장편소설[장회소설]로 발전했다. 여기 풍승균 씨가 말한 삼보태감의 평화는 바로, 명나라 만력(萬曆, 1573~1620) 시기의 작자로 알려진 나무등(羅懋登)이 지은 『삼보태감서양기통속연의(三寶太監西洋記通俗演義)』로, 모두 100회로 구성되어 있으며, 만력 26년(1598)에 간행되었다. 이 소설은 『삼보태감 서양기 통속연의』(홍상훈 역, 2021)라는 서명으로 번역 출간되었다.

3 『영애승람』의 저자로 알려진 마환(馬歡), 또는 마관(馬觀)의 행적을 추적할 수 있는 믿을 만한 자료는 매우 적어 마환 자신이 남긴 기록에 의존할 수밖에 없다. 마환이 1416년에 쓴 『영애승람』의 자서(自序)에 따르면, 그는 절강성 회계(會稽, 현 샤오싱) 사람이고, 영락 11년(1413) 통역관으로 따라간 것을 확인할 수 있다. 또, 1444년 마경(馬敬)이란 사람이 쓴 서문에서 마환의 자(字)가 종도(宗道)였다는 정보만 확인된다. 마환에 관한 자세한 설명은 부록을 참고하시오.

4 『성사승람』은 비신(費信)이 네 차례 정화(鄭和)의 사신행을 수행하고 그 견문과 전하는 정보를 기록한

책이다. 비신은 자신의 책 앞에 네 차례의 수행한 내용을 기록하고 있는데, 1차는 영락 7년(1409)에서 9년(1411), 2차는 영락 10년(1412)에서 14년(1416), 3차는 영락 13년(1415)에서 이듬해 14년(1416), 마지막 4차는 선덕(宣德) 6년(1431)에서 8년(1433)에 이루어졌다. 비신(費信)의 사적에 관하여 알 수 있는 자료는 거의 없다. 단지 자신의 기행록인 『성사승람』에 써 놓은 자서(自序)가 고작이다. 이 서문에 따르면, 비신의 선조는 오군(吳郡)의 곤산(崑山, 소주(蘇州)의 속현) 사람으로, 집이 가난하여 독학했다고 한다. 자신의 형이 홍무(洪武) 31년(1398) 태창(太倉) 위(衛)를 지낸 지 얼마 되지 않아 요절하여, 14세부터 형을 대신하여 군대의 일을 맡았다고 한다. 비신의 형이 1398년에 죽었다면, 당시 14세였으므로, 1385년에 태어났을 것이다. 비신은 다시 22세가 되었을 때부터, 영락(永樂, 1403~1424)과 선덕(宣德, 1426~1435) 연간에 선발되어 4차례 서양에 따라 나갔다고 하였다. 이어서 비신은 자신이 서양에 나간 4차례를 기록해 두었는데, 첫 번째는 영락 7년(1409)에 떠나 2년 뒤인 영락 9년(1411)에 돌아왔다고 하였다. 그러므로 비신은 1388년에 태어났다. 자신이 기록한 책에 대하여 "정사 태감 정화 등과 해외 여러 나라에 이르러 여러 나라 사람들의 풍토와 산물을 두루 살펴 두 책으로 모아 『성사승람』이라 하였다. 전집은 직접 목격하며 이른 곳이고, 후집은 전하여 번역해 준 것 중에서 사실들만 채집한 것이다(正使太監鄭和等至諸海外, 歷覽諸番人物風土所產, 集成二帙, 曰星槎勝覽. 前集者親監目識之所至也, 後集者採輯傳譯之所實也)"라고 설명했다. 마지막에는 "정통(正統) 원년(1436) 용의 해, 병진년 봄 정월 초하루에, 옥봉(玉峯, 태창(太倉) 경내에 있음) 송암(松岩) 유생 비신 공효 삼가 서문을 씀(正統元年龍集丙辰春正月朔日玉峯松岩生費信公曉謹序)"이라고 하였다. 여기의 공효(公曉)는 『곤신양현속수합지(崑新兩縣續修合志)』, 권30에 실린 비신의 전기에 따르면, 바로 비신의 자(字)이다. 이상이 비신의 사적과 관련하여 알 수 있는 정보 전부이다.

5 공진(鞏珍)은 명나라 선덕(宣德, 1425~1435) 연간 정화 등의 사신행을 수행하고, 기록을 남겼는데 그의 사적에 대한 자료 또한 매우 한정적이다. 공진이 남긴 『서양번국지』에 관하여 가장 이른 언급이면서 유용한 자료는 전증(錢曾, 1629~1701)의 『독서민구기(讀書敏求記)』 권2에 실린 해제일 것이다. 전증은 "영락(永樂 1403~1424) 초에 칙령으로 중원 밖의 중신(重臣)들을 보내 서해(西海)의 여러 나라를 돌아다니게 했다. 선종(宣宗, 선덕제, 1425~1435 재위)이 왕위를 이어 다시 정사 태감 정화(鄭和), 왕경홍(王景弘) 등에게 해외로 나가 여러 나라를 두루 타이르게 했다. 당시 금릉(金陵, 남경)의 공진이 총독의 막료로 종사(從事)하여 3년 만에 돌아왔다. 그가 이른 곳은 20여 외국으로, 가는 곳마다 순방한 내용을 빠짐없이 기록했다가 선덕 원년(1434)에 묶어 책으로 만들었다(永樂初, 敕, 遣中外重臣, 循西海諸國, 宣宗嗣位, 復命正使太監鄭和·王景弘等, 往海外, 遍諭諸番. 時金陵鞏珍從事總制之幕, 往還三年. 所至番部二十餘處, 在處詢訪紀錄無遺, 宣德元年編次成集)"라고 하였다. 이후 만들어진 『사고전서총목제요』에도 이 이상의 정보는 보이지 않는다. 원본의 소유를 전혀 알지 못했던 이 책은 천진(天津)의 장서가 주섬(周暹, 1891~1984)이 팽원서(彭元瑞)의 지성도재(知聖道齋) 필사본을 소장하고 있다가 '해방 후' 북경도서관에 기증했는데, 바로 이 판본을 상달(向達) 씨가 교주하여 1961년 중화서국에서 출간함으로써 알려지게 되었다. 이 책에는 공진 자신의 서문이 실려 있는데, 인적 사항에 관한 것은 전혀 언급되지 않았다. 다만 마지막에 남긴 서명에 따르면, "때는 명나라 선덕 9년(1434), 갑인년 맹춘의 달[음력 2월] 초하루에, 양소생(養素生), 금릉(金陵, 남경) 출신 공진이 금대(金臺, 북경)의 객관에 머물며 삼가 씀(時大明宣德九年歲在甲寅孟春之月吉旦, 養素生金陵鞏珍寓金臺之館舍謹誌)"이라고 하였다. 따라서, 공진은 남경 출신으로, '양소생(養素生)'이란 호를 가졌으며, 1431년~1433년에 걸쳐 총독의 종사관으로 서양 20개국을 견문하고 돌아와 1434년 『서양번국지』 1권을 남겼다는 것만 확인된다. 마지막으로 공진이 기술한 내용은 마환의 『영애승람』과 대동소이하다. 그리고 3년 만에 20개국을 돌아다녔다는 사실 또한

었다. 이 세 사람은 귀국하여 그 일들을 기록하여 한 권의 책을 지었는데, 『영애승람(瀛涯勝覽)』, 『성사승람(星槎勝覽)』, 『서양번국지(西洋番國志)』이다. 공진의 『서양번국지』는 단지 『독서민구기(讀書敏求記)』,[6] 『술고당서목(述古堂書目)』,[7] 『사고전서총목제요(四庫全書總目提要)』 등에 서목(書目)만 올라 있을 뿐 원서는 현재 전해지지 않는다. 비신의 『성사승람』은 두 판본이 전해지는데(『천일각(天一閣)』본과 『국조전고(國朝典故)』본), 하나는 4권 본으로 주복준(周復俊, 1496년생)이 삭제하고 나눈 것으로 오늘날 가장 널리 알려진 것이다. 다만 비신의 책은 왕대연(汪大淵, 13세기 초 출생)의 『도이지략(島夷志略)』의 문장을 절반 정도 채록했고, 본인이 기술한 것은 간략하여 마환의 『영애승람』보다 서술한 내용이 상세하지 못하다. 현존하는 『영애승람』은 두 판본이 있는데, 하나는 장승(張昇, 1469년 진사 급제)의 개정본으로 비교적 널리 알려져 있다. 그 각본(刻本) 중에 고증할 수 있는 것은 『장문희공시문집(張文僖公詩文集)』[8]에 딸린 간본(刊本), 『보안당비급(寶顔堂秘笈)』[9]본, 『속설부(續說郛)』[10]본,

납득하기 어렵다. 하나의 판본만 남아 전한다는 점 또한 이 자료에 의문을 품게 한다. 이에 관해서는 별도의 연구가 필요하다.

6 『독서민구기(讀書敏求記)』는 청나라 장서가 전증(錢曾, 1629~1701)이 증조부인 전겸익(錢謙益, 1582~1664)의 장서실이었던 강운루(絳雲樓)가 소실되고 남은 책들을 물려받아 야시원(也是園)과 술고당(述古堂)에 소장하고, 『술고당서목(述古堂書目)』과 『야시원서목』을 만들어 관리했다. 이 중에서 가장 선본 601종을 골라, 송나라 구양수(歐陽修)의 『집고록(集古錄)』을 본받아 4권의 서목으로 편집한 책이다. 『술고당서목』에 비해 훨씬 체계적이다. 1935년 상무인서관에서 간행한 『총서집성초편』본이 잘 알려져 있다.

7 『술고당서목(述古堂書目)』은 청나라 전증(錢曾, 1629~1701)이 자신이 소장하고 있던 도서들의 목록을 기록해 둔 10권의 책이다. 전증의 장서실은 야시원(也是園)과 술고당(述古堂)이 있었는데, 바로 술고당에 소장된 2,089종의 서적을 체계적인 분류 없이 만든 서목이다. 『월아당총서(粤雅堂叢書)』본과 『총서집성초편』본이 있다.

8 『장문희공시문집(張文僖公詩文集)』은 장승(張昇, 1469년 진사급제)의 14권 문집으로, 절강(浙江) 포정사(布政使)였던 그의 아들 장원석(張元錫)이 간행했다. 가정(嘉靖) 원년(1522)에 쓴 서문이 있으며, 문집의 원명은 『백애집(柏崖集)』이었다. 문희(文喜)는 장승의 시호(謚號)이다. 『명사』, 권184에 전기가 전한다. 그의 개정본 『영애승람』은 마지막 권에 수록되어 있다.

9 『보안당비급(寶顔堂秘笈)』의 보안당(寶顔堂)은 명나라 문학자이자 서화가였던 진계유(陳繼儒,

『광백천학해(廣百川學海)』[11]본, 『천하명산승개기(天下名山勝槩記)』[12]본, 『도서집성(圖書集成)』[13]본이 있는데, 장승의 산삭(刪削)이 너무 심해 남아 있는 원문이 거의 없어 보기 어렵다. 현존하는 마환의 원서는 네 본이 있는데, 『기록휘편(紀錄彙編)』[14]본, 『국조전고(國朝典故)』[15]본, 『승조유사(勝朝遺事)』[16]본,

1558~1639)의 서재 이름이다. 당 · 송 · 원 · 명나라의 229종의 서적을 총 48책, 6개의 카테고리[正 · 續 · 廣 · 普 · 彙 · 秘]로 나누어 수록, 간행한 총서이다. 『영애승람』 1권은 휘집(彙集)에 수록되어 있으며, 장승의 개정본이다. 판본으로는 명나라 만력(萬曆, 1573~1620) 수수(繡水) 심씨(沈氏) 상백재(尙白齋)본과 민국 11년(1922) 상해문명서국 석인본(石印本) 등이 있다. 진계유에 관한 자세한 사항은 역자의 『안득장자언』 역주본에 수록된 연보를 참고하시오.

10 『속설부(續說郛)』, 『설부속(說郛續)』이라고도 하는 이 총서는 1610년에 진사에 오른 도정(陶珽)이 도종의(陶宗儀, 1321~1407?)의 『설부』를 증편한 것이다. 모두 46권으로 구성되었고, 명나라 사람들의 『설부(說部)』 527종을 두루 베껴서 보탠 총서로, 원문을 산절(刪節)한 것은 도종의의 경우와 같다. 청나라 주남(周南)과 이제기(李際期, 1655 죽음)가 각각 간행한 2종이 있다. 『영애승람』은 제25권에 1권으로 수록되어 있다.

11 『광백천학해(廣百川學海)』는 명나라 풍가빈(馮可賓, 1622년 진사 급제)이 송나라 좌규(左圭)가 1273년 편집한 『백천학해』를 본받아 편집한 총서로, 총 155권, 132종의 책을 수록하고 있다. 좌규의 총서에, 원 · 명나라 시기의 저술을 보태 천간(天干)에 따라 12책(冊)으로 분류했다. 수록된 책들은 모두 『설부』와 『보안당비급』에 그대로 수록되어 있고, 희귀 도서들은 들어 있지 않아 크게 주목받지 못했다. 명나라 시기 심원당(心遠堂) 간행본이 가장 완전하다고 알려졌으며, 『영애승람』 1권은 신집(辛集)에 수록되어 있고, 장승의 개정본 계열이다.

12 『천하명산승개기(天下名山勝槩記)』는 『명산승개기(名山勝槩記)』로 알려져 있으며, 책 안에는 『전천하명산승개기(鐫天下名山勝槩記)』로 명명되어 있다. 총 46권으로 부록으로 「명산도(名山圖)」가 딸려 있다. 한 면에는 9행 20자이며, 권두에는 왕세정(王世貞, 1526~1590)의 「유명산기서(遊名山記序)」, 탕현조(湯顯祖, 1550~1616)의 「명산기서(名山記序)」, 왕치등(王穉登, 1535~1614)의 「유명산기서」 등의 서문이 들어 있다. 간행연도는 숭정(崇禎) 6년(1633)으로 알려졌으며, 총 64책으로 구성되어 있다. 현 싱가포르 국립대학도서관에 소장되어 있다. 이 유람기 총서는 역자가 확인하지 못했다.

13 『흠정고금도서집성(欽定古今圖書集成)』 또는 『흠정고금도서휘편(欽定古今圖書彙編)』이라고도 하는 『도서집성(圖書集成)』은 청나라 진몽뢰(陳夢雷, 1651~1741)가 강희 45년(1706)에 처음으로 3천 6백여 권으로 편집한 이후, 옹정(雍正) 원년(1723)에 장정석(蔣廷錫, 1669~1732) 등이 다시 교감하여 편찬하도록 하여 1726년 1만 권으로 완성되었다. 6가지 대분류[彙編]에, 32개의 중분류[典], 6,117의 소분류[部]로 구성되어 있다. 해외에 관련한 정보들은 방여(方輿) 휘편, 「변예전(邊裔典)」에 수록되어 있다. 1934년 상해 중화서국에서 강유위(康有爲, 1858~1927)가 소장한 옹정년 간행한 동활자본에 근거하여 영인한 소위 '중화판(中華版)'이 가장 잘 알려진 판본이다.

14 『기록휘편(紀錄彙編)』은 오늘날 절강성 오홍(吳興) 출신의 심절보(沈節甫, 1619년 진사 급제)가 편집한 총서(叢書)로, 123종의 책을 수록한(『사고전서총목(四庫全書總目)』에는 119종의 불완전한 본으로 설명), 전체 216권으로 구성되어 있다. 1617년 72권으로 처음 간행되었다가 1937년부터 『영인원명선본총서십종(影印元明善本叢書十種)』 총서로 영인(影印)되었다. 권62와 63에 2종의 『영애승람』이 수록

『삼보정이집(三寶征彝集)』본이다. 『삼보정이집』본은 처음으로 『천일각서목(天一閣書目)』[17]에 기록되었다가, 뒤에는 『포경루장서지(抱經樓藏書志)』[18]에도 언급되었다. 최근 조사에 따르면, 이 본은 현재 어떤 사람이 가졌는지 모르므로 현재 볼 수 있는 것은 세 판본에 불과하다. 세 판본을 비교해 보면 『기록휘편』본이 가장 상세하고, 『승조유사』본은 원문과 역명에 대해 이해할

되어 있다. 바로 풍승균 씨가 저본으로 삼고 있는 판본이다.

15 『국조전고(國朝典故)』는 명나라 초기부터 융경(隆慶, 1567~1571)까지의 64종의 사료를 110권에 모아 놓은 총서로, 주태징(朱泰墱, 1416~1467)의 손자인 보국장군(輔國將軍) 주당면(朱當沔)의 필사본과 강서성 남창(南昌) 출신의 등사룡(鄧士龍, 1595년 진사 급제)이 편집하여 간행한 판본이 있다. 주당면의 필사본과 등사룡의 간행본은 글자상 출입이 조금 있지만, 전체적으로 거의 같다. 등사룡의 간행본은 북경대학 도서관 선본실(善本室)에 소장되어 오다가, 1993년 허대령(許大齡), 왕천유(王天有)가 표점과 교열을 붙여 북경대학출판사에서 3책으로 출판되었다. 『영애승람』은 106권(하책, 2122~2159쪽)에 수록되어 있다.

16 『승조유사(勝朝遺事)』는 광동 남해 출신 문인 오미광(吳彌光, 1789~1834)이 편집한 총서로, 초편(初編)은 32종의 서적을 6권에 수록해 두었고, 제2편은 17종의 저술을 8권에 수록하여, 총 49종, 14권으로 구성되어 있다. 전해지지 않는 희귀 사료들을 많이 수록하고 있어 사료적 가치가 높다. 『영애승람(瀛涯勝覽)』도 그중 하나로, 제2편에 수록되어 있다. 청나라 도광(道光) 22년(1842) 광동에서 간행한 판본이 잘 알려져 있다.

17 『천일각서목(天一閣書目)』은 청나라 범무주(范懋柱, 1718~1788)가 10권(또는 14권)으로 만든 도서 목록이다. 7대조 범흠(范欽, 1506~1585)이 수집한 7만여 권의 책을 가정(嘉靖) 40년(1561) 영파(寧波)의 월호(月湖) 서쪽에 서고인 동명초당(東明草堂)을 지어 보관하다가 천일각(天一閣)으로 이름을 고쳐 불렀다. 이때부터 만들어 둔 목록이 있었다. 이후 범무주의 시대에 이르러 『사고전서』 편찬을 위한 도서 수집령에 따라 희귀 진본 641종을 헌상하며 명성이 알려졌다. 이후 목록이 다시 만들어졌는데, 경사자집(經史子集)의 분류 순서에 따라 총 4천 1백여 종의 서적의 목록을 구성하고 있다. 가장 이른 판본으로는 가경(嘉慶) 13년(1808) 완원(阮元)의 문선루(文選樓) 간행본이 알려져 있다.

18 『포경루장서지(抱經樓藏書志)』의 포경루(抱經樓)는 청나라 말의 약재상이자 장서가 심덕수(沈德壽)의 개인 서고 명칭이다. 이곳에 소장되었던 대략 1,450종의 도서에 대한, 해제와 서지사항을 갖춘 목록으로, 광서(光緖) 32년(1906), 64권으로 간행되었다. 1990년 『청인서목제발총간(清人書目題跋叢刊)』(중화서국)에 영인되었다. 『삼보정이집』은 권19에 언급되었는데, "三寶征彝集一卷【明鈔本】: 不著撰人名氏"라고 설명하였고, 이어서 마환이 영락 14년(1416)에 쓴 서문, '고박(古朴) 극홍(劇弘)'이 쓴 후서가 수록되어 있으며, 책 앞머리에 찍힌 인장들, '사명진씨문칙루진장서화인(四明陳氏文則樓珍藏書畫印)', '주문장인(朱文長印)', '진씨가장백문방인(陳氏家藏白文方印)', '문칙루장주문방인(文則樓藏朱文方印)' 등이 있었다고 밝히고 있다. 이 판본은 현재 전해지지 않고, 또 다른 판본이 중국국가도서관에 소장되어 있다. 이 판본을 저본으로 삼아 교주(校注)한 연구가 바로 만명 씨의 『명초본영애승람교주』(북경, 해양출판사, 2005)이다.

수 없는 것들은 대체로 삭제해 버렸다. 『국조전고』본의 원판본은 삭제된 것이 없다고 보이지만 오늘날 남아 있는 필사본은 탈문과 오자가 너무 많아 『승조유사』본과 비교해 보면 더 간결하다. 이 세 판본과 명대 간행본 또는 명대 필사본들은 대체로 오늘날 학자들이 쉽게 접근할 수 있는 것이 아니므로, 이 세 판본을 합해 교감한다. 『기록휘편』본을 저본으로 하고(이하는 "원본"이라 칭함), 『승조유사』본(이하 "오본"이라 칭함)과 『국조전고』본의 문장으로 고증했고, 다시 마환의 『영애승람』을 채록한 『서양조공전록(西洋朝貢典錄)』[19](이하 "황록"으로 칭함), 『명사』 등의 책과 『포경당장서지(抱經堂藏書志)』에 수록된 『삼보정이집(三寶征彝集)』 앞뒤에 있는 서문(이하 "집서"로 약칭함)을 참고했다. 마환이 원래 붙여 놓은 기행시는 『기록휘편』과 『국조전고』본에만 실려 있는데, 『국조전고』본의 기행시는 오자와 빠진 문장이 많고 읽기 어려워 나무등(羅懋登)의 『서양기통속연의(西洋記通俗演義)』에 실린 기행시로 교감하였다. 『서양기』에서 채록한 『영애승람』의 문장은 참고할 만한 것이 적지 않으므로 소설이라고 경시할 만한 것은 아니다.

마환의 원서는 문언과 백화가 뒤섞여 있어 그 책을 수록하는 사람이 빼고 다듬는 것을 염두에 두지 않을 수 없다. 그러므로 현존하는 세 원문에는 출입이 많이 있다. 여기에서 교감하는 목적은 원서를 옛 모습 그대로 복원하고 독자들이 그것을 읽고 이해하게 하는 데 있으므로 저속한 말이나 이

19 『사고전서총목제요』에 따르면, "『서양조공전록(西洋朝貢典錄)』 3권은 명나라 황성증(黃省曾, 1490~1540)이 지은 책이다. 황성증의 자는 면지(勉之)이고 오현(吳縣) 출신으로 가정(嘉靖) 신묘년(辛卯年, 1531)에 거인(擧人)이 되었다." 발문(跋文)을 쓴 동천거사(東川居士) 손윤가(孫允伽, 1571~1639)가 필사본으로 소장하면서 전해진다. 이 책은 황성증 자신이 쓴 것으로 보이는 서문으로 시작하는데 1520년 6월 29일로 서명되어 있다. "나는 『성사(星槎)』, 『영애(瀛涯)』, 『침위(鍼位)』 등과 같은 통역관들이 기록한 말들을 수집하였다(余乃摭拾譯人之言, 若星槎瀛涯鍼位諸編一約之)"라고 하였고, 또 장승의 개정본과 비슷한 시기에 쓴 자료이므로, 『영애승람』을 교정하는 데 중요한 자료이다. 이 책은 사방(謝方)씨에 의해 『서양조공전록교주』라는 서명으로 2000년 중화서국에서 출판되었다. 본 역주에서는 이 교주본을 참고하였다.

체자에 대해서는 일정하게 고치지 않고, [독자의] 이해를 위해 음역한 명칭에는 그 아래 원래 명칭을 부기하였다. 책 속에 음역한 명칭은 인도양 일대의 언어를 많이 포함하고 있어 현재로서는 전부를 해석해 낼 수 없지만, 이미 메이어스(Mayers),[20] 흐루너펠트(Groeneveldt),[21] 필립스(Phillips),[22] 슐레겔(Schlegel),[23] 록힐(Rockhill),[24] 뒤펜다크(Duyvendak),[25] 펠리오(Pelliot)[26] 등의 고증을

20 메이어스(William Frederick Mayers, 1831~1878)는 영국의 중국학자로 『중국 리뷰(China Review)』 III(1874~1876)과 IV(1875~1876)에 『영애승람』의 몇 편을 발췌 번역했다.

21 흐루너펠트(Willem Pieter Groeneveldt, 1841~1915)는 네덜란드 출신의 중국학자로 『Notes on the Malay Archipelago and Malacca』(Batavia, The Hague, 1876)에서 『영애승람』의 몇 편을 번역하고 주석을 붙였다. 여기서는 『말레이반도와 말라카에 관한 주석』으로 약칭했다.

22 필립스(George Phillips, 1836~1896)의 『영애승람』 관련 논문으로, 「Mahuan's Account of Bengal」과 「Mahuan's Account of Cochin, Calicut, and Aden」이 각각 『The Journal of the Royal Asiatic Society of Great Britain and Ireland』(이하 『JRAS』로 약칭함), 1896, 1월호(203~206쪽)와 1896년 4월호, 341~351쪽에 수록되어 있다.

23 슐레겔(Gustaaf Schlegel, 1840~1903)은 독일의 중국학자로서, 1898년부터 1899년까지 『통보』에 「Geographical notes」라는 연작 기고문을 싣고 동남아시아 지리를 설명하면서 『영애승람』의 일부를 인용하고 번역했다.

24 록힐(William Woodville Rockhill, 1854~1914)는 미국 출신의 외교관으로, 독일 출신으로 미국에 귀화한 학자 히어트(Friedrich Hirth, 1845~1927)와 함께 조여괄(趙汝适)의 『제번지』를 역주한 것을 바탕으로, 1914년부터 1915년까지 『통보』에 「14세기 중국과 인도양 연안, 동부 열도와의 무역 관계에 관한 주석(Notes on the relations and trade of China with the eastern archipelago and the coasts of the Indian Ocean during the fourteenth century)」을 연재했다. 여기에서 록힐은 『영애승람』의 상당 부분을 번역하고 간략한 주석을 붙였다. Part I(『통보』, 15-3, 1914, 419~447쪽); Part II-1(『통보』, 16-1, 1915, 61~159쪽); PartII-2(『통보』, 16-2, 1915, 236~271쪽); Part II-3(『통보』, 16-1, 374~392쪽); Part II-4(『통보』, 16-1, 435~467쪽); Part II-5(『통보』, 16-1, 604~626쪽).

25 뒤펜다크(J.J.L. Duyvendak, 1889~1954)는 네덜란드 국적으로 파리에서 활동한 중국학자로, 『다시 검증하는 마환(Ma Huan Re-examined)』(Amsterdam, Noord-Hollandsche uitgeversmaatschappij, 1933)이라는 연구서를 통해, 『영애승람』을 번역하고 이전 연구성과를 검토했다. 이와 연관하여 『통보』(1938)에 「15세기 초 중국의 항해에 관한 실제 연대(The True Dates of the Chinese Maritime Expeditions in the Early Fifteenth Century)」라는 논문을 발표하기도 했다.

26 폴 펠리오(Paul Pelliot, 1878~1945)는 프랑스를 대표하는 동양학자로, 1904년 「8세기 말 중국에서 인도로 가는 두 갈래 여정(Deux itinéraires de Chine en Inde à la fin du VIIIe siècle)」이라는 장문의 연구성과를 『극동프랑스학교학보(Bulletin de l'École française d'Extrême-Orient)』(이하 『BEFEO』로 약칭함), IV, 131~413쪽에 발표하며, 이 바다를 통한 동서양 교류사에 가장 학술적인 성과를 남겼다. 펠리오의 이 성과는 역자가 2020년 『8세기 말 중국에서 인도로 가는 두 갈래 여정』으로 번역하여 출간했다(영남대학교출판부). 이후 뒤펜다크가 수행한 『영애승람』 연구서를 고증하는 목적으로 출발하여, 「15

거쳐 이제는 그들의 설들을 비교하여 좋은 것을 따르도록 한다. 지명에 관해서는 당시에 음역한 것을 쓰고, 같은 곳을 다르게 음역한 고금의 명칭에 관해서는 장차 『남해지명(南海地名)』[27]에서 모아 다룰 것이다.

당시의 '서양'이란 대체로 인도양을 지칭한다. 마환의 기행시에 "자바[闍婆]에서 다시 서양으로 간다"라고 하였는데, 자바[爪哇]를 서쪽의 바다 즉 서양으로 여겼음을 족히 알 수 있다. 『명사』(권323) 「바라전(婆羅傳)」에 "바라(婆羅, Borneo), 또는 문래(文萊, Brunei)라고도 하는데, 동양(東洋)의 끝이자, 서양이 시작되는 곳이다"라고 하였는데, 인도양을 서양으로 보았다는 것을 충분히 증명할 수 있다. 다만 지칭하는 것이 바다뿐만 아니라 연해의 육지 또한 '서양'이라고 했다. 예를 들어 서양쇄리[西洋瑣里, 『명사(明史)』에 보이는데, 바로 코로만델 연안의 촐라], 서양고리[西洋古里, 『무비지(武備志)』에 보이는데, 바로 캘리컷], 서양포[西洋布, 본서에 보이는 데 감파이(坎巴夷)에서 난다. 코얌파디(Koyampadi)를 음차한 것으로 오늘날 Coimbatore)] 등의 명칭들로 입증할 수 있다. 유럽을 '서양'이라고 한 것은 예수회 신부들이 동방으로 온 이후이다.

『독서민구기(讀書敏求記)』의 『서양번국지』 조목에는 "전후를 자세히 살펴

세기 초 중국의 대항해(Les Grands voyages maritimes chinois au début du XVe siècle)」라는 장편의 논문을 『통보』(V.30, 1933, 237~452쪽)에 발표했다. 이 연구에서 펠리오는 황성증(黃省曾)의 『서양조공전록』을 근거로 뒤펜다크의 『영애승람』에 관한 고증을 다루었다. 이후 풍승균 씨의 『영애승람』 교주본이 나오면서, 『통보』에 「정화와 그의 항해에 관한 보충 주석(Notes Additionnelles sur Tcheng Houo et sur Ses Voyages)」(31, 1934, 276~314쪽)과 「다시 정화의 항해에 관하여(Encore à Propos des Voyages de Tcheng Houo)」(32, 1936, 210~222쪽)라는 두 논문을 추가로 발표했다. 풍승균 씨의 『영애승람교주』는 펠리오 씨의 성과에 크게 힘입고 있다.

27 『남해지명(南海地名)』이란 책은 풍승균 씨의 저술에는 보이지 않는다. 다만 그가 1930년 작은 소책자로 편집해 둔 『서역지명(西域地名)』이란 책이 1955년 육준령(陸峻嶺)을 중심으로 정리되어, 1982년 중화서국에서 출판된 바 있다. 또한, 풍승균 씨는 1932년부터 서양 학자들이 발표한 중국 남해 관련 성과들을 중국어로 번역해 둔 글을 『사지총고(史地叢考)』, 『사지총고속편』으로 발표해 오다가, 1962년부터는 상해 상무인서관에서 『서역남해사지고증역총(西域南海史地考證譯叢)』이란 연작물을 출판했는데, 이러한 작업을 말하는 것인지 모르겠다.

보면, 칙서를 가지고 서양에 간 사람은 정화, 한 사람이 아니며, 정화가 왕래한 것도 한 차례가 아닌 것 같다. 안타깝다. 청나라 초기에 사적의 기재가 없어 근거할 바가 없도다(詳觀前後勅書下西洋似非鄭和一人, 鄭和往返, 亦似非一次, 惜乎國初, 事蹟紀載闕如, 茫無援據)"라고 하였다. 총서에 수록된 서적과 최근 발굴한 자료를 조사해 보면, 정화가 사신으로 간 횟수, 그를 수행해 간 사람의 이름, 그리고 왕래한 연월은 어렵지 않게 찾아볼 수 있다. 정화 열전에 정화는 전후로 7차례 사신으로 나갔다고 하는데, 다음과 같이 나누어 고증한다.

제1차로 칙령을 받들어 서양에 사신으로 간 것은 영락(永樂) 3년(1405) 6월 기묘(己卯)일이고, 북경에 돌아온 것은 영락 5년(1407) 9월 계해(癸亥)일이다. 사신을 수행한 자로는 중관(中官) 왕경홍(王景弘) 등이 있었다. 이는 『명사』의 여러 「기(紀)」와 「전(傳)」에서 보인다.

2차로 칙령을 받들어 다시 서양에 사신으로 간 것은 영락 6년(1408) 9월 계해일이고, 돌아온 것은 영락 9년(1411) 6월 을사(乙巳)일이다. 또한 『명사』 「본기」에 기록된 것을 보면 칙령을 받은 연월만 보이고 출발한 연월은 쓰지 않았다. 이번 사행에는 비신(費信)이 수행했는데, 비신이 지은 『성사승람』에서 "영락 7년(1409) 가을 9월에 태창(太倉) 유가항(劉家港)에서 배를 띄워 10월 복건 장락(長樂) 태평항(太平港)에 정박했다. 12월 복건 오호문(五虎門)에서 바다로 나가 순풍에 열흘 밤낮을 가서 참파[占城國]에 이르렀다"라고 하였으니 칙령을 받은 것과 출발한 것에는 1년의 차이가 있다.

3차로 칙령을 받았을 때는 영락 10년(1412) 11월 병진(丙辰, 이달에는 병진일이 없다. 아마도 『명사』가 '병술(丙戌)'을 '병진'으로 잘못 기재한 것 같다)이었고 수도에 돌아온 것은 영락 13년 7월 계묘(癸卯)일로 역시 『명사』에 보인다. 이번 출항과 칙령을 받았을 때의 시간은 1년 정도의 차이가 있다. 아마도 마환이 이때 처음으로 수행한 것으로 보인다. 그의 『영애승람』 영락 14년(1416) 서(序)에 영락 11년(1413)에, "정사(正史) 태감 정화에게 보선(寶船)을 통솔하여 서양으로 가서 각 나라 왕들에게 칙서를 읽어 주고 상을 내리라는 명령을 내렸다. 나는 외국의 문서를 통역하는 일로 사신행의 말석에 들어갔다"라고 한 것으로 입증할 수 있다. 이번 사신행을 수행한 자로는 회교(回教) 장교(掌教) 합삼(哈三)이 있었다. 서안 양시(羊市) 대청진사(大淸眞寺)의 가정 2년(1523) 「청정사(淸淨寺)를 중수한 기문」에 "영락 11년(1413) 4월에 태감 정화가 칙령을 받들어 서역 천방국(天方國)으로 가는 길에 섬서로 나와, 해당 나라의 말을 통역하는 믿을 만한 사람을 구했는데, 바로 본사의 장교 합삼을 얻었다(永樂十一年四月, 太監鄭和奉敕往西域天方國, 道出陝西, 求所以通譯國語可佐信使者, 乃得本寺掌教哈三焉)"라고 하였다. 칙령을 받은 다음 해 4월에 정화는 여전히 섬서(陝西)에 있었음을 확실히 알 수 있다.

네 번째로 칙령을 받은 것은 영락 14년(1416) 12월 정묘일이고, 도읍에 돌아온 것은 영락 17년(1419) 7월 경신일로, 『명사』에 보인다. 출발한 시기는 역시 수개월 이후다. 천주(泉州) 성 밖 회교도 선현 묘[回教先賢墓]에는 정화가 외국으로 가는 길에 천주에 들러 향을 올린 비문이 있다. 그 글에 "흠차 총병 태감 정화는 이전 서양 호르무즈[忽魯謨厮] 등의 나라로 가서 공무를 집행했는데, 영락 15년(1417) 5월 16일 여기에서 향을 올려 성령들에게 보호를 빌었다. 진무사(鎭撫使) 포화일(蒲和日)[28]이 기록하여 세우다(欽差總兵太監鄭和

28 포화일(蒲和日)은 포일화(蒲日和)의 오기로 보인다. 『천주포씨족보(泉州蒲氏族譜)』에 따르면, "일화는 자가 귀보(貴甫)이고 수성공(壽成公)의 차남이다. 청진교를 신봉하며 언행이 신중했고 예배에 근면했다. … 영락 13년에 태감 정화와 칙령을 받들어 서역에 가서 옥새를 찾은 공을 세워 천주위(泉州衛) 진무사(鎭撫司)에 봉해졌고, 성묘(聖墓)에 세운 비석이 아직 남아 있다(日和, 字貴甫, 壽成公次子. 秉淸眞教, 愼言謹行, 禮拜日勤 … 至永樂十三年, 與太監鄭和奉詔敕往西域尋玉璽有功, 加封泉州衛鎭撫司, 聖

前往西洋忽魯謨厮等國公幹, 永樂十五年五月十六日於此行香, 望靈聖庇佑. 鎭撫蒲和日記立)"라고 한 것으로 입증할 수 있다. 이번 사신행을 수행한 사람으로는 승려 승혜(勝慧)가 있는데, 영락 18년(1420) 간행본인 『태상설천비구고영험경(太上說天妃救苦靈驗經)』 뒤의 제기(題記)에 정화는 이슬람교[回教]를 신봉했지만, 또한 일찍이 불교에 귀의했었다고 하였고, 『불설마리지천경(佛說摩利支天經)』 뒤에 있는 영락 원년(1403) 요광효(姚廣孝)의 제기(題記)에, "여기 보살계를 받은 제자 정화는 법명이 복선(福善)이다. 재물을 보시하여 공인을 시켜 [불경을] 간행 유포하도록 했다. 그가 얻은 공적은 이루 다 말할 수 없다. 하루는 향을 가지고 나에게 들러 제문(題文)을 청하여 이로써 알리노라. 영락 원년 계미(癸未, 1403) 8월 23일 승록사 좌선세 사문 도연(今菩薩戒弟子鄭和法名福善, 施財命工, 刊印流通, 其所得勝報, 非言可能盡矣. 一日懷香過余請題, 故告以此. 永樂元年歲在癸未秋八月二十又三日, 僧錄司左善世沙門道衍)"이라 한 것이 그 증거이다.

다섯 번째로 칙령을 받은 것은 영락 19년(1421) 정월 계사(癸巳)일이고 수도로 돌아온 것은 영락 20년(1422) 8월 임인(壬寅)일로 역시 『명사』 「본기(本紀)」에 보인다. 출발할 때는 이 해 겨울이었고, 마환은 이번 사신행을 수행한 것으로 보인다. 사신행을 따라간 사람으로는 내관 양경(楊慶)과 홍보(洪保) 두 사람이 더 있었던 것 같다. 『독서민구기(讀書敏求記)』의 『서양번국지(西洋番國志)』 조목에, "이 책 첫머리에는 영락 18년(1420) 12월 10일의 칙령이 실려 있다. 태감 양경이 공무를 집행하러 서양에 갔다. 영락 19년 10월 16일 내관 정화, 공화복화(孔和卜花), 당관보(唐觀保)에게 칙령을 내렸다. 이제 내관 홍보 등에게 각 외국 사신들 전송하여 돌려보낼 때, 상응하는 상을 내리고 머무르고 간 횟수에 따라 관급하여 주도록 했다(此冊首載永樂十八年十二

墓立碑猶存)"라고 하였다.

月初十日勅，太監楊慶等往西洋忽魯謨廝等國公幹．永樂十九年十月十六日勅内官鄭和孔和卜花唐觀保．今遣內官洪保等送各番國使臣回還，合用賞賜，即照依坐去數目關給與之)"[29]라고 하였다. 이 해 10월에 정화 등에게 칙령을 내리고 있으므로 당시 정화는 아직 출발하기 전이었음을 확인할 수 있다. 내 친구인 상달(向達)은 청나라 초기의 필사본 낙질을 소장하고 있었는데, 책의 제목, 서문, 발문이 모두 빠져 있었지만, 「침위편(針位編)」 일종으로 보였다. 그중 한 조목에 "영락 19년(1421) 황제의 뜻을 받들어 삼보신관(三寶信官) 양민(楊敏)의 자는 불정(佛鼎)인데, 정화, 이개(李愷) 등 세 사람이 벵골[榜葛剌, 『기록휘편』 원문에는 '傍葛據'로 잘못되어 있음] 등의 외국으로 가서 36개국을 돌아다니며 공무를 집행하고, 영락 23년(1425)[30] 오구양(烏龜洋)을 지나면서 폭풍을 만났다[아래에는 천후(天后)에게 평안을 기도하는 말을 하고 있음]"라고 하였다. 이 조목은 비록 다섯 번째와 여섯 번째의 사신행을 하나로의 일로 보고 있지만, 사신의 임무를 받든 사람에 양민(楊敏), 이개(李愷) 두 사람이 있었다는 것을 고증할 수 있다. 양민은 『명사』 「외국전」에서 보이는데, 옛 판본 『성사승람』 권두에는 여정 목록이 있는데, 영락 10년(1412) 소감(少監)이 사신으로 방갈랄 등의 나라에 갔다고 하였다. 이 사람의 이름은 『천일각(天一閣)』본에는 '양칙(楊勅)'으로 되어 있고, 『국조전고』본에는 '양랄(楊剌)'로 되어 있는데, 모두 '양민'의 오기로 보인다.

여섯 번째로 사신의 명을 받은 것은 영락 22년(1424) 정월 계사(癸巳)지만

29 풍승균 씨는 상달이 해방 이후 얻은 『서양번국지』를 보지 못하여, 『독서민구기』를 인용하고 있다. 여기에 인용된 문장은 두 개의 칙령을 하나로 합쳐 놓았다. 영락 19년 10월 16일의 칙령은 『서양번국지』의 원문과 상당한 차이를 보이므로, 참고로 인용해 둔다. "勅：內官鄭和・孔和卜花・唐觀保．今遣內官洪保等送各番國使臣回還，合用賞賜竝帶去銀兩段疋銅錢等件．勅至即照依坐去數目關給與之." 상달, 『서양번국지』, 중화서국, 1961, 9쪽.

30 영락(永樂) 22년 8월 15일에 홍희(洪熙)로 연호를 개칭했으므로, 홍희 원년, 즉 1425년이다.

『명사』 본기는 도읍으로 돌아온 연월을 기재하고 있지 않다. 요컨대 홍희(洪熙) 원년(1425) 2월에 정화가 외국의 군사들로 남경을 수비하게 한 이전이므로 이번 사신행의 왕복은 길어도 1년을 넘지 않는다. 아마도 팔렘방[舊港]에만 다녀온 것일 것이다.

일곱 번째로 왕래한 연월은 모두 『명사』 본기에 보이지 않는다. 다만 「정화전」에 "선덕 5년 6월 정화, 왕경홍이 다시 명을 받들어 호르무즈[忽魯模斯] 등 17개국을 편력하고 돌아왔다"라고 하였다. 『독서민구기』의 『서양번국지』 조목에서 "남경수비 태감 양경(楊慶), 나지(羅智), 당관보(唐觀保), 대사 원성(袁誠)에게 칙령을 내리노라. 이제 태감 정화 등에게 서양 호르무즈로 가서 공무를 집행하게 했으니, 크고 작은 배는 모두 관에서 지급하는 대로 교부하고, 남경의 창고에 들였던 각 아문의 모든 돈과 식량, 하사할 물품, 그리고 서양에 갔던 관원들이 사 온 물건과 배마다 필요한 물품을 칙서가 이르는 즉시 수에 맞게 지급하고, 정화, 왕경홍, 이홍(李興), 주량(朱良), 양진(楊眞), 우소감 홍보(洪保) 등에게는 이전에 간 예를 응용하여 지급하라[勅: 南京守備太監楊慶羅智唐觀保大使袁誠: 今命太監鄭和等往西洋忽魯謀(謨)斯等國公幹, 大小海船, 該關領原交南京入庫各衙門一應正錢糧, 幷賞賜, 幷原下西洋官員買到物件, 及隨船合用等物, 勅至, 卽照數放支, 與太監鄭和・王景弘・李興朱良楊眞右少監洪保等, 關領前去應用]"[31]라고

31 『서양번국지』의 원문과 출입이 많다. 전문은 다음과 같다. "남경 수비 태감 양경, 나지, 당관보, 대사 원성에게 칙령을 내리노라. 이제 태감 정화 등에게 서양 홀로모사(忽魯模斯) 등의 나라로 가서 공무를 집행하도록 명령하니, 크고 작은 61척의 배는 관에서 지급하는 대로 교부하고, 남경의 창고에 들였던 각 아문의 모든 돈과 식량, 번왕이나 두목 등에게 하사할 비단과 예물, 원래 아단(阿丹) 등 여섯 나라에서 바친 방물들을 값을 주고 사들인 저사(紵絲) 등의 물건, 서양에 가는 관원들이 매도할 자기, 철물, 일상용품과 배에 따라 필요한 화기, 종이, 기름, 초, 땔나무, 석탄, 아울러 내관 내사(內使)들의 연례용 술, 기름, 초 등의 물품을, 칙령이 이르는 대로 너희들은 숫자에 따라 지급하고, 태감 정화, 왕경홍, 이홍, 주량, 양진, 우소감 홍보 등에게는 이전에 갔던 것을 응용하여, 지급하되 지체하지 말라! 이에 칙령을 내리노라! 선덕 5년 초4일(勅: 南京守備太監楊慶羅智唐觀保大使袁誠. 今命太監鄭和等往西洋忽魯謀斯等國公幹, 大小舡六十一隻, 該關領原交南京入庫各衙門一應正錢糧竝賞賜番王頭目人等綵幣等物, 及原阿丹

하였으니 또한 정화, 왕경홍 이외에도 이흥, 주량, 양진 홍보 등이 사신행의 반열에 들어 있었음을 확인할 수 있다. 또한 『독서민구기』의 같은 조목, 『성사승람』 권두에 있는 여정 목록, 『영애승람』 「천방」 조목에 근거하여 공진(鞏珍), 비신(費信), 마환(馬歡) 세 사람이 모두 수행했음을 알 수 있다. 또 곽숭례(郭崇禮)란 자의 이름이 『영애승람』 후서에 보이는데, 역시 사신 중의 한 사람인 것 같다. 왕복한 연월에 대해서는, 축윤명(祝允明)의 『전문기(前聞記)』[32](『기록휘편』 권 202)에 따르면, 선덕(宣德) 5년(1430) 윤12월 6일 남경 부근에 있는 용만(龍灣)에서 배를 타고 나가 선덕 8년 7월 6일에 도읍으로 돌아왔다.

정화 등이 앞뒤로 이른 나라들은 [『명사(明史)』의] 「정화전」에 따르면, 점성(占城, Čampa), 조와(爪哇, Java), 진랍(眞臘, Kamboja), 구항(舊港, Palembang), 섬라(暹羅, Siam), 고리(古里, Calicut), 만랄가(滿剌加, Malaka), 발니(渤泥, Borneo), 소문답랄(蘇門答剌, Ačeh), 아로(阿魯, Aru), 가지(柯枝, Cochin), 대갈란(大葛蘭), 소갈란(小葛蘭, Quilon), 서양쇄리(西洋瑣里, Čola), 쇄리(瑣里, Čola), 가이륵(加異勒, Cail), 아발파단(阿撥把丹), 남무리(南巫里, Lambri), 감파리(甘把里, Koyampadi), 석란산(錫蘭山, Ceylon), 남발리(喃渤利, Lambri), 팽형(彭亨, Pahang), 급란단(急蘭丹, Kelantan), 홀로모사(忽魯模斯, Ormuz), 비랄(比剌, Brawa?), 유산(溜山, Maldives), 손랄(孫剌, Sunda?), 목골도속(木骨都束, Mogedoxu), 마림(麻林, Malinde), 랄살(剌撒), 조법아(祖法兒, Zufar), 사리만니(沙里灣泥, Jurfattan?), 죽보(竹步, Jobo), 방갈랄(榜葛剌, Bengal), 천방(天方, Mekka), 여대(黎代, Lidé), 나고아(那孤兒, Battak) 등 37개국이다. 『명사』는

等六國進貢方物給賜價鈔買到紵絲等件, 竝原下西洋官員買到磁器鐵鍋人情物件, 及隨舡合用軍火器紙劄油燭柴炭竝內官內使年例酒油燭等物, 勅至, 爾等即照數放支與太監鄭和王景弘李興朱良楊眞右少監洪保等, 關領前去應用, 不許稽緩. 故勅. 宣德五年五月初四日)." 상달, 『서양번국지』, 중화서국, 1961, 10쪽.

32 『전문기(前聞記)』는 명나라 문학가이자 서법가였던 축윤명(祝允明, 1460~1526)이 항간에 떠도는 이야기를 주워 모은 『야기(野記)』라는 자신의 책에서 뽑아, 65개 항목의 1권으로 만든 책이다. 이 책에는 정화의 '하서양(下西洋)' 항목을 두고 있다. 『기록휘편(紀錄彙編)』 권202, 36~37쪽)에 수록되어 있다.

항상 한 나라의 역명이 일치하지 않고 나뉘어 둘로 전하기도 한다. 37개국 중에서 남무리(南巫里)와 남발리(喃渤利)는 같은 나라이다. 서양쇄리(西洋瑣里)와 쇄리(瑣里) 또한 같은 나라이다. 또 『명사』의 대갈란(大葛蘭)을 보면 『성사승람』의 대구남(大唄南)에서 따온 것이고, 『성사승람』의 이 조목은 또한 『도이지략』의 소구남(小唄喃) 조목을 베낀 것이므로 여기의 대갈란과 소갈란, 또는 대구남과 소구남은 하나의 나라를 지칭하므로, 남는 것은 34개국이다. 또 아단(阿丹, Aden) 나라를 고증해 보면, 그 명칭이 마환, 비신, 공진의 책에서 보이므로, 정화가 거쳐 간 곳이나 「정화전」에서 빠뜨린 것이다. 『성사승람』의 복랄와(卜剌哇, Brawa) 또한 보선이 이른 곳이지만 「정화전」에는 보이지 않는다. 혹자는 「정화전」의 '비랄'이라고 간주하지만 대응하는 음이 부합하지 않으므로 그렇게 볼 수 없다. 이 밖에도 「정화전」의 명칭이 마환, 비신, 공진의 책에서 보이지 않는 것으로는 인도의 촐라[瑣里], 카일[加異勒], 아발파단(阿撥把丹), 감파리(甘把里), 사리만니(沙里灣泥) 다섯 나라, 말레이반도의 급란단(急蘭丹), 아마도 『도이지략』 손타(孫陀)로 보이는 손랄(孫剌), 아프리카 동쪽 해안의 '마림(麻林)'이란 한 나라가 있는데, 대부분 보선이 이른 곳이 아닌 것으로 보인다. 마환의 책으로 입증해 보자면, 찰리(殺利)를 '쇄리(瑣里)'라고 했고, '쇄리'를 인도사람의 범칭이라 여긴 예로 볼 수 있다. 또 캄보디아[眞臘]가 있는데, 보선이 지난 나라가 아닌 것 같다. 결국, 정화 등이 간 나라 중에서 흔적을 찾을 수 있는 나라는 20여 개국에 불과하다.

정화가 간 나라 중에서 고증할 수 있는 것은 이들 나라뿐이지만, 보선이 항해하며 거친 곳들로, [보선은] 사실 인도양 연안을 이미 편력했다. 이는 그 항해 노선을 통해 증명할 수 있다.

보선(寶船)의 여정을 기록한 것 중에서 가장 상세한 것은 『전문기(前聞記)』의 하서양(下西洋) 조목이다. 기록한 것은 제7차 항해의 여정이지만, 7차 항해에서 따른 옛 항로이다. 그에 따르면, 용만(龍灣)에서 배를 타고 유가항(劉家港)을 거쳐 장락항(長樂港)에 이르기까지 약 7개월이 걸렸다. 이어 오호문(五虎門)에서 배를 타고 참파[占城]에 이르렀고, 점성에서 자바[爪哇]의 소로마익(蘇魯馬益, Surabaya)에 이르렀으며, 소로마익에서 사무드라[蘇門答剌] 동남쪽의 구항(舊港, Palembang), 팔렘방에서 말라카[滿剌加], 말라카에서 사무드라 서북쪽의 아제(亞齊, Ačeh), 아체에서 실론[錫蘭], 실론에서 캘리컷[古里], 캘리컷에서 페르시아만의 호르무즈[忽魯模斯]에 이르렀다. 호르무즈에서 다시 캘리컷으로 돌아왔다. 대종(大䑸)의 보선들은 캘리컷에서 인도양으로 나가 아체, 말라카, 참파 등지를 경유하여 태창(太倉)으로 돌아왔다.

『전문기』에서 기록한 여정은 대체로 대종 보선의 여정이며, 대종 보선이 편력한 곳도 다 들지 않았다. 이는 『영애승람』, 『성사승람』, 『서양조공전록』, 『명사』에 기록한 침위(針位)로 입증된다. 당시의 여러 책의 기록에는 '종(䑸)'자가 보이지 않는데, 이 글자는 분명 당시 해상에서 항해하는 용어로 바다의 배를 지칭한다. '종(䑸)'자에는 대종(大䑸)과 분종(分䑸)의 구분이 있는데, 마환의 책에서 구항, 소문답랄, 고리 등의 조목에 보이는 '대종보선'은 정사가 타고 있는 대함대의 선박을 지칭한다. 권두의 기행시와 아덴[阿丹], 메카[天方] 등의 조목에서 말한 '분종'은 선단을 나누어 각지로 보낸 선박을 지칭한다. 여러 책에서 기록하고 있는 침위를 고증하여 보면, 분종한 곳은 대체로 다섯 곳이다.

첫째, 옛날 참파[占城]의 신주(新州)로, 오늘날 베트남[安南]의 꾸이년[歸仁]이다. 그 항로는 대체로 셋이 있는데, 하나는 발리섬, 브루나이[文萊]로 가는 항로이고, 하나는 시암[暹羅]으로 가는 항로이며, 하나는 자바섬, 수라바야[蘇魯馬益]로 가는 항로이다. 마지막 항로는 가리마타(假里馬打, Karimata), 마엽옹(麻葉甕, Billiton) 두 섬 사이를 지나야 하는데, 대종 보선이 따라간 것은 대개 이 세 번째 항로이다. 이로부터 수라바야[蘇魯馬益], 팔렘방[舊港], 말라카[滿剌加], 아루[啞魯]를 거쳐 아체[亞齊]에 이른다.

둘째, 아체[亞齊]로, 여러 책에서 말하는 사무드라[蘇門答剌]이다. 그 항로는 둘이 있는데, 하나는 방갈랄로 가는 노선과 실론[錫蘭]으로 가는 항로가 있다. 이 두 항로는 아체에서 길이 나뉘지만, 람브리[喃渤利], 니코바르 군도[翠藍嶼] 두 곳을 지나는 것 같다. 이후 항해를 나누었는데, 대종보선이 간 것은 두 번째 항로이다.

셋째, 실론[錫蘭]의 별라리(別羅里)이다. 이곳은 오늘날 어디인지 확인할 수 없지만, 대략 고랑보(高郎步, Colombo) 부근에 있다. 그 항로 또한 둘이 있는데, 하나는 서쪽 몰디브[溜山] 군도로 가는 길과 서북쪽 퀼론[小葛蘭]으로 가는 항로가 있는데, 역시 대종보선의 노선이다. 『명사』에서 실론[錫蘭]은 아프리카 동쪽 해안의 부랄와(不剌哇, Brawa)로 통할 수 있다고 했는데, 몰디브[溜山] 항로의 연장선일 것이다.

넷째, 퀼론[小葛蘭]인데, 그 항로 역시 둘이다. 하나는 아프리카 동쪽 해안의 모가디슈[木骨都束]를 경유하는 노선과 북쪽 코치[柯枝]로 가는 항로이다. 대종보선은 이 항로를 따라, 코치를 거쳐 캘리컷[古里]에 이르렀다. 당시 보선은 북쪽으로 가서 아라비아[阿剌壁]의 사리팔단(沙里八丹, Jurfattan, 오늘날 Cananore)과 한노아(狠奴兒, Honore) 두 나라에는 이르지 않은 것 같다.

다섯째, 캘리컷[古里]이다. 그 항로 역시 둘인데, 하나는 서북쪽으로 페르시아만 호르무즈[忽魯模斯]로 가는 노선과 아라비아 남쪽 해안의 조법아[祖法兒, 오늘날 미상인 랄살(剌撒)을 넣기도 함], 아덴[阿丹] 등의 나라로 가는 항로이다. 당시 보선은 메카[默伽]로 가지는 않았지만, 통사 7인이 타고 간 캘리컷의 배는 역시 이 노선을 따라 서북쪽으로 가서 질달(秩達, Jidda)에 이르렀을 것이다.

당시 분종은 한 분견대에 그치지 않았다. 마환, 비신, 공진 등이 여러 나라를 동시에 편력할 수는 없었을 것이다. 그래서 그들이 기록한 것에는 상세함과 소략함이 있다. 예를 들어 마환은 랄살(剌撒)에 가지 않았기 때문에 『영애승람』에는 랄살 조목이 없다. 비신은 메카[默伽]에 가지 않았기 때문에 『성사승람』에서는 메카[天方]를 전해 들은 여러 나라 속에[『성사승람』 후집] 넣었다.

이상은 정화를 중심으로 서양에 간 것만을 말한 것이다. 이 밖에 정화 이전, 보선 이외의 특사들이 남해와 인도양을 항해한 자들도 있으므로 『명사』에 근거하여 다음과 같이 열거해 둔다.

1. 사신 유숙면(劉叔勉)이 홍무(洪武) 2년(1369)에 서양쇄리(西洋瑣里)에 사신으로 갔다.
2. 사신 탑해첩목아(塔海帖木兒)가 홍무 3년(1370)에 쇄리(瑣里)에 사신으로 갔다.
3. 어사 장경(張敬), 복건행성도사 심질(沈秩)이 홍무 3년에 보르네오[渤泥], 사바(闍婆, 조와)에 사신으로 갔다.
4. 중관(中官) 윤경(尹慶)이 영락 원년(1403)과 2년(1404)에 자바[爪哇], 말라카[滿剌加], 코치[柯枝], 캘리컷[古里] 등의 나라에 사신으로 갔다.
5. 부사(副使) 문량보(文良輔), 행인(行人, 사신) 영선(甯善)이 영락 2년(1404)에 사무드라[蘇門答剌], 서양쇄리(西洋瑣里) 두 나라에 사신으로 갔다.
6. 중관(中官) 마빈(馬彬)이 영락 2년(1404) 이후 서양쇄리(西洋瑣里)에 사신으로 갔다.
7. 중관 장겸(張謙), 행인 주항(周航)이 영락 6년에 보르네오[渤泥] 왕의 귀국을 전송했다.
8. 중관 감천(甘泉)이 영락 10년(1408) 만랄가 왕 조카의 귀국을 전송했고, 같

은 해 인도의 소납박아(沼納樸兒, Jaunpur), 저리(底里, Dellhi) 두 나라에 사신행이 있었는데, 같은 사람인지는 알 수 없다.

9. 중관 후현(侯顯)이 영락 13년(1415) 벵골 왕국[榜葛剌國]에 사신으로 갔다. 이 사신행은 『성사승람』에 보인다. 다만 권두의 여정에는 정화로 잘못되어 있다. 이 밖에도 『성사승람』 여정 목록에는 소감 양칙(楊勅) 등이 영락 10년(1412)에 벵골 왕국에 사신으로 갔다고 기록하고 있다.

이상으로 홍무(洪武, 1368~1399), 영락(永樂, 1403~1424), 선덕(宣德, 1426~1435), 세 왕조의 국세가 왕성하여 국위를 멀리까지 떨쳤음을 알 수 있다. 한나라 시기에 환관들[黃門]과 응모한 사람을 바다로 보내 기이한 물품을 사 온 움직임이 있었지만(『전한서』, 권29), 명나라 초기의 규모에 미치지는 못했다. 현재 상황을 생각하고 옛일을 거슬러 올라가니 감개무량하다.

본서의 교감은 상달이 찾기 어려운 필사본과 간행본을 보여 준 것과 새로 발견한 자료에 힘입었으며, 명칭과 사물의 고증에서는 록힐(Rockhill)과 펠리오(Pelliot) 두 사람에게서 얻은 것이 적지 않다(원문은 1915년과 1933년 『통보』를 보라). 다만 작년에 출판한 뒤펜다크(Duyvendak)의 『다시 마환의 책을 고증함(Ma Huan Re-examined)』은 검토할 수 없었다. 『국조전고』본 『영애승람』을 늦게 얻었는데, 빠진 문장과 오자가 너무 많아, 그중에서 중요한 것을 적시하여 기록해 두었을 뿐이며, 오미광의 『승조유사』본[吳本]과 황성증의 『서양조공전록』본[黃錄]의 서로 부합하는 내용에 대해서는 두루 주석하지 못했다. 세 번째 교정을 이미 마친 뒤라, 고증에서 얻은 결과를 권두에 실어 둔다.

민국 23년(1934) 8월 15일 풍승균 씀

서(序)①

옛날 소하(蕭何, 기원전 193년 죽음)가 관중(關中)에 들어와 오로지 서적을 수습한 일과, 방현령(房玄齡, 579~648)이 성을 차지하고는 유독 인물들을 사가(史家)들에게 기록하게 한 것은 참으로 까닭이 있다. 우리 왕조 태종문황제(太宗文皇帝, 영락제)와 선종장황제(宣宗章皇帝, 선덕제) 모두 태감 정화(鄭和)에게 걸출한 사람들을 통솔하여 해외로 넘어가 여러 나라와 교역하도록 하였다. [그 사신단에 참가한] 인물들의 위대함, 선박들의 웅장함, 재예(才藝)의 뛰어남은 이전에 없었다. 그렇지만 두 황제의 마음이 어찌 먼 곳에 많음을 과시하고 화려함을 다투고자 하는 것이었겠는가. 대저 [왕조의] 명성이 오랑캐들에게 미쳐, 온 천하의 생명이 있는 것들이 모두 덕으로 교화됨을 입고, 군주가 있어야 부모를 존중하게 된다는 것을 알게 하고자 함이다. 그러나 명을 받들어 간 사람들이 얼마나 많은지는 모르지만, 그 일을 마치고 그 뜻을 일컬을 만한 자로 우리 산음(山陰)[33]의 종도(宗道) 마공(馬公)을 빼면 누가 있으리오. 공은 재간이 더욱 풍부하여 이러한 선발에 맨 먼저 부응하여 세 번씩이나 바다로 나가 여러 나라를 편력했다. 금, 비단, 보화를 조금도 사사로이 자기 것으로 하지 않고 오로지 『영애승람』 한 질을 만들어 돌아왔다. 섬 오랑캐[島夷] 지역의 원근, 나라들의 내력, 영토를 접한 곳, 성곽을 둔 것 그리고 의복의 다름, 식용의 차이, 형벌·금기·제도, 풍속과 산물을 기재

33 산음(山陰)은 진(秦)나라 시대에 설치된 현으로, 회계산의 북쪽에 있어 붙여진 명칭이다. 현 절강성 소흥(紹興) 지역을 말한다.

함에 갖추지 않은 것이 없었다. 공의 의도는 대저 후세 사람들이 천년 이후에도 [우리] 나라의 도가 천지와 함께하여 오랑캐[蠻夷]를 교화시킴이 이처럼 성대했다는 것을 알게 하고자 함이리라. 훗날 사가들이 공의 마음을 대서특필하여, 장차 소하(蕭何), 방현령(房玄齡)과 더불어 불후토록 이름을 드리우게 된다면 어찌 위대하지 않겠는가.

정통(正統) 갑자년(甲子年, 1444), 국월(菊月, 9월) 전, 어느 날 마경(馬敬)[34] 씀.

昔蕭②何入關, 惟取圖籍. 玄齡克城, 獨采人物, 使民③筆之, 良有以也. 洪惟我朝太宗文皇帝宣宗章皇帝, 咸命太監鄭和率領豪俊, 跨越海外,④ 與諸番貨易.[35] 其人物之豐偉, 舟楫之雄壯, 才藝之巧妙, 蓋古所未有. 然也⑤二帝之心, 豈眞欲誇多鬬靡於遠方哉. 蓋聲名施及蠻貊, 使普天之⑥下, 含靈蠢動悉沾德化, 莫不知有其君而尊⑦親焉. 然奉命而往者, 吾不知幾千萬人, 而盡厥事稱厥旨者, 舍吾山陰宗道馬公其誰乎. 公以才幹優裕, 首膺斯選, 三入海洋, 遍歷番國. 金帛寶貨略不私已, 而獨編次瀛涯勝覽一帙以歸. 其載島夷地之遠近, 國⑧之沿⑨革, 疆界之所接, 城郭⑩之所置, 與夫衣服之異, 食用之殊, 刑禁制度,⑪ 風俗出產, 莫不悉備. 公之用心, 蓋欲使後之人, 於千載之下, 知[我]國家道同天地,[36] 化及蠻夷, 有若是之盛也. 他日史氏大書, 表公之心, 將與蕭・房同垂名於不朽, 詎不偉歟.

34 『절강통지(浙江通志)』, 권135, 영락 18년(1420) 경자과(庚子科)의 거인으로 이름이 올라 있는데, 항주(杭州)인이라는 주가 달려 있다. 또 137권, 홍치 5년(1492) 임자과(壬子科)의 거인 명단에도 보이는데, "회계 사람으로 추관(推官)이다(會稽人推官)"라는 주가 있다.

35 풍승균 씨는 『성사승람교주』 서문에서 『국조전고』본에 따라 마지막에 '역(易)'자 한 자를 빠뜨린 것을 바로잡았다.

36 『기록휘편』 원문에는 '국'자 앞에 '아(我)'자가 있다.

正統甲子菊月前一日, 錢唐馬敬書.

① 이 서문은 『국조전고』본에만 보인다.[37]

② [‘소(蕭)’자는] 『기록휘편』 원문에 ‘초(肖)’자로 되어 있어 바로잡았다.

③ [‘사민(使民)’은] ‘사씨(史氏)’의 잘못으로 보인다.[38]

④ 이 문장[跨越海外] 아래에는 빠진 문장이 있는 것 같다.

⑤ ‘야(也)’자는 부연이다.

⑥ [‘지(之)’자는] 『기록휘편』 원문에 ‘하(下)’자로 되어 있어 바로잡았다.

⑦ 여기[莫不知有其君而尊] 아래에 빠진 글자가 있는 것 같다.

⑧ [‘국(國)’자는] 『기록휘편』 원문에 ‘위(圍)’자로 되어 있어 바로잡았다.

⑨ [‘연(沿)’자는] 『기록휘편』 원문에 ‘치(治)’자로 되어 있어 바로잡았다.

⑩ [‘곽(郭)’자는] 『기록휘편』 원문에 ‘곽(廓)’자로 되어 있어 바로잡았다.

⑪ [‘도(度)’자는] 『기록휘편』 원문에 ‘석(席)’자로 되어 있어 바로잡았다.

37 명간본인 등사룡(鄧士龍)의 『국조전고』에는 보이지 않고, 주당면(朱當㴐)의 필사본 『국조전고』에만 수록되어 있다.

38 원문에 분명히 ‘사씨(史氏)’로 되어 있다. 풍승균 씨의 오독일 가능성이 크다.

나는 옛날 『도이지(島夷志)』[39]를 보니, 절기와 기후의 다름, 지리와 인물의 차이가 기재되어 있어, "온 천하가 어찌 이처럼 같지 않다는 것인가!"라고 탄식했었다. 영락 11년 계사년(1413)에 태종문황제(太宗文皇帝, 영락제)께서 정사 태감 정화 등에게 칙령을 내려, 보선(寶船)을 통솔하여 서양의 외국에 가서 [조서를] 읽어 주고 상을 내리라고 하셨다.[40] 나는 외국의 글과 말을 통역

39 『기록휘편』 원문에는 '지(誌)'자로 되어 있는데, 주당면 『국조전고』에는 '지(志)'자로 되어 있다. 두 글자 모두 '사실을 기록한 책 또는 문장'이란 의미로 통용한다. 만명(萬明)은 『명초본영애승람교주』(2쪽)에서 『도이지』는 원나라 왕대연(汪大淵)의 『도이지략(島夷志略)』이 아니라 송나라 시기 해외의 나라들에 대한 정황을 기술한 저술로 보았다. 다시 말하자면, '약(略)'자를 '『도이지』의 요약'이란 의미로 이해했다고 할 수 있다. 이 설은 근거가 없는 추측일 뿐이다. 조여괄(趙汝适)의 『제번지(諸番志)』는 1225년에 『도이지략』은 1350년경에 완성되었으므로, 1세기가 넘는 시간 속에 누군가의 저술이 있었을 수도 있다. 그렇다면 14세기 이후의 해외 나라들을 기술한 이 송나라 말 『도이지』란 책을 언급하지 않았겠는가. 별다른 주목을 받지 못했던 마환의 처지에서 봤을 때, 송나라 말의 책보다는 조금이라도 가깝고 널리 알려져 있었던 『도이지략』을 본 것으로 추정해야 하지 않을까. 명나라 서응추(徐應秋, 1616년 진사)의 『옥지당담회(玉芝堂談薈)』, 권22에 『도이지략』의 유구(琉球) 조목을 인용하면서 『도이지』라고만 하였다. 마환이 본 책이 『도이지략』이 맞는다면, '지(誌)'자는 '지(志)'자로 바꾸는 것이 맞다.

40 정화(鄭和)의 세 번째 사신행을 언급하고 있는 것으로 보이는데 황명을 받은 날짜에 차이가 있다. 먼저 『명사』 「정화전」에는 "[영락] 10년(1412), 11월에, 다시 정화 등을 사신으로 보내는 명이 내려졌다. 그들은 소문답랄(蘇門答剌, 아체)에 도착했다. 이전 왕의 아들이라 스스로 칭한 '소간랄(蘇幹剌)'이라고 하는 자가 당시 그 왕을 시해할 음모를 꾸며 스스로 왕위에 올랐다. 정화가 하사하는 [황제의 예물들이] 자신에게 이르지 않은 것에 화가 난 그는 직접 군사들을 거느리고 황제의 군대를 공격하러 갔다. 정화는 힘껏 싸워 그를 추격하여 남발리(喃渤利, Lambri)에서 그를 포로로 잡았고, 그의 부인과 아들을 체포했다. 13년(1415) 7월, [정화는] 조정으로 돌아왔다. 황제는 매우 만족하여 사신단의 서열에 맞게 장수와 관리들에게 선물을 내렸다(十年十一月, 復命和等往使, 至蘇門答剌. 其前僞王子蘇幹剌者, 方謀弑主自立, 怒和賜不及己, 率兵邀擊官軍. 和力戰, 追擒之喃渤利, 竝俘其妻子, 以十三年七月還朝. 帝大喜, 賚諸將士有差)"라고 하였고, 「본기」에도 10년 11월에 "정화가 다시 서양에 사신으로 갔다(鄭和復使西洋)"라고 기록하고 있다. 다시 『태종문황제실록』, 권134, 영락 10년 11월 15일 첫 번째 기사에 "병신(丙申)일에 태감 정화 등이 칙령을 받들고, 만랄가(滿剌加, 말라카), 조와(爪哇, 자바), 점성(占城, 참파), 소문

하는 것으로 **외람되이** 사신단의 말단에 **충당되었다.** 이르는 곳을 따라가니, 고래 파도치는 바다는 넓고 아득하여 몇천만 리인지도 몰랐다. 여러 나라를 두루 돌아다니면서, 절기, 기후, 지리, 인물을 목격하고 직접 체험해 보고 나서야 『도이지』에 기술한 것들이 터무니없는 것이 아니며, 더 기괴하다고 여길 만한 것들도 있다는 것을 알았다. 이에 각 나라 인물들의 미추, 토속의 특이함, 토산의 차이, 강역의 제도들을 채록하여 차례를 엮어 책으로 만들고 『영애승람』이라 이름 지었다. [이 책을] 보는 사람들이 한 번만 봐도 여러 외국의 사실에 관하여 그 요체를 다 알도록 하고, 나아가 우리나라의 교화가 미치는 바가 이전 시대에 비할 만한 것이 아님을 알게 하였다. 다만 부끄럽게도 우매한 일개 미천한 사람이 외람되이 사신단을 수행하여 더불어 멋진 유람을 하게 된 것이야말로 참으로 천년에 한 번 얻을까 말까 한 기회였다. 이 책은 단어를 만들고 운용하는 데 수식을 가할 수 없어 단지 곧이곧대로 사실을 썼을 따름이다. [이 책을] 보는 사람들께서는 비천하다 나무라지 마시라. 이에 서문으로 삼는다.[41]

답랄(蘇門答剌, 수마트라), 아로(阿魯, 아루), 고리(古里, 캘리컷), 남발리(南渤利, 람브리), 팽형(彭亨, 파항), 급란단(急蘭丹, 끌란딴), 가이륵(加異勒, 카일), 홀로모사(忽魯模斯, 호르무즈), 비랄(比剌), 유산(溜山, 몰디브), 손랄(孫剌) 등의 국왕들에게 각기 그 서열에 따라 수놓은 비단과 얇은 천 등등을 하사했다(丙申, 遣太監鄭和等賫勑往, 賜滿剌加・爪哇・占城・蘇門答剌・阿魯・柯枝・古里・南渤利・彭亨・急蘭丹・加異勒・忽魯謨斯・比剌・溜山・孫剌諸國王錦綺紗羅綵絹等物有差)"라고 하였다. 서문에서 말하는 것과 여기 사서의 기록들과는 1년의 차이가 있다. 우선 「삼보정이집서」와 『설집』본에서 10년을 11년으로 잘못 기록한 것일까? 그럴 가능성은 거의 없다. 왜냐하면 뒤에 '계사'라고 명시했기 때문이다. 이제 남는 문제는 이 서문을 쓴 사람의 착각인가? 아무튼 다시 서문으로 돌아가 '정화에게'는 '정화 등에게'로 '등(等)'자를 보충해야 할 것이다.

41 마지막 문장은 판본마다 상당한 출입이 있다. 주당면의 『국조전고』에는 "다만 일찍이 경전 공부를 하지 못해, 재주와 학문이 거칠고 성글어, 단어를 만들고 운용하여 문장을 수식할 수 없었기에 단지 그 일을 곧이곧대로 썼을 뿐이다. 군자들께서 보시고, 비루하다고 여기어 비웃지 마시라(**顧早失經訓, 才學荒疏,** 措意遣詞不能文飾, 但直書其事而已. 君子觀之, 毋以鄙陋而見哂焉)"로 되어 있다. 한편 『설집』본에는 "是帙也, 措意遣詞不能文飾, 但直言其事而已, 覽者毋以肤淺誚焉"이라고 하여 우리의 원문과 대동소이하다. "다만 일찍이 경전 공부를 하지 못해 재주와 학문이 성글고 거칠다"라는 솔직한 표현이 어느 판본에도 찾아볼 수 없다는 것은 이후 누군가의 편집이 있었음을 충분히 짐작할 수 있다.

대 명나라 영락 14년(1416) 세차로는 병신년 황종월(11월) 길단(초하루)에 회계 나무꾼 마환이 기술하다.[42]

余昔觀島夷誌,① 載天時氣候之別, 地理人物之異, 慨然歎曰, 普天下何若是之不同耶. 永樂十一年②癸巳, 太宗文皇帝勅命正使③太監鄭和[等]統領寶船往西洋諸番開讀賞賜. 余④以通譯番書, 亦⑤被使末. 隨其所至, 鯨波浩渺, 不知其幾於萬里. 歷涉諸邦, 其天時氣候地理人物目擊而身履之.⑥ 然後知島夷誌所著者不誣,[43] 而尤有大可奇怪者焉. 於是採摭⑦各國人物之醜美,⑧ 壤俗之異同, 與夫土產之別, 疆域之制, 編次成帙, 名曰瀛涯勝覽. 俾屬目者一顧之頃, 諸番事實悉得其要, 而尤見夫聖化所及, 非前代之可比.⑨ 第愧愚昧, 一介微氓, 叨陪使節, 與斯勝覽, 誠千載之奇遇也. 是帙也, 措意遣詞, 不能文飾, 但直筆⑩書其事而巳. 覽者毋以膚淺誚焉. 是爲序.⑪

大明⑫永樂十四年歲次⑬丙申黃鍾月吉旦,⑭ 會稽⑮山樵馬歡述.

① 이 책에는 왕대연(汪大淵)의 『도이지략』의 문장을 채록하고 있는데, 여기의 '도이지'는 『도이지략』을 지칭하는 것으로 보인다.

② 이상 세 글자[十一年]는 『삼보정이집』서에 따라 보완하였다.[44]

③ 이상 두 글자[正使]는 『삼보정이집』서에 따라 보완하였다.[45]

④ ['여(余)'자는] 『기록휘편』 원문에 '여(予)'자로 되어 있어, 『삼보정이집』서에 따라 보완하였다.

42 서명은 판본마다 상당한 출입이 있다. 먼저 주당면의 『국조전고』와 『설집』본에는 "영락 병신년 황종월에 회계 나무꾼 마환 기술하다(永樂丙申黃鍾月會乩山樵馬歡述)"라고 하였다.

43 이 문장은 주당면의 『국조전고』에는 "그런 뒤에 『도이지』가 기록하고 있는 것을 믿게 되었고(然後知夫信島夷志所著者)"라고 되어 있는데, 우리의 원문과 의미상 차이는 없다.

44 주당면 『국조전고』에는 '영락 계사(永樂癸巳)'로 되어 있다. 따라서 「삼보정이집서」의 것은 좀 덧붙여진 것 같다.

45 주당면 『국조전고』에도 '정사(正使)' 두 글자가 있다.

⑤ ['역(亦)'자는] 『승조유사』본에도 '역'자로 되어 있지만, 『삼보정이집』서에는 '첨(忝)'자로 되어 있다.[46]

⑥ 이상 여섯 글자[目擊而身履之]는 『삼보정이집』서에 따라 보완하였다.[47]

⑦ 이상 두 글자[採摭]는 『기록휘편』 원문에는 잘못 도치되어 있다. 『삼보정이집』서와 『승조유사』본에 따라 고쳤다.

⑧ ['추미(醜美)'는] 『삼보정이집』서에 '연강(硏强)'으로 되어 있는데, 분명 '연치(姸媸)'의 잘못일 것이다.[48]

⑨ 이상 여섯 글자[非前代之可比]는 『기록휘편』에 '非前代比'로 되어 있고, 『삼보정이집』서에는 '非前代之比'로 되어 있다.[49] 여기서는 『승조유사』본에 따랐는데, 문맥이 비교적 통한다.

⑩ '필(筆)'자는 『삼보정이집』서, 『승조유사』본 모두에 보이지 않는다.[50]

⑪ 이상 세 글자[是爲序]는 『삼보정이집』서에 근거하여 보완하였다.

⑫ 이상 두 글자[大明]는 『승조유사』본에 따라 보충하였다.

⑬ 이상 다섯 글자[十四年歲次]는 『삼보정이집』서에 근거하여 보완하였다.

⑭ 이상 두 글자[吉旦]는 『삼보정이집』서에 근거하여 보완하였다. 『승조유사』본에는 '길일(吉日)'로 되어 있다.

⑮ ['회계(會稽)'는] 『기록휘편』 원문에 '회계(會乩)'로 잘못되어 있다. 『삼보정이집』서, 『승조유사』본에 따라 고쳤다.

46 풍승균의 교감은 불충분하다. 풍승균 씨는 『기록휘편』과 『승조유사』에 따라 "亦被使末"로 교정했지만, 의미가 쉽게 다가오지 않는다. 주당면의 『국조전고』에는 "叨備使末"로, 『설집』본에는 "忝備使末"로 되어 있다. 즉 외람되어 사신단의 말석에 충당되었다는 말임이 틀림없다. 따라서 『설집』본과 『삼보정이집』에 따라 "忝備使末"로 교감해야 할 것이다.

47 이상 여섯 글자는 주당면 『국조전고』와 『설집』본에도 다름없이 들어 있다.

48 주당면 『국조전고』에는 '추미(醜美)'로 되어 있고, 『설집』본에는 '연치(姸媸)'로 되어 있다. 의미상 변화는 없다. 다만 「후서」에 이 '연치'란 단어가 두 차례나 사용되었음을 기억해 두자.

49 주당면 『국조전고』에는 "그리고 무릇 우리 왕조의 다스림과 교화의 미침이 실로 이전 시대와 비교할 만한 것이 아니라는 것을 알게 하다(而尤見夫聖朝治化所及, 實非前代之可比也)"라고 하였고, 『설집』본에는 "而尤見夫聖化所及非前代比"로 『기록휘편』과 같다. 이상에서 보는 바와 같이 문장이 가장 매끄러운 것은 『국조전고』본이다.

50 위의 주3에서 판본을 비교한 것에 따라 '필(筆)'자를 삭제하는 것이 맞다.

여러 외국의 명칭[諸番國名] 【원래 순서와 역명은 대부분 원본과 부합하지 않아 여기서는 모두 고친다.】

占城國

爪哇國

舊港國 【원래 목차는 섬라국이 세 번째이고 구항국이 네 번째이다.】

暹羅國 【원래는 세 번째이다.】

滿剌加國 【『기록휘편』 원문에는 '滿葛剌國'으로 잘못되어 있다.】

啞魯國

蘇門答剌國

那孤兒國

黎代國

南浡里國

錫蘭國 【원래 순서는 열세 번째이다.】

小葛蘭國 【『기록휘편』 원문에는 '葛蘭'으로 잘못되어 있고, 열네 번째이다.】

柯枝國 【『기록휘편』 원문에는 열다섯 번째이다.】

古里國 【원래 순서는 열여섯 번째이다.】

溜山國 【원래 순서는 열한 번째이다.】

祖法兒國 【원래 순서는 열일곱 번째이다.】

阿丹國 【원래 순서는 열아홉 번째이다.】

榜葛剌國 【원래 순서는 열두 번째이다.】

忽魯謨厮國 【『기록휘편』 원문에는 '忽爾沒斯'로 되어 있고, 열여덟 번째이다.】

天方國

중화의 사신들 천자의 칙서를 받들었네. 皇華使者承天敕.
천자의 말을 널리 펴고자 이역으로 갔네. 宣布綸音往夷域.
고래 같은 배 파도에 소리치며 대양에 떠, 鯨舟吼浪泛滄溟,[51]
멀리 큰 파도를 건너감에 아득히 끝이 없네. 遠涉洪濤渺無極.[52]

큰 파도는 넘실넘실 옥 물결은 솟구치네. 洪濤浩浩涌①瓊波,
무리 지은 산들은 아른아른 푸른 소라 떠 있네. 羣②山隱隱浮青螺.
참파 항구에 잠시 멈춰 쉬었다가 占城③港口④暫停憩,[53]

51 '범(泛)'자는, 『설집』본에 '용(涌)'자로 되어 있다. 이 글자를 살려 보면, 경주가 파도에 부딪혀 울부짖고 대양에 솟구쳐 오른다는 의미 정도가 될 것이다.

52 '원섭(遠涉)'이란 표현은 주당면의 『국조전고』본에는 '경섭(經涉)'으로 되어 있고, 『설집』본에는 '애천(涯淺)'으로 되어 있다. '애천'은 의미상 통하지 않으니, '원섭'과 '경섭'을 놓고 봐야 할 것이다. '원'자의 의미는 "아득히 끝이 없다"라는 표현과 중복감을 피할 수 없다. 그렇지만 평측으로 따져 보았을 때, '창명'이 '평평'이므로 4구는 '측측'으로 시작하는 것이 파도의 흐름과 같이 리듬을 타게 된다. 따라서 '원섭'이 선본으로 판단한다.

53 '게(憩)'자는 주당면의 『국조전고』에서는 '박(泊)'자로 되어 있고, 『설집』본에는 '식(息)'자로 되어 있다. 모두 측성의 글자이고, 의미 또한 비슷하다.

돛을 올려 빠르게 자바로 왔네.[54]	揚帆迅速來闍婆.⑤

① ['용(涌)'자는] 『삼보태감서양기』에 '용(湧)'자로 되어 있다.[55]

② ['군(羣)'자는] 『삼보태감서양기』에 '서(犀)'자로 되어 있다.

③ 점성은 점파(占波, Čampa)이다.

④ [여기의 '항구'는] 분명 신주(新州) 항구를 가리킨다. 오늘날 꾸이년이다.

⑤ ['사바(闍婆)'는] 오늘날 조와(爪哇, Java)이다.

자바는 중화의 땅에서 멀리 떨어져 있네.	闍婆遠隔中華地.
날씨는 뜨겁게 찌고 인물은 기이하네.	天氣煩蒸人物異.[56]

54 자바는 이 기행시에서 모두 '사바(闍婆)'로 표기하고 있다. '사바'는 『영애승람』 두 번째 조목으로 다루고 있는 조와(爪哇), 즉 자바의 옛 명칭이다. 산스크리트어 야바드위빠(Yavadvipa)의 약칭이다. 『후한서』에서는 '엽조(葉調)'로 표기했고, 당나라 시기에는 수마트라와 자바 두 섬의 합칭으로 사용되다가 송나라 때에 이르러 자바 하나만 가리키게 되었다. 밀스(J.V.G. Mills)에 따르면(86쪽), 마환이 기술한 자바의 범위는 동부 자바에 있는 마자파힛 지역까지라고 밝히고 이 지역이 당시 인도네시아의 정치적 경제적 중심지였기 때문일 것이라고 했다. '바(婆)'자는 주당면의 『국조전고』에는 '파(波)'자로 되어 있는데, 같은 곳의 다른 음역일 뿐이다. 왜 본문에서 조목으로 다루고 있는 것처럼 '조와'라고 하지 않고 '사바'를 썼을까? '와'자와 '바'자는 모두 평성의 글자로 운율의 제약을 받는 것도 아니다.

55 주당면의 『국조전고』본에는 '옹(擁)'자로 되어 있다. 제1수에서 1구와 2구의 평측은 완벽한 대구를 이루었다. 여기 1구와 2구는 의미상 대를 이루고 있지만, 평측을 따져 보면 '평평측측측평평'이고, 2구도 '평평측측평평평'으로 같은 리듬이다. 그렇다면 다섯 번째 글자를 일치시켜야 한다. 2구의 '부(浮)'자는 모든 판본에서 일치한다. 따라서 '옹(擁)'자로 바꾸면 평측은 완전히 같아진다. 이 글자에 따르면, 넘실대는 큰 파도는 옥 물결을 끌어안은 듯하고, 아른거리는 뭇 산들은 푸른 소라를 띄워 놓은 듯하다는 의미로 읽을 수 있을 것이다.

56 '번증'은 주당면의 『국조전고』본에는 '염증(炎蒸)'으로 되어 있고, 『설집』본에는 '증인(蒸人, 사람을 더위로 삶다)'으로 되어 있다. 제2수에서 본 것처럼 1구와 2구는 대구를 사용하고 있다. 따라서 1구의 '원격'처럼 술어가 되어야 하므로 주당면의 『국조전고』본에 따라 '염증'으로 고치는 것이 좋겠다.

더벅머리에 맨발로 이상한 말을 하며	科頭裸①足語侏儺,[57]
의관에 익숙하지 않고[58] 예의에 소략하네.	不習衣冠疏禮義.

① ['나(裸)'자는] 『삼보태감서양기』에 '선(跣)'자로 되어 있다.

천자의 조서가 이르는 곳마다 환호성이 많아지네.	天書到處多懽聲.[59]
오랑캐 두목과 추장들 다투어 서로 맞이하네.	蠻魁酋長爭相迎.
남금과 기이한 보석들을 멀리서 달려와 바치니,	南金異寶遠馳貢,[60]

57 '과두(科頭)'란 표현은 머리에 관이나 모자를 쓰지 않는 것을 말한다. 이 용어는 『영애승람』 본문에는 한 번도 사용되지 않았다. 조와 조목에는 국왕처럼 "남자들은 봉두를 한다(男子鬔頭)"라고 하였다. 이어서 자바 사람들은 머리에 남이 손을 대는 것을 매우 싫어한다는 기술을 볼 수 있다. 따라서 여기의 '과두'란 바로 더벅머리 '봉두'로 머리에 아무것도 쓰거나 두르지 않는 더벅머리 원상태를 지칭하는 말임을 짐작할 수 있다.

'나족(裸足)'은 『설집』본에도 마찬가지이다. 주당면의 『국조전고』에는 '나선(裸跣)'으로 되어 있다. 주로 곤궁한 생활을 일컬을 때 사용하는 '과두선족(科頭跣足)'이란 전통적 표현이 있을 뿐만 아니라, 『영애승람』 본문에는 두 차례나 '선족'이란 표현을 사용하고 있다. 따라서 여기서는 『삼보태감서양기』의 '선(跣)'자를 따라서 '선족(跣足)'으로 고쳐야 할 것이다.

'주려(侏儺)'는 바로 주려(株離)로, 고대 중원 밖에 사는 소수민족의 말이나 이해하지 못하는 외국어를 지칭하는 말로 주로 쓰며, 소수민족을 낮추어 부르는 말로도 사용한다.

58 의복에 익숙하지 않다는 말은 옷을 잘 입지 않는다는 말이다. 『영애승람』 조와 조목에 왕의 복식을 기술하고 있는 것을 보면 "국왕의 의복은 더벅머리나 혹은 황금잎으로 만든 화관(花冠)을 쓰고 몸에는 옷을 입지 않고, 아래는 명주실이 들어간 수건 한두 개를 두른다(國王之絆, 鬔頭或帶金葉花冠, 身無衣袍, 下圍絲嵌手巾一二條)"라고 한 것으로 일반 남자들의 복식을 충분히 짐작할 수 있다.

59 '다환성(多懽聲)'은 주당면 『국조전고』에 "기뻐하는 마음이 많다(多歡情)"라고 되어 있고, 『설집』본에는 "환호소리 끓어오른다(騰歡聲)"라고 되어 있다. 우선 '환(懽)'자는 통용하는 글자지만 일반적인 '환(歡)'자로 고치는 것이 좋겠다. 다음 '다(多)'자와 '등(騰)'자 모두 평성(平聲)으로 평측(平仄)에는 문제가 없다. '다'자는 '환정(歡情)'과 더 우리말에 어울리고, '등'자는 '환성(歡聲)'과 더 잘 어울린다.

은덕을 품고 인의를 흠모하며 충성을 표하네. 懷恩慕義攄忠誠.

자바에서 또 서쪽 바다로 가네. 闍婆又往西洋①去.
팔렘방을 지나 말라카의 다섯 섬에 이르렀네.[61] 三佛齊②過臨五嶼.③
수마트라가 물길 가운데 치솟아 있어, 蘇門答剌④峙中流,
바다 배[62]를 탄 외국 상인들이 이곳을 거쳐 모여드네. 海舶番商經此聚.

60 '남금(南金)'이란 표현 역시 『영애승람』 본문에서 한 차례도 사용되지 않았다. 게다가 자바 조목에서는 특이하게도 나라의 특산이나 토산을 전혀 언급하지 않고 있다. '남금'이란 용어는 『한어대사전』에 따르면, 남방에서 나는 동(銅)으로 이후에는 귀중한 물품을 지칭하는 말로 쓰였다고 하였다. 대만의 디지털 사전 『맹전(萌典)』에는 형주(荊州)와 양주(揚州)에서 나는 품질 좋은 황금이라고 설명하고 있다. 여기서는 아무래도 전자의 설명을 따라야 할 것으로 보인다. 조와 조목에서 "중국에서 쓰던 옛날 동전을 유통시켜 사용한다(中國歷代銅錢通行使用)"라는 기술로 판단컨대, 중국 사신들이 오자, 자바의 두목이나 추장들이 이러한 동전들과 기이한 보물들을 가지고 와 바쳤다는 말로 이해하고자 한다.

61 '삼불제(三佛齊)'는 바로 팔렘방을 가리킨다. 여기에서도 마환은 본문에서 '구항(舊港)'으로 설명했지만, 옛 명칭인 삼불제[室利佛逝, Śrīvijaya]를 사용했다. 7언의 글자 수를 맞추기 위한 것이라면, '발림방(浡淋邦)'도 있고 '구항국'도 있다.
'오서(五嶼)'란 표현도 말라카가 나라로 인정받기 전에 그곳 바다에 다섯 개의 섬이 있어서 붙여진 명칭이다. 이후 영락 7년(1409)년 정화 등이 황명을 받고 방문한 뒤로 만랄가국(滿剌加國)이 되었다는 것이 『영애승람』의 설명이다. '오서'란 명칭을 사용한 것은 운자를 맞추기 위함이었을 것으로 보인다. 하지만 『영애승람』이 기술하고 있는 나라 순서를 따져 보면, 섬라(暹羅, 시암, 태국)가 먼저 나와야 한다. 하지만 기행시의 흐름은 곧바로 수마트라로 내닫는다.

62 '해박(海舶)'의 '박(舶)'자는 『영애승람』에서 한 차례도 쓰이지 않은 글자이다. 사실 '박'자는 『설문해자』에 보이지 않는 글자이다. 기록으로 살펴보면, 삼국시대 남방에서 주로 사용된 글자이다. 만진(萬震)의 『남주이물지(南州異物志)』(『태평어람』 권769에 인용됨)에 "외역의 사람들은 '강(舡)'을 '박(舶)'이라 하는데, 큰 것은 길이가 20여 장이고 높이는 물에서 3~4장 떨어져 있어 멀리서 보면 각(閣)과 같았으며, 6~7백 명과 화물 만 곡(斛)을 실었다"라고 하였다. 또 여침(戾祲)의 『자림(字林)』에 "박은 큰 배이고 현재 강남에서 바다로 항해하는 배를 '박'이라 한다"(『일체경음의(一切經音義)』, 권1에 인용)라고 하였고, 특히 『집운(集韻)』에서는 '박'자를 "바다에 다니는 오랑캐[蠻夷]들의 배"라고 설명하고 있다. 이로써 볼

① 이로써 볼 때, 당시 사람들은 조와(爪哇, 자바) 서쪽을 '서양'으로 보았음을 족히 알 수 있다.[63]

② ['삼불제(三佛齊)'는] 바로 실리불서(室利佛逝, Śrīvijaya)이다.

③ ['오서(五嶼)'는] 바로 만랄가(滿剌加, Malaka)이다.

④ 당시의 소문답랄(蘇門答剌)은 수마트라(Sumatra)섬 전체를 가리키는 것이 아니라 서북쪽 모퉁이에 있는 아제(亞齊, Ačeh)를 지칭했을 뿐이다.[64]

이곳으로부터 종(䑸)을 나누어 실론섬으로 가네.	自此分䑸①往錫蘭.
코치, 캘리컷 등 여러 외국으로 이어지네.	柯枝古里連諸番.
얕은 물의 남쪽 바닷가에는 몰디브가 있고,	弱水南濱溜山國②,
가는 길은 망망하고 더욱 험난하네.	去路茫茫更險艱.

① 대종 보선은 이곳에 이르러 선박을 나누어 여러 나라로 파견했다는 말

때, 마지막 구의 '해박번상(海舶番商)'이란 말은 이러한 '박'자의 어의를 정확히 알고 있었던 사람의 손에서 나왔음을 추정하게 하는 표현이다.

63 자바를 떠나 서북쪽으로 항해해 가는 일행이 만나게 되는 말라카 해협의 동쪽 해안, 즉 시암(태국)과 마주하고 있는 곳으로 나아가는 과정을 기술하고 있다. 따라서 '서양'을 『설집』본에만 '서남(西南)'으로 기록하고 있는데, 잘못된 것이다. 『명사』(권323) 「바라전(婆羅傳)」에 "바라[Borneo], 또는 문래(文萊, Brunei)라고도 하는데, 동양의 끝이자, 서양이 시작되는 곳이다(婆羅, 又名文萊, 東洋盡處, 西洋所自起也)"라고 하였다. 따라서 당시 사람들은 보르네오섬 오른쪽을 '서양'으로 보고 있었다는 것을 확인할 수 있다.

64 이러한 위치 추정은 다음에 보게 될 여섯 번째 시와 연관 지었기 때문일 것이다. 여기서는 팔렘방 정북쪽 수마트라 중부의 동쪽 해안, 말하자면 싱가포르와 마주 보고 있는 끌랑 지역 일대의 말라카 해협 중간을 말하는 것으로 보인다. 이 지역이 되어야 동쪽과 서쪽에서 오가는 외국 상선들이 몰려드는 곳이라고 짐작할 수 있을 것이다.

이다.[65]

② ['유산국(溜山國)'은] 몰디브(Maldives) 군도이다.[66]

서역[67]으로 가려고 멀리 바라보았네. 欲投西域遙凝目.

65 이 '분종(分䑸)'이란 용어는 『영애승람』 본문에서 두 차례 사용되었는데, 바로 아단국[아덴, 16-2]과 천방국[메카, 19-13] 조목에서 보인다. 먼저 아덴 조목에서 "영락 19년 정사 태감 이(李) 등이 조서와 의관을 가지고 가서 왕과 추장들에게 하사하라는 황명을 받고, 수마트라에 도착해, 선단을 나누었는데, 내관 주(周)가 보선 수척을 통솔하여 이곳에 왔다(永樂十九年, 欽命正使太監李等, 齎詔勑衣冠賜其王酋, 到蘇門答剌國, 分䑸, 內官周領駕寶船數隻到彼)"라고 하였고, 메카 조목에서는 "선단을 나누어 캘리컷으로 왔을 때(分䑸到古里國時)"라고 하였으므로, '분종'은 같은 지점에서 이루어지고 있다. 그곳은 바로 말라카 해협을 빠져나온 수마트라 북단의 아체 지역이었다. 지도상에서 보는 바와 같이, 이곳에서 효율적 항해를 위해서는 반드시 선단을 나누어야 한다. 그곳에서 하나는 태국과 벵골만을 거쳐 실론과 인도로 향하는 노선과 하나는 안다만을 거쳐 곧바로 실론으로 가는 노선이 분기하기 때문이다. 『영애승람』에서 이 '종'자는 대종(大䑸)과 분종(分䑸)으로 쓰였다. 1300년경, 라시드 앗 딘이 중크(ǰunk, 또는 ǰong)를 '대해의 큰 선박'이라는 중국 명칭으로 설명하고 있다. 이로부터 '종'자를 정크선으로 보는 학자들도 있다(『Hobson-Jobson』, 472쪽). 어쨌든 마환의 『영애승람』에서는 대종은 큰 선단(본진)을 의미하고 분종이란 대종에서 나뉜 선단을 말하는 것임은 틀림없다.

66 '유산국(溜山國)'은 주당면의 『국조전고』와 『설집』본에 모두 '유산곡(溜山谷)'으로 되어 있다. 바다가 있는 곳에 '곡(谷)'자를 쓴 것 자체가 문제이다. '유(溜)가 산과 계곡을 이룬 곳'이란 뜻일까? 『도이지략(島夷志略)』에는 '북류(北溜)'라고 표기하고 있다. 이에 대하여 소계경은 몰디브의 중심 도시인 마레(Male)의 음역일 것으로 추정했지만 아무리 [b]음과 [m]을 바꾸어 쓸 수 있다고 하더라도(『도이지략교석』, 265쪽), 억지스럽다. 차라리 알려지지 않은 이곳의 외형을 의미대로 새겨 보는 것이 단순하다. 예컨대, 북류가 있으면 '남류'도 있다. 몰디브는 남북으로 이어지는 환초들로 구성되어 있기 때문이다. 따라서 '유(溜)'가 독립적으로 사용되어 '유(溜)가 산과 계곡을 이룬 곳'의 의미로 풀 가능성을 찾을 수 있다. 그런데 말라카 해협을 빠져나온 정화의 선단이 아체에서 선단을 나누어 스리랑카보다 훨씬 더 서쪽 대양 한가운데 있는 몰디브에 왜 갔을까? 몰디브는 호르무즈로 가는 길목에 있었던 것일까?

67 '서역'이란 단어를 마환은 본문에서 한 번도 언급하지 않았다. 주로 '서양(西洋)'이란 단어를 많이 쓰고 있다. 주목할 만한 것은 호르무즈가 아니라 홍해의 메카 즉 천방(天方)을 지칭하면서 익명의 「후서(後序)」에서만 언급되었다.

물결 빛이 초록 하늘에 닿은 것만 보이네.	但見波光接天綠.[68]
뱃사람도 머리를 들고 동서를 혼동하며,	舟人矯首混西東,[69]
별자리를 가리키며 남북을 정할 뿐이네.	惟指星辰定南北.

호르무즈 나라는 바다 끝에 있었네.	忽魯謨斯近海傍.[70]
페르가나와 이집트가 오가며 장사를 하네.	大宛米息①通行商.[71]
박망후가 이 절역에 사신으로 왔다고 하던데	曾聞博望②使絶域,
어떻게 그 당시에 [천자의] 은택이 [여기까지] 미쳤을까.	何如當代覃恩光.[72]

68 '천록(天綠)'이란 표현은 강에나 어울릴 만한 조합인데, 인도양의 한 가운데서 '천록'이라니. 분명 운자 때문에 '녹천'을 말한 것임이 틀림은 없지만, 여러 판본을 뒤져 보아도 논란의 여지 없이 '녹(綠)'자이다. 청천(靑天)을 압운 때문에 '녹'자로 바꾼 것일까? 또 한 가지 생각해볼 수 있는 가정은 '녹(淥)'자의 오기로 보는 것이다.

69 '서동(西東)'은 주당면의 『국조전고』본에는 '동서'로 되어 있다.

70 『설집』본과 『영애승람』의 조목에는 모두 '홀로모시(忽魯謨厮)'로 되어 있다. 또한, 권두의 나라 목록에는 호르무즈는 『기록휘편』과 『국조전고』에는 '홀이몰사(忽爾沒斯)'로 되어 있다. 같은 작자의 손에서 다른 음역 표기들이 나타나고 있다.

71 '대완미식(大宛米息)'은 주당면의 『국조전고』에는 '미식대완'으로 되어 있다. 앞서 우리는 1구와 2구는 같은 평측으로 되어 있음을 확인했다. '홀로모사'는 측측평평이고 '대완미식'은 평평측측이다. 이 점을 고려하여 『국조전고』에서는 순서를 바꾼 것으로 생각된다. 그러므로 『국조전고』를 따르는 것이 좋겠다.

72 3구와 4구는 주당면의 『국조전고』와 상당한 글자 출입이 있다. "일찍이 박망후가 역사에 전해진다고 들었는데, 어떻게 그 당시에 광택이 많았을까(曾聞博望傳靑史, 何如當代多光輝)"라고 하였다. 의미상 문제는 없어 보이지만, '휘'자를 씀으로써 압운하지 못하고 있다. 『설집』본에는 "曾聞博望使絶城, 如何當代覃恩光"으로 되어 있으므로 『기록휘편』을 따르는 것이 맞다. 결국, 저자가 하고 싶은 말은 호르무즈국까지 오는 것이 이렇게도 힘든데, 그 옛날 장건은 어떻게 그 먼 곳[絶域]까지 가서 천자의 은혜를 펼쳤을까라는 뜻으로 생각한다.

① ['대완미식(大宛米息)'은] 『기록휘편』 원문에 '太宛米息'으로 되어 있고, 『삼보태감서양기』에는 '大家未息'으로 되어 있다. 일견 대완(大宛)과 안식(安息)의 잘못된 표기라고 보이지만, 대완은 페르가나(Ferghana)에 있지, 항해하여 경유하는 곳이 아니다. 원문이 대식(大食)이었는데, 필사하는 사람이 망령되이 대완으로 고친 것 같다. 미식은 『명사』, 권332에 보이는 미석아(米昔兒, Misr)로, 오늘날 이집트이다.[73]

② '박망(博望)'은 장건(張騫)이다.

서생이 공무를 따라와 미천함을 잊었네. 書生從役何①卑賤.
사신들을 외람되이 모시고 두루 유람하였네. 使節叨②陪遊覽遍.
높은 산 큰 바다 본 적 없었는데, 高山巨浪罕曾觀,
기이한 보물과 진기한 것들 이제야 보았네. 異寶奇珍今始見.

① ['하(何)'자는] 『삼보태감서양기』에 '망(忘)'자로 되어 있다.[74]

② ['도(叨)'자는] 『삼보태감서양기』에 '삼(三)'자로 되어 있다.[75]

73 풍승균의 주석은 일견 타당하게 보이지만, 『국조전고』와 『설집』 모두 대원을 가리키고 있다. 또 '원(宛)'자와 '식(食)'자는 자형상의 근접성도 없다. 당연히 '대원'은 항로상에 있지 않다. 풍승균 씨는 이 구를 다음 구와 연결하여 생각하지 못했다. 2구는 중앙아시아 페르가나의 상인들과 호르무즈의 더 서쪽에 있는 아프리카 대륙 북단의 이집트 상인들이 이곳에 와서 교역하는 것을 말하고 있다. 그래서 작자는 박망후 장건을 떠올린 것으로 읽을 수 있겠다.

74 풍승균 씨는 첫 구에서 『기록휘편』본을 따르고 있지만, 모든 판본에서 '망(忘)'자를 보여 주고 있다. 당연히 '망'자로 고쳐야 한다.

75 만명(萬明) 씨는 아쉽게도 이 아홉 번째 시를 교감하면서 『삼보정이집』을 그대로 따르고 있다. 여기 『삼보정이집』과 『설집』본에는 세 번 배종했다는 의미로 '삼배(三陪)'라고 하고 있다. 만약 이 기행시를 마환이 메카에 다녀온 이후에 쓴 것이라면, 세 번 배종했다는 말이 통한다. 그런데 앞서 본 절구들은 호르무즈까지 에 언급하고 있지 않다. 『영애승람』과 『전문기(前聞記)』를 따르면, 마환은 천방국(天方

천지를 올려보고 내려 봐도 한계가 없었네. 俯仰堪輿無有垠.[76]
하늘 끝 땅끝 모두 왕의 신하였네. 際天極地皆王臣.
성명께서 통일하여 화하로 병합하니, 聖①明一統混華夏,
먼 옛날에서 지금까지 누구와도 견줄 수 없네. 曠古於今孰可倫.

① ['성(聖)'자는] 『삼보태감서양기』에 '조(朝)'자로 되어 있다.[77]

사신들은 부지런히 애써 가며 늦을까 걱정하네. 使節勤勞恐遲暮.
마침 남풍을 만나 귀로로 향했네. 時值南風指歸路.[78]

國), 즉 홍해의 메카, 메디나까지 갔다. 이 정화의 일곱 번째 사신행까지 해야 세 번의 배종이 된다. 그러나 뒤에 이어지는 절구들 속에 마환의 여행은 호르무즈가 끝이다. 결국 '삼배'를 채택하면 제3자의 수정이거나 기행시의 저자가 마환이 아닐 가능성이 커진다. 적어도 이 기행시를 마환의 작품으로 보려면 『기록휘편』, 주당면의 『국조전고』를 따라 '도배'로 그대로 두는 것이 맞다. 다시 말하자면 마환은 두 번째로 정화 일행을 따라갔다가 돌아온 뒤에 이 기행시를 쓴 것으로 봐야 한다.

76 첫 구는 『설집』본과 같지만, 주당면의 『국조전고』에서는 "俯仰乾坤無有限"으로, 보다 명료하게 되어 있다. '감여(堪輿)'를 '건곤'으로 '은(垠)'자를 같은 뜻의 '한(限)'자로 바꾸어 놓았다. '한'자는 무엇보다도 2구와 4구의 운자인 진(眞)운에 속하지 않는다. 자형에서 오는 단순한 오류일 가능성이 크다. 1구와 2구는 평측면에서도 대구를 이루고 있다.

77 '조(朝)'자는 단순한 오기일 것이다. 황제가 중국을 통일하고 천하를 병합했다는 것은 분명, 영락제를 지칭하는 것이다. 그렇다면 제9수에서 "세 번 배종했다"라고 한 것은 어울리지 않는다. 왜냐하면, 마환이 세 번째로 정화 일행을 따라간 것은 선덕(宣德) 5년(1430)이기 때문이다.

배들이 대해로 나아감은 노니는 용들 같고, 舟行巨浪若游龍,[79]

고개 돌린 먼 곳들은 해무로 막혔네. 回首遐荒隔煙霧.

경사[80]로 돌아와 황제를 알현했네. 歸到京華覲紫宸.

궁궐 섬돌 계단에 헌상하니 모두가 진기했네. 龍墀獻納皆奇珍.

황제께서 보자마자 용안을 기쁘게 하시며, 重瞳一顧天顏喜,[81]

작위 봉록을 두루 나누시니 은택이 이전과는 달랐네. 爵祿均頒雨露新.①[82]

회계 산초 마환(會稽②山樵馬歡)[83]

①『삼보태감서양기』에 수록된 기행시에는 적지 않은 이문(異文)이 있다. 여기에서는 약간이라도 관계되는 것만을 들었을 뿐이다.

②['계(稽)'자는]『기록휘편』 원문에 '계(乩)'자로 되어 있어 고쳤다.

78 '지(指)'자는 주당면의 『국조전고』본에만 '전(轉)'자로 되어 있다. 추측건대, '지'자의 의미가 불분명하여 '전'자로 바꾼 것으로 보인다. '지'자에는 '향해 나아가다'라는 뜻으로 쓰인 용례들도 많다.

79 '낭(浪)'자는 주당면의 『국조전고』와 『설집』본 모두 '해(海)'자로 되어 있다. 이로써 바로잡아야 할 것이다.

80 '경화(京華)'로 표현된 경사(京師)가 과연 북경일까, 아니면 남경이냐가 문제이다. 황제는 1421년이 되어서야 북경으로 갔으므로, 이 시를 마환이 언제 지었느냐에 따라 달라진다. 앞서 본 것처럼 마환이 두 번째 다녀온 것이라면, 여기의 경사는 남경이 되어야 한다.

81 '고(顧)'자는 『설집』본에만 '도(睹)'자로 되어 있는데 형식이나 의미의 변화가 없고, '희(喜)'는 주당면의 『국조전고』본에만 '열(悅)'자로 되어 있는데 역시 잘 어울린다.

82 '균(均)'자는 『설집』본에만 '중(重)'자로 되어 있다. '중'자의 의미로 볼 때, '신(新)'자의 의미가 더 잘 살아난다. 즉, 작위와 봉록을 무겁게(중하게) 내리시니 그 은택이 새롭게 느껴진다는 말이 된다. 그러나 이미 3구에 '중'자가 사용되었으므로, '균'자가 되어야 3구와 4구가 완벽한 평측의 대구를 이루게 된다.

83 이 마지막 작자를 밝히는 표기는 『기록휘편』에만 보인다.

『영애승람역주』

상上

01 참파 왕국 [占城國]

해제

점성(占城)의 '점'은 참(Cham)을 음역한 것이고, '성'은 산스크리트어로 도시나 마을을 의미하는 푸라(pura, 補羅)를 의역한 것이다. 여기 마환의 '점성'은 참파의 중국식 명칭인 셈이다. 이 참파라는 명칭이 중국 문헌 자료에서 처음 언급되는 것은 7세기 중반 현장(玄奘)의 시기로 거슬러 올라갈 수 있다. 이후 1177~1190년에는 이웃 왕국인 크메르 제국의 통치를 받았으며, 14세기에는 북베트남의 쩐[陳] 왕조와 30년간의 전쟁을 치렀고, 후 레 왕조(後黎)의 속령으로 전락하기도 했다(1471년). 그 후 1832년 응우옌 왕조에 정복되었다. 참파의 수도는 9~10세기에는 인드라푸라(Indrapura, 현 다낭), 이후 15세기까지는 비자야(Vijaya, 꾸이년, 1471년 정복됨)로 나타나고, 마지막 도읍은 베트남 남단의 판두랑가(Panduranga, 판랑, 1832년 멸망)에 있었다. 여기 마환의 참파 기술은 15세기 초 세계에서 가장 자세한 탐방자료를 보여 주고 있다는 점에서 그 의미가 크다.

율(Yule)의 설명에 따르면, "인도차이나 남동단을 차지하고 있었으며, 한 때 강력한 힘과 영향력을 발휘했던 왕국의 명칭이다. 그곳의 특정 지역이 여전히 이러한 이름으로 알려져 있다. 그러나 이와는 달리 코친차이나의 빈투언(Bình Thuận) 지역으로 알려지기도 했다. 이 지역에 사는 종족인 참(Chams, Tsiams) 사람들의 전승에 따르면, 크메르(Khmer) 또는 캄보디아인들이 오기 이전 반도의 전체와 시암만까지를 차지했다고 한다. 이 종족들이 참파(Champa)라는 명칭에서 불린 것인지, 그 사람들 때문에 '참파'로 불린 것인지는 분명하지 않다. 어쨌든 '참파'라는 형태는 산스크리트어이고, 아마도 이 명칭은 캄보자(Kamboja)처럼 인도나 다른 많은 인도-중국어 명칭에서 취했을 것이다. 원래 참파(Champā)는 현 바갈푸르(Bhāgalpur) 근처의 갠지스강 유역에 있는 도시이자 왕국이었다. 그리고 7세기에 이것과 구분하여 '마하참파(Mahā champā)'라는 인도-중국어의 참파를 찾을 수 있다. 아마도 프톨레마이오스의 자바(Záßa) 또는 자바이(Záßai)는 이 고대 왕국을 표현한 것일 것이다. 또 600년 뒤 아랍 항해가들에게 보이는 샨프(Śanf, Chanf)임이 분명하다. 거의 근접하게 참파를 표현하고 있는 이 '샨프'라는 형태는 아라비아 알파벳일 가능성이 있다(『Hobson-Jobson』, 183쪽)"라고 하였다.

율이 조사한 것처럼 '참파'라는 명칭으로 처음 확인할 수 있는 자료는 640년경 현장의 '마하첨파(摩訶瞻波, Mahā champā)'라는 나라를 언급하고 있는 것일 것이다. 소계경 씨는 『대당서역기』 권10에 보이는 '마하첨파(摩訶瞻波)'라는 이름도 이 나라를 가리키며 '마하참파(Mahāčampā)'에 대응하는 음이다. 이 명칭 앞에 '마하'란 갠지스강 하류에는 '참파'라는 나라가 있으므로 참파 사람들이 자신들을 높여 구별한 것이라고 설명하고 있다(『도이지략교석』, 57쪽). 851년 슐레이만은 "선원들은 10일 여정에 있는 '세네프(Senef)'라는 곳으로 갔다. 그곳에는 담수(淡水)가 있었고, 사람들은 '알-센피(al-senfy)'라는 알로에를 수출했다. 이곳은 왕국을 형성했다. 사람들은 갈색 피부이며 각기 두 개의 사롱[pagne]을 걸쳤다"라고 기록하고 있는데(M. Reinaud, 『Relations des Voyages faits par les Arabes et les Persans dans l'Inde et à la Chine dans le IXe siècle de l'ère chrétianne』, I, 18쪽), 율은 여기의 세네프가 바로 참파의 음역이라고 추정하고 있다. 이후 1291년(?) 마르코 폴로는 '치암바(Ciamba)'[1]라고 불렀고, 1300년경 라시드 앗 딘(Rashīd al-Dīn, 1319년 죽음)은 '잠파(Jampa)'라고 언급했으며, 1328년경 요르다누스(Friar Jordanus)는 '참파(Champa)'로, 드 바로스는 '초암파(Choampa)'로 표기하고 있다. 이로써 중국인들이 참파를 그대로 음역한 명칭은 7세기부터 나타나고 있음을 볼 수 있다.

중국의 문헌자료에 따르면, 7세기 이전의 참파는 '임읍'(林邑, 또는 臨邑)이란 왕국이 차지하고 있었다. '임읍(林邑)'이란 명칭은 『삼국지 · 오서(吳書)』「여대전(呂岱傳)」에 처음으로 보인다. "여대는 교주를 평정하고 다시 구진(九眞, 끄우쩐)을 토벌하여 수만 명을 베고 사로잡았다. 또 종사관을 남쪽으로 파견하여 나라의 교화를 선양하자 변방 밖에 있던 부남, 임읍, 당명(堂明)의 여러 왕이 사신을 보내 조공을 바쳤다. 손권은 그 공을 가상히 여겨, 진남장군(鎭南將軍)에 제수했다(岱既定交州, 復進討九眞, 斬獲以萬數. 又遣從事南宣國化, 暨徼外扶南 · 林邑 · 堂明諸王, 各遣使奉貢. 權嘉其功, 進拜鎭南將軍)"(1385쪽). 이때는 연강(延康) 원년(220) 이후의 일이므로, '임읍'이란 나라는 그 전부터 있었음을 유추할 수 있다. 그 위치에 대해서는 『수경주』 권36에 "[임읍]국은 월상(越裳, 교지)의 경계 남쪽에 있는데, 진한(秦漢) 시기 상군(象郡)의 상림현(象林縣)이다. 동쪽으로는 창해(滄海)에 가깝고, 서쪽으로는 서랑(徐狼)과 경계하고 있고, 남쪽

1 다른 판본에는 'çinba', 'cianba', 'cianban', 'ziamba', 'ziabi', 'çamba' 등의 표기가 보인다.

으로는 부남(扶南)에 접해 있으며, 북쪽으로는 구덕(九德, Cửu Đức)과 이어져 있다. 뒤에 상림을 제거하고 '임읍'이라는 호칭으로 한나라 말에 나라를 세웠다. 초평(初平, 190~193)의 난리에 사람들이 다른 마음을 먹고, 상림(象林)의 공조(功曹) 구(區) 씨의 '연(連)'이라는 아들이 현을 공략하여 현령을 살해한 다음 스스로 왕이라 칭했다. 나라를 세웠다(國越裳之疆南, 秦漢象郡之象林縣也. 東濱滄海, 西際徐狼, 南接扶南, 北連九德. 後去象林, 林邑之號, 建國起自漢末. 初平之亂, 人懷異心, 象林功曹姓區有子名連, 攻其縣殺令, 自號爲王)"라고 설명하고 있다. 이로써 볼 때, 상림현은 일남군(日南郡)의 가장 남단에 있는 현이었고, 상림(象林)에서 '임읍'이란 명칭을 얻었으며, 빠르게는 190년경부터 건국되어 있었음을 확인할 수 있다. 하지만 이 임읍이 지역적 공통점을 제외하고 참파와 어떤 연관성을 가졌는지는 명확한 근거가 없으므로, 참파에 대한 최초의 역사적 언급이라고 단언할 수는 없다.

이 임읍국은 당나라 시기에 즉 8세기 중반에는 '환왕국(環王國)'이란 이름으로 나타난다. 『통전』 권189에 "일남군은 동쪽으로 복록군(福祿郡) 경계 1백 리 지점에 이르고, 남쪽으로는 나복군(羅伏郡) 경계 150리에 이르며, 서쪽으로는 환왕국(環王國) 경계 8백 리에 이르고, 북쪽으로는 구진군(九眞郡) 경계 6백 리에 이른다(日南郡. 東至福祿郡界一百里, 南至羅伏郡界一百五十里, 西至環王國界八百里, 北至九眞郡界六百里)"라고 하였다. 또 『당회요』 권98에 실린 임읍국(林邑國) 조목에는 "지덕(至德, 756~758) 이후로 '환왕국(環王國)'으로 개칭하고, 더는 '임읍'으로 부르지 않았다(自至德後, 遂改稱環王國, 不以林邑爲號)"라고 하였다. 또한 『신당서』 권222하에서도 "환왕(環王)은 원래 임읍(林邑)이다. '점부로(占不勞)'라고도 하고 '점파(占婆)'라고도 한다(環王, 本林邑也. 一曰占不勞, 亦曰占婆)"라고 하였다. 이로써 당나라 지덕(至德, 756~758) 연간에 '환왕국(環王國)' 또는 '환주국(環州國)', '환국(環國)'으로 명칭을 바꾸었으며, 또한 '참파'라는 명칭이 사용되었음을 알 수 있다. 즉 중국측 사료에 따르면, '참파'라는 이름으로 언급된 것은 8세기 중반인 셈이다.

참파를 음역하여 언급한 자료들은 교지(交趾)를 언급한 것만큼이나 많이 나타난다. 이는 참파가 중국과의 관계뿐만 아니라, 동서양 교역에 있어서 그 비중이 매우 중요했음을 의미한다. 이들 자료에서 언급한 역명들은 대략 다음과 같이 정리해 볼 수 있다. 『남해기귀내법전』(권1), 『대당서역구법고승전』(권하), 『송고승전(宋高僧傳)』(권25)에는 '첨파(瞻波)'로 되어 있다. 또 의정이 번역한 『근본설일체유비내야(根本說一切有部毘奈耶)』에는 '점파(占波)'로 되어 있다. 『신당서』 권222하에서는 '점부로(占不勞)', '점파(占婆)'라는 음역이 보이고, 『원사』 권20에는 '잠팔(蘸八)', 권23에는 '점팔(占八)'로 표기되어 있다.

중국 정사 외국전을 제외하고도, 조여괄(趙汝适)의 『제번지(諸蕃志)』, 왕대연(汪大淵)의 『도이지략(島夷志略)』 등에 상세하고, 마환과 동시대의 『성사승람』도 참고할 만하다. 특히 참파의 역사에 관해서는 마줌달(R. C. Majumdar)의 『극동의 고대 인디언 식민지(Ancient Indian Colonies In The Far East)』 Vol.1(라호르, 1927)과 조지 마스페로(G. Maspero)의 『참파 왕국(Le Royaume de Champa)』(파리, 1928)에 가장 상세하게 설명되어 있다.

Auguste Jean-Marie Pavie(1847~1925), 『Mission Pavie, Indo-Chine, Atlas』, 파리, 1903.

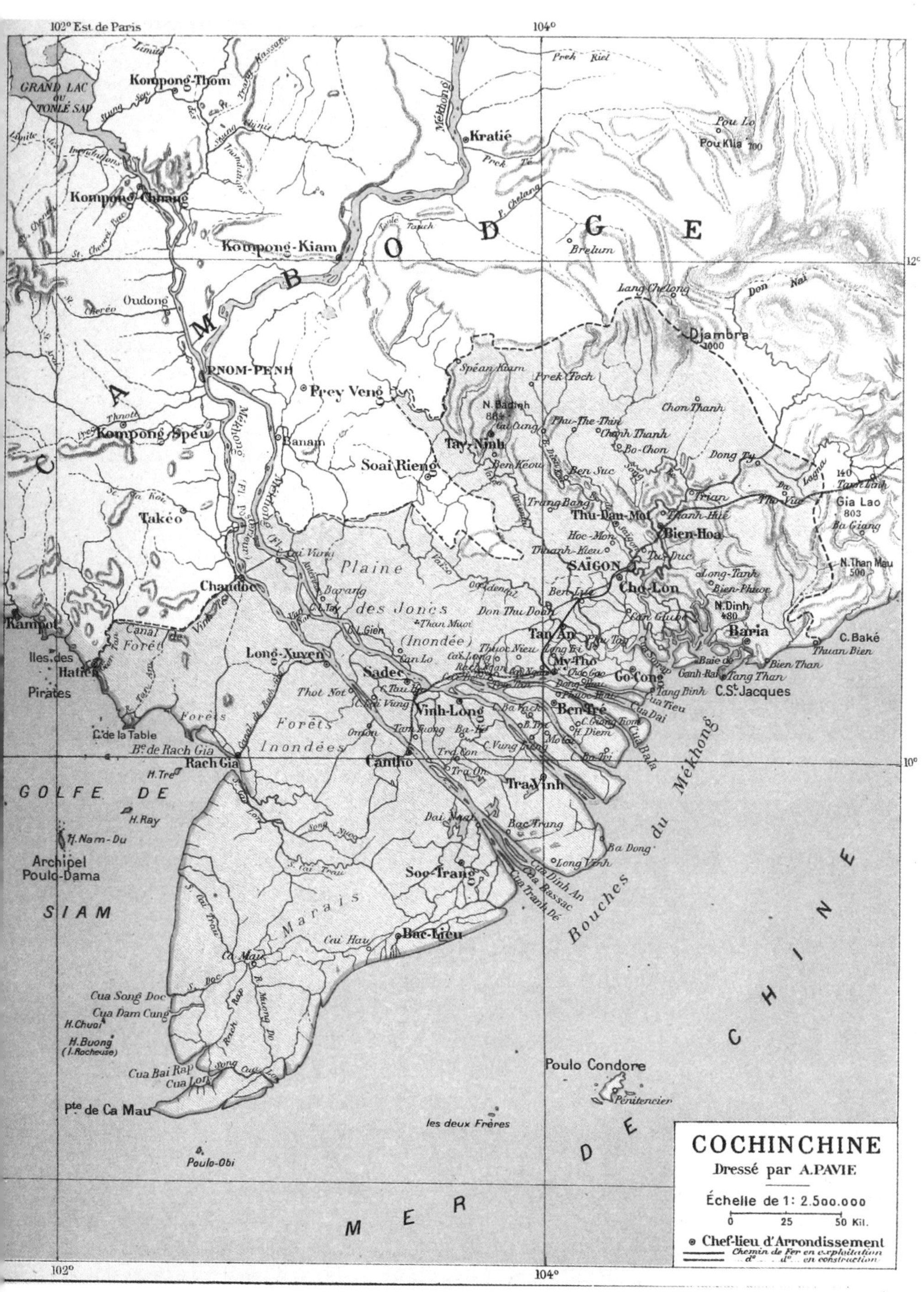

Auguste Jean-Marie Pavie(1847~1925), 『Mission Pavie, Indo-Chine, Atlas』, 파리, 1903.

참파 왕국[占城國]

1-1. 개관

이 나라가 바로 불경에서 말하는 왕사성(王舍城)이다.[2] 광동(廣東) 해남(海南) 대해의 남쪽에 있다. 복건 복천부(福川府) 장락현(長樂縣) 오호문(五虎門)[3]에서 배를 타고 서남쪽으로 가는데, 순풍이면 10일 만에 도착할 수 있다.[4] 그 나라는 남쪽으로 진랍(眞臘)과 이어져 있고 서쪽으로는 교지(交趾)[5]와 경

2 마환은 참파[점성국]가 바로 왕사성(王舍城)이라고 설명하고 있지만, 동시대의 비신(費信)은 『성사승람(星槎勝覽)』에서 이 '왕사성'을 점성국 조목에서는 언급하지 않고, 판두랑가[賓童龍國] 조목에서 기술하고 있다. 비신은 빈동룡국 조목을 따로 두고, "이 나라는 참파[점성]에 예속되어 있다. … 불교 서적에서 말하는 [여래(如來, Tathāgata)가] 슈라바티[Śrāvastī, 舍衛]에서 걸식하던 곳이 바로 이곳이다. 마우드갈야야나[Maudgalyāyana, 目連]의 옛 집터가 여전히 남아 있다(其國隸與占城 … 佛書所云舍衛乞食, 即其地也. 目連所居遺址尙存)"[등사룡(鄧士龍)의 『국조전고(國朝典故)』본]라고 하며 참파의 속국, 즉 다른 나라로 보고 있다는 점에 주목할 필요가 있다.

3 오호문(五虎門)은 복건성 장락현 민강(閩江) 어귀 밖에 있는 섬으로, 모원의(茅元儀)의 『무비지』, 권240에 수록된 「정화항해도(鄭和航海圖)」에는 '오호산(五虎山)'으로 표기되어 있다. 정화의 원정대가 바다로 나간 출발점이다. 동시대 비신(費信)의 『성사승람』에서는 "12월 복건(福建) 오호문에서 바다로 나가 12개의 돛을 펴고 순풍에 10일 밤낮을 항행하여 참파[점성국]에 이르렀다(十二月於福建五虎門開洋, 張十二帆, 順風十晝夜到占城國)"라고 한 것을 참고하시오(『성사승람교주』, 전집, 1쪽).

4 축윤명(祝允明, 1460~1526)의 『전문기(前聞記)』에 따르면, 정화함대는 선덕(宣德) 5년(1430) 12월 9일 오호문을 떠나 12월 24일 참파에 도착했다고 하므로, 15일 걸린 셈이다.

5 교지(交趾)는 '교지(交阯)'라고도 표기한다. 현재 하노이를 중심으로 한 베트남 북부지역을 가리킨다. 풍승균 씨는 『제번지교주』 교지 조목에서 다음과 같이 설명하고 있다. "교지(交趾)는 한나라 초기 남월(南越)의 땅이다. 한무제(漢武帝)가 남월을 평정하고 그 땅을 9군(郡)으로 나누었다. 남쪽 3군은 교지, 일남(日南), 구진(九眞)이라 했고, 교주자사(交州刺史)를 두어 다스리게 했다. 후한(後漢) 시대에는 교주를 설치했는데, 진(晉), 송(宋), 제(齊), 진(陳), 수(隋)나라 때에는 이를 따랐고 간혹 주(州)를 군(郡)으로 고치기도 했다. 당나라 무덕(武德, 618~626) 연간에 교주총독부로 고쳤고, 지덕(至德, 756~758) 연간에는 안남도호부(安南都護府)로 고쳤으며, 송(宋) 건덕(乾德, 963~968) 초에는 교지 관내의 12주에 대란이 일어나 정 부령(丁部領)이 스스로 선 뒤로, 여씨(黎氏), 이씨(李氏), 진씨(陳氏)를 거치면서 대대

계하고 있으며 동북쪽으로는 온통 대해와 마주하고 있다. 나라의 동북쪽 1백 리에는 바다로 들어가는 입구가 있는데 '신주항(新州港)'이라고 한다. 그 언덕에는 석탑 하나가 있는데, [그곳에는] "여러 곳의 선박들이 여기에 이르러 정박하고 해안으로 올랐다"라고 기록하고 있다. 해안에는 성채 하나가 있는데, 현지인들은 '설비내(設比奈)'라고 부르며, 두 명의 두목을 주인으로 삼는다. 현지인 50~60가구가 [성채] 안에 거주하며 항구를 지킨다. 서남쪽 1백 리를 가면 왕이 거주하는 성에 이르는데 그곳 사람들은 '점성(占城)'이라고 했다.[6] 돌로 쌓아 만든 그 성에는 4개의 문을 내어 사람들이 지

로 그 땅에서 왕 노릇을 하였다. 보경(寶慶) 원년(1225)은 베트남 쩐 왕조의 태종 건중(建中) 원년(1225)인데, 바로 이 해에 진씨가 이씨를 대체했다." 이후 왕대연(汪大淵)의 『도이지략(島夷志略)』에서도 '교지(交趾)'란 국명을 그대로 사용하고 있다. 물론 영토는 조금 다를 수 있다. 하지만 전적에서 보이는 교지와 연관된 지명들은 용편(龍編, Long-bien) 즉 오늘날 박닌[北寧] 부근이고, 서권(西捲, Tay Qu-yen)은 후에[順化]에 있고, 전충(典冲, Dien Xung)은 짜 끼에우[Tra kieu, 茶蕎]에, 구진(九眞, Cuu Chan)은 타인호아[淸化]에 있다. 이 지명들을 지도에서 확인하면 교지의 영토를 짐작할 수 있을 것이다.

6 "나라의 동북쪽 1백 리 … 점성(占城)이라고 했다(國之東北百里有一海口)"라고 한 부분에 대하여 후지타 도요하치는 『도이지략교주』(23~24쪽)에서 다음과 같이 읽고 해설하고 있다. "'나라의 **동북쪽** 1백 리에는 신주항이라는 해구가 있는데, 항구 해안에 있는 돌탑에는 여러 곳의 선박들이 이곳에 와서 정박하고 뭍에 오른다고 적혀 있다. 해안에는 성채가 하나 있는데, '설비내'라고 하며, 두 명의 두목이 주인이다. 안에는 번인 50~60가구가 살면서 항구를 지킨다. **서남쪽** 1백 리를 [가면] 왕이 사는 성에 이르는데, '점(佔)'이라 한다(國之東北百里有一海口, 名新州港, 港岸有一石塔爲記, 諸處船來到此停泊登岸. 岸有一寨, 名曰設比奈, 以二頭目爲主. 內居番人五六十家, 以守港口. 西南百里到王居之城, 番名曰佔)'라고 하였다. 여기에서 말하는 동북(東北)은 **동남(東南)**의 잘못이고, 서남(西南)은 **서북(西北)**의 잘못이다. 정화(鄭和)의 「항해도」에는 점성국(占城國)이 수록되어 있는데, 대략 신주항의 서북쪽에 있다. 또 탑은 신주항의 옆, 바로 오늘날 랑손(Langson)에 그려져 있다. 점(佔)은 참(Cham)에 해당하는 음으로 지금은 빈딘(Bin-dhin)이며, 이 책에서 신주와 구주는 이웃하고 있다고 한 것은 점성이 그 도성만을 지칭하기 때문이다"라고 하였다. 한편 소계경 씨의 고증에 따르면, "『문헌통고(文獻通考)』와 『송사·점성전』에는 구주(舊州)를 '구소(舊所)'라고 하였다. 구주 혹은 구소는 옛날 점성국 북부로 아목라보(阿木喇補, Amaravati)[木자는 『명사』에 '본(本)'자로 되어 있는데 여기서는 『상서록(象胥錄)』을 따름]로, 오늘날 꽝남 경계에 있다. 그곳의 항구는 '승가보라(僧伽補羅, Sinhapura)'라고 하는데, 바로 『수경주(水經注)』 권36에서 말하는 임읍포(林邑浦)이다. 신주(新州)는 불서(佛逝, 또는 佛誓, Vijaya)로 점성 중부, 오늘날 평정(平定) 일대이고 도읍의 명칭도 같다. 다만 월남 사람들은 그들의 도성을 '사반(闍盤, Cha-ban)'이라 하고, 해구(海口)에서 서북쪽으로 약 30마일에 있는 해구가 바로 신주항이자 설비내이고 시리피내(尸唎皮奈)이다. 왕대연(汪大淵)이 배를 정박한 곳은 이 항구에 있어야 한다. 문장에서 '신구주가 이웃하고 있다'라고 한 것은 사실 구주와의 거리가 너무 멀지만, 단순히 신주와 이웃하고 있다

키게 한다.

其國卽釋典所謂王舍城①也. 在廣東②海南大海之南. 自福建福川府長樂縣五虎門開船, 往西南行, 好風十日可到. 其國南連眞臘,③ 西④接交趾⑤界, 東北俱臨大海. 國之東北百里有一海口, 名新州港,⑥ 岸有一石塔爲記,[7] 諸處船隻到此艤⑦泊登岸. 岸有一寨, 番名⑧設比奈,⑨ 以二頭目爲主.⑩ 番人五六十家, 居內以守港口. 去西南百里到王居之城, 番名曰占城.⑪ 其城以石壘, 開⑫四門, 令人把守.

① [왕사성(王舍城)은]『영외대답(嶺外代答)』「점성국(占城國)」에 "목건련(目犍連)의 집터는 빈타릉국(賓陁陵國)에 있는데 혹 바로 '왕사성(王舍城)'이라고 한다(目連舍基在賓陁陵, 或云卽王舍城)"라고 하였다. 아마도 여기에서 잘못이 야기된 것 같다.[8]

고 말할 수는 있다고 하였다"(『도이지략교석』, 58쪽).

7 '안(岸)'자는『국조전고』와『삼보정이집』에는 '항안(港岸)'으로 되어 있고,『설집』과『담생당』본에는 '상안(上岸)'으로 되어 있다. 여기서는『국조전고』와『삼보정이집』본에 따라 '항(港)'자를 보충해 넣는 것이 좋겠다.

8 왕사성(王舍城)이란 글자 그대로 왕이 사는 성 또는 도읍을 말한다. 일반적으로 라자그리하(Rājagṛiha, 왕의 거처), 즉『바라타 왕조의 대서사시(Mahabharata)』에 나오는 마가다(Magadha) 왕국의 황제인 자라산다(Jarasandha)의 왕궁으로 알려져 있다. 이곳은 지금의 인도 나란다(Nalanda)주의 라즈기르(Rajgir)의 어원이 되었다. 당연히 본 조목에서 말하고 있는 '왕사성'이 아니므로 연관 지을 필요도 없다. 주거비(周去非, 1163~1189)는『영외대답(嶺外代答)』점성(占城, 참파) 조목에서 "그 속국에는 빈동롱국(판두랑가)과 빈타릉국이 있다. 목련의 집터가 빈타릉에 있는데, 바로 '왕사성'이라고도 한다(其屬有賓瞳朧國・賓陁陵國. 目連舍基在賓陁陵, 或云卽王舍城)"라고 하였다.『영외대답』의 이 '오인'한 기술은 조여괄(趙汝适)의『제번지(諸蕃志)』와 원나라 왕대연(汪大淵)의『도이지략』(빈동룡 조목)으로 이어졌고, 여기의 마환(馬歡), 비신(費信), 공진(鞏珍)의 기술에서 되풀이되었으며, 급기야『명사(明史)』「빈동룡전(賓同龍傳)」에서는 "여래께서 사위국에 들어가 걸식했는데 바로 이곳이다(如來入舍衛國乞食, 卽其地)"라고 와전되었다. 이렇게 한결같은 기술을 단순히 한 사람이 오인한 것으로 돌려도 되는지 미심쩍다. 왕대연, 마환, 비신, 공진은 적어도 직접 현장에서 목격했을 것이다. 이들이 모두 이곳에 와 보지도 않은 주거비의 말을 그렇게도 신뢰한 것일까? 왕대연이 혼동한 이유를 후지타 도요하치는 상당히 그럴법하게 설명하고 있다. "현 나짱에는 옛 사원들의 층대(層臺)가 심하게 부서졌지만 남아 있는 곳은 '숭고(崇高)'라 하는데, 지금은 '포나가르(Po-nagar)'라고 한다. 옛 비문에 보이는 얌푸-나가라(Yampu-nagara)가 와전되어 성(城)의 이름으로 남아 있다. 옛날 이 나라 왕은 종종 '얌푸'라고 했는데,『신당서』(권222하)「환왕전」에 왕을 '양포포(陽蒲逋)'라고 부른다고 하였다. 그렇다면 양포나게라(陽蒲那揭羅,

② ‘동(東)’자는 『기록휘편』에 빠져 있어, 『국조전고』본과 『승조유사』본에 따라 보충하였다.[9]

③ 진랍(眞臘)은 캄보자(Kamboja, 캄보디아)이다. 『기록휘편』에는 ‘진랍(眞蠟)’으로 되어 있어, 『승조유사』본과 『서양조공전록』에 따라 고쳤다.[10]

④ [‘서(西)’자는] 『기록휘편』에 ‘국(國)’자로 되어 있는데, 『승조유사』본과 『서양조공전록』에 따라 고쳤다.

⑤ [‘지(趾)’자는] 『기록휘편』에 ‘지(址)’자로 되어 있는데 『승조유사』본과 『서양조공전록』에 따라 고쳤다.[11]

⑥ [‘주(州)’자는] 『승조유사』본과 『서양조공전록』에는 모두 ‘주(洲)’자로 되어 있다. 『제번지(諸蕃志)』, 『명사』를 상고해 보면, 모두 구주(舊州)를 기록하고 있다. 여기 신주

Yampu-nagara)는 왕성(王城)을 말하는 것 같다. ‘혹은 왕사성이라고 한다’라는 설이 근거한 바이다”(『도이지략교주』, 27~28쪽). 사실 ‘왕사성’으로만 인도의 라자그라하를 필연적으로 떠올리게 되는 것은 아니다. 『영외대답』 바로 뒤에 나오는 불제자 목건련(目犍連, Maudgalyāyana)을 언급한 것 때문에 자연스럽게 왕사성이 라자그라하로 연결되었을 것이다. 본문에서 보는 바와 같이 마환은 목련을 언급하지 않고 있다. 하지만 『도이지략』을 상당 부분 따르고 있는 비신(費信)은 『성사승람』에서 주거비의 ‘목련’을 그대로 언급하고 있다. 그것이 결국 『명사』의 와전된 기록이 남게 된 내력이다. 따라서 여기 마환의 증언은 목련과 연관 짓는 잘못된 기술을 바로잡는 중요한 자료이다.

9 ‘광동(廣東)’은 명나라 시기의 다른 필사본들, 『삼보정이집』, 『설집』, 『담생당』본, 그리고 『서양번국지』(상달 교주본, 1쪽)에 모두 ‘광동(廣東)’으로 되어 있으므로, 풍승균 씨의 교정은 정확하다. 여기 공진(鞏珍)의 『서양번국지』는 상달 씨가 장서가인 주섬(周暹, 1891~1984)이 소장하고 있던 지성도재(知聖道齋) 초본(鈔本)에서 찾아내, 1961년 중화서국에서 교주본으로 출판한 판본을 기준으로 한다. 이 유일한 판본은 현재까지 분명하게 확인 작업이 이루어지지 않았고, 기술하고 있는 내용이 모든 조목에서 『영애승람』과 90% 이상 일치하고 있다. 따라서 여기 교감작업에서는 그 우선순위를 명나라 필사본들 다음에 둔다.

10 ‘진랍(眞臘)’이란 표기는 명나라의 다른 필사본들, 그리고 『서양번국지』에 일치하는 표기를 보여 준다. 진랍(眞臘, Khmer)은 6세기 중엽에 건립된 인도차이나의 옛 나라. 7세기 부남(扶南)을 정복하고 인도차이나 지역의 대국을 형성하여 캄보디아, 라오스와 베트남 남부 지방을 차지했다. 802년 앙코르(Angkor)로 천도하고 앙코르 왕조를 수립하였다. ‘진랍’이란 명칭은 『수서(隋書)』에서 처음으로 보이는데 크메르족이 세운 왕국을 통칭하는 말로 쓰였다. 자세한 것은 원정(元貞) 원년(1295) 6월에 성종(成宗)이 사신을 보내 진랍을 초유(招諭)할 때 주달관(周達觀)이 1297년 귀국하여 기록한 『진랍풍토기(眞臘風土記)』를 참고할 만하다. 이 책은 폴 펠리오, 세데스 등의 프랑스 학자들에 의해 역주되고 연구되었다. 역자 또한 『앙코르 캄보디아』라는 서명으로 펠리오의 역주본을 번역하고 주석한 바 있다(역락, 2022).

11 이 교정에 해당하는 『기록휘편』 원문[國接交址界]은 『국조전고』, 『삼보정이집』, 『설집』 모두 “西接交趾界”라고 하였으므로, 풍승균 씨의 교정은 정확하다.

(新州)는 구주(舊州)와 대응하여 말한 것이므로 '주(洲)'자가 되어서는 안 된다. 구주는 점성국의 옛 도읍을 가리키는 것 같다. 현 꽝남 동양(洞陽, Đồng Dương) 경내의 인드라푸라(Indrapura)이다. 신주는 바로 기원 1천 년경에 옮긴 불서(佛逝, Vijaya)이다. 그 항구는 지금의 꾸이년[歸仁]이다.[12]

⑦ ['의(巇)'자는] 『승조유사』본에 '정(停)'자로 되어 있다.

⑧ '명(名)'자는 『기록휘편』에 빠져 있어 『승조유사』본에 따라 보충했다.[13]

⑨ '설비내(設比奈)'는 스리 비나야(Sri Vinaya)로 추정한다.[14]

⑩ ['이이두목위주(以二頭目爲主)'는] 『기록휘편』에 "二馬頭爲主"로 되어 있는데, 아마도 "二夷頭爲主"의 잘못으로 보인다. 여기서는 『승조유사』본에 따라 고쳤다.[15]

⑪ ['번명왈점성(番名曰占城)'은] 『기록휘편』에 "番名曰占"이라고 되어 있고, 『승조유사』본에는 "番名佔"으로 되어 있으며, 『국조전고』본에는 "番名曰佔"으로 되어 있고, 『서양조공전록』에는 "其名曰占城"으로 되어 있다. 여기서는 『서양조공전록』에 따라 고쳤다. 점성은 참파푸라(Campapura)를 옮긴 말이다.[16]

12 신주(新州)는 구주(舊州)와 대응하는 표현임에는 분명하다. 그렇다고 반드시 '주(洲)'자가 '주(州)'로 되어야 할 필요는 없다. 비신의 『성사승람』(천일각본)에도 '신주(新洲)'로 되어 있다. 신주항(新州港)은 참파의 항구로, 지금 베트남 중남부 빈딘(Bình Định)의 꾸이년(Quy Nhơn) 항이다. 당시 점성국의 수도는 사반(闍盤, Chaban)이었는데, '신주(新州)'라고 불렀기 때문에, 그 항구를 '신주항' 또는 '점성항'으로 불렀다. 앞의 주6을 참고하시오.

13 '명(名)'자는 『기록휘편』 원문에 보이지 않지만, 『국조전고』, 『삼보정이집』, 『설집』, 그리고 『서양번국지』 모두에 들어 있으므로, 풍승균 씨의 보충은 정확하다.

14 풍승균 씨의 이 설명은 조르주 마스페로(Georges Maspero)는 『참파 왕국(Le Royaume de Champa)』(파리, 1928년)에서 "비자야(Vijaya)는 중부에 있으며 1000년부터 같은 이름으로 수도가 되었다. 그 항구는 스리 비나야(Çrī Vīnaya)였다"라고 하면서 주에 시리피내(尸唎皮奈), 설비내(設比奈), 비니(毘尼), 시내(尸耐), 시내(施耐) 등의 한자 표기가 있다는 설명을(25쪽, 주3) 따르고 있다. 이에 대해 아무런 출처를 표기하지 않고 만명 씨는 "'설비내(設比奈)'라는 명칭은 참(Cham)어의 스리 비나야(Sri Vinaya) 또는 스리 바노이(Sri Banoy)의 음역어로, 『월사략(越史略)』에는 '시라피내(尸喇皮奈)'로 표기했고, 『대월사기전서(大越史記全書)』에는 '시내성(尸耐城)'이라 했다. 지금 베트남의 꾸이년에 있다. 일설에는 아랍어로 마을이나 촌락을 뜻하는 사비네(shabine)의 음역어라고도 한다"라고 설명했는데, 마지막 정보는 무엇을 근거한 것인지 모르겠다. 이상에 관련하여 자세한 사항은 폴 펠리오, 『8세기 말 중국에서 인도로 가는 두 갈래 여정』(역주본), 142쪽을 참고하시오. 한편 『담생당』본과 『서양번국지』에는 설비내의 '비(比)'자가 '북(北)'자로 잘못되어 있다.

15 이 교정에 해당하는 『기록휘편』 원문[二馬頭爲主]은 『국조전고』, 『삼보정이집』, 『설집』 모두 "二頭目爲主"라고 되어 있다. 이에 따라, 풍승균 씨의 교정문에서 '이(以)'자를 빼야 할 것이다.

16 이 교정에 해당하는 『기록휘편』 원문[番名曰占]은 『삼보정이집』, 『설집』, 『서양번국지』에는 "番名曰

⑫ ['개(開)'자는] 『기록휘편』 원문에 '문(門)'자로 잘못되어 『승조유사』본에 따라 고쳤다.[17]

1-2. 국왕의 복식

국왕은 쇄리(鎖俚) 사람이고, 불교를 숭상하며,[18] 머리에는 금으로 세 개의 산 모양으로 새긴 영롱한 화관(花冠)을 쓰는데 중국의 부정(副淨)[19]이 쓰는 것과 같다. 몸에는 오색선, 가는 꽃이 들어간 현지의 베로 만든 긴 옷을 입고, 아래는 색이 들어간 실로 짠 사롱[手巾]을 두른다. 맨발로 다니고, 출입할 때는 코끼리를 탄다. 혹 작은 수레를 타기도 하는데, 두 마리 황소가 앞에서 끌고 다닌다. 두목이 쓰는 관은 교장(茭蔁)[20]잎으로 만든다. 또한, 그

佔"으로 되어 있다. 그런데 『국조전고』는 "番名曰占城"을 보여 준다. 『국조전고』의 '점성(占城)'에서 '성'자는 한역(漢譯)된 것으로 봐야 한다. 따라서 그곳 사람들은 '점(占)' 또는 '점(佔)'이라 불렀다는 것이 타당하다. 그러므로 풍승균 씨가 '성'자를 넣어 교정한 것은 받아들일 수 없다.

17 이 교정에 해당하는 『기록휘편』 원문[門四門]은 『삼보정이집』과 『서양번국지』에 '開四門'으로 되어 있다. 한편, 『국조전고』에는 '관사문(關四門)'으로 되어 있고, 『설집』과 『담생당』본에는 '문(門)'자를 그대로 살려 "그 성에는 돌로 문을 쌓았고, 네 개의 문은 사람이 지키게 한다(其城以石壘門, 四門令人把守)"라고 하였다. 여기서는 먼저 '성'을 설명하고 있으므로, 『삼보정이집』의 '개(開)'자를 따르는 것이 적절해 보인다.

18 숭배하는 대상에 대하여 밀스는(79쪽) 마줌달(R.C. Majumdar)의 『Ancient Indian Colonies In The Far East』, I, 138쪽에 번역된 자료를 토대로 이 왕은 힌두교의 신인 비슈누를 숭배한 것으로 추정했다.

19 부정(副淨)은 명나라 필사본들에는 '부정(付淨)'으로 되어 있다. 잡극(雜劇)의 각색 명칭으로 '화검(花臉)'이라고도 한다. 옛날에는 '참군(參軍)'이라 불렀고 '이화면(二花面)'이라고도 했는데, 정(淨)은 보조하는 역할이다.

20 교장(茭蔁)이란 식물은 『영애승람』, 점성(1-2), 조와(2-24), 섬라(4-3), 만랄가(5-10), 방갈랄(17-7) 등의 조목에 등장한다. 특히 만랄가 조목에서는 중국 자료로는 가장 빠르며 상세하게 설명하고 있다. 교장은 점성에서는 두목들의 관(冠)을 만드는 데 쓰였고, 조와에서는 필기구로 쓰였으며, 섬라에서는 일산을 만드는 데 사용했고, 방갈랄에서는 술을 만드는 재료로 나타난다. 교장에 대한 마환의 개괄적 설명은 5-10을 참고하시오.

밀스는 『영애승람역주』(96쪽)에서, 흐루너펠트의 설명을 그대로 따르고 있는데, "교장(茭蔁)은 말레이어 카장(kajang)에 해당하는 음으로, 다양한 야자수 잎을 지칭하는 일반적인 명칭이다. 마환은 여기에서 자바에서 '론타르(lontar)'라고 하는 다라수(多羅樹, Borassus flabelliformis, 종려과 야자수)를 가

들의 왕이 쓰는 것과 모양이 같으나, 다만 황금 문양으로 장식하고 그 안에서 품급(品級)의 높낮이가 나뉜다. 입고 있는 색이 들어간 윗도리는 길어도 무릎을 넘지 않으며 아래는 각종 색깔이 있는 현지의 베로 사롱[手巾]을 두른다.

國王係鎖俚人,① 崇信釋教, 頭戴金鈒②三山玲瓏花冠, 如中國副淨者所戴之様.③ 身穿五色線④細⑤花番布長衣, 下圍色絲手巾. 跣足, 出入騎象, 或乘小車, 以二黃牛前拽而行. 頭目所戴之冠, 用茭葦葉爲之, 亦如其王所戴之様, 但以金綵粧飾, 內分品級高低. 所穿顔色衣衫, 長不過膝, 下圍各色番布手巾.

① 쇄리(鎖俚)는 솔리(Soli, Čola)에 대응한 음으로 인도 동쪽 해안에 사는 종족의 이름이다. 이 조목 이후 섬라(暹羅), 석란(錫蘭) 조목에서도 “왕은 소리 사람이다(王係鎖俚

리키고 있다”라고 했다. 밀스는 “흐루너펠트(Groeneveldt)의 책, 166쪽(1876년 초판본으로는 40쪽)”이라고 참조 사항을 밝혔다. 흐루너펠트의 책은 1876년 바타비아에서 출간된 『Notes on the Malay Archipelago and Malacca』를 말한다. 밀스는 이 설명밖에 참조하지 않았지만, 흐루너펠트 씨는 다시 『기록휘편』본 『성사승람』 소문답랄(蘇門答剌) 조목을 역주하면서(초판본 88쪽 주4), ‘교장자(茭葦子)’에 대해 다음과 같이 주석을 달았다. “카장(kadjang)의 열매다. 카장은 다양한 종려나무(palm), 특히 니파 팜(Nipa palm, nipa fruitcans) 잎으로 만든 자리를 지칭하는 말레이어이다. 여기서는 이 야자나무를 지칭하는 것으로 보인다. 그러나 저자[비신]는 열매로부터 술을 만든다고 한 것은 분명한 실수이다. 꽃줄기에서 나오는 즙으로 술을 만들 수 있을 뿐이다”라고 했다.

한편 『도이지략』 고리불(古里佛) 조목에는 ‘가장엽(加張葉)’이라는 이름이 보인다. 여기 교장(茭葦) 즉 카장과 음이 비슷함을 알 수 있다. 후지타 도요하치는 “가장(加張)과 교장(茭葦)은 동음이자(同音異字)로, 모두 말레이어 카장(kajang)에 해당하는 음이다. 여러 종의 팜(Palm) 잎은 자리를 짤 수 있는데, 대체로 니파 팜(Nipa Palm, Nipa fruticans)을 사용한다. 본서의 가장(加張) 잎은 니파 팜의 잎을 말하는 것 같다”라고 하고, 흐루너펠트의 설명을 그대로 따랐다(『도이지략교주』, 143쪽). 한편, 소계경 씨는 “『영애승람』 점성 등의 조목에는 ‘교장엽(茭葦葉)’으로 되어 있는데 모두 말레이어 카장(kajang)에 해당하는 음으로 종려나무과 식물의 잎을 말한다. 본서의 가장수는 야자나무 잎을 지칭하는 것 같다”라고 추정했다(『도이지략교석』, 329쪽). 따라서, 교장이 바로 가장이라면, 이 식물을 처음 언급한 중국 자료는 바로 『도이지략』이 될 것이다. 또한, 교장 또는 가장은 흐루너펠트 이후 학자들의 설명에 따라 야자나무 잎으로 봐야 『영애승람』에 보이는 용도에 부합한다. 덧붙여 소계경 씨는 고리불(古里佛)을 『영애승람』의 고리(古里) 즉 캘리컷으로 보고 있다. 그렇다면 왕대연은 고리불의 산물로 언급한 이 교장이 『영애승람』 고리 조목에는 전혀 언급되지 않았다는 점이 고리=고리불이라는 등식에 문제가 생긴다는 점을 지적해 둔다.

人)"라고 하였다. 틀림없이 그 왕이 스스로 찰리(刹利, Ksatriya) 출신이라고 했기 때문에, 마환(馬歡)은 이미 찰리를 '소리'로 잘못 알았고, 나아가 '소리'가 인도를 지칭하는 일반명칭으로 잘못 알고 있었을 것이다.[21]

② ['삽(鈒)'자는] 『기록휘편』에 '급(級)'자로 되어 있는데 『승조유사』본과 『서양조공전록』에 따라 고쳤다.[22]

21 풍승균 씨의 이 주석은 상당한 오류가 있다. 마환은 인도 신분 계급 중 두 번째인 크샤트리야 즉 '찰리(刹利)'라는 말을 한 번도 언급한 적이 없다. 여기의 쇄리(鎖俚)는 『명사(明史)』에서 보이는 쇄리(瑣里)의 다른 음역 표기로, 마환은 이 '쇄리(鎖俚)'라는 표기를 한결같이 사용하고 있다. 나라 왕의 출신을 말하며, 시암 조목[4-3], 실론[석란국] 조목[10-3], 퀼론[小葛蘭國] 조목[11-2], 코치[柯枝國] 조목에서[12-2] 사용되었다. 또한 자바[爪哇] 조목에서는 그 문자가 쇄리(鎖俚)와 같다[2-24]고 하였고, 팔렘방[구항국] 조목에서는 금은향(金銀香)을 쇄리(鎖俚) 사람들이 좋아한다[3-4]고 하였으며, 캘리컷[고리국] 조목에서도 쇄리(鎖俚)인의 존재를 언급했다[13-16]. 이 '쇄리'는 인도 코로만델 해안의 솔리(Soli) 또는 촐라(Chola, Čola)로, 인도에 관해 지식이 거의 없었던 마르코 폴로도 이미 13세기 말에 '솔리'라는 지역을 언급하여 "인도의 최상이면서 가장 귀족적인 지방이다"라고 언급한 바 있다(율, 『The Book of Ser Marco Polo』, II, 335쪽). 이에 대해 폴 펠리오는 "촐라 사람들은 대 항해가들이었고, 이들의 이름은 중세에 인도양 반대편에도 알려졌다. '찰리'와 '쇄리' 사이의 부분적인 유사성은 순전히 중국적 현상이고, 참파와 시암의 군주들이 소위 '크샤트리야'였다면, 마환은 이 용어를 '쇄리' 또는 '촐라'라는 명칭과 혼동했을 아무런 근거가 없다"라고 하였다(「다시 정화의 항해에 관하여(Encore à Propos des Voyages de Tcheng Houo)」, 『통보』, 32(1936), 217쪽).

참파[점성]의 왕이 쇄리(鎖俚) 사람이라는 정보는 상달(向達)이 발굴한 공진(鞏珍)의 『서양번국지(西洋番國志)』에는 쇄리(鎖里)라고 기술하고 있다. 이에 대해 상달 씨는 "쇄리(鎖里)는 또한 쇄리(鎖俚)라고도 옮기는데, 솔리(Soli, Cola)에 해당하는 음으로, 인도 동쪽 해안의 민족이다. 풍승균은 쇄리(鎖里)가 인도 종족을 범칭하는 말이라고 보았다"라고 주석했다(『서양번국지』, 2쪽). 확실히 친구인 풍승균 씨의 설명을 오해하고 있다. 사실 참파의 왕이 쇄리(鎖俚) 사람이라는 정보는 비신(費信)의 기록에는 보이지 않는다. 분명 위의 풍승균 씨 주석은 편집과정에서 잘못된 것으로 보인다. "그 왕이 스스로 찰리(刹利, Ksatriya) 출신이라고 했다"라는 정보는 『수서(隋書)』, 권82, 「진랍전(眞臘傳)」(중화서국, 1835쪽)에 "그 나라 왕의 성씨는 찰리(刹利)이고, 이름은 질다사나(質多斯那)이다(其王姓刹利氏, 名質多斯那)"라고 한 문장을 말하는 것으로 보인다. 이 『수서』의 정보 역시 '찰리'는 성씨를 말하지, 신분 계급인 크샤트리야를 지칭하는 것은 아니다. 풍씨의 주석을 조금 변호하자면, 참파에 쇄리(鎖俚) 출신의 사람이 왕이라는 점이 미심쩍었기 때문에, 아마도 이 '쇄리'를 신분 계급으로 이해하려 했고, 급기야 오해의 출처를 마환으로 돌려 버렸던 것으로 추측해 본다. 조여괄(趙汝适)의 『제번지(諸蕃志)』 주련(注輦) 조목에 보이는 '사리(娑里)'에 대해, 풍승균 씨는 『대당서역기(大唐西域記)』의 '주리야(珠利邪)'로, 『영애승람』의 '쇄리(鎖俚)', 『명사』의 '쇄리(瑣里)'로 모두 촐라의 음역으로 보았고 그 위치는 인도 코로만델(Coromandel) 연안에 있다고 하였다(『바다의 왕국들』, 141쪽). 밀스에 따르면(79쪽), 이 국왕은 비라바드라만(Vira Bhadraman, 1400~1441)으로 1432년부터는 인드라바르만(Indravarman)으로 알려져 있다고 하였다.

22 '금삽(金鈒)'은 『기록휘편』 원문에 '금급(金級)'으로 되어 있는데, 『국조전고』에는 보이지 않고, 『삼보

③ 이상 열 글자[如中國副淨者所戴之樣]는 『기록휘편』에 "如中國中淨之樣"으로 되어 있어 『승조유사』본에 따라 고쳤다.[23]

④ ['선(線)'자는] '면(綿)'자의 잘못인 것 같다. 『국조전고』본에는 '면(綿)'자로 되어 있다.

⑤ ['세(細)'자는] 『기록휘편』에 '주(紬)'자로 되어 있어 『승조유사』본에 따라 고쳤다.[24]

1-3. 왕의 의식주

왕이 거처하는 집은 매우 높고, 그 위에는 가늘고 길며, 작은 기와가 덮여 있다. 사방을 두른 담장은 벽돌과 회(灰)를 사용하고, 장식과 섬돌은 매우 청결하다. 그 문은 단단한 나무에 짐승의 형체를 새겨 장식되어 있다. 백성들이 거처하는 집은 띠 풀을 사용하여 지붕을 덮었고, 처마의 높이는 3척(약 1m)을 넘지 않아 출입할 때는 몸을 숙이고 머리를 낮춘다. [처마가] 높으면 죄가 된다. 의복은 흰색을 금지하여 오로지 왕만 입을 수 있게 했다. 백성 이하는 검고, 누렇고, 자주색의 옷은 모두 입도록 허락되었으나, 의복이 흰 것은 죽을죄다. 나라 사람 중에 남자들은 더벅머리를 하고, 부인들은 머리를 뒤로 땋아 묶는다. 신체는 모두 검고, 위는 민소매의 짧은 셔츠를 입으며, 아래는 색깔이 들어간 실로 짠 수건[사롱]을 두르고 맨발로 다닌다.

정이집』에는 '금삽(金鈒)'으로, 『설집』과 『담생당』본에는 '金鈒'으로 되어 있다. 또한 『서양번국지』에서도 "頭以金爲冠, 鈒三山玲瓏花"라고 했으므로 풍승균 씨의 교정은 정확하다.

23 이 교정에 해당하는 『기록휘편』 원문[如中國中淨之樣]은 『국조전고』에 "如中國付淨者之樣"으로 되어 있고, 『삼보정이집』과 『설집』에는 "如中國付淨戴者之樣"이라 하였다. 다만 『담생당』본에만 "如中國副淨戴者之樣"으로 정확히 되어 있다. 따라서 『기록휘편』의 원문은 『담생당』본에서처럼 교정하는 것이 맞다. 풍승균 씨의 교정문에서 '소(所)'자를 삭제하는 것이 좋다.

24 이 교정에 해당하는 『기록휘편』 원문[身穿五色線紬花番布長衣]은 『국조전고』에 "身穿五色錦細花番布長衣"라고 하였고, 『삼보정이집』과 『설집』에는 "身穿五色如綿紬花番布長衣"라고 하였다. 마지막으로 『담생당』본에는 "몸에는 비단 명주처럼 오색의 꽃문양이 들어간 번포(番布)로 만든 긴 옷을 입는다(身穿五色如錦紬花番布長衣)"라고 되어 있다. 따라서 여기 『기록휘편』의 원문은 『담생당』본에 따라 고치는 것이 가장 적절하다고 생각한다.

王居屋宇高大, 上①蓋細長小瓦, 四圍牆垣用磚灰粧②砌甚潔, 其門以堅③木雕刻獸畜之形爲飾. 民居房屋用茅④草蓋覆, 簷高不得⑤過三尺, 出入躬身低頭,⑥ 高者有罪. 服色禁⑦白衣, 惟王可穿. 民下玄⑧黃・紫色竝許穿,[25] 衣服白者死罪.[26] 國人男子髼頭,[27] 婦人撮⑨髻腦後. 身體俱黑, 上穿禿袖短衫, 下⑩圍色絲⑪手巾, 赤腳.[28]

① '상(上)'자는 『기록휘편』에 빠져 있어 『승조유사』본에 따라 보충했다.[29]

② ['장(粧)'자는] 『기록휘편』에 '포(包)'자로 되어 있어 『승조유사』본에 따라 고쳤다.[30]

③ ['견(堅)'자는] 『기록휘편』에 '수(豎)'자로 되어 있어 『승조유사』본에 따라 고쳤다.[31]

④ ['모(茅)'자는] 『기록휘편』에 '방(芳)'자로 잘못되어 있다. 『서양조공전록』에 "띠 풀로 덮는다(蓋以茅)"라고 했고, 『명사』 「점성전(占城傳)」에는 "사람들의 거처는 모두 띠 풀로 덮는다(民居悉覆茅)"라고 하였다. 따라서 방초(芳草)는 모초(茅草)의 잘못임을 알 수 있다.[32]

⑤ '득(得)'자는 『기록휘편』에 빠져 있어 『승조유사』본에 따라 보충했다.[33]

⑥ 이상 여섯 글자[出入躬身低頭]는 『기록휘편』에 "몸을 굽혀 낮추어 들어간다(躬身低

25 『기록휘편』의 이 문장[民下玄黃・紫色竝許穿]은 『국조전고』와 일치하지만, 『삼보정이집』, 『설집』, 『담생당』본에는 "民下衣服竝許玄黃・紫色"으로 어순이 바뀌어 있다.

26 '사죄(死罪)'는 『국조전고』, 『삼보정이집』, 『설집』, 『담생당』본, 그리고 『서양번국지』 모두에 '죄사(罪死)'로 되어 있으므로 고치는 것이 좋겠다.

27 '봉두(髼頭)'는 『서양번국지』와 같다. 그러나 『국조전고』, 『삼보정이집』, 『설집』, 『담생당』본 모두에 '봉두(蓬頭)'로 되어 있으므로 고치는 것이 맞다.

28 『기록휘편』의 '적각(赤腳)'은 『담생당』본과 일치하지만, 『국조전고』에는 "赤腳而行"으로 되어 있고, 『삼보정이집』, 『서양번국지』(상달 교주본, 2쪽)에는 "俱赤腳"으로 되어 있다. 『설집』에는 보이지 않는다.

29 '상(上)'자는 『국조전고』, 『삼보정이집』, 『설집』, 『담생당』본, 그리고 『서양번국지』 모두에 들어 있다.

30 이 교정에 해당하는 『기록휘편』의 원문[四圍墻垣用磚灰包砌甚潔]은 『국조전고』에 "四圍墻垣用磚灰粧砌甚潔淨"으로 '정(淨)'자가 덧붙여져 있다. 『삼보정이집』과 『설집』에는 '장(粧)'자가 '장(裝)'자로 되어 있다. 따라서 풍승균 씨가 보충한 교정은 정확하다.

31 '견(堅)'자는 『국조전고』, 『삼보정이집』, 『설집』, 『담생당』본 모두에 일치한다.

32 '모(茅)'자는 『국조전고』, 『설집』, 『담생당』본에는 일치하지만, 『삼보정이집』에만 '제(第)'자로 잘못되어 있다.

33 풍승균 씨가 『승조유사』본에 따라 보충해 넣은 '득(得)'자는 『국조전고』, 『삼보정이집』, 『설집』, 『담생당』본 모두 '득(得)'자가 없다. 따라서 풍승균 씨의 보충은 불필요하다.

入)"로 되어 있어 『승조유사』본에 따라 고쳤다.[34]

⑦ ['금(禁)'자는] 『기록휘편』에 '자(紫)'자로 잘못되어 『승조유사』본에 따라 고쳤다.[35]

⑧ '현(玄)'자는 『기록휘편』에 빠져 있어 『승조유사』본에 따라 보충했다.[36]

⑨ ['촬(撮)'자는] 『기록휘편』에 '즐(櫛)'자로 되어 있어 『승조유사』본에 따라 고쳤다.[37]

⑩ '하(下)'자는 『기록휘편』에 빠져 있어 『승조유사』본에 따라 보충했다.

⑪ ['사(絲)'자는] 『승조유사』본에 '포(布)'자로 되어 있다.[38]

1-4. 산물: 향

기후는 따뜻하고 더우며 서리와 눈이 내리지 않고 언제나 4~5월의 시기와 같아 초목은 늘 푸르다. 산에는 오목(烏木),[39] 가람향(伽藍香),[40] 관음죽(觀音

34 이 교정에 해당하는 『기록휘편』 원문[몸을 굽혀 낮추어 들어간다(躬身低入)]은 『국조전고』, 『삼보정이집』, 『설집』, 『담생당』본 모두 "몸을 굽히고 머리를 낮추어 출입한다(躬身低頭出入)"라고 하였다. 따라서 풍승균 씨의 교정문에서 '출입'은 그 위치를 뒤로 보내는 것이 맞다.

35 이 교정에 해당하는 『기록휘편』 원문[服色紫白衣惟王可穿]은 『삼보정이집』에 "服衣紫, 其白衣惟王可穿"이라고 하였고, 『설집』과 『담생당』본에는 "服色紫, 其白衣惟王可穿"이라 하였다. 이로써 볼 때, '자(紫)'자를 '금(禁)'자로 고치는 것은 유보해야 할 것 같다. 하지만 『국조전고』에는 "옷 색깔로 흰색을 금지하는데, 그 흰옷은 왕만이 입는다(服色禁白, 其白衣惟王穿用)"라고 하였다. 한편, 『서양번국지』에서는 "왕은 옷이 희고(王乃服白, 餘服白者罪死)"라고 하였다. 어느 것이 마환의 원문에 가까운지는 판단하기 어렵다. 다만 풍승균 씨가 『승조유사』본에 따라 고친 것은 불충분한 것임에는 분명하다.

36 '현(玄)'자는 『국조전고』, 『삼보정이집』, 『설집』, 『담생당』본, 그리고 『서양번국지』 모두에서 확인된다.

37 '촬(撮)'자는 『국조전고』, 『삼보정이집』, 『설집』, 『담생당』본, 그리고 『서양번국지』 모두에서 확인된다.

38 이 교정에 해당하는 『기록휘편』 원문[유색의 실로 짠 수건을 두른다(圍色絲手巾)]은 『국조전고』, 『삼보정이집』, 『설집』, 『담생당』본, 그리고 『서양번국지』 모두에 "下圍色布手巾"이라고 하였으므로, 이에 따라 '하(下)'자는 보충하고, '사(絲)'자는 '포(布)'자로 고치는 것이 맞다.

39 오목(烏木)은 『도이지략』 민다랑(民多朗) 조목에 나오는 오리목(烏梨木)일 수도 있고, 『제번지』 하권에 보이는 오만자(烏樠子)를 지칭할 수도 있다. 또 향을 만드는 목재로, 오향(烏香) 또는 오리향(烏里香)을 의미할 수도 있다. 먼저 『도이지략』 민다랑 조목의 오리목에 관하여 심증식(沈曾植) 씨는 '이(梨)'자가 '만(樠)'자의 잘못으로 보고, 흑단을 지칭하는 오만목(烏樠木)으로 설명하고자 했는데, 후지타 도요하치도 마찬가지이다(『도이지략교주』, 24쪽). 히어트와 록힐은 최표(崔豹)의 『고금주』에 "예목(翳木) 또는 의예목(毉翳木)은 교주에서 나는데, 색은 검고 나뭇결이 있으며 '오문목(烏文木)'이라고도 한다"라고 한 것에서 『제번지』의 오만자(烏樠子)가 바로 '오문목'이라고 추정했다. 또 오만자는 하문(廈門) 방언으로 [오반쯔]이므로 이 단어는 페르시아어 압누스(ābnūs)에 해당한다고 확신했다. 이어서 스

竹), 강진향(降眞香)[41]이 난다. 오목은 매우 윤기가 나고 검으며 다른 나라에

페인어 아베누스(abenuz)와 영어의 에보니(ebony)가 페르시아어에서 나왔다고 하였다(『조여괄』, 216쪽 주). 소계경 씨는 『문선』에 실린 좌사(左思)의 「오도부(吳都賦)」 주석에 "문(文)은 문목(文木)이다. 재질이 치밀하고 결이 없으며, 색은 물소 뿔처럼 검고, 일남(日南)에 있다(文, 文木也. 材密緻無理, 色黑如水牛角, 日南有之)"라고 한 것을 들어, 이 나무에는 결이 없다고 주장하며, '문(文)'자가 붙은 것은 크메르어 막펭(mak peng)의 '펭'이 변화된 것으로 설명했다(『도이지략교석』, 61쪽). 이들은 결국 오리목(烏梨木)=오목(烏木)=오문목(烏文木)=오만목(烏構木)이라는 등식에 모두 동의하고 있다. 이들 명칭이 외래어가 아니라는 점에 관해서는 이미 라우퍼(Lafer) 씨가 입증했다(『Sino-Iranica』, 485~486쪽). 사실, '이(梨)'자와 '만(構)'자는 자형이나 자음 그 어느 것도 혼동할 여지가 없으며, 아랍어 압누스(ābnūs)와도 아무런 유사성이 없다. 게다가 '문'자와 '만'자는 더더욱 그러하다. 따라서 외래어로서 이러한 등식을 성립시키기에는 무리가 많다. 역자의 생각으로, 여기 오리목(烏梨木)은 『도이지략』 용연서 조목에서 보이는 오향(烏香) 즉 오리향(烏里香)으로, 바로 '이(梨)'자는 '이(里)'자의 다른 표기에 지나지 않는다. 이들 산지 또한 같은 지역임을 확인할 수 있다.

40 가람향(伽藍香)에 관하여 히어트와 록힐은 물에 가라앉기 때문에 침향(沈香)이라는 이름이 붙여졌다고 하면서, "말레이어와 자바어로는 '칼람박(Kalambak)' 또는 '칼람바(Kalambah)'라고 한다. 이들 명칭은 '가루(gharu)' 또는 '카유 가루(kayu gharu)', 즉 '가루 우드(gharu-wood)'로도 알려졌는데, 바로 산스크리트어 '아가루(agaru)'에서 와전된 것들이다. 이로부터 포르투갈 사람들이 '파오 다퀼라(pao d'aquila)'로 옮기면서, 프랑스어의 '부아 데글(bois d'aigle)', 영어의 '이글 우드(eagle-wood)' 등으로 파생되었다. 성경, 아랍인 그리고 중세의 다른 작가들에게서 보이는 알로에(aloes) 또는 알로에 우드(aloes-wood)는 산스크리트어에서 나온 것 같다. 또 불어로 '부스 드 깔랑부르(boos de calambour)'라고 하는데 이것은 말레이어 칼람박에서 나온 것이다"라고 설명했다(『조여괄』, 205쪽). 이로써 본문의 가람향(伽藍香)은 침향(沈香, Aquilaria agallocha)을 말하며, '가람'은 칼람박 또는 칼람바에 해당하는 음임을 알 수 있다. '가람'은 가람(迦藍), 가남(伽楠), 기남(棋楠), 기남(奇南), 기남(奇楠) 등으로도 표기되었다. 소계경 씨는 이들 명칭이 참파어 가라(Gahlå)에 해당하는 음이라고 했는데(『도이지략교석』, 47쪽), 그다지 근접해 보이지는 않는다. 침향과 그 종류에 관해서는 『바다의 왕국들: 제번지역주』, 334~343쪽을 참고하시오. 조여괄의 『제번지』 점성 조목에서는 '신정향(身丁香)'으로 불렀다.

41 중국 자료에서 '강진[kɔŋ-tɕiĕn](降眞)'이라는 향은 10세기 이순(李珣)의 『해약본초(海藥本草)』에 가장 먼저 보인다. 이 의약 서적은 현재 전하지 않지만, 이시진(李時珍)의 『본초강목』에서 많이 인용되었다. 이순의 설명에 따르면, "'선전(仙傳)'에 [강진향은] 여러 향과 섞어서 태우면, 연기가 곧게 위로 올라가, 학이 그 향기를 맡고 내려오게 한다. 성신(星辰)에게 제사 지낼 때, 이 향을 피우는 것을 최고로 치는데, 비급의 공력이 매우 영험해지기 때문이다. 이 때문에 '강진'이라 이름한 것이다(仙傳伴和諸香, 燒煙直上, 感引鶴降. 醮星辰, 燒此香爲第一, 度籙功力極驗. 降眞之名以此)"라고 하였다(『본초강목』(사고전서본), 권34, 39a). 여기 이순의 설명대로라면 '강진'은 '진(眞)'을 내려오게 하는 향이란 의미이다. '진(眞)'은 학(鶴), 진인(眞人), 신선(神仙) 등을 의미할 수 있다. 다시 말해, '강진'은 음역 명칭이 아니라는 말이고, 중국 본토에서 나는 것임을 암시하고 있다.

하지만 이순은 강진향의 산지와 향을 설명하는 다른 문장에서 "[강진향은] 남해과 대진국(大秦國)에서 난다. 그 향은 소방목과 비슷하며, 그것을 태우면 원래 향이 그다지 나지 않는데, 다른 향과 섞어서 태우면 아주 우수하다. 약용으로는 '번강(番降)'을 쓰는데, 자주색이며 윤기가 나는 것이 좋다(生南海山中及大秦國. 其香似蘇方木, 燒之初不甚香, 得諸香和之則特美. 入藥以番降, 紫而潤者爲良)"라고 하였다

서 나는 것보다 훨씬 좋다. 가람향은 오로지 이 나라 제일 큰 산에서만 난

(앞의 출처). 첫 번째 설명과는 달리 남해와 대진국의 산물이라고 했고, 다른 향과 섞어야 좋은 향기를 낸다고 하였으며, '번강(番降)'이란 단어를 사용하여 '강(降)'이 음역일 수도 있다는 암시를 남겼다. 우리는 두 종류의 '강진', 즉 토종과 외래종이 있음을 먼저 상정해야 할 것 같다.

'강진'이라는 향을 전문적으로 기술한 책은 1225년 조여괄의 『제번지』일 것이다. 하권에 별도의 항목으로 실린 조여괄의 기술에 따르면, "강진향(降眞香)은 스리비자야[三佛齊], 자바[闍婆], 파항[蓬豊]에서 나는데 광동, 광서 여러 군(郡)에도 있다. 향기는 강하고 멀리 가며 사악한 기운을 막아 준다. 천주(泉州)의 사람들은 제석(除夕)에 빈부를 막론하고 모두 섶을 태우는 것처럼 태운다. 그 값이 매우 저렴하다. 스리비자야의 것이 가장 좋고 향기와 맛이 맑고 멀리 간다. 일명 '자등향(紫藤香)'이라고도 한다(降眞香出三佛齊・闍婆・蓬豐, 廣東・西諸郡亦有之. 氣勁而遠, 能辟邪氣. 泉人歲除, 家無貧富, 皆爇之如燔柴然. 其直甚廉, 以三佛齊者爲上, 以其氣味清遠也. 一名曰紫藤香)"라고 하였다(『제번지역주』, 362쪽). 조여괄의 설명으로부터 우리는 강진향이 남해와 말레이군도에서 유입된 향기가 강한 향료임을 확인할 수 있다. 1911년 『제번지』를 역주한 히어트와 록힐은 '강진향'을 라카 우드(Laka-wood)로 번역하고, 『제번지』의 내용에 따라, "이 '라카 우드'는 수마트라, 단마령(單馬令, Kwantan), 불라안(佛囉安, Beranang), 사바(闍婆, 자바), 술라웨시(?), 그리고 보르네오의 산물"이라고 했을 뿐, 명칭에 대한 설명은 제시하지 못했다.

라카우드(Lakawood)는 말레이어 '카유 라카(kayu laka)'를 옮긴 말로, '카유'는 나무라는 뜻이고, '라카'는 영어의 'lacquer', 불어의 'laque' 스페인어의 'laca' 이탈리아어의 'lacca'의 어원으로, '칠(漆)' 또는 '옻'에 해당한다. 따라서 '카유 라카'는 우리말 옻나무일 것이다. 옻나무(Toxicodendron vernicifluum)는 독성 때문에, 약용보다는 주로 도료로 광범위하게 사용되었다. 이 나무가 태우는 향료로 사용되었다는 근거는 없다. 일용품에 광범위하게 사용되었고, 독성이 있는 이 '옻나무' 땔나무처럼 사용했다는 점은 강진향과 라카우드가 다른 것임을 입증한다. 그런데도 샤퍼 씨는 여전히 '강진향=라카우드'로 설명하고 있다(Edward H. Schafer, 『The Golden Peaches of Samarkand』, 1985, 165쪽).

이상 강진향을 설명한 중국 자료만으로는 이 식물의 학명을 추정하기 어렵다. 『한국식품과학회지』, 34호(2002)에 실린 「강진향(Dalbergia odorifera T.CHEN) 에탄올 추출물로부터 항산화 활성물질의 구조 동정」을 연구한 공동 논문에서 강진향의 학명이 달베르지아 오도리페라(Dalbergia odorifera)라고 하였는데, 이는 중국어로 '지앙시앙 황탄(降香黃檀)'이라는 중국 해남산 단향나무속의 식물이다. 역자도 이 학술지를 신뢰한 끝에 『진랍풍토기역주』(역락, 2022), 104쪽에서 강진향의 학명으로 이를 따랐다. 이 기회를 빌려 특정할 수 없다고 고친다.

앞서 본 『제번지』 이외에도, 마환의 『영애승람』에 따르면, 강진향은 참파[占城], 팔렘방[舊港], 시암[暹羅], 람브리[南浡里], 몰디브[溜山國] 등의 나라에서 난다. 한편 비신의 『성사승람』에는 참파, 팔렘방, 렌카수카[龍牙犀角], 보르네오[浡泥國], 술루[蘇祿國]에서 보인다. 이들 지역 분포에 해당하는 향나무로는 달베르치아 파르비플로라(Dalbergia parviflora)가 있다. 리들리(Henry Nicholas Ridley)가 열거한 분포 지역은 위의 중국 자료들과 일치한다(『The flora of the Malay Peninsula』, I(London, 1922), 589쪽). 그러나 '강진' 또는 '강(降)'의 어원이 밝혀지지 않는 한, 강진향을 이 나무로 특정할 수는 없다. 또한 조여괄이 특기한 이 향나무는 마르코 폴로, 이븐 바투타 등을 비롯한 유럽과 아랍의 기록에는 보이지 않는다. 이는 강진향이 유럽과 아랍의 저자들이 기록한 어느 향료를 완전히 중국식으로 번역한 '명칭'이라고 이해해야 하는 근거가 되는지도 모른다.

다. 천하에 더는 나는 곳이 없어 그 값이 매우 비싸며 은으로 맞바꾼다. 관음죽은 가는 등나무 줄기처럼 생겼다. 길이는 1장(丈) 7~8척(尺)이고 쇠처럼 검고, 1촌(寸)마다 2~3개의 마디가 있으며, 다른 곳에서는 나지 않는다.

氣候暖熱, 無霜雪, 常如四五月之時. 草木常靑. 山產烏木① · 伽②藍香 · 觀音竹 · 降眞香. 烏木甚潤黑,[42] 絕勝他國出者. 伽藍香惟此國一大山出產,[43] 天下再無出處, 其價甚貴, 以銀對換. 觀音竹如細藤棍樣, 長一丈七八尺, 如鐵之黑, 每③一寸有二三節, 他所不出.

① '오목(烏木)'은 『기록휘편』에 빠져 있어, 『승조유사』본에 따라 보충했다.[44]
② ['가(伽)'자는] 『기록휘편』에 '가(加)'자로 되어 있어, 『승조유사』본에 따라 고쳤다.
③ '매(每)'자는 『기록휘편』에 보이지 않아 『승조유사』본에 따라 보탰다.[45]

42 『기록휘편』의 이 문장[烏木甚潤黑]에서 『국조전고』, 『삼보정이집』, 『설집』, 『담생당』본 모두 '오목' 앞에 '기(其)'자가 들어 있다. 이미 산물로 오목(烏木)이 거명되었으므로 '기(其)'자를 보충해야 한다.

43 『기록휘편』의 이 문장[伽藍香惟此國一大山出產]은 『국조전고』에 "가람향은 오직 이 한 나라에만 있는데, 어떤 큰 산에서 난다(伽藍香惟此一國有, 一大山出產)"라고 기술했다. 『삼보정이집』에서는 "伽藍香惟此國出產"으로, 『설집』에는 "伽藍香惟此國一山出產"이라 하였고, 『담생당』본에는 '기(其)'자를 문두에 넣어 "其伽藍香惟此國一山出產"으로 되어 있다. 앞서 본 '오목'의 경우와 마찬가지로 '기(其)'자를 문두에 넣어야 하는 것은 분명하다.

44 이 교정의 해당하는 『기록휘편』의 원문[山產加藍香 · 觀音竹 · 降眞香]은 『국조전고』에 "山產伽藍香 · 觀音竹 · 烏木 · 降眞香"으로 되어 있다. 『삼보정이집』, 『설집』, 『담생당』본에는 '오목'과 '강진향'이 순서를 바꾸어 "山產伽藍香 · 觀音竹 · 降眞香 · 烏木"으로 되어 있다. 한편 『서양번국지』에서도 "產茄藍香 · 降眞香 · 觀音竹 · 烏木"이라고 하였으므로, 『기록휘편』에 '오목'이 빠진 것을 알 수 있다. 또한 그 위치는 『삼보정이집』, 『설집』, 『담생당』본을 따라야 할 것이다.

45 '매(每)'자는 『국조전고』, 『삼보정이집』, 『설집』, 『담생당』본 모두에 보이지 않는다. 『서양번국지』에서는 '일(一)'자 없이 "每寸有三二節"이라고 하였으므로, 꼭 필요한 교정이라 볼 수 없다.

1-5. 산물: 짐승

서우(犀牛, 코뿔소)와 상아(象牙)[46]가 매우 넓은 지역에서 난다. 그 서우는 물소처럼 생겼고 큰 것은 7백~8백 근(斤)이 나가며 온몸에 털이 없고 검다. 비늘과 갑각이 나 있고 주름진 버짐이 난 두꺼운 가죽이 있다. 발굽에는 3개의 발톱이 있고 머리에는 하나의 뿔이 콧등에서 자라는데, 긴 것은 1척 4~5촌이다. 풀을 먹지 않고 오로지 가시나무의 가시가 난 잎을 먹으며, 아울러 마른 큰 나무를 먹는다. 싸는 똥은 염색하는 곳의 수막(Rhus succedanea) 죽 같다. 말은 키가 작아 나귀 같다. 물소, 황우(黃牛), 돼지, 양 등 모두 있으나 거위와 오리는 희소하다. 닭은 왜소한데, 큰 것이라도 2근(斤)을 넘지 않으며 다리는 1촌 반에서 2촌에 불과하다. 수탉은 붉은 볏과 흰 귀가 있고, 허리는 가늘고 꼬리는 치솟아 있다. 사람이 손으로 잡기만 해도 울어 몹시 귀엽다.

犀牛象牙甚廣. 其犀牛如水牛之形, 大者有七八百斤, 滿身無毛, 黑色, 生鱗甲,[47] 紋癩①厚皮. 蹄有三跆, 頭有一角, 生於鼻梁之中, 長者有一尺四五寸. 不食草料, 惟食刺樹刺葉, 併食大乾木,[48] 抛糞如染坊黃櫨②楂.③ 其馬低小如驢. 水牛・黃牛・猪・羊④俱有, 鵝・鴨稀少. 雞矮小, 至大者不過二斤, 脚高寸半及二寸止.[49]

46 상아(象牙)는 코끼리의 엄니를 말하지만, 서우(犀牛)와 병렬로 연결되어 '광(廣)'자의 주어로 쓰이고 있고, 이어지는 서우에 대한 묘사로 보아, 여기서는 상아가 코끼리를 지칭하는 말로 보아야 할 것이다. 코뿔소[서우]에 관한 자세한 설명은 리데 왕국[8]의 주석과 『바다의 왕국들: 제번지역주』, 426~429쪽을 참고하시오.

47 『기록휘편』의 '생인갑(生鱗甲)'은 『국조전고』, 『삼보정이집』, 『설집』, 『담생당』본 모두 "온통 인갑이다(俱是鱗甲)"라고 하였으므로 이에 따라 고치는 것이 맞다.

48 『기록휘편』의 이 문장[併食大乾木]은 『삼보정이집』, 『설집』, 『담생당』본에 '그리고 손가락만 한 마른 나무(幷指大乾木)'로 되어 있다. 따라서 앞 문장과 연결해 보면, "오로지 가시나무의 가시가 난 잎과 손가락만 한 마른 나무를 먹는다(惟食刺樹刺葉幷指大乾木)"라고 읽을 수 있다. 이것이 문장의 구성과 문맥에 더 유리하다. 이는 『서양번국지』에서 "食刺樹刺葉及指大乾木"이라는 문장으로 확인된다.

其雄雞紅冠白耳, 細腰高尾.⑤ 人拏手中亦啼, 甚可愛也.

① ['나(癩)'자는] 『기록휘편』에 '전(癲)'자로 되어 있는데 분명 '나(癩)'자의 잘못이다. 『국조전고』본에는 '나(癩)'자로 되어 있다.[50]

② ['노(櫨)'자는] 『기록휘편』에 '터(攄)'자로 되어 있고, 『승조유사』본에는 '노(盧)'자로 되어 있다. 이것은 바로 루수세다니아(Russuccedanea, 수막죽)이다. 여기서는 『국조전고』본에 따라 바로잡았다.[51]

③ ['사(楂)'자는] 『승조유사』본에는 '목(木)'자로 되어 있다.

④ '저 · 양(猪 · 羊)' 두 글자는 『기록휘편』에 빠져 있어 『승조유사』본에 따라 보충했다.[52]

⑤ ['세요고미(細腰高尾)'는] 『기록휘편』에 "유요규미(窳腰竅尾)"로 되어 있어 『승조유사』본에 따라 고쳤다.[53]

49 『기록휘편』의 이 문장[腳高寸半及二寸止]은 『국조전고』, 『삼보정이집』, 『설집』에는 "腳高寸半二寸"으로 되어 있고, 『담생당』본에는 "脚高寸半或二寸"이라 하였다. 또한 『서양번국지』에서도 "脚僅高寸半或二寸"이라고 하였으므로 이에 따라 『기록휘편』의 원문을 고치는 것이 맞다.

50 '나(癩)'자는 『삼보정이집』, 『설집』, 『담생당』본에도 같은 글자를 보여 주므로 풍씨의 교정은 정확하다.

51 '황로사(黃櫨楂)'는 『기록휘편』에 '노(櫨)'자가 '터(攄)'자로 되어 있고, 『국조전고』에는 '黃櫨楂樣'으로 되어 있다. 한편 『삼보정이집』, 『설집』, 『담생당』본에는 '노황색(蘆黃色)'이라 하였다. 풍승균 씨의 교감은 폴 펠리오의 것을 따르고 있다. 펠리오 씨는 뒤펜다크의 잘못된 원문과 번역을 바로잡으며 다음과 같이 설명하고 있다. "330년경에 죽은 갈홍(葛洪)은 무소가 '특히 가시나 검은 딸기가 달린 나무나 독이 있는 식물들을 먹는다'라고 말했다(라우퍼, 『Chinese Clay-figure』, 139쪽 참고). '포(抛)'자는 '내뱉다' 또는 '던지다'는 의미로 '모으다'란 뜻이 아니다. '터(攄)'자는 분명 '노(櫨)'자가 되어야 한다. 황로(黃櫨)는 수막(sumac, Rhus succedanea)의 이름이다. '사(楂)'는 '사(渣)'와 같은 글자로 '지게미'를 의미한다. 마환의 책에는(권62, 10a, 자바 조목) '씹고 남은 빈랑'이란 의미의 '빈랑사(檳榔渣)'가 있고, 자일스(Giles)의 책에는 '조개껍데기'란 의미의 '자경사(紫梗渣)'라는 표현이 보인다. 따라서 황로사(黃櫨渣)는 '수막 죽'으로 실제로 염색에 사용된다. 그래서 나는 '[무소들은] 풀이나 사료를 먹는 것이 아니라 가시나무, 가시 있는 잎과 죽은 큰 나무를 먹는다. 이들은 염색하는 사람들의 수막 죽과 비슷한 배설물을 싼다'라고 번역한다"라고 하였다. 펠리오(P. Pelliot), 「15세기 초 중국의 대항해(Les Grands voyages maritimes chinois au début du XVe siècle)」, 『통보(通報)』, Vol. 30, 1933, 354~355쪽.

52 '저양(猪[豬]羊)'은 『국조전고』, 『삼보정이집』, 『설집』, 『담생당』본, 그리고 『서양번국지』 모두에 들어 있다.

53 이 교정에 해당하는 『기록휘편』 원문[일그러진 허리, 구멍 난 꼬리(窳腰竅尾)]은 『국조전고』에 '아요교미(亞腰蹺尾)'로, 『삼보정이집』과 『서양번국지』에는 '아요규미(亞腰竅尾)'로, 『설집』과 『담생당』본에는 '곡요규미(曲腰竅尾)'로 되어 있다. 여기 '아요(亞腰)'란 호로 박처럼 가운데가 가늘게 들어간 것을 말한다. 그러므로 풍승균 씨가 『승조유사』에 따라 보충한 '세요(細腰)'와 의미상 근접한다. 따라서 여기서는 '아요'를 선택하는 것이 타당하다. 나머지 다른 사본들이 '규미(竅尾)'라고 하였지만, 무엇을 의미하

1-6. 산물: 과일채소

과실에는 매실, 귤, 수박, 감자(甘蔗, 사탕수수), 야자(椰子), 파라밀(波羅蜜),[54] 파초자(芭蕉子, 바나나) 류가 있다. 파라밀은 동아의 모양과 같고, 외피는 사천(四川) 여지(荔枝)와 같고, 껍질 안에는 달걀 크기의 누런 과육이 있으며 맛은 꿀과 같다. 가운데 닭 고환 같은 씨는 볶아 먹으면 밤 같은 맛이 난다. 채소는 동아[冬瓜],[55] 황과(黃瓜),[56] 호로(葫蘆),[57] 개채(芥菜),[58] 파, 생강뿐이고 다

는지 전혀 알 수 없다. 『국조전고』의 '교미'는 치켜세운 꼬리를 의미하므로, 『승조유사』본의 '고미(高尾)'와도 맞아떨어진다. 따라서 『국조전고』본을 그대로 따르기로 한다.

54 파라밀(波羅蜜)은 뽕나무과의 상록 교목인 잭푸르트(jackfruit)로, 목파라(木菠蘿), 수파라(樹波羅)이다. 인도가 원산으로 다 익지 않은 과실은 채소로 식용할 수 있고 다 익은 것은 과일로 먹을 수 있는데 맛이 달고 시다. 중국의 광동, 광서 지역에서도 난다. 이시진(李時珍)은 "파라밀(波羅蜜)은 산스크리트어로, 과실의 맛이 달기 때문에 이를 빌려 명명한 것이다. 베트남[安南] 사람들은 '낭가결(囊伽結)'이라 한다"라고 하였다(『본초강목』(사고전서본), 권31, 26b). 사방(謝方) 씨는 파라밀의 산스크리트어는 파나사(Panasa)로, 바로 『수서(隋書)』 진랍전(眞臘傳)에 기재된 파나사(波那娑)이고, 말레이어로는 낭카(Nangka)인데 바로 낭결가(囊結伽)의 음역으로 보고, 『본초강목』에는 '낭가결(囊伽結)'로 잘못 기록된 것이라고 했다(『서양조공전록교주』, 9쪽).

55 동과(冬瓜, Benincasa hispida)는 1년생 덩굴 식물로, 동과(東瓜), 동화(東花), 백과(白瓜), 수지(水芝), 지지(地芝), 압과(鴨瓜), 한과(寒瓜) 등의 이칭이 있다. 우리나라에서는 '동아'로 알려진 이 과채는 옛날에는 상당히 흔하게 재배되었다. 『본초강목』, 권28(사고전서본, 10b)에서 이시진은 "동과는 겨울에 익기 때문이다. 가사협은 '동과는 1~3월에 심는데, 10월에 심는 것은 여는 과(瓜)가 통통하여 봄에 심은 것보다 낫다'라고 하였다. 동과라는 명칭은 이 때문은 아닐까(冬瓜, 以其冬熟也. 又賈思勰云, 冬瓜正二三月種之. 若十月種者, 結瓜肥好, 乃勝春種. 則冬瓜之名或又以此也)"라고 설명했다.

56 황과(黃瓜)는 우리의 오이(Cucumis sativus)이다. 원래는 '호과(胡瓜)'라고 불렀다. 이시진은 『본초강목』(사고전서본, 권28, 16a) 호과(胡瓜) 조목에서 "장건이 서역에 사신으로 가서 씨를 얻어왔기 때문에 '호과'라고 한다(張騫使西域得種, 故名胡瓜)"라고 설명했다. 이어서 두보(杜寶)의 『습유록(拾遺錄)』을 인용하여 "수나라 대업 4년(608년)에 피휘(避諱)하여 호과를 '황과(黃瓜)'로 고쳤다(隋大業四年避諱, 改胡瓜爲黃瓜)"라고 하였다. 이에 앞서 진장기(陳藏器)는 "북방 사람들은 석륵(石勒)의 이름을 피하여 '황과'로 고쳐 불러 지금까지 이를 따르고 있다(北人避石勒諱, 改呼黃瓜, 至今因之)"라고 하였다. 장건이 얻어왔기 때문에 '호과'라고 한다는 설명은 이전 자료에서 전혀 찾아볼 수 없다. 또, 수나라 대업 4년(608)과 석륵(石勒, 273~333)의 이름을 피해 '황과'로 바꾸었다는 설도 이후 사람들이 추측한 설일 가능성이 크다. 어쨌든 오이는 『제민요술(齊民要術)』에 재배가 언급되어 있으므로 6세기 이전에 중국에 유입된 것은 분명하다. 라우퍼 씨에 고증에 따르면, 엥글러(Engler)와 와트(Watt) 등이 오이의 원산지를 인도 또는 북인도로 추정하는 것은 근거가 빈약하고, 이미 그에 상응하는 시기에 이집트와 셈족들에게도 오이가 보인다는 것이다(라우퍼, 『중국과 이란』, 300~310쪽). 이어서 라우퍼 씨는 키타(qittā), 시야르

른 과일이나 채소는 전혀 없다.

果有梅・橘・西瓜・甘蔗・椰子・波羅蜜・芭蕉子之類. 其波羅蜜如冬瓜之樣, 外皮似川荔枝, 皮內有雞子大塊黃肉, 味如蜜.[59] 中有子如雞腰子樣,[60] 炒吃味如栗子. 蔬菜則有①冬瓜・黃瓜・葫蘆・芥菜・蔥薑②而已, 其餘果菜竝無.③

① '유(有)'자는 『기록휘편』에 빠져 있어, 『승조유사』본에 따라 보충했다.[61]

(xiyār), 카완다(kawanda), 시라(xīrā), 사우슈(xāwuš) 등의 이란 지역의 명칭들을 들고 있는데, 페르시아어 '사유슈'는 글자 그대로 '황소 눈'을 의미하고, 이 '눈'은 아베스타어로 'aši', 중세 페르시아어로 'aš', 산스크리트어로 'akṣi'라고 한다고 하였다. 우리나라의 '오이'라는 발음은 아베스타어 '아시'와 비슷하다. 이상으로부터 '황과(黃瓜)'라는 중국 명칭은 음역한 것이 아니라, 호과(胡瓜)처럼 의역한 것임을 알 수 있다.

57 호로(葫蘆)는 『본초강목』(사고전서본, 권28, 5a)에 호로(壺蘆, Lagenaria siceraria var.clavata)로 되어 있다. 이시진의 설명에 따르면, "호(壺)는 술그릇이고, '노(蘆)'는 밥그릇이다. 이것은 그 생김새를 본떠 명명한 것으로, 술이나 밥그릇으로 사용할 수 있어 그렇게 명명한 것이다. 민간에서 '호로(葫蘆)'라고 하는데 잘못이다. 호(葫)는 산(蒜, 달래 또는 마늘)이고 노(蘆)는 갈대에 속한다. [호로]의 모양이 둥근 것을 '포(匏)' 또는 '표(瓢)'라 하는데, 포말처럼 물에 뜰 수 있기 때문이다. 박과류는 모두 '과(瓜)'라고 칭하므로, '호과(瓠瓜)', '포과(匏瓜)'라고 한다. 옛사람들은 '호(壺)', '호(瓠)', '포(匏)'라는 세 가지 명칭으로 통용하여 처음에는 구분이 없었다(壺, 酒器也. 蘆, 飯器也. 此物各象其形, 又可爲酒飯之器, 因以名之. 俗作葫蘆者, 非矣. 葫乃蒜名, 蘆乃葦屬也. 其圓者曰匏, 亦曰瓢, 因其可以浮水如泡・如漂也. 凡屬皆得稱瓜, 故曰瓠瓜・匏瓜. 古人壺・瓠・匏三名皆可通稱, 初無分別)"라고 설명했다. 이에 따르면 '호로(壺蘆)'라고 해야지 '호로(葫蘆)'라고 표기하는 것은 잘못이라는 것이다. 이어서 이시진은 월과(越瓜)처럼 처음과 끝이 일관적인 것을 '호(瓠)'라 했고, 또 호 중에서 하나의 머리[頭]에 긴 자루 모양의 배[腹]가 있는 것을 '현호(懸瓠)'라고 했으며, 허리 부분이 잘록한 것을 '포로(蒲蘆)'라고 한다는 정보를 제공하고 있다. 호(瓠)=호(壺)=호(胡)=호(葫)는 모두 동음의 글자들이지만, 호로는 외래 식물이 아니므로, '호(胡)'자를 붙여 쓰면 오해의 소지가 있다.

58 개채(芥菜, Brassica juncea)는 운대(蕓薹, Brassica) 속의 한해살이 식물로 우리 말로 갓이라 한다. 그 씨를 '개채자(芥菜子)'라고 하는데, 바로 겨자씨이다. 씨와 잎줄기 모두 약으로 사용하며, 김치를 담가 먹기도 한다.

59 '밀(蜜)'자는 『국조전고』, 『삼보정이집』, 『설집』, 『담생당』본 모두 '밀첨(蜜甜)'으로 되어 있으므로, '첨'자를 보충해 넣는 것이 좋겠다.

60 '계(雞)'자는 『국조전고』에 '아(鵞)'자로 되어 있고, 『삼보정이집』에는 빠져 있다.

61 '유(有)'자는 『삼보정이집』, 『담생당』, 『설집』 본에 모두 보이지 않는다. 『국조전고』본에는 '즉(則)'자 없이 '유'자가 있다. 풍승균 씨의 교정대로 '유'자를 보충하면 부연이 된다. 따라서 교정문에서 '유'자를 빼는 것이 타당하다.

② [‘강(薑)’자는] 『기록휘편』에 ‘강(姜)’자로 되어 있어, 『승조유사』본에 따라 고쳤다.[62]

③ 이상 여섯 글자[其餘果菜竝無]는 『기록휘편』에 “다른 산물이 전혀 없다(竝無他物)”로 되어 있어 『승조유사』본에 따라 고쳤다.[63]

1-7. 생활

사람들 대부분이 물고기잡이를 업으로 삼지만, 농사는 많이 짓지 않아, 벼와 곡물이 널리 나지 않는다. 토종의 쌀알은 길고 붉은색이 많다. 대맥, 소맥 어느 것도 없다. 사람들은 빈랑(檳榔),[64] 부엽(荖葉)[65]을 입에서 떼지 않

62 ‘강(薑)’자는 『기록휘편』에 ‘강(姜)’자로 되어 있는데, 『삼보정이집』과 『설집』에도 마찬가지이다. 여기서는 풍승균 씨의 교정대로 『국조전고』와 『담생당』본에 근거하여 ‘강(薑)’자로 고치는 것이 맞다. 하지만 두 글자는 종종 혼용되었다.

63 이 교정에 해당하는 『기록휘편』 원문[다른 산물이 전혀 없다(竝無他物)]은 『국조전고』, 『삼보정이집』, 『설집』에는 “기타 과일이나 채소는 전혀 없다(其餘果菜竝無)”라고 하였고, 『담생당』본에는 “나머지 다른 채소는 전혀 없다(其餘他菜竝無)”라고 하였고, 『서양번국지』에는 “기타 과일이나 채소는 모두 없다(其餘果菜俱無)”라고 하였다. 『국조전고』, 『삼보정이집』, 『설집』본이 교정문과 가장 부합한다.

64 빈랑(檳榔)은 말레이어 피앙(piang)의 음역어로 추정된다. 동남아 열대지방의 중요한 약재이자 씹어 먹는 것으로 남녀노소 모두 먹는다. 치아를 보호하고 소화를 도우며 기생충을 없애는 효능이 있다고 한다. 『제번지(諸蕃志)』 하권 빈랑 조목에 상세히 기록되어 있는데 “나무는 종려와 같고 버드나무 가지처럼 잎 사이에 열매를 맺으며 주렁주렁 달린다. 봄에 그것을 채취하면 ‘연빈랑(軟檳榔)’이 된다. 이것이 바로 빈랑으로 그냥 먹어도 맛이 좋다. 여름과 가을에 딴 것을 ‘미빈랑(米檳榔)’이라고 하며 소금에 절인 것은 ‘염빈랑(鹽檳榔)’이라 한다. 작고 뾰족한 것은 ‘계심빈랑(鷄心檳榔)’이라 하고, 크고 넓적한 것은 ‘대복자(大腹子)’라고 한다”라고 하였다. 또 『남중팔군지(南中八郡志)』에는 “빈랑은 토착민들이 귀하게 여기는 것으로 손님을 환대할 때는 반드시 먼저 내놓는다. 만약 만났는데도 베풀지 않으면 이 때문에 서로 싫어한다(檳榔土人以爲貴, 款客必先進. 若邂逅不設, 用相嫌恨)”라고 하였다(『바다의 왕국들』, 368쪽).

65 부엽(荖葉)은 여기 점성 조목뿐만 아니라, 조와(2-17), 석란(10-8) 조목에서도 항상 빈랑(檳榔)과 함께 등장한다. 부엽(荖葉)에 관하여 흐루너펠트 씨는 『영애승람』의 조와 조목을 역주하면서, “男婦以檳榔·荖葉聚蜑灰不絕口”(아래 2-17을 참고하시오)라는 문장을 “남자와 여자들을 끊임없이 빈랑을 베틀, 석회[lime]와 함께 씹는다”라고 번역했다. 즉 부엽을 베틀(betel, Piper betle 후추과의 덩굴 식물)이라고만 번역하고 주석을 붙이지 않았다(『Notes on the Malay Archipelago and Malacca』, 1876, 49쪽). 펠리오 씨는 이 문장을 더 정확하게 “사람들은 빈랑, 조갯가루를 넣은 베틀의 잎을 먹는다”라고 번역했다. 사실 펠리오도 여기의 ‘취(聚)’자가 ‘과(裹)’의 잘못임을 알지 못하고 번역한 것이어서 정확하다고는 할 수 없다. 이에 대해서는 아래 2-17에서 자세히 언급했다. 이어서 펠리오 씨는 이회(蜑灰)에 관해, 어떤

조개인지는 밝혀지지 않았으나 추남(chunam)과 연결 짓고, 자세한 것은 율(Yule), 『영국-인도 용어사전』, 218~219쪽과 『통보』, 1931, 438쪽을 참조토록 했다. 또 이 부엽을 [노엽]으로 읽고, "이 '노'자는 송나라 시기부터 사용된 것으로 보이는데, 『강희자전(康熙字典)』에는 현재 음은 '노(lao)'임에도 불구하고 이론적으로 정확한 발음은 '배(焙)'라고 했다"라고 한다. 하지만 펠리오 씨는 베텔과 [배(焙)]음의 연관성을 인정하고 싶어 하지는 않는다(「15세기 초 중국의 대항해」, 367쪽). 사실, 말레이어로 '베탈라이(vettalai)'라고 하는데, '배' 한 글자로 축약되어 보이지는 않는다. 이상에서 빈랑은 베틀의 잎에다 이회(蜄灰)를 섞어 싸 먹는다고 기술하고 있다. 이러한 빈랑을 먹는 방법은 4세기 초부터 중국에 잘 알려져 있었다.

307년에 죽은 계함(稽含)의 『남방초목상(南方草木狀)』[양강총독 채진본(兩江總督採進本)], 권상, 빈랑 조목을 보면, "[빈랑은] 부류등(扶留藤)·굴 가루와 함께 먹으면 매끄럽고 좋다. 가스를 내리고 소화를 촉진한다(以扶留藤·古賁灰幷食, 則滑美. 下氣消穀)"라고 하였다. 여기서 말하는 '고분회(古賁灰)'는 바로 모려(牡蠣, 바다 굴)의 가루를 말한다. 먼저 마환이 말한 이회(蜄灰)는 바로 여회(蠣灰) 즉 바다 석굴 가루를 말하는 것임을 짐작할 수 있다. '부류(扶留)'란 계함과 동시대 사람인 좌사(左思, 250?~305)가 「오도부(吳都賦)」에서 오나라 도읍에 있는 풀을 기록하며, "석범, 수송, 동풍, 부류(石帆水松, 東風扶留)"라고 하면서 언급되었는데, 유규(劉逵)의 주에 "부류는 등(藤)으로 나무를 따라서 올라 자라며, 맛은 시고, 빈랑과 함께 먹으면 좋다. 그것을 1촌쯤으로 잘라 부숴, 굴 가루와 섞은 다음 빈랑과 함께 씹으면 입안이 피처럼 붉게 된다. 시흥(始興, 광동 북부) 이남에 모두 있다(扶留, 藤也, 緣木而生, 味辛, 可食檳榔者, 斷破之, 長寸許, 以合石賁灰, 與檳榔竝咀之, 口中赤如血. 始興以南皆有之)"라고 하였다. '부류'는 등과에 속한 식물이므로 '부류등'으로 부르는 것이다. 이로써 '부류'가 바로 후추과의 식물임을 짐작할 수 있는데, 이 '부류'는 또 '구장(蒟醬)'이라는 식물과도 동일시되었다. 다시 계함의 『남방초목상』 구장(蒟醬) 조목을 보면, "구장은 필발(蓽茇)로, 외국에서 나는 것은, 크고 자주색이며, 필발이라 부른다. 번우에서 나는 것은 작고 푸른데 '구(蒟)'라고 한다. 조리하여 먹을 수 있으므로 '장(醬)'이라 했다. 교지와 구진(九眞) 사람들이 많이 심는다. 넝쿨로 자란다(蒟醬, 蓽茇也. 生於蕃國者, 大而紫, 謂之蓽茇. 生於番禺者, 小而靑, 謂之蒟焉. 可以調食, 故謂之醬焉. 交趾·九眞人家多種. 蔓生)"라고 하였다.

'구장'이 '필발'이라는 계함의 기술에 대해 이시진(『본초강목』, 사고전서본 권14, 48b)은 "구자(蒟子)는 넝쿨 식물이고 필발은 초생(草生)으로, 같은 부류에 속할지라도 하나가 아니다. 그러나 꽃과 열매의 맛과 효능은 하나이다. 계씨가 두 가지를 하나로 보고 구자는 부류(扶留)가 아니라고 했는데, 아마도 '부류'가 한 종류만이 아니라는 사실을 몰랐기 때문일 것이다(蒟子蔓生, 蓽茇草生, 雖同類而非一物, 然其花實氣味功用則一也. 稽氏以二物爲一物, 謂蒟子非扶留, 蓋不知扶留非一種也)"라고 하며, 구(蒟)=필발(蓽茇)=부류(扶留)임을 주장했다.

『본초강목』 권14, 방초류, 구장 조목에서 이시진은 맹선(孟詵)의 『식료본초(食療本草)』에 따라 구(蒟)를 '토필발(土蓽茇)'이라 한다고 하였다. 또 구(蒟)의 넝쿨과 잎을 '부류등(扶留藤)', 또는 '부뢰(扶檑)', 또는 '부류(浮留)'라고도 한다고 했다. 그 의미에 대해서는 추적하지 못했고, 다만 '누(蔞)'자는 '유(留)'자가 와전된 것이라고 했다. 이로부터 구(蒟)는 토종 필발, 즉 중국산 후추라는 뜻이다. 남방 중국인들은 그 잎과 뿌리를 약재나 식재료로 사용했지만, 남해 외국에서 나는 후추는 열매를 주로 쓰는 점이 다르다고 추론할 수 있다. 필발(蓽茇)은 '필발(蓽撥)'이라고도 표기하는데, 히어트와 록힐은 『조여괄』(223쪽)에서 산스크리트어 피팔리(pippali)를 음역한 것으로 추정했다. 『유양잡조』 권18에 호초(胡椒, 후추)를 '필발리(蓽撥梨)'라고 표기한 것을 보면, 히어트와 록힐의 설은 따를 만하다. 필발에 관한 자세한 설명은 『바다의 왕국들』, 394~396쪽을 참고하시오.

고 먹는다.

人①多以漁爲業, 少耕種, 所以稻穀不廣.[66] 土種米粒細長多紅者. 大小麥俱無. 檳榔·荖葉, 人不絕口而食.

① '인(人)'자는 『기록휘편』에 빠져 있어 『승조유사』본에 따라 보충했다.[67]

1-8. 혼례

남녀가 혼인할 때는 다만 남자가 먼저 여자 집에 가게 하고, 결혼을 마치고 10일 혹은 보름이 지나면 남자의 부모와 친구들이 북을 치면서, 부부를

이상의 설명은 1526~1566년 사이에 간행된 우리나라 국보 의학서인 『식물본초(食物本草)』에도 찾아볼 수 있다. "민광의 사람들은 구장의 잎을 따서 빈랑을 싸 먹는데, 맵고 향이 있어 가슴이 상쾌해진다. 현회(蜆灰, 가막조개 가루)를 썩으면 더욱 좋지만 붉은 침을 뱉는 것은 보기 좋지 않다. 일명 '부류'라고 한다(閩廣人取蒟醬葉, 裹檳榔食之, 辛香, 膈間爽快. 加蜆灰, 更佳, 但吐紅不雅. 一名扶留)"라고 하였다. 정확히 위의 설명들과 일치하고 있다. 그렇다면, '荖葉'은 구(蒟), 필발(蓽茇), 부류(扶留)와 어떤 관계가 있는 것일까? 다시 말해 이들 중 어느 것과 관계되는 것일까?

송나라 요관(姚寬, 1105~1162)은 『서계총어(西溪叢語)』 권상에서, "민광(閩廣)의 사람들이 빈랑을 먹을 때, 하나하나 잘라 편으로 만든 다음, 굴 가루에 찍어 부엽(荖葉)에 싸서 씹는다. '荖'자는 음이 노(老)이고 '포(蒲)'자와 '구(口)'자의 반절(反切)로 발음하기도 한다. 막 먹으면 약간 감각이 취한 듯하고, 얼굴이 붉어지므로 소식(蘇軾)은 '홍조가 뺨에 올라 빈랑에 취했네'라고 하였다(閩·廣人食檳榔, 每切作片, 蘸蠣灰以荖葉裹嚼之. 荖, 音老, 又音蒲口切. 初食微覺似醉, 面赤, 故東坡詩云, 紅潮登頰醉檳榔)"라고 했다. '荖葉'이란 명칭을 문헌상으로 처음 언급한 것으로 생각한다. 주목할 점은 빈랑과 함께 먹는 것으로 부류등(扶留藤)과 굴 가루[古賁灰]가 있었다. 여회(蠣灰)는 바로 고분회(古賁灰, 牡蠣, 석굴 가루)이고 '부엽'이 바로 부류등에 해당한다. 따라서 요관이 [푸]라는 반절음 표기는 부류(扶留)의 '부'음과 근접한다. 『강희자전』에서 『자휘보(字彙補)』를 인용하여 '荖'자의 음이 배(培)라고 설명했는데, 이 '배(培)'자는 민(閩) 지방의 발음인 [po] 또는 [pʰui]를 표기했다고 추정한다. 따라서 우리 한자 발음에 [푸]가 없으므로 [부]로 읽어야 할 것이다. 덧붙여 '荖'자가 '배(培)'라는 음을 가진다고 해서, 베틀을 음역한 명칭으로 보이지 않는다는 펠리오의 추측은 정확했다고 할 수 있다.

66 『기록휘편』의 이 문장[所以稻穀不廣]은 『삼보정이집』, 『국조전고』와 『서양번국지』과 일치하지만, 『설집』에 "稻穀不多", 『담생당』본에는 "稻穀○不多"로 되어 있다.

67 '인(人)'자는 『국조전고』, 『삼보정이집』, 『설집』, 『담생당』본 모두에 들어 있다.

맞이하여 집으로 돌아오면, 주연을 베풀고 풍악을 울린다. 술은 밥과 약을 섞어 옹기에 봉하여 익기를 기다린다. 마시고 싶으면 3~4척(尺)쯤 되는, 마디가 길고 작은 대나무를 술 옹기에 꽂아 넣고 빙 둘러앉아 사람 수에 따라 물을 넣고, 돌아가며 빨아 마신다. 다 마시면 다시 물을 첨가하여 마시며 맛이 없게 되면 그친다.[68]

男女婚姻, 但令男子先至女家, 成親畢, 過十日或半月, 其男家父母及諸親友以鼓樂迎取夫婦①回家, 則置酒作樂.[69] 其酒則以飯②拌藥, 封於甕中, 候熟. 欲飲, 則以長節小竹筒長三四尺者插入酒甕中, 環坐,[70] 照人數入水,[71] 輪次咂飲. 吸乾再添入水而飲,[72] 至無味則止.[73]

① '부부(夫婦)' 두 글자는 『기록휘편』에 빠져 있어 『승조유사』본에 따라 보충했다.[74]

68 밀스에 따르면(83쪽), 이와 비슷한 음주 풍습이 보르네오 켈라빗(Kelabit) 부족들에게 남아 있다고 한다.

69 '즉(則)'자는 『삼보정이집』, 『설집』, 『담생당』본, 그리고 『서양번국지』에 모두 빠져 있다.

70 '환좌(環坐)'는 『국조전고』에 '단좌(團坐)'로 되어 있고, 『삼보정이집』과 『담생당』본에는 '빈객위좌(賓客圍坐)', 『설집』에는 빈객단좌(賓客團坐)로 되어 있다. 여기서는 혼례의 잔치를 말하고 있으므로 '빈객'을 추가하는 편이 유리하고, 『서양번국지』에도 '위좌(圍坐)'로 되어 있으므로, 『기록휘편』의 '환(環)'자는 '단(團)'자로 고치는 것이 적절해 보인다.

71 『기록휘편』의 이 문장[照人數入水]은 『국조전고』에 "사람에 따라 물을 많이 또는 적게 넣는다(照人入水多少)"라고 하였고, 『설집』에는 "照以人數加水", 『담생당』본에는 "照依人數加水"라고 되어 있다.

72 『기록휘편』의 이 문장[吸乾再添入水而飲]에서 『국조전고』, 『삼보정이집』, 『설집』, 『담생당』본 모두 '첨(添)'자를 넣어 부연하지 않았고, 비신의 『성사승람』(천일각본)에도, "다 빨아 마시면 다시 물을 넣는다(吸盡再入水)"라고 하였으므로 '첨(添)'자는 빼는 것이 타당하다.

73 『기록휘편』의 이 문장[至無味則止]은 『국조전고』, 『삼보정이집』에 "술맛이 없어지면 그친다(直至無酒味則止)"라고 하였고, 『설집』과 『담생당』본에는 '즉(則)'자가 '이(而)'자로 되어 있을 뿐이다. 따라서 『기록휘편』 원문에 '직(直)'자와 '주(酒)'자를 보완해야 할 것이다. 이상 술을 마시는 방법에 대한 비신의 기술은 부록에 실린 『성사승람』 해당 조목을 참고하시오.

74 이 교정에 해당하는 『기록휘편』 원문[其男家父母及諸親友以鼓樂迎回家]은 『삼보정이집』에 "其男家父母及諸親友以鼓樂迎**娶**回家", 『설집』과 『담생당』본에는 "其男家父母及諸親友以鼓樂迎**娶男婦**回家"라고 되어 있다. 한편 『국조전고』에는 "其男家父母及諸親友以鼓樂迎**取夫婦**回家"라고 하며 『승조유사』본과 일치하고 있다. 풍승균 씨의 교정대로 『국조전고』본을 따르는 것이 문맥에 순조롭다.

② 이상의 세 글자[則以飯]가 『기록휘편』에는 빠져 있어 『승조유사』본에 따라 보충했다.[75]

1-9. 글쓰기

글쓰기에 종이와 붓이 없어 양가죽을 두드려 얇게 하거나 혹은 나무껍질을 검게 그을려, 접는 작은 수첩으로 만든 다음, 흰 가루로 글자를 써서 기록한다.[76]

其書寫無紙筆, 用羊皮搥薄,[77] 或樹皮熏黑, 折成經折,[78] 以白粉載字爲記.[79]

75 이 교정에 해당하는 『기록휘편』 원문[其酒拌藥]은 『국조전고』, 『삼보정이집』, 『담생당』, 『설집』 모두에 "其酒以飯拌藥"으로 되어 있다. 한편 『서양번국지』에는 "其酒以藥和飯"이라고 하였으므로 풍승균 씨의 교정을 따르는 것이 맞지만, '즉(則)'자는 빼는 것이 합당하다.

76 글자를 쓰는 방식에 관하여 조여괄(趙汝适)의 『제번지(諸蕃志)』 점성 조목에 "검은 가죽을 접어 책(策)을 만들어 흰색으로 글자를 쓴다(即差官摺黑皮爲策, 書白字)"라고 하였다. 또 주달관(周達觀)의 『진랍풍토기(眞臘風土記)』 문자 조목에 "일상 문자와 관공서의 문서는 모두 노루나 사슴 가죽 등을 검게 물들여 그 크고 작음, 그리고 넓고 좁음에 따라 원하는 대로 자른다. 좋은 분(粉)을 사용하는데, 중국의 석회 같다. [그것을] 잘라 작은 가지 모양으로 만드는데 사(梭)라 부른다. [그것을] 손에 쥐고 가죽에 대고 쓰면 글자가 되는데 영원히 탈락되지 않는다. 다 사용하면 귀에 꽂아 둔다(尋常文字及官府文書, 皆以麂鹿皮等物染黑, 隨其大小闊狹, 以意裁之. 用一等粉, 如中國白堊之類, 搓爲小條子, 其名爲梭. 拈於手中, 就皮畫以成字, 永不脫落. 用畢則插於耳之上)"라고 하였다(『앙코르 캄보디아』, 89~90쪽). 『성사승람(星槎勝覽)』 점성 조목(풍승균 교주본, 전집, 3쪽)에는 "이 나라에는 지필(紙筆)의 도구가 없지만, 양가죽을 얇게 두드리고 검게 그을려, 가는 대나무를 잘라 '필(筆)'로 만들어 백회를 찍어 글자를 쓰는데, [그 글자가] 지렁이같이 꾸불꾸불한 모습이다(其國無紙筆之具, 但將羊皮搥薄薰黑, 削細竹爲筆, 蘸白灰爲字, 若蚯蚓委曲之狀)"라고 한 것을 참고할 만하다. 참파어는 인도네시아어와 몽-크메르어를 섞어 사용한다.

77 '추(搥)'자는 『삼보정이집』과 『설집』에만 '추(捶)'자로 되어 있다.

78 『기록휘편』의 이 문장[折成經折]은 『삼보정이집』, 『설집』에서 일치를 보이지만, 『국조전고』와 『담생당』본에는 "접성경접(摺成經摺)"이라 하였다. 여기의 '경접(經摺)'이란 일을 기록하는 작은 수첩 같은 것을 말한다. 따라서 이 문장은 "접어서 작은 수첩을 만들어"라고 해석할 수 있다. 그러므로 『기록휘편』의 '절(折)'자는 '접(摺)'자로 바꾸는 것이 의미전달에 훨씬 쉽다.

79 '재(載)'자는 『국조전고』, 『삼보정이집』, 『설집』, 『담생당』본 모두 '사(寫)'자를 보여 주고 있고, 『서양번국지』에도 "以白粉書之"라고 하였으므로 명나라 시기 네 필사본에 따라 교정하는 것이 타당하다.

1-10. 형벌

나라의 형벌은 죄가 가벼운 자는 등나무 가지로 등을 때리고, 무거운 자는 코를 자른다. 도둑질을 한 자는 손을 자르고 간통한 남녀는 얼굴에 낙인을 찍어 흔적을 남긴다. 죄가 몹시 큰 자는 단단한 나무를 뾰족하게 깎아 작은 배 모양의 나무에 세워, 물속에 놓고, 죄인에게 뾰족한 나무 위에 앉도록 하는데, 나무가 입에서 나와 죽게 되면 물에 남겨 두고 본보기로 대중에게 보여 준다.[80]

國刑, 罪輕者以藤條杖脊, 重者截鼻. 爲盜者斷手, 犯奸者男女烙面成疤痕. 罪甚大①者, 以硬木削尖, 立於小船樣木上, 放水中, 令罪人坐於尖木之上, 木從口出而死,[81] 就留②水上以示衆.

① '대(大)'자는 『기록휘편』에 빠져 있어 『승조유사』본에 따라 보충했다.[82]
② '유(留)'자는 『기록휘편』에 빠져 있어 『승조유사』본에 따라 보충했다.[83]

80 이 형벌에 관하여 황성증(黃省曾)의 『서양조공전록』 점성국 조목을 보면 이 나라의 형벌 다섯 종류를 언급하고 있는데, 이 형벌을 '관삭목(貫削木)'이라 한다고 했다. 사방(謝方) 씨의 주석에 따르면 이 형벌은 원래 인도에서 나왔는데 '장형(樁刑)'이라 한다(『서양조공전록교주』, 5쪽).

81 『기록휘편』의 이 문장[木從口出而死]은 『국조전고』에 "나무가 입에서 나온다(木自口而出)"라고 하였고, 『삼보정이집』에는 '목(木)'자 없이 "從口出而死"라고 되어 있으며, 『설집』과 『담생당』본에는 "木從口而出"로 되어 있다. 여기서는 『기록휘편』본이 가장 정확하다. 이는 『서양번국지』에서 "木自口出而死"라고 한 문장으로 확인된다.

82 이 교정에 해당하는 『기록휘편』 원문[罪甚者]은 『삼보정이집』, 『담생당』본에서 '罪甚者'로 일치하고 있고, 『설집』에서는 '罪甚'으로만 되어 있으며, 『국조전고』에는 '罪重者'를 보여 준다. 또한 『서양번국지』에서도 '심자(甚者)'라고만 했으므로 풍승균 씨가 보충해 넣은 '대(大)'자는 의미가 중복되므로 빼는 것이 맞다.

83 '유(留)'자는 『삼보정이집』, 『설집』, 『담생당』본, 그리고 『서양번국지』에는 모두 '유(流)'자로 되어 있고, 『국조전고』에만 '유(留)'자로 되어 있다. '상(上)'자가 뒤에 있으므로, '유(留)'자를 따르는 것이 맞다.

1-11. 역법

해와 달을 계산할 때, 윤달은 없고, 다만 12개월을 1년으로[84] 하고, 주야는 10경(更)으로 나누고 북을 쳐서 상기시킨다. 사시(四時)는 꽃이 피면 봄으로 하고 잎이 떨어지면 가을로 한다.

其日月之定無閏月, 但十二月爲一年, 晝夜分爲十更, 用鼓打記. 四時以花開爲春, 葉落爲秋.①

① 이상 열한 글자[四時以花開爲春, 葉落爲秋]는 『국조전고』본에 따라 보충했다.[85]

1-12. 담즙채취

왕은 연중 절기에 산 사람의 담즙(膽汁)을 물에 타서 목욕한다. 각 처의 두목들이 채취하여 바치는 것을 헌상하는 예(禮)로 여긴다.

其王年節日, 用生人膽汁調水沐浴, 其各處頭目采取進納, 以爲貢獻之禮.①

① 『도이지략(島夷志略)』, 점성(占城) 조목에 "[한 해의 상하]원일에는 사람들이 멋대로 산 사람의 쓸개를 채취하여 관가에 파는데 관가에서는 은으로 사서, 쓸개를 술과 제

84 참파의 역법에 관하여, 사방(謝方) 씨에 따르면[아마도 밀스의 주석을 참고한 것으로 보임(83쪽)], 점성국의 역법은 인도 사카(Saka) 연력을 사용했고, 기원후 78년 양력 2월(음력 12월)간에 신월(新月)이 뜰 때를 한 해의 시작으로 삼는다고 설명했다(『서양조공전록교주』, 5쪽).

85 풍승균 씨가 『국조전고』에 따라 보충해 넣은 이 두 문장[四時以花開爲春, 葉落爲秋]은 『삼보정이집』, 『설집』, 『담생당』본 어디에도 보이지 않는다. 게다가 『서양번국지』, 『서양조공전록』에도 찾을 수 없다. 따라서 풍승균 씨의 교정을 받아들이기는 근거가 너무 부족하다.

조하여 집안사람들과 함께 마시며 '몸을 통하게 하는 것은 쓸개다'고 말하는데, 사람을 두렵게 하고 또한 염병이 생기지 않게 하기 위함이다(元日縱諸人採生人膽, 以鬻官家. 官家以銀售之, 以膽調酒, 與家人同飮, 云通身是膽, 使人畏之, 亦不生疵癘也)"라고 했는데, 마환(馬歡)은 이 조목을 저본으로 삼은 것 같다.[86]

86 이 해괴한 이야기는 『진랍풍토기(眞臘風土記)』「취담(取膽)」 조목에 매우 상세하고 가장 빨리 보인다. "이보다 앞서 8월에 쓸개를 채취하는데 점성의 성주가 매년 다른 사람의 쓸개 한 단지를 취하는데, 1천여 개에 달한다. 밤이 되면 사방으로 사람들을 시켜 성안과 촌락에 사는 곳으로 가게 한다. 밤에 돌아다니는 자가 있으면 끈과 자루로 그 사람의 머리를 잡고 작은 칼로 오른쪽 옆구리를 찔러 쓸개를 빼낸 다음 얼마간 충분해지기를 기다려 점성의 성주에게 바친다. 유독 중국 사람의 쓸개는 취하지 않는데, 1년에 중국 사람의 쓸개 하나라도 채취해 [그 쓸개들] 속에 섞으면 단지 속의 쓸개들이 모두 부패하여 쓸 수가 없기 때문이다. 근래에는 이미 쓸개를 채취하는 일을 없앴고, 별도로 쓸개를 채취하는 관속(官屬)을 두었는데 북문 안에 살고 있다(前此於八月內取膽, 蓋占城主每年索人膽一甕, 可千餘枚. 遇夜則多方令人於城中及村落去處. 遇有夜行者, 以繩兜住其頭, 用小刀於右脅下取去其膽, 俟數足, 以饋占城主. 獨不取唐人之膽, 蓋因一年取唐人一膽雜於其中, 遂致甕中之膽俱臭腐而不可用故也. 近年已除取膽之事, 另置取膽官屬, 居北門之裏)"라고 하였다(『앙코르 캄보디아』, 123~124쪽). 또한 『도이지략』에서도 비슷한 이야기가 등장한다. 이후의 『영애승람』, 『성사승람(星槎勝覽)』, 『명사』「점성전」에도 보이는데 이 이야기의 출처는 모두 『진랍풍토기』와 『도이지략』에서 나왔을 것으로 추정된다. 특히 『명사』「점성전」의 이야기는 상당히 정돈된 모습을 보이고 있는데, 다음과 같다. "세시(歲時)에 산 사람의 쓸개를 채취하여 술에 넣어 두었다가 집안사람들과 함께 마시며, 또 [그것으로] 목욕을 하며 '몸을 통하게 하는 것이 쓸개다'라고 한다. 이 나라 사람들은 [쓸개를] 채취하여 왕에게 바치고, 또 그것으로 코끼리의 눈을 씻었다. 매번 길에서 다른 사람을 엿보다가 갑자기 나와 급살하고 쓸개를 채취해 간다. 그 사람이 놀라 알아채면 쓸개가 이미 파열되어 쓰기에 부족하게 된다. 여러 사람의 쓸개를 그릇에 넣어 두는데, 중국인의 쓸개는 위에 두고 매우 귀하게 여겼다. 5~6월 사이에 상인이 나갈 때는 반드시 경계하고 대비해야 한다(歲時采生人膽入酒中, 與家人同飮, 且以浴身, 曰「通身是膽」. 其國人采以獻王, 又以洗象目. 每伺人於道, 出不意急殺之, 取膽以去. 若其人驚覺, 則膽已先裂, 不足用矣. 置衆膽於器, 華人膽輒居上, 故尤貴之. 五六月間, 商人出, 必戒備)"라고 하였다(동북아역사넷, 중국정사외국전의 번역을 약간 수정하였음). 참고로 동북아역사넷, 중국정사외국전에 보이는 주석을 보면 풍승균 씨는 "범인(凡人)의 두려움을 불러일으키고, 동시에 염병이 생기는 것을 예방하기 위한 차원으로 이해하였다"라고 하였는데, 이 말은 왕대연의 『도이지략』의 원문을 인용해 놓은 것이므로 바로잡아야 할 것이다.

이처럼 사람을 죽여 쓸개를 채취하는 일은 남의 나라에만 있었던 것은 아닌 것 같다. 『조선왕조실록』(명종실록 권32)에 기록된 명종 21년(1566) 2월 29일 첫 번째 기사를 보면, "이때 경중에는 사람을 죽여 그 쓸개를 취하는 자가 자못 많았는데 혹 잡혀서 벌을 받은 자도 있었다. 이때 사대부나 일반 서민 중에 주색(酒色)을 좋아하다가 음창(淫瘡, 일종의 습진)에 걸린 자가 많았다. 한 의관이 이르기를 '사람의 쓸개를 가져 치료하면 그 병이 즉시 낫는다'라고 하여, 많은 재물로 사람을 사서 사람을 죽이고 그 쓸개를 취하곤 하였다. 이보다 앞서 경중의 동활인서(東活人署)·보제원(普濟院)·홍제원(弘濟院) 및 종루(鐘樓) 등의 곳에서 걸인들이 많이 모여 떨어진 옷을 입고 바가지를 들고 가두에 걸식하는 자가 누누이 있었는데, 4~5년 이래 길거리에 한 명의 걸인도 없었다. 이는 대개 쓸개를 취하는 자에게 죄다 살해되어서이니 걸인들을 살해하기는 매우 쉬웠기 때문이다. 그들이 다 없어지자 다시 평민에게 손을 뻗쳤기 때

1-13. 왕위계승

이 나라 왕은 왕으로서 30년이 되면 왕위에서 물러나 출가하고, 형제, 아들, 조카에게 국사를 임시로 다스리게 한다.[87] 왕은 깊은 산으로 가서 재계(齋戒)하며 소식(素食)하기도 한다. 혼자 1년을 살고는 하늘에 맹세하며 "내가 앞서 왕이 되어 자리에 있으며 무도했다면, 바라옵건대 이리나 호랑이에게 잡아먹히게 하거나 병들어 죽게 해 주십시오"라고 한다. 1년을 꽉 채워도 죽지 않으면 다시 왕위에 올라 국사를 관장한다. 백성들은 "석리마합랄찰(昔嚟馬哈剌札)"이라고 외치는데, 이는 지존(至尊)하고 지성(至聖)하다는 말이다.

其國王爲王三十年, 則退位出家, 令弟兄子侄權管國事. 王往深山, 待齋受戒,[88] 或吃素.[89] 獨居一年, 對天誓曰,[90] 我先爲王, 在位無道, 願狼虎食我, 或病死之. 若一年滿足不死, 再登其位, 復管國事. 國人呼爲昔嚟馬哈剌札,① 此至尊至聖之稱也.

① '석리마합랄찰(昔嚟馬哈剌札)'은 스리 마하라자(Sri Maharaja)이다. 『기록휘편』 원문에는 '찰(札)'자가 빠져 있으나 『승조유사』본에 따라 보충했다. '길상대왕(吉祥大王)'

문에 여염 사이에 아이를 잃은 자가 자못 많았다"(국사편찬위원회의 번역을 조금 수정하였음)라고 기록하고 있다.

87 밀스가 지적하고 있는 것처럼(『영애승람역주』, 84쪽 주1), 왕의 형제, 아들, 조카 등이 함께 참여하여 국사를 맡는 것인지, 형제나 아들 또는 조카에게 대신하게 하는 것인지 명확하지 않다. 밀스는 자신의 번역에서 이들이 함께 참여하는 것으로 이해하고 있다.

88 『기록휘편』의 이 문장[待齋受戒]은 어떠한 종교적 의식을 앞두고 몸과 마음을 깨끗하게 유지하는 것을 말한다. 이에 대해 밀스는(84쪽 주2) 마환이 태국의 불교도와 자바와 말라카의 무슬림의 표현을 섞어 적용한 것이라고 했는데, 지나친 비약으로 생각된다.

89 '혹(或)'자는 『국조전고』, 『삼보정이집』, 『설집』, 『담생당』본 모두에 보이지 않는다. 삭제하는 것이 맞다.

90 '서(誓)'자는 『설집』과 『담생당』본에만 '서원(誓願)'으로 되어 있다.

이란 말과 같다. 장승(張昇)의 본에는 '석리(昔𠸄)'가 '방리(芳𠸄)'로 잘못되어 있다. 판리크(Panrik)로 잘못 고증한 것에 원인이 있다.[91]

1-14. 시두만(屍頭蠻) 전설

시두만(屍頭蠻)이라 하는 것은 원래 인가의 한 부인인데, 눈에는 눈동자가 없는 점이 사람과 다르다. 밤에 잠이 들면 머리만 날아가서 인가 어린아이의 똥을 먹는데, 그 아이는 요사스러운 기운이 배에 들어가 반드시 죽게 된다. 날아간 머리는 돌아와 그 몸과 붙으면 예전처럼 되는데, 만약 [그러한 것을] 알고 머리가 날아갈 때를 기다렸다가 몸을 다른 곳에 옮겨 버리면, 돌아와 붙을 수가 없게 되어 죽는다. 인가에 이러한 부인이 있는데도 관청에 알려 없애지 않는 자는 죄가 온 집안에 미친다.

其曰屍頭蠻者,① 本是人家一婦女也, 但眼無瞳, 人爲異. 夜寢則飛頭去, 食人家小兒糞尖,② 其兒被妖氣侵腹必死. 飛頭回合其體, 則如舊. 若知而候頭飛去時, 移體別處, 回不能合則死.[92] 於③人家若有此婦不報官除殺者, 罪及一家.④

91 '석리마합랄찰(昔𠸄馬哈剌札)'은 『명사』「점성전(占城傳)」에는 '찰(札)'자가 없이 '석리마합랄(昔𠸄馬哈剌)'로 되어 있는데, 음역으로는 '찰(札)'자를 넣는 것이 완전하다. 풍승균 씨가 교정한 해당 문장[國人呼爲昔𠸄馬哈剌札, 此至尊至聖之稱也]은 『기록휘편』에 "國人呼爲昔𠸄馬哈剌此至尊至聖之稱也"라고 되어 있다. 풍씨는 '석리마합랄(昔𠸄馬哈剌)'의 '찰(札)'자가 빠진 것으로 생각하여 『승조유사』본에 따라 '찰(札)'자를 보충해 넣고, 성급하게 원문의 '차(此)'자를 뒤로 붙여 구두하였다. 『국조전고』에 따르면 "國人呼爲昔𠸄馬哈剌扎, 至尊至聖之稱也"라고 되어 있다. 여기 '석리마합랄찰(昔𠸄馬哈剌扎)'의 '찰(扎)'자를 『기록휘편』의 필사자는 '차(此)'자로 옮겨 놓았다. 따라서 『기록휘편』의 원문은 "國人呼爲昔𠸄馬哈剌此, 至尊至聖之稱也"로 되어야 한다. 한편 『삼보정이집』에는 "國人尊呼爲昔𠸄馬哈剌扎, 至尊至聖之稱也", 『설집』과 『담생당』본에는 "國人尊呼爲昔𠸄馬哈, 至尊至聖之稱也"로 되어 있다. 여기 『설집』과 『담생당』본에 빠진 것은 분명하게 드러난다. 하지만 '호(呼)'자 앞에 있는 '존(尊)'자는 고려해 볼 만하다.

92 『기록휘편』의 이 문장[回不能合則死]은 『설집』과 『담생당』본에 "합체할 수 없으면 죽는다(不能合體則死)"라고 되어 있다.

① [‘기왈시두만자(其曰屍頭蠻者)’는] 『기록휘편』에는 ‘어떤 시치어(一屍致魚)’로 되어 있다. 생각건대 『도이지략(島夷志略)』 빈동룡(賓瞳龍, Panduranga) 조목에 ‘시두만(尸頭蠻)’이 나오는데, 분명 마환(馬歡)은 이 조목을 근거했을 것이다. 전사(傳寫)를 잘못했을 뿐이다. 시두만이 ‘시치어(屍致魚)’로 바뀐 이 오류는 분명 초기부터 있었다. 장승(張昇)의 본에도 ‘시치어’로 되어 있기 때문이다. 『서양조공전록』에서는 이 두 이름 중에 어느 것이 맞는지 가리지 못하고 두 이름을 함께 기록하여, “이에 시두만 혹은 시치어라고 한다(因曰屍頭蠻一曰屍致魚)”라고 했다. 여기서는 『국조전고』본과 『승조유사』본에 따라 고쳤다.[93]

93 확실히 『기록휘편』 원문에는 ‘어떤 시치어(一屍致魚)’로 되어 있다. 『삼보정이집』에는 ‘시치어(屍致魚)’로, 『설집』과 『담생당』본에는 ‘시지어(屍之魚)’로 되어 있는 것으로 보아, 같은 자료를 필사한 것으로 보인다. 그러나 『국조전고』에만 ‘시두만자(屍頭蠻者)’로 되어 있다. 풍승균 씨의 교정문은 『국조전고』를 그대로 따라야 할 것이다. 여기 시치어(屍致魚)에 관하여 폴 펠리오 씨는 록힐이 “산스크리트어 pasatcha, 즉 흡혈귀의 토착어”라고 추정했던 것을 반박하며 다음과 같이 설명하고 있다. “1349~1350년의 『도이지략』에는 흡혈귀인 시두만(尸頭蠻) 또는 시두만(屍頭蠻)(록힐, 97쪽)에 관하여 말하고 있는데, 이 시두만(屍頭蠻) 『성사승람』에도 한 차례 보인다. 『서양조공전록』(참파 조목)에는 ‘시두만(屍頭蠻)’으로 되어 있고 마환의 책에서 대부분 가져온 주(注)가 하나 딸려 있는데, 이 시두만이 어떤 판본에는 ‘시치어(屍致魚)’라고 한다고 하였다. 장승(張昇)도 참파 조목에서 똑같이 ‘시치어’라 했는데 이는 『오학편(吾學編)』(권67, 32b)에서 베낀 것이다. 그러므로 이른 시기, 아마도 1451년의 판본부터 마환의 원문이 가지고 있었을 그대로를 보여 주고 있다. 그렇지만 나는 의미를 담고 있다고 보이지 않는 이 시치어가 정확한지 확신이 서지 않는다. 결국 우리는 참파에 관한 마환의 문장에서만 그것을 알고 있을 뿐이고, 이 조목에서 『도이지략』과 그 시두만(尸頭蠻)에 대해서 분명히 알고 있었던 마환은 ‘시두만(尸頭蠻)’으로 언급지 않았다. 반면 말라카에서 그가 참파의 흡혈귀를 회상할 때, ‘시치어’라고 한 것이 아니라 참파에 관한 글에서 사용하지 않은 ‘시두만’이란 이름을 쓰고 있다. 그러므로 잠정적으로 생각하자면, 참파에 관한 조목에서 마환은 똑같이 ‘시두만’이라고 썼을 것이고, 시치어는 ‘만(蠻)’자의 다른 서체인 ‘만(蛮)’에서 ‘어(魚)’자로 되었을 것이다. 이러한 착오는 이미 장승이 알고 있었던 판본에 들어 있었고, 황성증의 판본에서도 사용되었다”(펠리오, 「15세기 초 중국의 대항해」, 356~357쪽).

본서의 시두만(屍頭蠻) 이야기는 ‘비두(飛頭)’와 같은 전승을 계승하며 진화한 것으로 추정한다. 853년 이후의 저술로 보이는 『유양잡조』 전집 권4에 “우씨(于氏)의 『지괴(志怪)』에 의하면, 남방의 낙민(落民) 중에 그 머리를 날릴 수 있었다. 그곳 풍속에, 제사 지내는 곳을 ‘충락(蟲落)’이라 부르기 때문에 ‘낙민’이라고 한다(于氏志怪, 南方落民, 其頭能飛. 其俗所祠, 名曰蟲落, 因號落民)”라고 하였다. 소계경 씨는 여기에 인용된 우씨의 『지괴』가 간보(干寶, ?~336)의 『수신기(搜神記)』를 말하는 것으로 보고, 중국에서 ‘비두’를 언급한 가장 빠른 자료라고 하였다(『도이지략교석』, 67쪽). 하지만 이 ‘비두’는 현존하는 『수신기』에는 보이지 않을뿐더러 원본이 아니므로 간단히 단정할 수 있는 문제는 아니다.

엄가균(嚴可均, 1762~1843)이 편집한 『전상고삼대진한삼국육조문(全上古三代秦漢三國六朝文)』, 권15에 수록된, 환담(桓譚, ?~56)의 『신론(新論)』을 보면, “형주에는 코로 마시는 만(蠻)이 있고 남성에는 머리를 날리는 이(夷)가 있는데, 꾸며낸 말이 아니다(荊州有鼻飮之蠻, 南城有飛頭之夷, 非爲幻也)”라고 하고, 아래 연강섭씨(連江葉氏)본 장화(張華, 232~300)의 『박물지(博物志)』(권2), 『법원주림(法苑珠林)』(권76), 『태평어람(太平御覽)』(권643, 737, 944)에 보인다고 하였다. 원본 없이 후세 편집되어 전하는 장화의 『박물지』에 '비두'는 보이지 않는다. 668년에 이루어진 『법원주림』 32권에 "진나라 시기 남방 낙민 중에 머리를 날리는 변괴가 있었다(秦時南方有落民飛頭變)"라는 언급을 찾을 수 있다. 따라서 엄가균의 고증을 신뢰한다면, 이 이야기는 분명 한나라 시대로 거슬러 올라갈 수 있을 것이다. 하지만 실질적으로 확인할 수 있는 것은 『법원주림』의 기술이 가장 오래된 기록인 셈이다. 이어 신라의 최치원(崔致遠, 857~908)이 「안남의 기이함을 기록한 그림과 기술을 보충함(補安南錄異圖記)」에서 언급한 이래로, 남송 시기 범성대(范成大, 1126~1193)의 『계해우형지(桂海虞衡志)』, 권1, 38a, 주거비(周去非, 1135~1189)의 『영외대답』, 권 10, 11b에 '비두(飛頭)'를 소개하고 있다. 하지만 『제번지』에는 보이지 않는다. 이러한 '비두'에 관한 이야기는 한나라 시기부터 알려진 것 같지만, 또 중국의 남부인 베트남과 관련된 소문이기 때문에 시기적으로 그런 이야기가 한나라 시기에 전해질 수도 있었겠지만, 이 해괴한 이야기의 전말은 대부분 당나라 이후의 자료들에 집중적으로 나타나고 있다는 점에 주목할 필요가 있다.

693년 낙양에 와서 역경에 종사했던 인도 승려 보사유(寶思惟, 721년 죽음)가 번역한 『대방광보살장경중문수사리근본일자다라니경(大方廣菩薩藏經中文殊師利根本一字陁羅尼經)』 1권에는 '비두'의 귀신에게 당했을 때의 처방법이 기술되어 있다. "만약 일체중생이 비두귀(飛頭鬼)에게 잡혔다면, 손으로 자기 얼굴을 문지르면서 주문을 108번 외우고, 두려워할 만한 얼굴 모습을 지은 다음, 곧 왼손으로 본생인(本生印)을 짓되 엄지손가락을 굽혀서 손바닥 안에 넣고, 나머지 네 손가락으로 엄지를 눌러 급히 주먹을 쥐고 눈을 부릅뜨고 몰래 위의 주문을 외우면서 병자를 보면 병이 곧 낫는다(若有一切衆生, 爲飛頭鬼所執, 以手自摩其面, 誦呪一百八遍, 作可畏相貌, 便以左手作本生印, 以大母指屈在掌中, 用後四指押大母指上, 急把拳, 卽自努目, 陰誦此呪而看病者, 所患卽除)"라고 하였다. 이로써 볼 때, 일종의 정신질환으로 보이며 7~8세기 당시 민간에 이런 증상이 많이 있었던 것으로 추정할 수 있다.

시두만(尸頭蠻)=시두만(屍頭蠻)=시치어(屍致魚)=시지우(尸只于)=비두만(飛頭蠻)=사라만(絲羅蠻) 등의 표기로, 모두 '점성' 조목에만 나타나고 있다. '만'자를 제외하면 모두 유사한 외래의 기원을 가지는 것으로 보인다. 이에 대해 후지타 도요하치는 "『양서 · 임읍전』에 '그 남쪽 경계에 수로와 육로로 200여 리 가면 서도이(西圖夷)【지금 판본에는 서국이(西國夷)로 되어 있다. 여기서는 『태평어람』에서 인용한 『남사(南史)』에 의하여 고쳤다】가 있는데, 또한 왕(王)을 칭한다. 마원이 세워 놓은 두 개의 동주(銅柱)가 한나라의 경계를 표시한 곳이다(其南界, 水步道二百餘里, 有西國夷亦稱王, 馬援植兩銅柱表漢界處也)'라고 하였고, 『통전(通典)』에도 대략 같지만, 단 '서도(西圖)'가 '서도(西屠)'로 되어 있고 그 주에, '마원이 북쪽으로 돌아가고, 동주가 있던 자리에 10여 가구가 남아 살았다. 수나라에 이르러 3백여 가구가 있었는데, 성이 모두 마씨로, 원주민들은 이주해 온 사람들이라 여기고 '마류(馬流) 사람'이라 불렀다. 동주는 어느덧 사라졌지만, 마류 사람들은 그 있던 곳을 알고 있었다(馬援北還, 留十餘戶於銅柱處. 至隋有三百餘戶, 悉姓馬, 土人以爲流寓, 號曰馬流人. 銅柱尋沒, 馬流[人]常識其處)'라고 하였다. 이와 같다면 마류 사람은 서도이(西屠夷)와는 근본 다르다. 『당서 · 환왕전』에 '또 서도이(西屠夷)라는 종족이 있는데, 대체로 마원이 [중국으로] 돌아갈 때 남아서 돌아가지 않은 자들이다. 겨우 10호였으나, 수나라 말에는 [자손이] 번성하여 3백 호에 이르렀다. 모두 성이 마씨인데, 민간에서는 그들이 옮겨와 살기 때문에 마류인(馬留人)이라고 불렀다(又有西屠夷, 蓋援還, 留不去者, 才十戶, 隋末孳衍至三百, 皆姓馬, 俗以其寓, 故號馬留人, 與林邑分唐南境)'라고 하였는데, 시도(尸屠)['시'자는 '서(西)'자의 오류로 보임]와 마류(馬留)【바로 마류(馬流)】를 하나로 오해한 것 같다. 서도(西屠)와 서도(西圖)는 동음이자로, 나라

② '첨(尖)'자는 『기록휘편』에 빠져 있어 『도이지략』과 『승조유사』본에 따라 고쳤다.[94]

③ '어(於)'자는 『승조유사』본에 보이지 않는다.[95]

④ 이 조목은 전부 『도이지략』에서 채록한 것이다.[96] 다만 문장을 조금 바꾸었을 뿐이다.

이름이다. 혹자는 현 쩌우독(Chaudoc)이 그 남상이라고 한다. 본서에 보이는 시두(尸頭)는 서도(西屠)가 와전되어 비두(飛頭)에 끌어다 붙인 것 같다. 『신당서 · 남평료전(南平僚傳)』에 '비두료(飛頭僚)가 있는데, 머리가 날아가려 하며, 목둘레에 실 같은 흉터가 있다. 처자가 함께 지키는데도, 밤이 되면 병이 난 듯이 앓다가 갑자기 머리가 사라진다. 그리고 다음 날 아침이면 돌아온다(有飛頭僚者, 頭欲飛, 周項有痕如縷, 妻子共守之, 及夜如病, 頭忽亡, 比旦還)'라고 하였다. 이 이야기가 나오자 원 · 명나라 문헌에서 모두 이를 답습했다"(『도이지략교주』, 28~29쪽). 사실, 후지타 도요하치가 말한 서도(西圖), 서도(西屠)는 상당히 음성적으로 그럴법하지만, 이들에게 머리가 날아가는 사람이 있었는지 확인해 주지 않았고, 쩌우독과 무슨 음성적 유사성이 있는지에 대해서도 설득력이 떨어진다.

소계경 씨는 "말레이어로 여자 흡혈귀를 '펠레시트(pelesit)'라고 하고, 머리를 날려 다른 사람의 피를 빨아먹는 것을 '펠레시트 쿠동(pelesit kudong)'이라 한다. 원나라 명나라 시대의 문헌에 기록된 시두(尸頭)는 스투(setu)에 해당하는 음으로 보이고, 산스크리트어로는 '아스투(astu)'라고 하는데, '내려와 요술을 부려 형체를 변화시키는 자가 있다(降有妖術而變形者)'라는 말이다. '시치어(屍致魚)'와 '시지우(尸只于)'라는 두 명칭은 '스투(setu)'를 느슨하게 읽으면서 얻어진 이름이다. 『해도일지(海島逸志)』의 사라만(絲羅蠻)은 [t]음을 [l]음으로 잘못 읽은 음역이다"(『도이지략교석』, 67쪽)라고 설명했지만, '스투'를 정확하게 설명하지 않았기 때문에, 쉽게 수긍할 만한 것은 아니다.

94 '분첨(糞尖)'은 『서양번국지』와 일치하지만, 『삼보정이집』, 『설집』, 『담생당』본 모두 '분(糞)'자로만 되어 있다. 풍승균 씨가 『도이지략』과 『국조전고』에 따라 보충한 것이나, 교감 사항으로 밝히지 않았다. 나이지(羅以智)의 필사본에 따른 풍승균 씨의 『성사승람』(전집, 3쪽)에는 '예물(穢物)'로 되어 있다. 자세한 내용은 부록에 실린 『성사승람』 번역문을 참고하시오.

95 문두의 '어(於)'자는 『국조전고』, 『삼보정이집』, 『설집』, 『담생당』본, 『서양번국지』 어디에도 보이지 않는다. 『승조유사』에서 잘못 필사된 것임이 틀림없다. 따라서 빼는 것이 맞다. '어(於)'자를 뺀 『기록휘편』의 원문[人家若有此婦不報官除殺者]은 『국조전고』에 "人家有此若不報官除殺者", 『삼보정이집』, 『설집』, 『담생당』본에 "人家若有此不報官除殺者"로 되어 있다. 이처럼 『기록휘편』에만 '차(此)'자 뒤에 '부(婦)'자가 들어 있음을 확인할 수 있다. 아마도 '부(婦)'자는 덧붙여졌을 것이다.

96 『지복재총서(知服齋叢書)』본을 따르고 있는 후지타 도요하치의 『도이지략교주』(26쪽)에, "시두만(尸頭蠻)이란 여자가 사람을 해하는 것이 점성보다 심하여 사람들은 대부분 사당에 모시며 피로 제사를 올린다. 시두만도 부모가 낳은 사람으로 다른 여자와 다르지 않지만, 특히 눈에 눈동자가 없다. 밤이 되면 머리를 날려 사람의 배설물을 먹는다. 머리가 날아갔을 때 종이나 천으로 그의 목을 가려 버리면 머리가 돌아와 [몸에] 붙지 못하고 죽는다. 그곳에 사는 사람들은 대변을 본 후에 반드시 물로 깨끗하게 씻어낸다. 그렇지 않으면 시두만이 그 배설물을 먹고 냄새를 따라 그 사람과 함께 잠을 잔다. 그런 일이 있게 되면, 창자와 배 모두 먹히고 정신도 빼앗겨 죽는다(其尸頭蠻女子害人甚於占城, 故民多廟事而血祭之. 蠻亦父母胎生, 與女子不異, 特眼中無瞳人. 遇夜則飛頭食人糞尖. 頭飛去, 若人以紙或布掩其項, 則頭歸不接而死. 凡人居其地大便後, 必用水淨浣, 否則蠻食其糞, 卽逐臭與人同睡. 倘有所犯, 則腸肚皆爲所食, 精神盡爲所奪而死矣)"라고 하였다.

1-15. 악어담(鱷魚潭)

또 바다로 통하는 큰 못이 있는데, '악어담(鱷魚潭)'이라고 한다. 밝혀내기 어려운 일을 소송하여 다투었으나 관청에서 해결할 수 없는 것은, 소송하여 다투는 두 사람을 물소에 태워 그 못을 지나가게 한다. 이치가 어그러진 자는 악어가 나와 그를 먹어 버리고, 이치가 곧은 자는 열 번이나 지나가도 잡아먹히지 않는다.[97] 아주 기이하게 여길 만하다.

再有一通海大①潭, 名鱷魚潭. 如人有爭訟難明之事,[98] 官不能決者, 則令爭訟二人騎水牛赴過其潭. 理虧者鱷魚出而食之,[99] 理直者雖過十次, 亦不被食.[100] 最可奇也.[101]

① ['대(大)'자는] 『기록휘편』에는 '천(天)'자로 잘못되어 『승조유사』본에 따라 고쳤다.[102]

97 '악어의 연못'을 지나가게 하는 일종의 신성재판은 조여괄의 『제번지』 점성 조목에서(『바다의 왕국들』, 48쪽) 가져온 것으로 보인다. 이러한 신성재판은 주달관의 『진랍풍토기』 쟁송(爭訟) 조목에, 두 당사자를 탑에 한 명씩 넣어 두고 며칠을 기다려 신체에 나타나는 반응에 따라 죄의 유무를 가리는 방법을 기술하고 있다. 또한 마환은 캘리컷[古里] 조목에서도 기름 솥에 손을 담가 손상 여부에 따라 죄를 가리는 방법을 소개하고 있다[13-18].

98 '인(人)'자는 『국조전고』, 『설집』, 『담생당』본에 보이지 않고, 『서양번국지』에서는 '국인(國人)'으로 되어 있다.

99 '이휴자(理虧者)'는 『국조전고』, 『삼보정이집』, 『서양번국지』에는 '이곡자(理曲者)'자로 되어 있고, 『설집』과 『담생당』본에는 '곡자(曲者)'로만 되어 있다. 따라서 의미는 같지만 그래도 『기록휘편』의 '휴'자는 '곡'자로 고치는 것이 좋겠다.

100 이상 『기록휘편』의 두 문장[理直者雖過十次, 亦不被食]은 『국조전고』에 "理直者雖過數次, 魚出而不食"으로 되어 있고, 『삼보정이집』에서는 "理直者雖返十次, 而不能食"이라 하였다. 『설집』과 『담생당』본에는 "理直者雖過十餘次. 魚亦不能食"로, 『기록휘편』의 원문과 가장 가깝다. 한편 『서양번국지』에는 "그 이치가 곧은 자는 10여 차례 지나가도 아무 일도 없다(其理直者雖過十餘次無事)"라고 하였다.

101 『기록휘편』의 이 문장[最可奇也]은 『국조전고』에 "最爲異也"로, 『삼보정이집』에는 "最爲其異", 『설집』과 『담생당』본에는 "異最爲奇"라고 되어 있다. 『기록휘편』과 『국조전고』본이 문맥에는 유리하다.

102 '대(大)'자는 『국조전고』, 『삼보정이집』, 『설집』, 『담생당』본, 그리고 『서양번국지』 모두에서 확인된다.

1-16. 야생 물소

해변 산속에는 야생 물소가 있는데, 매우 사납다. 원래는 인가에서 밭 가는 소였는데 산중으로 달아나 그대로 생장하여 수년이 지나면서 무리를 이루게 되었다. 그러나 푸른 옷을 입은 낯선 사람을 보면 반드시 달려와서 들이받아 죽이니 매우 흉악하다.

其海邊山內有野水牛, 甚狠. 原是人家耕牛, 走入山中, 自生自長, 年深成群. 但見生人穿青者,[103] 必趕來抵觸而死, 甚惡也.[104]

1-17. 금기

이곳 사람들은[番人][105] 자기 머리를 매우 소중하게 생각하여 혹 자신의 머리에 손을 대는 자가 있으면 중국에서 사람을 죽인 것처럼 증오한다.

番人甚愛其頭, 或有觸其頭者, 如中國殺人之恨.[106]

103 '생인(生人)'은 『설집』과 『담생당』본에 그냥 '인(人)'자로만 되어 있다. '생인'은 생민(生民)을 뜻할 수도 있지만 여기서는 '낯선 사람' 정도의 의미로 해석해야 할 것 같다. 최근 프랑스 학자 르네 로씨(René Rossi)가 『영애승람』 역주본을 출간했는데(『Ying-yai Sheng-lan』, 파리, 2018), 그도 역시 '이방인'으로 해석했다(69쪽).

104 『기록휘편』의 이 설명[甚惡也]은 『국조전고』에 "甚可畏也"로 되어 있고, 『삼보정이집』, 『설집』, 『담생당』본에는 모두 "甚可惡也"라고 하였다. 이러한 문형에 따라 『기록휘편』 원문에 '가(可)'자를 넣는 편이 매끄럽다. 이는 『서양번국지』에서 "몹시 사납고 흉악하여 두려워할 만하다(甚狠惡可畏)"라고 한 문장에서 확인할 수 있다.

105 번인(番人)이란 '외국인' 또는 '현지인' 두 가지 의미로 사용되는데, 밀스는 '외국인(foreigners)'으로 일관되게 번역하고 있어, 독자들을 혼동시키고 있다. 여기에서도 밀스는 외국인으로 번역하여 "외국인들은 자신들의 머리에 대해 매우 유난스럽다"(85쪽)라고 번역하였지만, 그렇게 되면 앞뒤의 문장이 전혀 맞지 않게 된다.

1-18. 교역

매매 교역에는 금 70%가 함유된 연한 금[七成淡金] 혹은 은을 사용한다. 중국 청자, 쟁반, 사발 등의 제품, 저사(紵絲),[107] 무늬가 들어간 비단, 소주(燒珠)[108]등의 물건을 매우 좋아하여 담금(淡金)으로 교역한다.

其買賣交易使用七成淡金, 或銀.① 中國青磁·盤碗等品, 紵絲·綾絹·燒珠等物, 甚愛之, 則將淡金換易.

① ['혹은(或銀)'은] 『기록휘편』에 '비은(非銀)'으로 되어 있다. 『승조유사』본에는 "교역에서 은과 70%가 함유된 연한 금을 사용한다(交易用銀, 七成淡金)"라고 되어 있고, 장승

106 『기록휘편』에 따른 이 문장[如中國殺人之恨]은 『국조전고』에 "必有陰殺之恨"으로 되어 있는데, 『삼보정이집』, 『설집』, 『담생당』본에는 『국조전고』의 '필'자가 '즉(即)'자로 된 것 이외에는 모두 일치하고 있다. 여기의 '음살'이란 숙살(肅殺)의 의미로, 인정사정없이 죽이는 것을 말한다. 머리에 손을 대는 자가 있으면, [반드시] 냉혹하게 죽일 듯이 증오한다는 정도의 의미일 것이다. 또한 비신은 『성사승람』(교주본, 전집, 3쪽)에서 "이곳 사람들은 머리를 애지중지하여 누군가 자기의 머리를 만지기라도 하면 반드시 죽기 살기로 한을 품는다(番人愛其頭, 或有觸弄其頭者, 必有生死之恨)"라고 기술했다. 이상에서 『기록휘편』의 문장만 다른 것을 확인할 수 있다. 따라서 이 문장은 『국조전고』본에 따라 고치기를 제안한다. 한편 상달 씨가 찾은 공진의 『서양번국지』에 따르면, "나라 풍속에 다른 사람이 가슴을 만지는 것을 금하는데, 혹 범하는 자가 있으면, 한을 품고 음모하여 죽인다(國俗最忌人觸其胸懷, 或有犯者, 恨而陰謀殺之)"라고 하며 상당히 다른 정보를 기술하고 있다.

107 저사(紵絲)의 글자적 의미는 분명 모시와 고치실로 이루어진 직물을 뜻하는 것으로 보인다. 동북아역사넷 중국정사외국전의 주석에 따르면 "단자(緞子)라고도 불리는 견(絹)을 말한다. 보통 가늘고 강한 경사(經絲)와 질긴 위사(緯絲)를 엮어 만들었으며, 청대 해관(海關)에서는 'Satin'이라고 번역해서 불렀다"라고 하였다. 이 설명은 단자(緞子, 사틴)에 대한 설명으로 저사와 아무런 관련이 없다. 밀스는 'hemp-silk'로 번역했는데(85쪽), 이것은 모시 60%와 명주실 40%를 섞어 만든 견직물이다. 『조선왕조실록』에 언급된 '저사'로 볼 때, 밀스의 설명이 그럴법하다.

108 뒤펜다크가 『마환』(29쪽)에서 "burnt pearls(燒珠)"이라고 번역한 것에 대하여, 펠리오 씨는 "유리구슬"로 교정하면서 초자(硝子) 또는 초자주(硝子珠)와 여기의 소주(燒珠)를 다음과 같이 설명하고 있다. "아마도 초자(硝子) 또는 초자주(硝子珠)는 크리스털 형태를 갖춘 채색 유리 세공품을 지칭하고, 반면 소주(燒珠)는 일반적으로 구슬로 만드는 유리 제품으로 보인다." 펠리오(P. Pelliot), 「15세기 초 중국의 대항해(Les Grands voyages maritimes chinois au début du XVe siècle)」, 『통보』, 30, 1933, 358쪽.

(張昇)의 본에는 “교역에는 금으로 하고, 간혹 은도 사용한다(交易以金, 間亦用銀)”라고 되어 있으며, 『서양조공전록』에는 “교역에서는 연한 금과 은을 사용한다(其交易以淡金, 以銀)”라고 되어 있다.[109] 여기서는 『국조전고』본에 따라 고쳤다.

1-19. 조공

언제나 서각(犀角), 상아(象牙), 가람향(伽藍香) 등의 물품을 중국에 진공한다.

常將犀角·象牙·伽籃香等物進貢中國.[110]

109 ‘혹은(或銀)’은 『국조전고』, 『삼보정이집』, 『설집』, 『담생당』본 모두 ‘或銀’으로 되어 있으므로, 풍승균 씨의 교정은 정확하다. 장승(張昇)과 황성증(黃省曾)의 문장 일치에 관하여 폴 펠리오 씨는 다음과 같이 설명하고 있는데, 참고할 만하다. “『서양조공전록』에서는 ‘교역에서는 연한 금과 은을 사용한다(其交易以淡金以銀)’라고 하였다. 마환의 원문에서 ‘七成淡金非銀’은 ‘[그들은] 은이 아닌[겉모양은 아닐지라도] 70%가 함유된 연한 금을 [사용한다]’는 것을 의미한다. 그리고 장승의 원문에서도 ‘간혹 그들은 은을 사용한다’라고 하는 비슷한 문구가 있었을 것이다. 그렇지 않다면 장승과 황성증의 일치는 이해되지 않는다. 이 문장은 중복된 글자를 탈락시키는 오류에 빠진 것으로 보인다. 왜냐하면, 앞의 문장에서처럼 ‘은(銀)’자로 끝나기 때문이다”(펠리오, 「15세기 초 중국의 대항해」, 359쪽).

110 “중국에 공물을 바쳤다(進貢中國)”라는 『기록휘편』의 문장은 『국조전고』과 일치하지만, 『삼보정이집』에 ‘진헌조정(進獻朝廷)’으로, 『설집』과 『담생당』본에는 ‘진헌중국(進獻中國)’으로 되어 있다. 참고로 마환은 각 나라의 마지막에는 중국에 조공한 사실을 기록하고 있는데, 판본마다 다르게, 마환 자신의 나라인 명나라를 ‘중국’으로 지칭하는 때도 있고, ‘조정’으로 기록한 예도 있다. 일반적으로 자신의 나라, 현 왕조를 지칭할 때는 ‘성조(聖朝)’라는 표현을 사용한다. 만약 마환이 ‘중국’을 의도적으로 썼다면, 왜 많은 사본들의 출입이 있었겠는가. 특히 마지막 조공을 언급한 부분에서의 ‘중국’이란 표현은 ‘조정’보다 마환 원문으로부터 멀어져 있다고 생각한다.

참고도 설명 1607년 명나라 왕기(王圻)와 아들 왕사의(王思義)의 『삼재도회(三才圖會)』, 인물, 권12, 「점성국(占城國)」. "점성국은 한나라의 임읍(林邑)이다. 그 속군(屬郡)으로 빈동룡(賓童龍)·빈타릉(賓陁陵)·화주(化州)·왕사성(王舍城)이 있다. 이 나라에서는 해마다 사역으로 세금을 거두는데, 노복들은 모두 안남(安南)에서 바치기 때문에, 안남을 '노국(奴國)'이라 부른다. 경계에는 마원(馬援)이 세운 구리 기둥이 있고, 바다 서남쪽에 있다. 북쪽으로는 안남에 닿고, 남쪽으로는 진랍(眞臘)에 이른다. 광주(廣州)에서 배를 타고 순풍이면 8일 만에 도착할 수 있다. 나라 사람 대부분의 성씨는 옹(翁)이다. 그 땅에서는 유명한 향(香), 무소, 코끼리가 난다. 토질은 모두 백사(白沙)로, 농사를 지을 수 있는 땅이다. 백성이 호랑이나 악어에게 물리면 왕에게 가서 하소연한다. 왕은 국사(國師)에게 명하여 저주의 부적을 들고 백성이 죽은 곳에 던지게 하면 호랑이나 악어가 저절로 물러간다. 만약 관청을 속이는 소송에서 관리들이 해결할 수 없는 것은 곧장 악담(鱷潭)을 지나가게 하는데, 이치를 저버린 자는 악어가 그를 먹어 버리고, 이치가 곧은 자는 악어가 피해 가며 감히 잡아먹지 못한다(占城國漢林邑也. 其屬郡有賓童龍·賓陀陵·化州·安南·王舍城. 其國中歲用錢粮私役奴僕, 皆安南所貢, 故呼安南爲奴國. 境上有馬援銅柱. 在海, 西南北抵安南, 南抵眞臘. 自廣州發船順風八日可達. 國人多姓翁. 地産名香·犀·象. 地皆白沙可耕之地. 若民爲虎鱷所噬, 以狀詣王, 王命國師持呪書符, 投民死所, 虎鱷自赴. 若有欺公之訟, 官不能決者, 即令過鱷潭, 負理者魚食之, 理直者魚避而勿敢食也)"라고 기록하고 있다.

해제

인도네시아어로의 발음은 자와(Jawa)지만, 우리에게는 '자바'라는 영어식 명칭이 익숙하므로 그대로 '자바'로 표기하기로 한다. 자바의 어원과 적용 범위에 관하여 폴 펠리오 씨는 율(Yule)의 설명이 가장 정확한 것으로 인정한 바 있고, 또 이후의 많은 동서양 학자들이 이를 따르고 있으므로, 『영국-인도 용어사전(Hobson-Jobson)』 454쪽에 기술한 내용을 여기에 정리하여 소개한다.

아주 오래전부터 알려진 지명으로, 프톨레마이오스의 지리서에 이야바디온(Ιαβαδίον)라는 형태로 처음 보인다. 이 이야바디온은 아마도 프라크리트의 형태인 야바드위빠(Yavadvīpa)를 표현하고 있는 것으로 율(Yule)은 추정하고 있다. 그렇지만 야바(Yava)가 위도상으로 보리보다 더 적합한 어떤 곡물에는 적용되지 않았는지, 인도어의 의미를 비슷한 소리를 가진 어떤 원주민의 명칭에 부여하려 했는지는 여전히 문제로 남아 있다. 홀(Holle) 씨는 바타비아 박물관에 있는 산스크리트어 비문을 베끼고 번역하면서 '야바크얌(Yavākhyam)'을 제시했는데, 케른(Kern) 씨는 곡물이 많다는 의미가 인도 문명의 초창기에 그 명칭에 들어 있었다고 알려 주었다. 이 비문은 가장 오래된 비문이고, 자바인의 땅에서 발굴된 것인 만큼 매우 흥미롭다. 최근까지 산스크리트어 문헌자료에서 자바를 언급한 어떠한 것도 알려진 바 없다. 바로 그때, 라센(Lassen)의 『인도의 고문물(Indian Antiquities)』(1849)의 두 번째 책이 출판되었다. 사실 자바는 『라마야나(Rāmāyan)』에서 언급되었다. 잘못된 판독으로 숨겨져 있다가 1863년 봄베이 판본이 출판되면서 알려졌다. 그 문장은 다음과 같다. "야바드위빠를 세심하게 조사해 보면 금광이 많은 금은의 섬과 일곱 왕국으로 꾸며져 있다. 야바드위빠 너머에는 '시시라(Sisira)'라는 산이 있고 그 꼭대기는 하늘에 닿아 신과 악마들이 찾는다."

또 그 이후 대략 그 시기를 추정할 수 있는 두 천문 서적인 『아르야바티야(Āryabhaṭīya)』와 『수르야 싣단타(Surya Siddhanta)』에 보이는 야바코띠(Yava Koṭi)를 케른(Kern) 교수는 섬의 동단에 있는 '자바 포인트(Java Point)'로 고증했다.

아랍인들은 '자와(Jāwa)', '자위(Jawī)'라는 말로 군도 전체(현재 자바섬과 수마트라섬)를 지칭했으며, 흔히 특히 수마트라(Sumatra)와 연결하여 사용했다. 케른 교수는 이 명칭으로 이처럼 넓게 적용한 것은 원래 인도인들에게서 나왔다고 한다. 이어서 『라마야나』와 다른 산스크리트 문헌에서 인용한 '황금의 섬과 은의 섬(Suvarna dvīpa, Rāpya dvīpa)'과 연결하여 고증했는데, 그의 결론은 다섯 가지로 정리할 수 있다. ① 수바르나 드위빠와 야바 드위빠는 널리 퍼져 있는 설에 따르면 같은 곳이다. ② 두 섬의 명칭은 원래는 구분되었으나 서로를 혼용했다. ③ 수바르나 드위빠의 원래 의미는 수마트라이고, 야바 드위빠는 원래 자바이다. ④ 수마트라 또는 그 일부분과 자바는 정치적으로 통일되어 있었기 때문에 한 덩어리로 간주하였다. ⑤ 야바 코띠는 자바의 동쪽 끝을 지칭했다.

인도인들이 수마트라의 전체 또는 일부를 자바와 함께 보는 것은 여러 수수께끼를 설명해 준다. 예를 들어 자바에 대한 아랍인들이 적용했던 범위뿐만 아니라, 그 섬에서는 단지 이름에만 들어 있을 뿐, 금이 나지 않음에도, 여러 문구에서 자바의 풍부한 금에 대한 찬송들을 설명해 준다는 것이다. 프톨레마이오스의 지리서, 『라마야나』, 홀(Holle) 씨의 비문, 그리고 마르코 폴로의 문장에 언급된 황금 생산 등은 이러한 전승을 잇고 있다. 자바와 수마트라가 한때 '자바'라는 이름으로 합해 불렀다는 것을 알면 이해하기 쉬워진다. 수마트라는 금 생산으로 잘 알려져 있었기 때문이다.

중국인들은 자바를 조와(爪哇)와 사바(闍婆), 두 가지 형태로 음역하고 있다. 먼저 '자바'로 명나라 신무상(愼懋賞)의 『사이광기(四夷廣記)』에서는 '조와(爪洼)', 『순풍상송』에서는 '조와(爪蛙)', 『해국문견록』에서는 '요아(繞阿)', 17~18세기 칼라파(Kalapa)의 연대기록인 『개파역대사기(開吧歷代史紀)』에서는 '조아(爪鴉)', 『해국도지』에서는 '조아(爪亞)', 『해록』에서는 '요아(耀亞)'로 음역되어 있다. 한편 『고금도서집성』에 수록하고 있는 대부분 자료에서 '과와(瓜哇)'로 잘못 표기되어 있다. '사바'로 음역하고 있는 것들로는 『송서』 권97에 사바바달(闍婆婆達, '바달'이 덧붙여진 형태), 『남사(南史)』에서는 '사바달(闍婆達, '달'이 덧붙여진 형태)'로 되어 있고, 『고승전(高僧傳)』, 『신당서 · 표국전(驃國傳)』, 『영외대답』 권2, 『제번지』, 『운록만초(雲麓漫抄)』 권5, 『송회요』, 『송사』 권489, 『문헌통고』 권322에는 모두 '사바(闍婆)'로 표기되어 있다. 원나라 시기 이후의 자료들, 『대덕남해지』, 『도이지략』, 『이역지』, 『영애승람』,

『성사승람』, 『서양조공전록』, 『명사』 등에는 모두 '조와'로 되어 있는 것을 보면, 원나라 시기부터 '조와'라는 음역 명칭이 사용되었음을 짐작할 수 있다. 『명사』에는 조와와 사바 두 열전을 별도로 갖추고 있는데, 이는 사관이 두 나라로 잘못 본 것이라는 점이 학자들의 공통된 견해이다.

한편 현 자바섬과 같이 '자바'라고 발음되는 왕국이 말레이반도 상에 있었다는 것을 확인할 수 있는 명백한 근거가 있다. 당연히 같은 발음의 두 곳은 시공간을 초월하며 혼동을 일으켰던 것도 사실이다. 피노(Finot) 씨는 베르갠(Bergaine)과 아이모니에(Aymonier) 씨가 번역한 포샤(Po Saḥ, 현 베트남 남단) 비문의 "그는 첫 번째 왕후로 자바(Java) 대왕의 딸이다. 그녀는 (이곳에) 와서 프라메슈바리(Prameçvarī)의 왕후가 되었다. … 그는 공주로 야바(Yava) 왕의 딸이다. 그녀는 야바디빠(Yavadhīpa)에서 시집와서, 타빠시(Tapasī) 왕후로 불렸다(madā agrarājamahiṣi siddaḥ rājaputrī pu pô tana rayā Javādhideva ya marai jeṅ vyā Prameçvarī … madā rājaputrī pu pô tana rayā Yavadhīpa ya marai di Yavadvīpa ya dṛṅ nāma siddaḥ pu pô vyā Tapasī)"라고 한 단락에 주목하여, "이로부터 자바는 '야바(Yava)', '야바디빠(Yavadyīpa)'라고 불렸던 자바섬과는 완전히 다른 왕국이었음을 알 수 있다"라고 그 의미를 설명하고 있다(Finot, 「Notes d'épigraphie, V. Pānduranga」, 『BEFEO』, III, 641쪽). 결국, 또 자바섬이 아닌 반도에 있는 다른 '자바'라는 왕국을 보여 주는 자료인 셈이다. 이로써 볼 때, 말레이반도에도 '자바'라고 발음되는 왕국이 있었음을 추론할 수 있다. 이곳을 '사바(闍婆)'라고 집요하게 주장한 학자가 바로 슐레겔(Schlegel)이다. 하지만 이 설에 근거한 바가 없다고, 하나하나 반박한 학자가 바로 폴 펠리오이다. 이에 대해서는 본 역자가 역주한 펠리오의 『8세기 초 중국에서 인도로 가는 두 갈래 길』, 275쪽 이하를 참고하시오.

사바(闍婆)란 명칭은 산스크리트어 야바드위빠를 직접 음역한 것으로 확인할 수 있다. 이 밖에도 『후한서』의 「안제본기(安帝本紀)」와 「서남이전(西南夷傳)」에 보이는 '엽조(葉調)'와 법현(法顯)의 『불국기』에 언급된 '야바제(耶婆提)'가 바로 이 야바드위빠를 줄여 음역한 경우이다. 또 '사바(闍婆)'라는 표기 형태에서 변화한 음역들도 보이는데, 『태평어람』 권787에 인용된 강태(康泰)의 『부남토속(扶南土俗)』 권 820에 인용된 『광지(廣志)』, 그리고 『양서 · 부남전』에 보이는 제박국(諸薄國)이 있고, 『신단경(神丹經)』과 『태평어람』 권788에 인용된 『당서』, 『통전』 권188, 『문헌통고』 권332에는 '두박국(杜薄國)'으로 나타나며, 『태평환우기』 권177에는 '사박국(社薄國)'이라 표기하고 있다. 즉 사바(闍婆)의 '사[she]'자는 '[도, du]'로도 발음되고, '파(婆, po)'자는 당나라 시기 발음이 [bha]임을 고려해 볼 때, 충분히 '두박(杜薄)' 또는 '사박(社薄)'으로의 표기가 가능하다. 하지만 제박(諸薄)의 '제[저]'자는 설명하기 어렵다. 야바(Yava)의 [Ya]에 해당하지도 않고, 엽조(葉調)의 '엽(葉)'자와도 거리가 분명하기 때문이다. 역자는 '사(諸)'자의 오기로 생각한다. 이 '사'자는 [zhā]와 [shē]라는 두 방식으로 발음되는 것에 근거한 가정일 뿐이다. 또 두 번째 글자인 '박(薄)'자도 사실상 문제이다. 고음으로 분명히 사바의 '바(婆)'자는 평성인데, 어떻게 '박'이란 입성의 [k]를 가지는 글자로 전사될 수 있는지를 따져 봐야 하기 때문이다. 따라서 이들이 모두 자바를 가리키는 것이라고 볼 수 있느냐는 근본적인 의문이 생겨난다.

현 자바섬을 설명할 때, 수평으로 서부, 중부, 동부로 나누어 기술한다. 기록으로 확인할 수 있는 한에서, 자바섬에 형성된 최초의 왕국은 서부, 즉 순다 해협 오른편에 들어선 인도화한 왕국인 타루마나가루(Tarumanagara)이다. 이 왕국은 5세기의 것으로 추정되는 치아루테운(Ciaruteun) 비문을 통해 확인된다. 또 411년 법현은 실론[師子國]에서 2년을 머물렀다가, 상선을 타고 귀로에 오른다. "90일쯤 걸려 '야바제(耶婆提)'라는 나라에 도착했다"라는 기록을 찾을 수 있다. 한편 『송서』 권97 「가라단국(訶羅單國)」전에 "가라단국은 사파주(자바섬)를 통치한다. 원가(元嘉) 7년(430), 사신을 파견하여 금강 가락지, 붉은 앵무새, 천축국의 백첩과 고패, 엽파국의 고패 등을 공물로 바쳤다. 10년(433), 가라단국의 왕 비사발마는 표(表)를 올렸다(呵羅單國治闍婆洲. 元嘉七年, 遣使獻金剛指鐶·赤鸚鵡鳥·天竺國白疊古貝·葉波國古貝等物. 十年, 呵羅單國王毗沙跋摩奉表)"라고 하였다. 이 사료에서 정확히 5세기에 다루마나가라 왕국의 존재를 확인할 수는 없지만, '엽파국(葉波國)'을 언급하고 있다. 또 중국과의 직접적인 관계가 없었으므로, 고유한 명칭인 '야바드위빠'로 지칭한 것일 것이다. 하지만 세데스(George Coedès)는 모엔스(Moens)의 설을 근거하여 옛 타루마 왕국, 즉 『신당서』 권222의 단단(單單) 조목에 보이는 다라마(多羅磨)일 것이고, 이 나라는 666~669년에 중국에 사신을 보냈다는 설명을 하고 있다. 세데스는 이 주장에 펠리오의 「8세기 초 중국에서 인도로 가는 두 갈래 길」을 참고하도록 하였는데, 사실 펠리오 씨는 추정할 수 없는 나라로 보았다. 또한, 중국에 사신을 보낸 것은 '다라마(多羅磨)'라는 나라가 아니라, '단단'이라는 나라이다. 따라서 타루마나가라 왕국을 그대로 음역한 중국 명칭은 확인되지 않는다.

당나라 시기에 자바섬을 지칭하는 것으로 언급된 '가릉(訶陵)'이라는 명칭도 보이는데, 중자바 지역에 있었던 것으로 추측된다. 먼저 『구당서』 권197, 「가릉국전」에 "가릉국(訶陵國)은 남쪽 바다 섬에 있는데, 동쪽으로는 바리(婆利, Brunei), 서쪽으로는 타파등(墮婆登), 북쪽으로는 진랍(眞臘)과 접하여 있으며, 남쪽으로는 큰 바다[大海]에 면해 있다(訶陵國, 在南方海中洲上居, 東與婆利, 西與墮婆登, 北與眞臘接, 南臨大海)"라고 하였다. 또 『신당서』 권222하, 「가릉전」에서는 더 명확하게, "가릉(訶陵)은 '사바(社婆)'라고도 하고 '사바(闍婆)'라고도 하는데, 남해에 있다. 동쪽은 바리(婆利)와 조금 떨어져 있고, 서쪽은 타파등(墮婆登)이며, 남쪽은 바다와 면해 있고, 북쪽은 진랍(眞臘)이다(訶陵, 亦曰社婆, 曰闍婆, 在南海中. 東距婆利, 西墮婆登, 南瀕海, 北眞臘)"라고 하였다. 『구당서』에서는 북쪽으로 진랍(캄보디아)과 접해 있다고 했지만, 『신당서』에서는 북쪽은 '진랍'이라고만 했다. 슐레겔은 케른의 설명에 따라, 가릉국을 말레이반도에서 찾으려 했지만, 폴 펠리오 씨는 이 설을 일축하고 자바섬의 '칼링가(Kalinga)'로 추정했다. 이 칼링가는 현장의 『대당서역기』에서 '갈릉가(羯餕伽)'라는 정확한 음역 명칭을 찾을 수 있다. 자세한 것은 폴 펠리오 『8세기 말 중국에서 인도로 가는 두 갈래 길』(역주본, 275~6쪽)을 참고하시오.

세데스는 크두칸 부킷(Kedukan Bukit)의 비문에서 686년 스리비자야가 자바 원정을 떠났다는 정보를 제공해 주고 있다(『The Indianized States of Southeast Asia』, 83쪽). 이 원정으로 타루마나가라 왕국은 곧 멸망했고, 그 땅을 이어받아 순다(Sunda)인들의 인도화된 왕국인 순다 왕국이 일어섰고, 중부에는 갈루(Galuh) 왕국이 들어섰다. 이 자바섬의 두 왕국은 10세기에 통합되어, 수도는 카왈리(Kawali)에 있었다. 확실히 이 순다 왕국은 중국인의 기술에도 알려진 것으로 본다. 조여괄(趙汝适)의 『제번지』 신타(新拖) 조목이 보이는데, 풍승균 씨는 소길단(蘇吉丹, 수카다나) 조목에 나오는 손타(孫他)와 함께 순다의 음역으로 확신하고 있다(『바다의 왕국들: 제번지 역주』 98쪽을 참고하시오). 한편 소계경씨는 『도이지략』의 조와 조목에 보이는 손랄(孫剌)이 바로 순다이고, 『제번지』의 신타(新拖)와 손타(孫他), 그리고 『도이지략』 중가라(重迦羅) 조목에 보이는 손타(孫陀)는 모두 엔데(Endeh, 英德) 섬을 지칭하는 것 같다는 이견을 보였다(『도이지략교석』, 171쪽). 어쨌든 13세기와 14세기에 '순다'라는 명칭이 중국인에 의해 음역되고 있었음은 분명하다.

이후 15세기에 파쿠안 파자자란(Pakuan Pajajaran)으로 옮겼다. 이후 16세기 후반 동부에 세워진 자바 사람들에 의한 마타람(Mataram) 술탄국이 중부와 동부를 차지하면서, 자바섬은 크게 순다 왕국과 마타람 술탄국으로 양분되었다. 이후 순다 왕국은 1522년 말라카의 포르투갈과 조약을 맺으면서 식민시대를 열었다. 이후 18세기 말에는 네덜란드의 동인도 회사가 술탄국에 통치권을 발휘했다. 1811년 영국령이 되었다가, 파리 조약에 근거하여 다시 네덜란드에 귀속되었다. 이후 2차 세계대전의 종식과 더불어 1949년 인도네시아에 포함되어 독립했다. 여기 마환은 바로 순다와 가루 왕국이 통합되어 서부와 중부지역을 차지한 이후 자바 사람을 중심으로 한, 이슬람 술탄국(마타람)이 등장하기 이전의 상황을 기술하고 있다.

George Cœdès, 「Les inscriptions malaises de Çrīvijaya」, 『BEFEO』, 1930. 크두칸 부킷(Kedukan Bukit) 비문.

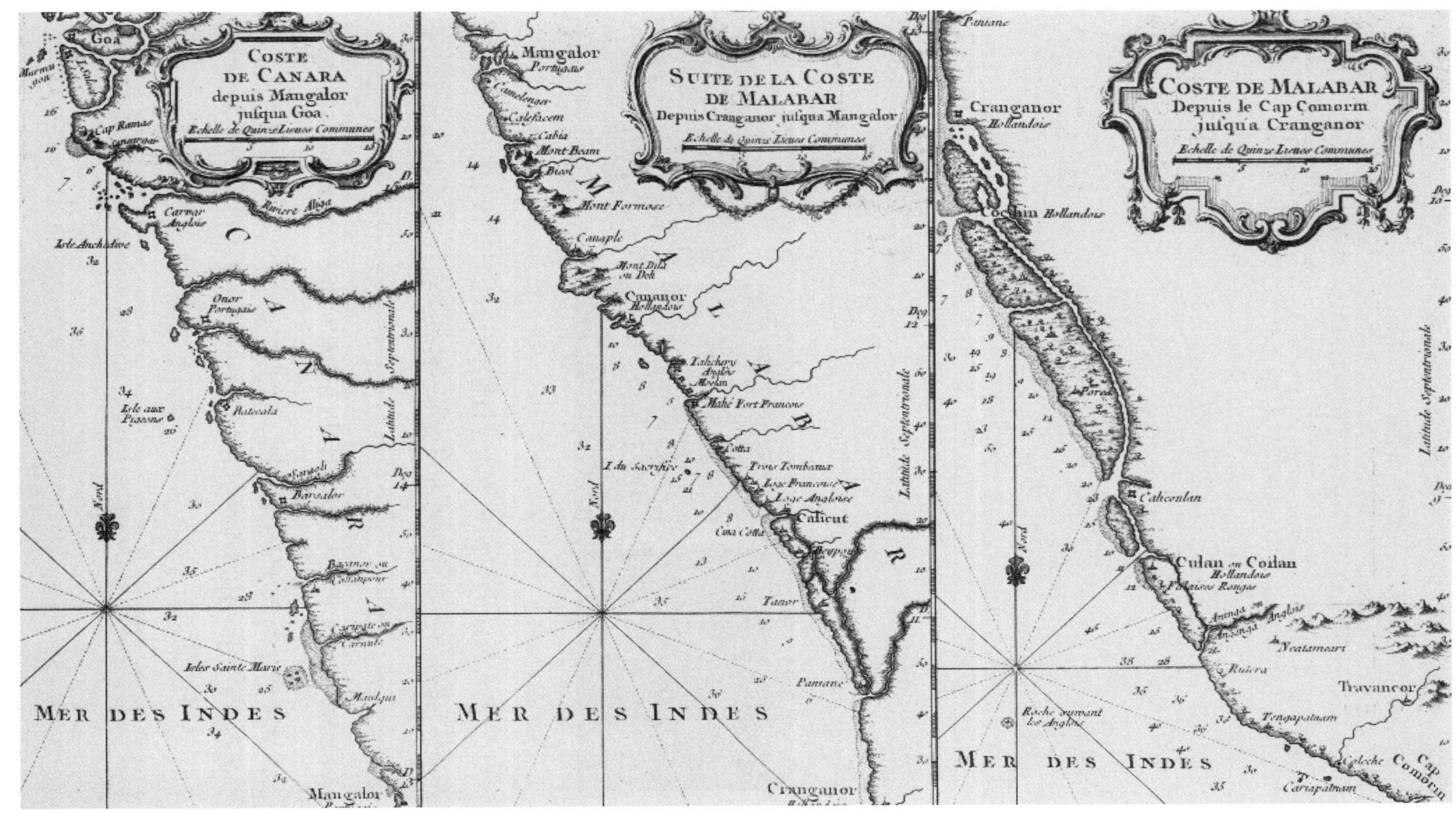

Jacques Nicolas Bellin(1703~1772), 『Le petit atlas maritime, recueil de cartes et plans des quatre parties du monde』, 파리, 1764.
망갈로르에서 고아까지의 카나라 해안-크랑가노르에서 망갈로르까지의 말라바르 해안-코모린 곶에서 크랑가노르까지의 말라바르 해안.

✺

자바 왕국[爪哇國]

2-1. 개관

조와국(爪哇國)은 옛날에 '사바국(闍婆國)'[111]이라고 불렀다. 그 나라에는 네 곳[도시][112]이 있으나, 모두 성곽이 없다. 다른 나라의 배가 오면 먼저 이르게 되는 한 곳은 '두판(杜板)'[113]이라 한다. 다음 이르게 되는 한 곳은 '신촌(新村)'[114]이라 하고, 또 이르게 되는 한 곳은 '소로마익(蘇魯馬益)'[115]이라고 한다. 다시 한 곳에 이르면 '만자백이(滿者伯夷)'[116]라고 하는데, 국왕[117]은 여기에 거주한다.

111 사바(闍婆)는 조와국의 옛 국명으로 산스크리트어 야바드위파빠(Yavadvipa)의 약칭이다. 당나라 시기 수마트라와 자바 두 섬의 합칭으로 사용되다가 송나라 시기에 이르러 자바 하나만 가리키게 되었다. 왜 사바를 조와로 바꿔 부른 것일까. 정말 현지 발음에 더 잘 대응했기 때문일까? 일반적으로 인도네시아어로는 '자와'라고 하는데, 영어로 '자바(Java)'로 표기했다고 알고 있다. 그러나 중국 자료를 검토해볼 때, '자바' 발음이 '자와'보다 더 오래된 것 같다.

112 '처(處)'자는 의미상 도시를 지칭하고 있다. 밀스 씨는 뒤펜다크(Duyventdak)의 해석에 따라(『마환』, 29쪽) '처'자를 양사로 본 것 같은데(『영애승람역주』, 86쪽), 이런 용례는 찾아보기 힘들다.

113 두판(杜板, Tuban)에 대하여 마환은 뒤에 다시 상세히 설명하고 있다.

114 신촌(新村, Gresik)에 대해서도 마환은 뒤에 다시 기술했다.

115 소로마익(蘇魯馬益, Surabaya)에 대해서도 마환은 별도의 언급을 하고 있다.

116 마자파힛(Majapahit) 왕국의 도읍이자 그 음역 표기인 만자백이(滿者伯夷)에 대해서도 마환은 별도의 기술이 보인다. 이상 투반, 그레식, 수라바야, 마자파힛에 관한 기술은 비신(費信)의 『성사승람』에서도 보인다. 부록에 조와 조목 번역문을 참고하시오. 비신의 기록이 먼저인지 마환의 기술이 먼저인지는 확인되지 않는다. 분명한 것은 마환의 설명이 훨씬 상세하다는 점이다.

117 밀스 씨의 설명에 따르면, 여기서 말하는 '국왕(國王)'은 마환이 이곳을 방문한 1432년 당시 통치자는 힌두교도 수히타(Suhita) 여왕(1429~1946 재위)이었다. 또, 『말레이 연대기(Malay Annals)』를 참고하여 당시의 왕은 바타라(Batara)였다는 정보를 제공했다(『영애승람역주』, 86쪽 주9).

爪哇國者, 古名闍婆國也.[118] 其國有四處, 皆無城郭.[119] 其它國船來,[120] 先至一處名杜板,① 次至一處名新村,② 又至一處名蘇魯馬益,③ 再至一處名滿者伯夷,④ 國王居之.

① 두판(杜板)은 투반(Tuban)이다. 『기록휘편』에는 '두판(杜坂)'으로 잘못되어 『승조유사』본과 『서양조공전록』에 따라 고쳤다.[121]

② 신촌(新村)은 그레식(Gresik), 그리쎄(Grissé)이다. 『기록휘편』에는 '측재(厠材)'로 되어 있어 『승조유사』본과 『서양조공전록』에 따라 고쳤다.[122]

③ 소로마익(蘇魯馬益)은 수라바야(Suravaya)이다. '노(魯)'자는 『기록휘편』에 '노(盧)'자로 되어 있어, 『승조유사』본과 『서양조공전록』에 따라 고쳤다.[123]

118 '명(名)'자는 『삼보정이집』에만 '자(者)'자로 잘못되어 있다.

119 '무(無)'자는 『삼보정이집』에만 정반대의 의미인 '유(有)'자로 잘못되어 있다.

120 '선(船)'자는 『설집』과 『담생당』본에만 '선척(船隻)'으로 기록되어 있다.

121 문두의 '선(先)'자는 『설집』과 『담생당』본에만 빠져 있다. 『국조전고』와 『삼보정이집』의 '두판(杜板)'은 『기록휘편』 원문에는 '두판(杜坂)'으로 표기되었고, 『담생당』본에는 '사지(社枝)'로 잘못되어 있다.

122 『국조전고』본에 따른 '신촌(新村)'은 『기록휘편』 원문에 '측재(厠材)'로, 『삼보정이집』, 『설집』, 『담생당』본에는 '시촌(厮村)'으로 되어 있다. 흐루너펠트(W.P. Groeneveldt)의 『말레이반도와 말라카에 관한 주석(45쪽과 47쪽)과 록힐의 「14세기 중국과 인도양 연안, 동부 열도와의 무역 관계에 관한 주석」(239쪽과 241쪽)에 따르면 오늘날 인도네시아 자와티무르주에 있는 그레식(Gresik, 革兒昔)을 부르는 명칭이 신촌(新村)과 시촌(厮村) 또는 측촌(厠村)이 있음을 알 수 있다. 다시 『기록휘편』을 참고해 보면, 두판(杜板)과 소로마익(蘇魯馬益, Suravaya) 사이에는 측재(厠材)가 있다고 하고, 더 뒤에 가면 "측재(厠材)에 이르는데, 현지에서는 '두아석(荳兒昔)'이라 한다. 원래는 사탄(沙灘)의 땅이었으나 중국인들이 여기에 와서 집을 지어 '측재'라 불렀다. 지금까지 부유한 주인은 광동 사람이다(至厠材, 番名曰荳兒昔. 原係沙灘之地, 蓋因中國之人來此創居, 遂名厠材, 至今財主廣東人也)"라고 하였다. 그런데 장승(張昇)의 개정본에는 첫 번째는 '시촌(厮村)'이라 했고, 두 번째에서는 '신촌(新村)'이라 하고 있다. 이로써 우리는 두아석(荳兒昔)이 아니라 '혁아석(革兒昔)'으로 읽어야 하며, '재(材)'자는 '촌(村)'자로 수정되었음을 알 수 있다. 또 황성증의 『서양조공전록』에는 '신촌(新村)'으로 통일되어 있으므로, 펠리오 씨는 "측촌이나 시촌은 모두 전사하는 과정에서 생긴 것이라 생각한다(新〉斯〉厮〉厠)"라고 하였다. 펠리오 씨는 이러한 혼동의 예를 들고 있는데, "비신이 제시한 홀로모사(忽魯模斯, 호르무즈)의 '사(斯)'자는 『영애승람』의 개정본에서는 '시(厮)'자로 되어 있다. 그러나 장승의 『영애승람』 목록과 『사고전서총목』에서는 '측(厠)'자로 썼고, 『기록휘편』 권61의 『성사승람』 본 목차에서는 사(斯)로 되어 있으나 해당 조목의 원문에는 '신(新)'자로 되어 있다"라고 하는 것이다. 펠리오, 「15세기 초 중국의 대항해」, 『통보(通報)』, Vol. 30, 1933, 359~360쪽.

123 '노(魯)'자는 『국조전고』, 『삼보정이집』, 『설집』, 『담생당』본, 그리고 『서양번국지』(5쪽) 모두에서 일

④ 만자백이(滿者伯夷)는 마자파힛(Manjapahit)이다. 『원사』 「조와전(爪哇傳)」에는 '마야파헐(麻喏巴歇)'로 되어 있고, 「사필전(史弼傳)」에는 '마야팔헐(麻喏八歇)'로 되어 있으며, 『도이지략』에는 '문차파일(門遮把逸)'로 되어 있다.

2-2. 왕이 사는 곳

왕이 사는 곳은 벽돌로 담장을 쌓았고 높이는 3장(丈)[124] 남짓하며 둘레는 약 2백여 걸음쯤[125] 된다. 그 안에는 중문(重門)이 설치되어 있고, 매우 깔끔하며, 방들은 누대처럼 조성돼 있다. 높이는 각각 3~4장(丈)이며, 판자를 펴 놓고 작은 등나무 자리나 꽃무늬 자리를 깔아 놓고, 사람들은 그 위에 가부좌를 틀고 앉는다. 집 위에는 견고한 나무판자를 사용하여 이음새 없이 덮었다.

其王之所居以磚爲牆, 高三丈餘, 周圍約有二①百餘步. 其內設重門甚整潔, 房屋如樓起造, 高每②三四丈, 卽布以板, 鋪細藤簟或花草席, 人於其上盤膝而坐.[126] 屋上用硬木板爲瓦,[127] 破縫而蓋.

① '이(二)'자는 『기록휘편』에 빠져 있어 『승조유사』본과 『서양조공전록』에 따라 보충했다.[128]

치한다.

124 1장(丈)은 10척 또는 3.03m에 해당하므로, 3장은 10m에 미치지 못한다.

125 보(步)의 길이에 관하여 밀스의 계산에 따르면(87쪽), 당시 1보(步)는 약 1.6m로 200보를 계산하면 310m쯤 된다.

126 '반슬(盤膝)'은 『국조전고』와 『서양번국지』에서 일치하지만, 『삼보정이집』, 『설집』, 『담생당』본에 '반슬(蟠膝)'로 되어 있는데, 양반다리로 앉는다는 의미이다.

127 '경(硬)'자는 『삼보정이집』, 『설집』, 『담생당』본에 '경(梗)'자로 잘못되어 있다. 『서양번국지』에는 '견(堅)'자를 썼다.

② 이상 두 글자[高每]는 잘못 도치되어 쓰인 것 같다.[129]

2-3. 일반 가옥

나라 사람들이 사는 집은 띠 풀로 지붕을 덮는다. 집마다 벽돌로 쌓은 흙 창고[土庫]를 갖추고 있는데 높이는 3~4척이고 집에서 쓰는 잡동사니를 넣어 두고 그 위에 앉거나 누워 생활한다.

國人住屋以茅①草蓋之. 家家俱以磚砌土庫, 高三四尺,② 藏貯家私什物, 居止坐臥③ 於其上.

① ['모(茅)'자는] 『기록휘편』에 '방(芳)'자로 잘못되어 『서양조공전록』에 따라 고쳤다.[130]

② 이상 여덟 글자[磚砌土庫, 高三四尺]는 『기록휘편』에 "塼砌三四土庫"로 되어 있어 『승조유사』본과 『서양조공전록』에 따라 고쳤다.[131]

128 풍승균 씨가 교정한 이 문장[周圍約有二百餘步]은 『기록휘편』 원문에 "주위가 약 백여 보이다(周圍約有百餘步)"라고 하였다. 『국조전고』와 『삼보정이집』에는 "周圍二百餘步"라고 되어 있고, 『설집』과 『담생당』본에는 "周圍二百餘里"를 보여 준다. 『기록휘편』에만 '이(二)'자가 빠져, 성의 주위가 약 1백여 보로 되어 있다. 한편 장승(張昇)의 개정본에는 '삼(三)'자로 되어 있는데, 이는 위의 필사본을 통해 '이'자를 '삼'자로 혼동하여 오기한 것이 분명하다. 또한 『기록휘편』의 '약유(約有)'는 어디에도 보이지 않으므로, 빼는 것이 맞다. 문제는 '200보'인지 '200리'인지이다. 왕궁의 둘레가 '200보'라면 너무 작은 듯하고, '200리'라고 하면 너무 크다. 하지만 『서양번국지』와 『서양조공전록』에도 모두 '보(步)'로 되어 있으므로 이에 따른다.

129 풍승균 씨가 주에서 밝히고 있는 것처럼 '매(每)'자의 의미와 위치가 애매하다. 『국조전고』에는 '매'자 없이 '高三四丈'으로 되어 있다. 『삼보정이집』, 『설집』, 『담생당』본에는 모두 '고매(高每)'로 '매'자가 있다. 아무래도 마환의 원문에 '매'자가 있었던 것으로 보인다. 여기서는 높이 3~4장마다 판자를 깔았다는 의미로 읽을 수밖에 없다.

130 '모(茅)'자는 『국조전고』, 『삼보정이집』, 『설집』, 『담생당』본 모두 '모(茅)'자로 되어 있다.

131 이 교정에 해당하는 『기록휘편』 원문[家家俱以磚砌三四土庫]은 『국조전고』에 "벽돌로 3~4척의 높이로 쌓은 흙 창고를 가지고 있다(俱以甎砌三四尺高土庫)"라고 하였고, 『삼보정이집』, 『설집』, 『담생당』본에는 '고(高)'자 없이 "家家俱以磚砌三四尺土庫"라고 되어 있다. 여기서는 『삼보정이집』, 『설집』, 『담생

③ '와(臥)'자는 『국조전고』본에 따라 보충했다.[132]

2-4. 국왕의 복식

국왕의 반(絆)은 더벅머리이고, 혹은 황금 잎사귀로 만든 화관(花冠)을 쓴다. 몸에는 옷을 입지 않고, 아래는 명주실이 들어간 수건 한두 자락을 두르며, 또 비단 혹은 저사(紵絲)를 사용하여 허리에 묶는데, '압요(壓腰)'[133]라고 한다. [허리에] '부랄두(不剌頭)'[134]라고 하는 한두 자루의 단도를 꽂는다. 맨발

당』본에 따라 고치는 것이 고쳐야 할 것으로 생각한다. 한편 『서양번국지』에서는 "또한 벽돌로 3~4척의 토고를 쌓는다(亦以磚砌土庫高三四尺)"라는 어색한 문장을 보여 준다. 여기의 '토고'란 말레이어로 '구당(gudang)'으로 창고를 뜻한다. 밀스는 아모이(Amoy) 구어의 'tho kho(창고)'를 제시하는데(87쪽) 음역에 더 가깝다. 밀스(J.V.G. Mills), 「The Expression Tho-Kho」, 『Journal of the Malayan Brunch of the Royal Asiatic Society,』 vol. xvi, pt, 1(1938), 137~138쪽을 참고하시오. 마환은 가지(柯枝) 조목 [12-3]에서 이 토고를 언급하고 있다.

132 '와(臥)'자는 『삼보정이집』, 『설집』, 『담생당』본, 『서양번국지』에 모두 들어 있다.

133 이 '압요(壓腰)'는 본서 여러 조목에서 나타난다. 이 복식을 가장 잘 설명하고 있는 자료는 상달 씨가 발굴한 공진(鞏珍)의 『서양번국지』일 것이다. 조와(爪哇) 조목에 "그 나라 남자들은 더벅머리를 하고 부인들은 방망이 모양으로 상투를 한다. [나라 사람들은] 상체에는 옷을 입지 않고 하체에는 수건으로 두른다. 그 수건은 일반적으로 쓰는 것보다 곱절은 넓으며, '타포(打布)'라고 한다. 남녀 모두 허리 아래 엉덩이 위에서 둘러 배꼽 아래에 이르게 가리고, 베로 만든 좁은 한 자락 수건을 타포 위에 매는데, 이를 '압요'라고 한다(國人男子鬔頭, 婦人椎髻, 上不著衣, 下圍手巾. 其手巾比世用者倍闊, 名曰打布, 男女皆從腰下臀上圍起, 至於面臍下掩閉, 却以狹布巾一條繫於打布上面, 名爲壓腰)"라고 하였다(상달 교주본, 5쪽).

134 부랄두(不剌頭)에 관하여, 흐루너펠트(W.P. Groeneveldt)는 "부랄두(不剌頭)가 '파랍(鈀鑞)'으로도 쓰였는데, 아마도 검과 칼 중간 형태의 무기인 바딕(badik)을 옮겼을 것이다. 여기에서는 확실히 자바어 크리스(kris)를 의미하지만, 중국인들이 이 명칭을 비슷한 무기에 적용한 것으로 보인다. 마지막 글자인 '두(頭)'는 여기에서는 석두(石頭), 골두(骨頭), 부두(斧頭), 서두(鋤頭) 등과 같이, 일종의 접미사 또는 단단한 물건과 강한 도구의 명칭에 들어가는 글자와 같은 의미이다. 보르네오에 사는 객가(客家) 사람들은 그곳의 검을 여전히 '파랍두(鈀鑞頭)'로 부른다"라고 하였다(『말레이반도와 말라카에 관한 주석』, 46쪽). 결국 부랄(不剌)=파랍(鈀鑞)=바딕(badik)이라는 추정으로, 록힐도 이 설을 따르고 있지만(239쪽), 음성적 근접성도 떨어지며, 전하는 어떤 판본에도 '파랍'은 보이지 않는다. 부랄두(不剌頭)란 인도네시아어와 말레이어에서 블라도(beladau), 또는 블라띠(belati)에 해당하는 음으로, 일설에는 작은 도끼의 일종이라고도 하고 둥근 비수(匕首)라고도 한다. 만명 씨는 아랍어로 작은 칼을 '바라투(barrāatu)'라고 한다고 하였다(『명초본영애승람교주』, 18쪽). 한편 밀스의 설명에 따르면(87쪽), 말레이어 블라

로 다니며, 출입에는 코끼리를 타기도 하고 소가 끄는 수레를 타기도 한다.

國王之絆,[135] 鬔頭或帶金葉花冠,[136] 身無衣袍, 下圍絲①嵌手巾一二條, 再用錦綺或紵絲纏之於腰, 名曰壓腰. 插②一兩把短刀, 名不剌頭.③ 赤脚, 出入或騎象或坐牛車.[137]

① ['사(絲)'자는] 『기록휘편』에 '녹(綠)'자로 잘못되어 『승조유사』본과 『서양조공전록』에 따라 고쳤다.[138]

② ['삽(插)'자는] 『기록휘편』에 '주(拄)'자로 잘못되어 『승조유사』본에 따라 고쳤다.[139]

③ 부랄두(不剌頭)는 블라도(bĕladau, 단도)이다. 『국조전고』본에는 "길이 1척 2~3촌의 양날의 단도인 부랄두를 칼집에 넣어 허리에 꽂는다(以長一尺二三寸兩刃短刀, 名不剌頭連鞘插腰間)"로 되어 있다.[140]

도는 단면의 굽은 단검(dagger)으로, 이 단어는 자바 사람들에게 사용된 것이 아니라, 링구아 프랑카(lingua franca)로 사용된 것으로 추정했다. 또, 『동서양고』, 권3, 하항(下港, 자바) 조목(42쪽)에는 "속칭 파륙두(吧六頭)라고 한다"라는 원주를 보면, 흐루너펠트의 설은 받아들이기 어렵다.

135 '반(絆)'자는 『국조전고』, 『삼보정이집』, 『설집』, 『담생당』본 모두에 '분(扮, 몸치장)'자로 되어 있다. 『기록휘편』에서는 일관적으로 '분'자를 '반(絆)'자로 쓰고 있다. 통용한 글자로는 보이지 않는다. 모두 '분(扮)'자로 고쳐 읽어야 한다.

136 '봉두(鬔頭)'는 『국조전고』, 『삼보정이집』, 『설집』, 『담생당』본 모두 같은 의미의 '봉두(蓬頭)'로 되어 있다.

137 『기록휘편』의 이 문장[出入或騎象或坐牛車]은 『삼보정이집』, 『설집』, 『담생당』본에서는 어순을 바꾸어 "출입에는 소가 끄는 수레를 타거나 코끼리를 탄다(出入或坐牛車或騎象)"라고 하였다.

138 '사(絲)'자는 『국조전고』, 『삼보정이집』, 『설집』, 『담생당』본 모두에서 확인된다.

139 '삽(插)'자는 『국조전고』, 『삼보정이집』, 『설집』, 『담생당』본 모두 일치한다.

140 풍승균 씨의 교정에 해당하는 두 문장[插一兩把短刀, 名不剌頭]은 『기록휘편』의 원문에 "拄一兩把短刀, 名不剌頭"로 되어 있고, 『삼보정이집』에는 "插一兩把短刀在腰, 名不剌頭"로, 『설집』에는 "插一兩把短刃在腰間, 名曰不剌頭"로, 『담생당』본에는 "插一兩把短刀刃在腰間, 名曰不剌頭"로 되어 있다. 따라서 『기록휘편』의 '주(拄)'자는 '삽(揷)'자의 잘못으로 풍승균 씨의 교정이 맞다. 또한 『기록휘편』에는 '부랄두'라는 칼을 어디에 차는지에 대한 설명이 없으므로, '허리'를 보충할 필요가 있다. 하지만 그 나머지 정보들은 '한두 자루의 단도'라는 것뿐이다. 이후 나라 사람들의 복식을 기술할 때는 분명 '한 자루'를 허리에 찬다고 하였으므로, '한 자루'가 분명하다. 그렇다면 '양(兩)'자는 의문으로 남는다. 그런데 『담생당』본을 보면 '도(刀)' 이외에도 칼날을 뜻하는 '인(刃)'자가 분명히 들어 있다. 이는 정보들이 이들 필사본 속

2-5. 일반인의 복식과 부랄두

나라 사람의 반(絆)으로, 남자는 더벅머리를 하고, 여자는 방망이 같은 상투를 하며, 상체는 옷을 입고, 하체는 수건을 두른다. 남자는 허리에 부랄두 한 자루를 꽂는데, 3세의 어린아이에서 백 세의 노인까지 모두 이 칼을 가지고 있으며, 모두 토끼털과 눈꽃 문양이 있는 좋은 빈철(鑌鐵)로 만든 것이다. 그 자루는 황금 또는 서각(犀角), 상아(象牙)를 사용하여 사람 형체나 귀신 얼굴 모양을 새겨 넣는데 만든 것이 아주 세밀하고 정교하다. 나라 사람 중에 남자와 부인 모두 자신의 머리를 소중히 여겨[141] 다른 사람이 그의 머리에 손을 대거나 만지거나, 혹 매매할 때 돈이나 물건이 분명하지 않거나, 혹 술에 취해 미친 듯이 날뛰거나, 언쟁할 때면, 곧바로 이 칼을 꺼내 찌르는데 강한 자가 이기게 된다. 만약 사람을 찔러 죽였더라도 그 사람이 3일 동안 도피했다가 나오면 목숨으로 대가를 치르지 않아도 된다. 만약 현장에서 잡히면 곧바로 찔러 죽이기도 한다. 나라에는 매질하는 형벌은 없고, 일의 크고 작음을 가리지 않고 곧바로 가는 등나무 줄기로 두 손을 등

에서 뒤섞여 있었음을 보여 준다. 이러한 우리의 의문을 잘 풀어 주는 것은 『국조전고』이다. 그 원문에는 "부랄두라고 하는 길이 1척 2~3촌의 양날 단도를 칼집에 넣어 허리에 찬다(以長一尺二三寸兩刃短刀, 名不剌頭, **連鞘**插腰間)"라고 하였다. 이로써 볼 때, 『기록휘편』, 『삼보정이집』, 『설집』, 『담생당』본에서처럼 '한두 자루의 칼'이 아니라 한 자루의 양날 단도라는 것이다. 이는 『서양번국지』에서 "양날은 몹시 날카롭다(兩刃尖利之甚)"라는 표현으로 확인된다. 하지만 단도의 길이와 칼집에 관한 정보는 『국조전고』에만 보인다. 만약 위의 모든 필사본을 종합하여 문장을 만든다면, "插一把兩刃短刀腰間, 名曰不剌頭" 정도가 될 것이다.

141 타인의 머리를 만지는 것에 대한 금기는 참파[점성]를 설명할 때도 보인다[1-17]. 자바인의 감정에 관해서는 바르보사(Duarte Barbosa, 1480?~1521), 꾸토(Diogo de Couto, 1542~1616)의 기술이 있는데, 머리를 만지면 말라카인들은 몹시 화를 내며, 태국 사람들도 역시 머리를 아주 소중하게 생각한다고 한다(밀스, 88쪽). 바르보사는 "그들은 머리에 아무것도 쓰지 않는다. 머리에는 어찌 되었든 아무것도 없어야 한다고 한다. 누군가가 자신의 머리에 손을 대면 죽여 버린다. 그래서 그들은 층이 있는 집을 짓지 않는다. 상대의 머리 위로 걸을 수 없기 때문이다"라고 전해 주고 있다. 스탠리(Henry E. J. Stanley) 편역, 『A description of the coasts of East Africa and Malabar』(1866), 197쪽.

뒤에 묶어, 끼고 몇 걸음 가서, 부랄두로 죄인의 옆구리 혹은 연한 갈비가 있는 쪽을 한두 번 찌르면 즉사한다. 이 나라 풍토에 사람을 죽이지 않는 날이 없으니 매우 두려워할 만하다.[142]

國人之絆,[143] 男子①鬅頭, 女子椎髻, 上穿衣,[144] 下圍手巾. 男子腰插不剌頭一把, 三歲小兒至百歲老人, 皆有此刀,[145] 皆是兔毫雪花上等鑌②鐵爲之. 其柄用金或犀角·象牙, 雕刻人形鬼面之狀, 制極細巧.[146] 國人男婦皆惜其頭,[147] 若人以手觸摸其頭, 或買賣之際錢物不明, 或酒醉顚狂,[148] 言語爭競,[149] 便拔此刀刺之, 強者爲勝. 若戳死人,[150] 其人逃避三日而出, 則不償命. 若當時捉住,[151] 隨亦戳死. 國無鞭

142 밀스의 주석에 따르면(88쪽), 재판은 2명의 다르마디야카(Dharmadhyaka)와 7명의 다르마디야카나(Dharmadhyakana)에 의해 집행된다고 한다. 절대군주제하에서 매우 조직적이고 효과적인 관료행정의 전형적 형태는 적어도 1513년까지 계속되었다고 설명한다.

143 여기의 '반(絆)'자도 『국조전고』, 『삼보정이집』, 『설집』, 『담생당』본에는 모두 '분(扮)'자로 되어 있다. 당연히 몸치장이나 복식을 의미하는 '분(扮)'자가 맞다.

144 『기록휘편』의 이 문장[上穿衣]은 『국조전고』에만 정반대의 의미로 "위에는 옷을 입지 않는다(上不穿衣)"라고 되어 있다. 위에서 국왕의 복식을 설명할 때, 분명 상의는 입지 않는다고 하였다. 국왕도 입지 않는 상의를 일반 백성이 입을 리는 없을 것이다. 『서양번국지』는 『영애승람』의 '다른 교정본'이라 할 정도로 비슷한데, 조와국 사람들의 복식에 대해, "그 나라 남자들은 더벅머리를 하고 부인들은 방망이 모양으로 상투를 한다. [나라 사람들은] 상체에는 옷을 입지 않고 하체에는 수건으로 두른다(國人男子鬅頭, 婦人椎髻, 上不著衣, 下圍手巾)"라고 하였다(상달, 교주본, 5쪽). 따라서 『국조전고』본에 따라 '불(不)'자를 보충해 넣어야 할 것이다.

145 『기록휘편』의 이 문장[三歲小兒至百歲老人, 皆有此刀]에서 『국조전고』, 『삼보정이집』, 『설집』, 『담생당』본 모두 '백세노인' 뒤에 '빈부귀천(貧富貴賤)' 네 글자가 들어 있다. 이에 따라 보충해 넣어야 한다.

146 『기록휘편』의 이 문장[制極細巧]은 『삼보정이집』과 일치하지만, 『국조전고』에는 "만든 것이 매우 정교하다(做得甚是細巧)"라고 하였고, 『설집』과 『담생당』본에는 "至極細巧"라고 되어 있다. 한편 『서양번국지』에는 "정교함이 좋아할 만하다(細巧堪愛)"라고 하였다.

147 '남부(男婦)'는 『국조전고』와 같지만, 『삼보정이집』에는 '남자부인(男子婦人)'으로, 『설집』에는 '남녀(男女)'로, 『담생당』본에는 '남(男)'자로만 되어 있다.

148 『기록휘편』의 이 문장[或酒醉顚狂]은 『국조전고』에 "或醉後狂蕩"으로, 『삼보정이집』, 『설집』, 『담생당』본에는 "或酒醉狂蕩"으로 되어 있다. 따라서 『기록휘편』의 '전광(顚狂)'은 '광탕(狂蕩)'으로 고치는 것이 맞다. '광탕'은 모음이 일치하는 첩운(疊韻)의 표현으로, 얽매임 없이 방탕한 모습을 형용하는 표현이다.

149 『기록휘편』의 이 문장[言語爭競]은 『국조전고』, 『삼보정이집』, 『설집』, 『담생당』본 모두 문두에 '혹(或)'자가 들어 있으므로, 문맥을 고려하여 이에 따라 보충해 넣어야 한다.

笞之刑, 事無大小, 卽③用細藤背縛兩手, 擁行數步, 則將不剌頭於罪人腰眼或軟肋④一二剌卽死. 其國風土⑤無日不殺人, 甚可畏也.

① '자(子)'자는 『기록휘편』에 빠져 있어 『승조유사』본과 『서양조공전록』에 따라 보충했다.[152]

② ['빈(鑌)'자는] 『기록휘편』에는 '빈(賓)'자로 되어 있어 『승조유사』본과 『서양조공전록』에 따라 고쳤다.[153]

150 '인(人)'자는 『국조전고』에서만 '타인(他人)'으로 되어 있다.

151 '착주(捉住)'는 『국조전고』, 『삼보정이집』, 『설집』, 『담생당』본 모두에 '나주(拿住)'로 되어 있으므로, '착'자는 의미는 비록 같더라도 '나(拿)'자로 바꾸는 것이 좋겠다.

152 '남자(男子)'는 『국조전고』, 『삼보정이집』과 같지만, 『설집』과 『담생당』본에서는 '남녀(男女)'로 되어 있다. '남자'를 택하는 것이 맞다. 여기의 '봉두(髼頭)' 역시 『국조전고』, 『삼보정이집』, 『설집』, 『담생당』본에는 모두 '봉두(蓬頭)'로 되어 있다.

153 이 교정에 해당하는 『기록휘편』의 원문[皆是兎毫雪花上等**賓**鐵爲之]은 『국조전고』에서 '빈(賓)'자가 빠져 있다. 한편 『삼보정이집』에는 "皆以兎毫雪花上等**鑌**鐵爲之"라고 하였고, 『설집』에서는 "皆**有**兎**絲**雪花**鑌**鐵爲之"로, 『담생당』본에는 "皆**以**兎**絲**上等雪花**鑌**鐵爲之"라고 되어 있다. 또한 『서양번국지』에서는 俱以兎兒雪花鑌鐵爲之"라고 하였다. 여기서 말한 토호(兎毫)나 설화(雪花)는 빈철(鑌鐵)의 표면에 나타나는 문양을 말하는 것으로 보인다. 1459년에 쓴 것으로 추정되는 조소(曹昭)의 『격고요론(格古要論)』(사고전서본, 권중, 18쪽)에 "빈철은 서번(西番)에서 나는데, 표면에는 나선형 문양이 있는 것이 있고, 참깨나 눈꽃 문양이 있는 것도 있다. 무릇 칼이나 검 그리고 도구들은 문질러 광채를 내는데, 금사반(金絲礬, Fibroferrite)으로 산화시키면(?), 그 꽃이 드러난다. 가치는 은을 뛰어넘는다(出西蕃. 面上自有旋螺花者, 有芝蔴雪花者. 凡刀劍器打磨光淨, 用金絲礬礬之, 其花則見. 價直過於銀)"라고 하였다. 정확히 어떤 철을 말하는지 아직 밝혀지지 않았지만 빈철(鑌鐵)은 『주서(周書)』(권50, 6쪽)와 『수서(隋書)』(권 83, 7쪽)에서 사산조 페르시아의 산물로 언급되었고, 『태평환우기』(권182, 12쪽)에서는 계빈(罽賓, Kashmir)에서도 난다고 기술되었다. 『강희자전』에 '빈'자는 "매우 예리한 칼을 만든다"라고 되어 있다. 이시진(李時珍)은 빈철이 서번(西番)에서 난다고 한 뒤에 10세기 헌원술(軒轅述)의 『보장론(寶藏論)』을 인용하여, "페르시아에서 나며, 단단하고 예리하여 금옥(金玉)을 자를 수 있다(出波斯, 堅利可切金玉)"라고 하였다. 이 때문에 빈철은 강철의 일종으로 설명되어 왔다. 마르코 폴로는 페르시아 지역의 케르만(Cherman)과 코비난(Cobinan), 그리고 천산 산맥 북쪽에 있는 긴긴 탈라스(Ghinghin talas)에서 나는 '안다니끄(andanique, 철의 일종)'에 대해 언급하고 있다. 율은 '온다니끄(ondanique)'로 옮기고 있는 이 금속에 대해 브레트슈나이더는 중국 자료에서 말하는 빈철(賓鐵), 또는 빈철(鑌鐵)일 것이라고 추정했다(『Mediaeval Researches from Eastern Asiatic Sources』, I, 146쪽). 펠리오에 따르면, "중국 자료에서 빈철은 6세기에 사산조 페르시아를 언급하며 처음으로 나타나며 그 뒤에도 빈철은 주로 페르시아에서 나는 외래물품으로 항상 언급되었다. 그러나 중앙아시아의 다른 곳에서도 났다. 강철에 대한 한자는 강(鋼)으로 이 글자는 단단하다는 의미인 '강(剛)'자에서 나왔다. 그러므로 빈철은 다소 다른 것이어야 한다. 『원사』 권85, 14쪽을 보면 한 관리가 빈철, 동(銅), 강(鋼) 등등의 관리를 맡았다고 하였는

③ ['즉(卽)'자는] 『승조유사』본에는 '개(皆)'자로 되어 있다.

④ ['늑(肋)'자는] 『국조전고』본에는 협(膌)자로 되어 있다.[154]

⑤ ['기국풍토(其國風土)'는] 『국조전고』본에 "그 나라의 민간 풍속(其國之民風)"으로 되어 있다.

2-6. 화폐

중국의 역대 동전을 유통해 사용한다.[155]

中國歷代銅錢通行使用.

2-7. 투반[杜板]

두판(杜板)[156]은 그곳에서 '도반(賭斑)'이라고 하는 지명이다. 이곳에는 약 1

데, 이는 마르코 폴로 시대에 강철과 빈철 사이에 구분이 있었다는 것을 보여 준다"(『Notes on Marco Polo』, I, 41~42쪽)라고 하며 빈철과 강철의 다름을 추측했었다. 라우퍼(Laufer)는 휴브슈만(Hübschmann)의 『페르시아 연구(Persische Stuien)』, 10쪽을 인용하여 이 '빈'자는 "이란어 사파이나(sapaina), 파미르어 스핀(spin), 아프간어 오스피나(ōspīna) 또는 오스파나(ōspana), 오세트어 아프산(äfsän)과 연결된다"(『Sino-Irannica』, 515~516쪽)라고 하면서 음역한 글자로 추정했다. 이에 대해 펠리오 씨는 앞의 출처에서 이러한 설명이 원칙적으로는 맞지만, 중국인들에게 's'자를 탈락시킨 책임을 돌릴 수 없다고 한다. 당나라 시기 산스크리트-중국어 사전에 빈철은 산스크리트어 피나(piṇa)에 해당하는 것으로 되어 있다고 하였다. 이어서 이 '피나'라는 형태는 프라크리트어로 이란어에서 차용했을 것으로 보았고, 이것이 중국어의 '빈'자로 음역되는 실마리가 되었을 것으로 추정했다(앞의 출처).

154 '연륵(軟肋)'은 『국조전고』와 『담생당』본에는 '연협(軟脇)'으로 되어 있다.

155 중국의 동전에 관하여, 밀스, 『영애승람역주』(88~89쪽)의 설명에 따르면, 중국은 동전을 전한(前漢) 시대부터 주조했다. 구리의 수출은 780년 처음으로 금지되었으나, 잦은 금지령에도 불구하고 무시되었고, 12세기 이후까지 구리 부족 현상을 드러냈다. 남송 시기 외국과의 통상이 증가하면서 이러한 부족 현상은 더욱 심해졌다. 이러한 교역 과정에서 유통된 중국 동전은 일본에서 아랍 세계까지 널리 퍼지게 되었다. 동전은 구리와 납을 섞어 만든다고 하였는데 참고할 만하다.

156 두판(杜板)은 동부 자바의 중심 도시인 수라바야(Surabaya)에서 서북쪽으로 약 100㎞ 떨어진 항구도시 투반(Tuban)에 해당하는 음이라는데 이견이 없다. 먼저, 인도네시아 중부 자바와 동부 자바에 들어섰

천여 가구가 있는데 두 명의 두목이 주인 노릇을 한다. 그 속에는 중국 광동과 장주(漳州) 사람이 흘러들어 여기에 많이 살고 있다. 닭, 양, 물고기, 채소가 흔하고 싸다.

던 왕국들을 대략 살펴보면, 6~7세기 중부 자바의 북쪽 해안을 차지한 칼링가(Kalingga)가 있었고, 이 나라를 차지한 므당, 마타람(Medang, Mataram) 왕국(8~11세기)은 중부 자바에서 시작하여 동부 자바로 확장했다. 후기에 불교도와 시바교도로 나뉘었고, 시바교도들이 떨어져 나와 동부 자바에서 카후리판(Kahuripan) 왕국을 건설했다. 다시 크디리(Kediri, 1045?~1222) 왕국과 그로부터 갈라진 장갈라(Janggala, 1045~1139) 왕국이 중부와 동부 자바를 약 50년간 차지했다가 싱가사리(Singhasari, 1222~1292)에 계승되었고, 13세기 말에 마자파힛(Majapahit) 제국이 탄생했다. 즉, 조여괄이 들은 사바(闍婆)는 싱가사리 왕국이 출범했지만, 그 내용은 크디리 왕국 시대의 것이었고, 왕대연과 마환이 견문한 것은 마자파힛 제국의 시대이다. 따라서 『제번지』의 정보들과 섞어 문제를 복잡하게 할 필요가 없다. 왕대연과 마환은 사바(闍婆)를 '조와(爪哇)'로 불렀다. 왕대연은 조와국의 왕이 살며, 관장(官場, 국영 교역 시장)이 있는 곳으로 문차파일(門遮把逸, 마자파힛)을 들고 견문을 기록했다.

『제번지』의 사바(闍婆) 조목에서는 투반을 전혀 언급하지 않았다. 다만, 조목 끝에 중국 조정에서 중국 동전을 몰래 실어와 교역하여 이를 금지하자, 이름을 '소길단(蘇吉丹)'으로 바꾸었다고 한다. 다시 소길단 조목을 보면, "사바의 속국으로 서쪽으로 신타(新拖, Sunda)에 접해 있고, 동쪽으로 타판(打板)에 이어져 있다고 하였다." 이로써 볼 때, 사바 경내에 있는 작은 나라였으나, 교역을 금지하자 다른 나라의 이름을 둘러댄 것으로 볼 수 있다. 즉 가칭 '소길단'은 바로 사바이고, 이 사바는 타판과 별개의 곳임을 알 수 있다. 또 조목 마지막에 보이는 속국 명단에도 타판이 들어 있다. 여기의 타판은 투반(Tuban)에 해당하는 음일 것이다. 조여괄은 『제번지』 서문을 1225년에 지었으므로, 기술한 내용은 크디리 왕국 시대의 정황일 것이다.

투반은 지리적으로 말루쿠 제도, 즉 향료 군도로 가는 출발점으로 해양 교역의 중요한 거점 항구이다. 그런데도 왕대연은 조와 조목에서 이 항구도시를 전혀 언급하지 않고 곧바로 마자파힛 제국의 수도만을 언급하고 있다. 다만 중가라(重迦羅) 조목에서 "두병의 동쪽을 '중가라'라고 하는데 조와와 국경을 접하고 있다(杜瓶之東曰重迦羅, 與爪哇界相接)"라고 하였다(역자의 『도이지략역주』, 209~210쪽). 중가라는 장갈라(Janggala), 즉 후중 갈루(Hujung Galuh)를 말한다. 또한, 여기의 두병은 『원사』「조와전」에서는 '두병족(杜並足)'으로 되어 있는데, 이 '족'자는 덧붙여졌다는 것이 학자들의 일반적인 견해이다. 『원사』에 따르면, 두병이 바로 마자파힛을 공략하는 주요 기지였음을 알 수 있고, 또 『영애승람』과 『성사승람』에서 말하고 있는 '성수(聖水)'와도 들어맞으므로, 두병은 투반의 다른 음역으로 볼 수 있다.

비신의 『성사승람』은 대체로 『도이지략』의 기술을 옮기고 있지만, 조와국 조목의 기술은 매우 다르다(부록 해당 번역문을 참고하시오). 비신은 두판(杜板)과 그곳의 '성수(聖水)'를 기록하고 있는 것으로 보아 비신이 직접 견문한 것으로 읽힌다. 사실 비신이 마환보다 먼저 정화의 함대를 따라나섰다. 그렇더라도 투반에 누가 먼저 와서 기록을 남겼느냐는 쉽지 않은 문제이다. 어쨌든 거의 동시대이며, 투반의 정황을 비신보다 더 자세하게 기술한 중국 유일의 자료임에는 분명하다. 이상으로부터 투반이 중국인에게 알려진 것은 크디리 왕국 시기, 말하자면 11세기부터이고, 실질적인 왕래는 15세기, 즉 마자파힛 제국 시기부터라고 중국 자료들은 말하고 있다.

杜板①番名賭斑, 地名也. 此處約千餘家,[157] 以二頭目爲主.② 其間多有中國廣東及漳州③人流居此地. 雞 · 羊 · 魚 · 菜甚賤.

① ['판(板)'자는] 『기록휘편』에 '판(坂)'자로 되어 있어 고쳤다.[158]

② 이상 여섯 글자[以二頭目爲主]는 『기록휘편』에 "이상 모두 두목이 주인이다(以上皆頭目爲主)"라고 되어 있어 『승조유사』본에 따라 고쳤다.[159]

③ ['장주(漳州)'는] 『서양조공전록』에는 '장주(漳州)'로 되어 있는데, 『승조유사』본에는 '정장(汀漳)'으로 되어 있으며, 『국조전고』본에는 '장천(漳泉)'으로 되어 있다.[160]

2-8. 성수(聖水)

바닷가에는 달고 짜지 않아 마실 수 있는 작은 연못이 있는데, '성수(聖水)'라고 하는 곳이다. 전하는 말에 따르면, 원나라 시대 사필(史弼),[161] 고흥(高興)[162]이 사바(闍婆, 자바)를 정벌하라는 명을 받았는데, 달을 넘겨도 해안

157 『기록휘편』의 이 문장[此處約千餘家]은 『국조전고』와 일치하며, 『서양번국지』에서도 "此地約千餘家"라고 하였는데, 모두 『삼보정이집』, 『설집』, 『담생당』본에 따라 '약(約)'자 뒤에 '유(有)'자를 보충해 넣어야 한다.

158 '두판(杜板)'은 『기록휘편』 원문에는 '두판(杜坂)'으로, 『담생당』본에는 '사지(社枝)'로 되어 있는데, 모두 자형에서 비롯된 오기들이다. 『국조전고』, 『삼보정이집』, 『설집』, 『담생당』본 모두 '두판(杜板)' 뒤에 '자(者)'자를 넣고 있다. 따라서 '자(者)'자를 넣는 것이 문맥에 순조롭다.

159 이 교정에 해당하는 『기록휘편』 원문[以上皆頭目爲主]은 『국조전고』, 『삼보정이집』, 『설집』, 『담생당』본 모두 풍승균 씨가 『승조유사』본에 따라 보충한 문장과 일치하고 있다.

160 '장주(漳州)'는 『국조전고』에 '장천주(漳 · 泉州)'로 되어 있다. 하지만 『삼보정이집』, 『설집』, 『담생당』본, 그리고 『서양번국지』 모두 '장주'라고만 하였다.

161 사필(史弼, 1233~1318), 원(元)나라 장수로 자(字)는 군좌(君佐)이고 하사받은 이름은 탑자혼(塔刺渾)이며 박야(博野, 하북성) 출신이다. 지원(至元) 29년(1292)에 원나라 사신이 자바[조와]에서 얼굴을 베이는 일을 당해, 쿠빌라이는 복건, 강서, 호광(湖廣) 등 세 행성(行省)의 군대 2만을 보내어 1년간 군량을 지급하게 하고, 역흑미실(亦黑迷失), 고흥(高興)과 더불어 천주(泉州)를 출발하여 자바를 정벌하게 했다. 복건행성의 평장정사(平章政事)로 임명하고 군사(軍事)를 주관하게 했다. 다음 해가 다 되어 전쟁에 실패하고 돌아가 관직을 삭탈당했다. 이후 평장정사로 올랐다. 원나라 성종(成宗) 때 악국공(鄂國公)으로 봉해졌다.

에 오를 수 없었다. 배 안의 물은 이미 바닥이 나, 군사들이 어찌할 줄 몰랐다. 두 장수는 하늘에 절하고 기도하며 "오랑캐를 정벌하라는 명을 받들었사오니, 하늘이 만약 허락하신다면 샘물이 나오게 하시고, 허락지 않으시면 샘물이 나오지 않게 하소서"라고 하였다. 기도가 끝나고 칼을 휘두르며 바닷가에 창을 꽂자, 샘물이 창을 꽂은 곳에서 솟아올랐다. 물맛이 달고, 짜지 않아 사람들이 마시고 모두 살아날 수 있었다. 이 샘은 하늘이 내려준 도움으로, 지금까지 그곳에 남아 있다.

海灘有一小池, 甘淡可飮, 曰是聖水.[163] 傳言大元時命將史弼·高興征伐①闍婆,② 經月不得登岸,③ 船中之水已盡,[164] 軍士失措.[165] 其二將拜天祝曰,[166] 奉命伐蠻, 天若與之則泉生, 不與則泉無. 禱畢, 奮力插鎗海灘, 泉水隨鎗插處湧出, 水味甘淡, 衆飮而得全生.[167] 此天賜之助也,[168] 至今存焉.

162 고흥(高興, 1245~1313), 원나라 장수로 자는 공기(功起)이고 채주(蔡州, 하남성 여남) 사람이다. 지원(至元) 13년(1276) 남송(南宋)이 원나라에 항복한 이래로 송나라를 멸망시키는 전투에 많은 전공을 세워 관군만호(管軍萬戶)에 올랐고, 관직은 복건행성 우승(右丞)에 이르렀다. 29년(1292)에 사필(史弼) 등과 함께 조와를 정벌했으나 실패하고 돌아간 뒤에 사필은 벌을 받았으나 고흥은 공을 인정받아 황금을 받았다. 이후 하남행성 좌승상(左丞相)에 올랐다. 몽골의 자바 원정에 관해서는 역자의 『앙코르 캄보디아: 진랍풍토기역주』, 271~293쪽을 참고하시오.

163 이상의 정보들[海灘有一小池, 甘淡可飮, 曰是聖水]은 『국조전고』에만 "바닷가에는 작은 연못 하나가 있는데, **조수가 불어나면 없어졌다가, 조수가 빠지면 나오는데**, 그 물은 감미로운 민물로 마실 수 있어, '성스러운 물'이라 한다(海灘有一小池, **潮長則沒, 潮落則出**, 其水甘淡可飮, 名聖水)"라고 설명했다. 굵은 글씨로 표기한 부분은 다른 어떤 필사본에도 보이지 않는 정보이다.

164 『기록휘편』의 이 문장[船中之水已盡]은 『국조전고』, 『삼보정이집』, 『설집』, 『담생당』본 모두 "船中乏水"라고 하였으므로, 이에 따라 고치는 것이 맞다.

165 '실조(失措)'는 『설집』과 『담생당』본에 '무조(無措)'로 되어 있다. 한편 『국조전고』에는 '실조' 뒤에 "스스로 죽으려 하다(欲自盡)"라는 말이 더 있다.

166 '기이장(其二將)'은 『국조전고』에 '其史·高二人'으로, 『삼보정이집』, 『설집』, 『담생당』본에는 '其史弼·高興二人'으로 되어 있다.

167 '생(生)'자는 『국조전고』와 『삼보정이집』에 빠져 있다.

168 『기록휘편』의 이 문장[此天賜之助也]은 『국조전고』와 일치하지만, 『삼보정이집』, 『설집』, 『담생당』본에 "이는 하늘이 내려 주신 것이나 다름없다(此殆天賜也)"라고 되어 있다.

① [‘벌(伐)’자는] 『기록휘편』에는 ‘대(代)’자로 되어 있어 『승조유사』본에 따라 고쳤다.[169]

② 『원사』 「조와전(爪哇傳)」에 따르면, 조와를 정벌한 일은 지원(至元) 29년(1292)에 있었고 그다음 해에 군사를 돌렸다.[170]

③ ‘등안(登岸)’ 두 글자는 『기록휘편』에 빠져 있어 『승조유사』본과 『서양조공전록』에 따라 고쳤다.[171]

2-9. 그레식[革兒昔]

두판(杜板)에서 동쪽으로 반나절쯤 가면 신촌(新村)에 이르는데, 그곳 사람들은 ‘혁아석(革兒昔)’[172]이라고 한다. 원래 바닷가 모래사장에 닿은 땅으로, 대개 중국의 사람들이 여기에 와서 거주지를 형성했기 때문에 ‘신촌’이라 불리게 되었고, 현재의 촌장은 광동 사람이다. 약 1천여 가구가 살고, 여러 곳의 외국인들이 이곳에 많이 와서 거래한다. 금과 제반 보석 일체와 외

169 ‘벌(伐)’자는 『국조전고』, 『삼보정이집』, 『설집』, 『담생당』본, 그리고 『서양번국지』 모두 일치한다.

170 이 전쟁은 지원(至元) 29~30년(1292~1293)까지 계속되었으나 실패로 돌아갔다.

171 ‘등안(登岸)’은 『국조전고』, 『삼보정이집』, 『설집』, 『담생당』본, 그리고 『서양번국지』 모두에 들어 있다.

172 마환은 신촌(新村)이 바로 ‘혁아석(革兒昔)’이라고 했다. 『명사』, 권324, 「소길단」 조목과 『동서양고』, 권4(9)에는 길력석(吉力石), 『해도일지(海島逸志)』에는 ‘갈력석(竭力石)’으로도 음역되었다. 오늘날 그레식(Gresik, 錦石)에 해당하는 음들이다. 현 수라바야에서 북서쪽으로 약 25㎞ 지점에 있다. 리클리프(Merle Calvin Ricklefs, 1943~2019)는 참조 사항을 밝히지 않고, 그레식 항구를 기록한 중국에 따르면, 14세기에 중국인들이 건설했다고 한다(『A History of Modern Indonesia since c. 1200』, 45쪽)고 하였는데, 아마도 『영애승람』을 말하는 것으로 보인다. 리클리프의 진술을 이어 가 보면, “1411년 그레식 군주는 원래 광동 출신으로 중국 황제에 사신을 보냈다. 그레식은 15세기에 국제 교역의 중심지가 되었다. 16세기 포르투갈 상인 토메 피레스(Tomé Pires)에게 이곳은 ‘교역항 중에서 자바의 보석’(Cortesao, 『Suma Oriental』, 193)이었다”라고 하였다. 이로써 볼 때 중국에서 그레식 항구에 관한 기술은 마환에게 힘입고 있는 것은 분명하다. 밀스의 설명에 따르면(90쪽), 1350~1400년 사이 중국인에 의해 건설된 항구이다. 1400년 이후 그 중요성이 크게 부각되었다. 말루쿠에서 향신료, 티모르(Timor)에서 백단향(白檀香)을 얻고 쌀, 직물, 도자기를 주었다. 이후 향신료를 주로 거래하는 투반을 뛰어넘는 항구가 되었다고 한다.

래 상품들을 파는 사람이 많으며, 백성들은 매우 잘산다.

於杜板①投東行半日許, 至新村,② 番名曰革兒昔,③ 原係沙④灘之地, 蓋因中國之人來此創居, 遂名新村,⑤ 至今村主⑥廣東人也, 約有千餘家. 各處番人多到此處買賣,[173] 其金子諸般寶石一應番貨多有賣者,[174] 民甚殷富.

① ['판(板)'자는] 『기록휘편』에 '판(阪)'자로 되어 있어 고쳤다.

② ['신촌(新村)'은] 『기록휘편』에 '시재(厮材)'로 되어 있어 『승조유사』본과 『서양조공전록』에 따라 고쳤다.[175]

③ 혁아석(革兒昔)은 그레식(Gresik, Grissé)이다. 『기록휘편』에는 '두아석(荳兒昔)'으로 잘못되어, 『승조유사』본과 『서양조공전록』에 따라 고쳤다.[176]

④ ['사(沙)'자는] 『기록휘편』에 '고(枯)'자로 되어 있고, 『서양조공전록』에는 '고(古)'자로 되어 있어, 『승조유사』본에 따라 고쳤다.[177]

⑤ ['신촌(新村)'은] 『기록휘편』에 '시재(厮材)'로 되어 있어 『승조유사』본과 『서양조공전록』에 따라 고쳤다.[178]

173 '번인(番人)'은 『국조전고』, 『삼보정이집』, 『설집』, 『담생당』본, 그리고 『서양번국지』 모두 '번선(番船)'으로 되어 있으므로 이에 따라 고쳐야 한다.

174 '다유매자(多有賣者)'는 『설집』과 『담생당』본에 '도유매(都有賣)'로 잘못되어 있다. 이에 해당하는 『서양번국지』의 문장은 "금과 보석, 그리고 일체 외국 상품을 내와 판다(出賣金寶石及一應諸番貨)"라고 하였다.

175 '신촌(新村)'은 『기록휘편』, 『삼보정이집』에는 '시재(厮材)'로 되어 있고, 『설집』에는 '사촌(斯村)', 『담생당』본에는 '시촌(厮村)'으로 되어 있다. 풍승균 씨가 '신촌'으로 교정한 것은 『국조전고』와 『서양번국지』에 보인다.

176 '혁아석(革兒昔)'은 『국조전고』, 『삼보정이집』, 『설집』, 『담생당』본 모두 '혁아석'으로 되어 있다. 한편 『서양번국지』에는 '혁아(革兒)'라고 되어 있어, 상달 씨가 '혁아석'으로 교정했다(상달, 교주본, 6쪽).

177 '사탄(沙灘)'은 『기록휘편』과 『서양번국지』에 '고탄(枯灘)'으로 되어 있고, 『삼보정이집』에는 '고탄(沽灘)'으로, 『설집』과 『담생당』본에는 '고탄(古灘)'으로 되어 있다. 풍승균 씨가 『승조유사』본에 따라 고친 '사탄(沙灘)'은 『국조전고』에서 확인된다. 이 이후 문장과 연결하여 보면, '사탄(沙灘)'이 가장 문맥에 부합한다.

178 여기의 '신촌(新村)' 또한 『기록휘편』에는 일관적으로 '시재(厮材)'로 되어 있지만, 『삼보정이집』, 『설집』, 『담생당』본에서는 이전의 경우와는 달리 '신촌'으로 정확히 기록하고 있다.

⑥ ['촌주(村主)'는] 『기록휘편』에 '재주(財主)'로 잘못되어 『승조유사』본과 『서양조공전록』에 따라 고쳤다.[179]

2-10. 수라바야[蘇兒把牙]

신촌에서 남쪽을 향해 20여 리를 가면 소로마익(蘇魯馬益)[180]에 도착하는데, 그곳 사람들은 '소아파아(蘇兒把牙)'라고 한다. 항구에는 담수가 흘러, 여기부터는 큰 배는 나아가기 어렵다. 작은 배로 20여 리[181]를 가면 비로소 그곳에 이른다. 마찬가지로 촌장이 있어, 원주민 1천여 가구를 관장하고, 그들 중에는 중국인들도 있다.

自新村①投南船②行二十餘里,③ 到蘇魯馬益,④ 番名蘇兒把牙. 其港口流出淡水, 自此大船難進, 用小船行二十餘里始至其地.⑤ 亦有村主,⑥ 掌管番人千餘家, 其間亦有中國人.[182]

179 '촌주(村主)'는 『기록휘편』에 '재주(財主)'로 되어 있는데, 『국조전고』에는 '신촌주(新村主)'로, 『삼보정이집』, 『설집』, 『담생당』본에는 '촌주'로 되어 있다. 따라서 풍승균 씨의 교정은 정확하다.

180 소로마익(蘇魯馬益)은 수라바야(Surabaya)에 해당하는 음역임에 이견이 없다. 『성사승람』, 『서양번국지』 뿐만 아니라, 황성증의 『서양조공전록』도 같은 표기를 보여 주고 있다. 모두 마환의 기록에서 출발하고 있는 것 같다. 마환은 현지음으로 '소아파아(蘇兒把牙)'라고 한다고 적어 놓은 것을 보면 발음이 이전에 들은 것과 좀 다르게 들렸기 때문일 것이다. 이곳에서 작은 배를 타고 마자파힛[滿者伯夷]으로 들어가야 했기 때문에, 머물며 이러한 기술을 남긴 것으로 추정한다. 수라바야는 인도네시아의 세 번째 큰 도시로, 동부 자바의 중심 도시이자 항구이다. 15세기 이 항구는 그레식에 미치지 못하는 항구였으나, 16세기부터 내륙으로 길게 흐르는 브란타스 강을 끼고 말루쿠 제도와 자바해를 잇는 주요 교역항이 되었다.

181 '20여 리'는 밀스의 계산에 따르면(90쪽), 11㎞다. 마환의 계산이 정확하다면 수라바야는 오늘날 4.8㎞ 떨어진 '구도시'보다 어귀로부터 훨씬 더 멀리 떨어져 있어야 한다.

182 『기록휘편』의 이 문장[其間亦有中國人]에서 '간(間)'자는 『삼보정이집』과 일치하지만, 『국조전고』에는 '중(中)'자로, 『설집』과 『담생당』본에는 '국(國)'자로 되어 있다. 한편 『서양번국지』에서는 "亦有中國人"이라고만 하였다.

① ['신촌(新村)'은] 『기록휘편』에 '이촌(二村)'으로 되어 있어 『국조전고』본에 따라 고쳤다.

② '선(船)'자는 『기록휘편』에 빠져 있어 『승조유사』본에 따라 보충했다.[183]

③ 이상 열한 글자[自新村投南船行二十餘里]는 『승조유사』본에 "又投南船行二時"로 되어 있다.

④ '노(魯)'자는 『기록휘편』에 '노(盧)'자로 잘못되어 고쳤다.

⑤ 이상 스물다섯 자[其港口流出淡水, 自此大船難進, 用小船行二十餘里始至其地]는 『승조유사』본에 따라 보충했다.

⑥ ['촌주(村主)'는] 『기록휘편』에 '재주(財主)'로 잘못되어 『승조유사』본과 『서양조공전록』에 따라 고쳤다.[184]

183 '선(船)'자는 『국조전고』, 『삼보정이집』, 『설집』, 『담생당』본 모두에 보이지만, 『서양번국지』에는 『기록휘편』처럼 빠져 있다. 따라서 반드시 요구되는 교정은 아니다.

184 수라바야[蘇兒把牙]를 기술하고 있는 『기록휘편』 원문의 첫 부분은 상당히 많은 문장이 빠져 있는데, 그대로 원문을 옮겨 보면, "自二村投南行二十餘里 到蘇魯馬益 番名蘇兒把牙 亦有財主…"라고 되어 있다. 먼저 『국조전고』에는 "신촌에서 남쪽으로 향해 배로 두 시진쯤 가면, 수라바야[소로마익] 항구에 도착하는데, 항구에서는 강물이 흘러나온다. 사장이 낮아 큰 배는 나아가기 힘들고, 작은 배로 20여 리를 가면 소로마익에 이르는데, 그곳에서는 '소아파아'라고 하며, 또한 촌주가 있어, …(**於新村**投南船行**二時許**, 到蘇魯馬益港口, 港內流出之水淡水. 沙淺, 大船難進, 止用小船行二十餘里, 到蘇魯馬益, 番名蘇兒把牙, 亦有村主, …)"라고 하였다. 또 『삼보정이집』에서는 "이촌(二村)에서 남쪽으로 반나절쯤 배로 가면, 소로마익 항구에 도착하는데, 그 항구에는 강물이 흘러나온다. 백사장이 낮아 큰 배는 나아갈 수 없고, 단지 작은 배로 20여 리를 가면 소로마익에 이르는데, 그곳에서는 '소아파아'라고 하며, 또한, 촌주가 있어, …(自二村投南船行**半日許**, 則到蘇魯馬益港口, 其港口流出淡水. 沙淺, 大船難進, 止用小船行二十餘里, 到蘇魯馬益, 番名蘇兒把牙, 亦有村主, …)"라고 되어 있고, 『설집』과 『담생당』본에는 "自二村投南船行**半日許**, 則到蘇魯馬益港口, 其港**內**流出淡水. **此處**沙淺, 大船難進, 止用小船行二十餘里, 到蘇魯馬益, 番名蘇兒把牙, 亦有村主, …"라고 기록하고 있다.

이로부터 『기록휘편』의 빠진 문장들을 보완해야 하는데, 첫 번째 문제는 '이촌(二村)'인지 아니면 '신촌'인지이다. '이촌'과 '신촌'은 필사자들이 혼동할 만한 단서가 전혀 없다. '이촌'은 앞서 기술한 투반[두판]과 그레식[혁아석]을 말하는 것일 수도 있다. 하지만 여정으로 보아, 투반에서 그레식까지는 반나절의 거리라고 이미 언급했다. 한편, 본 조목 첫 부분에서 "다른 나라의 배가 오면 먼저 이르게 되는 한 곳은 '두판(杜板)'이라 한다. 다음 이르게 되는 한 곳은 '신촌(新村)'이라 하고, 또 도착한 한 곳은 '소로마익(蘇魯馬益)'이라고 한다. 다시 한 곳에 이르면 '만자백이(滿者伯夷)'라고 하는데"라고 하였다. 따라서 『국조전고』의 '신촌'을 선택해야 할 것이다. 하지만 투반과 신촌 두 곳에서 소로마익까지의 거리가 비슷한 곳에 있다면 '이촌'도 불가능한 것은 아니다. 그러나 분명 "남쪽을 향해"라고 방향을 지정하고 있으므로 '이촌'은 배제하는 것이 맞다. 두 번째 문제는 거리이다. 『국조전고』는 '두 시진쯤[二時許]'이라 했고, 나머지 세 필사본에서는 '반나절쯤[半日許]'이라 했다. 다행히도 마환은 『영애승람』에서 한 차례도

2-11. 원숭이에 관한 미신

항구에는 섬 하나가 있는데, 수목이 울창하고 수만의 꼬리 긴 원숭이가 수목 위에서 모여 산다. 그중 검고 늙은 수컷 원숭이 한 마리가 주인 노릇을 하는데, 그 옆을 따라다니는 원주민 노파가 있다. 나라에 자식이 없는 부인은 술, 밥, 떡 같은 것들을 갖추어 늙은 원숭이에게 가서 기도하는데, 그 늙은 원숭이가 좋아하면 먼저 그 음식물을 먹이고, 나머지는 다른 원숭이들에게 다투어 먹게 한다. 다 먹고 나면 곧 원숭이 두 마리가 앞에 와서, 교배하며 징조를 보인다. 그 부인이 집에 돌아오면 곧바로 임신하게 된다. 그렇지 않으면 자식이 없다고 하니 몹시 괴기스럽다.

其港口有一洲,[185] 林木森茂,[186] 有長尾猢猻萬數,① 聚於上. 有一黑色老雄獼猴爲主, 卻有一老番婦隨伴在側.[187] 其國中婦人②無子嗣者, 備酒 · 飯 · 果 · 餠之類,[188]

거리를 시간으로 표기하지는 않았다. 따라서 거리는 『삼보정이집』, 『설집』, 『담생당』본을 따라야 할 것이다. 나머지 약간의 글자의 출입이 있기는 하지만 어느 본을 선택하건 의미전달에 있어서는 문제될 것이 없다. 따라서 여기서는 "**自新村**投南船行**半日許**, 則到蘇魯馬益港口, 其港**內**流出淡水. **此處**沙淺, 大船難進, 止用小船行二十餘里, 到蘇魯馬益, 番名蘇兒把牙, 亦有村主, …"로 원문을 추정하고, 『기록휘편』의 빠진 문장을 보충하기로 한다.

185 『기록휘편』의 '일주(一洲)'는 『서양번국지』와 일치를 보인다. 『국조전고』에 '일대주(一大洲)'로 되어 있고, 『삼보정이집』에는 '일주임(一洲臨)'으로 잘못되어 있다. 『설집』과 『담생당』본에는 '주(洲)'자가 '주(州)'자로 되어 있다. 두 글자의 혼용은 상견된다.

186 '임목삼무(林木森茂)'는 『국조전고』에 "숲의 나무가 높이 솟아 있다(林木參天)"라고 하였고, 『서양번국지』에는 "林木森森"으로 되어 있다.

187 『기록휘편』의 이 문장[卻有一老番婦隨伴在側]은 『국조전고』와 『삼보정이집』에 "옆에 따른 늙은 현지 부인이 있다(卻有一老番婦人隨側)"로 되어 있고, 『설집』에는 '측(側)'자 앞에 '기(其)'자가 들어 있다. 이로써 『기록휘편』 원문의 '부(婦)'자는 '부인'으로 보충하고 '반재(伴在)'는 덧붙여졌으므로 삭제하는 것이 맞다. 이는 『서양번국지』에서 "有一老番婦人隨其側"을 통해 확인된다. 부사로 쓰인 '각(卻)'자의 의미가 애매하다. '환(還)' 또는 '재(再)'의 뜻으로 사용되었을 것이다.

188 『기록휘편』의 이 문장[備酒 · 飯 · 果 · 餠之類]은 『삼보정이집』에 '주(酒)'자가 빠져 있고, 『국조전고』에는 "술, 밥, 과일, 떡 등이 준비되면(若備酒 · 飯 · 菓 · 餠之類)"으로 되어 있고, 『설집』에는 "[나라 사

往禱於老獼猴, 其老猴喜,[189] 則先食其物, 餘令衆猴爭食③食盡, 隨有二猴來前交感爲驗.[190] 此婦回家,[191] 卽便有孕, 否則無子也,[192] 甚爲可怪.

① '만수(萬數)' 두 글자는 『기록휘편』에 빠져 있어 『승조유사』본과 『서양조공전록』에 따라 보충했다.[193]

② ['기국중부인(其國中婦人)'은] 『기록휘편』에 '其中國婦人'으로 되어 있고, 장승(張昇)본에는 '국인(國人)'으로 되어 있으며, 『승조유사』본에는 '부인 중에 자식이 없는 자는(凡婦人之無嗣者)'으로 되어 있는데, 분명 '기국중부인(其國中婦人)'이 잘못 도치되어 바로잡았다.[194]

③ ['식(食)'자는] 『기록휘편』에는 '분(奮)'자로 되어 있어 『승조유사』본에 따라 고쳤다.[195]

람 중에 자식이 없는 사람은] 그 아내에게 술, 밥, 과일, 떡 등을 준비하게 하여(令其妻備酒·飯·果·餠之類)"라고 하였으며, 『담생당』본에는 "令其妻備辦酒·飯·蔬·菓·餠之類"라고 되어 있다. 『설집』과 『담생당』본은 앞 문장에 '나라 사람 중에 자식이 없는 사람은'이란 주어가 있어서 이렇게 문장을 구성했다. 또한 『서양번국지』에서도 『기록휘편』과 같은 문장을 보여 주므로 여기서는 『기록휘편』본을 따라가는 것이 적절하다.

189 『기록휘편』의 이 문장[其老猴喜]에서 '후(猴)'자는 『국조전고』와 『삼보정이집』에는 '미후(獼猴)'로 되어 있다. 반면 『설집』과 『담생당』본, 그리고 『서양번국지』에는 '후(猴)'자로만 되어 있다.

190 '이후(二猴)' 앞에는 『국조전고』, 『삼보정이집』, 『설집』, 『담생당』본 모두 '자웅(雌雄)' 두 글자가 들어 있으므로, 여기에서도 '자웅'을 보충해 넣어야 한다.

191 '차부(此婦)'는 『삼보정이집』에 '부인(婦人)'으로, 『설집』과 『담생당』본에는 '차부인(此婦人)'으로 되어 있다.

192 '무자(無子)'는 『국조전고』에 '무잉(無孕)'으로 되어 있고, 『삼보정이집』, 『설집』, 『담생당』본, 그리고 『서양번국지』에는 '무(無)'자로만 되어 있다.

193 '만수(萬數)'는 『국조전고』, 『삼보정이집』, 『설집』, 『담생당』본, 그리고 『서양번국지』 모두에 들어 있다.

194 이 교정에 해당하는 『기록휘편』 원문[其中國婦人無子嗣者]은 『국조전고』에 "其國人之婦無子嗣者"라고 하였고, 『삼보정이집』에는 "其國中婦人無子嗣者"로, 『설집』과 『담생당』본에는 "國人無子者"로 되어 있다. 또한 『서양번국지』에는 "國人婦女無子者"라고 하였으므로, 『기록휘편』의 '중국'은 '국중'이 도치된 것임을 알 수 있다. 따라서 『삼보정이집』본을 따르는 것이 가장 적합해 보인다.

195 이 교정의 해당하는 『기록휘편』 원문[餘令衆猴爭奮食盡]은 『국조전고』에 "餘令衆猴争食奪盡其祭"로, 『삼보정이집』에는 "餘令衆猴争奪食盡其物"로, 『설집』과 『담생당』본에는 "나머지는 여러 원숭이가 그 제물들을 다투어 가며 다 먹게 하고(餘令衆猴争奪而食盡其物)"라고 되어 있다. 『기록휘편』의 '분(奮)'자는 '탈(奪)'자의 오기임을 알 수 있다. 여기서는 『설집』과 『담생당』본에 따라 고치는 것이 적절할 것이다. 한편 『서양번국지』에는 "여러 원숭이가 남은 음식을 다투어 먹는다(衆猴爭食其餘)"라는 정련된 문

2-12. 마자파힛[滿者伯夷]

소아파아(蘇兒把牙)에서 작은 배로 70~80리 가면 '장고(章姑)'라고 부르는 부두(埠頭)에 도착한다. 해안을 올라 서남쪽으로 하루하고 반나절 가면, 만자백이(滿者伯夷)[196]에 도착하는데, 바로 왕이 거처하는 곳이다. 그곳의 외국인[番人]은 2백~3백 가구이며 두목 7~8인이 왕을 보좌한다.

自蘇兒把牙小船行七八十里到埠頭, 名章姑.① 登岸投西南行一日半②到滿者伯夷, 卽王之居處也. 其處番人二三百家,[197] 頭目七八人以輔其王.[198]

장을 보여 준다.

196 만자백이(滿者伯夷)는 인도네시아 마자파힛(Majapahit) 또는 자바어 모조파힛(Mojopahit)의 음역이다. 『도이지략』 조와 조목에 문차파일(門遮把逸)로 『원사』 「조와전」에서는 마야파헐(麻喏巴歇), 「사필전(史弼傳)」에는 '마야팔헐(麻喏八歇)'로 나타난다. 록힐은 문차파일산(門遮把逸山)에 대해, "왕대연이 언급한 그 나라로 들어가는 입구는 아마도 수라바야강에 있었을 것이다. 파일산(把逸山, 또는 파일섬)은 둥글고 평평했을 것이다. 얼마 뒤 그곳에 중국인들은 마환과 비신이 언급한 '측촌(厠村)' 또는 '신촌'이란 도시 또는 마을을 형성했다"라고 하면서(236쪽 주2), 마자파힛의 음역임을 파악하지 못했다. 여기 '산(山)'자는 항구라는 의미로 쓰였다. 마환은 마자파힛 제국을 지칭하는 것이 아니라 그 수도로 가고 있다. 당시 마자파힛의 수도는 현 동부 자바 모조케르트(Mojokerto) '트로울란(Trowulan)'으로 추정되고 있다. 펠리오 씨는 마환이 가 보지 않고 소문에 의존하여 마자파힛을 기술했을 수 있다고 보았다(펠리오, 「15세기 초 중국의 대항해」, 364쪽). 펠리오의 설명대로라면, 마자파힛에 관한 기술을 찾아볼 수가 있어야 하는데, 그 이전 기록에 대해서는 함구했다. 역자는 그러한 기록을 찾지 못했고, 마환의 기술이 가장 이른 것으로 생각한다.

197 『기록휘편』의 이 문장[其處番人二三百家]에서 '이삼백가(二三百家)'는 『국조전고』, 『삼보정이집』, 『설집』, 『담생당』본, 그리고 『서양번국지』 모두에서 확인된다. 또한 황성증(黃省曾)의 『서양조공전록』에 "삼백여 가구가 있다(戶三百餘)"라고 되어 있다. 이곳은 왕이 사는 수도이다. 그런데 어떻게 2백~3백 가구만 있을 것이며, 그들을 다스리는 두목이 7~8인이나 되겠는가. 이에 대해 뒤펜다크는 명백한 원문의 난센스로 생각했다(『마환』, 36쪽). 사실 여기의 문제는 '번인(番人)'이라는 표현이다. 말하자면 현지에 사는 사람으로 해석할 것인지, 아니면 외국인 또는 이방인으로 해석할 것인지의 문제이다. 뒤펜다크는 현지에 사는 주민으로 읽었고, 밀스 씨는 '그곳에 사는 이방인'으로 읽었다(『영애승람역주』, 91쪽). 마환은 자신의 기록에서 '번명(番名)'이란 표현을 많이 쓰고 있다. 이때 '번(番)'은 현지를 의미한다. 따라서 '번인(番人)'은 당연히 현지 사람을 말할 것이다. 하지만 여기에서는 '외국인'으로 읽어야만 '2백~3백 가구'라는 표현을 이해할 수 있다.

198 『기록휘편』의 이 문장[頭目七八人以輔其王]에서 '이보(以輔)'는 『국조전고』와 같지만, 『삼보정이집』, 『설

① ['장고(章姑)'는] 『승조유사』본과 『서양조공전록』에는 모두 '장고(漳沽)'로 되어 있다.[199]

② [이상 아홉 자(登岸投西南行一日半)는] 『기록휘편』에 "해안에 올라 서남쪽으로 반나절 가면(登岸投西南行日半)"으로 되어 있어 『승조유사』본에 따라 고쳤다.[200]

2-13. 산물

날씨는 여름처럼 더워 밭벼[田稻]는 이모작을 하고[201] 쌀알은 길고 하얗다. 참깨, 녹두가 다 있지만 대맥과 소맥은 전혀 없다. 토산으로는 소목(蘇木),[202] 금강자(金剛子),[203] 백단향(白檀香),[204] 육두구(肉荳蔻),[205] 필발(蓽撥),[206] 반묘

집』, 『담생당』본에는 '보조(輔助)'로 되어 있다. 이에 따라 고치는 것이 문맥에 유리하다.

199 '장고(章姑)'는 『국조전고』에 '장고(障沽)'로, 『삼보정이집』, 『설집』, 『담생당』본, 그리고 『서양번국지』에는 '장고(漳沽)'로 되어 있다. 지명을 음역한 것이므로, 표기가 여러 가지일 수 있다. 『원사』에는 '장고(章孤)'로 되어 있는데 바로 자바어의 창기르(Changkir)에 해당한다. 밀스 씨는 "강어귀에서 일직선으로 약 25마일 지점, 칼리 마스(Kali Mas, 브란타스강 지류)강 좌안(左岸)에 있다. 마자파힛 제국의 홍기와 더불어 교역이 증가했지만, 교역 중심지로서는 부차적인 의미만 있을 뿐이다(『영애승람역주』, 91쪽). 만명 씨의 주석은 이에 힘입고 있지만, 출처를 밝히지 않았고, 약간의 오해도 있다(『명초본영애승람교주』, 20쪽).

200 이 교정에 해당하는 『기록휘편』의 원문[登岸投西南行日半到滿者伯夷]은 『국조전고』에 "登一岸投西南行一日半到滿者伯夷"로, 『삼보정이집』, 『설집』, 『담생당』본에는 "登岸往西南行日半到滿者伯夷"로 되어 있다. '투(投)'자와 '왕(往)'자는 같은 의미로 문제로 삼을 것이 없다. 풍승균 씨가 『승조유사』본에 따라 보충한 '일(一)'자는 『국조전고』에만 들어 있고, 나머지 『삼보정이집』, 『설집』, 『담생당』본은 『기록휘편』에서처럼 '일반(日半)'으로만 되어 있다. 한편 『서양번국지』에서는 "登岸向西南行半日, 到滿者伯夷"라고 하였으므로, '일(一)'자는 빼는 것이 맞을 것이다.

201 이 정보에 대한 밀스 씨의 설명을 참고하자면, 쌀농사는 공동체 형성에 있어 매우 중요한 요소이다. 이모작을 했다는 것은 이곳에 관개시설이 구축되었음을 의미한다. 풍족하게 생산된 쌀은 말라카, 팔렘방, 잠비(Djambi), 말루쿠 등지에 수출됨으로써 국제 교역에 있어서 중요한 역할을 담당했을 것이다(『영애승람역주』, 91쪽 주3). 이로부터 마환이 가 보지도 않고 소문에 따라 기술한 것이라고 한 펠리오의 추정이 잘못되었을 수 있다.

202 소목(蘇木, Caesalpina sappan)은 '소방(蘇方)', '소방(蘇枋)'으로 불리며 수목의 심재(心材)이다. 열대에서 자라는 콩과 교목으로 벗겨 낸 껍질을 말려 쓰는데, 색은 붉으며 염료와 약재로 사용한다. 옹저(癰疽)나 상처가 부은 것을 삭히고 통증을 없애는 효능이 있고, 피를 소통시켜 어혈(瘀血)을 풀어 주는 효과가 있다고 한다. 조여괄의 『제번지』 하권 소목 조목에서는 "소목(蘇木)은 캄보디아[眞臘]에서 나는데

(斑猫),[207] 빈철(鑌鐵), 구통(龜筒),[208] 대모(玳瑁)[209]가 있다.

나무는 송백(松柏)과 같고 잎은 동청(冬青)과 같다. 산골짜기, 교외 곳곳에 있어 주민들이 채취하여 껍질을 벗기고 햇볕에 말리는데, 그 색은 진홍색이며 비단을 자줏빛으로 염색할 수 있다. 세간에서는 '와목(窊木)'이라고 한다"라고 하였다. 자세한 설명은 『바다의 왕국들』, 379~380쪽을 참고하시오.

203 금강자(金剛子)는 모감주나무 또는 보리수(Koelreuteria paniculata) 열매를 말한다. 만명 씨는 "바로 보리수 열매로 2종이 있다. 하나는 '의이인(薏苡仁)'으로 『구황본초(救荒本草)』에 보이고, 다른 하나는 '무환자(無患子)'로 『본초강목』에 보인다. 모두 약재로 쓰이지만, 효능은 다르다"라고 하였다(『명초본 영애승람교주』, 21쪽). 여기서 말하는 의이(薏苡)는 서남아시아 열대지역에서 나는 여러해살이풀인 율무(Coix lacryma-jobi var. ma-yuen)를 가리킨다. 금강자와는 아무런 관련이 없다. 『본초강목』(사고전서본, 권35하, 15b) 무환자 조목에, 구종석(寇宗奭)의 설을 인용하여 "지금 불교 신자들은 이것으로 염주를 만드는데, 자홍색의 작은 것을 좋게 친다. 약에 넣는 경우는 드물다(今釋子取爲念珠, 以紫紅色·小者佳. 入藥亦少)"라고 하였다. 진장기(陳藏器)의 『증류본초(證類本草)』에서는 최표(崔豹)의 『고금주(古今注)』를 인용하여, "옛날에 '요구'라는 용한 무당이 부적과 주술로 온갖 귀신을 잘 물리쳤는데, 귀신을 만나면 이 나무로 몽둥이를 만들어 때려죽였다. 세상 사람들은 이 나무로 그릇을 만들어 쓰면 귀신을 제압할 수 있다고 하여 '무환(無患)'이라고 불렀다(昔有神巫曰瑤眊能符劾百鬼, 得鬼則以此木爲棒, 棒殺之. 世人相傳以此木爲器用, 以厭鬼魅, 故號曰無患)"라고 무환(無患)이란 명칭을 설명했다.

204 백단향(白檀香)은 단향(檀香, Santalum album L)의 일종이다. 단향 나무의 심재로 향기가 진해 '단향목(檀香木)'이라 부른다. 심(心)의 색에는 흰색과 황색이 있어 백단(白檀), 황단(黃檀)의 이름이 붙여진다. 단향 나무는 인도가 원산지나 열대지역에서 두루 분포한다. 단향목은 각종 목공예에 사용되고 오랜 시간 향기를 유지하는데, 바로 단향(檀香) 부채 같은 것이 잘 알려져 있다. 향료로 주로 사용되며 줄기와 뿌리에서는 기름을 추출할 수도 있다. 조여괄은 『제번지』 하권 해당 조목에서 그 종류에 대해 "색이 누런 것을 '황단(黃檀)'이라 하고 자줏빛 나는 것은 '자단(紫檀)', 가볍고 약한 것을 '사단(沙檀)'이라 하는데, 향기와 맛이 대체로 비슷하다. 나무 중에 오래된 것은 그 목피가 얇고 그 향기는 가득한데, 이것이 상품(上品)이다. 다음으로는 7~8분(分) 향이 있다. 그 아래 것은 '점성향(點星香)'이라 하고, 비가 새 들어간 것을 '파루향(破漏香)'이라 한다. 그 뿌리를 '향두(香頭)'라고 한다"라고 설명했다. 자세한 설명은 『바다의 왕국들』, 352~355쪽을 참고하시오.

205 육두구(肉荳蔻, Myristica fragrans Houtt)는 꽃과 과실을 제외한 수피(樹皮), 수엽(樹葉), 씨 모두 방향제 원료로 사용한다. 조여괄의 『제번지(諸蕃志)』 하권에는 육두구 조목을 따로 두고 있는데 "나무는 중국의 잣나무와 같고, 키는 10장에 달하며, 가지들과 줄기들이 우거지고 넓게 퍼져 40~50명을 가린다. 봄에 꽃이 피는데, 따서 햇볕에 말리면, 이것이 오늘날 두구화(豆蔻花)이다. 그 열매는 비자(榧子)와 같고 그 껍질을 제거하고 그 과육만 취하여 가루로 저장하면 오래갈 수 있다"라고 설명하고 있다. 하지만 산지로 자바를 언급하지는 않았다. 자세한 설명은 『바다의 왕국들』, 360~361쪽을 참고하시오.

206 필발(蓽撥, Piper longum L)은 '필발(蓽茇)'로도 표기한다. 산스크리트어로는 '피팔리(pippali)'라고 하며 인도, 스리랑카, 말레이시아 등지에서 자란다. 약재로 중초(中焦)를 따뜻하게 하여 추위를 없애 주는 효능이 있다. 또한, 조미료로도 사용하는데 맛은 맵다. 밀스는 순다(Sunda), 람풍(Lampung), 인드라푸라(Indrapura), 잠비(Djambi)에서 온 것으로 추정했다(『영애승람역주』, 91쪽). 후추의 일종이기 때문에 후추와 많은 혼동이 있었다. 『위서(魏書)』 권102와 『수서(隋書)』 권83 「파사전(波斯傳)」에도 기록되어 있는 것이 바로 그 예이다.

207 반묘(斑猫, Mylabris phalerata)는 '반묘(斑蝥)'라고도 표기한다. 일종의 곤충을 말려 약재로 쓰는 것으

天氣長熱如夏, 田稻一年二熟, 米粒細白. 芝麻·菉豆①皆有, 大小二麥絕無.[210] 土

로 이미 『신농본초경(神農本草經)』에 그 효능이 보인다. 제독(除毒)과 혈액순환에 도움이 있는 것으로 알려져 있다. 밀스 씨는 펠리오 씨가 '스페인 파리'인 칸타리스(cantharides)로 번역한 것을(「15세기 초 중국의 대항해」, 365쪽) 따르고 있다.

208 구통(龜筒)에 관련하여, 『정화증류본초(政和證類本草)』(사고전서본, 권22, 17b)에 인용된 『본초습유』에는 '휴구(蠵龜)'라는 것이 보이는데, "바닷가에 나며, 갑옷 문양이 있어 장식물로 만들 수 있다(生海邊, 有甲文, 堪爲飾物)"라고 하였다. 같은 곳에 인용된 유순(劉恂)의 『영표록이(嶺表錄異)』(사고전서본, 권하, 4a)에는 "주휴는 속칭 '자이(茲夷)'라고 한다. 산거북처럼 큰 것은 사람이 등에 타면 업고 갈 수 있다. 조주(潮州)와 순주(循州)에 매우 많아, 그곳 사람들은 껍데기를 취하는데, 살아서 온전하게 얻은 것을 귀하게 생각한다. 처음에는 나무를 이용하여 그 살을 발라내고, 거북이 초독(楚毒)을 당하면 소처럼 울어 산골이 진동한다. 장인들은 그 껍데기가 밝고 황색인 것을 삶아 대모(瑇瑁)에 끼워 그릇으로 만든다. 요즘 '구통'이라고 하는 것이 바로 이것이다(蠵蠵俗謂之茲夷. 蓋山龜之大者, 人立其背, 可負而行. 潮循間甚多, 鄉人取殼以生得全者爲貴. 初用木挑出其肉, 龜被楚毒, 鳴吼如牛, 聲動山谷. 工人以其甲通明黃色者, 煮拍陷瑇瑁爲器. 今所謂龜筒者是也)"라고 하였다. 주욱(朱彧)의 『평주가담(萍洲可談)』(사고전서본, 권2, 8a)에 "남방의 큰 거북은 길이가 2~3척이고 껍질은 두껍고 희어, 대모 그릇을 만들 때 속에 덧대는 것으로 사용하는데, '구통'이라 한다(南方大龜, 長二三尺, 介厚而白, 造玳瑁器者, 用以補襯, 名曰龜筒)"라고 하였다. 속담에 "구통을 대모에 끼우면 귀신도 모른다(龜筒夾玳瑁, 鬼神不曉)"라고 한다. 또 구벽(鼃鼊)에 관하여 『태평어람』(사고전서본, 권940, 5b)에 인용된 유흔기(劉欣期)의 『교주기(交州記)』에 "구벽은 대모와 비슷하고, 자라 몸에 새우 꼬리를 하고 있다. 색이 있는 반점은 비단 문양과 비슷하며 삿갓처럼 크다. 네 발은 자유자재로 움직이고 발가락이 없으며, 앞에는 검은 구슬이 있어 장식할 수 있다(蚼蠏似瑇瑁, 鼈身蝦尾. 色班似錦文, 大如笠, 四足漫湖, 無指甲, 前有黑珠, 可以飾物)"라고 하였다. 이상으로부터 구통(龜筒)은 구벽(鼃鼊)으로 보이며, 대모(瑇瑁)와 유사한 바다거북의 껍질을 말하는 것이라 할 수 있다.

209 대모(玳瑁, Eretmochelys imbricata)는 얼룩 바다거북으로 '대모(瑇瑁)'라고도 쓴다. 효능은 『개보본초(開寶本草)』에 처음으로 기재되었는데, 열을 내리고 독을 풀어 준다고 한다. 장식품으로 사용한 유래도 매우 오래되었는데 그 쓰임은 『사기』에 많이 보인다. 조여괄의 『제번지』 하권에는 별도의 조목으로 설명하고 있는데, "대모(瑇瑁)는 그 생김새가 거북이나 자라와 비슷하고, 등껍질은 13조각이며 흑백의 반점 문양이 사이에 교차되어 있다. 등껍질의 아래 가장자리 부분은 톱니처럼 빠지고 갉혀 있으며, 발이 없고 네 개의 갈기가 있는데 앞의 갈기는 길고 뒤의 갈기는 짧은데, 갈기로 물을 치면서 간다. 갈기와 머리 반점의 문양은 갑(甲) 같고, 햇수가 오래된 갑은 두껍고 흑백의 색이 분명하다. 어린 것은 갑이 얇고 꽃문양이 흐릿하다. 세상에 전해지기를 채찍질을 당해 피가 나서 반점이 되었다고 하는데 헛소리이다. 어부들은 가을 달밤에 가려서 잡으며 고기 또한 먹을 수 있다. 보르네오[渤泥], 삼서(三嶼), 포리로(蒲哩嚕), 자바[闍婆] 등의 나라에서 난다"라고 하였다. 자세한 설명은 『바다의 왕국들』, 441~443쪽을 참고하시오.

210 『기록휘편』에 따른 이 문장[大小二麥絕無]은 여러 필사본이 의미는 같지만, 기술하는 방식이 조금씩 다르다. 『국조전고』에는 "惟無大小二麥"이라 하였고, 『삼보정이집』, 『설집』, 『담생당』본에는 "大小俱無"로 되어 있다. 『기록휘편』은 '절(絕)'자를 사용하여 의미를 강조하고 있는 점이 다른 필사본들과 다르다. 문법적으로 볼 때는 『국조전고』본이 가장 적합하다. 한편 『서양번국지』에는 "대맥, 소맥만 없다(惟無大小麥)"라고 하였다.

產蘇木・金剛子・白檀香・肉豆蔻・蓽撥・斑猫・鑌②鐵・龜筒・玳瑁.[211]

① ['녹두(菉豆)'는] 『기록휘편』에 '황두(黃荳)'로 되어 있어 『승조유사』본에 따라 고쳤다.[212]

② ['빈(鑌)'자는] 『기록휘편』에 '빈(賓)'자로 되어 있어 『승조유사』본에 따라 고쳤다.[213]

2-14. 기이한 새들

기이한 새로는 백앵무(白鸚鵡)가 어미 닭처럼 크고, 홍록의 앵가(鶯哥),[214] 오색 앵가, 요가(鷂哥)[215]가 있는데 모두 사람 말을 흉내 낼 수 있다. 진주계

211 토산(土産)의 종류를 언급한 이 문장[土產蘇木・金剛子・白檀香・肉豆蔻・蓽撥・斑猫・鑌鐵・龜筒・玳瑁]에서 『국조전고』에만 '번백교향(番白膠香)'이 마지막에 더 들어 있다. 다른 필사본들에는 이 정보가 없고, 또한 앞에 열거한 산물의 성격과도 동떨어져 있다. 여기 '백교향(白膠香)'은 레지나 리티담바리스(Resina Liquidambaris)라는 학명을 가지고, '풍향지(楓香脂)', '백운향(白雲香)' 등으로 불리며, 주로 절강성 서남부지역에서 난다.

212 '녹두(菉豆)'는 『기록휘편』 원문에 '황두(黃荳)'로 되어 있지만, 『국조전고』에는 '녹두(菉豆)'로, 『삼보정이집』, 『설집』, 『담생당』본에는 '녹두(綠豆)'로 되어 있으므로, 풍승균 씨의 교정은 정확하다.

213 '빈(鑌)'자는 『국조전고』, 『삼보정이집』, 『설집』, 『담생당』본, 그리고 『서양번국지』 모두 같은 글자를 보여 준다.

214 '앵가(鶯哥)'는 앵가(鸚哥)라고도 표기하는데, 사전적 정의에 따르면 앵가(鸚哥), 앵가(鶯哥)는 모두 앵무(鸚鵡)의 속칭이라고 한다. 하지만 이 풀이는 앵무와 앵가를 동시에 언급하고 있으므로, 적합하지 않다. 그러나 밀스 씨는 이에 따라 모두 '앵무새(parrot)'로 번역했다(『영애승람역주』, 92쪽). 중국어 '앵가'는 현재까지 무엇을 음역한 것인지 알려지지 않았지만, 역자의 생각으로 태국어로 구관조를 '잉캄(เอี้ยงคำ)'이라 하는데, 앵가(鶯哥) 또는 앵가(鸚哥)는 이를 음역한 것은 아닌지 모르겠다. 따라서 비신의 『성사승람』(천일각본, 고금설해본)에 보이는 '영가(嬰哥)'라는 표기도 가능하다.

215 '요가(鷂哥)'를 밀스 씨는 미나(mina)로 번역했는데(『영애승람역주』, 92쪽), 바로 'myna', 또는 'mynah', 사람의 목소리를 흉내 내는 찌르레기과의 새들을 의미한다. 『영국-인도 용어사전』의 설명에 따르면, 구관조(Common Myna)의 학명은 Acridotheres tristis (Linn.)이고, 남방 구관조(southern Hill-Myna)의 학명은 Gracula, 또는 Eulabes religiosa (Linn.)이며, 북방 구관조(Nothern Hill-Myna)는 'Eulabes intermedia of Hay'라고 하는데, 첫 번째 종과 마지막 종인 북방 구관조가 가장 사람 말을 잘 흉내를 낸다고 한다(『Hobson-Jobson』, 607쪽). 이로써 볼 때, 앞의 앵가(鶯哥)는 북방 구관조이고, 요가(鷂哥)는 남방 구관조에 해당한다고 할 수 있다.

(珍珠雞),[216] 도괘조(倒掛鳥),[217] 오색의 꽃 반점 비둘기[五色花斑鳩], 공작, 빈랑작(檳榔雀),[218] 진주작(珍珠雀),[219] 초록 반점 비둘기[綠斑鳩] 등이 있다.

奇禽有白①鸚鵡, 如母雞大, 紅綠鶯哥 · 五色鶯哥 · 鷯哥, 皆能效人言語. 珍珠雞 · 倒掛鳥 · 五色花斑鳩 · 孔雀 · 檳榔雀 · 珍珠雀 · 綠斑②鳩之類.[220]

① '백(白)'자는 『기록휘편』에 빠져 있어 『승조유사』본에 따라 보충했다.[221]

② '반(斑)'자는 『기록휘편』에 빠져 있어 『승조유사』본과 『서양조공전록』에 따라 보

216 이 '진주계(珍珠雞)'라는 새를 펠리오 씨가(「15세기 초 중국의 대항해」, 365쪽) 'pintade(뿔닭)'로 번역한 것에 따라 밀스 씨도 '뿔닭(guineafowl)'으로 옮기고 있다.

217 '도괘조(倒掛鳥)'에 대하여 비신은 『성사승람(星槎勝覽)』에서 "낮에는 그 옆에서 향을 피우면, 밤에는 날개를 펴고 거꾸로 매달려, 꽁지 털을 펴 향기를 퍼뜨린다(其倒掛鳥身如雀大, 被五色羽, 日間焚香於其傍, 夜則張羽翼而倒掛, 張尾翅而放香)"라고 기술하고 있다(풍승균, 『성사승람교주』, 14쪽). 비신은 왕대연의 『도이지략』을 대부분 따르고 있지만, 여기 조와 조목은 왕대연의 기술과 매우 다르다. 또 이 도괘조에 관한 기술은 비신의 기록에서만 확인되므로, 비신도 확실히 자바[조와]에 왔던 것으로 볼 수 있다. 부록에 실어 둔 해당 번역문을 참고하시오. 한편 밀스 씨는 샤퍼(Edward Hetsel Schafer) 교수의 설명에 따라 초록 깃털에 붉은 부리를 가진 '파라킷(parakeet, 잉꼬)'으로 번역했다(『영애승람역주』, 92쪽). 인도네시아 특산인 'Blue-crowned hanging parrot(Loriculus galgulus)'이라고 불리는데, 거꾸로 매달려 자는 잉꼬로 알려져 있다.

218 빈랑작(檳榔雀)은 어떤 새인지 확인되지 않고 있다.

219 '진주작(珍珠雀)'이란 새는 '홍매화작(紅梅花雀)'으로 학명은 'Amandava amandava'이고, 영어로는 'Red Avadavat'라 부르는 새로, 날개깃에 희고 작은 반점들이 진주처럼 박혀 있어서 붙여진 이름이라고 한다(http://baike.niaolei.org.cn).

220 사실 이 구[珍珠雞 · 倒掛鳥 · 五色花斑鳩 · 孔雀 · 檳榔雀 · 珍珠雀 · 綠斑鳩之類]는 분절되어 있고, 동사가 없으므로 앞의 문장과 이어지게 구두하는 방법밖에 없다. 『국조전고』에는 '珍珠鷄 · 倒挂烏 · 孔雀 · 檳榔雀 · 珍珠雀 · 綠斑紅 · 五色斑鳩之類'라고 되어 있다.

221 이 교정에 해당하는 『기록휘편』 원문[奇禽有鸚鵡]은 『국조전고』에는 "奇禽異獸, 奇禽有白鸚鵡"라고 하였고, 『삼보정이집』, 『설집』, 『담생당』본 모두 『기록휘편』과 같은 문장을 보여 준다. 『국조전고』에만 '백앵무(白鸚鵡)'로 되어 있다. 풍승균 씨는 『승조유사』에 따라 '백(白)'자를 보충했지만, 비신의 『성사승람』, 『서양번국지』와 『서양조공전록』에도 보이지 않는다. 그러나 뒤이어 나오는 『기록휘편』, 『삼보정이집』, 『설집』, 『담생당』본의 '앵가(鶯哥)'는, 『국조전고』에는 '앵가(鸚哥)'로 되어 있는데, 바로 앵무새의 일종이다. 이 앵가를 색깔로 구분하여 열거하고 있으므로, 앞의 앵무는 흰색의 앵무를 말한다고 할 수 있겠지만, 여기서는 크기로 앵무와 앵가를 구분하고 있는 것으로 보인다. 따라서 '백'자를 보충해 넣는 판단은 유보한다.

충했다.[222]

2-15. 짐승과 가축

기이한 짐승으로는 흰 사슴[白鹿], 흰 원숭이[白猿猴] 등이 있고, 가축으로는 돼지, 양, 소, 말, 닭, 오리, 모두 있으나 나귀와 거위만 없을 뿐이다.

異獸有白鹿·白猿猴等. 畜其猪·羊·牛·馬·雞·鴨皆有, 但無驢與鵝耳.

2-16. 과일: 망고스틴, 랑사트

과실에는 바나나[芭蕉子], 야자(椰子), 사탕수수[甘蔗], 석류(石榴), 연방(蓮房),[223] 망길시(莽吉柿),[224] 서과(西瓜), 낭삽(郎扱) 같은 것들이 있다. 망길시는 석류처럼 생겼고, 껍질 안에는 귤 주머니 같다. 흰 과육 4개가 있고 맛은 달고 새콤하며 상당히 먹을 만하다. 낭삽은 비파(枇杷)[225] 같지만 대체로 크고, 안에는 흰 과육 3개가 있으며 맛은 또한 달고 새콤하다. 감자(사탕수수)의 껍질은 하얗고 거칠며 큰데, 뿌리 길이는 2~3장(丈)이다. 나머지 과(瓜)라든가 가지[茄] 등의 채소들이 다 있지만 유독 복숭아, 자두, 구채(韭菜, 부추)만 없다.

222 '반(斑)'자는 『국조전고』, 『삼보정이집』, 『설집』, 『담생당』본, 그리고 『서양번국지』 모두에 들어 있다.

223 연방(蓮房, Nelimbo nucifera)은 바로 연밥으로, 강장과 마취에 효과가 있으며 연근과 씨는 식용한다.

224 망길시(莽吉柿)는 말레이어 망기스(manggis)의 음역어로 산죽과(山竹果, Mangustan), 또는 도념자(倒捻子)라고도 한다. 열대성 교목으로 붉은 과실을 맺는데, 맛이 달고 감미롭다. 말레이반도가 원산이며 인도네시아에서는 일반 가정에도 심는 과실수이다. 『영국-인도 용어사전』에서 이 과일을 언급한 가장 오래된 자료는 1563년의 기록이므로(557쪽), 마환이 망고스틴에 관하여 최초의 기술을 남기고 있는 셈이다.

225 비파(枇杷, Eriobotrya japonica)는 장미과의 늘푸른넓은잎나무로 키는 10m에 이르며, 중국 남서부가 원산으로 알려져 있다.

果有芭蕉子・椰子・甘蔗・石榴・蓮房・莽①吉柿・西瓜・郎扱之類. 其莽②吉柿③如石榴樣, 皮內④如橘囊樣, 有白肉⑤四塊, 味甜酸, 甚可食.[226] 郎扱⑥如枇杷⑦樣, 略大, 內有白肉三塊,[227] 味亦甜酸. 甘蔗皮白麄大, 每根長二三丈.[228] 其餘瓜・茄・蔬菜皆有, 獨無桃・李・韭菜.[229]

① ['망(莽)'자는] 『기록휘편』에 '공(蛬)'자로 되어 있고, 『승조유사』본에는 '전(蚕)'으로 되어 있는데, 모두 잘못된 것이다. 장승(張昇)본 또한 '밀시(蜜柿)'로 잘못되어 있다.[230]

226 『기록휘편』의 이상 두 문장[味甜酸, 甚可食]은 『삼보정이집』에 "味甜酸, 甚可喫"로 『기록휘편』과 같은 의미를 전달하고 있고, 『국조전고』에는 "매우 맛있다(味甜酸, 甚好喫)"라고 되어 있다. 『설집』과 『담생당』본에는 이 정보가 빠져 있다. 『서양번국지』에서는 "새콤달콤하여 먹을 만하다(甘酸可食)"라고 하였다.

227 『기록휘편』의 이 설명[內有白肉三塊]은 『국조전고』와 같다. 『삼보정이집』에 "안에는 흰 과육 두 덩어리가 있다(內有白肉二塊)"로 되어 있다. 『설집』과 『담생당』본은 여기 '낭삽'에 관한 설명을 '白肉三塊'로 이어 가고 있다. 또한 『서양번국지』에도 '삼괴(三塊)'로 되어 있으므로, 『삼보정이집』의 '二'자는 '三'자의 오기이다.

228 『기록휘편』의 이 문장[每根長二三丈]에서 『국조전고』, 『삼보정이집』, 『설집』 모두 '장(長)'자 앞에 '가(可)'자를 보여 주므로, 이에 따라 보충하는 것이 맞다. 이는 『서양번국지』에서 "甘蔗長二三丈"이라고 한 문장에서 확인할 수 있다.

229 '독(獨)'자는 『국조전고』에 '유(惟)'자로, 『삼보정이집』, 『설집』, 『담생당』본에는 '지(只)'자로 되어 있다.

230 이상 풍승균 씨의 교감 주석에는 어디에 근거하여 고쳤는지를 빠뜨렸다. 과일의 구성이 필사본마다 좀 다르다. 이 교정에 해당하는 『기록휘편』 원문[果有芭蕉子・椰子・甘蔗・石榴・蓮房・蛬吉柿・西瓜・郎扱之類]은 『국조전고』에는 "菓有芭蕉子・椰子・甘蔗・蓮蓬・西瓜・〇吉柿, 肉四塊…"라고 하며 망길시 이후 많은 빠진 문장이 있다. 『삼보정이집』에는 "果有芭蕉子・椰子・甘蔗・石蓮・莽吉柿・郎扱之類"로, 『설집』에는 "果有芭蕉子・甘蔗・石榴・蓮房・**蜜橘柿**・郎扱之類"로, 『담생당』본에는 "菓有芭蕉・甘蔗・石榴・蓮房・西瓜・**蜜橘柿**・郎吸之類"로 되어 있다. 이로써 볼 때 『기록휘편』본이 모든 종류의 과일들을 충분히 열거하고 있음을 알 수 있다. '망길시'의 '망'자는 『기록휘편』 원문에 '공(蛬)'자로 되어 있고, 『국조전고』의 글자는 읽을 수 없으며, 『설집』과 『담생당』본에는 '망길시'가 '밀귤시(蜜橘柿)'로 되어 있다. 다만 『삼보정이집』에만 '망길시(莽吉柿)'로 정확한 표기를 보여 주고 있다. 이 과일에 관하여 록힐은 「14세기 중국과 인도양 연안, 동부 열도와의 무역 관계에 관한 주석」(245쪽)에서 "연방밀시(蓮房蜜柿)"로 붙여 읽고, '연방밀(蓮房蜜)'을 'persimmons'라고 번역했다. 당연히 '연방'과 '밀시'로 끊어 읽어야 한다. 밀시(蜜柿)에 대하여 펠리오 씨는 다음과 같이 설명하고 있다. "『기록휘편』에서는 망(蟒)자의 속자로 보이는 '蛬'으로 인쇄되었다. 게다가 마환은 순수하게 감(plaqueminier)을 의미하는 '시(柿)'자로, 그것이 음역한 것이든, 엄격하게 말해서 '망기라는 감'을 의미하는 것으로 이해하도록 잘못 분석한 것이든, 'manggis'의 마지막 음을 옮겼다. 장승은 마지막의 '시(柿)'자를 그대로 쓰고 있고, '밀(蜜)'자는 과일의 감미로움을 연상시키기 위한 것이거나 마환이 쓴 '망(莽)'자와 서법상 혼동에 의한 것

② ['망(莽)'자는] 『기록휘편』에는 '공(蛬)'자로 되어 있어 고쳤다.

③ 망길시(莽吉柿)는 자바어로 망기스(manggis)로, 바로 산죽과(山竹果) 나무(mangostine) 이다.[231]

④ ['내(內)'자는] 『기록휘편』에는 '육(肉)'자로 잘못되어 고쳤다.

⑤ '유백육(有白肉)'은 『기록휘편』에 '백피육(白皮肉)'으로 되어 있어 고쳤다.[232]

⑥ 낭삽(郎扱)은 자바어 랑삽(langsap)의 음역어로 바로 면수(麵樹, jaquier)이다.[233]

⑦ 『기록휘편』에는 '파(把)'자로 잘못되어 고쳤다.[234]

2-17. 나라 사람의 식생활

나라 사람들이 앉거나 누울 때 침대나 걸상이 없고, 음식을 먹을 때에는 수저가 없다. 남자 여자들은 빈랑(檳榔), 부엽(荖葉)[235]을 이회(蜊灰)[236]와 섞어

일 수 있다. 수마트라(아체) 조목에서 마환은 다시 '망길시(莽吉柿)'라고 했지만[7-6], 이번에 장승은 '길상의 감'이라는 의미가 있는 '길시(吉柿)'로 약칭했다. '길시(吉柿)' 또는 '밀시(蜜柿)'란 명칭은 중국에 유입되지 않았고, 마환의 망길시 이외에는 어디에도 보이지 않는다." 펠리오, 「15세기 초 중국의 대항해」, 『통보(通報)』, Vol. 30, 1933, 365~366쪽.

231 '망길시(莽吉柿)'는 『설집』과 『담생당』본에 '밀귤시(蜜橘柿)'로 되어 있다. 앞의 주석을 참고하시오.

232 이 교정에 해당하는 『기록휘편』 원문[皮肉如橘囊樣, 白皮肉四塊]을 풍승균 씨가 무엇에 근거하여 두 번째 문장을 "有白肉四塊"로 고쳤는지 밝히지 않았다. 『삼보정이집』에는 "皮厚, 內有橘囊樣白肉四塊"로, 『설집』에는 "皮厚, 內有橘囊樣白肉三塊"로 『담생당』본에는 "內橘囊樣白肉三塊"로 되어 있다. 『설집』과 『담생당』본에는 '橘囊樣'과 '白肉' 사이에 망길시의 설명을 빼먹고, 곧바로 뒤에 나오는 '낭삽'의 설명으로 이어 가고 있다. 따라서 여기 풍승균 씨의 교정문은 『삼보정이집』에 따라 고쳐야 할 것이다.

233 풍승균 씨의 이 주석은 펠리오의 설명을 따르고 있다. "면수(麵樹, jaquier)를 마환은 '낭삽(郎扱)'이라 불렀다[황성증의 책에는 '낭판(郎板)'으로 되어 있음]. 이미 흐루너펠트 씨는 이것이 자바어 '랑삽(langsap)'이라고 알고 있었다(록힐은 245쪽에서 'langsat'라고 했음). 아마도 원본에 비추어 볼 때 마환은 '삽(趿)'자로 썼을 것이다. 아니면 '삽(扱)'자는 '삽(趿)'자처럼 고음(古音)에서 [p]음을 가지고 있었을 수 있다. 그리고 남방의 방언 중에 이러한 고음을 가지고 있었다면, 이 음역은 예를 들어 자바에 정착한 광동 사람들이 채택한 철자법과 상응한다는 단서가 될 수 있다"라고 하였다. 펠리오, 「15세기 초 중국의 대항해」, 367쪽. 만명 씨는 이러한 설명에 근거하여 "'낭삽'은 인도, 말레이어 랑사트(Langsat)에 대응하는 말로, 낭색과(榔色果, Lansium domesticum)이다. 맛이 시고 외피는 비파와 닮은 모양이다"라고 설명했다(만명, 『명초본영애승람교주』, 22쪽).

234 '파(杷)'자에 관하여 풍승균 씨가 밝히지 않은 교정 근거는 『국조전고』일 것이다. 『삼보정이집』에도 '파(杷)'자를 확인할 수 있다.

입에서 떼지 않는다. 밥을 먹고 싶을 때는 물로 입안의 빈랑 찌꺼기를 헹궈 내고, 두 손을 깨끗하게 씻고 빙 둘러앉아 쟁반에 밥을 가득 채운 다음, 소유(酥油)를 끓인 즙에 적셔 손으로 밥을 뭉쳐 입에 넣어 먹는다. 갈증이 나면 물을 마시고, 손님이 오거나 갈 때는 차를 대접하지 않고 빈랑을 대접하는 것에 그친다.

國人坐臥無床凳, 吃食無匙筯,[237] 男婦以檳榔·荖葉聚蜃灰不絕口,[238] 欲吃飯時, 先將水嗽出口中檳榔渣,[239] 就洗兩手幹淨, 圍坐,[240] 用盤滿盛其飯, 澆酥油湯汁,[241] 以手撮入口中而食, 若渴則飲水.[242] 遇賓客往來無茶,[243] 止以檳榔待之.

235 '부엽(荖葉)'에 관한 자세한 설명은 1-7의 주석을 참고하시오.

236 이회(蜃灰)란 어떤 조개인지는 밝혀지지 않았으나 조갯가루를 뜻하는데, 힌두어와 말레이어로 '추남(chunam)'이라 한다. 자세한 것은 율(Yule), 『영국-인도 용어사전』, 218~219쪽과 『통보』, 1931, 438쪽을 참고하시오.

237 '흘식(吃食, 밥을 먹다)'은 『국조전고』에 '끽식(喫食)'으로, 『삼보정이집』에는 '식반(食飯)'으로, 『설집』에는 '흘반(吃飯)'으로, 『담생당』본에는 '끽반(喫飯)'으로 되어 있다.

238 『기록휘편』의 이 문장[男婦以檳榔·荖葉聚蜃灰不絕口]은 『국조전고』에 "남편과 부인들은 빈랑을 부엽으로 참조개 껍질 가루를 싸서 입에서 떼지 않고 먹는다(其男婦以檳榔用荖葉裹蜊殼灰不絕其口而食)"라고 되어 있다. 『삼보정이집』에는 "男婦以檳榔荖葉裹蜊灰不絕於口"라고 하였고, 『설집』과 『담생당』본에는 "男婦以檳榔葉·羌果蜊灰不絕於口"라고 되어 있다. 여기 『설집』과 『담생당』본의 '강과(羌果)'는 '과(裹)'자를 잘못 필사한 것으로 보인다. 따라서 『기록휘편』의 '취(聚)'자는 '과(裹)'자로 고치는 것이 맞다. 이 정보는 『서양번국지』에 보이지 않는다.

239 '사(渣, 찌꺼기)'자는 의미상으로는 정확하지만 『국조전고』, 『삼보정이집』, 『설집』, 『담생당』본 어디에도 보이지 않는다. 이에 따라 삭제하는 것이 맞다.

240 '위좌(圍坐)'는 『국조전고』, 『삼보정이집』, 『설집』, 『담생당』본 모두 '단좌(團坐)'로 되어 있으므로, 『기록휘편』의 '위(圍)'자는 '단(團)'자로 바꾼다. 이 두 글자의 혼용은 본서 여러 곳에 보인다.

241 '탕(湯)'자는 『삼보정이집』, 『설집』, 『담생당』본에는 보이지 않는다. 여기 식사하는 방법을 기술하고 있는 앞뒤의 세 문장[用盤滿盛其飯, 澆酥油湯汁, 以手撮入口中而食]은 해석하기 몹시 곤란하다. 바로 이 "澆酥油湯汁"이라고 한 말이 앞뒤와 연결되지 않는다. 『영애승람』과 거의 비슷한 문장을 보여 주는 공진(鞏珍)의 『서양번국지』에 보면, "밥은 쟁반에 담아, 수즙(酥汁, 덩어리로 굳히지 않은 연유)을 적어 손으로 뭉쳐 먹는다(飯用盤盛, 沃以酥汁, 手撮而食)"라고 하였다(상달, 『서양번국지』, 8쪽). '요(澆)'자와 '옥(沃)'자는 민남(閩南) 샤먼 발음으로 [ak] 또는 [u]로 발음이 같다. 따라서 여기서는 『서양번국지』의 '옥'자가 가진 '담그다' '적시다'는 의미를 따르는 것이 문맥에 훨씬 유리하다. 따라서 '요(澆)'자는 '옥(沃)'자로 대체한다.

2-18. 나라 사람들의 구성과 토착민의 생활

나라에는 세 부류의 사람이 있다. 한 부류는 회회인(回回人)[244]으로, 모두 서쪽 각 나라에서 장사하러 왔다가 이곳으로 흘러들어 왔다. 의식(衣食) 등 여러 일이 모두 정결하고 조심스럽다. 한 부류는 중국인[唐人][245]인데, 모두 광동, 장주(漳州), 천주(泉州) 등에서 도망 나와 여기에 사는 사람들로, 음식과 용품 또한, 훌륭하고 정결하며, 대부분 이슬람교에 따라 계를 받고 재계(齋戒)하는 자가 많다. 한 부류는 토착민으로 용모가 매우 추하고 이상한데, 원숭이 머리에 맨발로 다니고, 마교(魔教)를 숭배한다. 불경에서 "귀신 나라, 그 안에[鬼國其中]"라고 했는데, 바로 이곳이다. [그] 사람들이 먹는 것은

242 『기록휘편』의 이 문장[若渴則飲水]은 『국조전고』와 일치하지만, 『삼보정이집』에서는 "若渴則飲凉水"로, 『설집』과 『담생당』본에서는 "渴飲凉水"로 되어 있다. 『서양번국지』에 이 정보는 보이지 않는다. 갈증이 나면 물을 마시는 것은 당연한 이치이므로, 이를 기록했을 것 같지 않다. 아무래도 '양(凉)'자를 추가하는 편이 맞을 것이다.

243 『기록휘편』의 이 문장[遇賓客往來無茶]에서 '우(遇)'자는 『국조전고』에도 확인되지만, 『삼보정이집』, 『설집』, 『담생당』본에는 보이지 않는다. 덧붙여진 것으로 보이므로 삭제하는 것이 문맥에는 유리하다.

244 회회(回回)는 이슬람교를 신봉하는 민족이나 나라를 지칭하는데, 왜 '회(回)'자를 부여했는지는 알려지지 않았다. 이 명칭은 11세기 송나라 심괄(沈括) 『몽계필담(夢溪筆談)』(사고전서본, 권5, 8a)에서 회흘(回鶻) 또는 회흘(回紇)을 지칭하는 표현으로 쓰였다. 심괄의 회흘은 위구르 민족이나 나라를 지칭하는 말이다. 9세기의 위구르는 이슬람교, 마니교, 네스토리우스교, 기독교, 유대교가 혼재하고 있었으므로, 회회-회홀-회흘이 이슬람교도나 나라에 대한 지칭이 아니라, 하나의 범칭(泛稱)이었다. 원나라 시기에 이들은 색목인(色目人)으로 분류되면서 '회회'로 특정되었고, 회회인(回回人), 회회법(回回法), 회회사(回回寺), 회회교(回回教) 등의 표현과 함께 이슬람교도나 국가를 특정하는 용어로 굳혀졌다. 명나라 청나라 시기에 이르러서도 지역적 범위는 넓혀졌지만, 지칭의 대상에는 큰 변화가 없었다. 따라서 일반적으로 '회회(回回)'가 아랍인, 또는 이슬람교에 대한 지칭으로 이해할 수 있지만, 사실 이 '회회'라는 용어는 서방의 외래 종교, 민족, 나라에 구분 없이 사용되었다. 마환이 말하는 '회회'는 확실히 이슬람교도나 나라를 지칭하는 것임에는 분명하다. 밀스는(93쪽) 셈어(Semitic)의 "khwei"(형제)를 어원으로 보는 것 같다. 마환의 시대(1433년)에 정치력은 없었지만, 이슬람교도들은 1500년 이전에 자바의 항구들을 어느 정도 장악했고 이어 해안의 무슬림 지배자들은 1513~1528년 사이에 힌두교도 자바인들의 마자파힛을 파괴했다.

245 당인(唐人)은 중국인을 일반적으로 지칭하는 명사로 사용된 것으로 보이는데, 실제 당나라 사람들일 수도 있다. 그러나 믿을 만한 기록으로는 그 근거를 찾지 못했다.

매우 더럽고 혐오스러운데, 뱀, 개미와 여러 벌레, 구더기 같은 것들을 대충 불로 구워 살짝 익으면 곧바로 먹는다.[246] 가축 중에 개는 사람과 같은 그릇에 먹고, 밤에는 함께 자며 거의 거리낌이 없다.

國有三等人. 一等回回人,① 皆是西番各國爲商②流落此地, 衣食諸事皆清致.[247] 一等唐人, 皆是廣東·漳·泉等處人竄居是地,[248] 食用亦美潔,[249] 多有從回回教門受戒持③齋者. 一等土人, 形貌甚醜異,[250] 猱④頭赤脚, 崇信鬼教, 佛書言鬼國其中, 卽此地也.[251] 人吃食甚是穢惡, 如蛇蟻及諸蟲蚓之類,[252] 略以火燒微⑤熟便吃. 家畜

246 이러한 풍습에 관하여, 밀스 씨의 설명에 따르면, "마줌달(Majumdar)은 이러한 묘사는 원시 부족들에게 가능한 말로, 힌두교의 문화와 문명과는 거리가 먼 것으로 생각했다. 마환은 지도자, 귀족 그리고 지방 공동체들 사이에 사회 정치적인 구분이 있는 정교한 시스템을 갖춘 전통 인도네시아 사회에 대한 지식이 없었던 것 같다"라고 하였다(밀스, 『영애승람역주』, 93쪽).

247 이상 '회회인'에 관한 설명은 『설집』과 『담생당』본에는 빠져 있다.

248 "이곳에 숨어 산다(竄居是地)"의 '시(是)'자는 『국조전고』, 『삼보정이집』, 『설집』, 『담생당』본, 그리고 『서양번국지』에 모두 '차(此)'자로 되어 있으므로, 의미는 같지만 이에 따라 고치는 것이 좋겠다.

249 『기록휘편』의 이 문장[食用亦美潔]은 『국조전고』에 "일상생활 또한 각기 아름답고 깨끗하다(行用亦各美潔)"라고 되어 있고, 『삼보정이집』에는 "일상생활은 훌륭하고 깨끗하다(日用美潔)"라고 했으며, 『설집』과 『담생당』본에는 "일상생활 모두 아름답고 깨끗하다(日用之間皆美潔)"라고 되어 있다. 이로써 『기록휘편』본의 '식(食)'자는 '일(日)'자로 바꾸는 것이 좋겠다. 이는 『서양번국지』에서 "日用飮酒清潔"이라고 한 문장에서 확인된다.

250 『기록휘편』의 이 문장[形貌甚醜異]에서 '이(異)'자는 『국조전고』, 『삼보정이집』, 『설집』, 『담생당』본, 그리고 『서양번국지』 모두에 '흑(黑)'자로 되어 있다. 이에 따라 고친다.

251 이상 두 문장[佛書言鬼國其中, 卽此地也]은 비신의 『성사승람』에는 아래 건국 설화를 설명하는 항목(2-19)에 들어가 있다. '귀국기중(鬼國其中)'을 해석하기 어렵다. 이를 운운한 불경은 바로 『묘법연화경(妙法蓮華經)』을 말하는 것으로 보인다. 권7에 "무수히 많은 사람이, 금, 은, 유리, 차거(車渠), 마노, 산호, 호박, 진주 등의 보석을 얻으려고 대해에 들어갔을 때, 폭풍[黑風]이 선박에 불어 닥쳐, 나찰(羅刹)의 귀신 나라[鬼國]에 표류하게 되더라도 그중에 단 한 사람이라도 관세음보살의 이름을 부르는 자가 있으면 많은 사람이 모두 나찰의 재난에서 벗어날 수 있다(若有百千萬億衆生, 爲求金·銀·琉璃·車磲·馬瑙·珊瑚·虎珀·眞珠等寶, 入於大海, 假使黑風吹其舩舫, 飄墮羅刹鬼國, 其中若有, 乃至一人, 稱觀世音菩薩名者, 是諸人等皆得解脫羅刹之難)"라고 하였는데, 중간에 "飄墮羅刹**鬼國, 其中**若有, 乃至一人"이라는 문장일 것이다. 따라서 마환의 문장은 "불경에서 '귀국(鬼國)에 [떨어졌을 때], 그중에'라고 했는데, 바로 이 나라이다"라고 읽어야 할 것 같다. 이는 비신의 『성사승람』(천일각본)에 "佛書所云鬼國, 其中只此地也"라고 한 문장으로 근거 삼을 수 있다.

252 이 문장[如蛇蟻及諸蟲蚓之類]은 『삼보정이집』에만 '如蟲蟻之類'로 되어 있다.

之⑥犬, 與人同器⑦而食, 夜則共寢, 略⑧無忌憚.

① '인(人)'자는 『기록휘편』에 빠져 있어 『승조유사』본과 『서양조공전록』에 따라 보충했다.[253]

② 이상 네 글자[各國爲商]는 『국조전고』본에 따라 보충했다.[254]

③ ['지(持)'자는] 『승조유사』본에 '파(把)'자로 되어 있다.[255]

④ ['노(猱)'자는] 『기록휘편』에 '유(揉)'자로 잘못되어 『승조유사』본과 『서양조공전록』에 따라 고쳤다.[256]

⑤ ['미(微)'자는] 『기록휘편』에 '징(徵)'자로 잘못되어 『승조유사』본에 따라 고쳤다.[257]

⑥ '지(之)'자는 『기록휘편』에 빠져 있어 『승조유사』본에 따라 보충했다.[258]

253 '인(人)'자는 『국조전고』, 『삼보정이집』에서 확인할 수 있다.

254 이 교정에 해당하는 『기록휘편』 원문[皆是西番流落此地]은 『국조전고』에 "모두 서쪽 오랑캐 각 나라에서 장사하다가 이곳으로 흘러들어 온 사람들로(皆是西番各國爲商流落此地)"라고 하며, '각국위상(各國爲商)' 네 글자가 더 들어 있고, 이 네 글자는 『삼보정이집』에 '各爲商' 세 글자로 되어 있다. 따라서 풍승균 씨가 보완한 교정문은 타당하다.

255 풍승균 씨가 빠뜨린 교정사항으로, '종(從)'자는 『국조전고』, 『삼보정이집』, 『설집』, 『담생당』본 모두에 '귀종(歸從)'으로 되어 있으므로, 이에 따라 '귀(歸)'자를 보충하는 것이 맞다.

256 '노(猱)'자는 『기록휘편』 원문에 '유(揉)'로 되어 있는 것을 풍승균 씨가 『승조유사』본과 『서양조공전록』에 따라 고친 것이다. 『국조전고』와 『삼보정이집』에도 '노[유|요](猱)'자로 되어 있고, 『서양번국지』에도 정확히 '노(猱)'자를 사용하고 있다. 밀스 씨는 이 '노(猱)'자를 'tousled(헝클어진)'라는 의미로 번역했다(영애승람역주, 93쪽). 이 의미는 '유(揉, 뒤섞다)'자와 통용할 때 가지는 뜻이다. 최근 프랑스 학자 르네 로씨(René Rossi)도 풍승균 씨의 교정문에 따라 역주하면서 역시 밀스 씨의 번역을 따랐다(『Ying-yai Sheng-lan』, 파리, 2018, 83쪽). 한편 비신은 신촌(新村, 그레식)의 남자들을 설명하면서 '猱頭'라는 표현을 사용하고 있다. 풍승균 씨가 교주한 나이지본(『성사승람교주』, 전집, 14쪽), 『국조전고』, 『고금설해』본에는 모두 '노(猱)'자로 되어 있지만, 천일각본 『성사승람』에서는 '유두(揉頭)'로 되어 있다. 두 글자는 얼마든지 혼동할 여지가 많다. '노두(猱頭)'를 '원숭이 머리'로 번역하지 않고 '헝클어진 머리'로 읽고 싶다면 '유두(揉頭)'로 교정하는 편이 타당하다. 다수의 사본이 '노두(猱頭)'라고 표기하고 있더라도, 여기 '유'자는 곧은 것을 굽힌다는 의미로도 쓰이고, 앞 문장에서 추하고 검다[醜黑]는 표현이 보이므로, '유두(揉頭)'란 흑인들의 곱슬머리를 표현했을지도 모른다. 역자는 '유두'를 따르고 싶다. 『설집』과 『담생당』본에는 이 글자가 빠져 있다.

257 '미(微)'자는 『국조전고』, 『삼보정이집』, 『설집』, 『담생당』본 모두 같은 글자를 보여 준다.

258 이 교정에 해당하는 『기록휘편』 원문[가축 개(家畜犬)]은 『국조전고』와 『삼보정이집』에 '家畜其犬'으로, 『설집』, 『담생당』본에는 '가축과 개들(家畜竝犬)'로 되어 있다. 여기서는 『설집』과 『담생당』본을 따르는 것이 문맥에 유리하다. 풍승균 씨가 『승조유사』본에 따라 교정한 문장[家畜之犬]은 『서양번국

⑦ ['기(器)'자는] 『기록휘편』에 '품(品)'자로 잘못되어 『승조유사』본에 따라 고쳤다.[259]

⑧ ['약(略)'자는] 『기록휘편』에 '첨(甜)'자로 잘못되어 『승조유사』본에 따라 고쳤다.[260]

2-19. 건국 설화

옛 전설에 귀자마왕(鬼子魔王)[261]은 푸른 얼굴, 붉은 몸에 붉은 털이 있는데, 바로 이곳에서 어떤 망상(罔象)[262]과 서로 합해 자식 1백여 명을 낳아 놓고, 언제나 피를 빨아 먹고 [제 자식들을] 먹이니, 사람이 많이 잡아먹혔다. 어느 날 갑자기 천둥 번개가 바위를 갈랐는데, 그 속에 한 사람이 앉아 있었다. 사람들이 모두 기이하게 여겼고, 급기야 그를 왕으로 추대했다.[263] 곧바

지』와 일치한다.

259 '기(器)'자는 『국조전고』, 『삼보정이집』, 『설집』, 『담생당』본 모두 일치한다.

260 풍승균 씨가 『승조유사』본에 따라 고친 '약(略)'자는 『국조전고』, 『삼보정이집』, 『설집』, 『담생당』본 모두에 '념(恬)'자로 되어 있다. 『기록휘편』의 '첨(甜)'자는 이 글자[恬]를 잘못 필사한 것으로 추정한다.

261 귀자마왕(鬼子魔王)은 인도의 귀자모신(鬼子母神), 하라티(Hārītī) 이야기와 비슷하여 붙여진 명칭일 것이다. 이는 비신의 『성사승람』(천일각본)에는 '귀자모천(鬼子母天)'으로 기술하고 있는 것으로 짐작할 수 있다. 천(天)은 신(神)의 뜻이고, 마환이 '왕(王)'이라 한 것은 건국 신화와 관련되어 있기 때문일 것이다. 당나라 의정(義淨)이 710년에 한역(漢譯)한 『근본설일체유부비나야잡사(根本說一切有部毘奈耶雜事)』, 권31에 보이는 이야기에 따르면, 부처가 왕사성(王舍城) 죽림원(竹林園)에 있을 때, 사다(娑多)라는 야차(夜叉)가 건타라국(健陀羅國)의 반차라(半遮羅)라는 야차와 투합하여 향후 자식이 생기면 사돈을 맺기로 약속한다. 사다 야차는 환희(歡喜)라는 딸을 낳았고, 반차라 야차는 반지가(半支迦)를 낳았다. 사다 야차의 딸 환희는 왕사성에 태어나는 아이들을 모두 잡아먹겠다는 서원을 세우고 반차라 야차의 아들 반지가와 혼인하여 5백 명의 자식을 둔다. 환희가 자신의 원대로 왕사성의 아이들을 잡아먹게 되자, 나라에는 재앙이 발생했고, 환희는 '하리저약차녀(訶利底藥叉女)'라는 악명을 떨쳤다. 이러한 재앙에 부처는 환희가 아끼는 막내 아이 애아(愛兒)를 발우 속에 감추었다. 애타게 찾아 나선 환희에게 부처는 "하리저야, 오백 명의 자식 중에 한 자식을 보지 못하는데도 이렇게 고통스러운데 하물며 다른 사람의 한 자식을 네가 훔쳐 먹었으니 그 고통이 어떠하겠는가(訶利底, 五百子中不見一兒受如是苦, 況他一子汝偷取食, 此苦如何)"라는 물음에 환희는 깨우치고 불법을 받았다고 한다. 인도의 이 불교 설화는 확실히 자바의 건국 신화로 변형되었다. 이로써 자바에서 인도불교의 영향력이 15세기 초까지도 여전히 남아 있었음을 알 수 있다.

262 망상(罔象), 즉 괴물이란 뜻으로 『국어(國語)·노어(魯語)하』에 계환자(季桓子)가 우물을 파다가 괴물을 보고 공구(孔丘)에게 물으니 공구가 말하기를 물에 사는 괴물은 용과 망상이라 했다는 이야기가 보인다.

로 정예 병사들에게 망상의 무리를 쫓아내 해를 끼치지 못하도록 한 뒤에야 백성이 회복되고 안정되었다. 그래서 지금 사람들은 사납고 강한 사람을 좋아한다.[264]

舊傳鬼子魔王靑面紅身赤髮,[265] 正①于此地與一罔象相合, 而生子百餘, 常啖血爲

263 『도이지략』 조와 조목에는 "옛 전설에 국왕은 천둥과 벼락을 맞아 바위에서 나왔다(舊傳國王係雷震石中而出)"라고 했는데(『도이지략역주』, 209~210쪽), 이는 또한 남송말 진원정(陳元靚)의 『사림광기(事林廣記)』 대사바(大闍婆) 조목에 "옛 전설에 국왕은 천둥과 벼락을 맞아 갈라진 바위에서 나온 사람으로 이후 자립하여 왕이 되었는데, 그 자손이 아직 남아 있다(舊傳國王係雷震石裂, 有一人出, 後立爲王, 其子孫尙存)"라고 한 것까지 거슬러 올라갈 수 있다. 이 전설은 이후 윤색되고 가필되었다. 예를 들어, 명나라 말기와 청나라 초기에 활동한 시인이자 희곡가였던 우통(尤侗, 1618~1704)은 「외국죽지사(外國竹枝詞)」(『소대총서(昭代叢書)』본) 100수 중, 제8수인 조와(爪哇)의 첫 구에 "부족 전설에 망상이 원숭이로 변했다고 한다(種傳罔象變獼猴)"라고 하였다. 이어서 그 주에, "귀모(鬼母)가 망상(罔象)과 교합하여 자식 1백여 명을 낳아 사람을 잡아먹었다. 어느 날 번개와 천둥이 돌을 갈랐는데, 그 속에 한 사람이 태어나 사람들이 기이하다 여겼다. 마침내 나라 주인이 되어, 군대를 거느리고 가서 한 마을의 흉악한 남녀들을 몰아냈다. 어떤 기이한 승려가 물을 떠서 그들에게 뿜자, 모두 원숭이로 변했는데, 오로지 한 노파만 변하지 않고, 늙은 원숭이를 따라다니면서, '후왕', '후부인'이라 칭했다(鬼母與罔象合, 生子百餘, 嘗食人. 忽雷震石裂, 中生一人, 衆異之. 遂爲國主, 領兵驅滅. 一村男女兇惡, 有異僧取水噀之, 化爲獼猴, 獨一老嫗不化, 隨老猴爲侶, 稱猴王・猴夫人)"라고 하였다. 이는 앞서 본 수라바야의 원숭이에 관한 미신[2-11]을 여기 귀자마왕(鬼子魔王)의 전설과 뒤섞어 연결한 이야기이다. 꾸며진 이 이야기는 우리나라 이규경(李圭景, 1788~1856)의 『오주연문장전산고(五洲衍文長箋散稿)』에 실린 「서유진전에 말한 오지 석후에 대한 변증설(西游眞詮五指石猴辨證說)」에도 그대로 인용되었다.

264 이 이야기는 록힐(W. W. Rockhill)에 따르면, 아지 사카(Aji Saka, 78년)의 자바 정복과 락샤(rakshas: 악마 숭배자들)와의 싸움을 언급한 것으로 추정했다(「14세기 중국과 인도양 연안, 동부 열도와의 무역관계에 관한 주석」, 『통보』, 237쪽). 이 이야기는 『성사승람』 조와 조목에 가장 상세하다. "옛날 전설에 귀자마천이 이곳에 있었다. 얼굴은 푸르고, 몸은 붉으며 빨간 머리카락을 가진 망상(罔象)과 교합하여 자식을 1백여 명을 낳았는데 항상 다른 사람의 피와 살을 먹였다. 불경에서 말하는 귀국(鬼國)이 바로 이곳이다. [나라의] 사람들이 거의 다 잡아먹혔을 때, 갑자기 천둥 번개가 치더니 바위가 갈라지고 그 속에서 한 사람이 앉아 있었다. 사람들이 기이한 일로 여기며 나라의 주인으로 삼았다. 곧바로 [그는] 병사들을 이끌고 망상을 몰아내고 그 해악을 제거했다. 그 뒤에 백성들이 생겨나 편안히 생업에 종사했다. 지금까지도 나라에 남은 문서 뒤에는 1376년이라고 적혀 있었다. [그 나라의] 시작을 생각해 보니, 한나라 초기에서 시작하여 우리 왕조 선덕 7년(1432)까지 전해졌다(舊傳鬼子魔天, 正於此地, 與一罔象靑面紅身赤髮相合, 凡生子百餘, 常食啖人血肉. 佛書所云鬼國, 即此地也. 其中人被啖幾盡, 忽一日雷震石裂, 中坐一人, 衆稱異之, 遂爲國主, 即領兵驅逐罔象而不爲害. 後復生齒而安業, 乃至今國之移文後書一千三百七十六年. 考之肇啓漢初, 傳至我宣德七年)"라고 하였다(풍승균, 『성사승람교주』, 13쪽). 부록에 번역해 둔 자료를 참고하시오.

食,[266] 人多被食.[267] 忽一日雷震石裂, 中坐一人, 衆稱異之, 遂推爲王.② 卽令精兵驅逐罔象等衆而不爲害,[268] 後復生齒而安焉. 所以至今人好兇強.

① ['정(正)'자는] 『국조전고』본에 '지(止)'자로 되어 있다.[269]
② ['왕(王)'자는] 『승조유사』본에 '주(主)'자로 되어 있다.[270]

2-20. 죽창대회

연례 행사로 죽창(竹槍) 대회가 있다. 단 10월을 봄의 시작으로 삼는다.[271] 국왕은[272] 아내를 탑거(塔車)에 태워 앞에 가게 하고 자신은 다른 수레를 타

265 『기록휘편』의 이 문장[舊傳鬼子魔王青面紅身赤髮]은 『국조전고』에 "옛 전설에 푸른 얼굴, 붉은 몸뚱이, 붉은 머리털, 솟은 송곳니를 가진 귀자마왕이(舊傳鬼子魔王青面赤體, 紅髮撩牙)"라고 되어 있다. 『삼보정이집』, 『설집』, 『담생당』본은 『기록휘편』과 거의 일치하고 있다. 따라서 『국조전고』의 추가 정보인 '솟은 송곳니[撩牙]'는 반영하지 않는다.

266 『기록휘편』의 이 문장[常啖血爲食]은 『국조전고』 『삼보정이집』, 『설집』, 『담생당』본 모두 "常啖血食"으로 되어 있고, 『서양번국지』에도 "常啖食人"이라 하였으므로 『기록휘편』의 '위(爲)'자는 빼기로 한다.

267 '식(食)'자는 『국조전고』, 『삼보정이집』, 『설집』, 『담생당』본 모두 '담(啖)'자로 되어 있으므로, 이에 따라 고친다.

268 '영(令)'자는 『국조전고』, 『삼보정이집』, 『설집』, 『담생당』본 모두 '영(領)'자를 보여 주므로, 이에 따라 고친다.

269 '정(正)'자는 주당면의 『국조전고』, 『삼보정이집』, 『설집』, 『담생당』본 모두에 일치한다. 여기 귀자마천(鬼子魔天)의 설화에 대한 마환의 기술은 사실 비신의 『성사승람』에 전적으로 의지하고 있다(부록에 첨부한 번역문을 참고하시오). 『성사승람』 천일각본에는 이 '정(正)'자가 '왕(王)'자로 되어 있다. '정(正)'자를 '정(政)'의 의미로 읽어야 하므로, 왕 노릇을 한다는 의미인 '왕(王)'자가 오히려 더 정확할 수 있다.

270 '왕(王)'자는 『국조전고』, 『삼보정이집』, 『설집』, 『담생당』본 모두 '주(主)'자로 되어 있으므로 이에 따라 고친다. 마환은 '왕(王)'자보다는 '국주(國主)', '촌주(村主)'에서처럼 '주(主)'자를 쓰고 있으므로, 일치한 여러 사본들을 고칠 필요는 없을 것 같다. 참고로 『서양번국지』에는 '왕(王)'자로 되어 있다.

271 이에 대해 밀스 씨는 마환이 표현을 애매하게 했다고 하면서(94쪽), 마환이 말하고 싶은 것은 죽창대회는 초봄에 개최되는데, 중국에서처럼 정월달이 아니라 10월에 열린다는 말이라고 부연 설명을 하였다.

272 국왕(國王)과 관련하여, 밀스의 주석에 따르면(94쪽), 마환이 이 부분을 쓴 것은 비크라마바르다나(Vikramaverddhana) 왕이 죽은 1428년 이전에 썼음이 틀림없다. 왜냐하면, 그 이후는 그의 딸인 수히타(Suhita, 1429~46) 여왕이 계승했기 때문이라고 했다.

고 뒤에서 따라간다. 탑거(塔車)의 높이는 1장(丈) 남짓하고 사방에는 창이 있으며 아래에는 돌아가는 굴대가 있어 말이 앞에서 끌며 나아간다. 대회 장소에 이르면 양쪽에 대오를 지어 늘어서서, 각기 죽창 한 자루를 잡고 있다. 죽창에는 쇠로 만든 칼날은 없지만, [대나무를] 예리하게 깎아 매우 견고하고 날카롭다. 상대하는 남자들은 각각 아내와 노비들을 그곳으로 데려오는데, 각자의 아내는 3척(尺)의 짧은 나무 곤봉을 손에 들고 그 가운데 선다. 빠르거나 느린 북소리를 듣고 [그 소리를] 신호로 삼아 두 남자는 창을 들고 나아가, 세 번 부딪치며 창끝을 교차시킨다. 두 사람의 아내가 나무 곤봉을 들고 저지하며, "물러나시오. 물러나시오[那剌]"라고 하면 물러나 흩어진다. 설령 찔려 죽게 되더라도 왕은 승자에게 명하여 죽은 자의 식솔에게 금전(金錢)[273] 하나를 주게 하고, 죽은 자의 처는 이긴 남자를 따라가게 한다.[274] 이렇게 승부를 겨루며 놀이한다.

年例有一竹鎗會. 但以十月爲春①首. 國王令妻坐一塔車於前, 自坐一車於後. 其塔車高丈餘, 四面有窗, 下有轉軸, 以馬前拽而行. 至會所, 兩邊擺列隊伍,[275] 各執

273 이 금전(金錢)에 관하여 밀스 씨는(94쪽) 이 황금 주화가 중국의 것이 아닌 다른 나라의 금화로 보았다. 연관된 어떤 자료에서도 자바에서의 금화를 언급하고 있지 않았고 아직 발견되지도 않았다는 것을 근거로 들었다.

274 죽창대회에 관한 이야기는 『동서양고』, 권3, 하항(下港, 조와) 조목(교주본, 42쪽)에 대동소이하게 보이는데, 장섭(張燮)은 명나라 정백이(程百二)가 1610년 편찬한 『방여승략(方輿勝略)』에서 이 이야기를 인용했다. 그렇다면, 정백이가 마환이 기술한 바를 인용했다고 보는 것이 타당하다. 정백이는 다음과 같이 옮겨 두었다. "매년 10월마다 죽창대회가 있다. 그 나라 왕과 왕비가 각기 하나의 수레에 타고 대회 장소로 간다. 두 명의 남자를 짝을 지은 다음 각기 죽창을 들게 하고, 각각의 부인은 단봉을 쥐고 그들 옆에 서게 한다. 상대와 한 차례 대적하면, 각 부인은 단봉으로 그들을 떨어뜨리며, '나랄! 나랄!'이라고 하면 물러난다. 가령 창에 찔려 죽으면, 왕은 승자가 죽은 사람에게 금전 한 개를 주게 하고, 죽은 자의 아내는 승자를 따라가게 한다(每十月, 有竹槍會. 其國王及妃各乘一車至會所. 令男子二人爲偶, 各執竹槍, 妻各執短木, 列其旁. 及交敵一合, 妻各以短木隔之, 曰那剌那剌, 則退. 設中槍死, 王令勝者與死者金錢一個, 死者妻卽隨勝者而去)."

275 『기록휘편』의 이 문장[兩邊擺列隊伍]은 『국조전고』에 "兩邊擺下對手"로, 『삼보정이집』과 『설집』에는

竹鎗一根. 其竹鎗實心無鐵刃, 但削尖而甚堅利. 對手男子各攜妻奴在彼,[276] 各妻手執三尺短木棍立於其中. 聽鼓聲緊慢爲號, 二男子執鎗進步, 抵戳交鋒三合,[277] 二人之妻各持木棍格之,[278] 曰那剌那剌②則退散. 設被戳死,[279] 其王令勝者與死者家人金錢一箇, 死者之妻隨勝者男子而去. 如此勝負爲戲.

① ['춘(春)'자는] 『승조유사』본에 '세(歲)'자로 되어 있다.[280]

② '나랄(那剌)'은 자바어로 'larak'이다. 물러난다는 뜻이다.[281]

2-21. 혼례

혼인의 예는 남자가 먼저 여자 집에 가서 결혼하고 삼일 뒤에 그 부인을

"兩邊擺隊"로, 『담생당』본에는 "兩邊掛隊"로 되어 있다. 여기서는 『삼보정이집』과 『설집』본에 따라야 할 것으로 보인다. 여기에서도 『서양번국지』의 문장은 『기록휘편』과 일치한다.

276 '노(奴)'자는 『국조전고』, 『삼보정이집』, 『설집』, 『담생당』본 모두에 '나(拏)'자로 되어 있다. '처나(妻拏)'란 식솔들을 의미한다. 따라서 '나(拏)'자로 바꾸는 것이 맞다. 『서양번국지』에서도 '노(孥)'는 '나(拏)'자의 오기일 가능성이 크다.

277 막고 찌른다는 의미의 '저착(抵戳)'은 『국조전고』와 『삼보정이집』에 '부딪치다'는 뜻의 '저창(抵搶)'으로 되어 있다. 이어 나오는 교봉(交鋒)은 창끝을 교차시키는 것을 말하므로, 여기서는 『국조전고』와 『삼보정이집』에 따라 창을 세 번 부딪치며 창끝을 교차시킨다는 의미로 읽고자 한다. 이는 『서양번국지』에서 "남자들은 세 차례 창을 교차시킨다(男子交鎗旣三合)"라고 한 문장으로 확인된다. 한편 『설집』과 『담생당』본에는 이상 세 문장의 정보가 빠져 있다.

278 『기록휘편』의 이 문장[二人之妻各持木棍格之]에서 '격(格)'자는 『삼보정이집』, 『설집』, 『담생당』본, 그리고 『서양번국지』에서 일치하는 반면, 『국조전고』에만 '격(隔)'자로 되어 있는데, 여기의 '격(格)'자를 '막아서다'라는 의미로 읽으라는 정보를 제공하고 있다.

279 『기록휘편』의 이 문장[設被戳死]은 『국조전고』와 일치하지만, 『삼보정이집』, 『설집』, 『담생당』본에서는 "설령 그 한 사람을 찔러 죽여도(設被戳死其一)"라고 되어 있다.

280 '춘(春)'자는 『국조전고』, 『삼보정이집』, 『설집』, 『담생당』본, 그리고 『서양번국지』 모두에서 확인된다.

281 나랄(那剌)이란 흐루너펠트(Groeneveldt) 씨에 따르면, 자바어로 '라락(larak)'으로 의미는 물러나 흩어지는 것을 말한다고 했다. 당시(1887년경) 그 놀이는 '스네난(Senênan)'으로 불렸고, 약간의 변화가 있지만, 여전히 동부 자바에 남아 있다고 한다(『말레이반도와 말라카에 관한 주석(Notes on the Malay Archipelago and Malacca)』, 50쪽). '라락'으로 추정하는 흐루너펠트의 설은 록힐뿐만 아니라(243쪽), 풍승균, 상달, 사방, 만명 씨 모두에게 받아들여졌다.

맞이한다. 남자 집에서는 구리 북[銅鼓]과 구리 징[銅鑼]을 치고 야자 껍데기로 만든 악기[椰殼筒]를 불며, 그리고 죽통으로 만든 북[竹筒鼓]을 치고 아울러 폭죽을 쏘며, 앞뒤에서 단도와 둥근 방패로 에워싼다. 부인은 머리를 풀고 나체에 맨발로, 명주실로 짜 넣은 수건[絲嵌手巾]을 둘러매며, 목에는 황금 구슬을 연달아 이은 장식을 차고, 손목[腕][282]에는 금은보석으로 꾸민 팔찌를 찬다. 이웃의 친한 벗들이 빈랑, 부엽, 실로 꿴 화초 같은 것들로 채색한 배를 장식하여 짝을 지워 보내는 것을 축하의 예로 여긴다. 집에 이르면 징과 북을 치고 음주하며 풍악을 울리다가 며칠이 지나 해산한다.

其婚姻之禮, 則男子先至女家, 成親三日後①迎其婦. 男家則打銅鼓銅鑼, 吹椰殼筒, 及打竹筒鼓幷放火銃, 前後短刀團牌圍繞.② 其婦披髮裸體跣足, 圍繫絲③嵌手巾, 項④佩金珠聯絡⑤之飾, 腕帶金銀寶裝之鐲. 親朋鄰里以檳榔・荖葉・線⑥紉花草⑦之類, 粧飾彩船而伴送之,[283] 以爲賀喜之禮. 至家則鳴鑼擊⑧鼓, 飲酒作樂, 數日而散.

① '성친삼일후(成親三日後)' 아래에 『서양조공전록』에는 '男之父母'라는 네 글자가 더 있다.
② ['요(繞)'자는] 『기록휘편』에 '기(記)'자로 되어 있어 『승조유사』본에 따라 고쳤다.[284]
③ ['사(絲)'자는] 『기록휘편』에 '녹(綠)'자로 잘못되어 『승조유사』본과 『서양조공전록』에 따라 고쳤다.[285]

282 사실 '완(腕)'자는 팔목에만 국한된 것이 아니라 발목에도 적용된다. 따라서 발목에 발찌를 찼을 수도 있을 것이다.

283 '장식(粧飾)'은 『국조전고』에 '장성(粧成, 장식하여 만들다)'으로, 『삼보정이집』, 『설집』, 『담생당』본, 그리고 『서양번국지』에는 '장삽(裝揷, 꾸며 꽂다)'으로 되어 있다. 의미가 서로 비슷하므로, 『기록휘편』본을 그대로 따른다.

284 '요(繞)'자는 『국조전고』, 『삼보정이집』, 『설집』, 『담생당』본, 『서양번국지』 모두에서 확인된다.

④ ['항(項)'자는] 『기록휘편』에 '정(頂)'자로 되어 있어 『서양조공전록』에 따라 고쳤다.

⑤ ['낙(絡)'자는] 『기록휘편』에 '인(紉)'자로 되어 있어 『승조유사』본에 따라 고쳤다.[286]

⑥ ['선(線)'자는] 『서양조공전록』에 '사(絲)'자로 되어 있다.

⑦ ['화초(花草)'는] 『기록휘편』에 '초화(草花)'가 잘못 도치되어 『승조유사』본과 『서양조공전록』에 따라 고쳤다.[287]

⑧ '격(擊)'자는 『기록휘편』에 빠져 있어 『승조유사』본에 따라 보충했다.[288]

2-22. 장례

장례를 치르는 예는 만약 부모가 죽으려 하면, 아녀자에게 먼저 부모에게 죽은 뒤에 [시신을] 개에게 먹일까, 화장할까, 물에 버릴까를 묻게 한다. 그 부모가 원하는 것을 부탁하면 죽은 뒤에는 유언에서 결정한 대로 장송한다. 만약 개에게 먹이고자 하는 자는 시신을 해변이나 야외(野外)의 땅으

285 '사(絲)'자는 『국조전고』, 『삼보정이집』, 『설집』, 『담생당』본, 『서양번국지』 모두에서 확인된다.

286 이 교정에 해당하는 『기록휘편』 원문[頂佩金珠聯紉之飾]은 『삼보정이집』에도 일치하는 문장을 보여주고 있고, 『설집』과 『담생당』본에는 "頂風[佩]金珠聯納之飾"으로 되어 있다. 한편 『국조전고』에는 "項珮金珠聯紉之飾"으로 되어 있다. '항(項)'자와 '정(頂)'자의 혼동은 흔히 볼 수 있다. 예를 들어 나라 명제(明帝)가 부처에 관해 꾼 전설적인 꿈을 말할 때, 붓다가 목에 찬 후광을(項佩日光) 표현하면서 '항'자 대신에 '정'자를 쓰고 있다. 여기서는 당연히 신부는 목에 황금으로 세공한 목걸이를 찼다고 보는 것이 순조롭다. 한편 '연인(聯紉)'의 '인(紉)'자는 『방언(方言)』에서 "초나라에서 '속(續)'자를 '인'이라 한다"라고 하였으므로, 그 뜻을 취하면 '연인(聯紉)'은 연이어 잇는 것을 말한다. 이 뜻을 해결하지 못해 풍승균 씨는 『승조유사』본에 따라 '낙(絡, 잇다, 얽다)'자로 고쳤지만, 불필요한 교정이다.

287 이상 두 교정에 해당하는 『기록휘편』 원문[親朋鄰里以檳榔 · 荖葉 · 線紉草花之類]에서 '이웃하는 친한 벗들(親朋鄰里)'은 『삼보정이집』과 일치하지만, 『국조전고』에는 '친척, 이웃, 친구들(親隣朋友)'로 되어 있고, 『설집』과 『담생당』본에는 '친붕린우(親朋隣友)'로 잘못되어 있다. 여기서는 『국조전고』본을 따르는 것이 적절하다. '선인(線紉)'의 선(線)자는 『국조전고』에 '면(綿)'자로, 『삼보정이집』에는 '녹(綠)'과 『설집』과 『담생당』본에는 『기록휘편』과 마찬가지로 '선(線)'자로 되어 있다. 여기서는 당연히 '선(線)'자로 읽을 수밖에 없다. 한편 『기록휘편』에는 '초화(草花)'가 '화초(花草)'로 되어 있는데, 『국조전고』에도 마찬가지이다. 『삼보정이집』, 『설집』, 『담생당』본에는 '초화'로 되어 있다. 풍승균 씨처럼 반드시 고쳐야 하는 것은 아니다.

288 '격(擊)'자는 『국조전고』에만 보인다. 『삼보정이집』, 『설집』, 『담생당』본에도 빠져 있다. 따라서 풍승균 씨의 교정은 정확하다. 『서양번국지』에서 이 정보는 보이지 않는다.

로 들고 가면 수십 마리의 개들이 와서 시신을 먹게 되는데, 남기지 않고 다 먹어 치우는 것을 좋다고 생각한다. 만약 다 먹지 않으면 자녀들은 슬프게 부르짖고 통곡하며 남은 잔해를 바닷물에 버리고 간다. 또 부유한 사람, 두목, 존귀한 사람이 죽으려 하면, 수하의 가까운 하녀나 첩들[婢妾]이 먼저 주인에게 "죽으면 함께 가겠다"라고 맹세한다. 죽은 뒤, 널[棺]이 나가는 날에, 목탑고추(木搭高棰)하고, 아래는 땔나무 더미를 쌓아 불을 붙여 관을 태우는데, 불길이 성해질 때를 기다렸다가, 서원(誓願)했던 하녀나 첩 2~3인이 머리에는 온통 풀과 꽃을 두르고, 몸에는 오색의 꽃문양 수건을 걸치고 올라가 뛰며 한참을 울부짖다가 불 속으로 뛰어들어, 주인의 시신과 함께 타버리는데, 이를 순장(殉葬)의 예법으로 여긴다.[289]

凡喪葬之禮, 如有父母將死, 爲兒女者先問於父母,[290] 死後或犬食, 或火化, 或棄

289 1320년경 인도를 여행했던 프랑스 남부 출신의 도미니크회 수도사 요르다누스(Jordanus Catalanus de Séverac)는 자신의 여행기인 『신기한 것에 관하여(Mirabilia Descripta)』에서 소인도[신드(Sind, 인도 북서부)와 발루키스탄(Baloutchistan, 현 파키스탄)] 지역을 기술하면서, "인도의 이 지역에서는 귀족 또는 그 정도의 재산이 있는 사람이 죽으면 그 시신은 화장된다. 그때 망자(亡者)의 살아 있는 아내 역시 망자와 더불어 불 속으로 던져진다. 아내는 이승에서의 영예, 그리고 남편에 대한 사랑과 그의 영생을 위하여 망자와 함께 스스로 불에 뛰어든다. 마치 혼인하러 가는 것처럼 춤을 추며 불 속으로 들어간다. 사람들은 이런 행동을 한 사람을 가장 훌륭하고 완전한 사람으로 칭송한다. 놀랍게도 남자가 죽은 뒤 시신을 화장할 때 그를 위해 다섯 명의 여자가 불 속으로 들어가서 망자와 함께 죽은 광경을 나는 몇 차례나 직접 목격했다"(박용진 역주, 『신기한 것에 관한 서술』, 서울대학교출판문화원, 2020, 76~77쪽의 번역을 그대로 따름). 이에 앞서 마르코 폴로도 마아바르(Maabar, 인도 동남부의 코로만델 해안)에 관한 기술에서 "사람이 죽어 그의 시체를 태우고 나면 그의 아내는 그 불에 스스로 몸을 던져 남편과 함께 화장된다. 이렇게 하는 여인들은 사람들로부터 크게 칭송받는다. 사실 내가 말한 이런 것을 실제로 많은 부인이 행한다"(김호동 역주, 『동방견문록』, 448쪽의 번역을 그대로 따름)라고 하였다. 마르코 폴로와 요르다누스의 기술은 마환이 자바 왕국에서 목격한 것을 서술한 것과 거의 일치를 보인다. 이로부터 마환의 시대에 인도가 교역과 문화의 중심이었다는 점을 충분히 짐작해 볼 수 있다. 한편, 밀스에 따르면(96쪽), 남편을 화장할 때 아내를 함께 불에 태우는 것은 힌두교의 관습이었고 왕과 상류층의 사람들은 힌두교도였다. 그렇지만 마환은 그 종교에 대해서는 전혀 언급하지 않고 있다.

290 『기록휘편』의 이 문장[爲兒女者先問於父母]에서 '아(兒)'자는 『국조전고』, 『삼보정이집』, 『설집』, 『담생당』본 모두에 '자(子)'자로 되어 있고, 뒤에 나오는 문장에서 '자녀(子女)'를 읽을 수 있으므로 고치는

水.[291] 其父母隨心所願而囑之, 死後卽依遺言所斷送之.[292] 若欲犬食者, 卽擡其屍至海邊, 或野外地上,[293] 有犬十數來食盡屍肉, 無遺爲好.[294] 如食不盡, 子女悲號哭泣, 將遺骸棄水中而去.[295] 又有富人及頭目尊貴之人將死,① 則手下親厚婢妾先與主人誓曰, 死則同往.[296] 至死後出殯之日, 木搭高棰,② 下垛柴堆,[297] 縱火焚棺,③ 候焰盛之際,[298] 其原誓婢妾二三人,[299] 則滿頭帶草花,[300] 身披五色花手巾, 登跳號哭良久,[301] 攛下火內,[302] 同主屍焚化, 以④爲殉⑤葬之禮.

것이 좋겠다.

291 자식들이 부모가 죽기 전에 원하는 장례 방법에 관한 문장[死後或犬食, 或火化, 或棄水]은 『삼보정이집』에 완전히 빠져 있고, 『국조전고』에는 "죽은 뒤에 개들에게 먹이기를, 화장되기를, 바다에 던지기를 원하는가(死後或欲犬食, 或欲火化, 或欲投海)"라고 하며 『기록휘편』과 같은 방식을 제시하고 있다. 한편 『설집』과 『담생당』본에는 "死後或大鳥或犬或棄水中"라고 하였는데, 빠진 글자도 있고, 화장에 관한 정보는 들어 있지 않다. 따라서 『기록휘편』과 『국조전고』를 따르는 것이 맞다.

292 『기록휘편』의 이 문장[死後卽依遺言所斷送之]에서 '소단송지(所斷送之)'는 『국조전고』, 『설집』, 『담생당』본에는 '斷送之'로, 『삼보정이집』에만 '送之'로 되어 있다. 이로써 『기록휘편』의 '소(所)'자는 삭제하는 것이 맞다.

293 『기록휘편』의 이 문장[或野外地上]은 『설집』과 『담생당』본과 일치하는 반면, 『국조전고』에는 '或野地'로만 되어 있고, 『삼보정이집』과 『서양번국지』에는 '或野外'로 되어 있다. 따라서 『삼보정이집』에 따라 고치는 편이 문맥에 유리하다.

294 '유(遺)'자는 『국조전고』에 '잉(剩)'로, 『삼보정이집』, 『설집』, 『담생당』본에는 '여(餘)'자로 되어 있다. 모두 같은 의미의 글자들이다.

295 『기록휘편』의 이 문장[將遺骸棄水中而去]에서 '거(去)'자는 『국조전고』, 『삼보정이집』, 『설집』, 『담생당』본, 그리고 『서양번국지』 모두에 '귀(歸)'자로 되어 있으므로, 이에 따라 고치는 것이 맞다.

296 『기록휘편』의 이 문장[死則同往]은 『국조전고』에만 "죽으면 함께 가도록 허락해 주십시오(死則同往許之)"라는 두 글자가 덧붙여져 있다.

297 '하타시퇴(下垜柴堆)'는 『국조전고』에만 "아래에 땔나무를 설치하다(下架柴)"라고 되어 있다.

298 '후(候)'자는 『국조전고』에 같은 의미의 '사(俟)'자로 되어 있다. 『삼보정이집』에서만 앞에 '보(報)'자가 덧붙여져 있다.

299 『기록휘편』의 이 문장[其原誓婢妾二三人]은 『국조전고』에만 "원래 수락한 비첩 2~3인이(其原許同姓婢妾二三人)"라고 되어 있다.

300 '대(帶)'자 앞에 『국조전고』에는 '삽(揷)'자가 덧붙여져 있다.

301 '호곡(號哭)'은 『국조전고』에 '호곡(嚎哭)'으로, 『삼보정이집』, 『설집』, 『담생당』본에는 '호읍(號泣)'으로 되어 있다.

302 『기록휘편』의 이 문장[攛下火內]은 『삼보정이집』과 일치하지만, 『국조전고』에는 "攛入火內"라고 하였고, 『설집』과 『담생당』본에는 "攛下火"로 되어 있다. 한편 『서양번국지』에는 "마침내 불 속으로 몸을 던진다(遂投火中)"라고 되어 있다.

① 이 두 글자[將死]는 『기록휘편』에 빠져 있어 『승조유사』본에 따라 보충했다.[303]

② '목탑고추(木搭高棰)'는 『승조유사』본에 "관 위에 나무를 가설하고(架木棺上)"로 되어 있다.[304]

③ ['관(棺)'자는] 『기록휘편』에 '겁(极)'자로 되어 있어 『서양조공전록』에 따라 고쳤다.[305]

④ ['이(以)'자는] 『기록휘편』에 '차(此)'자로 되어 있어 『승조유사』본에 따라 고쳤다.[306]

⑤ ['순(殉)'자는] 『기록휘편』에 '빈(殯)'자로 되어 있어 『승조유사』본에 따라 고쳤다.

2-23. 통화

그곳에 사는 사람 중에는 잘사는 사람이 매우 많다. 매매 교역에는 중국의 역대 동전을 사용한다.[307]

303 '장사(將死)'는 『국조전고』, 『삼보정이집』, 『설집』, 『담생당』본, 『서양번국지』 모두에 보인다.

304 『기록휘편』의 이 문장[木搭高棰]은 『국조전고』에 "먼저 나무로 높은 시렁과 뛰는 판을 설치하고(則先以木搭高架跳板)"라고 되어 있고, 『삼보정이집』에는 "먼저 나무로 높이 뛰는 것을 설치하고(先以木搭高跳)"로, 『설집』과 『담생당』본에는 "먼저 나무로 시렁을 만들고(先以木搭爲棚)"라고 하였다. 먼저 『기록휘편』에는 '선이(先以)' 두 글자를 보충해야 한다. 또한 '탑(搭)'자는 '설치한다'라는 동사이므로, 목적어가 있어야 한다. 따라서 『기록휘편』의 '고추(高棰)'는 '고가(高架)' 또는 '고붕(高棚)'이 되어야 할 것으로 보인다. 풍승균 씨는 『기록휘편』을 저본으로 삼고, "木搭高棰"라고 옮겼는데, 마지막 글자 '추(棰)'자의 의미를 파악하기가 쉽지 않다. 이 문장을 흐루너펠트(W.P. Groeneveldt)는 "높다란 나무 발판을 세운다"라고 번역하였다(『말레이반도와 말라카에 관한 주석(Notes on the Malay Archipelago and Malacca)』, 52쪽). 밀스 씨는 풍승균의 '추(棰)'자에 대한 뾰족한 대답을 제시하지는 못했지만, "그들은 높은 나무 뼈대를 만든다"라고 번역하였다(95쪽). 또한 『승조유사』에서는 "관에 나무 가설을 만든다(架木棺上)"라고 하였다. 이로써 역자가 제시한 '고가' 또는 '고붕'이 더 유리하다. 또한 '추'자와 '붕'자는 자형이 닮아 있어, 혼동했을 가능성도 있다.

305 이 교정에 해당하는 『기록휘편』 원문[縱火焚极]은 『국조전고』에 "縱火焚主之棺"으로, 『설집』과 『담생당』본에는 "縱火焚棺"이라 하였으므로, 『기록휘편』의 '겁(极)'자는 '관(棺)'자의 잘못임을 알 수 있다. 그러므로 풍승균 씨의 교정은 정확하다. 한편 『삼보정이집』에만 "繼火焚"으로 잘못되어 있다.

306 이 교정에 해당하는 『기록휘편』 원문[此爲殯葬之禮]은 『삼보정이집』, 『설집』, 『담생당』본에 "此爲殉葬之禮"로 되어 있고, 『국조전고』에는 "以爲殉葬之禮"라고 하였으므로 『기록휘편』의 '빈(殯)'자를 '순(殉)'자로 고친 풍승균 씨의 교정은 정확하다. 하지만 '차(此)'자를 '이(以)'자로 고친 것은 무리가 있다. 여기서는 원문의 '차'자를 살리는 것으로 번역한다.

307 주화와 관련하여 『제번지』 사바 조목에 "구리, 은, 놋쇠, 주석을 섞어 동전을 만든다(以銅·銀·鍮·錫

番人殷富者甚多, 買賣交易行使<u>中國</u>曆代銅錢.

2-24. 문자

쓰고 기록하는 데에는 역시 글자가 있는데 쇄리(鎖俚)[308] 글자와 같다. 종이와 붓은 없고 교장(茭蔁)[309] 잎에 뾰족한 칼로 새긴다. 또한, 문법도 있어 나라말이 매우 부드럽다.

書記亦有字, 如<u>鎖俚</u>字同. 無紙筆, 用茭蔁葉①以尖刀刻之. 亦有文法, 國語甚美軟.

① '엽(葉)'자는 『기록휘편』에 빠져 있어 『승조유사』본과 『서양조공전록』에 따라 보충했다.[310]

雜鑄爲錢)"라고 하였고, 『도이지략』 조와 조목에 "세간에서는 은, 주석, 납, 구리를 섞어서 소라껍데기처럼 큰 것을 주조하는데 은전이라 하고, 때에 따라서는 동전을 사용한다(俗以銀・錫・鍮・銅雜鑄如螺甲大, 名爲銀錢, 以權銅錢使用)"라고 하였다. 하지만 마환(馬歡), 공진(鞏珍), 비신(費信) 그 누구도 이에 대해서 언급하지 않았다. 밀스 씨의 주석에 따르면(96쪽), 중국 상인들은 소규모의 보부상들로 그냥 은을 사용했을 수도 있다. 또한 금괴의 무게로 하는 거래는 동아시아 지역에서 일반적이었다고 한다.

308 쇄리(鎖俚)는 촐라(Chola)를 지칭한다. 밀스는 다마이스(L.C. Damais)의 논문을 참고하여(96쪽), 코로만델(Coromandel) 사람들을 부르는 명칭이라고 추정했다. 이는 풍승균 역시 언급한 바 있다([1-2]의 주를 참고하시오). 자바 언어는 남인도에서 유래했으나 8세기 중반에 팔라바(Pallava) 알파벳과 병용했고, 이로부터 자바식의 글자가 개발되기 시작했다고 설명하고 있다. 다마이스(L. C. Damais), '남서 아시아 대륙과 인도네시아에서 토착민들의 글자(Les ecritures d'origine indienne en Indonesie et dans le Sud-Est Asiatique Contineneta1)', 『인도차이나학회학보(Bulletin de la Societé des Etudes Indochinoises)』, Vol., XXX(1955), 372쪽.

309 교장(茭蔁)은 종려나무과의 식물인 말레이어 카장(Kajang)에 해당하는 음이다. 자세한 것은 점성 조목 [1-2]의 주를 참고하시오.

310 이 교정에 해당하는 『기록휘편』 원문[用茭蔁以尖刀刻之]은 『국조전고』, 『삼보정이집』, 『설집』, 『담생당』본에는 "用尖刀刻於茭蔁葉上"으로 어순이 바뀌어 있다. 따라서 이에 따라 고치는 편이 마환의 원문에 가까울 것이다. 한편 『서양번국지』에서는 "교장 잎에 칼을 이용하여 새겨 그린다(以茭蔁葉用刀刻畫)"라고 하였으므로 풍승균 씨의 교정은 정확하다.

2-25. 도량형

저울을 다는 법으로, 1근(斤)은 20냥이고 1냥은 16전(錢)이며, 1전은 4고방(姑邦)[311]이고 1고방은 중국 저울로는 2분(分) 1리(釐) 8호(毫) 7사(絲) 5홀(忽)이다. 1전은 중국 저울로 8분 7리 5호이고, 1냥은 중국 저울로 1냥 4전이며, 1근은 중국 저울로 28냥에 해당한다. 되나 말[升斗]의 법으로는 대나무를 잘라 승(升)을 만드는데 1고랄(姑剌)[312]은 중국의 승으로 1승 8홉(合)이다. 현지의 두(斗)는 1두가 1내려(榛黎)[313]이고 중국의 두(斗)로는 1두 4승 4합에 해당한다.[314]

斤秤之法, 每斤二十兩, 每兩十六錢.[315] 每錢四姑邦, 每姑邦①該官秤二分一釐八毫七絲五忽. 每錢該官秤八分七釐五毫, 每兩該官秤一兩四錢,[316] 每斤該官秤二十

311 고방(姑邦)은 이미 흐루너펠트가 자바어 코방(kobang)에 해당하는 음으로 추정한 바 있다(『말레이반도와 말라카에 관한 주석』, 52쪽). 풍승균 씨의 쿠바나(kubana)는 '코방' 또는 '쿠방(kubang)'을 잘못 옮긴 것으로 보인다. 이러한 실수는 상달 씨의 『서양번국지교주』에서도 그대로 나타난다(10쪽).

312 고랄(姑剌)에 관하여, 흐루너펠트는 쿠락(kulak)에 해당하는 음으로 추정하고 약 1.86 *l* 에 해당한다고 설명했다(『말레이반도와 말라카에 관한 주석』, 53쪽). 이 추정은 풍승균, 상달, 사방, 만명 씨 모두에게 이견이 없이 받아들여졌다.

313 내려(榛黎)에 관하여 흐루너펠트는 그에 해당하는 자바어를 찾아내지 못했다. 하지만 그는 이 '나이리'가 14.91 *l* 에 해당한다고 추정했다(『말레이반도와 말라카에 관한 주석』, 53쪽). 풍승균 씨는 '나릭(nalik)'으로 표기했는데, 이는 확인되지 않는 용어이다. 만명 씨는 인도네시아어 날리(nali)의 음역어로 일종의 용량의 단위라고 설명했다(『명초본영애승람교주』, 26쪽). 밀스 씨는 자바어 'naili'(nailih, nelly), 말레이어로는 '날리(naleh)'라고 설명하고 있다. 하지만 "자바의 1쿠락은 자바의 1나이리"(97쪽)라고 한 것은 잘못된 설명이다. 쿠락은 '두(斗)'가 되어야 한다.

314 이상 도량형에 관한 정보를 흐루너펠트 씨는 『대청회전(大淸會典)』을 근거로 다음과 같이 정리했다(52쪽). 자바의 1근=1.12kg; 자바의 1냥=0.056kg; 자바의 1전=0.0035kg; 자바의 1코방=0.000875kg. 자바의 1쿠락=1.86 *l* ; 자바의 1나이리=14.91 *l* [밀스에 따르면(97쪽), 17.46 *l*].

315 『국조전고』에 자바의 통화에 관한 설명은 여기까지이다. 이후에는 다음 정보인 '보월(步月)'로 넘어가기 때문에, 『삼보정이집』, 『설집』, 『담생당』본에 따라 교감할 수밖에 없다.

316 이상의 고방(姑邦)에 관한 설명은 『설집』과 『담생당』본과 거의 일치하고 있지만, 『삼보정이집』에서는 이 상세 정보를 모두 빼먹고 "1전은 4고방이고 중국 저울로 1냥 4전에 해당한다(每錢四姑邦, 該官秤一

八兩. 升斗之法, 截竹爲升, 爲一姑剌,[317] 該中國官升一升八合.[318] 每番斗一斗爲一榛黎, 該中國官斗②一斗四升四合.③

① 이상 세 글자[每姑邦]는 『기록휘편』에 빠져 있고, 『승조유사』본에는 '매방(每邦)'으로 되어 있는데, 또한 '고(姑)'자가 빠져 있어 보충했다.[319]

② 이상 다섯 글자[該中國官斗]는 『기록휘편』에 "該番升一升記官升"으로 되어 있는데, 말이 어그러지고 잘못된 것이 있어 『승조유사』본에 따라 고쳤다.[320]

③ 1번두(番斗)는 8번승(番升)이 된다.

2-26. 보월(步月)

매월 15~16일 밤, 달이 둥글고 청명한 밤이 되면, 그곳의 부인 20여 명 혹

兩四錢)"라고만 되어 있다.

317 『기록휘편』의 이 문장[爲一姑剌]은 『삼보정이집』, 『설집』, 『담생당』본에 "每升爲一姑剌"로 되어 있으므로, 『기록휘편』 원문에 '매승(每升)' 두 글자를 넣는 것이 맞다.

318 『기록휘편』의 이 문장[該中國官升一升八合]은 『설집』과 『담생당』본에 "중국의 승(升)으로 8합에 해당한다(該中官國[國官]升八合)"라고 하였고, 『삼보정이집』에는 "該中國官升一斤"으로 되어 있다. 여기서는 『기록휘편』의 정보가 가장 정확해 보인다.

319 이 교정에 해당하는 『기록휘편』 원문[每錢四姑邦. 該官秤二分一厘八毫七絲五忽]은 『삼보정이집』에 "每姑邦. 該官秤一兩四錢"이라고 하며 중간에 정보를 빠뜨려 버렸고, 『설집』과 『담생당』본에는 "每錢四姑邦. 每邦該秤二分一厘八毫七絲五忽"이라고 되어 있다. 한편 『서양번국지』에서도 "每錢四姑邦. 每姑邦該中國秤二分一厘八毫七絲五忽"이라고 하였다. 앞에서부터 "1근은 20냥이고, 1냥은 16전이다. 1전은 4코방이다"라고 했으므로, 당연히 1코방이 나올 순서이다. 따라서 풍승균 씨가 '매고방(每姑邦)'을 보충한 것은 정확하다.

320 자바의 두(斗)를 설명하고 있는 『기록휘편』 원문[每番斗一斗爲一榛黎, 該番升一升記官升一斗四升四合]은 『삼보정이집』에 "每番斗一斗爲一襟黎, 該番升八升, 計官升一斗四升四合"이라고 되어 있고 『설집』과 『담생당』본에는 "每番斗一斗爲一捺黎, 該番升八升, 官升一斗四升四合"으로 되어 있다. 이로써 『삼보정이집』의 '금(襟)'자는 '날(捺)'자의 잘못임을 알 수 있다. 또한 『기록휘편』의 '일승(一升)'은 '팔승(八升)'의 오기이며, 다음 나오는 '기(記)'자는 '계(計)'자의 잘못된 것임을 짐작할 수 있다. 따라서 여기서는 『삼보정이집』본에 따라 고치는 것이 가장 적합하다. 이는 『서양번국지』에서 "8승이 1두이고, '내려'라고 하며, 중국 [저울로] 1두 4승 4합에 해당한다(以八升爲斗, 名曰捺黎, 該中國一斗四升四合)"라고 한 문장에서 확인할 수 있다.

은 30여 명이 모여 대오를 짓고 부인 한 사람을 수장으로 삼아, 팔과 어깨를 바꾸어 서로 단절 없이 이어 짜고 달 아래 천천히 걸어 행진한다. 수장되는 사람이 토속 가요를 한 구절 하면 사람들이 모두 똑같이 화답한다. 친척이나 부유한 집의 문 앞에 이르면 동전(銅錢) 등의 물건을 [그녀들에게] 준다. 이를 달빛 아래 걷기[步月]라고 하는데, 행락(行樂)[321]일 뿐이다.

每月至十五十六夜, 月圓清明之夜,[322] 番婦二十餘人或三十餘人聚集成隊, 一婦爲首, 以臂膊遞相聯綰①不斷, 於月下徐步而行. 爲首者口唱②番歌一句, 衆皆齊聲和之.[323] 到親戚富貴之家門首,[324] 則③贈以銅錢等物.[325] 名爲步月, 行樂而已.[326]

321 이 놀이풍습에 관하여, 흐루너펠트 씨는 "달빛 아래 음악을 연주하기(making music in the moonshine)"라고 번역했고, 이에 따라 밀스도 "a musical moonlight walk"라고 번역하고 악(樂)의 의미로 보았는데(『말레이반도와 말라카에 관한 주석(Notes on the Malay Archipelago and Malacca)』, 53쪽), 행락의 의미로 읽어야 할 것이다. '행악'이란 악기를 수반해야 하는데 본문에는 그러한 언급이 전혀 없다. 또한, 밀스가 에드워드 그레이(Grey)의 『The travels of Pietro della Valle in India』(vol. II, 1892, 261쪽)에서 제시한 것은 왕궁에서의 저녁 연회에서 소녀들이 펼치는 음악과 무용을 묘사한 것으로 여기의 것과 전혀 다른 성격의 것이다. 이러한 풍습은 『동서양고』, 권3, 하항(下港, 조와) 조목(교주본, 42쪽)에 대동소이하게 보이는데, 장섭(張燮)은 명나라 정백이(程百二)가 1610년 편찬한 『방여승략(方輿勝略)』에서 이 이야기를 다음과 같이 인용했다. "매월 보름밤을 전후로 부인 수십 명이 대오를 지어, 한 부인을 우두머리로 삼아 부인들이 달 아래 행진한다. 우두머리 부인이 노래하면 따라오는 부인들이 모두 화답하고, 친척이나 친구, 부귀한 집에 이르면 돈과 비단 등의 물품을 준다(每月望夜前後, 婦數十人聚衆成隊, 一婦爲首, 衆婦隨行月下. 首婦唱, 則來婦皆和, 至親友富貴家, 贈以鈔帛等物)."

322 이상 『기록휘편』의 시간 정보들[每月至十五十六夜, 月圓清明之夜]은 『국조전고』에 "每月至十五十六, 月圓之夜"라고 되어 있고, 『삼보정이집』, 『설집』, 『담생당』본에는 "每月至十五十六, 月明之夜"라고 하였다. 『기록휘편』에서는 두 차례의 '야(夜)'자와 '월원'과 '청명' 두 표현이 중복되어 기술되었다. 적어도 풍승균 씨의 교정문에서 앞의 '야(夜)'자는 빼는 것이 맞다. 그러므로 『삼보정이집』, 『설집』, 『담생당』본에 따르는 것이 적절하다.

323 '화지(和之)'는 『국조전고』에만 '응화(應和)'로 되어 있다.

324 '친척(親戚)'은 『국조전고』에만 '친우(親友)'로 되어 있다.

325 '동전(銅錢)'이 『국조전고』에만 '초백(鈔帛, 돈과 비단)'으로 되어 있다.

326 『기록휘편』의 이 문장[名爲步月, 行樂而已]은 『삼보정이집』과는 일치하지만, 『국조전고』에는 "'보월행'이라 한다(名爲步月行)"라고 되어 있고, 『설집』과 『담생당』본에는 "'보락'이라는 것일 뿐이다(名爲步樂而已)"라고 되어 있다. 한편 『서양번국지』에는 상달 씨가 '월(月)'자를 보충하여 "'보월행락'이라 한다(名爲步月行樂)"라고 하였다.

① ['연관(聯綰)'은] 『승조유사』본에 '견만(牽挽)'으로 되어 있다.[327]

② ['창(唱)'자는] 『기록휘편』에 '어(語)'자로 되어 있어 『승조유사』본과 『서양조공전록』에 따라 고쳤다.[328]

③ '즉(則)'자는 『기록휘편』에 빠져 있어 『승조유사』본에 따라 보충했다.[329]

2-27. 와양 쿨릿(wayang kulit)

어떤 부류의 사람들은 종이에 인물, 새, 짐승, 매, 벌레 같은 것들을 그려, 두루마리 모양으로 3척(尺)의 높이에 2개의 나무로 그림의 기둥을 만들고, 한쪽으로 가지런하게 둔다. 사람들이 땅에 책상다리하고 빙 둘러앉으면 그 그림을 땅에 세우는데, 일단이 펼쳐질 때마다, 앞을 향해 현지어로 크게 그 단락의 내력을 해설한다. 사람들이 둘러앉아 듣고 웃다가 울다가 하는데,[330] 바로 평화(平話)[331]를 이야기해 주는 것과 같다.

有一等人, 以紙畫人物鳥獸鷹蟲之類如手卷樣,[332] 以三尺高二木爲畫幹, 止齊一

327 '연관(聯綰, 연이어 짜다)'이란 표현은 『국조전고』, 『삼보정이집』, 『설집』, 『담생당』본 모두에 같은 의미의 '연만(聯挽, 연이어 당긴다)'으로 되어 있다. 이에 따라 '관(綰)'자를 '만(挽)'자로 바꾸는 것이 좋겠다.

328 '창(唱)'자는 『국조전고』, 『삼보정이집』, 『설집』, 『담생당』본, 『서양번국지』 모두에 보인다.

329 '즉(則)'자 역시 『국조전고』, 『삼보정이집』, 『설집』, 『담생당』본, 『서양번국지』 모두에 들어 있다.

330 이상은 자바의 와양 쿨릿(wayang kulit), 즉 그림자극에 대한 매우 정확한 기술로, 중국에서는 최초의 기록으로 생각된다. 인도네시아어로 '와양'은 그림자를 의미하고 '쿨릿'은 가죽이란 뜻이다. 중국의 그림자극[皮影戲] 같은 것이다.

331 평화(平話)는 송나라 시대 이야기를 구연하는 사람은 그 내용에 따라 소설(小說), 강사(講史), 설경(說經), 합생(合生)으로 나누었다. 이 중에서 '강사'는 장편의 역사 이야기로 대부분 역사서를 부연하여 만든 것이다. 이들은 주로 영웅담, 전쟁, 왕조의 흥망을 다루었는데, 이러한 강사의 저본을 평화(平話), 또는 평화(評話)라고 한다. '연의(演義)'란 소설형식은 바로 여기에서 나온 것이다.

332 이상 『기록휘편』의 문장[有一等人, 以紙畫人物鳥獸鷹蟲之類如手卷樣]은 『국조전고』에 "而又有一等人, 以紙**畫爲**人物鳥獸鷹蟲**形狀**如手卷樣"으로 되어 있고, 『삼보정이집』에는 "有一等人, 以紙**筆**畫人物鳥**兎**鷹蟲**之冊**如手卷樣"이라 하였으며, 『설집』과 『담생당』본에는 "有一等人, 以紙**筆**畫人物故事及鳥獸鷹蟲**之形**如手卷樣"으로 설명하고 있다. 여기서는 『기록휘편』의 문장이 가장 명료하게 판단된다. 앞서 이

頭. 其人蟠①膝坐於地, 以圖畫立地, 每②展出一段, 朝前番語高聲解說此段來歷.[333] 衆人圜坐而聽之,[334] 或笑或哭, 便如說平話一般.

① ['반(蟠)'자는] 『기록휘편』에 '반(磻)'자로 되어 있어 고쳤다.[335]
② ['매(每)'자는] 『기록휘편』에 '입(入)'자로 되어 있어 『승조유사』본에 따라 고쳤다.[336]

2-28. 교역

나라 사람들은 중국의 청화자기(青花磁器)를 제일 좋아하고, 아울러 사향(麝香),[337] 소금(銷金), 저사(紵絲), 소주(燒珠) 같은 것들을 동전(銅錢)으로 교역한다.

國人最喜中國青花磁器, 幷麝香・銷金・紵絲①・燒珠②之類, 則用銅錢買易.

나라에는 종이와 붓이 없어 교장의 잎에 칼로 새긴다고 하였는데, 이 정보와는 상당히 어긋난다.

333 『기록휘편』의 이 문장[朝前番語高聲解說此段來歷]은 『국조전고』에 "朝前番語高聲解說此段來歷緣故"라고 하였는데, 허대령, 왕천유가 점교(點校)한 『국조전고』의 교정 주석에 따르면 『기록휘편』에 '조전(朝前)'이 '전조(前朝)'로 되어 있어 '전조'로 교정했다고 하였지만, 보는 바와 같이 『기록휘편』에는 분명히 '조전'으로 되어 있다. 『삼보정이집』, 『설집』, 『담생당』본에는 "前朝番語高聲解說此段來歷"으로 되어 있다.

334 '환(圜)'자는 『국조전고』에 '환(環)'자로, 『삼보정이집』과 『담생당』본에는 '위(圍)'자로, 『설집』에는 '원(圓)'자로 되어 있는데, 여기 '원(圓)'자는 '위(圍)'자의 잘못일 것이다.

335 '반(蟠)'자는 『국조전고』, 『삼보정이집』, 『설집』, 『담생당』본 모두에서 보이고, 『서양번국지』에는 '반(盤)'자를 보여 준다.

336 '매(每)'자나 『기록휘편』의 '입(入)'자는 『국조전고』, 『삼보정이집』, 『설집』, 『담생당』본, 『서양번국지』 어디에도 보이지 않으므로 풍승균 씨의 교정은 불필요하다. 또한 '전출(展出)'은 『설집』과 『담생당』본에는 '전개(展開)'로 되어 있다.

337 사향(麝香, Moschus moschiferus)은 수컷 사향노루의 향낭(香囊)의 분비물을 건조해 만든 향료로 약용으로 잘 알려져 있다.

① ['소금저사(銷金紵絲)'는] 『기록휘편』에 '화소저사(花銷紵絲)'로 되어 있어 『승조유사』 본에 따라 고쳤다.[338]

② ['소주(燒珠)'는] 『승조유사』본에 '은주(銀硃, 주사)'로 되어 있다.

2-29. 조공

국왕은 언제나 두목을 사신으로 보내, 배에 산물들을 실어와 중국에 진공했다.

國王常差頭目以①船隻裝載方物進貢中國.②

① '이(以)'자는 『기록휘편』에 빠져 있어 『승조유사』본에 따라 보충했다.

② 이상 여덟 글자[裝載方物進貢中國]는 『기록휘편』에 "방물을 중국에 바쳤다(將方物進貢中國)"로 되어 있어 『승조유사』본에 따랐다.[339]

338 '소금(銷金)'은 『기록휘편』 원문에 '화소(花銷)'라고 하였다. 『국조전고』, 『삼보정이집』, 『설집』, 『담생당』본 모두에 화견(花絹, 꽃문양의 비단)으로 되어 있다. 이에 따라 고치는 것이 맞다. 이는 『서양번국지』에서 '화수(花繡)'라고 한 단어를 근거로 삼을 수 있다.

339 이 교정에 해당하는 『기록휘편』 원문[國王常差頭目船隻方物進貢中國]은 『국조전고』, 『설집』, 『담생당』본에서 "其國王常差頭目船隻將方物貢於中國"이라고 하였다. 문두의 '기(其)'자와 뒤의 '어(於)'자가 빠진 것 외에는 아무런 차이가 없다. 또한 『삼보정이집』에도 "國王常差頭目船隻將方物貢獻朝廷"이라 하였다. 따라서 풍승균 씨가 『승조유사』본에 따라 보충해 넣은 글자들은 불필요하다.

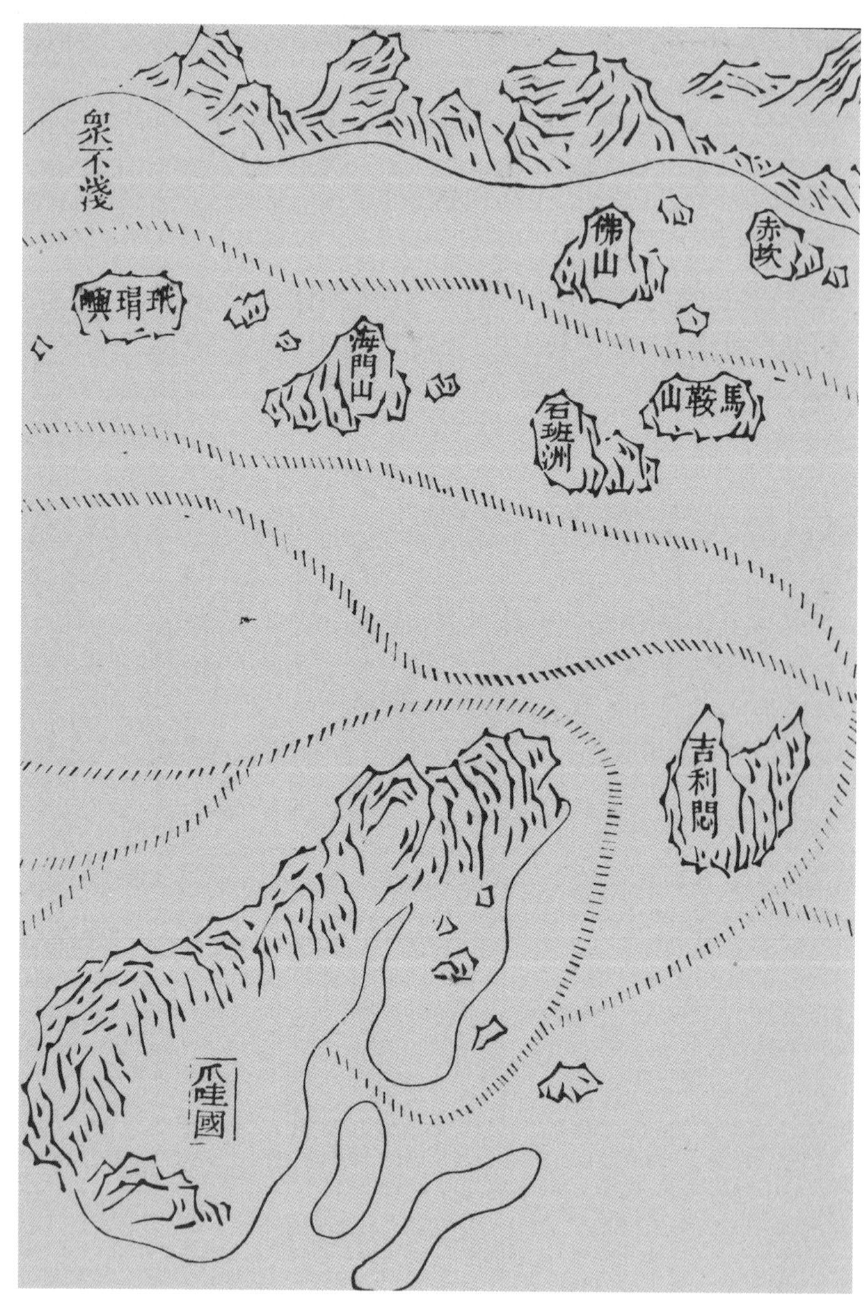

모원의(茅元儀, 1594~1640), 『무비지(武備志)』, 권240, 14a.

참고도 설명 1607년 명나라 왕기(王圻)와 아들 왕사의(王思義)의 『삼재도회(三才圖會)』, 인물, 권12, 「과와국(瓜哇國)」. "과와국은 동남쪽 바다 섬에 있는데, 바로 옛날 사바이다. 천주로(泉州路)에서 배를 타고 1개월을 가면 도착할 수 있다. 기후는 서리와 눈이 없고 사계절 항상 덥다. 그곳에서는 후추, 소목이 난다. 해자, 병장기, 창고가 없다. 매년 절기가 되면 국왕과 그 신속들이 말을 타고, 창을 들고 무예를 겨루어 이기는 사람에게는 상을 내리는데, 친척과 친구들이 뛰면서 좋아한다. 상처를 입고 죽은 자는 그의 아내도 돌아다보지 않고 간다. 음식은 나뭇잎에 담아서 손으로 집어 먹는다. 연회에서는 남녀가 줄지어 앉아 웃고 떠들며 진탕 취한다. 풀벌레 같은 것들도 모두 삶아 먹는다. 시장의 장사꾼은 모두 부녀이며 혼인할 때는 재물을 따진다. 남편이 죽으면 나가지 않고 있다가 열흘이 지나서 다른 사람에게 시집간다(瓜哇國在東南海島中, 即古闍婆也. 自泉州路發舶一月可到. 天無霜雪, 四時之氣常燠. 地産胡椒・蘇木. 無城池・兵甲・倉廩. 每遇時節, 國王與其属, 馳馬執鎗校武勝者受賞, 親朋踴躍以爲喜, 傷死者, 其妻亦不顧而去. 飲食以木葉盛, 手撮而食. 宴會則男女列坐, 笑喧盡醉. 凡草蟲之類盡烹食. 市賈皆婦女, 婚娶論財. 夫喪不出, 旬日而適人)."

해제

마환은 구항국 조목을 시작하면서 "구항은 옛날에 '삼불제국'이라고 하는 곳이다. 현지에서는 '발림방(浡淋邦)'이라 하는데, 자바국이 관할하는 곳에 속한다"라고 하였다. 또 동시대의 비신(費信)은 [구항은] "옛날에는 '삼불제국'이라 불렀다"라고 하였다. 말하자면 구항=삼불제=팔렘방이라는 등식이다. 결국 삼불제가 팔렘방이라는 말이다. 그렇지만 70년 정도만 더 거슬러 올라가, 왕대연의 『도이지략』을 보면, 삼불제와 구항을 별도로 기록하고 있다. 왕대연은 이 두 곳을 분명히 다른 장소로 기술하고 있다. 또 왕대연의 기술을 대부분 따르고 있는 비신의 책에서는 이상하게도 삼불제 조목이 보이지 않는다. 이는 왕대연과 마환, 비신의 시대 사이에 변화가 있었다는 것을 상정해야만 한다. 다시 말해 삼불제라는 나라는 사라져야 했고, 그곳은 '구항'이라 하고 바로 팔렘방이라는 것이다.

삼불제는 펠렘방인가? 팔렘방에 대응하는 음역 표기가 있음에도 왜 삼불제를 계속 사용하는 것인가? 또 삼불제에 해당하는 음은 무엇인가? '삼불제'라는 나라는 주거비(周去非, 1134~1189)의 『영외대답(嶺外代答)』(1178년) 권3, "삼불제국은 남해(南海) 가운데 있는데, 외국인들이 오가는 바닷길의 요충지이다. 동쪽으로는 사바(闍婆, Java) 등 여러 나라로부터, 서쪽으로는 대식(大食), 퀼론[故臨] 등 여러 나라로부터 이 나라 경계를 거치지 않고는 중국에 들어올 수 없다(三佛齊國, 在南海之中, 諸蕃水道之要衝也. 東自闍婆諸國, 西自大食·故臨諸國, 無不由其境而入中國者)"라고 한 것으로부터 중국학자들은 대체로 이 나라를 당나라 의정의 『대당서역구법고승전』과 『남해기귀내법전』에 보이는 '실리불서(室利佛逝)' 또는 '시리불서(尸利佛誓)'로, 스리비자야(Srivijaya)로 추정하는데 이견이 없다. 그렇다면 실리불서 또는 시리불서=스리비자야=삼불제라는 등식은 성립하는가?

사실 음성적으로 삼불제와 스리비자야는 눈에 띄는 음성적 유사점을 찾을 수 없다. '불제'는 비자야와 대응하는 것으로 보인다. 일찍이 줄리앙은 참파의 '불서(佛逝)'를 산스크리트어 '보자(Bhoja)'로 옮긴 바 있다(Stanislas Julien, 『Méthode pour déchiffrer et transcrire les noms sanscrits qui se rencontrent dans les livres chinois』, Paris, 1861, 97쪽, no219). 그러나 삼불제의 '삼'자는 스리(Sri 또는 Çri)와 전혀 대응할 수 없을 듯하다. 페랑 씨는 이러한 불일치를 시대적으로 늦기는 하지만 자바 텍스트에 보이는 삼보자(Samboja)와 셈보자(Sĕmboja)에 해당하는 것으로 추측했다(G. Ferrand, 「L'Empire sumatranais de Çrīvijaya」, 『JA』, 1922(10~12월호), 169쪽). 이에 대해서도 학자들의 이견은 많이 보이지 않는다. 그렇다면 삼불제=팔렘방이라는 등식은 가능한가?

『명사』, 권324(중화서국, 8407쪽)에 따르면, 홍무제는 30년(1397)에 "호유용(胡惟庸)이 반란을 일으키자[1380년], 삼불제는 이간책을 내어 우리 사신을 속여 그곳에 이르게 하였다. 조와 왕이 이 소식을 듣고, 사람을 보내어 [삼불제를]

신칙(申飭)하고 예에 맞게 [사신을] 조정으로 송환하도록 하였다. 이로부터 상단이 막히고, 여러 나라의 의사가 소통되지 않게 되었다. …지금 사신을 조와국에 보내려 하는데, 삼불제국이 중도에서 막을까 걱정된다. 듣기에 삼불제는 본래 조와의 속국이었다고 하므로, 짐의 뜻을 기술하여 자문(咨文)을 섬라국에 보내, 조와에 전달케 하도록 하라(以胡惟庸作亂, 三佛齊乃生間諜, 紿我使臣至彼. 爪哇王聞知, 遣人戒飭, 禮送還朝. 由是商旅阻遏, 諸國之意不通. …今欲遣使爪哇, 恐三佛齊中途沮之. 聞三佛齊本爪哇屬國, 可述朕意, 移咨暹羅, 俾轉達爪哇)"라고 하였다. 이로부터 삼불제는 적어도 1379년까지는 조와국과 경쟁하며 존속하고 있었음을 확인할 수 있다. 또 주목해야 할 것은 명나라가 조와와 연결하기 위해 섬라국을 경유하고 있는 것을 보면, 삼불제가 명나라와 조와 사이의 관계를 차단할 수 있는 지점을 차지하고 있었다는 것을 알 수 있다. 말하자면, 명나라와 조와 사이의 직접적인 연결을 통제할 수 있는 지역까지 삼불제가 진출해 있었다는 점이다.

『명사』, 권324, 「삼불제전」의 기록은 정확한 연도를 밝히지 않았지만, "당시 조와가 이미 삼불제를 격파하고 그 나라를 차지하고 그곳을 '구항(舊港)'이라 고쳐 부르면서 삼불제는 결국 없어졌다. 나라 안에서 난이 일어나자 조와 또한 그 땅을 다 소유하지 못하여, 중국인 중에 이주하여 사는 자들이 왕왕 들고일어나 차지하기도 했다. 양도명(梁道明)이란 자는 광주의 남해현(南海縣) 사람으로, 오랫동안 그 나라에 거주하였다. 민(閩)·월(粵)의 군민(軍民)들로 바다로 나아가 그를 따른 자가 수천 가구였는데, 양도명을 우두머리로 추대하여 그 지역에서 웅거(雄據)하였다. …영락 3년(1405)에 성조(成祖)는 사신 담승수(譚勝受)가 양도명과 같은 고을 출신이었기 때문에 천호(千戶) 양신(楊信) 등과 함께 칙서를 가지고 가서 [양도명을] 불러오도록 하였다(時爪哇已破三佛齊, 據其國, 改其名曰舊港, 三佛齊遂亡. 國中大亂, 爪哇亦不能盡有其地,

華人流寓者往往起而據之. 有梁道明者, 廣州南海縣人, 久居其國. 閩 · 粵軍民泛海從之者數千家, 推道明爲首, 雄視一方. …永樂三年, 成祖以行人譚勝受與道明同邑, 命偕千戶楊信等齎敕招之)"라고 하였다. 이 기록이 정확하다면, 삼불제의 멸망에 관한 중요한 정보를 제공하고 있다. 첫째, 삼불제는 1380~1405년 사이 조와에 의해 멸망되어 명칭이 '구항(舊港)'으로 바뀌었다. 둘째, 삼불제를 멸망시킨 지 얼마 되지 않아 조와도 내란으로 정복지 삼불제를 계속 유지하지 못하는 틈을 타 중국의 유민들이 구항국에 할거했다는 점이다.

『왕의 책(Pararaton)』과 『나가라크르타가마(Nagarakṛtāgama)』(1365)에 따르면, 라덴 위자야(Raden Vijaya, 1294~1309년 재위)는 크디리 왕 자야캇왕(Jayakatwang, 1293년 죽음)과 몽골의 자바 원정(1292~1293)을 물리치고, 1299년 트로울란(Trowulan)을 거점으로 마자파힛 왕국을 건설한다. 이후 1세기 동안 황금 시기를 구가했지만, 하얌우룩(Hayam Wuruk, 1334~1389)이 죽고 주도권을 놓고 두 아들 사이의 내전인 레그레그(Regreg) 전쟁(1404~1406)을 거치면서 대부분의 중앙권력을 상실했다. 『명사』에서 말하는 내전은 바로 레그레그 전쟁을 말할 것이다. 따라서 자바가 삼불제를 멸망시킨 시기는 1299년~1404년 사이가 되므로, 『명사』에서 말한 삼불제 멸망 시기는 바로 1380~1405년 사이임을 확인할 수 있다.

그러나 왕대연은 1349년 자신의 기행 기록에서 삼불제와 구항을 별개의 곳으로 기술하고 있다. 즉 구항이 이미 『명사』에서 언급한 시기 1380년보다 적어도 30년 전에 이미 구항이 존재했음을 말해 준다. 왕대연의 실수로 보기에는 내용 자체가 상당히 다르며, 두 곳에서 나는 산물조차도 전혀 다르다. 왕대연의 구항과 자바가 정복하고 고쳐 부른 구항은 다른 곳인가?

『영외대답(嶺外代答)』(1178년) 권2, 삼불제국 조목(교주본, 86~87쪽)에, "송태조가 개국하고 건륭(建隆) 원년(960)에 삼불제왕 실리대하리단(悉利大霞里壇)이 사신을 보내와 방물을 바쳤다. 2년(961) 5월에 또 조공해 왔고, 12월에 또 방물을 바쳤다. 신종 원풍(元豐) 2년(1079) 7월에 첨비(詹卑)국의 사신을 보내 조공해 왔다. 철종 원우(元祐) 3년(1088) 윤십이월에 또 사신을 보내 조공해 왔고, 5년(1090)에 또 방물을 바쳤다(藝祖開基, 建隆元年九月, 三佛齊王悉利大霞里壇, 遣使來貢方物. 二年五月復遣使進貢. 三年三月又來貢, 十二月又貢方物. 至神宗元豐二年七月, 遣詹卑國使來貢. 哲宗元祐三年閏十二月又遣使入貢, 五年復來貢)"라고 하였다. 주거비(周去非)의 이 기술 중에 첨비국과 관련된 부분이 상당히 해석하기 모호하다. 글자 그대로, 삼불제가 첨비에게 조공을 들이게 한 것인가? 그렇다면 첨비국은 삼불제의 속국이란 말이 된다. 조공하는데 속국을 통해 대신하는 경우는 찾아보기 힘들다. 주거비는 삼불제국과 첨비국을 같은 나라로 보고 기술한 것임에는 분명하다. 구두를 조금 달리하여, 송나라가 "첨비국에 사신을 보내자 조공해 왔다(遣詹卑國使, 來貢)"라고 해석할 수도 있다. 그렇더라도 삼불제국은 '첨비국'이라는 말이다. 그렇다면 961~1079년 사이에 삼불제국이 '첨비국'으로 바뀌었다는 말이다. 대체로 나라 '국'자로 그 나라의 도읍을 지칭하기도 하므로, 삼불제국의 중심 수도가 '첨비'로 바뀌었다는 것을 짐작해 볼 수 있다. 과연 1225년 조여괄은 파림풍(巴林馮, 팔렘방)을 삼불제의 속국으로 넣었다. 펠리오 씨는 「15세기 초 중국의 대항해(Les Grands voyages maritimes chinois au début du XVe siècle)」(『통보』, 1933, XXX, 376~377쪽)에서 왕대연이 『도이지략』에서 삼불제와 구항을 달리 본 것에 관하여 다음과 같이 설명했다.

이 점에 관해서는 록힐(135쪽)과 후지타 도요하치(40b~41a, 57b~58a)가 수긍할 만한 해답을 제시하고 있는 것 같다. 1349~1350년에 스리비자야의 왕들은 수도로 팔렘방을 차지하고 있었던 것이 아니라, 잠비(Jambi)였다. 이는 아마도 송나라 시기부터였던 것으로 보이는데, 1225년에 조여괄(趙汝适)은 삼불제의 속국 중에서 파림풍(巴林馮, 팔렘방)은 언급했지만, 잠비에 관한 것은 아무것도 말하지 않았기 때문이다(히어트와 록힐, 『조여괄』, 62~63쪽을 참고하시오). 따라서 잠비로 수도를 옮긴 것은 일반적으로 1377년 자바 원정으로 보는데, 훨씬 그 이전으로 앞당겨야 할 것이다. 이 천도 이전에 중국의 사가들은 '첨비(詹卑)'라는 명칭으로 잠비를 잘 알고 있었다. 그리고 이 나라는 1079, 1082, 1088년에 사신을 보냈다(히어트와 록힐, 『조여괄』, 65, 66쪽을 참고하라). 후지타 도요하치가 인용한(58a쪽) 『명산장(名山藏)』에서는 영락(永樂, 1403~1424) 연간에 삼불제는 자바에 합병되었고, 그 수도는 당시에(?) '구항(舊港)'으로 불렸다고 하였다. 이것이 정말 『명산장』의 저자가 말한 것이라면, 잘못되었다. 왜냐하면 '구항'이란 이름은 1349~1350년의 『도이지략』에서 이미 보이기 때문이다. 얼마든지 설명을 추적해 올라갈 수 있다. 구항이란 명칭은 스리비자야 왕들이 잠비로 수도를 옮긴 이후에 '삼불제'란 이름을 대체하기 위해 중국인들이 팔렘방에 부여한 것이므로 그들에게 삼불제가 되는 것은 잠비이다. 마환과 비신은 구항(팔렘방)이 옛날 삼불제라고 언급하는 데 근거한 것은 전혀 없는 것은 아니다. 따라서 팔렘방은 오랫동안 스리비자야의 수도였고, 잠비가 수도로 바뀐 이후에도 스리비자야에 여전히 속해 있었으며, 15세기 초에도 해상무역의 중요도를 차지하고 있었던 것은 팔렘방이지 잠비가 아니었다.

이상을 종합해 보면, 삼불제 즉 스리비자야는 팔렘방 수도에서 961~1079년 사이에 잠비[詹卑]로 수도를 옮겼다. 여전히 해상무역의 거점이었던 팔렘방이란 옛 수도에 살고 있었던 중국 출신의 사람들은 삼불제가 수도를 옮겨 갔기 때문에 옛날 수도의 나라라는 의미로 '구항(舊港)'이라 불렀을 것이다. 결국, 잠비는 신항이 되는 셈이다. 이후 1380~1405년 사이[펠리오의 1377년]에 자바가 팔렘방을 점령했다. 당시 중국과 우호 관계를 유지하고 있었던 자바는 현지의 중국인이 부르는 명칭을 존중하여 '구항'이라 불렀을 것이다. 이후 자바는 내란으로 팔렘방(구항)을 방치했고, 그즈음 현지 중국인들이 팔렘방을 실질적으로 차지했을 것이다. 그러므로 『도이지략』에서는 삼불제국이 있고, 마환과 비신의 기록에는 삼불제국 조목이 없는 이유를 설명할 수 있을 것이다. 따라서 구항=삼불제=팔렘방의 등식은 성립한다. 여기 마환의 기술은 『명사』에서 서술되지 않은 팔렘방의 상황을 보여 준다는 점에서 상당한 의미가 있다.

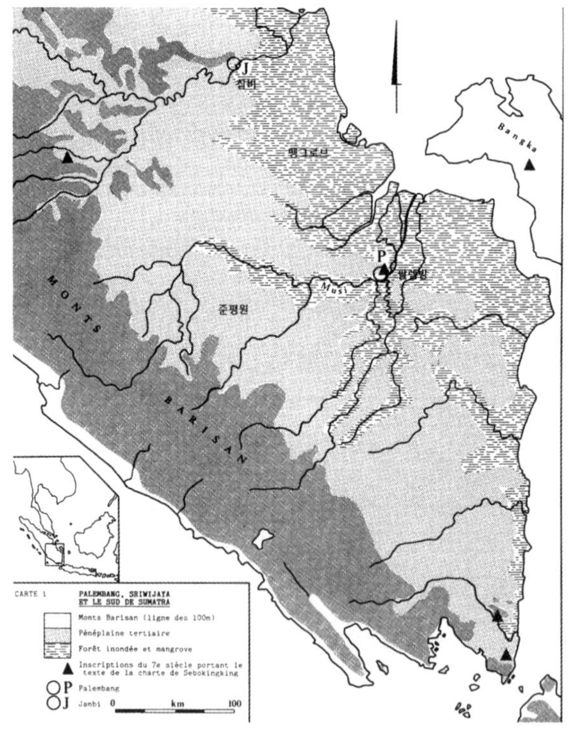

Pierre-Yves Manguin, 「Palembang et Sriwijaya」, 『BEFEO』, 1987.

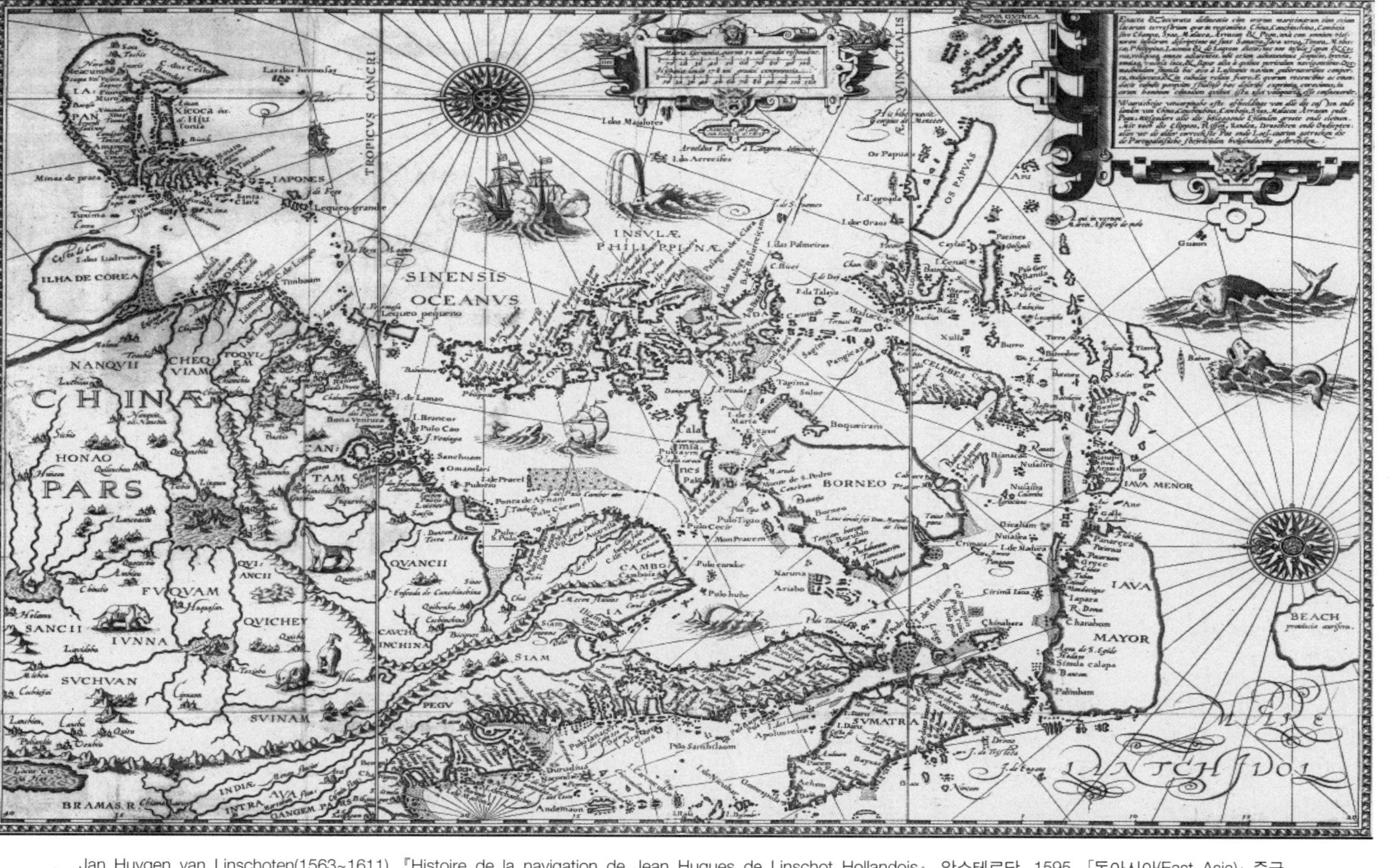

Jan Huygen van Linschoten(1563~1611), 『Histoire de la navigation de Jean Hugues de Linschot Hollandois』, 암스테르담, 1595. 「동아시아(East Asia)」-중국, 코친차이나-수마트라-자바-몰루카스-마닐라-일본.

✺

팔렘방 왕국[舊港國][340]

3-1. 지리

구항(舊港)은 바로 옛날 '삼불제국(三佛齊國)'이라고 하는 곳이다. 현지 명칭은 '발림방(浡淋邦)'[341]으로, 조와국(爪哇國)의 관할에 속한다. 동쪽으로는 조와국에 접해 있고, 서쪽으로는 만랄가국의 경계에 닿아 있으며, 남쪽으로는 큰 산과 떨어져 있고, 북쪽으로는 대해에 임해 있다. 여러 곳에서 선박들이 오면 먼저 담항(淡港)에 이르고, 팽가문(彭家門)[342] 안으로 들어가 연안에 배를 댄다. 연안에는 전탑(磚塔)이 많고, 작은 배로 [갈아타고] 항구로 들어가면 그 나라에 이른다.[343]

舊港,[344] 卽古名三佛齊國是也. 番名曰①浡淋邦, 屬爪哇國所轄. 東接爪哇國,② 西接滿剌加國界, 南距③大山, 北臨大海. 諸處船來, 先至淡港,④ 入彭家門裏,⑤ 繫船

340 『담생당』본에는 표제어 아래 "『일통지』에 '삼불제국'이란 명칭이 있다"라는 주가 달려 있다.

341 발림방은 지금의 팔렘방(Palembang)에 해당하는 음이다. 크로포드가 지적한 것처럼, 정확히는 '팔림방(Palimbang)'으로 읽어야 한다(John Crawfurd, 『Dictionary of Indian Islands』, 322쪽). 이렇게 보면 발림방뿐만 아니라 『제번지』에 보이는 파림풍(巴林馮)과도 대응하는 음들이 더욱 정확해진다.

342 팽가문(彭家門)의 '문(門)'은 해협을 의미한다. '팽가'는 팔렘방 동북쪽에 있는 방카섬(Pulau Bangka)에 해당하는 음이라는 점에 이견이 없다. 즉 방카섬과 수마트라섬 사이의 좁은 해협을 중국인들은 '팽가문'으로 옮겼다.

343 마환은 어디에서 출발하여 가는지 언급하지 않고 있다. 하지만 비신은 『성사승람』(고금설해본)에서 "조와[자바]에서 순풍에 8일 밤낮으로 [항행하면] 이곳에 이를 수 있다(自爪哇順風八晝夜可至其處)"라고 하였다(사고전서본, 권17, 10a).

344 '구항(舊港)'은 『삼보정이집』, 『설집』, 『담생당』본에는 '구항국(舊港國)'으로, 『국조전고』에는 '舊港國者'로 되어 있으므로, '국(國)'자를 넣는 것이 좋겠다.

於⑥岸. 岸上⑦多磚塔, 用小船入港內,⑧ 則至其國.

① 이상 세 글자[番名曰]는 『승조유사』본과 『서양조공전록』에 따라 보완하였다.[345]

② '국(國)'자는 『기록휘편』에 빠져 있어 『승조유사』본에 따라 보충하였다.[346]

③ '거(距)'자는 『기록휘편』에 빠져 있어 『승조유사』본에 따라 보충하였다.[347]

④ [담항(淡港)은] 분명 팔렘방[浡淋邦]강을 가리킨다.[348]

⑤ 생각건대, 자바[조와]에서 팔렘방[발림방]으로 가려면, 당연히 먼저 팽가문(彭家門)에 들어간 뒤에 팔렘방강으로 이른다. 여기서는 거꾸로 말하고 있는데, 아마도 『도이지략』의 "담항에서 팽가문으로 들어간다(自淡港入彭家門)"라는 문장을 직접 인용했다고 생각되지만, 그 의미는 변함이 없다.[349]

345 풍승균 씨가 보충한 '번명왈(番名曰)'은 『국조전고』, 『삼보정이집』, 『설집』, 『담생당』본 모두 '번명(番名)'으로만 되어 있다. '발림방(浡淋邦)'의 표기는 『국조전고』, 『설집』, 『담생당』본에는 모두 '발림방(浡林邦)'으로 되어 있으므로 이들에 따라 고치는 것이 타당하다.

346 풍승균 씨가 『승조유사』에 따라 보충한 '국(國)'자는 『국조전고』, 『삼보정이집』, 『설집』, 『담생당』본 모두에 '계(界)'자로 되어 있으므로 이에 따라 고쳐야 한다.

347 '거(距)'자는 『기록휘편』과 『삼보정이집』에 빠져 있고, 『설집』과 『담생당』본에는 '접(接)'자로, 『국조전고』에는 '연(連)'자로 되어 있다. 여기서는 위의 문장에 따라 '접(接)'자, 또는 '연(連)'자로 바꾸는 것이 더 적절할 것이다.

348 풍승균 씨가 말하는 '팔렘방강'은 오늘날 무시(Musi)강을 말한다.

349 여기의 담항(淡港)은 바로 담수의 항구로, 담수는 무시(Musi)강을 지칭할 것이다. 무시강은 바리산(Barisan)산맥에서 방카 해협으로 흐르는 강으로, 약 750㎞이다. 자연적으로 연결된 수로를 따라 남부 수마트라 거의 전역으로 흐른다. 팔렘방을 통과하면서 바뉴아신(Banyuasin)과 합류하여 숭상(Sungsang) 도시 근처의 델타지역을 형성한다. 팔렘방에서 동북쪽 우팡(Upang) 지역에서 두 갈래로 나뉘어 방카섬의 서북단 멘톡(Mentok) 맞은편으로 두 개의 하구를 형성하는데 바로 숭상 지역에 해당한다. 두 하구는 직선으로 20㎞ 이내로 어디를 선택하여 들어오든 팔렘방으로 연결된다. 강폭은 남쪽의 것이 넓고 또한 굴곡이 심하지 않아 항해하는 배들이 선택한 루트였을 것이다. 하지만 이 두 하구는 수마트라 본섬 돌출부와 방카섬 서북단의 멘톡의 돌출부가 숨기고 있어 두 돌출부를 통해 들어와야 하구에 닿을 수 있고, 자바섬에서 올 때도 방카섬과 수마트라 본섬 사이의 해협을 통과해야만 하구를 찾을 수 있다. 그러므로 마환이 말한 담항(淡港)이 무시강 하구를 말한다면 방카 해협 즉 팽가문(彭家門)을 통과해야 한다. 따라서 마환이 말한 입항 순서는 선후가 잘못되었다. 마환의 기술을 타당하게 하려면, "먼저 담수에 이르려면, 팽가문 안으로 들어와야 하며"라고 해석해야 할 것이다. 그러나 풍승균 씨의 주석에서 보는 바와 같이, 왕대연도 『도이지략』(1349년) 구항(舊港) 조목에서 같은 실수를 보여 주고 있다. 하지만 『도이지략』의 상당 부분을 따르고 있는 비신의 『성사승람』에는 이러한 기술이 생략되어 있다(부록으로 첨부한 번역문을 참고하시오). 정리하자면, 왕대연이 실수한 것을 마환은 그대로 따랐고, 비신은 언

⑥ '어(於)'자는 『기록휘편』에 빠져 있어 『승조유사』본에 따라 보완했다.
⑦ 이상 두 글자[岸上]는 『기록휘편』에 빠져 있어 『승조유사』본에 따라 보완했다.[350]
⑧ '내(內)'자는 『기록휘편』에 빠져 있어 『승조유사』본에 따라 보완했다.[351]

3-2. 중국인과 나라 사람들의 생활

나라의 많은 사람이 광동(廣東), 장주(漳州), 천주(泉州) 사람으로, 이곳에 도망하여 살고 있다.[352] 사람들은 매우 부유하다. 땅은 매우 비옥하여 속담에 "한 계절 곡식을 뿌리면, 세 계절 벼를 수확한다"라고 하였는데 바로 이곳이다. 땅덩어리는 넓지 않아 사람들은 대부분 수상 전투를 훈련한다. 그곳에는 물이 많고 땅이 적어 두목의 집은 모두 강안(江岸) 땅에 집을 지어 살고, 그 나머지 서민들은 모두 나무 뗏목에 지붕을 이어 살며, 말뚝을 박고 밧줄로 강안에 매어 둔다. 물이 불어나면 뗏목처럼 뜨므로 물에 잠기지

급하지 않았다. 여기에서 과연 마환이 수마트라섬에 직접 갔을까 하는 의문이 생긴다. 이전 자바[조와]에서 매우 상세하게 마자파힛 제국의 중심을 기술한 것과 비교할 때 너무 소략한 것은 사실이다. 상달(向達) 씨가 발굴한 자료인 공진(鞏珍)의 『서양번국지』는 사실 『영애승람』의 교정본에 지나지 않을 것처럼 거의 일치하는 기록을 보여 주고 있는데, 이 문장에서도 마환과 같은 실수를 하고 있다. 이 점이 바로 역자가 『서양번국지』를 믿지 못하는 이유 중 하나이다.

350 이 교정에 해당하는 『기록휘편』 원문[繫船岸多磚塔]은 『삼보정이집』도 마찬가지이다. 거의 같은 구조로 『국조전고』에서는 "泊船岸多磚塔"이라고 하였고 『설집』과 『담생당』본에는 "繫船岸多石塔"이라 하였다. 따라서 풍승균 씨의 교정은 불필요하다. 그리고 '계선(繫船)'은 앞 문장으로 붙여 구두하는 것이 맞다. "入彭家門裏繫船. 岸多磚塔, …"라고 읽어야 한다.

351 풍승균 씨가 보충해 넣은 '내(內)'자는 『국조전고』, 『삼보정이집』, 『설집』, 『담생당』본 모두에 들어 있지 않다. 『기록휘편』 원문을 그대로 따르면 된다. 결국, 풍씨의 주석 중에서 ④와 ⑤를 제외하고 모두 불필요한 교감이었다.

352 바타비아 예술과 과학협회(Batavian Society of Arts and Sciences)가 1822년 진행한 조사에 따르면 팔렘방에는 20,000~25,000명이 살았고, 아랍인 500명, 중국인 1,500명으로 집계되었다고 한다. 말하자면 중국인들은 인구의 10%에 못 미치는 수치였다(John Crawfurd, 『A Descriptive Dictionary of the Indian Islands & Adjacent Countries』, 322쪽). 여기서 마환이 말하는 '많다'라는 개념은 중국인들이 많이 살고 있지 않을 것으로 생각했는데, 예상과는 다르게 상당수가 살고 있더라는 주관적인 판단으로 이해해야 할 것이다.

않는다. 혹 다른 곳에서 살고 싶으면, 말뚝을 풀고 집을 연결하여 옮겨 가므로 이사가 수고롭지 않다. 항구에는 아침저녁으로 두 차례 슬그머니 조수가 불어난다. 나라 사람의 풍속과 혼례, 상례, 그리고 언어, 음식 의복 등의 일 또한 모두 조와와 같다.

國人多是廣東・漳・泉州人逃居此地. 人甚富饒.[353] 地土甚肥, 諺①云, 一季種穀,② 三季收稻,③ 正此地④也. 地方不廣, 人多操習水戰. 其處水多地少, 頭目之家都在岸地造屋而居,[354] 其餘民庶皆在木筏上蓋屋居之,[355] 用樁纜拴繫在岸, 水長則筏浮,[356] 不能淹沒. 或欲於⑤別處居者,⑥ 則起樁連屋移⑦去, 不勞搬徙. 其港中朝暮二次暗長潮水.[357] 國人⑧風俗婚姻死喪之禮, 以至⑨言語及飲食衣服等事, 亦⑩皆與爪哇相同.

① ['언(諺)'자는] 『기록휘편』에 '언(喭)'자로 되어 있어 『승조유사』본에 따라 고쳤다.[358]

353 이상 『기록휘편』의 문장[國人多是廣東・漳・泉州人逃居此地. 人甚富饒]은 『국조전고』, 『설집』, 『담생당』본 모두 일치하는 문장을 보여 주고 있다. 다만 『삼보정이집』에만 "國人多是廣東・漳・泉州人逃居此也, 甚富饒"라고 되어 있다. 두 문장의 의미는 상당히 애매하다. 즉 그곳에 도망 와서 사는 중국인들이 잘산다는 의미인지, 아니면 두 문장을 끊어서, 그곳에는 도망하여 사는 중국인이 많다. 그곳 사람들은 매우 잘산다는 말로 이해해야 하는가. 이러한 의문을 해소해 주는 것이 바로 『삼보정이집』의 문장으로, 전자의 경우로 이해한 것이다. 나머지 사본들은 모두 '인(人)'자 앞에 '기(其)'자를 빠뜨린 것이 아니라면, 그 나라 일반 사람들이 매우 잘산다는 의미가 된다. 역자는 『삼보정이집』본을 따르고 싶다.

354 『기록휘편』의 이 문장[頭目之家都在岸地造屋而居]은 판본마다 의미상 큰 변화는 없지만 약간의 글자 출입이 있다. 『국조전고』에는 "頭目之家皆在岸**傍**造屋**居住**"로, 『삼보정이집』에는 "頭目之家皆在岸**地造屋**"으로, 『설집』과 『담생당』본에는 "頭目之家皆在岸**上**造屋居住"로 되어 있다. 『국조전고』, 『설집』, 『담생당』본은 거의 같은 문장구조를 보여 주고 있는데, 『기록휘편』의 원문과 가장 근접하므로, 『기록휘편』의 문장을 그대로 따른다. 한편 비신은 『성사승람』(고금설해본)에서 "부령들은 모두 강안에 집을 짓고 살고, 주변은 모두 종복들이 유숙한다(部領者皆在岸造屋居之, 周匝皆僕從住宿)"라고 하였다(사고전서본, 권17, 10a). 비신의 기술이 마환보다 더 자세한 것을 확인할 수 있다.

355 『기록휘편』의 이 문장[其餘民庶皆在木筏上蓋屋居之]은 『설집』과 『담생당』본에만 "其餘民庶皆水中水筏上蓋屋居**住**"로 되어 있다.

356 '장(長)'자는 『설집』과 『담생당』본에만 '창(漲, 물이 불어나다)'자로 되어 있다. '장(長)'자는 '창(漲)'자로 쓰인 것은 분명하다.

357 '항중(港中)'은 『삼보정이집』에만 '국중(國中)'으로 되어 있다.

② [‘곡(穀)’자는] 『기록휘편』에 ‘전(田)’자로 되어 있어 『도이지략』과 『승조유사』본에 따라 고쳤다.[359]

③ “諺云, 一季種穀, 三季收稻”는 『도이지략』 원문에 “한 계절 곡식을 파종하면, 삼 년간 금이 난다고 하는데, 그 곡식이 변하여 금이 된다는 말이다(云一季種穀, 三年生金, 言其穀變而爲金也)”라고 되어 있다.

④ ‘지(地)’자는 『기록휘편』에 빠져 있어 『승조유사』본에 따라 보완했다.[360]

⑤ 이상 두 글자[欲於]는 『기록휘편』에 ‘용(用)’자로 되어 있어, 『승조유사』본에 따라 고쳤다.[361]

⑥ ‘자(者)’자는 『기록휘편』에 ‘지(之)’자로 되어 있어 『승조유사』본에 따라 고쳤다.[362]

⑦ ‘이(移)’자는 『기록휘편』에 ‘이(而)’자로 되어 있어 『승조유사』본에 따라 고쳤다.[363]

⑧ ‘국인(國人)’은 『기록휘편』에 ‘인지(人之)’로 되어 있어 『승조유사』본에 따라 고쳤다.

⑨ 이상 네 글자[之禮, 以至]는 『기록휘편』에 빠져 있어 『승조유사』본에 따라 보충했다.

⑩ 이상 여덟 글자[及飮食衣服等事, 亦]는 『기록휘편』에 빠져 있어 『승조유사』본에 따라 보충했다.[364]

358 ‘언(諺)’자는 명나라 필사본 모두 정확히 ‘언(諺)’자를 보여 준다. 『승조유사』본을 근거로 고칠 필요가 없다.

359 풍승균 씨가 『도이지략』에 따라 고친 ‘곡(穀)’자는 『기록휘편』, 『설집』, 『담생당』본에는 ‘전(田)’자로 되어 있고, 『국조전고』와 『삼보정이집』은 ‘곡(穀)’자를 보여 주고 있다. 구태여 풍씨의 저본인 『기록휘편』의 ‘전(田)’자를 ‘곡(穀)’자로 바꿀 필요는 없어 보인다. 속담의 내용이, 한 계절 밭을 갈아 파종해 놓으면 세 번 벼를 수확한다는 말이기 때문이다.

360 『기록휘편』 원문에 빠진 ‘지(地)’자는 없어도 말은 된다. 하지만 『국조전고』, 『삼보정이집』, 『담생당』본, 『설집』 모두에는 ‘지(地)’자가 들어 있고, 『서양번국지』(상달 교주본, 11쪽)에도 ‘처(處)’자를 보여 주므로 이에 따른다.

361 이 교정에 해당하는 『기록휘편』 원문[或用別處居之]은 『국조전고』, 『삼보정이집』, 『설집』, 『담생당』본 모두 “或欲別處居之”로 되어 있다. 『기록휘편』의 ‘용(用)’자는 위의 문장과 혼동한 결과이다. 따라서 풍씨가 보충한 ‘어(於)’자는 필요 없다.

362 ‘지(之)’자는 『국조전고』, 『삼보정이집』, 『담생당』본, 『설집』, 『서양번국지』 모두 일치하는데, 왜 풍승균 씨가 『승조유사』본에 따라 ‘자(者)’자로 바꾸었는지 이해할 수 없다. ‘지(之)’자로 되돌리는 것이 맞다.

363 이 교정에 해당하는 『기록휘편』의 원문[則起椿連屋而去]은 『삼보정이집』, 『설집』, 『담생당』본 모두 같은 글자를 보여 주고 있다. 다만 『국조전고』에만 ‘이(而)’자가 ‘이(移)’자로 되어 있는데, 이 글자는 뒤에 나오는 ‘반사(搬徙, 이사하다)’의 뜻과 중복되므로 풍승균 씨의 교정은 받아들일 수 없다. 한편, 『서양번국지』에서는 “집을 옮기고 싶으면 뗏목을 이어 옮겨 간다(欲遷居則連筏移去)”라고 되어 있다.

364 풍승균 씨가 교감하여 보충한 위의 세 문장[國人風俗婚姻死喪之禮, 以至言語及飮食衣服等事, 亦皆與爪哇相同]은 『기록휘편』 원문에 “사람들의 풍속, 혼인, 상례, 언어 모두 자바[조와]와 같다(人之風俗・婚

3-3. 진조의(陳祖義)를 사로잡음

옛날 홍무(洪武) 연간(1368~1399)에 광동 사람 진조의(陳祖義) 등 온 가족이 이곳에 도망해 와 두목 노릇을 하며 매우 위세를 부리고 사람을 속이면서 지나가는 외국인의 배들이 있으면 곧바로 재물을 겁탈했다. 영락 5년(1407)에 이르러 조정에서 파견한 태감 정화 등이 서양으로 가는 대종보선(大綜寶船)을 통솔하여 이곳에 이르렀다. 시진경(施進卿)이란 자도 광동 사람이었는데, [정화 등에게] 와서 진조의가 전횡하는 여러 정황을 알리자, 태감 정화가 진조의 등을 생포하여 조정으로 돌아와 처형시켰다. 이어서 [황제는] 시진경에게 관대(冠帶)를 하사하고 구항으로 돌려보내 대두목으로 삼고, 그곳을 주관하게 했다. 본인이 죽자, 자리를 아들에게 전하지 않고 그의 딸인 시이저(施二姐)가 왕이 되니, 일체의 상벌과 인사[黜陟] 모두 그의 법과 제도에 따랐다.

昔洪武年間,① 廣東人陳祖義②等全家逃於此處, 充爲頭目, 甚是豪橫,[365] 凡有經過客人船隻,[366] 輒便刼奪財物. 至永樂五年,[367] 朝廷③差太監鄭和等④統領西洋大綜

姻 · 死喪 · 言語皆與爪哇相同)"라고 되어 있다. 『국조전고』에는 "人之衣飯 · 言語 · 婚喪皆與爪哇相同"으로 되어 있고, 『삼보정이집』에는 "人之風俗 · 婚姻 · 死葬 · 語言皆與爪哇國同"으로, 『설집』과 『담생당』본에는 "人之風俗 · 婚姻 · 死喪 · 言語皆與爪哇國相同"으로 되어 있다. 따라서 『기록휘편』의 원문을 그대로 따르는 것이 풍승균 씨가 교감한 문장보다 더 타당하다.

365 '호횡(豪橫)'은 『국조전고』에도 마찬가지지만, 『설집』과 『담생당』본에는 '호강(豪强)'으로 되어 있다. 비슷한 의미이므로 여기서는 『기록휘편』과 『국조전고』를 따른다.

366 『기록휘편』의 이 문장[凡有經過客人船隻]은 『국조전고』와 『삼보정이집』에 "凡有經過客船"로, 『설집』에는 "무릇 오고 가는 외국 상인들이 있으면(凡有往回客商)"으로 되어 있다. 『기록휘편』의 원문은 너무 부연 설명이 많으므로, 『국조전고』와 『삼보정이집』을 따르는 것이 적절하다고 생각한다.

367 『기록휘편』에 따른 이 정보[至永樂五年]는 『국조전고』와 일치하지만, 『삼보정이집』에서는 '永樂五年間'으로, 『설집』과 『담생당』본에는 '至永樂年間'으로 되어 있으므로, 여기서는 『기록휘편』과 『국조전고』를 따르는 것이 가장 정확하다.

寶船到此處. 有施進卿者, 亦廣東人也, 來報陳祖義凶橫等情, 被太監鄭和⑤生擒陳祖義等,⑥ 回朝伏誅, 就賜施進卿冠帶,[368] 歸舊港爲大頭目, 以主其地. 本人死,[369] 位不傳子, 是其女施二姐爲王,⑦ 一切賞罪黜陟皆從其制.

① '석홍무연간(昔洪武年間)'은 『승조유사』본에 '홍무이년(洪武二年)'으로 되어 있다.[370]
② '의(義)'자는 『기록휘편』에 '선(善)'자로 되어 있어 『승조유사』본에 따라 고쳤다.
③ '조정(朝廷)'은 『승조유사』본에 '황제태종(太宗皇帝)'으로 되어 있다.
④ '등(等)'자는 『기록휘편』에 빠져 있어 『승조유사』본에 따라 보완했다.[371]
⑤ 이상 두 글자[鄭和]가 『기록휘편』에 빠져 있어 『승조유사』본에 따라 보완했다.
⑥ '등(等)'자는 『기록휘편』에 빠져 있어 『승조유사』본에 따라 보완했다.[372]
⑦ 『명사』「삼불제전(三佛齊傳)」에, "영락 22년(1424) 진경(進卿)의 아들 제손(濟孫)이 아비의 죽음을 알리면서 그 직책을 계승하게 해 줄 것을 간청하여 허락했다(二十二年, 進卿子濟孫告父訃, 乞嗣職, 許之)"라고 하였는데 어느 것이 맞는지 모르겠다.

368 이상 두 문장[回朝伏誅, 就賜施進卿冠帶]은 『국조전고』에 "조정으로 돌아와 죽여 버리고, 조정에서는 시진경에게 관대를 하사했다(回朝誅滅了, 當朝賜施進卿冠帶)"로 되어 있다.

369 『기록휘편』의 이 문장[本人死]은 『국조전고』에만 "뒤에 진경이 죽고(後進卿歿)"라고 되어 있고, 『서양번국지』에는 "進卿死"라고 하였다.

370 '석홍무연간(昔洪武年間)'은 『삼보정이집』, 『설집』, 『담생당』본 모두 같은 문장을 보여 주지만, 『국조전고』에만 '昔洪武年間'의 '석(昔)'자가 없고, 『서양번국지』에는 '洪武初'라고만 되어 있다. 홍무(洪武)는 명나라 태조 홍무제의 연호로, 1368~1398년까지이다.

371 이 교정에 해당하는 『기록휘편』의 원문[朝廷差太監鄭和統領西洋大䑸寶船到此處]은 『설집』과 『담생당』본에 "朝廷差太監鄭和統領西洋大䑸寶船到此"라고 하며 마지막 글자인 '처(處)'자가 없고, 『삼보정이집』에서는 "朝廷差太監鄭和**等**統領西洋大䑸寶船到此"라고 하며 '정화' 뒤에 '등(等)'자가 더 들어 있다. 한편 『국조전고』에서는 '조정(朝廷)'이 '아조(我朝)'로 바뀐 점만 『기록휘편』과 다르다. 풍승균 씨가 '등(等)'자를 보충해 넣은 교정은 따를 만하다. 그러나 '처(處)'자는 빼는 것이 맞다.

372 이 교정에 해당하는 『기록휘편』의 원문[被太監生擒陳祖義]은 『국조전고』에 "被太監鄭和生擒祖義"라고 하였고, 『삼보정이집』에서는 "被太監鄭和生擒陳祖義等"으로, 『설집』에는 "太監鄭和生擒陳祖義等"으로, 『담생당』본에서는 "太監鄭和擒陳祖義等"으로 되어 있다. 풍승균 씨가 『승조유사』에 따라 '정화(鄭和)'와 '등(等)'자를 보충해 넣은 것은 확인된다. 한편 『서양번국지』에는 "시진경이 진조의 등을 사로잡아 경사로 보내와 베었다(施進卿來執擒祖義等送京斬之)"라는 다른 정보를 보여 주고 있다.

3-4. 토산: 향

토산으로 학정조(鶴頂鳥), 황속향(黃速香), 강진향(降眞香), 침향(沈香), 금은향(金銀香), 황랍(黃蠟) 등이 있다. 금은향은 중국과 다른 나라에서는 모두 나지 않는다. 그 향은 은세공 장인이 은그릇에 새길 때 사용하는 검은 아교와 비슷하고, 가운데에는 백랍(白蠟) 같은 덩어리 하나가 있다. 좋은 상품은 흰 부분이 많고 검은 것이 적으며, 품질이 낮은 것은 검은 것이 많고 흰 부분이 적다. 이 향을 태우면 향기가 매우 강렬하여 사람의 코를 찌르므로, 서쪽 외국[西番]과 쇄리(鎖俚)[373] 사람들이 이 향을 매우 좋아한다.

土產鶴頂鳥·黃速①香·降眞香·沉香·金銀香②·黃蠟之類. 金銀香③中國與他國④皆不出, 其香如銀匠鈒銀器黑膠相似, 中有一塊似白蠟一般在內,[374] 好者白多黑少, 低者黑多白少. 燒其香氣味甚烈,⑤ 爲⑥觸人鼻, 西番幷鎖俚人甚愛此香.

373 쇄리(鎖俚)는 본서에서 7차례 언급되고 있다(1-2; 3-4; 4-3; 10-3; 11-2; 12-2; 13-16). 『송사』 권489, 「주련국전(注輦國傳)」에는 대중상부(大中祥符) 8년(1015) 9월에 온 주련 사신 사리삼문(娑里三文)의 행로를 기록하고 있는데, "삼문이 본국을 떠나 배를 타고 주야로 77일을 항해하여 나물단산(郍勿丹山, Nagapattana), 사리서란산(娑里西蘭山)을 거쳐 점빈국(占賓國)에 이르렀다"(14098쪽)라고 하였다. 이에 대해 풍승균 씨는 여기 사리서란산이 바로 석란산(錫蘭山, 스리랑카)이 되어야 한다고 주장한다. 그리고 '사리(娑里)'가 아랍어로 주련(注輦, 촐라)을 부르는 별칭으로 술리(Suli)의 음역이라고 한다. 이어서 풍승균 씨는 "11세기 전반에 주련왕은 석란(錫蘭)을 침략하여 반다국(槃茶國)의 보물들을 탈취했는데 이 때문에 석란을 '사리서란(娑里西蘭)'으로 불러 그 속국임을 드러내려고 한 것인지 모르겠다"라고 하였다(풍승균, 『중국남양교통사』, 75쪽 주10). 이에 따른다면, 쇄리(鎖俚)는 바로 실론이 된다. 촐라, 쇄리(鎖俚, 瑣里)는 인도 동부 코로만델 해안에 있었던 왕국이다. 『명사』 권325에는 「쇄리전(瑣里傳)」과 「서양쇄리전(西洋瑣里傳)」이 수록되어 있다.

374 『기록휘편』의 이 문장[中有一塊似白蠟一般在內]의 의미는 대동소이하지만, 『국조전고』, 『삼보정이집』, 『설집』, 『담생당』본 모두 "안에는 백랍 같은 흰 덩어리가 들어 있다(中有白蠟一般白塊在內)"라고 되어 있고, 『서양번국지』에는 "中有白塊如蠟"이라고 하였다. 따라서 『기록휘편』, 『국조전고』, 『삼보정이집』, 『설집』, 『담생당』본의 '내재(在內)' 두 글자는 모두 '중(中)'자와 중복되므로 삭제할 것을 제안한다.

① ['속(速)'자는] 『기록휘편』에 '연(連)'자로 잘못되어 『승조유사』본에 따라 고쳤다.[375]

② '금은향(金銀香)'은 『기록휘편』에 빠져 있어 『승조유사』본에 따라 보충했다.[376]

③ 『제번지(諸番志)』에는 '금안향(金顏香)'으로 되어 있는데 모두 말레이어 케멘얀(Kěměnyan)의 음역으로 바로 안식향(安息香, benjoin)의 일종이다.[377]

375 황련향(黃連香)이란 향은 없다. 황련(黃連)은 노란 연꽃의 뿌리를 약재로 더위와 염증을 치료하는 데 사용한다. 여기서는 당연히 '황속향(黃速香)'으로 읽어야 한다. 이 향은 섬라국(4-11), 만랄가국(5-6), 아로국(6-5) 조목에서도 보인다. 황속향은 황숙향(黃熟香)의 와전된 형태이다. 침향(沈香, Aquilaria agallocha) 또는 침수향(沈水香)의 일종이다. 침향에는 세 가지 등급이 있는데, 침(沈), 잔(棧), 황숙(黃熟)이다. 황숙향(黃熟香)은 그 향이 가볍고 허(虛)한 것으로, 민간에서는 와전되어 '속향(速香)'이라 한다. 풍승균 씨는 양억(楊億)의 『담원(談苑)』, 채조(蔡絛)의 『총담(叢談)』, 범성대(范成大)의 『계해우형지(桂海虞衡志)』, 장사정(張師正)의 『권유록(倦游録)』, 홍구보(洪駒父)의 『향보(香譜)』, 섭정규(葉廷珪)의 『향록(香録)』 등의 책들을 고증하여, "'생속(生速)'이라는 것은, 베어서 얻은 것이다. '숙속(熟速)'이라는 것은 썩혀 얻은 것이다. 크고 조각할 수 있는 것을 '수반두(水盤頭)'라고 한다. 모두 약에 넣을 수는 없고 향으로 피울 수 있을 뿐이다"라고 설명했다. 자세한 것은 『바다의 왕국들』, 338~339쪽을 참고하시오.

376 풍승균 씨가 교정한 이 문장[土產鶴頂鳥・黃速香・降眞香・沉香・金銀香・黃蠟之類]은 『기록휘편』 원문에 "土產雀頂鳥・黃連香・降眞香・沉香・黃蠟之類"로 되어 있다. 『삼보정이집』에는 "土產鶴頂・黃速香・降眞香・沉香・黃蠟之類"로 되어 있는데, 다만 『설집』과 『담생당』본에는 『삼보정이집』의 '학정(鶴頂)'이 '황작정(黃雀頂)'으로 되어 있다. 이로써 네 필사본은 거의 같은 모습을 보여 주고 있음을 확인할 수 있다. 그렇지만 『국조전고』에는 "土產金銀香・黃連香・沉香・降眞香・鶴頂・黃蠟之類"라고 하며 '금은향'을 맨 앞에 두고 있다. 그러나 마환은 바로 이어서 다시 '금은향'을 특기하고 있으므로, 풍승균 씨의 교정문에서 '금은향' 항목을 빼는 것이 맞다. 만약 '금은향'이 들어 있었다면, 뒤에 나오는 '금은향' 앞에는 '기(其)'자가 추가되어야 할 것이다.

377 존 크로포드의 설명에 따르면, 말레이와 자와인들은 스티락스 벤조인(Styrax benzoin)을 'Kamâñan', 'Kamiñan', 'Kamayan'으로, 또는 축약하여 'mâñan', 'miñan'으로 표기한다. 약 7년 된 나무의 껍질을 상처 내 추출하는 것으로 수마트라와 보르네오섬의 특산이라고 한다(John Crawfurd, 『A Descriptive Dictionary of the Indian Islands & Adjacent Countries』, London, Bradbury & Evans, 1856, 50쪽). 우리의 사전들은 스티락스 벤조인(Styrax benzoin)을 '안식향(安息香)'으로 번역한다. 크로포드 씨가 알려 준 현지인들의 명칭은 음성적으로 『제번지』의 금안향(金顏香)을 떠올리게 한다. "금안향은 바로 캄보디아에서 나고 대식(大食)이 그다음이다. 스리비자야에 이 향이 있다고 하는 것은 특히 아랍[大食]에서 삼불제에 팔려 오고, 상인들이 다시 삼불제에서 중국으로 되팔려 오기 때문일 따름이다(金顏香正出眞臘, 大食次之. 所謂三佛齊有此香者, 特自大食販運至三佛齊, 而商人又自三佛齊轉販入中國耳)"라고 한 조여괄의 기록은 결국 수마트라에서는 나지 않는다는 말로 읽힌다. 이에 대해 풍승균 씨는 금안향, 소합향(蘇合香), 안식향(安息香) 모두 스티락스에 속하는 나무들로, 금안향은 스티락스 통킨시스(Styrax tonkinensis)로 인도차이나와 태국에서 생산된다고 하였다(『바다의 왕국들』, 320쪽). 그런데 『기록휘편』본 『영애승람』으로 돌아와 보면, 마환은 금은향(金銀香)으로 옮기고, "금은향은 중국과 다른 나라에서는 모두 나지 않는다(金銀香中國與他國皆不出)"라고 하는 기술은 이상의 정보들과 부합하지 않는다. 따라서 『기록휘편』의 문장은 "금은향은 중국에서는 나지 않는다(金銀香中國不出)"로 교정해야 하는 이

④ 이상 세 글자[與他國]는 『기록휘편』에 빠져 있어 『승조유사』본에 따라 보충했다.[378]
⑤ ['열(烈)'자는] 『기록휘편』에 '별(別)'자로 되어 있어 『승조유사』본에 따라 고쳤다.[379]
⑥ '위(爲)'자는 『국조전고』본에 '충(衝)'자로 되어 있다.[380]

3-5. 학정조

학정조는 오리처럼 크고, 털은 검으며, 목은 길고, 부리는 뾰족하다. 그 두개골은 두께가 1촌 남짓이고, 밖은 붉고, 안은 황랍처럼 예쁘고, 매우 사랑스러워 학정이라 부르는데, 요대(腰帶), 칼 손잡이, 칼집, 제기(擠機) 같은 것을 만들 수 있다.

鶴頂鳥大如鴨,[381] 毛黑, 頸長, 嘴尖. 其腦蓋骨厚寸餘, 外紅,[382] 裏如黃蠟之嬌, 甚可愛, 謂之鶴頂, 堪作腰刀靶鞘擠機之類.[383]

유이다. 자세한 것은 『바다의 왕국들』, 319~320쪽을 참고하시오. 또한, 안식향과의 관계에 대해서는 아래 15-7의 주석을 참고하시오.

378 이 교정에 해당하는 『기록휘편』 원문[金銀香中國皆不出]은 『삼보정이집』의 문장과 일치하고, 『설집』과 『담생당』본에는 '개(皆)'자가 빠진 것만 다르다. 『국조전고』에만 "金銀香別國皆不出"이라고 하였다. 따라서 『기록휘편』의 원문을 그대로 살리는 것이 맞다. '개(皆)'자는 『설집』과 『담생당』본에 따라 빼는 것이 문맥에 유리하다. 한편 『서양번국지』에는 "이 금은향은 중국의 은장인이 사용하는 검은 아교와 같다(其金銀香如中國銀匠所用黑膠)"라는 전혀 다른 정보를 보여 주고 있다.

379 이 교정에 해당하는 『기록휘편』 원문[그 향을 태우면 기미가 매우 색다르고(燒其香氣味甚別)]은 『국조전고』에 "그 향을 태우면 기미가 매우 강렬하다(燒其香氣味甚烈)"라고 되어 있다. 마지막 글자가 『삼보정이집』에는 '열(列)'자로, 『설집』과 『담생당』본에는 '열(冽)'자로 되어 있는 것을 보면 '열(烈)'자가 선본으로 판단된다.

380 『기록휘편』의 이 문장[爲觸人鼻]은 풍승균 씨가 밝히고 있는 것처럼 『국조전고』에는 "사람의 코를 찌른다(衝觸人鼻)"로 되어 있는데, 『삼보정이집』, 『설집』, 『담생당』본 모두 '충(沖)'자로 되어 있다. 따라서 이들 세 필사본에 따라 고치는 것이 맞다.

381 『기록휘편』에 따른 이 문장[鶴頂鳥大如鴨]은 『국조전고』에만 "鶴頂鳥, 如鴨, 略大"라고 되어 있다.

382 '외홍(外紅)'은 『국조전고』에 '분홍(分紅)'으로 되어 있는데, 분명 '외홍(外紅)'의 잘못일 것이다. 이는 『서양번국지』에서 확인된다. 『삼보정이집』, 『설집』, 『담생당』본에는 '외홍색(外紅色)'으로 '색(色)'자가 덧붙여져 있다.

383 이 학정조에 관련된 설명에는 해결해야 할 문제가 다소 많다. 먼저 "裏如黃蠟之嬌, 甚可愛"라는 문장이다. 『국조전고』에 "안은 갓 만들어진 밀랍의 연한 노랑[嬌黃]으로 매우 사랑스럽다(裏如嫩蠟之嬌黃, 甚可愛)"라고 되어 있고, 『삼보정이집』에는 "안은 황랍의 색처럼, 연노랑색이 사랑스럽다(裏如黃蠟之色, **嬌黃可愛**)"라고 하였고, 『설집』과 『담생당』본에는 "안은 황랍 같은 색으로 연노랑이 매우 사랑스럽다(裏如黃蠟之樣色, **嬌黃甚可愛**也)"라고 되어 있다. 정효(鄭曉, 1499~1566)의 『오학편(吾學編)』 권26에 수록된 『황명사이고(皇明四夷考)』 삼불제 조목에 "학정조는 오리보다 큰데, 두개골은 1촌 남짓 두껍고 밖은 노랗고 속은 붉으며 선명하고 아름다워 사랑스럽다(鶴頂鳥大於鴨, 腦骨厚寸餘, 外黃內赤, **鮮麗**可愛)"라고 하였다. 정효는 학정조의 두개골이 밖은 노랗고 안은 붉다고 하였는데, 여기 마환의 기술과는 거꾸로 되어 있다.

한편, 동시대 공진(鞏珍)의 『서양번국지』에서 학정조에 관한 설명은 『영애승람』과 사뭇 다르게 자세하다. "학정이라는 새는 오리만큼 크고, 검은 털의 목에, 뾰족한 부리를 가졌다. 두개골은 두께가 1촌 남짓이고, 밖은 붉고 안은 밀랍처럼 노란색으로 예뻐 [사람들이] 좋아할 만하다. 그 부리는 뾰족하고 아주 붉지만 요대 고리를 만든다. 두개골은 톱으로 잘라 배(坯)를 만들고, 다시 부리 끝의 붉은색을 깎아, 꽃문양으로 붙여, 쇠판을 달구어 끼워 넣어 한 덩어리로 만들어 원하는 대로 제조하는데, 칼 손잡이, 제기(擠機?) 같은 것들을 만들 수도 있다(其鶴頂之鳥大如鴨形, 黑毛頸尖嘴. 腦骨厚寸餘, 外紅內黃如蠟, **嬌潤**可愛. 其嘴之尖極紅, 但作腰帶鉤環. 鋸解腦骨作坯, 却刮取嘴尖之紅, 貼爲花樣, 以燒熟鐵板鉗合成塊, 任意製造, 亦可作刀靶擠機之類)"라고 하였다.

이상으로부터 우리는 『기록휘편』의 "裏如黃蠟之嬌, 甚可愛"는 "裏如黃蠟之[色], 嬌[黃]甚可愛"로 재구성해야 한다. "안은 황랍 같은 색깔인데, 연노랑 빛깔이 매우 [사람들이] 좋아할 만하다"라는 의미로 해석하고자 한다.

두 번째 난제는 "堪作腰刀靶鞘擠機之類"에서 보이는 물품에 관한 문제이다. 먼저, '요(腰)'자는 『국조전고』, 『삼보정이집』, 『설집』, 『담생당』본 모두 '요대(腰帶)'라고 하였으므로 '대(帶)'자를 보충해야 한다. 즉 "堪作腰[帶]刀靶鞘擠機之類"임을 말하므로, 요대는 하나의 물품으로 독립된다. 학정을 요대의 장식으로 활용하는 것은 조선 후기 이수광(李睟光, 1563~1628)의 『지봉유설(芝峯類說)』 권20, 「금충부(禽蟲部)」 인개(鱗介) 조목에서 확인된다 "또 『오학편(吾學編)』에 '삼불제국에는 학정조가 나는데 두개골이 1촌 남짓 두껍고, 밖은 노랗고 안은 붉으며 선명하고 아름다워 사랑스럽다'라고 한다. 요즘 학정금대(鶴頂金帶)라고 하는 것은 모조품일 뿐이다(又吾學編曰, 三佛齊國産鶴頂鳥, 腦骨厚寸餘, 外黃內赤, 鮮麗可愛云. 今所謂鶴頂金帶, 乃假造者耳)"라고 설명하고 있다.

나머지 '도파초제기(刀靶鞘擠機)'의 '초'자는 『기록휘편』본에만 들어가 있는 글자이다. '초'자는 칼집을 의미하므로 앞의 '도파(刀靶)' 즉 칼자루와 연관되므로 쉽사리 뺄 수도 없다. 나머지 사본들의 구성으로 보면 '도파제기(刀靶擠機)'가 된다. 그렇다면 "堪作腰[帶]·刀靶·擠機之類"로 사물을 끊어 읽을 수 있다. '초제기' 또는 '제기'는 무엇을 말할까? 이전 학자들 모두 침묵하고 있다. 억측이라도 해 보자면, 여기서는 학정조의 두개골을 말하고 있으므로, 그 두개골을 칼이나 검의 자루에 장식으로 사용하는 것으로 생각할 수 있다. 말하자면 가죽으로 감싼 손잡이의 끝부분을 단정하게 이 두개골로 끼워 넣는[擠] 기구를 의미하는 것일까? 최근 프랑스 학자 르네 로씨(René Rossi)는 마환의 『영애승람』을 원문 없이 역주했는데, 그는 풍승균 씨의 교정문에 따라, 요대는 빠뜨리고, "칼 손잡이[刀靶], 칼집[鞘], 궁수의 고리[擠機]"라고 옮겼다. 이어서 이 고리가 군사적 식별이 되는 궁수들이 사용하는 고리라고 설명하고, 이 새를 큰코뿔소새(Calao bicorne)로 추정했다(『Ying-yai Sheng-lan』, 파리, 2018, 95쪽). 로씨 씨가 말하는 고리란 활을 잡는 손의 엄지손가락에 끼우는 반지 고리 같은 것을 말한다. 그럴법한 설명이지만 전

3-6. 화식조

또 일종의 화계(火雞)가 나는데 선학(仙鶴)처럼 크고, 둥근 몸에 화살촉 같은 목은 학보다 길고, 머리에는 붉은 모자 모양의 부드러운 붉은 볏이 있고, 또 목에는 두 갈래의 [벼슬이] 있다. 입은 뾰족하고, 온몸의 털은 양털 같지만 성글고 길며, 청색이다. 다리는 길고 쇠처럼 검으며, 발톱은 매우 날카로워 사람의 배도 가를 수 있는데, 장이 터져 나와 죽게 된다. 부탄(烌炭)을 즐겨 먹어 '화계'라 부르게 되었다. 몽둥이로 때려 부숴도 죽일 수는 없다.

又出一等火雞，大如仙鶴,[384] 圓身簇頸,① 比鶴頸更長，頭上②有軟紅冠似紅帽之狀，又有③二片生於頸中．嘴尖，渾身毛如羊毛稀長，青色．腳長鐵黑,[385] 爪甚利

혀 그 근거를 찾을 수 없었다.

학정(鶴頂)이란 소계경 씨의 설명에 따르면, 학정새(Rhinoplax vigid)의 상아 같은 두개골로, 말레이어로는 '응강 가딩(enggang gading)'이라 한다고 한다. 여기의 '응강'은 코뿔새를 뜻하고 '가딩'은 상아를 의미한다. 이어서 그는 말레이어로 '응끄 파동(engg padong)'이라는 또 다른 학정조(buceros rhinoceros)를 소개하고 있는데, "이 새는 『교주기(交州記)』, 『남월기(南越記)』에는 '몽동(鸏鷾)'으로, 축법진(竺法眞)의 『등라산소(登羅山疏)』, 『남방초물지(南方草物志)』, 『영표록이』에는 '월왕두(越王頭)'로, 『계해우형지』, 『영외대답』에는 '산봉황(山鳳凰)'으로 되어 있다. 『원사 · 세조기(世祖紀)』에는 '단정학(丹頂鶴)'으로, 『영애승람』에는 '학정조(鶴頂鳥)', 『해어(海語)』에는 '해학(海鶴)'으로 되어 있는데, 현대의 저술에는 대부분 '서조(犀鳥)'로 되어 있다"라고 하였다(『도이지략교석』, 84~85쪽).

'학정'은 『도이지략』에서 단마령(單馬令, 나콘시탐마랏), 길란단(吉蘭丹, 끌란딴), 용아서각(龍牙犀角, 말레이반도 서안 크다), 구항(舊港, 팔렘방), 소문답랄(蘇門答剌, 수마트라), 남무리(喃巫哩, 람브리) 조목에 보인다. 대체로 말레이반도, 특히 수마트라섬에 집중된 것임을 알 수 있다. 몽동, 월왕두, 산봉황 등과 같은 새인지, 교주 같은 가까운 곳에서 서식하는 종이라면 원나라 명나라 시대에 귀한 장식품으로 여겼을까 하는 의문이 든다. 특히 유순(劉恂)의 『영표록이(嶺表錄異)』(『사고전서』본, 중권, 13b)에서 "머리에는 술잔 같은 누런 관이 있고, …그 관은 견고하고 치밀하여 술그릇으로 만들 수 있다(頭有黃冠如杯, …取其冠堅緻可爲酒杯)"라고 한 것과 『영외대답』 권9에 산봉황(山鳳凰)을 설명하며(『영외대답교주』, 366쪽) "그 이마의 관에는 항상 물을 담고 있다(其頂之冠, 常盛水)"라고 한 것은 여기 마환의 설명과 전혀 부합하지 않는다. 이로써 볼 때, 여기 마환의 기술은 학정(鶴頂), 또는 학정조(鶴頂鳥)가 무엇인지 알려 주는 가장 빠르면서 유일한 설명이다.

384 『기록휘편』의 이 문장[又出一等火雞, 大如仙鶴]은 『설집』과 『담생당』본에만 "又出一等大雞, 大如鶴"이라고 되어 있다.

害,[386] 亦能破人腹,[387] 腸出卽死. 好吃炦[388]炭, 遂名火雞.[389] 用棍打碎莫能死.[390]

① '원신족경(圓身簇頸)'은 『국조전고』본에 '학의 몸에 둥근 목(鶴身圓頸)'으로 되어 있다.
② 이상 두 글자[頭上]는 『기록휘편』에 빠져 있어 『승조유사』본에 따라 보충했다.
③ 이상 두 글자[又有]는 『기록휘편』에 빠져 있어 『승조유사』본에 따라 보충했다.[391]

385 '흑(黑)'자는 『삼보정이집』에만 '흑색(黑色)'으로 되어 있다.

386 『기록휘편』에 따른 이 기술[爪甚利害]은 『삼보정이집』, 『설집』, 『담생당』본에 "그 발톱은 매우 날카롭다(其爪甚利)"라고 되어 있고, 『국조전고』에는 "爪甚利"라고 되어 있다. 『기록휘편』만 '이해(利害)'로 '해'자를 더 부연하고 있으므로 '해'자를 빼는 것이 맞다.

387 『기록휘편』의 이 문장[亦能破人腹]은 『삼보정이집』, 『설집』, 『담생당』본에는 "또한 발톱은 사람의 배를 가를 수 있다(亦能爪破人腹)"라고 하였다. 여기의 발톱을 가리키는 '조(爪)'자는 앞 문장과 중복되므로 불필요하다. 『국조전고』에는 "또한 사람의 배를 움켜쥐고 가를 수 있다(亦能抓破人腹)"라고 하였다(2129쪽). 따라서 '조'자를 넣어야 한다면 『국조전고』를 따라야 할 것이다.

388 이 글자[炦]는 『기록휘편』에 '炦'자로 되어 있는데, 풍승균 씨가 '부(炥)'자로 읽은 것은 뒷글자인 '탄(炭)'자와의 결합을 고려한 것이다. '부탄(炥炭)'이란 바로 '부탄(烰炭)'으로 숯을 의미한다. 여기서는 숯처럼 검게 탄 것들을 먹는다는 의미로 읽어야 할 것 같다.

389 '명(名)'자는 『국조전고』에서도 확인되지만, 『삼보정이집』과 『설집』에는 '위(爲)'자로 되어 있는데, 이는 '위(謂)'자와 통용하므로 의미상 변화는 없다.

390 『기록휘편』의 이 설명[用棍打碎莫能死]은 『국조전고』에 "用棍搥碎, 打不能死"라고 되어 있는데, '추'자와 '타'자의 의미가 겹쳐 해석하기 쉽지 않다. 억지로 글자 그대로 따라가면, "몽둥이로 때려 부수고 때려도 죽일 수 없다"라는 정도가 될 것이다. 『삼보정이집』에는 "用棍打擊, 猝不能死"라고 읽히는데, 『설집』에는 "用棍打擊, �莫就死"라고 하였고, 『담생당』본에는 "화계라고 한다"라는 정보 없이 "이 닭은 곤봉으로 때려도 쉽게 죽일 수 없다(此鷄用棍打擊, 不輕能死)"라고 되어 있다. 따라서 의미는 몽둥이로 때려도 갑자기(한 번에) 죽일 수는 없다는 말이다. 그러므로 『기록휘편』의 원문은 "用棍打, 猝莫能死"라고 읽어야 할 것이다.

391 이상의 교정에 해당하는 『기록휘편』 원문[圓身簇頸比鶴頸更長有軟紅冠似紅帽之狀二片生於頸中]은 『삼보정이집』에는 "身圓簇頸比鶴頂更長有軟紅冠似紅帽子之狀二片生於頸中"으로, 『설집』과 『담생당』본에는 "身圓簇頸比鶴頸更長又軟紅冠似紅絹子之狀二片生於頸中"으로 되어 있어 구두하기가 쉽지 않다. 한편 『국조전고』에는 "몸은 둥글고, 목은 학보다 더 길며, 목에는 두 쪽의 부드러운 붉은 볏이 있는데 붉은 모자 모양이다(身圓, 頸比鶴更長, 頸中有軟紅冠二片, 似紅帽子之狀)"라고 되어 있다. 먼저 여기서 설명하고 있는 화계(火雞)는 바로 'Casuarius casuarius'라는 학명을 가진 화식조를 가리키고 있는 것으로 보인다. 『기록휘편』, 『삼보정이집』, 『설집』에 모두 들어 있는 '족경(簇頸)' 두 글자의 해석이 문제이다. 다음의 "比鶴頸更長"이라는 문장은 틀림없이 주어가 필요하다. 그렇다면 "身圓簇, 頸比鶴頸更長" 또는 "身圓, 簇頸比鶴頸更長"이라고 구두해야 한다. 여기 '족' 또는 '촉'의 '簇'자 해석이 어려웠던지 『국조전고』에서는 보이지 않는다. 이상의 문장으로 볼 때, '장(長)'자에서 구두해야 한다는 것은 분명하다. 다음은 붉은 모자 모양의 부드러운 붉은 볏과 목에 있는 두 갈래로 늘어져 있는 벼슬을 서술하고 있다. 따라서 『국조전고』의 설명은 머리에 있는 볏과 목에 있는 볏을 하나로 설명하고 있다. 즉 모자 같은 것은

3-7. 신수(神獸)

또 산에는 약간의 신기한 짐승이 나는데, '신록(神鹿)'[392]이라 부른다. 큰 돼지 같고, 키는 3척가량 되며, 전반부는 검고, 후반부는 희며, 미세한 털은 뽀얗고 짧아 예쁘다. 주둥이는 돼지주둥이처럼 평평하지 않고, 네 굽은 역시 돼지 굽처럼 세 쪽이다. 단지 초목만 먹고 매운 채소나 고기를 먹지 않는다.

又山產一等神獸,[393] 名曰神鹿. 如巨猪,[394] 高三尺許, 前半截黑,[395] 後一段白花毛純短可愛.[396] 嘴如猪嘴不平, 四蹄亦①如猪蹄, 卻②有三跲.③ 止食草木, 不食葷腥.

머리에 있어야 하고, 두 갈래로 늘어진 것은 목에 있어야 한다. 한편 주당면의 『국조전고』를 보면, "또 한 큰 닭 같은 것이 나는데, 선학처럼 크고, 더 길며, 목에는 부드러운 붉은 볏 두 쪽이 있는데 불은 털옷 모양이다(又出一等大雞, 大如仙鶴, 更長, 頸中有軟紅冠二片, 似紅褐子之狀)"라고 하였다. 즉 머리에 있는 벼슬보다는 목에 있는 벼슬만 언급하고 있다는 것을 알 수 있다. 이 때문에 풍승균 씨는 『승조유사』에 따라서 "머리에는 붉은 모자 같은 부드럽고 붉은 볏이 있고, 또 목에는 두 조각의 [볏이] 있다([頭上]有軟紅冠, 似紅帽之狀, [又有]二片生於頸中)"라고 보충했다. 그렇다면, 『기록휘편』, 『삼보정이집』, 『설집』의 문장은 "圓身, 簇頸比鶴頸更長, 有軟紅冠似紅帽之狀, 二片生於頸中"이라고 구두하는 것이 맞다. 다시 '簇[cù]頸'으로 돌아와 의미를 새겨 보면, '簇[cù]'자는 형용사적 의미를 담고 있어야 하므로, 관형어로 보고 화살촉 같은 목 정도로 해석하고자 한다.

392 신록(神鹿)에 대하여 상달(向達) 씨는 『서양번국지교주』(중화서국, 1981, 12쪽)에서, "신록은 타피르(tapir)를 말하는 것 같다. 일본에서는 '맥(貘)'으로 번역하는데, 『이아(爾雅)』에 보이는 맥(貘)과는 다르다"라고 하였다. 마환이 기술한 '신기한 사슴'은 현재 미얀마, 태국, 수마트라섬 등 말레이반도에 남아 있는 말레이 타피르(Malayan tapir, Tapirus indicus)라는 희귀 동물과 비슷하다. 다만 마환이 왜 돼지와 비슷한 동물을 '녹[사슴]'으로 옮겼는지는 밝혀지지 않았다. 역자의 생각으로 이 타피르는 인도네시아어로 '트눅(tenuk)', 또는 '스눅(senuk)'이라 하는데, 신록은 바로 이 '스눅'을 음역한 것으로 추정된다.

393 '신수(神獸)'는 『국조전고』에만 '주수(走獸)'로 되어 있다. 여기의 '주수'는 날짐승과 상대적인 의미의 들짐승을 가리킨다. 뒤에 이 동물을 '신(神)'자를 써서 명명하고 있으므로, 여기서는 그냥 '주수'라고 하는 것도 가능하다.

394 『기록휘편』의 이 설명[如巨猪]은 『국조전고』, 『삼보정이집』, 『설집』, 『담생당』본 모두 "大如巨猪"라고 되어 있으므로 『기록휘편』의 원문에도 '대(大)'자를 넣어야 할 것이다. 이는 『서양번국지』 "神鹿大如巨豕"라는 문장에서 확인할 수 있다.

395 『기록휘편』의 이 문장[前半截黑]은 『국조전고』, 『삼보정이집』, 『설집』, 『담생당』본 모두 '흑'자 앞에 '심(甚)'자를 넣어 "前半截甚黑"이라고 하였으므로, 『기록휘편』의 원문에도 '심'자를 보완하는 것이 맞다.

① 이상 세 글자[四蹄亦]는 『승조유사』본에 따라 보충했다.

② [‘각(卻)’자는] 『기록휘편』에 ‘각(脚)’자로 되어 있어 『승조유사』본에 따라 고쳤다.

③ [‘겁(跆)’자는] 『기록휘편』에 ‘노(路)’자로 잘못되어 『승조유사』본에 따라 고쳤다.[397]

3-8. 기타 산물

소, 양, 돼지, 개, 닭, 오리, 그리고 채소, 오이, 과일 같은 것들은 조와와 마찬가지로 모두 있다.

其牛・羊・猪・犬・雞・鴨, 幷蔬菜・瓜・果之類, 與爪哇一般皆有.[398]

3-9. 놀이

이곳 사람들은 대부분 ‘거북이 잡기’, 바둑이나 장기, 투계 같은 놀이를 좋아하는데 모두 돈이나 물건을 걸고 하는 도박이다.

396 여기 짐승의 후반부를 설명하고 있는 이 문장[後一段白花毛純短可愛]은, 『국조전고』에서 ‘일’자를 ‘절’자로 바꾸어 “後截段白花毛純短可愛”라고 하였고, 『삼보정이집』과 『설집』에서는 “後半截白花毛純短可愛”라고 되어 있다. 한편 『담생당』본에는 ‘순(純)’자가 ‘절(絶)’자로 잘못되어 있다. 『국조전고』의 문장은 ‘절(截)’자와 ‘단(段)’자가 중복된, 같은 의미이다. 반면 『삼보정이집』, 『설집』, 『담생당』본은 앞의 문장과 대구를 이루고 있다는 점에서 유리하다. 한편 이 문장 역시 구두하기 쉽지 않다. 말하자면, 전반의 설명과 짝을 맞추어 “後半截白, 花毛純短可愛”라고 읽는 것이 가장 일반적일 것으로 보이지만, 다음 ‘화모(花毛)’의 의미가 꽃문양의 털이란 말인지, 아니면 꽃에 가늘게 난 솜털을 말하는 것인지 확실하지 않다. 여기서는 후자의 의미로 새기기로 한다.

397 이상의 교정에 해당하는 『기록휘편』 원문[如猪蹄, 脚有三路]은 『국조전고』에 “四蹄如脚有三跆”으로, 『삼보정이집』과 『설집』에는 “四蹄如猪蹄有三跆”으로, 『담생당』본에는 “四蹄如猪蹄三路”라고 하였다. 여기서는 『삼보정이집』과 『설집』에 따라 고치고 보충해야 할 것이다.

398 이 문장[其牛・羊・猪・犬・雞・鴨, 幷蔬菜・瓜・果之類, 與爪哇一般皆有]은 『국조전고』에만 “소, 양, 돼지, 개, 닭, 오리, 그리고 채소, 과일, 과(瓜) 같은 것들은 자바와 같다(其牛・羊・猪・犬・雞・鴨, 幷蔬菜・菓・瓜之類, 與爪哇一般)”라고 되어 있다.

彼處人多好博戲, 如把①龜 · 弈棋 · 鬪雞之類,② 皆賭錢物.

① ['파(把)'자는] 『서양조공전록』에도 '파(把)'자로 되어 있는데 『승조유사』본에는 '구(摳)'자로 되어 있다.

② 이상 두 글자[之類]는 『기록휘편』에 빠져 있어 『승조유사』본에 따라 보충하였다.[399]

3-10. 통화

시중의 교역에는 또한 중국의 동전을 사용하고, 베나 비단 같은 것을 함께 사용한다.

399 이 교정에 해당하는 『기록휘편』의 원문[彼處人多好博戲, 如把龜 · 弈棋 · 鬪雞, 皆賭錢物]은 먼저 『국조전고』에 "이곳 사람들은 대부분 '거북이 때리기', 보드게임, 투계 같은 내기 놀이를 좋아하는데 모두 돈과 물건으로 도박한다(彼人多好博戲, 如搕龜 · 奕棋 · 鬥鷄, 皆賭鈔物)"라고 하였다. 여기의 '초(鈔)'자는 '전(錢)'자의 오기임이 분명하다. 한편 『삼보정이집』에서는 "이곳의 사람들은 대부분 '거북이 잡기', 보드게임, 닭이나 오리 싸움, 돈이나 물건 내기 같은 유의 놀이를 좋아한다(彼處人多好博戲, 如把龜 · 弈棋 · 鬪雞鴨, 賭錢物之類)"라고 설명하였고, 『설집』과 『담생당』본에서는 "이곳 사람들은 '거북이 잡기', 보드게임, 투계 같은 놀이를 좋아하는데, 모두 돈이나 물건으로 도박하는 것이다(彼處人多好博戲, 如把龜 · 弈棋 · 鬪雞, 皆爲賭博錢物)"라고 기술했다. 이상으로 볼 때, 풍승균 씨가 『승조유사』본에 따라 보충한 '之類' 두 글자는 불필요하다. 여기 『기록휘편』의 문장과 가장 가까운 것은 『국조전고』, 『설집』, 『담생당』본으로, 그에 따라야 할 것이다. 이는 『서양번국지』에서 "사람들은 바둑이나 장기, 거북이 잡기, 투계 같은 내기 놀이를 좋아하는데 모두 재물로 도박한다(人喜博戲, 如奕棊把龜鬬雞, 皆賭財物)"라고 한 문장으로 확인된다.

한편, 마환과 동시대, 이탈리아 상인 니콜로 데 콘티(Niccolò de' Conti)는 마르코 폴로처럼 자바섬과 수마트라섬을 '대자바'와 '소자바'로 기술하며, 이곳에서 처자식과 함께 9개월을 체류했다고 한다. 그가 어느 섬에서 언제인지 정확히 밝히지는 않았지만, 1421년경으로 추정된다. 그는 이 투계에 관하여 "그들에게서 가장 모호한 놀이는 닭싸움이다. 여러 사람이 전투용 새를 기르며 승자가 될 것이라는 의지를 품는다. 이 경기를 참관하는 사람들은 이 싸움에 내기를 걸고 승자로 남는 닭으로 딸 돈을 결정한다"라고 하였다(메이저(R.H. Major) 편, 『India in the Fifteenth century』(London, Hakluyt Society, 1857), 「니콜로 콘티의 여행」, 16~17쪽).

市中交易亦使中國銅錢, 幷用①布帛之類.

① '용(用)'자는 『기록휘편』에 빠져 있어 『승조유사』본에 따라 보충하였다.[400]

3-11. 조공

국왕은 또한 매번 방물을 조정에 진공하였는데, 지금까지 끊이지 않고 있다.

國王亦每以①方物進貢朝廷, 逮今未絕.②

① 이상 다섯 글자[國王亦每以]는 『기록휘편』에 '역장(亦將)'으로 되어 있어 『승조유사』본에 따라 고쳤다.

② 이상 여덟 글자[進貢朝廷, 逮今未絕]는 『기록휘편』에 '공어중국(貢於中國)'으로 되어 있어 『승조유사』본에 따라 보충하였다.[401]

400 이 교정에 해당하는 『기록휘편』 원문[市中交易亦使中國銅錢, 幷布帛之類]은 『삼보정이집』, 『설집』, 『담생당』본 모두 이본 없이 일치를 보이고, 『국조전고』에만 '시중(市中)'이 '시상역(市上亦)'으로 되어 있다. 문장 구조상으로도 '병(幷)'자로 병렬하고 있으므로, 풍승균 씨가 『승조유사』본에 따라 보충한 '용(用)'자는 불필요하다.

401 이 교정에 해당하는 『기록휘편』 원문[또한 방물을 중국에 바쳤다(亦將方物貢於中國)]은 『국조전고』에도 정확히 일치한다. 한편 『삼보정이집』에서는 "亦將方物進貢於朝廷"으로, 『설집』과 『담생당』본에서는 "亦將方物進貢於中國"으로 되어 있는데, 『담생당』본에는 '진(進)'자가 없을 뿐이다. 따라서 풍승균 씨가 『승조유사』에 따라 보충한 것들은 모두 불필요하다. 하지만 모두 주어가 생략되어 있으므로, 『서양번국지』에서 "其王亦採方物赴中國進貢"이라고 한 것에 근거하여 '기왕(其王)' 두 글자를 보충하기로 한다.

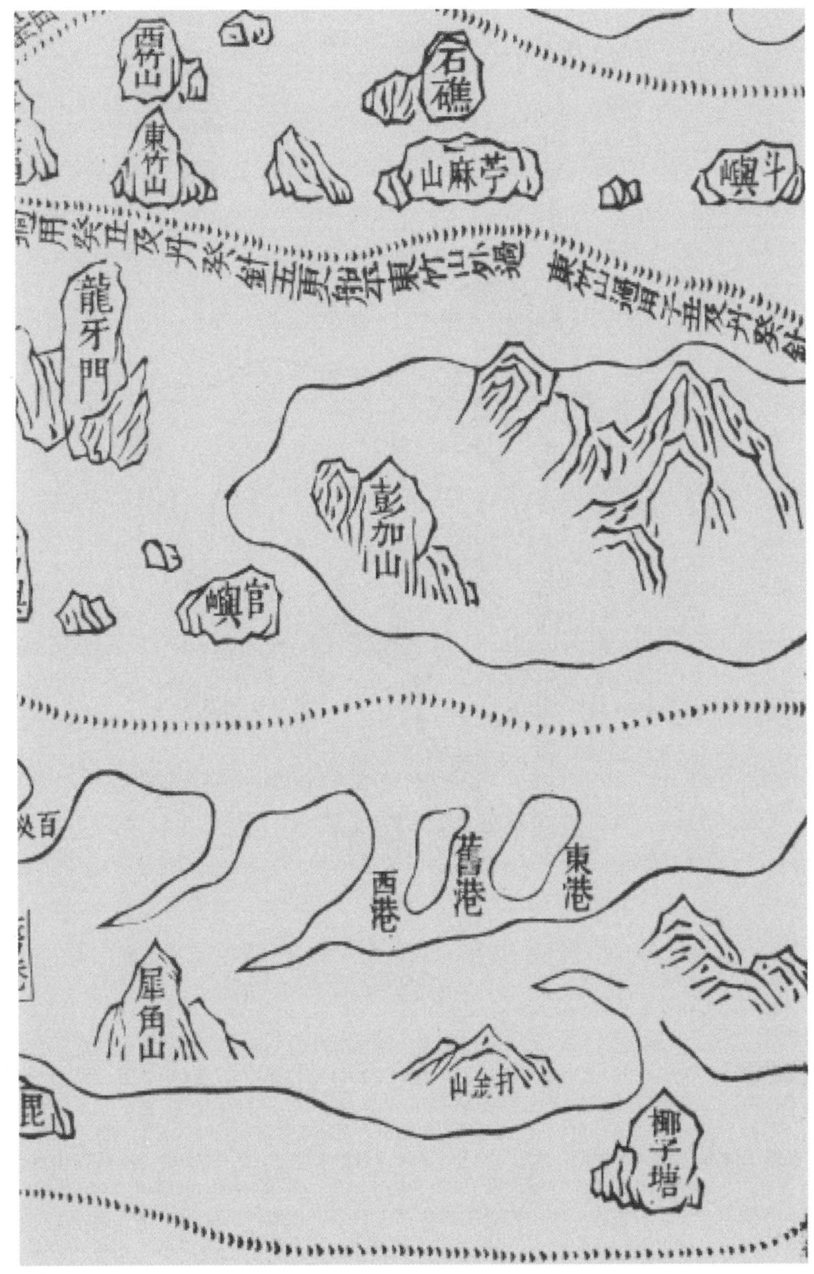

모원의(茅元儀, 1594~1640), 『무비지(武備志)』, 권240, 15a.

참고도 설명 1607년 명나라 왕기(王圻)와 아들 왕사의(王思義)의 『삼재도회(三才圖會)』, 인물, 권12 「삼불제국(三佛齊國)」. "삼불제국은 남해 가운데 있다. 광주에서 배로 출발하여 정남쪽으로 반 달을 가면 도착할 수 있다. 여러 나라의 수로 요충지이다. 나무로 울타리를 만들어 성을 조성했다. 나라 사람들 대부분 포(蒲)씨이며 [집을] 포(蒲)로 묶어 수상생활을 한다. 사람들의 칼과 화살은 사람을 해칠 수 없어(?) 이 때문에 여러 나라에 군림한다. 옛 전설에 이 나라 지면에서 갑자기 수만 마리의 소가 튀어나와 사람들이 잡아먹었는데, 후에 대나무로 그 구멍을 비우자(?) 이내 끊어졌다. 무소, 코끼리, 주기(珠璣), 기이한 보석, 향약 등이 난다(三佛齊國在南海之中. 自廣州發船, 取正南半月, 可到. 諸番水道之要衝. 以木作欄爲城. 國人多姓蒲, 縛蒲浮水而居. 其人刀箭不能傷, 以此霸於諸國. 舊傳, 其國地面, 忽然穴出生牛數萬, 人取食之, 後用竹木空其穴, 乃絕. 產犀・象・珠璣・異寶・香藥之類)."

04 시암 왕국 [暹羅國]

해제

섬라(暹羅)라는 왕국은 태국 메남강 유역에 있었던 13~14세기의 나라이다. '섬라'라는 명칭은 주달관(周達觀) 『진랍풍토기』 총론에 제일 먼저 보인다. 주달관은 『제번지(諸番志)』의 문장을 인용하고 있는데, "그 나라의 넓이는 7천 리이다. 이 나라의 북쪽으로 10일이면 참파에 도착하고, 남서쪽으로 15일 가면 시암[섬라(暹羅)]이며, 남쪽으로 10일을 가면 번우(番禺)이고, 동쪽에는 대양이 있다(按諸番志稱其地廣七千里, 其國北抵占城半月路, 西南距暹羅半月程, 南距番禺十日程, 其東則大海也)"라고 하였다(『앙코르 캄보디아』, 48쪽). 오늘날 전하는 조여괄(趙汝适)의 『제번지』에는 없는 문장이다. 어쨌든 주달관은 『제번지』의 가장 빠른 판본을 본 셈이다. 주달관이 사신으로 캄보디아에 간 것은 1296~1297년이므로, 『진랍풍토기』는 그의 귀국 이후에 지어진 것이다. 한편 왕대연(汪大淵)은 13세기 초에 태어났고, 20세경에 처음으로 바다로 나갔다. 그러므로 왕대연의 기록은 주달관보다 적어도 30년 이후에 지어진 것이다. 우리가 현재 볼 수 있는 『진랍풍토기』의 원본은 사라졌고, 명나라 이후에 나온 간행본들이다. 사실 '섬라'라는 왕국은 원나라 시기에는 존재하지 않았다. 왕대연은 『도이지략』에서 나혹(羅斛)과 섬(暹) 두 조목을 별도로 두고 있는 것이 전부이다. 따라서 주달관이 말한 '섬라'는 명나라 편집자들이 고친 것으로 생각할 수밖에 없다. 결국 '섬라'라는 명칭은 왕대연 이후에 이 두 나라가 통합되어, '섬라혹' 또는 '섬라'로 불렸다는 것으로 짐작해 볼 수 있다.

'섬라'가 정사에서 처음으로 모습을 드러내고 있는 것은 『명사』 권324, 「섬라전」(8396쪽)으로, "섬라(暹羅)는 참파의 서남쪽에 위치하고, 순풍을 만나면 10일이면 이르는데, 바로 수나라와 당나라 때의 적토국(赤土國)이다. 후에 나혹(羅斛)과 섬(暹) 두 나라로 나뉘었다. 섬(暹)의 토양은 척박하여 농사에 적합하지 않았고, 나혹의 지세는 평탄하고 넓어 파종하면 수확이 많았으므로, 섬(暹)에서 이에 의지하였다. 원나라 시기에 섬(暹)에서 항상 입조하여 공물을 바쳤다. 그 후에 나혹이 강성해져 섬(暹)의 토지를 병탄하니, 드디어 '섬라혹국(暹羅斛國)'이라 칭하게 되었다(暹羅, 在占城西南, 順風十晝夜可至, 卽隋·唐赤土國. 後分爲羅斛·暹二國. 暹土瘠不宜稼, 羅斛地平衍, 種多獲, 暹仰給焉. 元時, 暹常入貢. 其後, 羅斛强, 幷有暹地, 遂稱暹羅斛國)"라고 한 것에 근거할 수 있다.

나혹이 우세하여 섬을 겸병했다면, 왜 '나혹섬'이라 하지 않았을까? 이 점에 대해 폴 펠리오 씨는 긴 고증으로 지면을 할애하면서 다음과 같이 결론지었다. "섬(暹)과 나혹, 즉 수코타이와 롭부리의 지역은 우선 캄보디아인의 통치 아래 공존했고, 13세기 후반에 시암 왕국이 독립하여 수코타이에 수도를 건설했지만, 공국들 특히 나혹이 남아 있었다. 14세기 중반에 지배권은 섬에서 나혹으로, 말하자면 수코타이에서 아유티아로 넘어갔다"[펠리오, 『8세기 말 중국에서 인도로 가는 두 갈래 여정』(역주본), 237쪽을 참고하시오]. '섬라'

가 '섬나혹'의 줄인 표현이라면, 나혹과 섬의 어원만 복원하면 된다. 먼저 나혹(羅斛)은 제리니(Gerini), 펠리오(Pelliot), 히어트(Hirth), 록힐(Rockhill) 모두 르보(Lvo), 라보(Lavo), 라호트(Lahot)의 음역으로 메남강 하류의 롭부리(Lophuri)로 보았다(『조여괄』, 54쪽 주석).

다음 섬(暹)에 대하여, 후치타 도요하치는 섬은 시얌(Syam), 시야마 쿠타(Syama Kuta)에 해당하는 음으로 추정했고(『도이지략교주』, 69쪽), 펠리오 또한 11세기 중반부터, 1190년(?), 1207년, 1233년에 참파의 비문들 속에서 중국인, 안남인, 캄보디아인, 미얀마인 노예들 옆에 나타나는 '시암(syam)'과 캄보디아의 속국인 '시암 쿳(Syāṃ Kut)'이라는 나라에서 찾고 있는 것 같다(『8세기 말 중국에서 인도로 가는 두 갈래 여정』, 189쪽). 이후 학자들은 대체로 이에 따르고 있는데, 소계경 씨는 "섬국의 '섬'은 원래 말레이어 사-얌(Sa-yam)의 음역으로, 말레이 사람들이 타이족 피부색이 비교적 엷으므로 이로써 그들을 부른 것이다"라고 설명하고 있다(『도이지략교석』, 157쪽). 한편, 진가영 등의 『고대남해지명회석(古代南海地名匯釋)』에서 "시암은 산스크리트어 'Syama'가 그 어원으로, '갈색' 혹은 '황금'이라는 의미이다"라고 하였다(중화서국, 1986, 1037쪽).

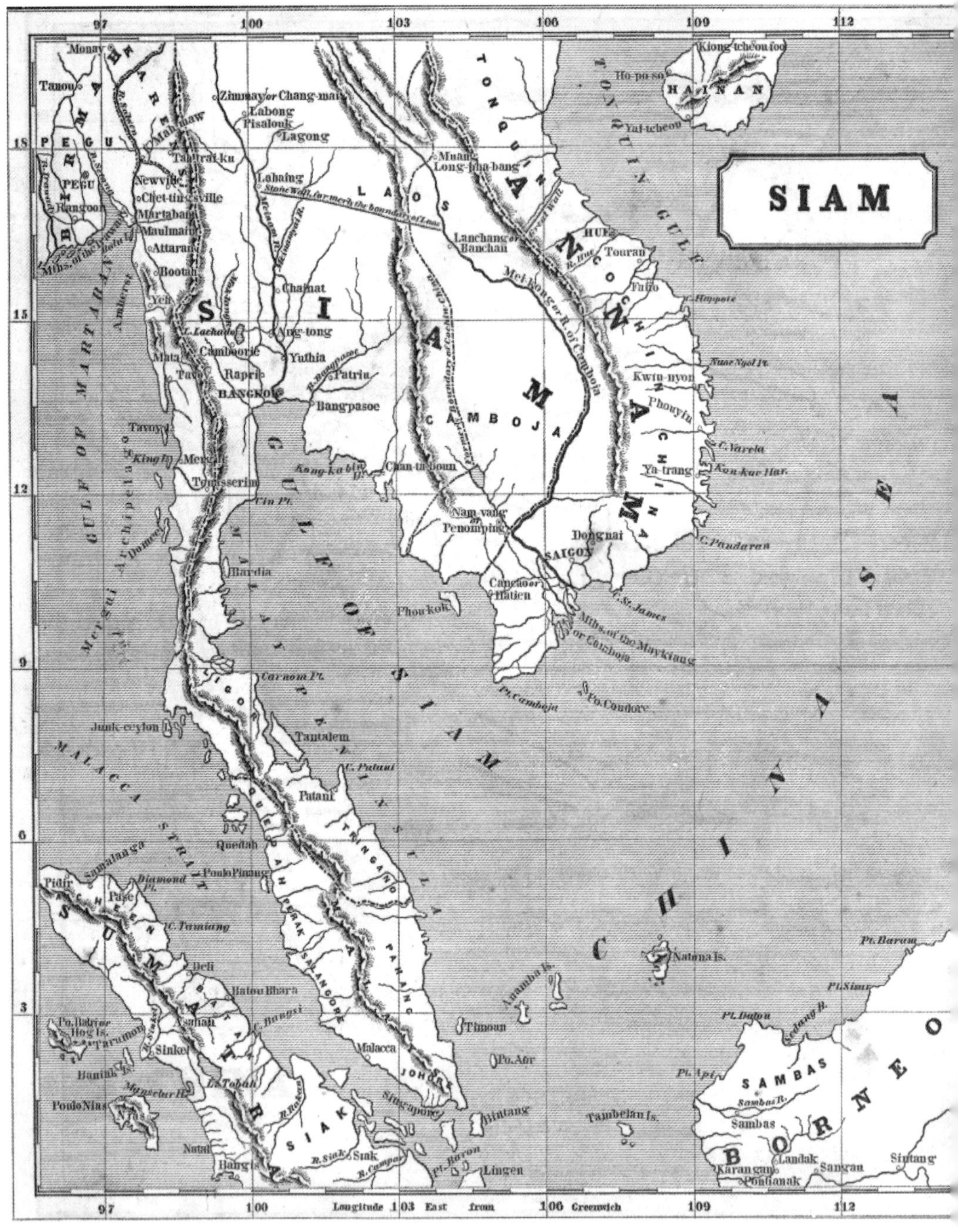

Sidney Edwards Morse(1794~1871), 『The Cerographic Missionary Atlas』, 뉴욕, 1848년.
「시암 지도」, 27×24㎝, 1:10,000,000.

✺

시암 왕국[暹羅國][402]

4-1. 개황

[섬라국은] 점성(참파)에서 서남쪽으로 7일 밤낮을 배를 타고 가는데, 순풍이면 신문대(新門臺) 바다 어귀에 이르러 항구로 들어가야 이 나라에 이른다. 나라의 둘레는 천 리이고, 바깥으로 산이 높이 서 있고, 안쪽 [나혹의] 땅은 축축하며, [섬의] 토양은 척박하여 농사를 짓기에 다소 적합하지 않다. 기후는 고르지 않아 추웠다가 더웠다 한다.

自占城向西南船行七晝夜, 順風至新門臺①海口入港,② 纔至其國. 國週千里,[403] 外山崎嶇, 內地潮濕, 土瘠少堪耕種.[404] 氣候不正, 或寒或熱.

402 『담생당』본에는 표제어 아래 "『일통지』에 있다(一統志有)"라는 주석이 달려 있다.

403 '국(國)'자는 『국조전고』, 『삼보정이집』, 『설집』, 『담생당』본 모두 '지(地)'자로 되어 있다. 결국 그 나라의 땅을 설명하므로, '국'자로 풀이해도 문제가 될 것은 없지만 그래도 여러 사본에 따라 '지(地)'자로 고치는 것이 좋겠다.

404 이 문장[內地潮濕, 土瘠少堪耕種]은 부연 설명이 필요하다. 내지(內地)는 축축한데, 어떻게 토양이 메마르고 척박할 수 있을까? 1349~1350년 왕대연의 『도이지략』(사고전서본, 21a)에는 당연히 섬(暹)과 나혹(羅斛) 두 나라로 분리되어 있었다. 나혹 조목을 보면 "그 밭은 평평하고 농사를 많이 지어 섬(暹)사람들이 부러워한다(其田平衍而多稼, 暹人仰之)"라고 하였고, 다시 섬(暹) 조목(26a)에서는 "토지는 척박하여 경작에 적합하지 않아 미곡은 해마다 나혹에 의지한다(土瘠, 不宜耕種, 穀米歲仰羅斛)"라고 하였다. 말하자면, 섬은 땅이 척박하고, 나곡은 땅이 비옥하다는 말이다. 마환과 동시대 비신의 『성사승람』 섬라국 조목에는 "땅은 평평하고 비옥하여 농사를 지으면 풍성하게 익는다(田平而沃, 稼多豐熟)"라고 하였다(『성사승람교주』, 전집, 11쪽). 또한, 공진의 『서양번국지』를 보면, "바깥으로 산은 험준하고, 안쪽 땅은 낮고 습하며, 그 토양은 척박하다(外山嶮巇, 內地卑濕, 其土瘠)"라고 하였다. 결국 왕대연 이후의 기록들이 모두 섬 또는 나혹의 토질을 하나만 언급하고 있는 셈이다. 반면 마환은 통일된 두 나라의 땅을 모두 언급했으나 중간에 문장이 빠져 전해지면서 발생한 오류이다. 마환의 문장은 나혹의 땅은 축축하고 비옥하며, 섬의 땅은 척박하여 농사를 짓기에 다소 적합하지 않다는 말로 이해해야 할 것이다.

① ['신문대(新門臺)'는] 『국조전고』본에 '용문옥(龍門屋)'으로 되어 있다.[405]

② ['항(港)'은] 분명 메남(Menam)강 어귀를 지칭한다.[406]

4-2. 주거환경

왕이 사는 집은 사뭇 화려하고 정결하다. 서민들의 집은 누대처럼 세워

405 『기록휘편』의 이 문장[順風至新門臺海口入港]은 『국조전고』에 "順風至新門屋海口入港"으로 되어 있고, 『설집』과 『담생당』본에는 "順風至新門一海口入港"이라고 되어 있다. 여기에서 '해구(海口)'란 강에서 바다로 통하는 지점을 말한다. 공진의 『서양번국지』(상달 교주본, 13쪽)에도 '신문대'로 되어 있으므로 『기록휘편』과 『삼보정이집』을 따르는 것이 좋겠다.

406 신문대(新門臺)는 『도이지략』에서 섬(暹)으로 들어가는 첫 번째 관문으로 기술되어 있다. 제리니(Gerini)는 신문대가 바로 '송 빈뗴(Sông Vĩnh Tế)'를 음역한 것으로 보았다(『Researches On Ptolemy's Geography Of Eastern Asia』, 196쪽 주). 후지타 도요하치도 제리니의 추정에 동조하며 "신문대는 빈뗴 강(Song Vĩnh Tế)에 해당하는 음이다. 원나라 시기에는 강 이름이자 항구의 명칭이었고, '하띠엔'이라는 명칭을 가진 것은 1715년에 비롯되었다"라고 하였다(『도이지략교주』, 70쪽). 한편 최근 만명(萬明) 씨는 현 태국 메남(Menam)[짜오프라야(Chao Phraya)] 강 하구의 북쪽에 있는 빡남(Paknam)[ปากน]을 지칭한다고 한다(『명초본영애승람교주』, 32쪽)고 하였다. 한편, 『도이지략』 섬 조목에서 "자바[爪哇] 사신이 지나갈 때, 섬(暹)의 사람들은 그 소식을 듣고 물러났다가 결국은 석리(昔里)를 약탈하여 돌아갔다(遇爪哇使臣經過, 暹人聞之乃遁, 遂掠昔里而歸)"라고 하였으므로, 신문대가 빡남이 되면 거리가 너무 멀어 자바의 사신들이 돌아가는 것을 효과적으로 제어할 수 없다. 또한, 신문대가 음역이고, 『도이지략』과 『영애승람』에서 말하는 신문대가 같은 곳이라면, 빡남 또는 메남 지역에서 음성적으로 근접한 곳을 찾기 어렵다. 『도이지략』의 설명에 따르면, 지정(至正) 기축년(1349) 여름 5월 나혹에 합병되었다고 한다(역자의 『도이지략역주』, 203쪽). 그렇다면 『영애승람』의 섬라는 통일국가로서 하띠엔 지역까지 세력이 펼쳐져 있었을 가능성이 있다. 하지만 마환이 이 지역에 왔을 때는 태국 중부 핏사눌룩을 중심으로 한 수코타이 왕국의 시대였다. 마환은 아유타야 왕국의 수도인 야유타야에 관한 것을 전혀 언급하지 않았다. 다시 말해서 마환이 기술하고 있는 곳이 메남강 하구로 들어가는 핏사눌룩이나 아유타야를 말하는 것인지, 아니면 섬이 나혹에 병합되어 세력이 펼쳐진 하띠엔 지역을 말하는 것인지 단정하기 쉽지 않다. 마환은 나라의 서북쪽으로 200여 리에 '상수(上水)'라는 시장을 기술하면서 운남(雲南)과 통한다고 하였다. 이 '나라[國]'를 풍승균 씨는 도성 즉 아유타야라고 보았다. 그렇다면 아유타야에서 서북쪽으로 '200리'라면 운남과 통하는 길은 매우 멀어지고 어디인지도 특정할 수 없게 된다. 수코타이 왕국의 마지막 수도인 핏사눌룩으로 본다면, 서북쪽으로 '200리'는 치앙마이가 되고, 운남과 닿는 길이 있을 수 있다. 따라서 『영애승람』의 신문대는 하띠엔 지역으로 보면 수도인 핏사눌룩과 거리상 너무 큰 차이가 있다. 풍승균 씨가 추정한 대로 메남강 하류 지점이 맞을 것이다. 그렇지만 만명 씨의 빡남은 너무 내륙 쪽으로, 문맥과 부합하지 않는다. 그렇다면 신문대는 무엇을 음역한 것일까? 『도이지략』의 명칭을 시대적 변화를 고려하지 않고 그대로 가져왔을 가능성이 크다.

만드는데, 위에는 판자로 통하지[通板?] 않고, 빈랑나무를 대나무 조각처럼 쪼개 조밀하게 배열하고, 등나무 줄기를 쪼개 단단하게 묶은 다음 위에는 등나무 자리와 대나무 자리를 깔고, 앉고, 눕고, 먹고, 쉬는 곳이 모두 그 위에 있다.

其王居之屋, 頗華麗整潔. 民庶房屋起造如樓,[407] 上不通①板, 卻用檳榔木劈開如竹片樣密擺,[408] 用藤扎縛甚堅固, 上鋪藤簟竹席,[409] 坐臥食息皆在其上.

① '통(通)'자는 잘못된 것 같다. 『국조전고』본에는 '포(鋪)'자로 되어 있다.[410]

4-3. 왕

왕의 반(絆)은 흰 베로 머리를 싸매고 상체는 옷을 입지 않으며, 하체에는 명주실을 섞어 짠 수건을 두르고, 문양이 들어간 비단으로 허리를 싸맨다. 출입에는 코끼리를 타거나 가마를 타는데, 한 사람이 황금 손잡이가 있는 일산을 든다. 이 일산은 교장(茭蔁)의 잎으로 만드는데, 매우 훌륭하다. 왕은 쇄리(鎖俚) 사람이며 불교를 신봉한다.

407 '기조여루(起造如樓)'는 『국조전고』, 『삼보정이집』, 『설집』, 『담생당』본 모두 "여루기조(如樓起造)"로 되어 있다. 의미의 변화가 없으므로 그대로 따른다.

408 '벽개(劈開)'는 의미가 중복되어 보이는데, 『국조전고』, 『삼보정이집』, 『설집』, 『담생당』본 모두 '벽(劈)'자로만 되어 있어 이에 따른다. 마지막의 '빽빽하게 배열하다(密擺)'를 풍승균 씨는 다음 문장에 붙여 구두하였으나 위의 본문처럼 붙이는 것이 맞다.

409 '등담죽석(藤簟竹席)'은 『국조전고』, 『설집』, 『담생당』본에는 '등석죽담(藤席竹簟)'으로 되어 있고, 『삼보정이집』에만 '등석(藤席)'이라고만 되어 있다. 따라서 『국조전고』, 『설집』, 『담생당』본의 어순을 따르는 것이 원문에 부합할 가능성이 더 크다. 한편, 『서양번국지』에서는 '藤席竹簟'으로 되어 있다.

410 '통(通)'자는 풍승균 씨의 의심대로 『국조전고』, 『삼보정이집』, 『설집』, 『담생당』본 모두 '포(鋪)'자로 되어 있다. 이에 따라 고치는 것이 맞다. 『서양번국지』에 이 정보는 보이지 않는다.

王者之絆,[411] 用白布纏頭, 上不穿衣, 下圍絲①嵌手巾, 加以錦綺壓腰. 出入騎象或乘轎, 一人執金柄傘. 茭蔁葉做, 甚好.[412] 王係鎖俚人氏, 崇信釋教.

① ['사(絲)'자는] 『기록휘편』에 '록(綠)'자로 잘못되어 장승(張昇)의 개정본과 『서양조공전록』에 따라 고쳤다.[413]

4-4. 승려

나라 사람 중에는 비구나 비구니가 되는 자가 아주 많다. 승려들의 복장은 중국과 사뭇 같고 또한 암관(庵觀)[414]에서 살며 재계하고 계를 받는다.

國人爲僧爲尼姑者極多.[415] 僧尼服色與中國頗同, 亦住庵觀, 持齋受戒.

411 『기록휘편』에서 각 나라의 몸치장을 의미하는 글자인 '분(扮)'자 대신에 '반(絆)'자를 일관적으로 사용하고 있다. 여기에서도 다른 명나라 필사본에 따라 '분'자로 바로잡는다.

412 이상 『기록휘편』의 세 문장[一人執金柄傘, 茭蔁葉做, 甚好]은 『국조전고』에 "한 사람은 황금 손잡이가 있는 일산을 든다. 그 일산은 교장의 잎을 포개어 만들어 매우 훌륭하다(一人執金柄傘蓋. 其傘茭蔁葉砌做, 甚好)"라고 하였고, 『설집』과 『담생당』본에서도 이와 비슷하게 "한 사람은 황금 손잡이가 있는 일산을 든다. 그 일산은 교장의 잎으로 만드는데, 포개어 만든 것이 매우 훌륭하다(一人執金柄傘蓋. 其傘茭蔁葉爲之, 砌做甚好)"라고 하였다. 『삼보정이집』에서는 더 줄여 "一人執金柄傘. 茭蔁葉砌做甚好"라고 되어 있다. 따라서 여기서는 『국조전고』에 따라 의미를 파악하는 것이 가장 명확하다. 한편, 『서양번국지』에서는 "한 사람은 일산을 든다. 일산은 교장 잎으로 만들어 매우 좋으며, 금으로 손잡이를 장식했다(一人執傘蓋. 傘以茭蔁葉製造, 甚好, 以金飾柄)"라고 하였다. 이들이 사용하는 일산의 종류에 관해서는 주달관(周達觀)의 『진랍풍토기(眞臘風土記)』에 자세하다. 역자의 『앙코르 캄보디아: 진랍풍토기역주』, 68~69쪽을 참고하시오.

413 『기록휘편』 원문의 '녹(綠)'자를 풍승균 씨는 장승의 개정본과 『서양조공전록』에 따라 '사(絲)'자로 교정했는데, 정확하다. 『국조전고』, 『삼보정이집』, 『설집』, 『담생당』본 모두 '사(絲)'자로 되어 있다. 사감수건(絲嵌手巾)이란 본서에서 자주 언급되는데, 명주실을 섞어 짠 수건을 말한다.

414 암관(庵觀)은 사전적 정의에 따르면, '암'은 여성들이 출가하여 사는 작은 절을 말하고, '관'은 도교의 사원을 말한다.

415 『기록휘편』의 이 문장[國人爲僧爲尼姑者極多]은 『삼보정이집』과 일치하지만, 『국조전고』에는 "國人爲僧尼者極多"라고 되어 있다. 한편 『설집』과 『담생당』본에는 "나라 사람들도 불교를 신봉하여 비구와 비구승이 매우 많다(國人亦崇信釋教, 爲僧爲尼姑者甚衆)"라고 하여, 의미상으로는 가장 정확한 구성이

4-5. 풍속

이 나라 풍속에 모든 일은 부인이 주관한다. 왕과 아래 백성들은 형벌의 경중과 매매, 일체의 크고 작은 일을 상의할 때면, 모두 부인의 결정을 따르는데, 부인의 지혜와 기량이 결국 남자보다 낫기 때문이다. 아내가 우리 중국 사람과 좋아지낼 때는 술과 밥을 차려 놓고 함께 마시고 잠자리에 들어도 그 남편은 아무렇지 않은 듯 이상하게 여기지 않으며, 이내 "내 아내가 아름다워 중국인이 좋아하게 되었다"라고 한다.

其①俗凡事皆是婦人主掌. 其國王及下民若有謀議刑罰輕重買賣一應巨細之事, 皆決於妻,[416] 其婦人志②量果勝於男子. 若有妻與我中國人通好者,[417] 則置酒飯, 同飲坐寢,[418] 其夫恬不爲怪, 乃曰, 我妻美, 爲③中國人喜愛.

다. 따라서 『국조전고』에서 출가한 사람을 지칭하여 '승니'라고만 한 것은 의미가 충분하지 못하여 따를 수 없다. 한편, 『서양번국지』에서는 "나라에는 비구나 비구니가 되는 [사람이] 매우 많다(國中爲僧尼極多)"라고만 하였다.

416 이상 『기록휘편』의 문장들[其俗凡事皆是婦人主掌. 其國王及下民若有謀議刑罰輕重買賣一應巨細之事, 皆決於妻]은 『설집』과 『담생당』본에는 중간 설명을 모두 빼고 "풍속에 모든 일은 그 아내의 결정에 따른다(風俗凡事皆決於其妻)"라고만 되어 있다. 『국조전고』에는 '결'자 앞에 '종'자를 더 추가하여 "皆從決於妻"라고 되어 있다. 상달 씨가 찾은 공진의 『서양번국지』(교주본, 13쪽)에는 "국왕은 형벌을 의논하고, 백성들은 매매 교역을 하는데, 일체 크고 작은 일은 모두 부인에게서 결정된다(國王謀議刑罰, 下民買賣交易, 一應鉅細事, 皆決於妻)"라고 하였다. 한편, 비신의 『성사승람』(풍승균 교주본, 전집, 11쪽)에서는 "그 추장과 백성들이 크고 작은 일을 상의하지만, 모두 부인에게서 결정되어 남자는 듣고 따를 뿐 서열이 없다(其酋長及民下謀議, 大小之事, 悉決於婦, 其男一聽苟合無序)"라고 하였다. 비신의 문장이 가장 정련되어 있음을 확인할 수 있다. 자세한 것은 부록에 실은 번역문을 참고하시오.

417 『기록휘편』의 이 문장[若有妻與我中國人通好者]은 『국조전고』에 "아내가 우리 중국 남자와 마음으로 좋아하며 잘 지내면(若有妻與我中國男子情好和美)"이라고 되어 있고, 『삼보정이집』에는 "아내가 중국 사람과 좋아하면(若有妻與中國人通好)"으로, 『설집』에는 "아내가 우리 중국 남자와 좋아하는 경우가 있으면(若有妻與我中國男好者)"으로, 『담생당』본에는 "若妻與我中國人相好者"라고 되어 있다. 뜻이 모두 비슷하므로 『기록휘편』본을 그대로 따른다.

418 이상 『기록휘편』에 따른 두 문장[則置酒飯, 同飲坐寢]은 『국조전고』와 『삼보정이집』에 "술과 밥을 차려 놓고 대접하며 함께 마시고 잠자리에 들어도(則置酒飯以待, 同飲坐寢)"라고 되어 있고, 『설집』과 『담

① ['기(其)'자는] 『기록휘편』에 '풍(風)'자로 되어 있으나 『승조유사』본과 『서양조공전록』에 따라 고쳤다.[419]

② ['지(志)'자는] 『승조유사』본에 '지(智)'자로 되어 있다.[420]

③ '위(爲)'자는 『기록휘편』에 빠져 있어 『승조유사』본에 따라 고쳤다.[421]

4-6. 복식

남자들은 상투를 틀고, 백두포(白頭布?)로 머리를 싸매며, 몸에는 장삼(長衫)을 입는다. 부인들도 몽둥이 모양으로 상투를 하며, 장삼을 입는다.

男子撮①髻, 用白頭②布纏頭, 身穿長衫. 婦人亦椎髻, 穿長衫.③

① ['촬(撮)'자는] 『기록휘편』 원문에는 '즐(櫛)'자로 되어 있어 『승조유사』본에 따라 고

생당』본에는 "술과 밥을 차려 놓고 대접하며 도리어 금과 보석을 주고 함께 마시고 잠자리에 들어도(則盛置酒飯以待, 反贈金寶, 同飲坐寢)"라고 되어 있다. 『기록휘편』의 문장이 가장 간명하고 의미전달이 쉬워 그에 따른다. 한편, 비신은 『성사승람』(앞의 출처)에서 "우리 중국 남자들을 만나면, 아주 좋아하며, 반드시 술을 차리고 접대하여 그를 공경하고, 노래로 환대하며 유숙하게 한다(遇我中國男子甚愛之, 必置酒致待而敬之, 歡歌留宿)"라고 점잖게 표현하였다.

419 이 교정에 해당하는 『기록휘편』 원문[風俗凡事]은 『삼보정이집』, 『설집』, 『담생당』본과 일치하고, 다만 『국조전고』에는 '민풍(民風)'으로 되어 있다. 따라서 풍승균의 교정은 원문대로 되돌려야 한다.

420 『기록휘편』의 '지량(智量)'은 『국조전고』과 『담생당』본에도 마찬가지이고, 『삼보정이집』과 『설집』에는 '지량(志量)'으로 되어 있다. '지(智)'자와 '지(志)'자는 통용하여 쓸뿐더러, 문맥에서 지량(智量) 또는 지량(智良)이 더 어울린다. 따라서 풍승균 씨의 교정은 불필요하다.

421 이 교정에 해당하는 『기록휘편』 원문[我妻美, 中國人喜愛]은 먼저 『국조전고』에 "내 아내가 아름다워 중국인이 좋아한다(我妻則美, 中國人喜愛)"라고 하였고, 『삼보정이집』, 『설집』, 『담생당』본에서는 『국조전고』의 '즉미(則美)'가 '색미(色美)'로 되어 같은 의미를 보여 주고 있다. 하지만 『설집』과 『담생당』본에만 "'내 아내가 미색이라 중국인이 좋아한다'라고 하며, 영광스럽게 여길 따름이다(我妻色美, 中國人喜愛, 以爲光耀而已)"라고 하며 부연 설명을 하고 있다. 따라서 풍승균 씨가 『승조유사』에 따라 보충한 '위(爲)'자는 불필요하다. 이 정보는 비신의 『성사승람』에는 보이지 않는다(부록의 번역문을 참고하시오). 한편 『서양번국지』에서는 "내 아내에게 아름다움이 있어 중국인을 기쁘게 할 수 있다(我妻有美, 能悅中國人)"라고 되어 있다.

쳤다.[422]

② ['백두포(白頭布)'의] '두(頭)'자는 덧붙여진 것 같다.[423]

③ 이상 여덟 글자[婦人亦椎髻, 穿長衫]는 『국조전고』본에 따라 보충하였다.[424]

4-7. 성인식

남자는 20여 세가 되면 음경을 둘러싼 표피를 부추 잎처럼 가는 칼로 도려내고 주석 구슬 10여 개를 표피 안에 넣고 약으로 봉해 보호하여 상처 입구가 아물기를 기다렸다가 나가 다니면 되는데 그 모양이 몽실몽실 포도 모양과 같다. 어떤 한 부류의 사람들은 점포를 열어, 전문적으로 구슬을 넣고 붙여 주는 일을 하면서 하나의 기술로 여긴다. 국왕이나, 대두목, 혹은 부자들은 금으로 속이 빈 구슬을 만들고 그 안에 모래 한 알을 넣어 음경 표피에 끼우는데, 걸어 다닐 때 '딩딩' 거리는 소리가 나서 좋다고 여긴다. 구슬을 넣지 않은 남자는 하등 사람으로 치는데 이것이 가장 기괴한 일이다.[425]

422 '촬계(撮髻)'는 『기록휘편』 원문에 '즐계(櫛髻)'로 되어 있는데, 『삼보정이집』과 『설집』, 『서양번국지』에도 마찬가지이다. 다만 『국조전고』와 『담생당』본에 '촬계(撮髻)'로 되어 있다. '즐계'라고 해도, 의미는 머리를 빗어 상투한다는 말이므로 문제될 것은 없지만, 더 일반적인 조합인 '촬계'를 따르기로 한다.

423 '두(頭)'자는 풍승균 씨의 설명대로 덧붙여졌음이 분명하다. 『국조전고』, 『삼보정이집』, 『설집』, 『담생당』본, 그리고 『서양번국지』 모두 '백포(白布)'라고만 하였다.

424 확실히 여인의 복식에 관한 이 교정 문장[婦人亦椎髻, 穿長衫]은 『기록휘편』에 빠져 있다. 『삼보정이집』에는 "婦人亦稚髻, 身穿長衫"로, 『설집』에는 "婦人亦推髻, 身穿長衫"으로 되어 있다. 여기 '치(稚)'자와 '추(推)'자를 만명(万明) 씨는 앞의 남자 복식을 설명할 때 쓴 '즐(櫛)'로 교정하였다. 만명 씨는 『국조전고』본의 '추(椎)'자에 주의하지 않은 것으로 보인다. 『서양번국지』에도 '추계(椎髻)'로 되어 있다. 여기 '추계(椎髻)'는 방망이처럼 틀어 올린 상투를 말한다. 한편 마지막 문장에 『삼보정이집』, 『설집』, 『담생당』본에 따라 '신(身)'자를 보완하는 것이 좋겠다.

425 이 음경에 이물질을 넣는 설명은 비신의 『성사승람』에는 보이지 않는다. 역자가 아는 한, 중국 자료에서는 유일하다. 마환과 동시대인 이탈리아 상인 니콜로 데 콘티(Niccolò de' Conti)가 1420년경 이라와디(Irrawaddy)강에 있는 '아바(Ava)'라는 도시에 도착하여 비슷한 목격담을 전한다. 이 증언은 메이저(R.H. Major)가 번역하지 못하고 라틴어 원문을 그대로 썼다. 역자의 서툰 라틴어 실력으로 대충 번역

男子年二十餘歲, 則將莖物周迴①之皮, 如韭菜樣細刀挑開, 嵌入錫珠十數顆皮內, 用藥封護,[426] 待瘡口好, 纔出行走, 其狀纍纍②如葡萄一般. 自有一等人開鋪, 專與人嵌銲, 以爲藝業.[427] 如國王或大頭目或富人,[428] 則以金爲虛珠,[429] 內安砂子一粒, 嵌之. 行走, 玎玎③有聲, 乃以④爲美. 不嵌珠之男子, 爲下等人. 此⑤最爲可怪之事.⑥

① ['회(迴)'자는] 『승조유사』본에는 '위(圍)'자로 되어 있다.[430]

② 이상 네 글자[其狀纍纍]는 『승조유사』본에 따라 보충하였다.[431]

해 보자면, "남자의 피부를 잘라 내고 약간 들어 올려, 아들들의 피부와 살 사이에 열두 개 이상, 그곳 주변으로 원하는 만큼 밀어 넣는다. 피부색은 며칠 안에 치료될 수 있다. 이것은 여성의 욕망을 만족시키기 위해 행해진다. 이러한 마디와 부풀어 오른 부분들 때문에, 여성의 상체까지 희열이 전해진다. 걸을 때 많은 돌출부와 다리가 서로 울려 그 소리를 들을 수 있다. 니콜로에게는 프리아피(Priapi)가 작다고 조롱하는 여인들이 흔했다"라고 하였다(메이저(R.H. Major) 편, 『India in the Fifteenth century』(London, Hakluyt Society, 1857), 「니콜로 콘티의 여행」, 11쪽).

426 이상 『기록휘편』의 두 문장[嵌入錫珠十數顆皮內, 用藥封護]은 『삼보정이집』, 『설집』, 『담생당』본에 "주석으로 만든 구슬 10여 개를 넣고, 표피는 약으로 봉하여 보호한다(嵌入錫珠數十顆, 皮肉用藥封護)"라고 되어 있는데, '육(肉)'자는 '내(內)'의 잘못으로 보이므로, 『기록휘편』과 『국조전고』에 따르는 것이 문장의 흐름에 더 부합한다. 한편 '호(護)'자는 『국조전고』에 '한(銲)'자로 되어 있는데, 쇠붙이를 이어 붙일 때의 땜질을 의미하므로 '한(銲)'자의 의미는 어울리지 않는다. 이 글자는 마환이 뒤에서 빈 주석 구슬에 모래 알갱이를 넣는다고 기술하고 있으므로, 내용물이 나오지 않도록 땜질하여 봉한다[銲封]는 말이 필사하는 과정에서 잘못되었을 수도 있다.

427 『기록휘편』의 이상 세 문장[自有一等人開鋪, 專與人嵌銲, 以爲藝業]은 『국조전고』와 일치한다. 『삼보정이집』에는 '한(銲)'자가 '장(妝)'자로 되어 있다. 한편 『설집』과 『담생당』본에는 상당이 다른 문장을 보여 주는데, "어떤 한 부류의 사람들은 전적으로 사람들에게 [구슬을] 넣어 꾸며 주는데, 상점을 열어 수공업으로 삼는다(自有一等人專與人嵌裝, 開鋪以爲手業)"라고 하였다. 대의가 크게 변한 것은 없다.

428 '혹부인(或富人)'은 『국조전고』에 '혹'자 없이 '부옹(富翁)'으로만 되어 있다.

429 '허주(虛珠)'는 『국조전고』에도 보이지만, 『삼보정이집』, 『설집』, 『담생당』본에는 '공주(空珠)'로 되어 있다.

430 『기록휘편』의 이 문장[則將莖物周迴之皮]은 『국조전고』에 '則將莖物周圍之皮'로, 『삼보정이집』에서는 '則將陽物周圍迴之皮'로, 『설집』과 『담생당』본에는 '則將頸物周圍之皮'로 되어 있다. 이로써 『기록휘편』과 『삼보정이집』의 '회(迴)'자는 덧붙여졌음을 확인할 수 있다. 따라서 『기록휘편』 원문의 '회(迴)'자는 '위(圍)'자로 교정하는 것이 맞다.

431 풍승균 씨가 『승조유사』본에 따라 보충해 넣은 네 글자[其狀纍纍]는 『국조전고』, 『삼보정이집』, 『설집』, 『담생당』본 어디에도 보이지 않으므로 불필요하다. 『승조유사』의 '유류(纍纍)'란 구슬을 꿰놓은 모양을 형용하는 의태어이다.

③ ['정정(玎玎)'은] 『기록휘편』에 '급급(扱扱)'으로 되어 있어 『승조유사』본에 따라 고쳤다.[432]

④ 이상 두 글자[乃以]는 『승조유사』본에 따라 보충하였다.[433]

⑤ ['차(此)'자는] 『기록휘편』에 '야(也)'자로 되어 있어 『승조유사』본에 따라 고쳤다.[434]

⑥ 내 생각에 이 풍습은 옛날 미얀마[緬甸]에도 있었다.

4-8. 혼례와 이시(利市)

남녀가 혼인할 때는 먼저 승려에게 요청하여, 남자를 맞아 여자 집에 이르면, 곧바로 승려는 처녀의 희홍(喜紅)을 찾아 떼서, 남자의 이마에 붙이는데 이를 '이시(利市)'라고 하며, 그런 이후에 혼인을 맺는다. 3일이 지난 뒤에 승려와 여러 친척과 벗들을 초대하고 빈랑, 채색한 배 등의 물건들을 분담하여 그 부부를 맞이하여 남자 집으로 돌아가면, 술을 차리고 풍악을 울려 친척과 벗들을 대접한다.

432 풍승균 씨가 『승조유사』에 따라 교정한 '정정(玎玎)'이란 의성어는 『국조전고』에는 '삽삽(颯颯)'으로 되어 있고, 『기록휘편』, 『삼보정이집』, 『설집』, 『담생당』본 모두 '급급(扱扱)'으로 되어 있다. 이 글자에는 [chā]라는 발음도 있으므로, '정정'보다는 연상되는 소리에 더 가까울 것으로 보여 『기록휘편』의 글자를 그대로 살린다.

433 이 교정에 해당하는 『기록휘편』 원문[行走扱扱有聲爲美]은 『국조전고』에 "行動颯颯有聲爲美"로, 『삼보정이집』에는 "行扱扱有聲爲美"로, 『설집』과 『담생당』본에는 "行動扱扱有聲爲美"로 되어 있다. 따라서 풍승균 씨의 ③과 ④에 대한 교정은 사실상 불필요하다.

434 풍승균 씨가 교감한 이상의 세 문장[不嵌珠之男子, 爲下等人. 此最爲可怪之事]은 『국조전고』에 따르면, "不嵌者, 爲下等人也, 最爲可笑之事"로 되어 있다. 허대령과 왕천유 씨가 교정하고 표점한 『국조전고』에는 "最爲可笑之事"를 다음 문장에 붙여 구두하였는데(2130쪽), 실수로 보인다. 『삼보정이집』과 『설집』에는 "不嵌珠之男子, 則爲下等人也, 最爲可笑"라고 되어 있는데, 다만 『설집』과 『담생당』본에서는 '소(笑)'자를 '괴(怪)'자로 바꾸었을 따름이다. 이처럼 음경에 장치한다는 것이 가소롭게 비쳤다고 보기보다는 괴이한 것으로 보는 것이 맞을 것이다. 따라서 풍승균 씨의 교정을 따르지 않고 『기록휘편』의 원문[[不嵌珠之男子, 爲下等人也, 最爲可怪之事]을 그대로 살려 두는 것이 맞다.

男女婚姻, 先請僧迎男子至女家, 就令①僧討取童女喜紅, 貼②於男子之面額, 名曰利市,[435] 然後成親. 過三日後, 又請僧③及諸親友拌檳榔彩船等物, 迎其夫婦回於

435 풍승균 씨가 교정한 이 문장[就令僧討取童女喜紅]을 『기록휘편』의 원문을 그대로 살려 보면 "就是僧討取童女喜紅"인데, 『국조전고』와 『삼보정이집』에서도 마찬가지이다. 한편 『설집』과 『담생당』본에만 "就是和尙取童女喜紅"으로 되어 있다. 따라서 『기록휘편』을 따르고 있는 풍승균 씨가 『승조유사』본에 따라 '시'자를 '영'자로 고칠 필요는 없을 것 같다. '면액(面額)'의 '면'자는 덧붙여진 것 같다. 『국조전고』, 『삼보정이집』에는 '액(額)'으로만 되어 있고, 『설집』과 『담생당』본에는 '액상(額上)'으로 되어 있다. 결국 "就是僧討取童女喜紅, 貼於男子之額, 名曰利市"로 재구성할 수 있을 것이다. 여기 '희홍(喜紅)'이 정확히 무엇인지는 모른다. 다행히 우리는 이와 비슷한 풍습을 캄보디아에서 찾아볼 수 있다.

이시(利市)라고 하는 일종의 성인식에 해당하는 풍습은 원나라 주달관(周達觀)이 『진랍풍토기』에서 자신이 대덕(大德) 정유년(丁酉年, 1297) 4월 6일 밤에 목격한 '진담(陣毯)'이라는 풍습과 아주 유사하다. 그 목격담은 "부잣집의 딸은 7~8살에, 가난한 집의 딸은 간혹 11살 전에 승려나 도사에게 처녀성을 빼앗게 한다. 이것을 '진담(陣毯)'이라고 한다(富室之女, 自七歲至九歲, 至貧之家, 則止於十一歲, 必命僧道去其童身, 名曰陣毯)"라는 문장을 시작으로 상당히 자세하게 기록되어 있다(『진랍풍토기교주』, 106쪽). 또한, 왕대연도 『도이지략』 진랍 조목에서 "딸아이가 아홉 살이 되면 승려를 초청하여 산스크리트식 율법을 행한다. 손가락으로 처녀막[童身]을 파내 딸의 이마와 어미의 이마에 붉은 점을 찍는데, 이를 '이시(利市)'라고 한다. 이렇게 해야 훗날 시집가서 가정을 이룰 것이라고 한다. 10세가 되면 시집간다(生女九歲, 請僧作梵法. 以指挑童身, 取紅點女額及母額, 名爲利市. 云如此則他日嫁人, 宜其室家也)"(『도이지략교주』, 29쪽)라고 하며 '진담'을 '이시'라고 부른 것 외에는 별다른 차이가 없다. 확실히 왕대연은 주달관의 텍스트를 따르고 있다. 또 마환은 다시 왕대연의 기록을 따르고 있다. 그렇다면, 마환의 '희홍'은 동신(童身), 즉 처녀막 같은 것으로 추정할 수 있다.

이 풍습에 대해, 아이모니에(Aymonier) 씨는 이러한 풍습이 캄보디아에 사는 중국인들이 허구로 만들어 낸 음담패설 정도로 생각했다(『Le Cambodge』, III, 625쪽). 분명 주달관은 자신이 목격한 것을 기술했다고 밝혔다. 물론 왕대연이 주달관의 기록을 참고해 기록했을 수도 있지만, 왕대연은 이러한 풍습이 '이시'라고 했다. 즉 중국인들이 만들어 낸 이야기가 아님을 보여 주는 근거이다. 또한, 17세기 말에, 시몬 드 라 루베르(Simon de la Loubère)는 시암에서 소녀들은 "12세부터 아이를 가질 수 있고 어떤 경우는 더 빠르고, 대부분 40세를 넘기지 않는다. 따라서 관습은 아주 어렸을 때 결혼하며 소년들도 그 비율에 맞춘다"라고 기술한 바 있다(『시암 왕국에 관한 기술(Descriptions du Royaume de Siam)』, 1714년본, 2책, 암스테르담, I, 155쪽). 성직자들에게 소녀의 처녀성을 뺏게 하는 풍습은 필리핀 제도에서 보고된 바 있다. "또한, 일부러 강간하여 처녀성을 빼앗은 사람들이 있는데, 그들은 결혼했을 때 처녀이면 장애가 된다고 생각하기 때문에 대가를 받고 그것을 한다"(De Morga, 『필리핀 군도(The Philippine Islands)』, 1609년, 하클루트 협회본, 런던, 1868, 304쪽). 따라서 이러한 풍습이 터무니없는 허구였다고 일축할 수는 없을 것 같다. '진담'이든 '이시'든 한자로서 적합한 의미를 찾을 수는 없다. 어쩔 수 없이 펠리오 씨는 '진담'을 음역 용어로 추측할 수밖에 없었다(『Mémoire sur les coutumes du Cambodge』 (『BEFEO』, II, 1902), 153쪽 주4; 역주본, 79쪽).

하내(夏鼐) 씨는 『진랍풍토기교주』(중화서국, 1981, 108쪽)에서 일본학자 이와이 가이케이(岩井大慧, 1891~1971)의 설명을 빌려 이러한 풍습이 서하(西夏)와 토번(吐蕃)에도 보이며, 진담(陣毯)은 바로 말레이어 '친타(cinta)'에서 왔는데, 중국인들이 이를 '이시(利市)'라고 했다는 설을 소개하고 있다. 캄보디

男家,④ 置酒作樂待親友.[436]

① [‘영(令)’자는] 『기록휘편』에 ‘시(是)’자로 되어 있어 『승조유사』본에 따라 고쳤다.[437]

아 풍습에서 진담의 어원을 추적하면서 말레이어를 가져와 추적한 것은 이해할 수 없다. 다카하시 다모쓰(高橋保)는 진담이 바로 촘톤(chomton)에 해당하는 음이며, 캄보디아어로, 10~14세까지의 소녀를 지칭하고, 결혼할 나이가 된 사람은 ‘크롬옴(kromom)’으로 불러 구분한다고 하였다(「『眞臘風土記』にみえるカンボジア語について」, 『歷史と文化』, 1972, 2호, 83쪽). 하지만 음성적 접근성과 가능성은 희박하다.

한편 소계경 씨는 “이 이시(利市)가 진담(陳毯)을 의역한 것이다. 현대 캄보디아어에서 찾아보면, ‘축복’, ‘행운’, ‘길조’를 ‘suosdei’, ‘suosden’, ‘suratthi’ 등으로 말하는데, 이들이 담고 있는 듯이 중국 속어로 이시(利市, 재수 운수)와 같다. 주달관(周達觀)은 온주(溫州) 사람으로 그가 든 진담이란 명칭은 바로 온주 방언으로 말한 것이다. 그것이 바로 수오스데이(suosdei)에 해당하는 음이면서 바로 ‘이시(利市)’라고 볼 수 있다”라고 주장했지만(『도이지략교석』, 77쪽), ‘진담’의 원음을 재구성하지 못한 채로 ‘이시’를 그의 의역이라고 추정하는 것은 어불성설이다. 최근 만명(万明) 씨는 “이시(利市)란 길리(吉利), 즉 길상순리(吉祥順利)란 뜻으로, 시장에서 이윤을 추구한다는 것은 바로 길리를 추구한다는 말이다. 이러한 풍습은 강소, 절강, 광동, 광서 등의 지역에도 있다”라고 하였다(『명초본영애승람교주』, 34쪽). 참고할 수는 있겠지만, 동의할 만한 설명은 아니다.

436 이상 이시(利市) 이후에 아내를 남자 집으로 데려와 잔치를 여는 설명은 판본마다 약간의 출입이 있다. 먼저 『기록휘편』의 원문을 되돌려 보면, “또 친척과 친구들을 불러 빈랑과 채선(彩船)을 분담하여 여인을 맞아 돌아가고, 남자 집에서는 술을 차려 놓고 풍악을 울려 친척과 벗들을 대접한다(又請僧及諸親友拌檳榔彩船等物, 迎女歸, 男家則置酒作樂, 待親友)”이다. 이와 거의 비슷하게 『삼보정이집』과 『설집』에서는 “又請諸親友分檳榔彩舡等物, 迎女歸, 男家則置酒作樂, (請)待賓友”라고 하였고, 『담생당』본에는 여기 ‘빈우’가 ‘빈객’으로 되어 있을 뿐이다. 『국조전고』를 보면, “또 승려와 여러 친척, 벗들을 청하고, 빈랑, 채색한 배 등을 마련하여 여인을 맞아 돌아가면, 남자 집에서는 술을 차려 놓고 풍악을 울려 친척과 벗들을 초청하여 대접한다(又請僧及諸親友辦檳榔彩船等物, 迎女歸, 男家則置酒張樂, 請待親友)”라고 하였다. 이로써 풍승균 씨의 교정은 불필요하다. 하지만 여전히 의문은 남아 있다. 첫 번째 문제는 ‘승(僧)’이 있느냐 없느냐이다. 두 번째는 『기록휘편』의 ‘반(拌)’인지, 『국조전고』의 ‘판(辦)’인지 『삼보정이집』, 『설집』, 『담생당』본의 ‘분(分)’인지이다. 세 번째는 『기록휘편』과 『국조전고』의 ‘채선(彩船)’이냐 아니면 『삼보정이집』, 『설집』, 『담생당』본의 ‘채홍(彩紅)’이냐이다. 먼저 ‘채홍’은 그 의미가 모호하다. 한편 ‘선(船)’자는 ‘舡’자로도 쓰는데, 바로 『서양번국지』에서 ‘彩舡’이라 한 것을 예로 들 수 있다. 따라서 이 ‘강(舡)’자를 ‘홍(紅)’자로 잘못 본 것으로 보인다. ‘반(拌)’자와 ‘분(分)’자는 ‘나누다’라는 공통된 의미가 있다. 즉 빈랑과 채색한 배를 나누어 여인을 맞이하여 남자 집으로 돌아간다는 말이 된다. 다시 첫 번째 문제로 돌아가면, 이 혼례에서 승려는 가장 중심 역할을 하고 있으므로 있어야 하는 것이 맞다.

437 ‘시(是)’자는 『국조전고』, 『삼보정이집』, 『설집』, 『담생당』본 모두에서 확인된다. 허대령, 왕천유 씨도 『승조유사』본에 따라 ‘영(令)’자로 고쳤다(2152쪽). 풍승균 씨의 이 교정을 참고한 것인지는 모르겠지만, ‘시(是)’자로 되돌려야 한다.

② ['첩(貼)'자는] 『승조유사』본에 '점(點)'자로 되어 있다.[438]

③ '승(僧)'자는 『기록휘편』 원문에서 알아볼 수 없이 퍼져, 『승조유사』본에 따라 보충하였다.

④ 이상 여덟 글자[迎其夫婦回於男家]는 『기록휘편』에 "여인을 맞아 돌아간다. 남자 집에서는(迎女歸, 男家則)"로 되어 있어 『승조유사』본에 따라 고쳤다.[439]

4-9. 장례

장례는 무릇 부귀한 사람이 죽으면 수은을 배 안에 부어 매장한다. 한미한 사람이 죽으면 교외 해변으로 시신을 들고 가서 백사장에 두면, 곧 거위처럼 큰 금색의 새 30~50마리가 공중에 모였다가 내려와 시신을 다 먹고 날아간다. 나머지 뼈는 집안사람들이 통곡하면서 바다에 버리고 돌아오는데, 이를 '조장(鳥葬)'이라 부른다. 또한, 승려를 초대하고 재단(齋壇)을 설치하여 불경을 외고 예불한 뒤에 그친다.

死喪之禮, 凡富貴人死,[440] 則用水銀灌於腹內而葬之. 閒下人死,[441] 擡屍於郊外海邊, 放沙際, 隨有金①色之鳥大如鵝者, 三五十數, 飛集空中, 下將屍肉盡食飛去. 餘骨家人號泣就棄海中而歸, 謂之鳥葬. 亦請僧設齋誦經禮佛而已.

438 『기록휘편』 원문에도 정확히 '첩(貼)'자로 되어 있다. 풍승균 씨가 잘못 읽은 것으로 보인다.

439 『기록휘편』 원문을 그대로 살리는 것이 맞다. 위의 주 436을 참고하시오.

440 『기록휘편』의 이 문장[凡富貴人死]은 『삼보정이집』에 "범인이 죽으면(凡人死)"으로 되어 있는데, 이는 뒤에 나오는 보통 사람들의 장례가 다시 기술되고 있으므로, 잘못된 것이다. 『설집』과 『담생당』본에는 '사(死)'자 없이 '凡富貴人'으로만 되어 있다. 『국조전고』에는 더욱 상세하게 "무릇 부귀한 사람이 죽었을 때(凡富貴之人死了時)"라고 하였다. 같은 의미이므로 여기서는 『기록휘편』을 그대로 따른다. 이는 『서양번국지』의 "富貴者死"를 근거 삼을 수 있다.

441 『기록휘편』의 이 문장[閒下人死]은 『삼보정이집』, 『설집』, 『담생당』본에는 "일반인이 죽으면(平常人死)"으로 되어 있고, 『국조전고』에는 "한미한 아래 사람이 죽으면(閒下之人若死)"이라고 하였다. 별다른 의미 변화가 없으므로 『기록휘편』을 그대로 따른다.

① [‘금(金)’자는] 『국조전고』본에는 ‘각(各)’자로 되어 있다.

4-10. 교역

나라의 서북쪽으로 2백여 리를 가면 한 시장이 있는데, ‘상수(上水)’[442]라고 하며, 운남(雲南)의 후문과 통할 수 있다. 이곳에는 현지인[番人] 5백~6백 가구가 사는데, 각종 외래 상품을 파는 자들이 있다. 붉은 ‘마사긍적(馬斯肯的)’이라는 돌은 이곳에서 파는 사람이 많다. 이 돌은 홍아고(紅雅姑)와 비교하여 아래지만, 밝고 깨끗하기가 석류와 같다. 중국 보선이 섬라(暹羅)에 이르면, 또한, 작은 배를 타고 가서 매매한다.

國①之西北②去二百餘里③有一市鎮, 名上水, 可通雲南④後門. 此處有番人五六百家, 諸色番貨皆有賣者.[443] 紅馬斯肯的⑤石, 此處多有賣者.[444] 此石在紅雅姑肩下,[445] 明淨如石榴子一般. 中國寶船到暹羅, 亦用小船去做⑥買賣.⑦

442 ‘상수(上水)’에 관하여, 진대진(陳大震, 1228~1307)이 약 1304년에 쓴 것으로 추정하는 『대덕남해지(大德南海志)』, 권7에 섬국(暹國)의 관할지로, ‘상수속고저(上水速孤底)’를 들고 있는데, 여기 ‘속고저’는 수코타이를 가리키는 말로 읽을 수도 있을 것이다. 소계경 씨는 여기 『영애승람』의 ‘상수’는 바로 ‘상수속고저’의 약칭으로 생각했다(『도이지략교석』, 157쪽). 사실 당시 섬라의 도성이었다고 하는 아유타야를 기준으로 보면, 현 지도에서는 거의 북쪽이지만, 그래도 소씨의 설은 따를 만하다.

443 ‘개(皆)’자는 『설집』, 『담생당』본에 ‘구(俱)’자로 되어 있다.

444 『기록휘편』의 이 문장[紅馬斯肯的石, 此處多有賣者]은 『국조전고』와 일치한다. 한편 『삼보정이집』, 『설집』, 『담생당』본에는 “紅馬厮肯的石亦有賣者”로 되어 있지만 전달하고자 하는 의미는 같다. 여기서는 『기록휘편』과 『국조전고』본을 따른다.

445 『기록휘편』의 이 문장[此石在紅雅姑肩下]은 『국조전고』에 “此石最紅鴉鳥石肩下”로 되어 있는데, 여기의 ‘최’자는 교정을 필요로 한다. 『삼보정이집』, 『설집』, 『담생당』본에는 “此石次於紅雅姑石”이라고 하였다. 『기록휘편』의 문장으로는 ‘재(在)’가 적합하고, 『삼보정이집』, 『설집』, 『담생당』본의 문장에서는 ‘차(次)’자가 맞다. 따라서 『국조전고』에서 ‘최’자는 ‘재(在)’자로, ‘조(鳥)’자는 ‘고(姑)’자로 교정해야 한다.

① ['국(國)'은] 도성을 말하는 것 같다. 당시 섬라의 도성은 아유티아(Ayuthia)에 있었다.

② ['서북(西北)'은] 『기록휘편』에 '서남(西南)'으로 되어 있어 『승조유사』본과 『서양조공전록』에 따라 고쳤다.[446]

③ ['거이백여리(去二百餘里)'는] 『기록휘편』에 '거백리(去百里)'로, 『서양조공전록』에는 '가이백리(可二百里)'로 되어 있어, 『국조전고』본과 『승조유사』본에 따라 고쳤다.[447]

④ '남(南)'자는 『기록휘편』에 빠져 있어 『승조유사』본과 『서양조공전록』에 따라 보충했다.[448]

⑤ ['홍마사긍적(紅馬斯肯的)'은] 분명 홍아고(紅雅姑, yaqut)의 일종일 것이다. 『철경록(輟耕錄)』의 음역 명칭은 '마사간저(馬思艮底)'로 되어 있는데 어느 언어인지 자세히 알려지지 않았다.[449]

446 '서북(西北)'은 『국조전고』, 『삼보정이집』, 『설집』, 『담생당』본, 『서양번국지』 모두에서 확인된다.

447 '거이백여리(去二百餘里)'는 『삼보정이집』과 『담생당』본에도 "去二百餘里"를 보여 주고 있고, 『설집』에는 "去二百**里餘**"로 되어 있다. 한편 공진의 『서양번국지』에는 "去二十餘里"라고 하였다. 이로써 볼 때, 풍승균 씨의 교정은 정확하다.

448 '운남(雲南)'은 『국조전고』, 『삼보정이집』, 『설집』, 『담생당』본, 『서양번국지』 모두에서 확인된다.

449 아고(雅姑)는 아골(鴉鶻), 아고(亞姑)라고도 표기하는데 아랍어 야쿠트(Yakut)에 해당하는 음으로, 보석이란 뜻이다. 도종의(陶宗儀), 『철경록(輟耕錄)』(총서집성초편, 109쪽) 권7, 회회석두(回回石頭) 조목에는 아골(鴉鶻)의 7종에 대한 설명이 보인다. 그에 따르면, "**아골(鴉鶻)** ① 홍아고(紅亞姑)【상면에 백수(白水)가 있다】, ② 마사간저(馬思艮底)【돌이 붙어 있고, 광택이 없다. 2종은 같은 갱에서 나온다】, ③ 청아고(青亞姑)【상등품이다. 진한 청색이다】, ④ 니람(你藍)【중등품이다. 연한 청색이다】, ⑤ 옥박니람(屋撲你藍)【하등품이다. 물방울 같은 모양이고 돌이 붙어 있으며, 온통 청색이다】, ⑥ 황아고(黃亞姑), ⑦ 백아고(白亞姑).(鴉鶻, 紅亞姑【上有白水】, 馬思艮底【帶石, 無光, 二種同坑】, 青亞姑【上等, 深青色】, 你藍【中等, 淺青色】, 屋撲你藍【下等, 如水樣, 帶石, 渾青色】, 黃亞姑, 白亞姑)"라고 하였다. 브레트슈나이더의 설명에 따르면, 아라비아어와 페르시아어에서 야쿠트(yaqut)는 루비와 커런덤[corundum 강옥]에 적용되는 말이며, 무슬림 저자들은 홍, 청, 황, 백의 야쿠트로 구분한다고 하였다. 또 홍아고는 '루비'라고 하였고, 청아고는 '사파이어' 또는 '블루 커런덤'이라 하며, 현재 중국에서는 '남보석(藍寶石)'이라고 한다고 설명했다. 그리고 니람(你藍)은 인도지역에서는 블루 사파이어에 적용된다고 하였고, 도종의가 설명하지 않은 황아고에 대해서는 동양의 토파즈(Oriental topaz)로 알려진 노란 커런덤 또는 사파이어이며, 백아고는 유럽인들이 '화이트 사파이어'라고 부르는 것이라고 설명했다(『Mediaeval Researches from Eastern Asiatic Sources』 I, 174~175쪽). 임매촌(林梅村)의 「보석예술과 중외문화교류(珠寶藝術與中外文化交流)」(『考古與文物』, 2014, 76~88쪽)에서는 7종의 아고에 대한 대응하는 음을 다음과 같이 추정했다. 홍아고[humrah yāqūt], 마사간저[māsjayyidī], 청아고[kabūd yāqūt], 니람[nīlan], 옥박니람[qurbu nīlan], 황아고[페르시아어 zabarjad], 백아고[sifīd yāqūt]라고 하였다. 이로부터 '아고(雅姑)'란 색깔에 따라 4종으로 나누었으며, 홍아고만 루비에 해당하는 것임을 짐작할 수 있다. 마환이 옮긴 마사긍적(馬斯肯的)은 도종의가 아골(鴉鶻)의 일종으로 언급한 마사간저(馬思

⑥ '거주(去做)'는 『국조전고』본에 '도피(到彼)'로 되어 있다.

⑦ 이상 두 문장[中國寶船到暹羅, 亦用小船去做買賣]은 『승조유사』본에 "중국의 보선이 섬라에 이르면, 이곳 사람들 또한 작은 배를 타고 가서 교역한다(若中國有寶船至暹羅, 此處人亦用小船往與交易)"라고 되어 있다. 저들이 오는 것이지, 여기처럼 가는 것이 아니라고 설명하고 있다.[450]

4-11. 산물

이 나라에는 황속향(黃速香), 나갈속향(羅褐速香), 강진향(降眞香), 침향(沈香), 화리목(花梨木),[451] 백두구(白豆蔻), 대풍자(大風子),[452] 혈갈(血竭), 등결(藤結), 소

艮底)일 것이다. 만명 씨는 아랍어와 페르시아어로 찬석(鑽石) 즉 다이아몬드를 '마스(mās)'라고 하며 좋은 것은 'ayyid' 또는 'jayyded'라고 하는데, '긍적'은 이에 해당하는 음이라고 했다(『명초본영애승람교주』, 34쪽). 이 설명은 임매촌(林梅村)이 『철경록』의 마사간저를 아랍어 [māsjayyidī]에 대응시키고 우수한 금강석(다이아몬드)으로 설명하게 이끌었다(83쪽). '마스'는 금강석이 맞다 그러나 '긍적' 또는 '간적'의 음역으로는 잘 호응하지 않는다. 또한 도종의는 아골(鴉鶻) 즉 루비나 사파이어류에 다이아몬드를 넣었다는 것도 쉽게 이해되지 않는다. 게다가 마환은 마사긍적이 홍아고보다 못하다고 분명하게 기술하고 있다. 역자의 생각으로는 '긍적' 또는 '간적'에 해당하는 음은 커런덤(corundum, 剛玉)으로 타밀어로는 쿠룬담(Kurundam), 산스크리트어로는 쿠루빈다(Kuruvinda)를 옮긴 것 같다.

450 『기록휘편』의 이 문장[亦用小船去做買賣]은 『삼보정이집』, 『설집』, 『담생당』본과 일치하지만, 『국조전고』에서는 "亦用小船到彼買賣"로 되어 있다.

451 화리목(花梨木, Ormosia henryi Prain)은 화려목(花黎木), 화려목(花櫚木) 등으로도 쓰는데, 이시진(李時珍)은 『본초강목』 권35하(사고전서본, 42a)에서 "나무의 성질이 견고하고 자홍색이다. 또한, 화려목이라고 하는 꽃문양이 있는 것이 있는데, 그릇이나 부챗살 등을 만들 수 있다. 민간에서 '화리(花梨)'라고 하는데, 잘못이다"라고 한 것을 볼 때 화려목(花櫚木)이 정식 표기인 것 같다. 『본초습유』에서 진장기(陳藏器, 681~757)는 "여목은 안남과 남해에서 난다. 그것으로 상과 안궤를 만드는데 자단(紫檀)과 비슷하고 색은 붉은색이며 성질은 견고하다(櫚木出安南及南海. 用作床几, 似紫檀而色赤, 性堅好)"라고 하였다. 명나라 조소(曹昭)의 『격고요론(格古要論)』 권하(사고전서본, 9b)에서, "화리목은 남번(南番)에서 난다. 자홍색이며 강진향과 비슷하며 역시 향이 있다. 꽃문양에 귀신 얼굴이 있는 것이 좋고 꽃문양이 추하고 색이 옅은 것은 하품이다(花梨木出南番. 紫紅色, 與降眞香相似, 亦有香. 其花有鬼面者可愛, 花麤而色淡者低)"라고 설명하였다. 가구 제작 용도 이외에도 뿌리, 잎, 줄기는 약재로도 사용한다.

452 대풍자(大風子, 大楓子)라는 약용 열매 씨는 주거비의 『영외대답』 또는 조여괄의 『제번지』 하권에도 기록되지 않은 점으로 보아, 송나라 시대에는 알려지지 않은 것 같다. 13세기에 들어서 알려진 것으로 보이는 이 열매는 원나라 주달관(周達觀)의 『진랍풍토기』에 처음으로 언급되어 있다. '지노카르디아 오도라타(Gynocardia odorata)'라는 학명을 가지는 인도차이나와 인도 동남부에서 나는 교목의 열매

목(蘇木),[453] 화석(花錫),[454] 상아(象牙), 취모(翠毛) 등의 물품이 난다. 소목은 땔나무처럼 널리 분포하는데, 색이 다른 나라에서 나는 것보다 훨씬 우수하다. 이상한 짐승으로 흰 코끼리, 사자, 고양이, 흰쥐가 있다. 채소류는 점성(占城)과 같다. 술에는 미주(米酒),[455] 야자주(椰子酒)가 있으며 두 가지 모두 소주(燒酒)로 그 값이 매우 싸다. 소, 양, 닭, 오리 등등의 가축이 모두 있다.

其國產黃速①香・羅褐速香②・降眞香・沉香・花棃木・白豆蔻・大風子・血竭③・藤結・蘇木・花錫・象牙・翠毛等物.[456] 其蘇木④如薪之廣, 顏色絕勝他國出者.

씨이다. 씨의 껍질을 벗겨내고 기름을 짜거나[大風子油], 또는 기름기를 제거하여 가루로 만들어 외용한다. 풍병(風病)과 피부병을 치료하는 데 효과적으로 알려져 있다. 대풍자의 약효는 원나라 주진형(朱震亨)이 『본초연의보유(本草衍義補遺)』에 수록하면서 약재로 공인되었다. 니담(Joseph Needham)은 중국인들이 알고 있는 대풍자의 효능은 인도에서부터 전해진 것이라고 하였다(『Science and Civilization of China』, I, 212~213쪽). 하지만 『진랍풍토기』, 『도이지략』, 『영애승람』, 『성사승람』, 『동서양고』 등에서 말하는 대풍자의 산지는 캄보디아 아니면 태국이다.

453 소목(蘇木)에 관한 설명은 2-13의 주석을 참고하시오.

454 화석(花錫)은 여기 시암[섬라국]과 다음 나오는 말라카[만랄가국] 조목에만 보인다(5-6, 7). 이 산물은 『도이지략』, 팽갱(彭坑), 섬(贍) 조목에 보이고, 무지발(無枝拔) 조목에는 '화두석(花斗錫)'으로 기록되어 있다. 한편 『성사승람』 영산(靈山)과 만랄가국 조목에는 두석(斗錫)으로 되어 있다. 나는 곳이 대체로 일치하고 있는 것으로 보아, 화석=두석=화두석임을 알 수 있다. 모두 주석을 지칭하는 말이다. '화(花)'는 주석 덩어리에 나타나는 문양 때문에 붙여진 것이다. 5-7에 화석을 설명하는 별도의 단락을 참고하시오.

455 미주(米酒)에 관하여, 13세기 말 주달관(周達觀)은 자신의 기행록인 『진랍풍토기(眞臘風土記)』(『고금설해』본)에서 캄보디아의 술을 기술하며 "또 그다음은 생쌀 또는 남은 밥으로 만드는데, 포릉각(包稜角)이라 부른다. 포릉각은 쌀이다(又其次, 以米或以剩飯爲之, 名曰包稜角. 蓋包稜角者米也)"라고 하였다(사고전서본, 권12, 23a). 여기 '포릉각'의 어원에 관해서 펠리오 씨는 "주달관(周達觀)이 캄보디아에서 언급한 쌀로 만든 술인 포릉각(包稜角)을 떠오르게 하는데, '릉각'은 크메르어로 '도정한 쌀'을 의미하는 지금은 'aṅka'라고 하는 'reṅko'이다"(『Notes on Marco Polo』, II, 663쪽)라고 설명한 바 있다. 자세한 것은 역자의 『앙코르 캄보디아: 진랍풍토기역주』, 232~233쪽을 참고하시오.

456 섬라국의 산물을 나열하고 있는 이 문장[其國產黃速香・羅褐速香・降眞香・沉香・花棃木・白豆蔻・大風子・血竭・藤結・蘇木・花錫・象牙・翠毛等物]은 판본마다 약간의 출입이 있다. 먼저 『삼보정이집』은 『기록휘편』 원문과 비교하여 '상아' 앞에 '병(并)'자를 추가한 것 이외에는 아무런 차이가 없다. 『국조전고』에는 "其國土產黃速香・沉香・降眞香・花梨木・白荳蔻・大風子・**血蝎**・**藤黃**・蘇木・花錫・象牙・翠毛等物"이라고 하였다. 『기록휘편』과 비교해 보면, 나갈속향(羅褐速香)이 빠져 있고, 혈갈(血竭)이 '혈갈(血蝎)'로, 등결(藤結)이 '등황(藤黃)'으로 되어 있다. 『설집』, 『담생당』본에는 "其產**黃連香**・羅褐香・降眞香・沉香・花梨木・白荳蔻・大風子・**血結**[竭]・蘇木・花錫, 并象牙・翠毛等物"이라

異獸有白象・獅子・貓⑤・白鼠. 其蔬菜之類, 如占城一般.[457] 酒有米酒・椰子酒,⑥ 二者⑦俱是燒酒, 其價⑧甚賤. 牛・羊・雞・鴨等畜皆有.

① ['속(速)'자는] 『기록휘편』에 '연(研)'자로 되어 있어 『승조유사』본과 『서양조공전록』에 따라 고쳤다.

② ['나갈속향(羅褐速香)'은] 나혹향(羅斛香)의 다른 음역으로, 침향(沉香)의 일종으로 생각된다.[458]

③ ['혈갈(血竭)'은] 『기록휘편』에 '혈갈(血褐)'로, 『승조유사』본에는 '혈갈(血碣)'로, 장승의 개정본에는 '혈결(血結)'로 되어 있어 바로잡았다.[459]

고 하였다. 『국조전고』에서는 '나갈속향'이 『설집』과 『담생당』본에서는 '등결(藤結)'이 빠졌음을 알 수 있다. 여기의 '등결'은 『국조전고』의 등황(藤黃)으로 고치는 것이 맞다. 등황(藤黃)은 주달관(周達觀)의 『진랍풍토기(眞臘風土記)』에는 '화황(畵黃)'으로 언급되었다. 펠리오 씨는 율의 『영국-인도 용어사전』, 캄보디아 조목을 참고하여 고무나무인 등황(藤黃)으로 생각했다(『앙코르 캄보디아』, 104쪽). 등황은 영어로 '감보지(gamboge)'로 옮기는데 라틴어 감보지움(gambogium)에서 나왔고, 캄보디아 국명은 여기에 어원을 둔다는 설이 있다. 주로 상좌부 불교 승복을 염색하는 데 사용하는 황색 안료로, 등황나무과[Guttiferae]의 줄기에서 나는 수지이다. 등황은 크게 캄보디아와 태국산[Garcinia hanburyi], 인도와 스리랑카산[Garcinia morella], 미얀마 산[Garcinia elliptica, Garcinia heterandra]으로 나뉜다. 캄보디아와 미얀마의 등황은 임읍(林邑)[베트남]으로 유입되었고, 이를 '월황(越黃)' 또는 '월황(月黃)'이라는 안료로 중국 전통 회화에서 많이 사용되었다. 약용으로는 충치에 [액을] 떨어뜨려 발치(拔齒)하는 데 사용했다(『본초강목』(사고전서본) 권18하, 58a).

457 『기록휘편』의 이 문장[如占城一般]은 『삼보정이집』과 『설집』에 '일반' 뒤에 '도유(都有)'가 더 들어 있고, 『담생당』본에는 '개유(皆有)' 두 글자가 더 있는데, 덧붙여진 것으로 판단한다.

458 『기록휘편』의 나갈속향(羅褐速香)과 『설집』, 『담생당』본의 나갈향(羅褐香)이 어떤 향인지 모르겠다. 다만 공진의 『서양번국지』에는 나혹향(羅斛香)으로 되어 있다. 이로써 추측하건대 나혹(羅斛)에서 나는 침향 중에 속향(速香)일 것이다. 나갈속향이나 나갈향이 무엇인지 전혀 정보가 없으므로, 여기서는 공진의 기술을 따르는 것이 좋겠다. 『도이지략』 나혹 조목에 "이곳에는 나혹향이 나는데 맛이 아주 맑고 멀리 가, 침향에 버금간다(此地產羅斛香, 味極淸遠, 亞於沉香)"라고 설명하고 있다. 비신은 섬라(暹羅) 조목에서 역시 이 문장에서 '미(味)'자를 '분(焚)'자로 바꾸어 "이곳에는 나혹향이 나는데, 태우면 아주 맑고 멀리 가 침향에 버금간다"라고 하며 그대로 옮겨 놓고 있다. 이로써 나혹향은 섬라에서 나는 침향의 일종임을 알 수 있다. 『일지록지여(日知錄之餘)』 권2에 인용된 『광동통지(廣東通志)』에서 기록해 둔 건문(建文) 3년(1401)의 자료에도 나혹향이 언급되어 있고, 『명사』 권324, 『명일통지』 권90, 『해어(海語)』 권상, 『동서양고』 권2에도 언급되어 있다. 그러므로 나갈향(羅褐香)은 '나혹향'으로 교정하는 것이 맞다.

459 혈갈(血竭)이 나는 나무는 크게 2종으로 나누어 볼 수 있는데, 하나는 태국, 보르네오, 남중국에서 나는 대모노롭스 드라코(Daemonorops draco)가 있고, 하나는 예멘과 소코트라에서 나는 용혈수속의 드라

④ '목(木)'자는 『기록휘편』에 빠져 있어 『승조유사』본에 따라 보충했다.[460]

⑤ ['묘(貓)'는] 『승조유사』본에 '묘아(猫兒)'로 되어 있으므로, '사자묘(獅子貓)'로 볼 수 없다.

⑥ ['주(酒)'자는] 『기록휘편』에 '미(米)'자로 잘못되어 『승조유사』본에 따라 고쳤다.

⑦ 이상 두 글자[二者]는 『승조유사』본에 따라 보충했다.

⑧ 이상 두 글자[其價]는 『승조유사』본에 따라 보충했다.[461]

4-12. 언어

나라의 말은 광동 시골말의 음운과 사뭇 비슷하다.

캐나 시나바리(Dracaena cinnabari)를 들 수 있다. 모두 열매가 익을 때 분비되는 붉은색 수지를 굳힌 것이다. 풍승균 씨는 『제번지교주』에서 펠리오의 설명에 따라(「15세기 초 중국의 대항해」, 387쪽), 혈갈(血碣)을 혈갈(血竭)로 교정하고, 상당히 정확한 설명을 덧붙였다. "옛날에는 '기린갈(麒麟竭)'이라 했다. 『당본초(唐本草)』에 '기린갈'(dragon's-blood) 나무는 '갈류(渴留)'라고 하고 자요(紫銚)는 '갈름(渴廩)'이라 하는데 두 가지는 대동소이하다(騏驎竭樹名渴留, 紫銚樹名渴廩, 二物大同小異)'라고 했고, 『해약본초(海藥本草)』에서는 『남월지(南越志)』를 인용하여, '기린갈은 자요나무의 수지이다(騏驎竭是紫銚樹之脂也)'라고 했는데 이 설은 틀렸다. 『본초강목(本草綱目)』 권34(사고전서본, 54b) 기린갈 조목에 '기린갈은 수지이고 자요는 벌레가 만든 것이다(騏驎竭是樹脂, 紫銚是蟲造)'라고 명시했다. 『도경본초(圖經本草)』에 '오늘날 남쪽 외국과 광주에서 모두 난다. 나무는 수 장(丈)이고, 너울너울 사랑스럽다. 잎은 앵두 같으나 3각이다. 수지가 나무에서 흘러나오는데 떨어져서는 아교나 엿 모습으로 오래되면 딱딱하게 응고되어 갈(竭)이 되는데 적색이 혈색(血色)으로 된다. 무시로 채취한다. 옛 설에 자요와 대략 비슷하다고 하는데 별개의 것이고 효능도 다르다(今南番諸國及廣州皆出之. 木高數丈, 婆娑可愛. 葉似櫻桃, 而有三角. 其脂液從木中流出, 滴下如膠飴狀, 久而堅凝乃成竭. 赤作血色, 采無時. 舊說與紫銚大都相類, 而別是一物, 功力亦殊)'라고 하였다." 한편, 『동의보감』에는 "쇠붙이에 상한 것을 치료하고 피와 통증을 멎게 하며, 새살을 돋게 하는 데 가장 묘한 효과가 있다"라고 기록하고 있다.

460 '소목(蘇木)'은 『국조전고』, 『삼보정이집』, 『설집』, 『담생당』본, 『서양번국지』 모두에서 보인다.

461 이상 술을 설명하고 있는 이 단락[酒有米酒 · 椰子酒, 二者俱是燒酒, 其價甚賤]은 『기록휘편』 원문에 "술에는 미주와 야자주가 있는데, 모두 소주로, 매우 값이 싸다(酒有米酒 · 椰子米(酒), 俱是燒酒, 甚賤)"라고 되어 있다. 『국조전고』에는 "有米酒 · 椰子酒, 燒酒甚賤"으로 되어 있고, 『삼보정이집』에서는 "酒有米子酒 · 椰子米, 俱是燒酒, 甚賤"이라고 하였으며, 『설집』과 『담생당』본에는 '미자주(米子酒)'가 '미주'로 된 것만 『삼보정이집』과 따를 뿐이다. 따라서 『기록휘편』의 문장이 가장 정확하므로, 풍승균 씨의 교정은 따를 필요 없다. 또한 『국조전고』의 문장 역시 이에 따라 교정하고 보완해야 할 것이다.

國語①頗似廣東鄉談音韻.②

① ['어(語)'자는] 『기록휘편』에 '속(俗)'자로 잘못되어 『승조유사』본에 따라 고쳤다.
② 이상 두 글자[音韻]는 『승조유사』본에 따라 보충했다.[462]

4-13. 풍속

민속은 요란하고 음란하며, 수상 전투를 잘 익혀, 그 왕은 상시로 부령(部領)을 보내 이웃 나라들을 토벌한다.

民俗囂淫, 好習水戰, 其王①常差部領②討伐鄰邦.

① 이상 두 글자[其王]는 『승조유사』본에 따라 보충했다.[463]
② ['영(領)'자는] 『승조유사』본에는 '하(下)'자로 되어 있다.

4-14. 통화

매매는 해파(海肌)[464]를 돈으로 충당하여 사용하고, 금·은·구리로 만든 돈

462 이 교정에 해당하는 『기록휘편』 원문[國俗頗似廣東鄉談]은 『국조전고』에 "國語頗似廣東鄉談音韻"으로 되어 있다. 한편 『삼보정이집』에는 "國語頗似廣東鄉談"이라고 하였고, 『설집』과 『담생당』본에는 "나라에서는 광동 사람들이 고향 말을 하는 것과 사뭇 같다(語言頗與廣東人鄉談同)"라고 하였다. 따라서 『기록휘편』의 '속(俗)'자만 '어(語)'자로 바꾸면 문맥에는 별다른 차이가 없다. 『서양번국지』에는 이 언어와 관련된 정보가 보이지 않는다.

463 이 교정에 해당하는 『기록휘편』 원문[常差部領討伐鄰邦]은 『삼보정이집』, 『설집』, 『담생당』본에도 마찬가지이다. 다만 『국조전고』에만 "其王常差部領討伐鄰邦"으로 되어 있다. 따라서 풍승균 씨의 교정사항은 불필요한 것으로 보인다. 참고로 『삼보정이집』, 『설집』, 『담생당』본에는 '벌(伐)'자가 모두 '벌(罰)'자로 되어 있는데, 이는 두 필사본이 같은 자료에 따르고 있음을 말해 준다.

464 조가비 화폐를 말하는 '해파(海肌)'에 관해서는 마환이 유산(溜山) 조목에서 기록한 내용과 주석[14-8]을

이든 구애되지 않고 모두 사용한다. 다만 중국 역대 동전은 사용하지 않는다.

買賣以①海肌②當錢使用, 不拘金銀銅錢俱使, 惟中國歷代銅錢則不使.

① 이상 세 글자[買賣以]는 『승조유사』본에 따라 보충했다.[465]
② ['파(肌)'자는] 『기록휘편』에 '팔(叭)'자로 되어 있어 『승조유사』본에 따라 고쳤다.

4-15. 조공

그 왕은 매번 두목을 보내 소목(蘇木), 강진향(降眞香) 등의 보물을 중국에 진공한다.

其王每①差頭目將蘇木・降香等寶進貢中國.

① 이상 열세 글자[惟中國歷代銅錢則不使. 其王每]는 『승조유사』본에 따라 보충했다.[466]

참고하시오.

465 풍승균 씨가 교정한 이상의 문장들을 『기록휘편』에 따라 복원해 보면, "海叭當錢使用, 不拘金銀銅錢俱使"라고 되어 있다. 『삼보정이집』, 『설집』, 『담생당』본에는 "해파를 돈으로 충당하여 사용하고, 금, 은, 구리의 주화는 사용하지 않는다(海肌當錢使用, 不使金銀銅錢)"라고 하며 정반대의 뜻을 기술하고 있다. 한편 『국조전고』에는 이들보다 훨씬 더 많은 정보를 제공하고 있는데, "해파를 돈으로 충당하여 사용하며, 금은에 구애되지 않고, 모든 물품은 크고 작은 거래 모두 이것으로 값을 따져 교역하는데, 중국의 역대 동전들은 항상 사용되는 것은 아니다(海肌當錢使用, 不拘金銀, 物貨一應大小買賣皆以此物論價交易, 中國歷代銅錢不常使)"라고 하였다. 이로써 볼 때, 『기록휘편』의 원문을 따르되 '팔(叭)'자만 '파(肌)'자로 교정하면 된다. 풍승균 씨가 『승조유사』본에 따라 보충한 세 글자[買賣以]는 필요 없다.

466 풍승균 씨가 교정한 이 마지막 문장[其王每差頭目將蘇木・降香等寶進貢中國]은 『기록휘편』에 "王差頭目將蘇木・降香等寶, 進貢中國"이라고 하였는데, 『국조전고』에도 이와 거의 같게 "王差頭目將蘇木・降眞香等物, 進貢中國"이라고 하였다. 『삼보정이집』, 『설집』, 『담생당』본에는 "其王常時將蘇木・降眞香等物, 差頭目, 進獻朝廷"으로 되어 있는데, 『설집』과 『담생당』본에는 '헌(獻)'자가 '공(貢)'자로 된 것만 다르다. 『기록휘편』의 원문은 『국조전고』본에 따라 고쳐야 할 것이다.

모원의(茅元儀, 1594~1640), 『무비지(武備志)』, 권240, 13b.

참고도 설명 1607년 명나라 왕기(王圻)와 아들 왕사의(王思義)의 『삼재도회(三才圖會)』, 인물, 권12 「섬라국(暹羅國)」. "섬라국. 이 나라는 바닷가에 있다. 풍속에 남자는 어릴 때 양물을 베어 여덟 가지 보석을 끼워 넣고 부귀함을 자랑하고 다닌다. 그렇게 하지 않으면 여자 집에서 시집보내지 않는다. 근래 어떤 바다를 여행하는 사람이 섬라(暹羅)로 가다가 어떤 섬에 머물게 되었는데, 온 산이 검은 칠기와 수저들이었다. 그곳에는 큰 나무들이 많았는데 그가 올려다보니 수저는 바로 그 나무의 꽃과 수염이었다. 이에 백여 쌍을 주워 돌아와 써 보니 너무 두꺼워 염색할(?) 수 없었다. 뒤에 우연히 차를 젓게 되었는데 [젓는 대로] 녹아 버렸다(暹羅國. 其國濱海, 風俗, 男子自幼割陽物嵌八寶以衒富貴, 不然則女家不取也. 近有海客往暹羅, 次至一島上, 滿山悉是黑漆匙筋. 其處多大木, 客仰窺匙筋, 乃木之花與鬚也. 因拾百餘雙還, 用之肥不能染, 後偶取攪茶, 隨而消)." 첫 번째 음경에 보석을 넣는 이야기는 마환의 『영애승람』에서도 확인된다. 두 번째 해객(海客)에 관한 이야기는, 853년 이후의 저술로 보이는 『유양잡조』 전집 권4(사고전서본, 7a)에 보인다. 단성식은 "近有海客往新羅, 吹至一島上, 滿島悉是黑漆匙筯. 其處多大木, 客仰窺匙筯, 乃木之花與鬚也. 因拾百餘雙還, 用之肥不能使, 後偶取攪茶, 隨攪而消焉"이라고 기록해 두었다. 따라서 두 번째 이야기는 섬라와 관계된 것인지 확인되지 않는다.

05

말라카 왕국

[滿剌加國]

해제

말라카 왕국[滿剌加國]은 바로 15세기에서 16세기 초까지 현 말레이시아 말라카 해협의 말라카주에 있었던 술탄의 왕국이다. 1511년 포르투갈의 침입으로 멸망했다. 이 나라의 건국 시기에 대해서는 아직 논란이 남아 있다. 1328년에 지어졌다고 하는 『파라라톤(Pararaton, 왕들의 역사시)』과 1360년 섬라국(暹羅國)이 반포한 『법전(Kot Monthieraban)』, 1365년의 왕국 순행기록인 『나가라크르타가마(Nāgarakrĕtāgama)』에 이 명칭이 들어 있으므로, 또 14세기 초반으로 이 나라의 건국 또는 존재를 추정하기도 하지만, 마르코 폴로, 오도릭(Odoric), 이븐 바투타 등의 중세 서방의 여행가들 기록에는 모두 이곳에 해당하는 어떠한 명칭도 없었다. 그리고 왕대연(汪大淵)의 『도이지략』에는 이 나라와 연관되는 어떠한 명칭도 보이지 않는다. 왕대연의 『도이지략』 서문은 1349년에 작성된 것이다. 따라서 적어도 그 이전에 이 나라는 존재하지 않았다고 보는 것이 맞을 것이다. 결국, 만랄가는 15세기에 들어와, 정화의 함대와 함께 혜성처럼 역사의 무대에 등장하는 나라이다.

중국 문헌 중에서 가장 먼저 이 나라를 기술하고 있는 자료는 바로 마환의 『영애승람』과 비신의 『성사승람』이 될 것이다. 마환보다 먼저 정화의 함대를 따라간 사람은 비신이지만, 기술한 내용은 마환의 관찰이 더 자세하다. 어느 책이 더 빠른 기술인지는 단정할 수 없다. 그뿐만 아니라 두 사람 모두 또 다른 기록 자료에(예를 들어 현재는 없어진 왕대연의 다른 책들) 근거하고 있는지도 모른다. 마환의 기술과 비교를 위해 비신이 기록한 것을 옮겨두면 다음과 같다.

이곳은 옛날 나라로 불리지는 않았다. 구항에서 출발하여 순풍에 8일 밤낮을 가면 이곳에 이른다. 바다 옆에 있으며, 산으로 고립되어 사람은 적다. 섬라(暹羅, 시암)에 항복하여 매년 황금 40냥을 가져가 납세한다. 전토는 척박하여 수확이 적다. 내륙에는 산이 있어 샘물이 냇물로 흘러드는데, 사람들은 물속에서 모래를 채질하여 주석을 채취한 다음 녹여 덩어리로 만드는데 '두괴(斗塊)'라고 한다. 각 덩어리는 중국 저울로 1근(觔) 4냥이 나간다. 그리고 초심담(蕉心簟, 바나나 잎 섬유질로 짠 자리)을 짠다. 두석(斗錫)으로 거래하며 기타 산물은 없다. 기후는 아침에는 덥고 저녁에는 춥다. 남녀는 몽둥이 모양으로 상투를 하고, 피부는 검고, 간혹 흰 사람도 있는데 중국 인종들이다. 그래도 사람들은 인정이 많고, 냇물에서 채질하거나 낚시를 하며, 바다에서 그물로 물고기를 잡는다. 집은 누각 같으며 [판자]를 깔지 않고, 나뭇가지를 드물게 배치하여 위아래로 층을 만든다. 침상을 붙여 평상으로 사용하며 다리를 펴고 걸터앉는다. 마시고, 먹고, 요리하고, 뒷일 보는 것, 모두 그 위에서 한다. 거래하는 상품으로 청백의 자기, 오색의 소주(燒珠), 색 비단, 금은 등을 사용한다. 영락 7년(1409)에 황제가 정사인 태감 정화(鄭和) 등에게 칙서를 가지고 가서 초유하고, 한 쌍의 은인(銀印), 관대와 도포를 하사하고, 봉(封)한 지역에 비석을 세우도록 하여, 만랄가국이 되었다. 섬라가 비로소 감히 소요를 벌이지 않게 되었다. 영락 13년(1415) 추장이 성은에 감복하여 처자를 데리고 온갖 공물을 헌상하러 바다를 건너 조정에 감사하자 황제가 그 수고로움에 상을 내리고 나라로 돌아가게 했다(其處舊不稱國. 自舊港起程, 順風八晝夜至此. 傍海居之, 山孤人少. 受降於暹羅, 每歲輸金四十兩, 以爲納稅. 田瘠少收. 內有一山泉流溪下, 民以流中淘沙取錫, 煎銷成塊, 曰斗塊, 每塊重官秤一觔四兩. 及織蕉心簟. 惟以斗錫通市, 餘無產物. 氣候朝熱暮寒. 男女椎髻, 身膚黑漆, 間有白者, 唐人種也. 俗尙惇厚, 以淘釣於溪, 網漁於海. 房屋如樓閣, 即不舖設, 但有不條稀布, 高低層次, 連床就榻, 箕倨而坐, 飲食廚厠俱在其上也. 貨用青白磁器·五色燒珠·色絹·金銀之屬. 永樂七年, 皇上命正使太監鄭和等齎捧詔勅, 賜以雙臺銀印, 冠帶袍服, 建碑封域, 爲滿剌加國, 其暹羅始不敢擾. 永樂十三年, 酋長感慕聖, 挈妻携子貢獻萬物, 涉海朝謝, 聖上賞勞歸國)[비신(費信), 『성사승람(星槎勝覽)』(풍승균 교주본, 중화서국 1954, 전집, 19~20쪽)].

이 왕국은 1세기 남짓 존속했으므로 다른 음역 명칭들도 많지 않다. 크게 둘로 나뉘는데 대체로 만랄가(滿剌加)와 마육갑(麻六甲)이다. 이와 비슷한 표기로, 만랄가(滿剌迦), 만라가(滿喇加 | 滿喇咖 | 滿喇加), 만랄(滿剌), 만랍가(滿臘伽), 마육갑(麻六甲 | 磨六甲 | 磨六甲 | 麽六甲 | 蔴六甲), 마라갑(麻喇甲) 등을 찾아볼 수 있다.

말라카라는 명칭에 대해서, 1365년 약간 이전에 지어진 것으로 보이는 『세자라 말라유(Sějarah Mělayu, 말레이 연대기)』에 따르면, "술탄 이스칸다르 샤(Sultan Iskandar Shah)는 그곳에서 이동하여 다른 곳으로 갔다. 그곳에 요새를 지었는데, 그날 밤 즈음에 요새가 썩어 버렸다. 그래서 그곳은 지금까지

'코타 부로크(Kota Burok)'로 알려져 있다. 술탄 이스칸다르는 해안 쪽으로 다시 옮겼다가 근래 내륙으로 갔다가 며칠 만에 세닝 우종(Sĕning Ujong)으로 갔다. 그곳이 재상직을 유지할 만한 좋은 자리임을 알고 ―이것이 그곳에 오늘날까지 재상이 있는 이유이다― 그곳에서부터 곧장 바닷가, '베르탐(Bertam)'이라는 강으로 돌아갔다. 사냥하고 있던 왕이 나무 아래 서 있을 때 사냥개 한 마리가 작은 흰 사슴에게 차였다. 술탄 이스칸다르 샤가, "작은 흰 사슴과 싸울 준비만 되어 있다면 이곳은 좋은 곳이다. 우리는 여기에 도시를 만들도록 할 것이다"라고 하였다. 추장들이 "정말 전하의 말씀대로입니다"라고 대답했다. 술탄 이스칸다르 샤는 도시를 건설하도록 명하고, "내가 서 있었던 나무의 이름의 무엇인가"라고 묻자, "전하 '말라카'라고 합니다"라고 대답했다. 이에 이스칸다르 샤는 "이제부터 말라카가 이 도시의 명칭이 될 것이다"라고 하였다는 이야기가 보이는데[브라운(C.C. Brown)이 번역한 『세자라 멜라유』, 『JMBRAS』, XXV, 2-3, 1952, 51-2쪽], 바로 말라카란 명칭의 내원이다.

진가영(陳佳榮), 사방(謝方), 육준령(陸峻嶺)이 펴낸 『고대남해지명회석』(중화서국, 1986) 816쪽 만랄가 조목에서는 만랄가의 다른 여러 표기를 나열하면서 "혹 '문로고(文魯古)'라고도 한다"라고 하였는데, 여기 '문로고'는 인도네시아 말루쿠를 지칭하고 있으므로 매우 잘못된 것이다. 『도이지략』 문로고(文老古) 조목에 상세하게 기술되어 있다(『도이지략역주』, 266~271쪽).

마지막으로 후지타 도요하치는 『도이지략』의 무지발(無枝拔)을 『통전(通典)』 권188, 「변방」4의 다마장(多摩萇) 조목(중화서국, 5017쪽)에 보이는 양지발(羊支跋, 여기 '羊'자는 '半'자의 오기임)의 '오산(五山)'을 근거로 들어 여기 만랄가 조목의 '오서(五嶼)'와 같은 것으로 보았다(『도이지략교주』, 13쪽). 소계경 씨는 여기에서 한 걸음 더 나아가 무지발=반지발=명나라 시기의 '만랄가'라고 확신하고 있다(『도이지략교석』, 39쪽). 만약 이 설이 맞는다면, 중국 문헌 자료에서 말라카가 최초로 언급된 것이 될 수 있다. 그러나 시기가 맞지 않고, 또 위치도 일치하지 않으며, 발음상의 유사성도 찾아볼 수 없고, 기술한 내용도 부합하지 않는다. 이 설은 폐기되어야 한다.

왼쪽: 사고나무(Sago Palm), 썩은 줄기에 서식하는 유충으로 원주민들이 식용함. 오른쪽: 사고나무의 핀 꽃과 열매. Georg Eberhard Rumpf(1627~1702), 『Herbarium amboinense』, I, 78.

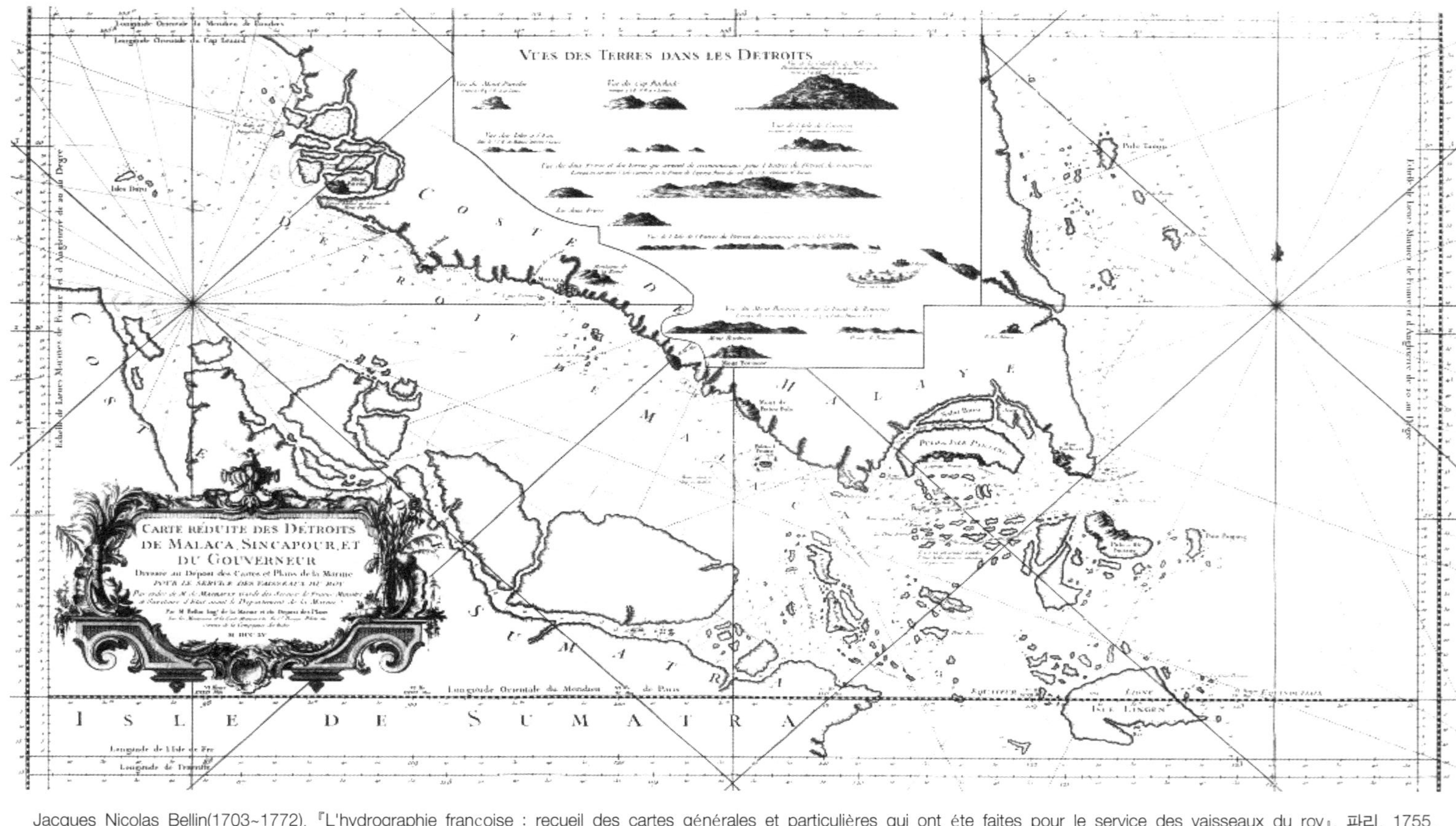

Jacques Nicolas Bellin(1703~1772), 『L'hydrographie françoise : recueil des cartes générales et particulières qui ont éte faites pour le service des vaisseaux du roy』, 파리, 1755.
「말라카 해협, 싱가포르, 고베르나도르」, 56×89㎝, 1:865,000.

말라카 왕국[滿剌加國][467]

5-1. 개황

[만랄가국은] 점성(占城, 참파)에서 정남쪽으로 순풍에 배를 타고 8일을 가면 용아문(龍牙門)에 도착하고, 문에 들어가 서쪽으로 가면 이틀 만에 이를 수 있다.[468] 이곳은 옛날부터 나라로 불리지 않았고, 바다에 다섯 개의 섬이 있어서 '오서(五嶼)'라고 불렀을 뿐이다. 국왕은 없고 다만 두목만 있다. 이곳은 섬라(暹羅)의 관할에 속하여, 해마다 금 40냥을 보내는데, 보내지 않으면 사람들을 보내 정벌했다. 영락 7년(1409), 기축년에 황제는 정사 태감 정화 등에게 조칙을 가지고 [보선을] 통솔해 가서 두목에게 은 인장 한 쌍, 관대, 도포를 하사하게 하고, 기념비를 세우고 성을 봉하게 하여 마침내 '만랄가국'으로 불리게 되었다.[469] 이후로 섬라가 감히 침략하여 소란을 피우지 못

467 『담생당』본에는 표제어 아래 "『일통지』에 있다(一統志有)"라는 주가 달려 있다.

468 이상 마환의 여정 설명에 따르면 참파에서 11일을 항해하면 만랄가국에 도착한다고 한다. 그러나 비신은 『성사승람』(고금설해본)에서 "구항[팔렘방]에서 순풍에 8일 밤낮을 [항행하면] 이를 수 있다(自舊港順風八晝夜可至)"라고 하였다(사고전서본, 권18, 1b). 이와 비교해 볼 때, 참파로부터의 11일 여정은 너무 짧다. 부록의 해당 조목을 참고하시오.

469 즉 만랄가[말라카]가 섬라[시암]로부터 독립을 의미하고 있다. 만랄가의 건국 연도에 관하여 학자들의 고증에는 약간의 차이가 있다. 에레디아(Godinho de Eredia)는 1398년(홍무 31)으로 보았고(Winstedt, History of Malaya, 38쪽), 블래그덴(Blagden)은 1378년(홍무 11)경에 두었으니(Yule, Marco Polo, II, 282쪽 주3), 20년의 차이가 있다. 또 만랄가가 나라로 독립하기 전에 섬라에 금을 보낸 양에 관하여, 정효(鄭曉)의 『황명사이고(皇明四夷考)』에는 '5,000냥'으로, 모서징(茅瑞徵)의 『상서록(象胥錄)』에는 '4,000냥'으로 되어 있는데, 쌍방의 차이가 너무 크다. 이에 대해 소계경 씨는 "만랄가가 독립하기 이전에는 일개 어촌에 불과했고, 거주민도 적었으며, 수출한 것도 소량의 주석 덩어리였으므로 마환의 40냥이 맞을 것 같다"라는 의견을 제시했다(『도이지략교석』, 40쪽).

했다. 그 두목이 성은을 입어 왕이 되자, 처자를 데리고 도읍으로 와서 천자를 뵙고 감사의 뜻을 표하며 방물을 바쳤다. 조정에서는 또 해선(海船)을 하사하여 나라로 돌아가 국토를 수호하도록 하였다.

自占城向正南, 好風船行八日到龍牙門,① 入門往西行,[470] 二日可到. 此處舊不稱國, 因海有五嶼之名, 遂名曰五嶼.② 無國王, 止有頭目掌管.[471] 此地屬暹羅所轄, 歲輸金四十兩, 否則差人征伐. 永樂七年己丑, 上命正使太監鄭和等③統④齎詔勑, 賜頭目雙臺銀印·冠帶·袍服, 建碑封城,[472] 遂名滿剌加國, 是後暹羅莫敢侵擾. 其頭目蒙恩爲王, 挈妻子⑤赴京朝謝, 貢進方物,⑥ 朝廷又賜與海船回國守土.[473]

① ['용아문(龍牙門)'은] 싱가포르[星加坡] 해협이다.[474]

470 '왕(往)'자는 『국조전고』에만 '투(投)'자로 되어 있는데, 같은 의미이다.

471 『기록휘편』의 이상 두 문장[無國王, 止有頭目掌管]은 『국조전고』와 일치하지만, 『삼보정이집』, 『설집』, 『담생당』본에는 "나라에 왕은 없고 다만 두목이 여러 일을 관장한다(國無王者, 止有頭目掌管諸事)"라고 되어 있다. 한편 『서양번국지』(상달 교주본, 15쪽)에서는 "국왕은 없고 단지 지주(地主)만 있다(無國王, 只有地主)"라고 하였다.

472 이렇게 기념비를 세우게 한 일은 비신의 『성사승람』 만랄가 조목에도 그대로 보이는데(『성사승람교주』, 전집, 19쪽), "영락 7년(1409)에 황제가 정사 태감 정화(鄭和) 등에게 칙서를 가지고 가서 초유하고, 한 쌍의 은인(銀印), 관대와 도포를 하사하고, 봉(封)한 지역에 비석을 세우도록 하여, 만랄가국이 되었다(永樂七年, 皇上命正使太監鄭和等齎捧詔勅, 賜以雙臺銀印, 冠帶袍服, 建碑封域, 爲滿剌加國)"라고 하였다. 여기의 '봉역(封域)'이라는 말은 바로 봉토로 삼았다는 말이므로, 마환의 '봉성(封城)'이란 표현과 그 의미는 대동소이하다. 비신의 전체 기술은 부록의 번역문을 참고하시오.

473 '여(與)'자는 『국조전고』에만 '이(以)'자로 되어 있다.

474 용아문(龍牙門)과 『제번지』의 능아문(凌牙門)은 발음의 근접성 때문에 학자들에게 상당한 혼란이 있었다. 흐루너펠트 씨는 『성사승람』의 용아문 조목을 해석하며 "링가 해협은 팔렘방[삼불제]의 북서쪽에 있는데, 용의 이빨처럼 높은 산들이 마주하고 있고 그 사이로 배들이 지나간다(在三佛齊之西北也. 山門相對, 若龍牙狀, 中通過船)"라고 이해했다. 또 용아문에 주석을 내어 "이 '용아'라는 두 글자는 원래 명칭인 링가(Lingga)를 음역한 것으로, '용의 이빨'을 의미한다. 우리는 비신(費信)이 이 명칭의 의미에 사로잡혀, 이 나라의 지형에서 용의 입과 닮은 모습을 찾고 있음을 알 수 있다"라고 하였다(『말레이반도와 말라카에 관한 주석』, 79쪽). 이에 대해 워렌 반즈(Warren D. Barnes)는 흐루너펠트가 '용 이빨의 문'로 번역한 용아문(龍牙門)의 '용아(龍牙)'는 아모이어로 뱃머리에 있는 두 개의 돌출부를 지칭하는 말이다. 문제의 이 통로는 『무비지·항해도』의 내용과 너무 멀리 있는 링가 해협이 될 수 없으므로 그곳이 케펠

항구(Keppel, New Harbour)라고 추정했다(『JSBRAS』, 1911(60), 「Singapore old Straits and New Harbour」, 25~26쪽).

한편 록힐은 『제번지』의 능아문(凌牙門)은 링가 해협을 말하는 것이 분명하므로 '용아문'과 혼동해서는 안 된다고 하였다. 록힐은 용아문이 링가 해협이 될 수 없는 근거로, 『도이지략』 삼불제 조목에서 "용아문(龍牙門)에서 닷새를 밤낮으로 가면 이 나라에 도착한다(自龍牙門去五晝夜至其國)"라고 하였고, 섬(暹) 조목에서 "근래 70척이 와서 단마석(單馬錫)을 침략하여 성지(城池)를 공격하는데, 한 달도 걸리지 않았다(近年以七十餘艘來侵單馬錫, 攻打城池, 一月不下)"라고 하였으며, 남무리 조목에서는 "풍속은 약탈을 좋아하여 단마석(單馬錫)에 버금간다(俗尙劫掠, 亞於單馬錫也)"라고 한 것을 들었다. 또 필립스(G. Phillips)가 번역한 『무비지 · 항해도』의 해석(「The Seaports of India and Ceylon」, 『JCBRAS』, N.S. XX(1885), 209~226쪽과 XXI(1886), 30~42쪽)을 인용하면서 그 항해도에서 담마석(淡馬錫)은 장요서(長腰嶼) 근처에 그려져 있다는 점을 들었다. 따라서 조여괄(趙汝适)의 능아문(凌牙門)은 용아문과 아무런 관계가 없으며, 왕대연과 그 이후의 문헌에 보이는 용아문은 싱가포르 해협이라고 결론지었다(록힐, 「14세기 중국과 인도양 연안, 동부 열도와의 무역 관계에 관한 주석」, 130~131쪽). 록힐의 이 설명은 심증식(沈曾植)의 설에 따른 것으로 보인다.

필립스 씨의 해석과 항해도의 한자 원문은 다음과 같다. "말라카에서 5경을 가면 배는 세진 팅(Sejin Ting)과 바투 파핫(Batu Pahat)강[원문에는 '사전산(射箭山)'으로만 되어 있음]을 향한다. 이어서 3경을 가면 페상(Pesang, 昆宋嶼)섬에 이르며, 5경을 가면 카리마(Carima, 吉利門)에 이른다. 배는 동남쪽으로 가다가 동쪽으로 5경에 장요서(長腰嶼, 싱가포르)에 이르고 링가 해협[龍牙門]으로 나간다. 용아문에서 동쪽에서 약간 북쪽으로 5경을 가면 배는 백초(白礁, Pedra Branca)에 이른다. 백초에서 북동쪽과 북쪽으로 5경을 가면 동서죽산(Pulor Aor)에 이르고, 동서죽산에서 북동쪽과 북쪽에서 약간 동쪽으로 가면, 풀로 콘도르(Pulo Condor, 崑崙山)의 동쪽에 이른다(滿剌加開船用辰巽針, 五更, 船平射箭山. 用辰巽針, 三更, 船平昆宋嶼. 用丹巽針, 取吉利門五更. 船用乙辰及丹辰針, 取長腰嶼, 出龍牙門. 龍牙門用甲卯針五更, 船取白礁. 白礁過用癸丑及丹癸針, 五更, 船平東竹西山外過. 東竹山過用子丑及丹癸針, 船取崑崙山外過)." 분명 필립스는 용아문을 링가 해협으로 보고 있다. 그렇다면 『제번지』에 보이는 능아문과 같은 곳이 된다.

후지타 도요하치도 이로써 『제번지』의 능아문과 『도이지략』의 용아문을 동일시하고 있다(『도이지략교주』, 96쪽). 풍승균 씨도 후지타 도요하치의 '능아=용아'라는 설에 동의하며 모두 싱가포르 해협의 옛 고브나도르(Govenador) 해협으로 설명했다(『성사승람교주』, 후집, 4쪽). 또, 조여괄의 제번지를 교주하면서, 삼불제국(三佛齊國, 스리비자야)으로 들어가는 길목으로 언급한 능아문(凌牙門)을 오늘날 링가(Lingga) 해협으로 추정하고, 『도이지략』의 용아문(龍牙門), 『동서양고(東西洋考)』 「서양침로(西洋針路)」에 보이는 용아산(龍雅山)으로, 모두 같은 곳으로 보는 착오를 했다(『제번지교주』, 1956, 13~14쪽). 소계경 씨는 원나라, 명나라 시기에 용아문은 싱가포르섬과 그 남쪽의 해협을 지칭했는데, 『도이지략』의 용아문은 싱가포르섬을 지칭한다고 하였고, 『제번지』의 능아문에 대해서, "링가섬은 『동서양고』에 용아산(龍雅山)으로 되어 있다. 능아(凌牙)는 '링가(Lingga)'라는 음에 잘 부합한다. 그렇지만 내 생각으로, 능아문도 중국어 명칭이지, 음역이 아닐 것이다. 용아문이라는 명칭은 송나라 시기에 이미 있었고, 와전되어 능아문이 되었을 것이다"라고 하였다(『도이지략교석』, 215쪽). 역자의 생각으로, 『제번지』의 '능아'는 현 링가(Lingga)의 음역이고, 『도이지략』의 '용아문'은 싱가포르 해협의 지형적 상황을 표현한 중국식 명칭이다. 이처럼 두 곳은 비슷한 음을 가진 다른 곳이므로 여기 『영애승람』 말라카 조목의 용아문은 당연히 싱가포르 해협이 되어야 한다.

② 이상 다섯 글자[遂名曰五嶼]는 『기록휘편』에 '이(耳)'자로만 되어 있어 『승조유사』본에 따라 보충했다.[475]

③ '등(等)'자는 『기록휘편』에 빠져 있어 『승조유사』본에 따라 보충했다.

④ ['통(統)'자] 아래 '보선(寶船)' 두 글자가 빠진 것 같다.[476]

⑤ '자(子)'자는 『기록휘편』에 빠져 있어 『승조유사』본에 따라 보충했다.[477]

⑥ 『명사』 「만랄가전」에 "영락 9년(1411) 그 나라 왕이 처자를 데리고, 신하 540여 인을 대동하여 내조했다([永樂]九年, 其王率妻子陪臣五百四十餘人來朝)"[478]라고 하였다. 당시 그 나라 왕의 이름은 배리미소랄(拜里迷蘇剌, Parameśvara)이었다.

5-2. 지리

나라의 동남쪽은 대해이고, 서북쪽은 오래된 해안으로 산들과 닿아 있는데, 모두 모래와 소금의 땅이다. 기후는 아침에는 덥고 저녁에는 추우며, 밭은 척박하고 곡물은 빈약하여 사람들은 밭을 갈아 파종하는 일이 적다.

475 이 교정에 해당하는 『기록휘편』 원문[바다에는 다섯 섬의 명칭만 있었을 따름이다(因海有五嶼之名耳)]는 『삼보정이집』에 마지막 '이(耳)'자 없이 "因海有五嶼之名"이라고 하였으며, 『설집』은 "國內海遂有五嶼之名"으로, 『담생당』본에서는 '해'자를 빠뜨리고 "國內遂有五嶼之名"으로 다소 혼란한 문장을 보여주지만, 『설집』과 『담생당』본의 '국(國)'자는 '인(因)'자의 오기일 가능성이 크므로, 『기록휘편』의 문장 구조를 유지하고 있다. 한편 『국조전고』에는 "因海有五嶼, 遂有五嶼之名耳"라고 하며 완전한 문장을 보여 주고 있다. 여기서는 『국조전고』본에 따라, 『기록휘편』의 원문을 이해해야 할 것이다.

476 이 교정에 해당하는 『기록휘편』의 원문[永樂七年己丑, 上命正使太監鄭和統齎詔勅]은 『국조전고』에 "永樂七年, 上命正使太監鄭和詔敕"이라고 하였고, 『삼보정이집』에는 "永樂七年己丑, 上命正使太監鄭和等齎詔勅"이라고 되어 있으며, 『설집』과 『담생당』본은 『삼보정이집』의 문장에서 '등(等)'자가 없을 뿐이다. 이로써 볼 때, 풍승균 씨가 '보선(寶船)'이 생략된 것으로 추정하게 만든 『기록휘편』 원문의 '통(統)'자는 빼는 것이 맞다. 그리고 '정화(鄭和)' 뒤에는 '등(等)'자를 보충하는 것이 타당하다. 이는 『서양번국지』에서 "영락 7년 기축년 사신들을 파견하여 여러 외국을 타이르라는 명을 받들어(永樂七年己丑歲欽奉上命遣使往諭諸番)"라고 한 문장에서 확인된다.

477 이 교정에 해당하는 『기록휘편』의 원문[挈妻赴京朝謝]은 『국조전고』, 『삼보정이집』, 『설집』, 『담생당』본 모두 "아들과 아내를 데리고 조정에 와서 천자를 뵙고 감사함을 표했다(携子挈妻赴京朝謝)"라고 하였는데, 『국조전고』에서는 '조(朝)'자 대신에 '배(拜)'자를 쓰고 있는 것만 다를 뿐이다. 이에 따라야 할 것이다.

478 풍승균 씨가 인용한 문장은 『명사』, 중화서국, 8416쪽에 보인다.

큰 시내[溪]가 있는데 강물은 아래로 흘러, 왕이 사는 집 앞을 따라 흘러 바다로 들어간다. 왕은 시내에 나무다리를 세우고, 그 다리 위에 정자 20여 칸을 지었는데, 모든 물품의 매매가 그 위에서 이루어진다.

其國東南是大海, 西北是老岸連山, 皆①沙滷之地. 氣候朝熱暮寒, 田瘦穀薄, 人少耕種. 有一大溪, 河水下流, 從王居前過, 入海.[479] 其王於溪上建立木橋, 上造橋亭二十餘間, 諸物買賣俱在其上.[480]

① '개(皆)'자는 『기록휘편』에 빠져 있어 『승조유사』본에 따라 보충했다.[481]

5-3. 종교

국왕과 나라 사람들은 모두 이슬람교를 따라 재계하고 계를 받으며 경을 왼다.

國王國人皆從<u>回回</u>教門, 持①齋受戒誦經.②

① ['지(持)'자는] 『승조유사』본에 '파(把)'자로 되어 있다.

479 이상 『기록휘편』의 문장[有一大溪, 河水下流, 從王居前過, 入海]에서 '입해(入海)'는 『국조전고』에 "돌아 바다로 들어간다(轉入于海)"로, 『삼보정이집』, 『설집』, 『담생당』본에는 "동쪽으로 바다로 들어간다(東入海)"라고 하였다. 한편 『서양번국지』에서는 "有一大溪ㅁ紅王居前過ㅁ入海"라고 한 것으로 보아 '입해(入海)'가 선본으로 판단된다.

480 『기록휘편』을 따른 이 문장[俱在其上]은 『국조전고』, 『설집』, 『담생당』본에 "皆在其上"으로, 『삼보정이집』에서는 "俱從其上"으로 되어 있다. 명나라 『영애승람』 필사본들에서 '개(皆)'자와 '구(俱)'자의 쓰임은 아무런 구분이 없다.

481 '개(皆)'자는 『국조전고』에만 들어 있고, 『기록휘편』, 『삼보정이집』, 『설집』, 『담생당』본에는 모두 빠져 있다. 『기록휘편』의 원문대로 빼도 문맥에는 큰 지장이 없으므로 원문을 따른다.

② 이상 두 글자[誦經]는 『승조유사』본에 따라 보충했다.[482]

5-4. 복식

왕의 복식은 그곳의 가늘고 흰 베로 머리를 싸매고, 몸에는 세세한 꽃문양과 푸른 베로 만든 긴 옷을 입는데, 그 모양이 도포 같으며, 발에는 가죽신을 신고, 출입에는 가마를 탄다. 나라 사람 중 남자는 네모난 머리띠로 머리를 싸매고, 여인은 머리 뒤로 몽둥이 모양으로 묶는다. 신체는 조금 검으며, 아래는 흰 베로 만든 수건을 두르고, 위에는 색이 들어간 베로 만든 짧은 적삼을 입는다.

其王服,[483] 用以細白番布纏頭, 身穿細花青布長衣, 其樣如袍,① 腳穿皮鞋, 出入乘轎. 國人男子方帕包頭, 女人撮髻腦②後. 身體微黑, 下圍白布③手巾, 上穿色布④短衫.

① 이상 여섯 글자[長衣, 其樣如袍]는 『기록휘편』에 '여포장의(如袍長衣)'로 되어 있고, '포(袍)'자도 그 반쪽만 남아 있어,[484] 『승조유사』본에 따라 고쳤다.

② ['뇌(腦)'자는] 『기록휘편』에 '흉(胸)'자로 잘못되어 『승조유사』본에 따라 고쳤다.[485]

482 이 교정에 해당하는 『기록휘편』 원문[持齋受戒]은 『국조전고』, 『삼보정이집』, 『설집』, 『담생당』본 모두 일치하는 문장을 보여 준다. 따라서 풍승균 씨가 『승조유사』본에 따라 '송경(誦經)'을 보충한 것은 불필요하다.

483 '기왕복(其王服)'은 『국조전고』에만 '그 왕의 몸치장(其王之扮)'으로 되어 있다.

484 중화서국에서 1985년 영인 출판한 『총서집성초편』본에는 '포(袍)'자의 모습은 완전하게 보인다. 이상 풍승균 씨가 교정한 두 문장[身穿細花青布長衣, 其樣如袍]을 『기록휘편』에 따라 옮겨 보면, "身穿細花青布如袍長衣"라고 되어 있다. 이는 『국조전고』, 『삼보정이집』에도 마찬가지이다. 『설집』과 『담생당』본에는 "身穿細花青白如袍長衣"로 되어 있고, 『서양번국지』에도 "身衣細花布如袍長"이라고 하였으므로 풍승균 씨의 교정은 따를 수 없다.

485 '뇌(腦)'자는 『국조전고』, 『삼보정이집』, 『설집』, 『담생당』본, 그리고 『서양번국지』 모두 같다. 따라서

③ '백포(白布)'는 『승조유사』본에 '각색포(各色布)'로 되어 있다.[486]

④ '색포(色布)'는 『승조유사』본에 '각색포(各色布)'로 되어 있다.[487]

5-5. 주거

풍속은 순박하다. 집은 누각 같은 형식인데, 위에는 판자를 깔지 않고, 다만 높이가 4척쯤 되는 곳에 야자나무를 쪼개 조각으로 만들어 그 위에 드문드문 깔고, 등나무로 묶어 고정하면, 양 우리처럼 자연스럽게 층이 생긴다. 침상을 붙여 평상을 만들고, 양반다리를 하고 앉으며, 먹는 곳, 자는 곳, 부엌 모두 그 위에 있다. 사람들은 물고기 잡는 것을 생업으로 삼고, 통나무를 파내어 배를 만들어 바다로 나가 물고기를 잡는다.

風俗淳樸. 房屋如樓閣之制, 上不鋪板, 但高四尺許之際, 以椰子樹劈成片條,[488] 稀布於上, 用藤縛定, 如羊棚樣,[489] 自①有層次. 連牀就榻, 盤膝而坐,[490] 飲臥廚灶

풍승균 씨의 교정은 정확하다. 여기의 '뇌(腦)'자는 '머리'를 가리키는 말이다.

486 '수건(手巾)'은 『국조전고』, 『삼보정이집』, 『설집』, 『담생당』본 모두 '각색수건(各色手巾)'으로 되어 있다. 따라서 『기록휘편』 원문에는 '각색(各色)' 두 글자를 보충해야 한다. 하지만 앞의 '백포(白布)'란 흰 베를 말하므로, 의미가 상충된다. 그래서 풍승균 씨는 '각색' 두 글자를 삭제했을까. 확실히 『서양번국지』에도 '각색수건'을 확인할 수 있다.

487 '색포(色布)'가 『삼보정이집』에만 '세포(細布)'로 되어 있다.

488 『기록휘편』의 이 문장[以椰子樹劈成片條]은 『국조전고』와 일치하고 있는데, 여기의 '야자수'가 『삼보정이집』에는 '낭목수(榔木樹)'로, 『설집』과 『담생당』본에는 '낭자목(榔子木)'으로 되어 있다. 여기서는 『국조전고』와 『기록휘편』을 따른다. 이는 『서양번국지』에서 '야목(椰木)'이라는 표현으로 확인된다.

489 '양붕(羊棚)'은 『삼보정이집』, 『설집』, 『담생당』본, 그리고 『서양번국지』 모두 일치한다. 『국조전고』에만 '평붕(平棚)'으로 되어 있다. '양(羊)'자와 '평(平)'자의 자형이 비슷하여 이러한 분기가 생긴 것으로 보이는데, 여기서는 사람이 사는 주거를 말하므로 『국조전고』를 따르는 것이 타당할 것이다.

490 '반슬(盤膝)'은 『담생당』본에도 일치하지만, 『국조전고』, 『삼보정이집』, 『설집』에는 모두 '반슬(蟠膝)'로 되어 있는데, 의미는 같지만, 『기록휘편』의 '반슬(盤膝)'이 더 많이 쓰인다. '반슬'이란 양반다리를 하고 앉는 것을 말한다. 『서양번국지』에도 "盤膝而坐"로 되어 있다. 하지만 비신은 『성사승람』 만랄가 조목에서(『성사승람교주』, 전집, 20쪽) 이러한 앉는 모습을 기술하면서 "다리를 펴고 걸터앉는다(箕踞而

皆在上也.[491] 人多以漁爲業, 用獨木刳舟泛海取魚.[492]

① ['자(自)'자는] 『승조유사』본에는 '각(各)'자로 되어 있다.

5-6. 산물-타마아

땅에는 황속향(黃速香), 오목(烏木), 타마아향(打麻兒香),[493] 화석(花錫) 등이

坐)"라고 하였으므로, 마환과 비신의 기술이 상치됨을 볼 수 있다.

491 '주조(廚灶, 부엌과 아궁이)'는 『국조전고』에 '조측(竈廁, 부엌과 측소)'으로, 『삼보정이집』, 『설집』, 『담생당』본에는 '조구(灶具, 부엌 도구)'로 되어 있다. 여기의 문맥으로 보아 평상 위에서 모든 생활이 이루어지는 것을 말하고 있으므로, 『국조전고』본이 가장 적합하게 보인다. 이상 층을 만들어 생활하는 모습에 관하여 비신은 『성사승람』(천일각본)에서 "누각 같은 집은 [판자를] 깔아 배열하지 않고, 단지 나뭇가지를 듬성듬성 깔아 위와 아래로 층을 만들고, 침상을 이어 평상을 만들어, 다리를 키처럼 펴고 앉으며 먹고 마시는 곳, 아궁이, 뒷일 보는 곳이 모두 그 위에 있다(房屋如樓閣, 即不舖設, 但有木條稀布, 高低層次, 連牀就榻, 箕倨而坐, 飲食[酒]廚廁俱在其上也)"라고 하였다.

492 마지막 '취어(取魚)' 두 글자는 『삼보정이집』에만 빠져 있다.

493 타마아(打麻兒)는 일종의 송진으로 나무의 굳은 수지를 말하는데, 말레이-자바어 다마르(damar)의 음역 명칭이다. 무엇보다도 마환은 이 수지를 기록한 세계 최초의 언급을 남겼다는 점에 의미를 부여해야 할 것이다. 율(Yule)은 인류학자 스키트(W.W. Skeat)의 설명을 빌려, 말레이 다마르는 송진과 송진으로 만드는 횃불을 뜻한다고 하였다. 말레이반도에서 이 다마르가 나오는 나무로는 다마라 알바 룸프(Dammara alba Rumph)라는 학명을 가지는 암본소나무(Agathis dammara)이다. 미얀마의 다마르는 딥테로카르푸스과(Dipterocarpaceae)의 다른 속이며, 벵골의 다마르는 살(sāl) 나무[Saul tree, 사라수, Shoreae Robusta]에서 나온다. 또 남인도에서 바테리아 인디카(Vateria Indica)에서 나오는 '송진[White Dammer, Dammer Pitch]'과 카나리움 스트릭툼(Canarium Strictum)에서 나오는 검은 다메르(Black dammer)가 있다. 또 율은 리치의 설명을 인용하여 쿠치(Cutch)에서는 같은 양의 기름으로 끓인 샨드루즈(chandrūz, 또는 chandras=copal)에서 만들어진다고 한다(Lieutant R. Leech, 「Memoire on the Trade, etc. of the Port of Mandvee in Kutch State」, 『Selections from the Records of the Bombay Government』, Vol.15, 215~216쪽). 이 샨드루즈가 프라이어(Fryer)의 '바다에서 나는 송진'으로 보인다고 설명했다(『Hobson-Jobson』, 294~295쪽, Dammer 조목). 마환의 기술과 가장 부합하는 설명을 보여 주는 학자는 존 크로포드(J. Crawfurd)이다. 그는 "인도 도서 지역의 숲에는 기술에 활용되는 고무나 수지를 생산하는 나무와 식물들이 많이 난다. 이 중에서 가장 중요한 것은 다마르(Damar)이다. 여러 종의 나무에서 자연스럽게 흘러나와 굳은 수지 또는 '테레빈(turpentine)'으로, 인도 도서 지역의 모든 지역에 이 다마르를 만드는 나무들이 있다. 룸피우스(Rumphius)로, 4종을 들 수 있다. 이 나무들은 다른 진을 생산하는데, 그 색깔과 농도에 따라 상업용어로 명명된다. 말레이어로 '다마르 바투(Damar-batu)', 또는 자바어로 '다마르 셀로(Damar-selo)'라고 하는 것은 돌같이 굳은 진을 의미하고,

난다. 타마아(打麻兒)는 원래 수지의 일종으로 흘러나와 흙으로 들어가는데, 송진[松香], 역청(瀝靑)처럼 파내어 불에 태우면, 붙는다. 현지인들 모두 이것으로 등불을 켠다. 이곳의 선박들은 다 건조하면 이것으로 연결 부위에 땜질하여 바른다. 방수에 매우 좋다. 이곳의 사람들 대부분이 이것을 채취하여 다른 나라에 팔러 다닌다. 속이 투명하고 아주 깨끗한 것이 있는데, 오히려 금박(金珀)과 비슷하여 '손도로시(損都盧廝)'[494]라고 한다. 현지인들은 모자[tengkolok]의 구슬로 만들어 파는데 오늘날 '수박(水珀)'이라 하는 것이 바

보통 다마르 푸치(Damar-putch)라는 것은 백색의 진이다. 다마르를 생산하는 나무는 절개할 필요 없이 엄청난 양을 만들어 낸다. 나무껍질에서 흘러나와 큰 응어리로 둥치와 가지에 달라붙어 있기도 하고, 나무 아래 땅에 덩어리로 발견되기도 한다. 이들 나무는 종종 바닷가나 강둑에서 자라며, 그 다마르는 흔히 물에 떠다녀 먼 곳에서도 채집할 수 있다. 다마르라는 단어는 인도 반도의 서쪽 대부분 언어에서 고무 또는 수지를 의미한다. 이 단어는 또한 그 수지를 함유한 횃불을 의미하기도 한다. 고무나 수지라는 단어들은 향료 군도의 몇몇 언어에서 '살로(Salo)'와 '카마(Kama)'로 표현된다. 다마르는 송진이 필요한 모든 용도에 사용하지만, 주로 선박 바닥의 이음새를 막을 때 사용된다. 다마르는 대량으로 인도 내륙 특히 벵골지역으로 수출되었다"(J. Crawfurd, 『인도 군도의 역사(History of the Indian Archipelago)』 I(1820), 454~456쪽).

494 손도로시(損都盧廝)에 관하여, 록힐은 블래그덴(Blagden) 씨의 설명을 따르고 있는데, "손도로시는 틀림없이 '다마르 마타 쿠칭'(damar mata kuching, 글자 의미는 고양이 눈 같은 수지)이라 부르는 것으로, 최상의 것은 호박 같은 성질의 수지이다. 윌킨슨(Wilkinson)의 사전에는 호페아 글로보사(Hopea globosa)와 파치도카르푸스 윌리치(Pachynocarpus Willichii)에서 나온다"라는 설명을 붙였다. 하지만 자신뿐만 아니라 흐루너펠트, 조지 막스웰(George Maxwell)도 이 중국 명칭과의 관계를 설명하지 못했다고 하였다. 풍승균 씨는 교주에서 신다루스(sindarus)라고 하였지만, 그 이상의 설명을 보여 주지 않았다. 풍승균 씨의 신다루스는 가브리엘 페랑(G. Ferrand)이 「말라카, 말라유와 말라유르(Malaka, Le Malāyu et Malāyur)」[『JA』, 1918(1), 396쪽]에서 추정한 것으로, "손도로시는 아랍어 신다루스(sindarūs), 즉 산다라크(sandaraque) 수지를 말하는 것 같다"라고 하였다. 이에 대해 펠리오 씨는 일반적으로 베니스를 표현한 것으로 보인다고 하면서, 코펄 베니스(copal vernis)의 명칭으로 『영국-인도 용어 사전(Hobson-Jobson)』에서 언급한 샨드루즈(chandrūz)가 여기 신다루스 그리고 손도로시와 관계되는 것인지 모르겠다고 하였다(「15세기 초 중국의 대항해」, 391쪽). 음성적 유사성은 그럴법하지만, 마환이 언급하고 있는 손도로시는 분명 굳은 수지 정도가 아니라 호박 같은 단단한 화석 또는 결정을 지칭하고 있다. 맥내어(Major M'Nair)는 말레이산 다메르(dammer)를 코펄, 화석으로 여겼던 것 같다. 이에 관하여 스키트(Skeat) 씨는 "이것을 땅에서 파낸다는 것도 사실이다. 왜냐하면, 모종의 나무뿌리에서 형성될 수도 있고, 아니면 큰 덩어리가 자체의 무게 때문에 땅으로 떨어져서 묻혔을 수도 있기 때문이다. 그러나 실제로 그것이 화석이 되었다는 것을 듣지 못하여 그 사실에 대해서는 심각하게 의문을 가진다"라고 하였다(율, 『영국-인도 용어 사전』, 295쪽에서 재인용). 보석처럼 화석화된 타마르 수지를 언급한 것도 결국 마환이 처음인 셈이다.

로 이것이다.

土產黃速①香·烏木·打麻兒香·花錫之類. 打麻兒香本是一等樹脂, 流出入土,[495] 掘出如松香·瀝青之樣, 火燒卽著,[496] 番人皆以此物點②照當燈. 番船造完, 則用此物熔塗於縫.[497] 水莫能入, 甚好.[498] 彼地之③人多採取此物以④轉賣他國. 內有明淨好者, 卻似金珀一樣,[499] 名損都盧廝.[500] 番人做成帽珠而賣,[501] 今水珀卽此物也.[502]

① [‘속(速)’자는] 『기록휘편』에 ‘연(連)’자로 잘못되어 『승조유사』본에 따라 고쳤다.[503]

495 『기록휘편』의 이 문장[流出入土]은 같은 의미지만, 사본마다 다소 글자의 출입이 있다. 『국조전고』에는 “땅속으로 흘러든다(流入土內)”라고 하였고, 『삼보정이집』, 『설집』, 『담생당』본에는 “땅속으로 흘러 떨어진다(流落土內)”라고 되어 있다. 한편, 『서양번국지』에는 “流入于土”라고 하였다.

496 『기록휘편』에 따른 이 문장[火燒卽著]은 『국조전고』, 『삼보정이집』, 『설집』 모두 “火點即着”으로 되어 있으므로, 이에 따라 고쳐야 할 것이다. 이는 『서양번국지』에서 “등불을 켤 수 있다(可以點燈)”라는 기술로 근거 삼을 수 있다.

497 『기록휘편』의 이 문장[則用此物熔塗於縫]은 『국조전고』에 “모두 이 물건을 녹여 외부에 바른다(皆溶此物塗抹於外)”라고 하였고, 『삼보정이집』과 『설집』에도 “則溶此物塗抹於外”라고 하였으며, 『담생당』본에는 앞의 네 글자는 빠졌지만, “塗抹於外”란 형태를 보여 주고 있으므로, 『기록휘편』의 원문은 전달하는 의미는 같지만, 이들 필사본에 따르는 것이 순조롭다. 단, ‘용’자는 『기록휘편』의 ‘용(熔, 鎔의 속자)’자가 맞다.

498 ‘심호(甚好)’는 『기록휘편』과 『국조전고』에만 보인다.

499 ‘일양(一樣)’은 별다른 의미 차이는 없지만, 『국조전고』, 『삼보정이집』, 『설집』, 『담생당』본 모두 ‘일반(一般)’으로 되어 있다.

500 여기 ‘손도로시(損都盧廝)’의 ‘시(廝)’자는 『국조전고』와 『담생당』본에는 ‘사(斯)’, 『삼보정이집』과 『설집』에는 ‘시(厮)’자로 되어 있다. 이 글자들의 혼용은 ‘홀로모사(忽魯模斯)’의 ‘사’자 표기에도 보인다.

501 『기록휘편』의 이 문장[番人做成帽珠而賣]은 『삼보정이집』과 일치하지만, 『국조전고』에는 “番人亦有做成帽珠而賣”로, 『설집』과 『담생당』본에는 “有番人做成帽珠而賣”로 되어 있다. 여기서는 『기록휘편』과 『삼보정이집』을 따라야 할 것이다. 한편, 『서양번국지』에서는 “혹 갈아서 모자 구슬로 만들어 팔기도 한다(或礪成帽珠而賣)”라고 하였다.

502 여기의 ‘금(今)’자는 『국조전고』, 『삼보정이집』, 『설집』, 『담생당』본 모두에 빠져 있으므로, 삭제하는 것이 맞다. 이는 『서양번국지』에서 “수박이라는 것이 이것이다(所謂水珀是也)”라고 한 문장에서 확인할 수 있다.

503 ‘속(速)’자를 ‘연(連)’자로 잘못 혼용하여 쓰는 경우는 본서에서 상당히 빈번하게 일어난다. 『국조전고』,

② '점(點)'자는 『기록휘편』에 빠져 있어 『승조유사』본에 따라 보충했다.[504]

③ 이상 두 글자[地之]는 『승조유사』본에 따라 보충했다.

④ 이상 세 글자[此物以]는 『승조유사』본에 따라 보충했다.[505]

5-7. 산물-화석(花錫)

화석(花錫)[506]은 두 산골 주석 시장에 있는데, 왕은 두목에게 명하여 그곳을 주관하게 한다. 사람들을 보내 일어 내고 녹여 국자 모양으로 주조하고 작은 덩어리로 만들어 관청으로 보내도록 한다. 매 덩어리는 중국 저울로 1근 8냥 혹은 1근 4냥이 나간다. 열 개의 덩어리를 등나무로 묶은 것을 '소파(小把)'라고 하고 40덩어리는 '1대파(大把)'라고 한다. 시장의 교역은 모두 이 주석을 사용한다.

『삼보정이집』, 『설집』, 『서양번국지』 모두 '황속향(黃速香)'으로 되어 있다. 한편 『담생당』본에는 '黃○香'으로 되어 있다.

504 이 교정에 해당하는 『기록휘편』의 원문[番人皆以此物照當燈]은 『국조전고』에 "番人皆以此木照點當燈"으로, 『삼보정이집』에는 "國人皆以此物點照當燈"으로, 『설집』에는 "國人皆以點照當燈"이라고 하였다. 먼저 『국조전고』의 '차목(此木)'은 '차물(此物)'로 고치는 것이 맞다. 문제는 '조점(照點)'이냐 '점조(點照)'냐이다. 바로 등불을 피워 비춘다는 의미의 '점조'가 적합하다. 따라서 풍승균 씨가 '점'자를 『승조유사』본에 따라 보충한 것은 정확하다.

505 이 교정의 해당하는 『기록휘편』 원문[彼人多採取轉賣他國]은 『국조전고』에 "彼人多去採取轉賣他國"이라고 하며 '거(去)'자를 덧붙이고 있으며, 『삼보정이집』, 『설집』, 『담생당』본은 마지막 '국(國)'자가 '처(處)'자로 바뀐 것 이외에는 『기록휘편』과 일치한다. 따라서 풍승균 씨가 『승조유사』본에 따라 보충한 것은 불필요한 작업이었다. 이는 『서양번국지』에서 "토착민들 대부분 그것을 채취하여 파는데, 다른 나라에도 팔려 갔다(土人多採取賣之, 他國亦販去)"라고 한 문장으로 확인할 수 있다.

506 화석(花錫)은 『도이지략』 무지발(無枝拔) 조목에 '화두석(花斗錫)'으로 되어 있고, 『성사승람』에는 두석(斗錫)으로만 되어 있다(부록의 번역문을 참고하시오). 국자 모양으로 만들었으므로 '두(斗)'자를 쓴 것임이 분명하다. 그러나 '화(花)'자의 의미는 꽃문양을 새겨 넣었다는 말인지, 아니면 주석 표면에 자연스럽게 생기는 꽃문양을 말하는 것인지 분명하지 않다. 전자의 경우라면 마환이 분명하게 언급했을 것이다. 그렇지 않은 것을 보면, 후자로 볼 수밖에 없다. 소계경 씨는 후자의 설명을 택하고 있다(『도이지략교석』, 42쪽).

花錫有二處山塢錫①場,② 王命頭目主之, 差人淘煎, 鑄成斗樣, 以爲小塊輸官.[507] 每塊重官秤一斤八兩, 或一斤四兩.[508] 每十塊用藤縛爲小把, 四十塊爲一大把. 通市交易皆以此錫行使.[509]

① 이상 두 글자[塢錫]는 『승조유사』본에 따라 보충했다.[510]
② 이 장(場, 시장)은 셀링고르(Selingore) 등지에 있는 것으로 보인다.

5-8. 관습

그 나라 사람들의 언어와 서법, 혼인의 예법은 사뭇 조와(爪哇)와 같다.

其國人言語①幷書記婚姻②之禮, 頗與爪哇同.[511]

① 이상 다섯 글자[其國人言語]는 『기록휘편』에 '국어(國語)' 두 글자로만 생략되어 있어

507 『기록휘편』의 이 문장[以爲小塊輸官]에서 '이위(以爲)'는 의미상 앞의 '주성(鑄成)'과 중복된다. 『국조전고』, 『삼보정이집』, 『설집』, 『담생당』본 모두에 빠져 있다. 이에 따라 고쳐야 한다. 한편 『설집』과 『담생당』본에는 "鑄成斗大樣小塊大, 輸官…"으로 되어 있다.

508 『기록휘편』의 "혹 1근 4냥이다(或一斤四兩)"라는 문장은 먼저 『삼보정이집』에 "1근당 4냥짜리이다(每一斤四兩者)"라고 하였고, 『설집』과 『담생당』본에는 "관청의 저울은 1근에 4냥짜리이다(官秤每一斤四兩者)"라고 되어 있다. 국자 모양으로 만든 덩어리가 일정한 무게를 가질 수 없으므로, 『기록휘편』 원문이 더 문맥에 부합한다. 또한 이 정보는 『서양번국지』에서도 확인된다.

509 이상의 문장들[每十塊用藤縛爲小把, 四十塊爲一大把. 通市交易皆以此錫行使]은 『국조전고』에 "…小塊輸官, 通市交易皆以此錫行使"라고 하면서 중간에 도량형에 관한 문장이 모두 생략되어 있다.

510 이 교정에 해당하는 『기록휘편』의 원문[花錫有二處山場]은 『국조전고』, 『삼보정이집』, 『설집』에 "花錫有二處山塢錫場"을 보여 주며, 『담생당』본에는 '유(有)'자가 '출(出)'자로 되어 있다. 의미전달은 '출'자가 훨씬 명확하다. 『서양번국지』에도 "花錫有二山場出產"이라고 하였다. 이상으로부터 '산장(山場)'을 '오석장(塢錫場)'으로 보완한 풍승균 씨의 교정은 정확하다. 또한 『담생당』본과 『서양번국지』에 근거하여 '유(有)'자는 '출(出)'자로 고치는 편이 문맥에 유리하다. '산오'란 사방이 높고 중앙이 낮은 지역을 의미하고, '석장'은 '주석 시장' 정도의 뜻이라고 생각한다.

511 '동(同)'자는 『국조전고』와 『삼보정이집』에 '상동(相同)'으로 되어 있다.

『승조유사』본에 따라 보충했다.

② ['인(姻)'자는] 『승조유사』본에는 '상(喪)'으로 되어 있다.[512]

5-9. 사고(沙孤, Sagu)

야산에는 '사고(沙孤)나무'라는 한 종류의 나무가 있는데, 마을 사람들은 이것의 껍질을 중국의 칡뿌리처럼 찧어 가라앉게 한 다음, 그 가루를 맑게 걸러 녹두 크기로 환을 만들고 햇볕에 말려 파는데, 그 이름은 '사고미'라고 하며, [그것으로] 밥을 지어 먹을 수 있다.

山野有一等樹, 名沙孤樹,[513] 鄕人以此物之皮,[514] 如中國葛根擣浸, 澄濾其粉, 作丸如菉豆大,[515] 晒干而賣, 其名曰沙孤米, 可以①作飯契.②

① 이상 여덟 글자[其名曰沙孤米, 可以]는 『승조유사』본에 따라 보충하였다.

② ['계(契)'자는] 『기록휘편』에 '음(飮)'자로 잘못되어 『승조유사』본에 따라 고쳤다.[516]

512 이 교정에 해당하는 『기록휘편』 원문[國語幷書記 · 婚姻之禮]은 『국조전고』에 '國語 · 婚喪之禮'로, 『삼보정이집』, 『설집』, 『담생당』본에는 '國語幷書記 · 婚喪之禮'로 되어 있고, 『서양번국지』에도 '國語竝書記及婚喪之禮'라고 하였으므로 『기록휘편』의 '혼인'은 '혼상(婚喪)'으로 고치는 것이 맞다.

513 '수(樹)'자는 『삼보정이집』에만 빠져 있다.

514 『기록휘편』의 이 문장[鄕人以此物之皮]은 『국조전고』에 '鄕民將此樹皮'로, 『삼보정이집』에는 '人以此樹皮'로, 『설집』과 『담생당』본에는 '鄕人將此樹皮'로 되어 있다. 따라서 『기록휘편』의 '물(物)'자는 '수(樹)'자로 고쳐야 하고, '지(之)'자는 빼는 것이 좋다.

515 '녹(菉)'자는 『국조전고』, 『담생당』본과 일치하지만, 『삼보정이집』, 『설집』, 『서양번국지』에 '녹(綠)'자로 되어 있다. 두 글자는 통용하여 쓴다.

516 풍승균 씨가 교정한 이 문장[其名曰沙孤米, 可以作飯契]은 『기록휘편』에 "밥을 지어 먹는다(作飯契)"라고만 되어 있다. 『국조전고』에는 "名沙孤米, 做飯而喫"으로, 『삼보정이집』에는 "名沙孤米, 可做飯吃", 『설집』과 『담생당』본에는 "名沙孤米, 可作飯吃"이라고 되어 있다. 따라서 『기록휘편』 원문에 "名沙孤米"를 보충해 넣고 '계(契)'자를 '끽(喫)'자 또는 '흘(吃)'로 고치면 된다. '사고미(沙孤米)'는 장섭(張燮)의 『동서양고(東西洋考)』(사고전서본, 권3, 17a), 대니(大泥, 끌란딴)의 산물 중에, '서국미(西國米)'가 보이는데, 그 아래 주석에 "사고미(沙孤米)라고도 한다. '사고'라는 이 나무는 바나나 나무와 같지만 심이

5-10. 카장[茭葦]

바다의 섬 해안 주변에는 수초 같은 것이 자라는데 '교장(茭葦)'이라 한다. 잎은 도모(刀茅)[517]처럼 길고, 고순(苦笋)처럼 껍질은 두꺼우며, 성질은 부드럽다. 열매는 여지 모양이고 달걀처럼 크다. 사람들이 그 열매를 따서 담은 술을 '교장주'라 하는데, 마시면 사람을 취하게 할 수도 있다. 마을 사람들이 그 잎을 따서, 죽세담(竹細簟)을 짠다. 폭은 겨우 2척, 길이는 1장 남짓으로 자리를 만들어 판다.

海之洲渚岸邊生一等水①草, 名②茭葦. 葉長如③刀茅樣, 似苦④笋, 殼厚, 性軟.[518] 結子如荔枝樣,[519] 雞子大.[520] 人取其子釀酒, 名茭葦酒, 飲之亦能醉人. 鄉⑤人取其

비어 그 껍질을 벗겨내 물레방아로 찧어 가루를 만든다. 가는 것은 왕의 쌀로 가장 정밀하다. 거친 것은 민가에서 먹으며 곡식으로 대용한다. 요즘 장삿배들은 파도에 젖을까 걱정되어 그 가루만 가지고 돌아가 자기들이 섞어 환으로 만든다(亦名沙孤米. 其樹名沙孤, 身如蕉, 空心, 取其裏皮削之, 以水搗過舂以爲粉. 細者爲王米, 最精. 粗者民家食之, 以此代穀. 今賈舶慮爲波濤所濕, 只攜其粉歸, 自和爲丸)"라는 주석이 달려 있다. 또 권4(4a)에서는 『화이고(華夷考)』란 책을 인용하여 "산과 들에는 사고라는 나무가 있는데, 그 나무의 껍질을 중국의 칡뿌리처럼 빻아, 침전시켜 가루를 환으로 만든 다음 햇볕에 말려 파는데 만랄가에서 난다(山野有樹名沙孤樹, 將樹皮如中國葛根搗, 浸澄濾取粉, 作丸, 灑乾賣之, 出滿剌加)"라고 한 정보를 확인할 수 있다.

517 도모(刀茅)는 글자의 의미로만 봤을 때, 잎 모양이 칼 같은 띠 풀을 말하는 것으로 보인다. 사실 어떤 풀을 말하는지 알려지지 않았다. 중국의 온라인 백과사전에는 『영애승람』과 같은 설명을 보여 주며, 도모가 바로 '교장'이라고 했다. 『동서양고』에 하나의 조목으로 기록된 마육갑(麻六甲)은 바로 마환의 만랄가의 다른 표기인데, 그 산물에는 교장주(茭葦酒)가 들어 있다. 이어지는 주에서 명나라 신무관(愼懋官)이 지은 『화이화목조수진완고(華夷花木鳥獸珍玩考)』(1581년 간본)를 인용하여 "교장잎은 죽순[苦笋] 같고 껍질이 두꺼우며 성질이 유연하고 맺는 열매는 여지와 같으며 달걀만큼 크다. 그 열매를 취하여 술을 담는데, 마시면 역시 사람을 취하게 한다. 만랄가에서 난다(茭葦葉似苦筍, 殼厚, 性柔軟, 結子如荔枝樣, 雞彈大. 取其子釀酒, 飲亦醉人. 出滿剌加)"라고 하였다(『동서양고』, 66쪽). 왕대연의 설명과 거의 같지만, '도모'라는 풀은 언급되지 않았다. "잎은 도모처럼 길다(葉長如刀茅樣)"는 마환의 설명에서 문제가 되는 것은 '모(茅)'자이다. 역자의 생각으로, 여기의 '모'자는 창 '모(矛)'자로 읽어, 도모(刀矛), 즉 칼이나 창처럼 잎이 길다는 의미를 말한 것으로 추측해 본다.

518 '성연(性軟)'은 『국조전고』에만 "性柔軟"으로 되어 있다.

519 『기록휘편』의 이 문장[結子如荔枝樣]은 『삼보정이집』과 일치하지만, 『국조전고』에 "孤子如荔枝樣"으

葉, 結竹⑥細簟.[521] 止闊二尺, 長丈餘, 爲席而賣.

① ['수(水)'자는] 『기록휘편』에 '목(木)'자로 잘못되어 장승의 개정본에 따라 고쳤다.[522]

② ['명(名)'자는] 『기록휘편』에 '여(如)'자로 되어 있어 『승조유사』본과 『서양조공전록』에 따라 고쳤다.[523]

③ ['여(如)'자는] 『기록휘편』에 '초(初)'자로 되어 있어 『승조유사』본에 따라 고쳤다.[524]

④ ['고(苦)'자는] 『기록휘편』에 '약(若)'자로 잘못되어 『승조유사』본에 따라 고쳤다.[525]

⑤ '향(鄕)'자는 덧붙여진 것 같다.[526]

⑥ '죽(竹)'자는 잘못된 것 같다. 『국조전고』본에는 '결죽(結竹)'이 '직성(織成)'으로 되어 있다.

5-11. 과일과 채소

과일에는 사탕수수, 파초자(芭蕉子), 파라밀(波羅密), 야생 여지 등이 있다. 채소에는 파, 생강, 마늘, 겨자, 동과(東瓜), 서과(西瓜)[527]가 모두 있다.

로, 『설집』과 『담생당』본에는 "柔韌細如子荔枝樣"으로 되어 있다. 『기록휘편』과 『삼보정이집』을 따른다. 이는 『서양번국지』에서 "結子皮蒻如荔枝"라고 한 문장을 근거 삼을 수 있다.

520 '계자(鷄子)'는 『국조전고』, 『삼보정이집』, 『설집』 모두 같은 의미의 '계탄(鷄彈)'으로 되어 있고, 『담생당』본에는 '계란(鷄卵)'으로 되어 있고, 『서양번국지』에는 '계자(雞子)'를 보여 준다.

521 『기록휘편』의 이 문장[結竹細簟]은 『국조전고』와 『삼보정이집』에는 "織成細簟"으로 되어 있고, 『설집』과 『담생당』본에는 "잎으로 삿자리를 짠다(葉織成簟)"라고 되어 있다. 따라서 『기록휘편』의 '죽(竹)'자는 '성(成)'자로 고쳐야 한다. 이는 『서양번국지』에서 "或取其葉織成細簟"이라는 설명으로 확인된다.

522 '수초(水草)'는 『기록휘편』에 '목초(木草)'로 『삼보정이집』에는 그냥 '초(草)'로 되어 있으며, 『국조전고』, 『설집』, 『담생당』본에는 '수초(水草)'로 되어 있다. 여기서는 '수초'가 맞다.

523 '명(名)'자는 『삼보정이집』에만 '목(木)'자로 되어 있다.

524 '여(如)'자는 『국조전고』, 『삼보정이집』, 『설집』, 『담생당』본, 그리고 『서양번국지』 모두 같은 글자를 보여 준다.

525 풍승균 씨는 『기록휘편』의 '고(苦)'자를 '약(若)'자로 잘못 읽었다. 『삼보정이집』에서 '오순(吾旬)'으로 되어 있는 것은 '고순(苦笋)'으로 바로잡아야 한다.

526 '향인(鄕人)'은 『국조전고』와 『삼보정이집』에도 그대로 보인다. 『설집』에는 이 다섯 글자가 모두 생략되었다. 풍승균 씨가 왜 '향'자를 덧붙여졌다고 하는지 이해할 수 없다.

果有甘蔗·巴蕉子·波羅蜜·野荔枝之類. 菜葱·薑·蒜·芥·東瓜·西瓜皆有.[528]

527 서과(西瓜, 수박)에 관하여, 먼저 '과(瓜)'는 박과 식물의 총칭이다. 크게 박[calabash]과 멜론을 지칭한다. 박은 포(匏), 호(瓠), 호로(胡盧), 포로(蒲蘆) 등이 있고, 멜론에는 호과(胡瓜, 오이), 동과(冬瓜, 동아), 서과(西瓜, 수박) 등이 있다. 따라서 중국 자료에서 '과(瓜)'자가 정확히 어느 종을 지칭하는지를 분별하기는 쉽지 않다. 여기 수박을 가리키는 '서과(西瓜)'에 관하여, 히어트(Hirth)는 그리스어 시쿠아(σικύα)의 음역으로 추정했다(『Fremde Einnusse in der chinesischen Kunst』, 17쪽). 사실 음성적으로 매우 근접해 있다. 그러나 시쿠아는 오이를 지칭할 뿐, 수박과는 전혀 다른 단어이다. 한편 라우퍼(B. Laufer)는 음역의 글자가 아니라, 의역한 것으로 '서역의 멜론' 즉 투르키스탄의 멜론이란 뜻으로 확인했다(『Sino-Iranica』, 445쪽). 분명 '서과'는 음역이 아니라 중국식 의역으로 보는 것이 더 그럴법하다. 중국 자료에서 '서과'를 언급한 가장 이른 기술은 『신오대사』 권73에 인용된 호교(胡嶠)의 『함로기(陷虜記)』일 것이다. "상경(上京) 동쪽으로 2정(程) 거리에 있는 평천에는 초목이 많았다. 처음으로 서과를 먹었다. 거란이 회흘을 격파하고 이 종자를 얻어 소똥으로 시령을 덮어 심었더니 중국의 동과(冬瓜)만하게 컸다(至上京東二程之平川, 多草木, 始食西瓜. 云契丹破回紇, 得此種, 以牛糞覆棚而種, 大如中國冬瓜)"라고 한 것이다. 이는 분명 서과를 언급하고 있지만 중원이 아닌 북방의 거란지역에 있었다는 기술이다. 서과가 중원에 들어온 것은 2세기 이상을 더 지나, 금(金, 여진)에 사신으로 간 홍호(洪皓, 1090~1155)는 15년 동안(1129~1143년) 그곳에 체류한 경험을 토대로, 『송막기문(松漠紀聞)』(사고전서본, 권2, 6a)이란 기록을 남겼다. "서과의 모양은 납작한 박[蒲, Acorus]처럼 둥글고, 짙푸른 색이며, 세월이 지나면서 누렇게 변한다. 오이류[Cucurvitaceal]의 첨과(甜瓜, 멜론)로, 맛이 달고 무르다. 안에는 즙이 있어 더욱 냉하다. 『오대사』 「사이부록」에 '소똥으로 시령을 덮어 심었다고 한다.' 나는[홍호] 그것을 가지고 돌아왔다. 지금은 황실 정원, 시골 정원에 모두 있으며, 역시 수개월을 저장할 수 있다. 그러나 해를 넘기지 못하고, 또 누렇게 변하지도 않았다. 파양에 오래 눈병을 앓은 사람이 [수박을] 햇볕에 말려 복용하자 나았는데, 아마도 그 성질이 냉했기 때문일 것이다(西瓜形如扁蒲而圓, 色極青翠, 經歲則變黃. 其瓞類甜瓜, 味甘脆. 中有汁尤冷, 五代史四夷附錄云, 以牛糞覆棚種之. 予攜以歸. 今禁圃·鄉囿皆有, 亦可留數月, 但不能經歲, 仍不變黃色. 鄱陽有久苦目疾者, 曝乾服之而愈, 蓋其性冷故也)"라고 하였다. 따라서 중국인의 눈에 수박이 확인된 것은 10세기부터이고 실제 중국에 유입된 것은, 12세기임을 알 수 있다. 하지만 당시는 양자강을 중심으로 나뉜 시기로, 남쪽으로 유입된 시기는 더 늦어질 것이다. 『대덕남해지』 권7 물산 조목에는 "서과는 지원(至元, 1264~1394) 연간 [중앙아시아가] 복속된 뒤에야 이 종을 가지게 되었다(西瓜自至元歸附後, 方有此種)"라고 한 것으로 짐작할 수 있다. 원산지에 대해서는 논란이 많다. '서'자를 붙인 것을 보면 수박은 확실히 외래종이다. 학자들 사이에서 주로 언급되는 곳은, 페르시아와 인도지역이다. 여기 『영애승람』에는 만랄가(滿剌加, 말라카), 소문답랄(蘇門答剌, 수마트라), 천방(天方, 메카)의 산물로 언급되지만, 왕대연의 『도이지략』에서는 침로(針路, 소계경 씨는 메르귀로 추정함) 조목에만 유일하게 보인다. 따라서 수박은 늦어도 14세기 중반에 중국인들에게 잘 알려져 있었던 것으로 추정할 수 있다. 또한, 이상 수박이 언급된 왕국들을 볼 때, 바닷길로는 인도가 수박 전파의 중심 역할을 했고, 육로로는 페르시아가 중심이 되었다고 추정할 수 있다. 이러한 이원론은 수박의 어원이 페르시아어와 인도어에서 출발하고 있다는 점이 이를 뒷받침해 주고 있다(수박의 외국 명칭에 관해서는 라우퍼의 『Sino-Iranica』, 438~445쪽을 참고하시오).

528 채소를 나열하고 있는 이 문장[菜葱·薑·蒜·芥·東瓜·西瓜皆有]은 『국조전고』에 "有葱·蒜·薑·芥·冬瓜·西瓜"로, 『삼보정이집』, 『설집』, 『담생당』본에는 "菜有葱·薑·蒜·芥·東瓜·西瓜之類"로 되어 있다. 문법적으로 '유(有)'자가 앞으로 와야 하는 것은 맞다. 하지만 『영애승람』에는 "…都有"라

5-12. 가축과 짐승

소, 양, 닭, 오리는 있지만 많지 않고, 값도 매우 비싸다. 그 물소는 한 마리에 은 1근 이상의 값이 나가며, 나귀와 말은 모두 없다. 이곳 바닷가 물속에는 항상 악어[鼉龍]가 있어 사람을 해치는데, 이 용은 키가 3~4척이고, 네 개의 발이 있으며, 온몸에 비늘과 갑이 있고, 배에는 가시가 가지런하게 나 있다. 용의 머리에는 돋은 이빨이 있어 사람을 만나면 곧바로 물어 버린다. 산에는 검은 호랑이가 나는데, 중국의 황호(黃虎)에 비하여 좀 작으며, 그 털은 검고, 어두운 꽃문양도 있다. 황호도 간간이 있다. 나라 안에는 사람으로 변하는 호랑이가 있어, 시장으로 들어가 사람들과 섞여 다니는데, 당연히 알아보는 사람들이 잡아 죽여 버린다. 점성(참파)의 시두만(屍頭蠻)[529] 같은 것이 이곳에도 있다.

牛・羊・雞・鴨雖有而不多，價亦甚①貴．其水牛一頭直銀一斤以上,[530] 驢・馬皆無．其海邊水內常有②鼉③龍④傷人，其龍高三四尺，四足，滿身鱗甲，背刺排生.[531] 龍頭撩牙,[532] 遇人卽嚙．山出黑⑤虎，比中國黃虎略小,[533] 其毛黑,[534] 亦有暗花

는 문장 형식이 종종 보이는 것도 사실이다. 한편 『서양번국지』에서는 "蔬有葱・蒜・姜・芥・東瓜・西瓜"라는 문장 구성을 보여 준다.

529 시두만(屍頭蠻)에 관해서는 점성 조목, 1-14를 참고하시오.

530 『기록휘편』에 따른 이 문장[其水牛一頭直銀一斤以上]은 『국조전고』에 "그 물소 한 마리는 은 1근에 팔린다(其水牛一頭賣銀一斤)"라고 하였다. 『삼보정이집』, 『설집』, 『담생당』본의 문장은 '이상(以上)' 대신에 '지상(之上)'으로 되어 있는데, 『기록휘편』의 원문이 정확하다. 이는 『서양번국지』에서 "水牛一頭賣銀一斤以上"이라고 한 문장에서 확인된다.

531 『기록휘편』의 '배(背)'자는 『국조전고』와 『삼보정이집』에 '개(皆)'자로 되어 있는데, 주당면의 『국조전고』에는 '배(背)'자로 되어 있다. 『설집』과 『담생당』본에도 '배(背)'자로 되어 있으므로 『기록휘편』본이 정확하다.

532 '요아(撩牙)'는 『삼보정이집』, 『설집』, 『담생당』본에는 '요아(嘹牙)'로 되어 있고, 『서양번국지』에는 '극아(棘牙)'로 표현했다.

紋.[535] 其黃虎亦間有之.⑥ 國中有虎化爲人,[536] 入市混人而行, 自有識者, 擒而殺之. 如占城屍頭蠻, 此處亦有.

① 이상 두 글자[亦甚]는 『승조유사』본에 따라 보충하였다.[537]

② 이상 두 글자[常有]는 『승조유사』본에 따라 보충하였다.

③ ['타(鼉)'자는] 『기록휘편』에 '구(龜)'자로 잘못되어 『승조유사』본에 따라 고쳤다.[538]

④ [타룡(鼉龍)은] 바로 악어(鰐魚)를 가리키는 것으로 생각한다.

⑤ ['흑(黑)'자는] 『기록휘편』에 '황(黃)'자로 잘못되어 『승조유사』본에 따라 고쳤다.[539]

⑥ 이상 일곱 글자[其黃虎亦間有之]는 『기록휘편』에 '황호역성(黃虎亦城)'으로 되어 있는데, 분명 빠진 글자가 있다. 따라서 『승조유사』본에 따라 고쳐 바로잡았다.[540]

533 '황호(黃虎)'는 『국조전고』에도 마찬가지지만, 『삼보정이집』, 『설집』, 『담생당』본, 그리고 『서양번국지』에는 '호(虎)'라고만 되어 있다. 아마도 바로 뒤이어 나오는 '황호' 때문으로 보인다.

534 "기모흑(其毛黑)"은 『국조전고』, 『삼보정이집』, 『설집』, 『담생당』본 모두 "其毛黑色"으로 되어 있다. 의미상 문제될 것은 없지만(『서양번국지』에도 '색(色)'를 쓰지 않음), 여러 필사본에 따라 '색'자를 넣는 것이 좋겠다.

535 '암(暗)'자는 『국조전고』에는 빠져 있고, 『삼보정이집』, 『설집』, 『담생당』본에는 '암색(暗色)'으로 되어 있다.

536 『기록휘편』의 이 문장[國中有虎化爲人]은 『국조전고』, 『삼보정이집』, 『설집』 모두 "內有虎爲人"이라고 되어 있고, 『담생당』본에는 "虎爲人"으로 잘못되어 있다. 여기서는 '내(內)'자의 범위가 문제가 된다. 따라서 문맥으로는 『기록휘편』본이 가장 적합하다.

537 이 교정에 해당하는 『기록휘편』의 원문[牛・羊・雞・鴨雖有而不多, 價貴]은 『국조전고』에만 "소, 양, 닭, 오리는 있지만 널리 분포하지는 않는다(牛・羊・鷄・鴨雖有不廣)"라고 되어 있다. 『삼보정이집』, 『설집』, 『담생당』본과 일치하므로, 풍승균 씨가 『승조유사』본에 따라 추가한 두 글자는 불필요하다. 보충하더라도 『서양번국지』에 따라 "가축에는 소, 양, 닭, 오리가 있지만 널리 분포하지 않고, 그 값도 비싸다(牲畜有牛・羊・雞・鴨, 不廣, 其價亦貴)"라고 하는 편이 낫다.

538 이 교정에 해당하는 『기록휘편』 원문[其海邊水內龜龍傷人]은 『국조전고』에 "其海邊水內常有鼉龍傷人"으로 되어 있고, 『삼보정이집』, 『설집』에는 "其海邊水內常有龜龍傷人"으로, 『담생당』본에는 "其海邊水內時常有龜傷人"으로 되어 있다. 따라서 『기록휘편』 원문에 '상유(常有)'를 보충한 풍승균 씨의 교정은 정확하다. 여기 원문의 '구룡(龜龍)'은 바로 악어를 말한다. 그러므로 풍승균 씨처럼 '타(鼉)'자로 원문을 고칠 필요는 없다.

539 '흑(黑)'자는 『국조전고』, 『삼보정이집』, 『설집』, 『담생당』본, 『서양번국지』에서도 확인된다.

540 이 교정에 해당하는 『기록휘편』 원문[黃虎亦城]은 문장을 이루지 못한다. 『국조전고』에는 "其黃虎亦有"라고 하였고 『삼보정이집』에는 '기(其)'자가 없을 뿐이고, 『설집』과 『담생당』본에는 "虎亦有"라고 되어 있다. 또한 『서양번국지』에서도 "亦有黃虎"라고 하였으므로 『기록휘편』의 '성(城)'자를 '유(有)'자

5-13. 기지 건설

무릇 중국 보선이 그곳에 이르면, 울타리를 성 담장처럼 세우고, 네 문과 고루(鼓樓)를 설치해 두고, 밤에는 방울을 들고 순찰한다. 안에는 또 이중의 울타리를 작은 성처럼 세우고, 지붕을 덮어 창고와 곳간을 만들어 일체의 돈, 식량을 그 안에 넣어 둔다. 각국으로 갔던 배들이 돌아와 이곳에 모이면, 외국 상품들을 정리하여 배 안에 실어 두었다가, 남풍이 순해질 때를 기다려, 5월 중순이면 바다로 나가 돌아간다.

凡①中國寶船到彼, 則立排柵, 如②城垣, 設四門更鼓樓, 夜則提鈴巡警. 內又立重柵, 如③小城, 蓋造庫藏倉廒, 一應錢糧頓在其內. 去各國船隻回,[541] 到此處取齊, 打整番貨, 裝載船內,[542] 等候南風正順,[543] 於五月中旬開洋回還.④

① '범(凡)'자는 『기록휘편』에 빠져 『승조유사』본에 따라 보충하였다.[544]

② '여(如)'자는 『기록휘편』에 빠져 『승조유사』본에 따라 보충하였다.[545]

로 고치면 된다.

541 『기록휘편』의 이 문장[去各國船隻回]에서 '선척(船隻)'은 『국조전고』에만 '보선(寶船)'으로 되어 있는데, 잘못이다. 또 『삼보정이집』, 『설집』, 『담생당』본에서는 '회(回)'자 앞에 '구(俱)'자가 들어 있다. 『기록휘편』과 『국조전고』의 원문에 '구(俱)'자를 넣어야 할 것 같다.

542 『기록휘편』의 이 문장[裝載船內]은 『국조전고』, 『삼보정이집』, 『설집』, 『담생당』본 모두 "적당하게 싣는다(裝載停當)"라고 되어 있다. 따라서 『기록휘편』의 '선내(船內)'는 의미상으로는 문제가 없지만 다른 필사본들에 따라 고치는 것이 좋다.

543 『기록휘편』의 이 문장[等候南風正順]은 『국조전고』에만 "남풍이 순해지기를 기다려(等候南風順便)"라고 되어 있다.

544 '범(凡)'자는 『국조전고』, 『삼보정이집』, 『설집』, 『담생당』본, 그리고 『서양번국지』 어디에도 들어 있지 않다. 삭제하는 것이 좋겠다.

545 '여(如)'자 역시 『국조전고』, 『삼보정이집』, 『설집』, 『담생당』본, 그리고 『서양번국지』 어디에도 보이지 않는다. 만약 '여(如)'자가 없다면 '성원(城垣)'은 앞에 붙여 구두하면 안 되고 뒤로 붙여야 한다. 따라서 "城垣設四門更鼓樓"라고 해야 한다.

③ '여(如)'자는 『기록휘편』에 빠져 『승조유사』본에 따라 보충하였다.[546]

④ 생각건대, 정화는 일곱 차례 서양에 나갔는데, 이전 다섯 차례에서 도읍에 돌아왔을 때는 모두 6~9월 사이였고, 이후 두 차례는 『명사』에 돌아온 연월을 기록해 두지 않고 있다. 다만 『전문기(前聞記)』(『기록휘편』본)에 따르면, 일곱 번째 여정 또한 7월에 수도에 돌아왔다. 그런즉, 마환이 기록한 5월 중순에 바다로 나갔다가 돌아왔다고 하는 말과 부합한다. 이로써 보선이 서양으로 나아갈 때는 만랄가(滿剌加)에서 아제(亞齊)로 간 다음 분종(分粽)하여 각 나라로 갔고, 다시 아체에서 말라카에 이르러 모였다는 것을 알 수 있다. 펠리오 씨는 다만 뒤에 나오는 "국왕이 보선을 따라가 조공했다"라는 일을 근거로 목책을 세운 일이 일곱 번째 항해에서만 있었다고 하였는데, 잘못이다.[547]

546 여기의 '여(如)'자도 풍승균 씨가 『승조유사』본에 따라 보충한 글자로, 『국조전고』, 『삼보정이집』, 『설집』, 『담생당』본, 그리고 『서양번국지』 어디에도 보이지 않는다. 따라서 여기의 '소성(小城)'도 앞의 '성원'처럼 뒤로 붙여 구두하는 것이 맞다.

547 마환의 기술에 따르면 정화 일행은 5월 중순에 출항하여 중국으로 돌아왔으며, 만랄가의 왕이 보선에 딸려 보내 중국에 공물을 바쳤다고 하였다. 마환은 정화 원정에 3차례, 즉 3차(1412~1415), 5차(1421~1422), 7차(1431~1433) 원정을 수행했다. 한편, 역사 기록에 따르면, 만랄가 왕이 중국 조정에 조공한 해는 1411년, 1419년, 1424년, 1433년이다. 돌아온 연도로 공통적인 연도는 1433년뿐이다. 이에 대해 펠리오 씨는 상당히 철저한 고증을 하고 있음에도 풍승균 씨는 별다른 근거도 제시하지 않고 펠리오의 설이 잘못이라고 단정했다. 펠리오 씨는 이 7차 항해에서의 귀국에 관하여 다음과 같이 설명했다. "정화는 태창(太倉)에 1433년 7월 7일에 도착했고, 수도에는 7월 22일 도착했다. 1433년 5월 27일 말라카를 떠났다면 그의 선단은 상당히 적절한 속도로 항해했다. 특히 5월 27일은 음력 5월 10일이므로 중순이 시작하는 하루 전이다. 하루의 차이는 있지만 내가 생각하기에, 정화가 말라카에서 만든 시장과 여러 나라로 배들을 파견한 것에 대해 마환이 말한 것은 모두 1431~1433년의 항해와 관련되어야 한다고 본다. 이렇게 선단을 나누어 파견하는 것은 이미 여러 차례 그 예를 보았다. 7차 항해 과정에서 조금 나이도 많고 지쳐 있었던 정화가 자신은 말라카에 있고 젊은 사람들을 먼바다로 보냈다고는 말하고 싶지 않다. 왜냐하면 육용(陸容)이 알려 주는 여정은 분명 본진의 것이므로, 정화는 이번에도 호르무즈까지 갔다고 생각하기 때문이다. 마환이 말하고 있는 정리와 재선적이 이를 말하고 있는 것은 아닌가? 『명사』에 따르면 말라카의 왕은, 음력 7월 북경에 도착했으므로 초가을에 남경에 있을 수 없다. 그러나 만약 말라카 왕이 보선이 떠날 때 배에 올랐다면, 마환의 원문은 자신의 배를 타고 정화의 선단을 따랐다는 것을 의미하고 있으므로, 거리가 좀 있었을 수도 있다. 이에 대한 설명이 어떻든 간에 마환이 여기에서 말하고 있는 항해를 1431~1433으로 보는 것이 착오라면, 마환의 기술은 말라카에서 정화가 기지를 세우는 것에만 그리고 자신에게만 적용될 수 있을 뿐이다. 1431~1433년의 항해와 관련된 것이라면 이 조목의 마지막은 당연히 1416년 저작을 수정할 때, 마환에 의해 추가된 것일 것이다"(「15세 초 중국의 대항해」, 399~400쪽). 이상으로부터 풍승균 씨가 펠리오의 설명을 잘못 읽고 있음이 분명하다.

5-14. 조공

국왕도 직접 방물을 골라 마련하여, 처자를 데리고, 두목들을 대동시켜, 배를 타고 보선을 따라 대궐에 이르러 공물을 헌상했다.

其國王亦自采辦方物, 挈①妻子帶領頭目, 駕船跟隨寶船赴闕進貢.[548]

① ['설(挈)'자는] 『기록휘편』에 '혈(挈)'자로 되어 있어 『승조유사』본에 따라 고쳤다.[549]

548 『기록휘편』의 이 마지막 문장[駕船跟隨寶船赴闕進貢]은 『국조전고』에 "駕船, 跟隨回洋寶船赴闕, 進貢中國"이라고 하였고, 『삼보정이집』에는 "駕船, 跟隨回船赴闕, 進獻"으로, 『설집』에서는 "駕坐船隻, 跟隨回洋寶船, 赴[中]國進貢"으로 되어 있고, 『담생당』본은 『설집』의 마지막 문장이 "赴京進貢"으로 되어 있다. 이로써 『기록휘편』 원문은 '보선' 앞에 '회양(回洋)'을 보충해야 할 것이다. 한 가지 따져 볼 문제는 중국의 보선을 타고 가는 것인지, 아니면 자신들의 배를 타고 보선을 따라간다는 말인지이다. 아마도 중국 보선에 타고 간 것으로 보인다. 왜냐하면 『서양번국지』(상달 교주본, 17쪽)의 이 조목 끝에는 "그해 처자를 데리고 대궐에 와 사은했다. 또 큰 배를 완성하여 하사하고 그 배를 타고 나라로 돌아가 땅을 수호하게 했다(其年乃攜妻子赴闕謝恩. 又賜造完大舡令其乘駕歸國守土)"라고 하였기 때문이다.

549 '설(挈)'자는 『국조전고』, 『삼보정이집』, 『설집』, 『담생당』본 모두에서 확인된다.

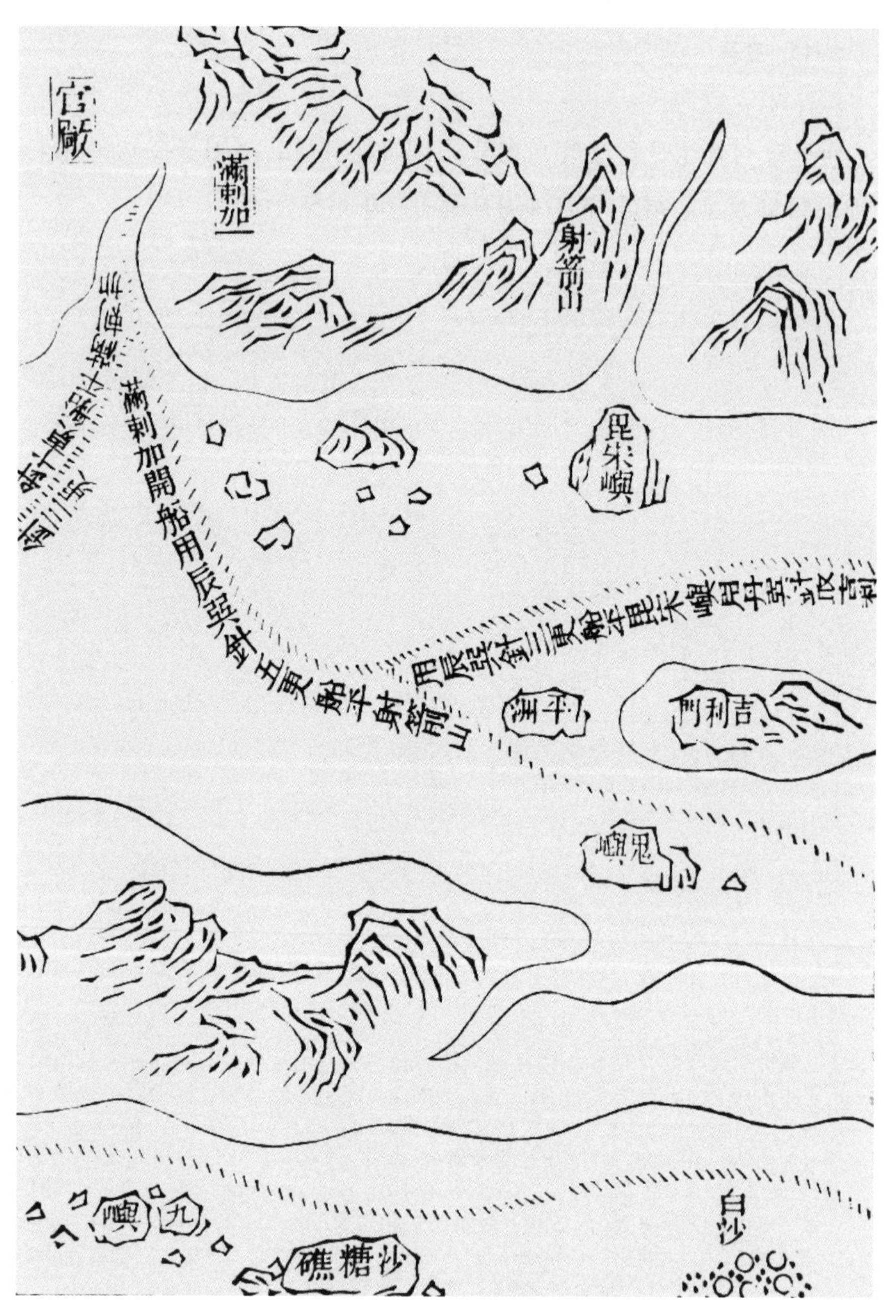

모원의(茅元儀, 1594~1640), 『무비지(武備志)』, 권240, 16a.

06 아루 왕국 [啞魯國]

해제

13세기 중후반, 북수마트라 동해안, 말레이반도의 페락 맞은편에 타나카로(Tanah Karo) 족의 나라로 출발하여 약 3세기 동안 말라카 해협의 해상 권력을 주변국들과 다투다가 1613년 아체 술탄국에 패배했다. 중국 자료에는 『대덕남해지』(1304년)에 '아로(阿魯)'라는 음역 명칭으로 처음 보이므로, 이 왕국의 건국은 충분히 13세기로 거슬러 올라갈 수 있다. 하지만 남송 시대 조여괄의 『제번지』(1225)에는 '아루'에 해당하는 언급이 없으므로, 13세기 중반을 이 왕국의 출발로 보아야 할 것 같다.

하루(Haru: 라시드 앗 딘 『집사』, 『나가라크르타가마』); 아루(Aruh: 셀레비의 여행기); 아로(啞魯: 『대덕남해지』. 『영애승람』); 아로(阿魯: 『원사』, 『서양조공전록』, 『명사』); 아로산(阿魯山, 『성사승람』 담항); 아로(亞路: 『무비지 · 항해도』, 『동서양고』); 아로(啞路, 『순풍상송』) 등의 표기가 있다.

『대덕남해지』(1304)보다 반세기 늦은 『도이지략』에는 아루에 해당하는 명칭은 보이지 않고, 담양(淡洋)이 들어 있다. 『대덕남해지』에는 아루는 있지만, 오히려 담양에 해당하는 명칭은 없다. 이에 대해 후지타 도요하치는 명나라 초기에 담양(淡洋)과 아로(亞魯)가 합해졌기 때문이라고 주장했다(『도이지략역주』, 309쪽). 어쨌든 담양과 아로의 합병설은 『성사승람』에 아로와 담양이 별도의 조목으로 존재하므로 성립하지 않는다. 다만 『성사승람』의 아로(阿魯) 조목은 4권본인 『고금설해』와 『기록휘편』본에만 보인다. 그 아로국 조목에, "이 나라는 구주산(九州山, Sembilan)과 서로 마주 보고 있으며, 만랄가에서 순풍에 사흘 밤낮이면 도착할 수 있다(其國與九州山相望, 自滿剌加順風三晝夜可至)"라고 하였고(풍승균, 『성사승람교주』, 후집, 27쪽), 담항 조목에서는 "이곳은 아로산(阿魯山)과 이어져 있고, 만랄가에서 3일 일정이다(其處與阿魯山相連, 去滿剌迦三日之程)"라고 하였다(앞의 책, 후집 3쪽). 여기 『영애승람』에서는 말라카에서 4일이 걸린다고 하였다. 따라서 아로(阿魯)와 담양은 『기록휘편』본 『성사승람』의 잘못을 상정하지 않는 한 다른 곳이다. 담양에서 하루를 더 서북쪽으로 해협을 따라가야 아로국에 도착한다는 말이다.

흐루너펠트 씨는 『성사승람』에 별도의 조목으로 수록된 담양의 위치를 추정하며, "이곳은 아마도 레칸(Rekan)강의 어귀와 수마트라 해안에서 인접한 지역일 것이다. 이 강은 큰 어귀를 통과하여 아루 구역의 바다 남쪽으로 흘러든다. 이 어구로 다른 두 강이 상당한 수량을 실어 온다. 그래서 그곳은 우기 동안에는 바닷물이 담수로 뒤덮인다. 그 인근에 중요한 장소가 없었으므로, 이러한 현상으로 지칭한 명칭이 전체 지역을 가리키게 되었다"라고 주장했다(『말레이반도와 말라카에 관한 주석』, 94쪽). 흐루너펠트가 말한 레칸 강은 바로 로칸(Rokan)강으로, 하랑(Harang)섬과 베르키(Berkey)섬을 통해 해협으로 흘러드는 강이다. 하지만 『성사승람』(『기록휘편』본)에 보이는 아로(阿魯)를 번역할 때는 담양과 연결하는 아무런 언급도 하지 않았다.

후지타 도요하치는 『도이지략』의 담양 조목을 설명하면서, 『영애승람』의 아로(阿魯) 조목을 인용하여 같은 곳임을 입증하려 했으나, 그 내용과 산물을 비교해 보면, 같은 곳으로 보기는 어렵다. 단 『도이지략』은 '담양(淡洋)'이라 했고, 『영애승람』에서는 '담수항(淡水港)'이라고 한 것이 비슷하지만, 그것만으로는 같은 곳을 지칭한다고 말할 수는 없다. 여기에는 아마도 심증식(沈曾植) 씨가 담수항이 바로 '담양'이라는 설을 따른 것으로 보인다(『도이지략광증(島夷誌略廣證)』, 하, 3쪽).

한편 록힐 또한 『도이지략』의 담양과 『성사승람』의 담항(원문에는 담양으로 되어 있는데, 록힐이 한자를 옮기면서 '항'자로 잘못 쓴 것 같다)을 역주하고 있다. 먼저 두 책에서 말하는 담양이 같은 곳임을 상정하고, 『도이지략』의 담양에 대하여, "『서양조공전록』에, 아루 서쪽으로 10경(更)[550]의 거리에 담양이 있다고 하였으므로, 담양은 타미앙(Tamiang, 원문에서 큰 강이라고 언급하였음)강의 어귀임이 분명하다. 수마트라 북서쪽 해안의 북위 4도 25$\frac{1}{2}$분, 동경 98도 17분에 있는 우종 타미앙(Ujong Tamiang)의 서쪽에 있다. 또 『서양조공전록』 점성(占城) 조목에 그 속국으로 담양(淡洋)을 기술하고 있다"(「14세기 중국과 인도양 연안, 동부 열도와의 무역 관계에 관한 주석」, 143쪽 주1)라고 하면서 담양이 타미앙강의 어귀라고 주장했다. 여기 참파의 '담양'을 수마트라섬의 타미앙으로 연결 지은 것은 큰 착오이다. 정리하자면, 타미앙=담양=아루를 같이 보는 것은 심증식, 록힐, 후지타 도요하치이다. 하지만 록힐은 『영애승

550 경(更)이란 항해할 때 거리를 계산하는 단위로, 『서양조공전록』, 점성국 조목에 "바다를 항해하는 법으로 60리를 1경으로 삼는다(海行之法, 六十里爲一更)"라고 하였고, 『동서양고(東西洋考)』, 권9 「주사고(舟師考)」에 "여정과 멀고 가까움이 얼마나 되는지를 헤아리려면, 순풍에 하루 밤낮으로 가는 거리를 10경으로 기준 삼는다(如欲度道里遠近多少, 準一晝夜風利所至爲十更)"라고 하였다. 진륜형(陳倫炯)의 『해국견문록(海國見聞錄)』, 「남양기(南洋記)」에 "1경(更)은 물길로 60리인데, 순풍이 많이 불면 배로 늘어나고, 조수에 막히거나 역풍이면 더 줄어든다(每更約水程六十里, 風大而順則倍累之, 潮頂風逆則減退之)"라고 하였으므로, 대략 60리를 1경으로 삼은 것임을 알 수 있다.

람』 아로국을 역주하면서 "아루 만은 수마트라섬 북서 해안에 있는 풀로 쿰페이(Pulo Kumpei)와 풀로 셈빌랑(Pulo Sembilang) 안에 있다"(록힐, 앞에 언급한 자료, 141쪽)라고만 했을 뿐 타미앙강을 언급하지 않았다. 소계경 씨도 후지타 도요하치와 록힐의 추정에 동의하며 담양이 타미앙강에 해당한다고 보았다. 하지만 원나라와 명나라 초기의 아로는 현 델리(Deli)에 있었으므로 담수항(淡水港)은 델리강 하류에 있어야 한다고 보았다(『도이지략교석』, 239쪽). 소계경 씨의 이러한 설명은 앞뒤의 지리적 정황이 어긋난다. 결국 『도이지략』과 『성사승람』의 담양과 『영애승람』 아로국 조목의 '담수항(淡水港)'은 다른 곳일 수밖에 없다. 그러므로 담양과 담수항을 나란히 타미앙강어귀로 보면 안 된다. 사실 현재 구글의 위성 지도를 보면, 타미앙강은 매우 작은 지류의 강에 지나지 않는다. 그곳이 항구를 형성하거나 도시를 구성할 만한 환경도 갖추어져 있지 않다. 그러나 말라카에서 서북쪽으로 수마트라섬 해안을 따라 항해한다고 설정하면, 타미앙강의 어귀는 돌출한 지형을 이루고 있어 가장 먼저 시야에 들어오는 장소가 분명하다. 그렇지만, 강은 모두 담수이므로 담양 즉 타미앙이 『영애승람』과 『서양조공전록』 아루 조목에서 말하는 '담수항'이라는 설은 성립하지 않는다.

다시 말하자면 『영애승람』 아로국 조목에 보이는 담수항(淡水港)이 바로 『도이지략』의 담양 즉 타미앙강이냐는 문제는 최종적으로 아루의 위치를 어디에 두느냐에 달려 있다. 아루의 위치에 관하여, 밀너(A. C. Milner), 맥키넌(Edwards McKinnon), 시나르(Tengku Luckman Sinar)의 공동 논문인 「아루와 코타 치나에 관한 주석(A Note on Aru and Kota Cina)」(『Indonesia』, 1978(26호), 1~43쪽)에 참고 지도를 갖추어 가장 잘 정리된 것으로 판단하여 여기에 소개한다.

"가장 확실히 코타 치나(Kota Cina)와 연관되어 있다고 할 수 있는 지명은 하루(Haru) 또는 아루(Aru)이다. 『세자라 멜라유(Sějarah Mělayu, 말레이 연대기)』

는 '하루'를 언급하고 있다. 이 두 명칭이 같은 나라를 지칭하고 있는 것은 분명하다. 『세자라 멜라유』와 토메 피레스(Tomé Pires)는 15세기의 아루에 대한 비슷한 기술을 하고 있고, 피레스는 '아루'라고 표기했다. [h]는 말레이어 단어 첫머리에서 가볍게 발음되며 탈락하기도 한다. 윌킨슨에 따르면, '아루'는 'Cauarina-tree(Casuarina equisetifalia)'를 의미한다고 한다. '멜라카'가 'Phyllanthus emblica'와 'Teranerista glabra'라는 두 나무의 이름이라는 것을 보면, 아루가 나무의 이름을 따라 명명된 것 또한 그다지 이상한 것은 없다(R.J. Wilkinson, A Malay and English Dictionary, London, 1959). '아루'라는 명칭은 1282년에 처음으로 언급되었다. 학자들은 아루의 위치에 대해 설이 분분하다. 윈스테트(R. Winstedt)는 『말라야의 역사(A History of Malaya)』(1968, 289쪽)에서 '아루'와 '델리(Deli, 17세기 이후 국명으로 코타 지나 구역을 포함함)'를 서로 번갈아 가며 사용했다. 루파에르(G.P. Rouffaer)는 『네덜란드-인도 백과사전(Encyclopaedie van Nederlandsch-Indië)』(Hague, 1919, III, 142쪽)에서는 코타 치나에서 북쪽으로 70㎞ 떨어진 아루 만이 아루의 거점이라고 추정했다. 한편 티베츠(G.R. Tibbetts)는 '아랍인들이 '아루(Aruh)'라고 부르는 항구는 파나이(Panai)강어귀에 있었다'(G.R. Tibbetts, 『Arab Navigation in the Indian Ocean before the Coming of the Portuguese』, London, 1971, 494쪽)라고 결론지었는데, 그 강은 코타 치나 지역의 남쪽으로 약 200㎞에 있는 해협으로 흘러든다."

이 밖에도 여러 설이 있지만, 학자들은 윈스테트의 설이 현재 활용할 수 있는 자료로 볼 때 가장 설득력 있다고 보고 있다. "마환은 [이 나라의] 남쪽은 큰 산이고, 서쪽은 사무드라[Pasai, 蘇門答剌)와 접해 있다고 하였다. 파나이(Panai)의 정남쪽에는 산들이 없지만, 이러한 기술은 더 북쪽에 있는 타미앙과 델리강의 연안 지역에 부합한다. 이곳에서는 바다에서 부킷바리산(Bukit Barisan)을 볼 수 있다. 이와 비슷하게 비신은 아루가 페락(Perak) 해안에 있는 셈빌란(Sembilan) 군도와 마주하고 있다고 하였다. 델리 또한 이렇게 특기한 정황에 부합하는 것 같다. 15세기 초의 것으로 추정되는 『무비지·항해도』는 아루와 코타 치나를 연결할 수 있는 더 합당한 근거를 제시하고 있다. 사실 밀스(J.V.G. Mills)는 '「항해도」에서 보는 것처럼 [중국인들이 아루를 위치시키고 있는] 델리강어귀의 이상한 지형을 살펴보고, …안데르슨(Anderson)의 『Mission to the East Coast of Sumatra(1826)』에 보이는 지도와 비교해 보면, 중국인들이 만의 주위를 식별해 냈고, 지면에 그곳임을 보여 줄 수 있었다는 것을 알 수 있다'(J.V.G. Mills, 「Malaya in the Wu-pei-chih Charts」, 『JMBRAS』 Vol. XV Part 3, 1937, 5쪽). 코타 치나가 아루의 한 부분임을 보여 주는 결정적 암시는 『세자라 멜라유』에서 찾을 수 있다. '라자 팔라완(Raja Pahlawan)'이라는 아루의 총리는 세르바니아만(Serbanyaman)인 것 같은 라자(raja)로 언급되었는데, 이는 19세기 델리의 네 명 수쿠(suku, 추장) 중 한 사람을 말할 때 사용되는 바탁(Battak) 용어이다"라고 하였다. 이를 종합해 볼 때, 아루는 파나이강 유역, 벨라완의 델리강 유역, 더 북쪽에 있는 셈빌란섬(수마트라 서북쪽 벨라완과 랑사(Langsa) 사이에 있는 섬)의 아루 만 지역 중 한 곳이다. 파나이강은 말라카에서 3~4일의 항해로 보기에는 너무 가깝다. 해협만 가로지르면 되기 때문이다. 결국 벨라완이냐 셈빌란섬이냐로 좁혀 볼 수 있는데, 사무드라[수마트라]와 접해 있다는 설명, 그리고 타미앙강과의 음성적 연관성을 고려해 볼 때, 가장 북쪽에 있는 셈빌란섬 연해가 그럴법하다.

담양=아루, 또는 담양=담수항이라면, 우선으로 고려되어야 할 사안들이 있다. 첫째, '담항'이 음역된 이름으로 봐야 한다. 사실 어떤 지명을 음역한 것이 아니라, 그냥 담수의 항구였을 수도 있기 때문이다. 둘째, 왕대연의 시기에 아루 왕국이 있었느냐 하는 문제도 고려해 봐야 한다. 사실 록힐, 펠리오, 소계경 등은 『원사·성종기(成宗紀)』(1282년)에 보이는 '담양(毯陽)'이라는 나라를 여기 담양(淡洋)의 다른 음역으로 추측하기도 하기 때문이다. 『원사』의 기사에 보이는 '담양'이 반드시 수마트라에 있는 나라라는 근거가 없다. 그러므로 왕대연이 말한 담양과 같은 담양인지도 따져 봐야 한다. 따라서 역자는 담양=담수항=아루라는 추정에는 동의할 수 없다. 단 담양이 말라카 해협, 수마트라 해변에 있는 곳이라면, 그곳은 아루 왕국과 하루 여정의 거리로 떨어져 있어야 하고, 아루 왕국보다 말라카와 더 가까운 곳에 있어야 하는 것은 분명하다. 만약 담양을 델리강 유역으로 본다면, 보다 서북쪽에 있는 수마트라의 셈빌란섬 일대가 아루 왕국의 중심지가 될 것이다.

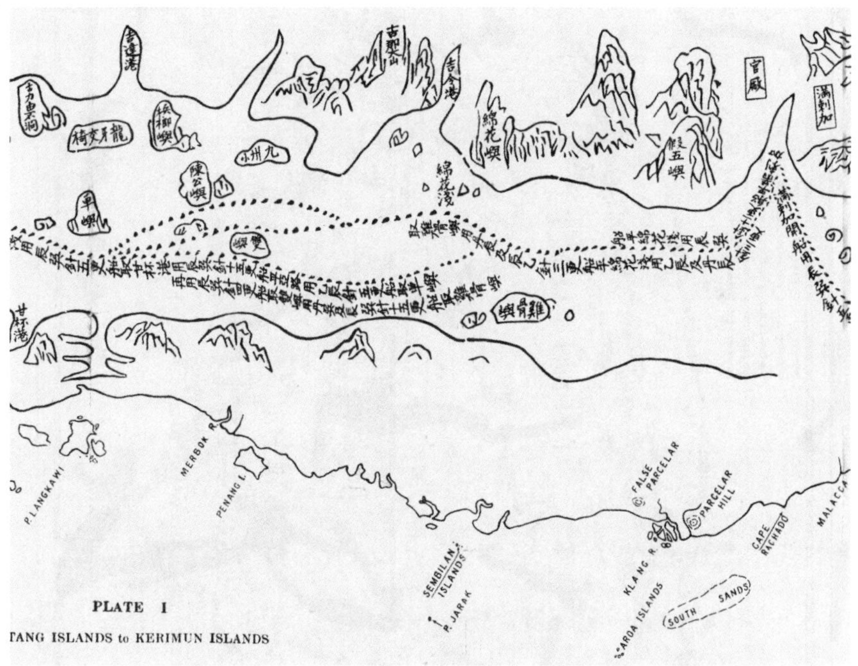

J.V.G. Mills, 「Malaya in the Wu-pei-chih Charts」, 『JMBRAS』 Vol. XV, Part 3, 1937.

Nicolas Sanson(1600~1667), 『L'Asie en plusieurs cartes nouvelles, et exactes』, 파리, 1652. 「순다 군도, 수마트라, 자바, 보르네오 지도」, 19×25㎝, 1:13,000,000.

아루 왕국[啞魯國][551]

6-1. 가는 길과 지리 환경

만랄가(滿剌加)에서 배를 타고 순풍에 나흘 밤낮을 가면 도착할 수 있다.[552] '담수항'이라는 한 갈래 항구가 있어 그 항구로 들어가 나라[도읍]에 이른다. 남쪽은 큰 산이고, 북쪽은 큰 바다이며, 서쪽은 소문답랄(蘇門答剌)과 나라 경계가 닿아 있으며, 동쪽에는 평지가 있어 밭벼[旱稻]를 심을 수 있고, 그 쌀 알갱이는 가늘고 작으나, 식량으로 자못 풍부하다.

自滿剌加國開船, 好風①行四晝夜可到. 其國有港名淡水港一條,[553] 入港到國. 南是大山,[554] 北是大海, 西連蘇門答剌②國界, 東有平地, 堪種旱稻,[555] 米粒細小, 糧食頗③有.

551 『삼보정이집』에는 나라 이름 아래 "소국이다(小國也)"라는 주석이 달려 있고, 『설집』과 『담생당』본에도 "소국이다(係小國)"라는 부기가 딸려 있다. 『서양번국지』(상달 교주본, 17쪽)에는 '아로국(啞魯國)'으로 국명을 표기했다.

552 마환이 기술한 이 여정은 비신의 『성사승람』(고금설해본)에는 "말라카[만랄가]에서 순풍에 사흘 밤낮으로 [항행하면] 이를 수 있다(自滿剌加順風三晝夜可至)"라고 하였다(사고전서본, 권18, 4b).

553 『기록휘편』의 이 문장[其國有港名淡水港一條]은 『국조전고』, 『삼보정이집』, 『설집』, 『담생당』본 모두 "有淡水港一條"라고만 되어 있다. 『기록휘편』의 원문은 이에 따라 고쳐야 한다. 한편 『서양번국지』에는 "有淡水港"이라고만 하였다.

554 『기록휘편』에 따른 이 문장[南是大山]에서 『국조전고』, 『삼보정이집』, 『설집』, 『담생당』본 모두 문두에 '기국(其國)' 두 글자를 보여 주므로, 이에 따라 보충해 넣어야 할 것이다.

555 '한도(旱稻)'는 『국조전고』에만 '도곡(稻穀)'으로 되어 있다.

① 이상 두 글자[好風]는 『승조유사』본에 따라 보충하였다.[556]

② [소문답랄(蘇門答剌)은] 아제(亞齊, Ačeh)로 생각된다.

③ ['빈(頻)'자는] 『승조유사』본에 '파(頗)'자로 되어 있다.[557]

6-2. 생활

백성들은 밭 가는 것과 물고기 잡는 것을 생업으로 삼으며, 풍속은 순박하다. 나라 안의 혼인, 상례 등의 일은 모두 조와, 만랄가국과 같다. 생활용품은 희소하고, 면포는 '고니(考泥)'라고 부르며, 아울러 미곡, 소, 양, 닭, 오리가 매우 넓게 분포하고, 유락(乳酪)을 파는 자가 많이 있다.

民以耕漁爲業, 風俗淳朴. 國內①婚喪等事, 皆與爪哇・滿剌加國相同. 貨用稀少, 棉布名考泥,② 幷米穀・牛・羊・雞・鴨甚廣.[558] 乳酪③多有賣者.

① ['내(內)'자는] 『승조유사』본에 '어(語)'자로 되어 있다.[559]

② [고니(考泥)에 관하여] 후지타 도요하치(藤田豊八)는 붕가랄국(朋加剌國, Bengal)에서 생산하는 고니포(高你布)의 다른 음역으로 보았다(『도이지략교주』, 98쪽). 흐루너펠트(Groenveldt)는 말레이어 카인(kain)에 해당하는 음으로 보았고, 슐레겔(Schlegel)은

556 '호풍(好風)'은 『국조전고』, 『삼보정이집』, 『설집』, 『담생당』본, 그리고 『서양번국지』 모두에서 확인할 수 있다.

557 '빈(頻)'자는 『국조전고』, 『삼보정이집』, 『설집』, 『담생당』본 모두에 '파(頗)'자로 되어 있어 바로잡아야 한다. 여기의 '유(有)'자는 풍족하다, 또는 많다는 의미로 사용되었다. 이는 『서양번국지』에서 "양식은 모자라지 않는다(糧食不缺)"라고 한 문장으로 확인된다.

558 문두의 '병(幷)'자는 『삼보정이집』, 『설집』, 『담생당』본에 모두 보이지 않으므로 '병'자를 삭제하는 것이 문맥에 더 유리하다. 그러나 『서양번국지』에는 '병(竝)'자가 들어 있다.

559 『기록휘편』의 이 문장[國內婚喪等事]은 『국조전고』에 "國語・婚喪等事"로 되어 있고 『설집』과 『담생당』본에는 '국어' 또는 '국내' 없이 "婚喪等事"로만 되어 있다. 『기록휘편』의 '국내'는 '국어(國語)'로 고치는 것이 맞다.

고니(goni)의 음역자로 보았으며, 펠리오 씨는 이 두 설명을 모두 부정했다. 대체로 전자는 대응하는 음이 부합하지 않고, 후자는 마대(麻袋)를 가리키는 것이지 면포가 아니다.[560]

③ ['낙(酪)'자는] 『기록휘편』에 '낙(駱)'자로 되어 있어 『승조유사』본에 따라 고쳤다.[561]

6-3. 민족

국왕과 나라 사람들 모두 아랍인이다.

其國王國人皆是回回人.

6-4. 비호(飛虎)

산 숲에는 나는 호랑이 같은 것[飛虎][562]이 나는데, 고양이처럼 크고, 몸 한

560 '명(名)'자는 『삼보정이집』, 『설집』, 『담생당』본, 『서양번국지』에 '번명(番名)'으로 되어 있다. '번(番)'자를 보충해 넣는 것이 정확하다. 흐루너펠트 씨는 '고니(考尼)'로 옮기고 천을 지칭하는 말레이어 명칭인 카인(kain)일 것으로 생각했고(『말레이반도와 말라카에 관한 주석』, 94쪽), 록힐은 장승(張昇)의 판본에 따라 '고니(㭼泥)'로 옮기고 현지 용어일 것이라고만 했다(「14세기 중국과 인도양 연안, 동부 열도와의 무역 관계에 관한 주석」, 141쪽 주2). 풍승균 씨의 이 주석은 완전히 펠리오의 설명을 출처를 표기하지 않고 자신의 것처럼 그대로 가져온 것이다. 펠리오 씨의 설명은 다음과 같다. "1349~1350의 『도이지략』에서는 벵골에서 나는 면포를 '고니(高你)'라고 했고, 후지타 도요하치는(『도이지략교주』, 98a) 두 명칭을 연결했다. 그런데 'kain'은 발음상 만족스럽지 못할 뿐만 아니라 특히 말레이어 '카인'이 14세기에 벵골에서 사용되었는지 의심스럽다. 슐레겔은(『통보』, 1901, 360쪽) 'gûni' 즉 황마 자루를 뜻하는 명칭인 'goni'를 제시했다(『Hobson-Jobson』, gunny 조목을 참고). 하지만 우리가 말하는 것은 면포이기 때문에 이 견해를 전혀 받아들일 수 없다"(「15세기 초 중국의 대항해」, 410쪽). 한편, 소계경 씨는 "미낭 카바우 말레이(Minang kabau Malay)어로 흰 면포를 '카인 가네(kain ganéh)'라고 하는데, 마환의 고니는 바로 이 베를 지칭하는 것으로 보인다"(『도이지략교석』, 334쪽)라고 설명했지만, 근거도 없고 음성적 근접성도 부족하다.

561 『기록휘편』의 '낙(駱)'자는 『국조전고』, 『설집』, 『담생당』본, 『서양번국지』의 '낙(酪)'자로 고치는 것이 맞다. 『삼보정이집』에는 '수(酥)'자로 되어 있다, 의미와 자형에서 비롯한 오기이다.

562 마환이 말한 '비호(飛虎)'에 대하여 풍승균 씨는 비석척(飛蜥蜴, 날도마뱀)일 가능성을 제시했는데, 이

쪽의 털은 회색이며, 살로 이루어진 날개가 있어 박쥐와 같다. 다만 앞발의 살 날개가 뒷발과 연이어 나 있어, 날 수는 있지만 멀리 가지 못한다. 사람에게 잡히기라도 한 것은 집에서 사육되지 못하고 죽는다.

山①林中出一等飛虎,② 如猫大,[563] 遍③身毛灰色, 有肉翅, 如蝙蝠一般.[564] 但前足肉翅生連後足,[565] 能飛不遠. 人或有獲得者,[566] 不服家食卽死.

① 이상 두 글자[人, 山]는 『기록휘편』에 어순이 바뀌어 『승조유사』본에 따라 고쳤다.[567]

② [비호(飛虎)는] 소문답랄섬에 사는 드라코 볼란 제누스(Draco volans genus) 일종의 나는 석척(蜥蜴, 도마뱀)인 것 같다.

③ ['편(遍)'자는] 『기록휘편』에 '변(變)'자로 되어 있어 『승조유사』본에 따라 고쳤다.[568]

날도마뱀은 늑골들이 양옆으로 펼쳐 날개 막을 만들어 활강한다. 그러므로 사방(謝方) 씨는 "앞발의 살 날개가 뒷발과 연이어 나 있다"라고 하는 마환의 설명과 부합하지 않는다고 보고, 비서(飛鼠), 오서(鼯鼠) 즉 날다람쥐로 추정했다(『서양조공전록교주』, 63쪽; 『명초본영애승람교주』, 42쪽). 하지만 이 날다람쥐는 주로 일본과 중국 남부에 서식하는데, 동남아시아에서 서식하는지는 확실하지 않다. 또 마환은 이 동물이 고양이만 하다고 한 것과 어울리지 않는다. 과연 마환이 중국에 잘 알려진 날다람쥐를 이렇게 설명했을까?

563 『기록휘편』의 이 문장[如猫大]은 『국조전고』와 『삼보정이집』에 "如猫之大"로 되어 있지만, 『설집』, 『담생당』본에는 "如猫犬之大"라 하였다. '지(之)'자는 부연으로 『기록휘편』을 따른다. 이는 『서양번국지』의 "大如貓"라는 설명으로 확인된다.

564 『기록휘편』에 따른 이 문장[如蝙蝠一般]은 『국조전고』와 『삼보정이집』에는 '시(翅)'자를 넣어 "如蝙蝠翅一般"이라고 하였는데, '시(翅)'자는 앞에 이미 나왔으므로, 『기록휘편』의 문장이 맞다. 이는 『서양번국지』에서 "如蝙蝠狀"이라고 한 문장으로 확인된다. 한편 『설집』과 『담생당』본에는 이 문장이 모두 빠져 있다.

565 『기록휘편』의 이 문장[但前足肉翅生連後足]은 『국조전고』, 『삼보정이집』과 일치하지만, 『설집』과 『담생당』본에만 "살로 이루어진 날개가 뒷발에 이어 나 있다(有肉翅生連後足)"라고 축약되어 있다.

566 『기록휘편』의 이 문장[人或有獲得者]은 『설집』, 『담생당』본과 일치하는 반면, 『국조전고』에는 "人有獲者"로, 『삼보정이집』에서는 '혹(或)'자 없이 "人有獲得者"로 되어 있다. 『기록휘편』의 문장이 가장 완전해 보인다. 한편 『서양번국지』에서는 "이 동물은 길들여 집에서 사육하지 못하고, 잡으면 죽는다(此物不服家食, 獲卽死)"라고 기술하고 있다.

567 이 교정은 『국조전고』, 『삼보정이집』, 『설집』, 『담생당』본, 그리고 『서양번국지』 모두에서 확인된다.

568 '편신(遍身)'은 『국조전고』, 『삼보정이집』, 『설집』, 『담생당』본 모두에서 확인할 수 있으므로, 풍승균 씨의 교정은 정확하다. 이는 『서양번국지』에 보이지 않는 정보이다.

6-5. 토산품

땅에는 황속향(黃速香), 금은향(金銀香) 같은 것들이 난다. 작은 나라이다.

土產黃速①香 · 金銀香②之類. 乃小國也.

① ['속(速)'자는] 『기록휘편』에 '연(連)'자로 잘못되어 『승조유사』본에 따라 고쳤다.

② '금은향(金銀香)'은 『기록휘편』에 빠져 있어 『승조유사』본과 장승개정본에 따라 보충했다.[569]

569 이 교정에 해당하는 『기록휘편』 원문[土產黃連香之類]은 『국조전고』, 『삼보정이집』, 『설집』, 『담생당』본, 그리고 『서양번국지』 모두 "土產黃速香 · 金銀香之類"라고 하였으므로, 풍승균 씨가 '연(連)'자를 '속(速)'자로 고친 것과 '금은향(金銀香)'을 보충해 넣은 것은 정확하다.

모원의(茅元儀, 1594~1640), 『무비지(武備志)』, 권240, 17a.

해제

소문답랄은 분명 '수마트라(Sumatra)'를 음역한 것이 맞다. 수마트라가 수마트라섬 전체를 지칭한 것은 15세기 이후이고, 그 이전 수마트라는 현 수마트라섬 아체주 록세우마웨(Lhokseumawe) 만 동쪽으로 흘러나가는 파세이강 유역을 차지한 왕국으로 추정하는 것이 일반적인 견해이다. 이 나라는 해상무역과 말레이반도로의 이슬람 전파에 있어 역사적 중요한 의미가 있는 지역을 차지하고 있었다. 14세기 말에 말레이어로 작성된 『파세이 왕들의 역사(Hikayat Raja Pasai)』(Aristide Marre trans., Paris, 1874)에 따르면, 이 나라는 13세기 말에 건국하여 1521년 포르투갈에 정복되었다. 그러므로 원나라 이전에 이 나라 명칭은 중국 문헌에서 보이지 않는다. 『도이지략』에는 '수문답랄(須文答剌)', '수문답랄(須門答剌)'로 표기되었고, 『원사』에서는 '소목도랄(蘇木都剌)', '속목도랄(速木都剌)' 등의 음역 명칭이 있으며, 『대덕남해지』에는 '심몰타라(深沒陀囉)', 『무비지 · 항해도』, 『영애승람』, 『성사승람』, 『서양번국지』, 『서양조공전록』 등은 모두 '소문답랄(蘇門答剌)'로 되어 있다. 정효(鄭曉)의 『사이고(四夷考)』, 『동서양고』의 '소문달나(蘇文達那)', 『명사』의 '수문달나(須文達那)'라는 음역 명칭도 보인다. 모두 이 왕국의 수도인 사무드라(Samudra)에 해당하는 음들이다.

이곳은 1290년 즈음 마르코 폴로가 몬순 바람을 기다리며 5개월을 체류했던 곳이다. 마르코 폴로는 이곳을 사무드라(Samudra), 수마트라(Sumatra), 사마라(Samara) 등으로 표기하고 있는데, 마수덴(W. Marsden, 1754~1836)은 마르코 폴로의 사마라(Samara)를 북쪽 해안에 있는 사마랑가(Samar-lañga)로 추정했다(『수마트라의 역사(History of Sumatra)』, London, 1811, 6쪽). 『동서양고』, 침로(針路) 조목에 파록두(巴碌頭)는 단지 해(亥)와 건술(乾戌) [침(針)으로] 5경(更)을 가면 급수만에 이르고(單亥及乾戌, 五更, 取急水灣), 신유(辛酉) 침으로 5경이면 아제(啞齊)에 이른다(用辛酉針, 五更, 取啞齊)'라고 하였다. 또 『무비지 · 항해도』, "수마트라 항구에서 출항하여 축간(丑艮)과 을진(乙辰) 침(針)으로 5경(更)을 가면 급수만과 파록두(巴碌頭)에 이른다(蘇門答剌(港)開船, 用丑艮及乙辰針, 五更, 船平急水灣巴碌頭)"라고 하였다. 아제(啞齊)가 바로 '사무드라'이므로, 파록두-급수만-아제 순으로 세 곳의 거리는 모두 5경씩이다. 또 『영애승람』에서 아로국(阿魯國)은 수마트라와 접해 있다고 하였으므로, 사무드라는 '사마랑가'로 보는 것이 적합해 보인다.

이븐 바투타 여행기에 "우리는 벤데르(Bender), 즉 항구 쪽으로 내려갔다. 그 항구는 바닷가에 있는 큰 마을이었다. 그곳에는 여러 집이 있었다. 사람들은 그곳을 '사르하(Sarha)'라고 불렀다. [수마트라(Sumatra)에서] 4마일 떨어져 있었다"라고 하였다. 이 문장을 소계경 씨는 당황스럽게 이해하고 있다. "이븐 바투타의 사르하는 마르코 폴로의 사마라(Samara)를 다르게 쓴 것"(『도이지략교석』, 242쪽)이라고 하였다. 분명 수마트라와 사르하는 4마일 떨어져 있는 다른 곳이다. 이븐 바투타의 여행기에 주석을 단 예라모스(S. Yeramos)는 "사무드라(Samudra)는 사무드라 파세이(Samudra Pasei) 왕국의 옛 수도이다. 항구와 마찬가지로 위치 문제가 제기되어 왔다. 최초의 이슬람 이주자들은 13세기 말경에 사마랑가(Samalanga)에, 이어서 섬의 북쪽 해안에 있는 비루엔(Bireuen)에 정착했다. 이후 더 동쪽으로 옮겨가 강어귀에 정착했고 푸상안(Peusangan)강을 따라 거슬러 올라갔는데, 이곳에서 최초로 '사무드라'가 형성된 것으로 보인다. 『파세이 왕들의 역사(Hikayat Raja Pasai)』에 따르면 1326년 이후 자바인들의 습격으로, 록세우마웨 동쪽 바다로 흘러드는 파세이강 동쪽으로 수도를 옮겼다. 우리는 바로 이 강에서 이븐 바투타가 이 강 하구에 있었던 사무드라에서 찾았던 같은 명칭의 마을과 무슬림들의 옛 무덤들을 찾아볼 수 있다"라고 하였다[데프레메리(C. Defremery)와 상귀네티(B.R. Sanguinetti)의 불어 번역본(1858)에, 예라시모스(Stephane Yersimos)가 주를 붙인 『Voyages』(Paris, La Découverte, 1997), III, 296쪽].

펠리오 씨는 이 '사무드라'라는 명칭 사용에 대해 다음과 같이 정리했다. "전체 섬을 지칭하는 이 명칭은 마르코 폴로 시대에는 수마트라섬의 북서부에 있는 한 나라를 지칭할 뿐이다. 오도릭(Odiric)은 이 나라를 라모리(Lamori, 즉 람브리)와 같은 섬에 있었으므로 '수몰트라(Sumoltra)' 또는 '수물트라(Sumultra)'라고 불렀다. 니콜로 데 콘티(Nicolò de' Conti, 1395~1469)는 1430년경 처음으로 전체 섬을 지칭하는 명칭으로 '시아무테라(Sciamuthera)'를 사용했고, 이 명칭을 프라 마우로(Fra Mauro, 1400?~1464)는 '시아모트라(Siamotra)'로 썼다. 또 1492년에는 스테파노(Girolamo da Santo Stefano, 15세기 후반)는 콘티와 같은 방식으로 '시아마트라(Siamatra)'를 사용했다. 포르투갈 사람들이 16세기 초에 도착했을 때는 '수마트라'라는 나라는 존재하지 않았고 그 도시는 남아 있었지만, 그 중요성이 크게 줄어들었다. 그렇지만, 1515년에 보낸 리스본의 한 편지는 '수마트라의 한 항구에서 수모트라(Sumotra)라는' 이 섬을 언급했고, 바르보사(Duarte Barbosa, 1480?~1521)는 샤마트라(Çamatra, 수마트라)에 관해 긴 서술을 남겼다. 라시드 앗 딘은 라무리(Lāmurī)섬의 너머에 '수무트라(Sūmūtra)'라는 섬을 알고 있었고, 이븐 바투타는 '수무트라(Sumuṭrah)'로 불렀다. … 마르코 폴로 이전의 사무드라 파세(Samudra-Pasè)에 관한 실제 역사를 추적할 수 없다. (중국 문헌에서) 사무드라에 관한 최초의 언급은 1282년에 있었고, 이 나라의 첫 번째 이슬람교도 왕은 1297년에 죽었다. 그리고 이러한 명칭으로 그 장소의 중요성이 주목받은 시기는 그곳 왕들이 이슬람으로 개종하면서부터 비롯된 것 같다"(『Notes on Parco Polo』, II, 838~841쪽).

니시가와 조겐(西川如見, 1648~1724), 『肆拾貳國人物圖說』, 東武江都, 淵梅軒, 1720년.

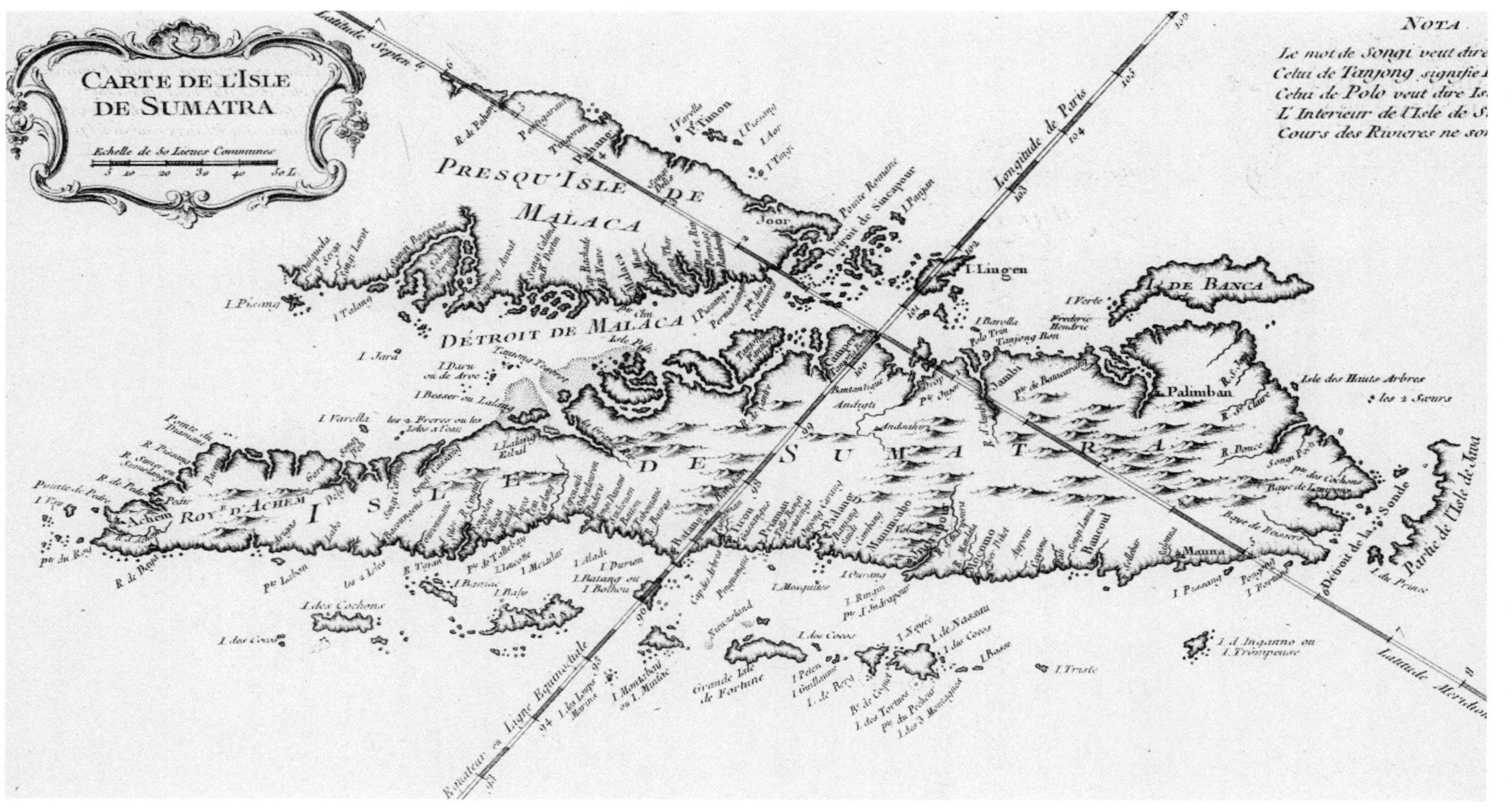

Jacques Nicolas Bellin(1703~1772), 『Le petit atlas maritime, recueil de cartes et plans des quatre parties du monde』, 파리, 1764. 「수마트라섬 지도」, 22×35㎝, 1:5,433,525.

✺

사무드라 왕국[蘇門答剌國][570]

7-1. 가는 길

소문답랄국은 바로 옛날 수문달나국(須文達那國)이다. 이곳은 '서양'의 요충지로, 보선(寶船)들은 만랄가국에서 서남쪽으로 항해하여 순풍에 닷새 밤낮으로 가면 먼저 바닷가에 임해 있는 한 촌락에 이르는데, '답로만(荅魯蠻)'이라고 한다. 배를 대고 동남쪽으로 10여 리를 가면 도착할 수 있다.

蘇門答剌①國, 卽古須文達那②國是也. 其處乃西洋之總路, 寶船自滿剌加國向西南,③ 好風五晝夜, 先到濱海一村,[571] 名荅魯蠻,④ 繫船, 往東南十餘里可到.[572]

570 『기록휘편』의 나라 이름은 '蘇門嗒剌國'으로 표기되어 있고, 그 아래 작은 글씨로 "나고아국을 붙임(附那孤兒國)"이라고 부기하였다. 한편 『국조전고』에는 "소문답랄국과 나고아 여대(蘇門答剌國幷那孤兒黎代)"라고 했으며, 그 아래에는 "모두 소국이다(皆小國)"라는 주가 달려 있다. 『삼보정이집』과 『설집』에는 '소문답랄 · 나고아 · 여대(蘇門答剌 · 那孤兒 · 黎代)'라고 표제하고 '나고아'와 '여대' 아래에는 각각 '작은 나라다(小國)'라는 주를 붙여 두고 있다. 『기록휘편』만 본 조목에 '나고아국'을 붙였고, 『국조전고』, 『삼보정이집』, 『설집』 모두 '나고아'와 '여대'를 붙여 한 조목에서 기술하고 있다. 『담생당』본에는 "소문타랄국(蘇門打剌國)【『일통지』에 있다(一統志有)】, 나고아국(那孤兒國)【소국】, 여대국(黎代國)【소국】"으로 표제하고 있다. 공진의 『서양번국지』에는 소문답랄국(蘇門答剌國), 나고아(那孤兒), 여대(黎代)가 각각 독립되어 기술되어 있고, 나고아와 여대 아래에는 '소국(小國)'이란 부기가 달려 있다.

571 『기록휘편』의 이 문장[先到濱海一村]은 『국조전고』와 일치를 보이지만, 『삼보정이집』, 『설집』, 『담생당』본에는 "先到一村濱海去處"로 되어 있다. 이 문장은 해석하기가 좀 난해한데, 글자 그대로 풀어 보면 "먼저 바닷가에 인접한 한 촌락에 이르러 가는 곳은" 정도로 해석할 수 있을 것이다. 한편, 『서양번국지』에는 "先到海濱一村"이라는 분명한 어순을 보여 준다.

572 '가도(可到)'는 『삼보정이집』, 『설집』, 『담생당』본에는 '즉지(卽至)'로 되어 있다. 이상 소문답랄국에 이르는 여정은, 비신의 『성사승람』(『고금설해』본)에 따르면, "만랄가[말라카]에서 순풍에 9일 밤낮을 [항행하면] 이를 수 있다(自滿剌加順風九晝夜可至)"라고 하였는데(사고전서본, 권19, 1b), 마환의 일정과

① 여기 소문답랄은 수마트라 전체 섬을 가리키는 것이 아니라, 섬의 서북쪽에 있는 아제(亞齊, Ačeh)를 지칭하는 것으로 생각된다.

② [수문달나(須文達那)는] 『도이지략』에 '수문답랄(須文答剌)'로 되어 있다.

③ ['서남(西南)'은] 『기록휘편』에 '동(東)'자로 잘못되어 『승조유사』본에 따라 고쳤다.[573]

④ [답로만(荅魯蠻)은] 이븐 바투타(Ibn Battutah) 여행기(제4책 229쪽)에는 소문답랄성에서 4리 떨어진 바닷가에는 '사르하(Sarha)'라는 항구가 있다고 하였는데, 이 마을을 가리키는 것은 아닌지 모르겠다.[574] 단 『승조유사』본, 장승의 개정본, 『서양조공전록』

상당한 차이가 있다.

573 '서남(西南)'은 『국조전고』, 『삼보정이집』, 『설집』, 『담생당』본, 그리고 『서양번국지』 모두에서 확인되므로, 풍승균 씨의 교정은 정확하다.

574 우선 '명(名)'자는 『국조전고』, 『삼보정이집』, 『설집』 모두에 '지명(地名)'으로 되어 있는데, 사실 이 '지명(地名)'이라는 표현은 『기록휘편』본 『영애승람』에서 찾아보기 어렵다. 『담생당』본은 『기록휘편』과 마찬가지로 '지'자가 빠져 있다. 한편, 『서양번국지』에는 '번명(番名)'으로 되어 있다. 이 '번명(番名)'이 선본으로 보이지만, 『서양번국지』에만 보이므로, 교정하지 않고 유보한다. 마환이 이 나라에 가기 위해 처음 정박한 이곳[荅魯蠻]에 대해 만족할 만한 위치 추정을 내놓지 못하고 있다. 풍승균 씨는 이븐 바투타의 사르하를 떠올렸다. 그렇다면 사르하는 소문답랄의 항구가 되어야 하고, 소문답랄은 나라 이름이자 이 항구에서 10여 리 떨어진 곳에 있는 도읍의 명칭이라고 읽어야 한다. 하지만 마환은 분명 현지 사람들이 일러 주는 대로 그곳의 명칭을 기록했을 것이다. 그런데도 '사르하'와 '답로만'은 아무런 음성적 유사성을 찾을 수 없고, 이 '답로만'은 명나라, 청나라 시기의 다른 문헌에도 전혀 흔적을 찾을 수 없다는 점이 문제이다. 『무비지·항해도』에도 "소문답랄에서 배를 타고(蘇門荅剌開船)"라고 되어 있다. 또 후안 세라노(Juan Serano)는 16세기 초에 이 도시를 들른 여정을 기술하고 있는데, "페디르(Pedir)를 떠나 북쪽 해안을 따라 내려갔다. 나는 남남동쪽으로 향해 '수마트라(Sumatra)'라는 또 다른 나라이자 도시에 도착했다. 그곳에서 우리는 많은 상인을 만났다. 단 한 구역에서만 교역하는 사람들이 5백 명에 달했고, 다른 구역에도 많은 다른 사람들이 있었다. 사람들은 모두 면 옷을 입었다. 그들은 속이 빈 줄기 같은 것으로 배를 만들어 탔는데, 그들은 말레이어로 '준코스(juncos)'라고 했다"라고 하였다(『Description of the coast of East Africa』, 226~227쪽). 이로써 볼 때, 수마트라(사무드라, 사마라)는 항구도시임이 분명해 보인다. 이전의 학자들은 항구 명칭과 나라나 도읍 명칭을 따로 보지 않았기 때문에, '답로만'에 대한 위치를 추정하려 했다. 오늘날까지도 중국의 학자들은 이에 대한 추정을 제시하지 못하고 있다. 다만, 루파에르(W.P. Ruffaer)는 답로만을 텔룩 세마웨(Teluk semawe, 록세우마웨)에 있다고 보았다(『Encyclopaedie van Nederlandsch-Indië』, IV, 387쪽). 이에 대해 록힐은 북안의 훨씬 서쪽, 심지어는 서안에 있을 수도 있다는 가능성을 언급했다(록힐, 「14세기 중국과 인도양 연안, 동부 열도와의 무역 관계에 관한 주석」, 153쪽 주).

한편 펠리오 씨는 마르코 폴로의 다그로이안(Dagroian)과 연결 짓는 해법을 내놓았다. 이러한 연결의 출발은 마르코 폴로의 이야기로 볼 때, '다그로이안'이라는 나라는 파세(Pasè)강에 있는 사무드라와 람브리(Lambri, 오늘날 아친) 사이에 있어야 하고, 이들의 야만성(장례를 포함하여)은 이들 민족이 바탁(Battak)인이라는 것을 보여 준다는 것이다. 이어서 펠리오 씨는 "음성적으로 '다그로이안'에 가장 근접 모두 '답로만(荅魯蠻)'으로 되어 있으니 그 음역 명칭이 틀리지 않았다는 것을 족히 입증할 수 있다.

7-2. 지리 환경

이 나라에는 성곽(城郭)이 없으며, 큰 강물[大溪]은 모두 담수로, 바다로 흘러든다. 하루에 두 차례 조수의 출입이 있고, 바다 어귀에는 파도가 커서 선박들이 항상 침몰한다. 나라의 남쪽으로 1백여 리 멀리 떨어진 곳은 거대하고 깊은 산이고, 북쪽으로는 대해이며, 동쪽에도 큰 산인데, 아로(阿魯)국의 경계에 이른다. 정서쪽은 대해로, 그 산이 두 작은 나라를 연결하고 있는데, 먼저 나고아(那孤兒) 왕국의 경계에 이르고, 또 여대(黎代) 왕국의 경계에 이른다.

其國無城郭, 有一大溪皆淡①水, 流出於海. 一日二次潮水長落, 其海口浪大, 船隻

한 것은 『영애승람』에서 언급된 '답로만'이라는 마을일 것이다. 그러나 파세강의 하구, 사무드라에서 10리밖에 떨어지지 않은 이 작은 마을은 독립된 왕국이 될 수 없다. 답로만은 이븐 바투타가 언급한 사르하(Sarḥā)의 와전된 형태임이 분명하다. 아마도 '타르만(Tarman)', 또는 '타루만(Taruman)'으로 읽어야 할 것이다"라고 연관성을 언급했다(『Notes on Marco Polo』, II, 613쪽). 펠리오 씨가 제시한 아랍어 표기들은 그의 말대로 혼동할 정도로 표기가 비슷하다. 와전의 가능성이 충분하다. 하지만 펠리오 씨도 인정하고 있는 것처럼 마크코 폴로가 기술한 나라와 정황이 전혀 부합하지 않는다. 『영애승람』 편집상의 문제를 상정하지 않는 한, 뚜렷한 해결책을 찾기 어려울 것 같다.

흐루너펠트 씨는 『영애승람』, 『성사승람』 『명사』에 보이는 소문답랄 조목들을 번역하고 검토한 다음, 수마트라는 현 아체 지점에 있는 것이 아니라 더 동쪽으로, 그곳 바다로 흘러드는 작은 강 중 하나에 위치할 것으로 보았다. 이에 대한 근거로 현지의 전승을 소개하면서, "현지의 전승은 이들 지역을 통치한 나라의 이전 거점으로 파세이(Pasei)를 들고 있는데, 이 전승은 여기에서는 정확한 것 같다. 왜냐하면, 바다로부터 약 3마일 떨어진 파세이강 좌안에 있는 '사무드라'라는 명칭을 가진 마을을 찾을 수 있기 때문이다. 이 마을에는 이슬람을 처음 들여온 아랍 성인의 무덤이 있다"라고 하였다(『말레이반도와 말라카에 관한 주석, 92쪽). 이를 근거로 후지타 도요하치는 답로만(荅魯蠻)을 이븐 바투타의 사르하로 보고 있는 것 같다(『도이지략교주』, 108쪽).

常有沈沒.[575] 其國南去有百里數之遠, 是大深山,② 北是大海,[576] 東亦是大山,[577] 至③阿魯④國界. 正西邊大海, 其山⑤連小國二處, 先至那孤兒⑥王界, 又至黎代王界.

① 이상 두 글자[皆淡]는 『승조유사』본에 따라 보충하였다.[578]

② 여기[其國南去有百里數之遠, 是大深山]에는 글자가 빠졌거나 잘못이 있는 것 같다. 『승조유사』본에는 "남쪽으로 백 리는 모두 크고 깊은 산이다(南去百里皆大深山)"라고 되어 있다.[579]

③ ['지(至)'자는] 『승조유사』본에 '직저(直抵)'로 되어 있다.

④ [아로(阿魯)는] 『승조유사』본에 '아로(啞魯)'로 되어 있다.[580]

⑤ 이상 두 글자[其山]는 『승조유사』본에 따라 보충하였다.[581]

575 『기록휘편』의 이 문장[船隻常有沈沒]은 사본마다 조금씩 다른데, 먼저 『국조전고』에는 "항상 부딪쳐 침몰하는 배가 있다(常有船打沒)"라고 하였고, 『삼보정이집』에서는 "常有船隻沈沒"로, 『기록휘편』과 비교하여 '선척'과 '상유'의 순서를 바꾸어 놓고 있고, 『설집』에는 "崖有船隻沈沒"로, 『담생당』본에는 "岸有船隻沈沒"로 되어 있다. 따라서 『삼보정이집』본이 가장 선본으로 판단된다. 한편 『서양번국지』에는 "항상 배가 전복된다(常覆舡)"라고 하였다.

576 '북(北)'자는 『국조전고』에만 '남북(南北)'으로 되어 있다.

577 '시(是)'자는 『삼보정이집』에만 빠져 있다.

578 이 교정 문장[有一大溪皆淡水]은 『기록휘편』과 『삼보정이집』의 원문에 "有一大溪水"라고 되어 있고, 『국조전고』, 『설집』, 『담생당』본에는 '수(水)'자 없이 "有一大溪"라고 되어 있다. 또한 『서양번국지』에도 "有一大溪通海"라고 하였으므로 풍승균 씨가 『승조유사』본에 따라 보충한 것은 의미가 없다.

579 풍승균 씨는 이상의 문장[其國南去有百里數之遠, 是大深山]에 빠진 글자가 있을 것으로 추정했는데, 이 『기록휘편』의 원문은 『설집』과 일치하고 있고, 『국조전고』에서는 '산(山)'자 없이 "其國南去有百里之遠是大深"으로, 『삼보정이집』에는 '시(是)'자 없이 "其國南去有百里數之遠大深山"으로, 『설집』과 『담생당』본에는 "其國南至有百里數之遠是大深山"으로, 『서양번국지』에도 "本國南去百里乃大深山"으로 되어 있는 것으로 보아, 빠진 글자는 없는 것으로 보인다.

580 '지(至)'자는 『국조전고』, 『삼보정이집』, 『설집』, 『담생당』본 모두에서 일치를 보인다. 한편 '아로(阿魯)'는 바로 이전 조목에서 '아로(亞魯)'로 표기된 나라이다. 명대의 필사본 모두 '아(阿)'자로 되어 있다. 만명 씨처럼 '아(啞)'자로 고칠 필요는 없다(『명초본영애승람교주』, 43쪽). 이 '아(啞)'자는 『서양번국지』에 보이는 표기이다.

581 이 교정에 해당하는 『기록휘편』의 원문[正西邊大海連小國二處]은 『국조전고』에 "正西邊大海, 其山連小國二處"라고 하였는데, 풍승균 씨의 교정문과 일치하고 있다. 『삼보정이집』, 『설집』, 『담생당』본은 "正西邊海山連小國二處"라고 되어 있다. 『국조전고』에 따르면, 정서쪽은 대해로, 그 산이 두 작은 나라를 연결하고 있다는 의미이고, 『기록휘편』은 정서쪽 대해에는 두 작은 나라가 붙어 있다는 뜻이다. 잠정적으로 『국조전고』, 『삼보정이집』, 『설집』, 『담생당』본을 따라야 할 것으로 생각한다. 하지만 '기산

⑥ 생각건대, [나고아(那孤兒)는] 『제번지』의 발답(拔沓, Battak)이다.[582]

7-3. 역사

사무드라 국왕은 앞서 나고아 화면왕(花面王)의 침략을 받고 전투 중에 독화살을 맞고 죽었다. 어린 아들이 있었으나 아버지의 복수를 할 수 없었다. 그 왕의 아내가 사람들에게 맹세하여 말하기를 "남편의 죽음을 복수하고 그 땅을 다시 온전히 되돌리는 자가 있다면, 나는 그의 아내가 되어 나랏일을 함께 다스리겠다"라고 하였다. 말이 끝나자, 그곳의 한 어옹(漁翁)이 뜻을 밝히며 "내가 복수해 줄 수 있소"라고 하였다. 마침내 병사들을 이끌고 먼저 화면왕을 죽여 물리치고 복수했다. 화면왕이 피살되자 그의 무리가 물러나, 감히 침략하여 소란스럽게 하지 않았다. 왕의 아내는 이에 이전의 맹세를 저버리지 않고, 곧바로 어옹과 결혼하여 '노왕(老王)'이라 부르고, 왕실과 땅, 세금 등은 모두 노왕의 결재에 따랐다. 영락 7년(1409)에 직무를

(其山)'이라 했을 때, '기(其)'자가 지칭하는 것이 모호해진다. 따라서 『삼보정이집』, 『설집』, 『담생당』 본에서처럼 '기'자를 빼는 것이 문맥에는 더 부합한다. 한편, 『서양번국지』에는 "정서쪽은 바다이다. 이곳은 작은 두 나라와 붙어 있다(正西邊海. 其地有二小國相連)"라고 하였다.

582 나고아(那孤兒)가 '바탁(Battak)'이라는 설은 슐레겔(Schlegel)이 처음으로 제기했다. 이어서 히어트와 록힐은 수마트라 북서쪽의 바탁 민족의 명칭은 아마도 1225년 조여괄(趙汝适)의 책에서 '발답(拔沓)'이란 형태로 보인다고 추정했다. 나고아가 조여괄의 '발답'이라고 분명히 주장한 사람은 최근 풍승균의 『영애승람교주』에서이다(27쪽. 『통보』, 1936, 146쪽을 참고하시오). 세데스(George Coedès)는 1918년 이미 조여괄의 '발답'이 말레이반도에 있다고 확신했었고[『BEFEO』, XVIII(VI), 11쪽], 루파에르는 발답이 바탁족이라는 것을 인정하면서 내륙의 바탁족일 것이라고 확신했었다(『Bijdragen』, XLVII, 93, 135쪽). 펠리오 씨는 이들 설을 모두 폐기할 것을 요청하고 있다. "조여괄의 저술은 천주(泉州, 자이툰)에서 쓰였고, 음역하는 방식이 여전히 종성 자음과 일치한다. 발답은 [Bardap] 또는 [Badap]일 것이다. 지역이나 명칭으로 보나 바탁족과는 맞지 않는다"라고 하면서, 발답은 『도이지략』의 팔도마(八都馬)일 것으로 추정했다. 펠리오의 설이 정확해 보인다(『Notes on Marco Polo』, II, 614~615쪽). 『원사 · 세조기(世祖紀)』 지원(至元) 19년(1282)에 중국 문헌에서는 처음으로 소목도랄(蘇木都剌) 즉 수마트라가 보인다. 시간상으로 조여괄의 1225년에 이 지역의 민족이나 나라가 알려졌을 가능성은 적다고 봐야 한다.

다해 방물을 헌상하고, 천자의 은혜를 입었다. 영락 10년(1412) 다시 그들 나라에 돌아오자, 그 선왕의 아들이 장성하여 암암리 부령들과 모의하여 의부 어옹을 죽이고, 그 자리를 빼앗아 나라를 다스렸다. 어옹에게는 '소간랄(蘇幹剌)'이란 적장자가 있었는데, 무리와 식솔을 거느리고 인근 산으로 도망가 독자적으로 산채를 세웠다가, 불시에 무리를 이끌고 침략하여 아버지의 원수를 갚았다[갚고자 했다]. 영락 13년(1415) 정사 태감 정화 등이 대종(大䑸)의 보선을 이끌고 이곳에 이르렀다가, 병사들을 파견하여 소간랄을 사로잡았다. 대궐로 데려가 그의 죄를 밝히고 바로잡았다. 그 왕의 아들이 성은에 감복하여 항상 조정에 방물을 바쳤다.

其蘇門答剌國王, 先被那孤兒花面王侵掠, 戰鬪身中藥箭而死. 有一子幼小, 不能與父報仇.[583] 其王之妻與衆誓曰, 有能報夫死之讐, 復全其地者, 吾願妻之, 共主國事.[584] 言訖, 本處有一漁翁, 奮志而言, 我能報之.[585] 遂領兵衆, 當先殺敗花面王, 復雪其讐. 花面王被殺, 其衆退伏, 不敢侵擾. 王妻於是①不負前盟, 卽與漁翁②配合, 稱爲老王, 家室地賦③之類,[586] 悉聽老王裁制. 永樂七年, 效職④進貢方物, 而

583 『기록휘편』의 이 문장[不能與父報仇]은 『국조전고』에 "不能爲父報仇"로, 『삼보정이집』에서는 "莫能報仇"로, 『설집』, 『담생당』본에서는 "不能報父之仇"로 모두 같은 의미를 전달하고 있다. 『기록휘편』의 '여(與)'자는 『국조전고』의 '위(爲)'자로 바꾸는 것이 순조롭다고 생각한다. 사실 문장은 『삼보정이집』이 가장 깔끔하다.

584 이상 왕의 아내가 맹세하는 『기록휘편』의 문장들[有能報夫死之讐, 復全其地者, 吾願妻之, 共主國事]은 『국조전고』, 『삼보정이집』, 『설집』, 『담생당』본 모두에 "[누군가] 남편의 원수를 갚고 그 땅을 온전히 할 수 있다면, 나는 그의 아내가 되어 함께 나랏일을 다스리고 싶다(若有能報夫死之仇, 得全其地, 吾願爲妻, 共王[主]國事)"라고 되어 있다. 『기록휘편』의 문장은 이를 근거로 결혼하는 상대가 분명하게 드러나도록 수정한 것으로 추정된다. 어쨌든 문두에 '약(若)'자를 보충해 넣어야 하는 것은 틀림없다.

585 어옹(漁翁)이 한 말[我能報之]은 『기록휘편』, 『설집』, 『담생당』본이 일치하지만, 『국조전고』에는 "我敢報之"로, 『삼보정이집』에서는 "我亦能報"라고 되어 있다. 문맥상 『기록휘편』, 『설집』, 『담생당』본이 가장 순조롭다. 이는 『서양번국지』에서 "我能克之"라는 문장으로 확인된다.

586 『기록휘편』의 이 구[家室地賦之類]는 『국조전고』에 '집안, 보물, 땅, 세금에 관한 정사(家寶地賦之政)'로, 『삼보정이집』, 『설집』, 『담생당』본에는 '왕실, 땅, 세금에 관한 정사(家室地賦之政)'로 되어 있다.

沐天恩. 永樂十年⑤復至其⑥國. 其先王之子長成, 陰與部領合謀弑義父漁翁,[587] 奪其位, 管其國. 漁翁⑦有嫡子名蘇幹剌,⑧ 領衆挈家逃去鄰⑨山, 自立一寨, 不時率衆侵, 復父讐. 永樂十三年, 正使太監鄭和等統領大䑸寶船到彼,[588] 發兵擒獲蘇幹剌,⑩ 赴闕⑪明正其罪. 其王子感荷聖恩,[589] 常貢方物於朝廷.

① 이상 두 글자[於是]는 『승조유사』본에 따라 보충하였다.[590]
② ['옹(翁)'자는] 『기록휘편』에 '인(人)'자로 되어 있어 『승조유사』본에 따라 고쳤다.[591]
③ '지부(地賦)'는 『승조유사』본에 '정사(政事)'로 되어 있다.
④ '효직(效職)'은 『승조유사』본에 '역상(亦嘗)'으로 되어 있다.
⑤ ['영락십년(永樂十年)']이 아래에는 빠진 문장이 있는 것 같다.[592]
⑥ ['기(其)'자는] 『국조전고』본에 '본(本)'자로 되어 있다.
⑦ ['옹(翁)'자는] 『기록휘편』에 '인(人)'자로 되어 있어 『승조유사』본에 따라 고쳤다.[593]
⑧ ['소간랄(蘇幹剌)'은] 『기록휘편』에 '소알랄(蘇斡剌)'로 되어 있어 『승조유사』본과 『서양조공전록』에 따라 고쳤다.[594]

따라서 『기록휘편』의 '유(類)'자를 '정(政)'자로 고치는 것이 맞다.

587 『기록휘편』의 이 문장[陰與部領合謀弑義父漁翁]은 『국조전고』에 "陰與部頭目議合謀殺義父, 即漁翁也"라고 하였고, 『삼보정이집』, 『설집』, 『담생당』본에서는 "陰與部頭目謀殺義父, 即漁翁也"라고 되어 있다. 전체 문장의 흐름은 다음 문장과 이어져야 하고, 『서양번국지』에서 "암암리에 수하 사람들과 모의하여 노왕을 죽였다(陰與部屬合謀, 殺老王)"라고 하였으므로, 『기록휘편』본이 가장 적합하게 보인다.

588 『기록휘편』의 이 문장[正使太監鄭和等統領大䑸寶船到彼]은 『국조전고』와 일치한다. 『삼보정이집』에서는 "正使太監鄭和等船到彼"로, 『설집』과 『담생당』본에서는 "正使太監鄭和等寶船到彼"로 되어 있는데, 『기록휘편』과 『국조전고』본을 따라야 할 것이다.

589 '감하(感荷)'는 『설집』, 『담생당』본에 일치를 보이지만, 『국조전고』에는 '실감(悉感)'으로, 『삼보정이집』에는 '하몽(荷蒙)'으로 되어 있다.

590 이 교정에 해당하는 『기록휘편』 원문[王妻不負前盟]은 『국조전고』, 『삼보정이집』, 『설집』, 『담생당』본 모두 일치하므로, 풍승균 씨가 '어시(於是)'를 보충해 넣은 것은 불필요하다.

591 '어옹(漁翁)'은 『국조전고』, 『삼보정이집』, 『설집』, 『담생당』본, 『서양번국지』 모두에 이본이 없다.

592 풍승균 씨가 빠진 문장이 있을 것으로 추정한 이 문장[永樂十年復至其國]은 『국조전고』에 '기국(其國)'이 '본국(本國)'으로 된 것 이외에, 『삼보정이집』, 『설집』, 『담생당』본 모두 일치하고 있다. 중국에 3년 만에 다녀온 것으로 읽을 수밖에 없다.

593 여기의 '어옹(漁翁)'도 앞의 경우와 마찬가지로 『국조전고』, 『삼보정이집』, 『설집』, 『담생당』본 모두 이본이 없다. 한편 『서양번국지』에서는 '노왕(老王)'으로 기록하고 있다.

⑨ [‘인(鄰)’자는] 『기록휘편』에 ‘초(陗)’자로 되어 있어 『국조전고』본에 따라 고쳤다.[595]

⑩ 여기에도 [‘소간랄(蘇幹剌)’은] 『기록휘편』에 ‘소알랄(蘇斡剌)’로 되어 있어 함께 고쳤다.[596]

⑪ [‘궐(闕)’자는] 『기록휘편』에 ‘국(國)’자로 되어 있어 『승조유사』본에 따라 고쳤다.[597]

7-4. 기후와 농경

이 나라의 사계절 기후는 고르지 않고, 아침에는 여름처럼 덥고, 저녁에는 가을처럼 춥다. 5월과 7월 사이에는 장기(瘴氣)가 있다. 산에서는 유황이 나는데 암혈 속에서 나온다. 그 산에는 초목이 자라지 않고, 흙과 바위 모두 누르스름[焦黃色]하다. 농토는 넓지 않고, 밭벼[旱稻]만 심을 뿐이며, 1년에 두 번 익는다. 대맥이나 소맥 모두 없다.

其國四時氣候不齊, 朝熱如夏, 暮寒如秋. 五月七月間亦有瘴氣. 山産硫黃, 出於巖穴①之中. 其山不生草木, 土石皆焦黃色.② 田土不廣,[598] 惟種旱稻, 一年二熟. 大小二麥皆無.

594 ‘소간랄(蘇幹剌)’은 『국조전고』, 『삼보정이집』, 『설집』, 『담생당』본, 『서양번국지』 모두 일치된 표기를 보여 준다.

595 ‘인산(鄰山)’은 『기록휘편』 원문에 ‘초산(陗山)’으로 되어 있는데, 『삼보정이집』, 『설집』, 『담생당』본에는 ‘소산(消山)’으로 기록되어 있다. ‘초’자와 ‘소’자는 자형에서 비롯한 오기로 보이는데, 어느 것이 맞는지는 단정할 수 없다. 다만 『국조전고』에는 풍승균 씨가 교정한 것처럼 ‘인산(鄰山)’을 보여 주고, 『서양번국지』에서도 그냥 산(山)이라고 했는데, 이는 이야기의 흐름에는 무난하지만, 『기록휘편』, 『삼보정이집』, 『설집』에서처럼 산(또는 섬) 이름일 수도 있다.

596 여기의 ‘소간랄(蘇幹剌)’도 『국조전고』, 『삼보정이집』, 『설집』, 『담생당』본, 『서양번국지』 모두 일치된 표기를 보여 준다.

597 ‘궐(闕)’자는 『국조전고』에만 ‘경(京)’자로 되어 있다.

598 ‘전토(田土)’는 『삼보정이집』에만 ‘전지(田地)’로 되어 있다.

① ['혈(穴)'자는] 『기록휘편』에 '岩宂'로 되어 있어 『승조유사』본에 따라 고쳤다.[599]

② 이상 두 글자[黃色]는 『승조유사』본에 따라 보충하였다.[600]

7-5. 후추

후추는 산에 의지하여 사는 사람들이 텃밭을 두고 심는데, 등나무 넝쿨처럼 자라, 중국 광동의 사탕무[甜菜][601]와 같다. 꽃이 피어 황백색이면, 후추가 열리고 열매가 된다. 갓 난 것은 푸르고, 익은 것은 붉은데, 반쯤 익었을 때를 기다렸다가, 따서, 햇볕에 말린 다음, 상품으로 판다. 후추 알갱이가 비고 큰 것이 바로 이곳 후추이다. 중국 저울로 1백 근은 이곳에서 금전 80개에 팔리고 은 1냥의 값어치이다.

其胡椒, 倚山居住人家置園種之, 藤蔓而生, 若中國廣東甜菜①樣. 開花黃白色,②

599 '암혈(巖穴)'은 『국조전고』, 『삼보정이집』, 『설집』, 『담생당』본 모두에서 일치하고 있으므로, 『기록휘편』의 '宂'은 '혈(穴)'자로 읽는 것이 맞다.

600 '초황색(焦黃色)'은 『국조전고』, 『삼보정이집』, 『설집』, 『담생당』본 모두에 일치를 보이고, 『서양번국지』에는 '초황(焦黃)'으로만 되어 있다.

601 첨채(甜菜, Beta vulgaris)는 비름과 식물인 비트(beet)의 뿌리를 말하는데, '사탕무'라고 한다. 스튜어트(G. A. Stuart)는 『중국의 약재(Chinese materia medica)』(68쪽)에서 첨채(萘菜)=군달채(莙薘菜)=첨채(甜菜)=베타 불가리스라고 규정하고, "이 흰 사탕무는 중국에서 자란다. 『본초』에는 언급되지 않았고, 의학적 효능도 연구되지 않았다"라고 하였다. 중국에서 자라는 것은 맞지만, 이 식물은 외래에서 들어왔다는 점과 『본초』에 보이지 않는다고 한 것은 틀렸다. '첨채'는 이시진의 『본초강목』(사고전서본, 권27, 2b)에 첨채(萘菜)로 보이는데, "첨채는 군달(莙薘)이다. '첨(萘)'은 그 맛이 달기 때문에 '첨(甜)'과 통용한다. '군달'의 의미는 미상이다(萘菜, 卽莙薘也. 萘與甜通, 因其味也. 莙薘之義未詳)"라고 하였다. 군달(莙薘)은 이미 『태평환우기』, 권186, 말록국(末祿國) 조목에서 그곳의 산물 중 하나로 '군달(軍達)'이라 했다. 이 '군달'에 관하여 라우퍼 씨는 아부 만수르(Abu Mansur)가 언급한 페르시아어 추군두르(čugundur) 또는 체곤데르(čegonder)를 들어서 이 '군달'이 바로 이를 음역한 것으로 추정했다(『중국과 이란』, 399쪽). 첨채를 근대나물로 추정하기도 하는데, 이에 대해서는 이미 학의행(郝懿行)이 1884년에 간행한 『증속문(證俗文)』(권12, 3쪽)에서 언급한 바 있다. "[군달(軍達)은] 요즘은 근대채(根大菜)라고 틀리게 일컫는데, 바로 첨채(甜菜)이다(今譌謂根大菜, 亦謂大根菜, 卽甜菜也)"라고 하였다.

結椒成實. 生則青, 老則紅,[602] 候其半老之時, 摘③採晒干貨賣. 其椒粒虛大者, 卽④此處椒也. 每官秤一百斤, 彼處賣金錢八十,⑤ 直銀一兩.

① ['첨채(甜菜)'는] 『기록휘편』에 '첨엽(甜葉)'으로 되어 있어, 『국조전고』본과 『서양조공전록』에 따라 고쳤다. 『승조유사』본에는 '호수(胡荽)'로 되어 있는데 잘못된 것 같다.[603]

② '색(色)'자는 『승조유사』본에 따라 보충하였다.[604]

③ ['적(摘)'자는] 『기록휘편』에 '택(擇)'자로 되어 있어 『승조유사』본에 따라 고쳤다.[605]

④ '즉(卽)'자는 『승조유사』본에 따라 보충하였다.[606]

⑤ ['팔십(八十)'은] 『승조유사』본에 '팔개(八箇)'로 되어 있고 『서양조공전록』에는 '백개(百箇)'로 되어 있다.[607]

602 『기록휘편』의 이 두 문장[生則青, 老則紅]은 『국조전고』에 "生青熟紅"으로, 『삼보정이집』, 『설집』, 『담생당』본에는 "生青老紅"으로 되어 있다. 따라서 의미상 변화는 없지만, 『삼보정이집』, 『설집』, 『담생당』본을 따르는 편이 좋겠다. 한편 『서양번국지』에는 "어린 것은 푸르고, 늙은 것은 붉다(嫩青老紅)"라고 표현했다.

603 『기록휘편』의 '첨엽(甜葉)'은 『국조전고』, 『삼보정이집』, 『설집』, 『담생당』본 모두에 '첨채(甜菜)'로 되어 있다.

604 '색(色)'자는 『국조전고』, 『삼보정이집』, 『설집』, 『담생당』본, 『서양번국지』 모두에 들어 있지 않다. 풍승균 씨의 교정은 불필요하다.

605 풍승균 씨가 교정한 『기록휘편』의 '택(擇, 고르다)'자는 『삼보정이집』과 『설집』에도 '택(擇)'자로 되어 있다. 다만 『국조전고』에만 '적(摘, 따다)'자로 되어 있다. 여기서는 『기록휘편』, 『삼보정이집』, 『설집』, 『담생당』본이 일치하고 있고, 또한 '따다'라는 의미의 '채(採)'자가 뒤에 나오므로, '택(擇)'자가 더 부합한다. 이는 『서양번국지』에서 "반쯤 익기를 기다렸다가 골라 따서 햇볕에 말려 판다(候半老時採擇晒乾賣之)"라고 한 문장에서 확인할 수 있다.

606 이 교정에 해당하는 『기록휘편』 원문[此處椒也]은 『국조전고』에 "乃此處椒也"라고 하였고, 『삼보정이집』, 『설집』, 『담생당』본, 그리고 『서양번국지』는 『기록휘편』과 일치를 보이므로, 풍승균 씨가 보충해 넣은 '즉(卽)'자는 '내(乃)'자로 바꾸거나 삭제하는 것이 맞다.

607 『기록휘편』의 이 문장[彼處賣金錢八十]은 『국조전고』에 "이곳에서는 금전 80개에 팔린다(賣彼處金錢八十箇)"라고 하였고, 『삼보정이집』, 『설집』, 『담생당』본에서는 "賣彼處金錢八箇"로 되어 있다. 뒤에 나오는 은 1냥과 비교하여 볼 때, 금전 8개가 적절해 보인다. 이는 『서양번국지』에서도 확인할 수 있다.

7-6. 과일

과일에는 파초자(芭蕉子), 감자(甘蔗), 망길시(莽吉柿),[608] 파라밀(波羅蜜) 등이 있다. 냄새가 나는 과일이 있는데, 현지에서는 '도이언(睹爾焉)'이라 부른다. 중국의 수계두(水雞頭)와 같고 길이는 8~9촌이며, 껍질에는 뾰족한 가시가 나 있고, 익으면 5~6개의 판(瓣)이 찢어져 열리며, 마치 소고기가 썩는 냄새가 난다. 안에는 밤처럼 뽀얀 과육 14~15덩어리가 있는데 매우 달고 먹을 만하다. 그 안에도 모두 씨가 있어 볶아서 먹으면 그 맛이 밤과 같다. 산귤(酸橘)이 매우 널리 분포하고, 사계절 항상 있다. 동정호의 사감(獅柑)이나 녹귤(綠橘)과 같고, 그 맛은 시지 않으며, 썩지 않아 오래 두어도 된다. 또 현지의 말로는 '암발(俺拔)'이라는 매우 신 과일이 있는데 큰 소리(消梨)[609] 모양이나 좀 길고 껍질은 녹색이며, 그 향기가 강렬하다. 먹으려면 그 껍질을 볶아서 제거하고 과육을 잘라내어 먹는데 새콤달콤하여 매우 맛있다. 씨는 달걀처럼 크다. 복숭아와 오얏 등은 모두 없다. 채소에는 파, 마늘, 생강, 겨자가 있고, 동과(東瓜)는 널리 분포하며 오래되어도 문드러지지 않는다. 서

608 망고스틴[莽吉柿]에 관해서는 자바 조목의 2-16을 참고하시오.

609 소리(消梨, Pgrus ussuriensismaxim)는 바로 페르시아 배과에 속하는 과실로 감숙성이 주산이다. 『본초강목』(사고전서본, 권30, 1b)에 "배에는 청·황·홍·자주색 등 4종류의 색이 있다. 유리(乳梨)는 바로 설리(雪梨)이고, 아리(鵞梨)는 바로 면리(綿梨)이며 소리(消梨)는 바로 향수리(香水梨)이다. 모두 상품으로 병을 다스릴 수 있다(梨有青·黃·紅·紫四色. 乳梨即雪梨, 鵞梨即綿梨, 消梨即香水梨也. 俱爲上品, 可以治病)"라고 하였다. 『초학기(初學記)』, 권28에 인용된 『신씨삼진기(辛氏三秦記)』(동한시대)에 "한무제 정원은 '번천(樊川)'이라고도 하고 '어숙(禦宿)'이라고도 한다. 다섯 되짜리 크기의 큰 배가 있었는데, 땅에 떨어져 부서져 버렸다. 그 주인이 자루에 그것을 받아 '함소리(含消梨)'라고 불렀다(漢武帝園, 一名樊川, 一名禦宿. 有大梨如五升瓶, 落地則破. 其主取布囊承之, 名曰含消梨)"라고 하는 기록이 '소리'의 가장 빠른 언급으로 보인다. 『남제서(南齊書)』, 권11, 「오행지(五行志)」에 "유송의 태시(泰始, 465~471) 연간에 팽성(彭城)을 잃자 강남에 비로소 소리를 심는 것이 전해졌다. 이전에는 없었던 것으로, 백성들이 다투어 그것을 심었다. 식자들은 소씨 성을 가진 사람에게서 나왔을 것이라고 하였다(宋泰始既失彭城, 江南始傳種消梨, 先時所無, 百姓爭欲種植, 識者曰, 當有姓蕭而來者)"라고 하였다. '소(消)'자와 '소(蕭)'자는 발음이 같다.

과(西瓜)는 초록 표피에 씨는 붉으며, 2~3척이나 큰 것도 있다.

果有芭蕉子・甘蔗・莽吉柿・波羅蜜之類. 有一等臭果,① 番名賭爾烏,② 如中國水雞頭③樣, 長八九寸, 皮生尖刺, 熟則五六瓣裂開, 若爛牛肉之臭.[610] 內④有栗子大酥白肉十四五塊, 甚甜美可食.[611] 其中更皆有子,⑤ 炒而食之, 其味如栗. 酸橘甚廣, 四時常有. 若洞庭獅⑥柑・綠橘樣,⑦ 其味⑧不酸, 可以久留不爛. 又一等酸子, 番名俺拔.[612] 如大消⑨梨樣, 頗長, 綠皮, 其氣香烈. 欲食簽去其皮,[613] 批切外肉⑩而

610 '난(爛)'자는 『국조전고』, 『삼보정이집』, 『설집』, 『담생당』본, 『서양번국지』 모두에 '취(臭)'자로 되어 있다. 그러나 뒤에 다시 '취(臭)'자가 나오므로, 『기록휘편』본을 따르는 것이 적절하다.

611 『기록휘편』의 이 문장[甚甜美可食]은 『국조전고』에 "甚甜美好喫"이라고 하였고, 『삼보정이집』에는 "甚甜美可喫"이라고 되어 있는데, 『설집』과 『담생당』본에는 "甚甜美可吃"이라는 이본을 보여 준다. 한편, 『서양번국지』에도 "甜美可食"이라고 하였으므로, 『기록휘편』본이 선본으로 생각된다.

612 '엄발(俺拔)'은 『삼보정이집』, 『설집』, 『담생당』본에는 '엄발(掩拔)'로 되어 있다. 엄발(俺拔 또는 掩拔)은 망고(Mango)를 지칭하는 북인도의 암바(amba), 이븐 바투타가 자바에 있는 나무들을 열거하며 언급한 '안바(anbah)'에 해당하는 음역으로 보인다(『Voyages d'Ibn Batoutah』, IV, 228쪽). 율과 버넬은 『영국-인도 용어 사전』에서 다음과 같이 설명했다.

망고(Mango)의 어원은 타밀어 만-카이(mān-k^{g}āi)로, 즉 만(mān) 과일이란 뜻이다. 포르투갈어는 이 망가(manga)에서 나왔고, 영어로는 망고(mango)로 변했다. 이 나무는 야생으로 인도의 여러 지역에서 나지만 야생종의 과일은 먹을 수 없다. 이 단어는 종종 말레이어로 추정되지만, 사실은 남인도로부터 말레이반도로 유입되었다. … 말레이어 망카(mangka)와 포르투갈어에 보이는 근접성은 포르투갈어의 '망가'가 말라카에서 나왔음을 시사한다. 그러나 '망가'라는 형태는 말라바르에 가지 않고 가르시아(Garcia)의 기술에 따르고 있는 바르테마(Varthema)가 이미 쓴 바 있다. 스키트(Skeat)는 "현재의 표준 말레이어 단어는 망가(mangga)인데, 포르투갈어는 이로부터 나왔을 것이다. 룸피우스(Rumphius)가 인용한 다른 말레이어로는 mapĕlam, mĕpĕlam, hĕmpĕlam, ampĕlam, 그리고 변형으로 'ĕlam', 'plam'이 있다. 자바어는 'pĕlĕm'이다"라고 하였다. 이 단어는 대개 말레이 식민지 개척자들을 통해 마다가스카르로 전해졌는데 그들의 언어는 그곳에서 큰 영향을 미쳤다. 이 과일이 아랍 수입품이라면 그러한 명칭으로 유입되는 것은 불가능하다. 북인도의 명칭은 암(Ām)과 암바(Amba)로, 이들의 변형들은 옛날 여러 유럽 작가들을 통해 찾을 수 있다. 그래서 콘칸(Konkan) 지역에 있었던 요르다누스(Jordanus) 신부는 고아와 봄베이 망고의 조상을 알아보고(1328년경), 그 과일을 '아니바(Aniba)'로 불렀다. 30년 뒤에 마리뇰리(John de' Marignolli)는 이 나무를 '암부란(amburan)'이라 부르고 "뛰어난 맛과 향을 가진 복숭아 같은 것"으로 묘사했다(『Cathay and the Way Thither』, II, 362쪽). 가르시아 데 오르타(Garcia de Orta)는 얼마나 일찍이 봄베이 과일이 높이 평가되었는지 보여 준다. 그는 토종 나무를 가지고 있었던 것으로 보인다. 산스크리트어는 암라(Amra)인데, 이는 현장(玄奘)의 여행기에서 '암몰라(菴沒羅)'로 음역되었다. 망고는 아마도 알렉산더 대왕의 군대에 이질이 발생했을 때 테오프라토스(Theophrastus)가 언급한 과일 같다(율과 버넬의 『Hobson-Jobson』, 553~554쪽).

食, 酸甜甚美, 核如雞子大. 其桃李等果俱無. 蔬菜有葱・蒜・薑・芥, 東瓜至廣, 長久不壞. 西瓜綠皮紅子, 有長二三尺者.[614]

1349~1350년 왕대연은 남중국해에서 홍해의 메카에 이르는 99개의 나라와 항구도시의 교역 산물을 언급하고 있지만, 망고를 언급한 것은 분명하지 않다. 왕대연은 『도이지략』에서 자바와 인접한 중가라(重迦邏)라는 나라에는 "온 산에는 염부수(閻敷樹)와 남수(楠樹)가 있다"라고 하였는데(『도이지략역주』, 218쪽), 후지타 도요하치는 『영애승람』의 '엄발(俺拔)'에 관한 문장을 인용하고, 앞서 본 율의 설명에 따라 염부(鹽敷)=엄발(俺拔)=암바(Amba)라고 추정했다(앞의 책, 220쪽). '염부'의 중고음은 [0jɛm-pʰju]로 암바 또는 암라(Amra)와 근접하지 않는다.

폴 펠리오는 비신의 『성사승람』에 기술된 나라들을 언급하면서, "[중가라(重迦邏) 조목은] 완전히 『도이지략』에서 가져왔다. 통행 개정본 『성사승람』에는 염부(鹽敷)와 남(楠)이란 나무에 관한 구절이 삭제되어 있다. 그러나 천일각본에는 들어 있다. 록힐은 염부(鹽敷)를 알지 못했고, 후지타 도요하치는 (50a) Jordanus와 Varthema의 암바(amba, 편집자가 aniba를 잘못 읽은 것임), 즉 망고를 뜻하는 『영애승람』의 엄발(掩拔)의 다른 표기로 생각했다. 나는 후치타의 견해와 같다"라고 하였다(「15세기 초 중국의 대항해」, 332쪽).

소계경 씨는 "『서역기』에는 암몰라과(菴沒羅果)라고 하였는데, 바로 산스크리트어 암라(amra)의 음역이다. 페르시아어로는 암바(amba)라고 하고 아랍어로는 안바(anba)라고 한다. 이 나무는 대부분 500m 넘는 산지에서 난다. 중가라에는 염부나무가 산에 가득했다고 했으므로 그 나무가 엄발(掩拔)의 이칭인지 의문스럽다. 내 생각으로 왕대연의 염부수는 동자바에서 흔히 보이는 수종인 야포(yapoh, mollotuc macrostachyus)인 것 같다"라고 하였는데(『도이지략교석』, 170쪽), 적절한 의문 제기이다.

결국 15세기 이전 불교 문헌이 아닌 중국 자료에서 망고는 언급되지 않았다. 마환은 여기 사무드라[蘇門答剌]에서 엄발(俺拔)을 언급하고 있지만, 비신은 사무드라 조목에서는 언급하지 않고, 벵골[榜葛剌] 조목에서 '엄마륵(奄摩勒)'이란 형태로 나타난다. 비신은 이 과일이 "향이 시고 아주 우수하다(香酸甚佳)"라고 하였다(『성사승람교주』, 전집, 41~42쪽).

613 '첨(簽)'자는 『기록휘편』과 『국조전고』에 일치하지만, 『삼보정이집』에는 '제(制)', 『설집』과 『담생당』본에는 '격(擊)'자로 되어 있다. 여기 '첨(簽)'자는 볶거나 졸이는 것을 의미하기도 하지만, 문맥과는 썩 부합하는 것은 아니다. 또한 '격(擊)'자도 바로 뒤에 다시 '비(批)'자가 나오므로, 역시 적절해 보이지는 않는다. 『서양번국지』에서는 "또 신 것이 하나 있는데, '엄발'이라고 한다. 소리(消梨)처럼 크고 길며, 녹색에 향기가 난다. 껍질을 벗겨 먹으면 시고 달콤하며 씨는 달걀만큼 크다(又一種酸子, 番名俺拔, 大如消梨而長, 色綠氣香, 削皮而食之酸甜, 有核大如雞子)"라고 하였다. 역자의 생각으로는 '첨(簽)', '제(制)', '격(擊)'자 모두 의미가 통하지 않는다. 마환의 원문에 이에 해당하는 잘못된 글자가 있었을 것이다. 여기서는 이에 해당하는 글자들을 삭제하는 것이 좋다고 생각한다. 17세기 서응추(徐應秋, 1621년 죽음)의 『옥지당담회(玉芝堂談薈)』(사고전서본, 권36, 37b)에, "엄발은 소리(消梨)와 같고 조금 길며, 향이 강하고, 그 껍질을 벗겨 먹는다. 수마트라[소문답랄]에서 난다(俺拔, 如消梨稍長, 香冽, 去其皮可食, 出蘇門答剌國)"라고 한 것을 근거로 삼아 본다.

614 『기록휘편』의 이 문장[有長二三尺者]은 『국조전고』에 "有三四尺者"로 되어 있고, 『삼보정이집』, 『설집』, 『담생당』본에는 "有二三尺者"라고 하였다. 하지만 『서양번국지』에는 "有長一二尺者"라고 다른 수치를 보여 준다. 한편, 조선 후기 이규경(李圭景, 1788~1856)은 『오주연문장전산고(五洲衍文長箋散稿)』, 만물편(萬物篇), 「사물의 큰 것에 관한 변증설(物之大者辨證說)」에서 『영애승람』을 인용하고 있는데, "소문

① ['취과(臭果)'는] 『기록휘편』에 '하엽(夏葉)'으로 되어 있어 『승조유사』본에 따라 고쳤다.[615]

② ['도이오(賭爾烏)'는] 말레이어로 두리안(durian)에 해당하는 음이다. 아마도 '도이언(睹爾焉)'이 잘못된 것 같다. 단 여러 판본이 모두 '오(烏)'자로 되어 있다. 이 오류는 마환의 원본에서 비롯된 것일 수도 있다. 나중에 『국조전고』본을 검토해 보니 '도아언(賭兒焉)'으로 되어 있었다.[616]

③ ['수계두(水雞頭)'는] 내 생각으로는 검실(芡實)이다.[617]

④ '내(內)'자는 『승조유사』본에 따라 보충하였다.[618]

⑤ 이상 여섯 글자[其中更皆有子]는 『기록휘편』에 '중유자(中有子)'로 되어 있어 『승조유사』본에 따라 보충하였다.[619]

⑥ '사(獅)'자는 『서양조공전록』에 일치하지만, 『승조유사』본에는 '황(黃)'자로 되어 있다.

⑦ [이 문장은] 『국조전고』본에 "파사의 귤 모양이다(如波斯橘樣)"라고 되어 있다.[620]

답랄의 서과(西瓜)는 피는 파랗고 과육은 붉으며, 길이는 2~3척이다(蘇門答剌西瓜, 綠皮紅肉, 長二三尺)"라고 하였다. 이로써 볼 때, 『기록휘편』 원문이 가장 정확하다.

615 '취과(臭果)'는 『기록휘편』에 '하엽(荷葉)'으로 되어 있는데, 풍승균 씨의 '하(夏)'자는 오기이다. 『국조전고』, 『삼보정이집』, 『설집』 모두에 '취과'로 되어 있고, 『담생당』본에는 '취엽(臭葉)'으로 잘못되어 있다.

616 풍승균 씨가 '도이언(睹爾焉)'으로 교정한 것은 정확하다. 주당면의 『국조전고』와 『삼보정이집』에는 '睹爾焉'으로, 『설집』과 『담생당』본에는 '睹爾烏'로 되어 있다. 풍승균 씨는 『국조전고』에 '도아언(賭兒焉)'으로 되어 있다고 하였으나, '賄爾馬'로 되어 있음을 밝혀 둔다.

617 검실(芡實)은 가시연의 열매를 말한다. 계두(鷄頭), 안훼(雁喙), 안두(雁頭), 홍두(鴻頭), 계옹(鷄雍), 묘릉(卯菱), 위자(蔿子), 수류황(水流黃) 등으로도 불린다. 『본초강목』 권33, 과(果)6에서 소송(蘇頌)은 [가시연] 꽃 밑동 모양이 닭이나 기러기의 머리 모양과 같아 이러한 이칭들이 생겼다고 하였다. 또 이시진의 설명에 따르면, "가시연[芡]은 흉년에 구제할 수 있는 것이므로 '검(芡)'이라 한다. 계옹(雞雍)은 『장자 · 서무귀(徐無鬼)』에 보이고, 묘릉(卯菱)은 『관자 · 오행(五行)』에 보인다. 양웅(揚雄)의 『방언(方言)』에 따르면, '남쪽 초나라 지방에서는 계두(雞頭), 북쪽 유연(幽燕)에서는 안두(雁頭), 서(徐) · 청(青) · 회(淮) · 사(泗) 지역에서는 '검자(芡子)'라 부른다. 줄기는 '위(蔿)' 또는 '역(莜)'이라 한다'라고 하였다."

618 '내(內)'자는 『국조전고』, 『삼보정이집』, 『설집』, 『담생당』본, 『서양번국지』 모두에 들어 있다.

619 이 교정문에 해당하는 『기록휘편』 원문[中有子, 炒而食之]은 『국조전고』에 "中有子, 可炒喫"으로, 『삼보정이집』, 『설집』, 『담생당』본에는 "肉中有子, 炒而食之"라고 되어 있다. 또한 『서양번국지』에도 "肉中有子, 炒食如栗"이라고 하였으므로 풍승균 씨가 보충한 교정문은 불필요하다.

620 풍승균 씨가 교감 사항을 제시한 이 과일에 관한 기술은 좀 자세히 들여다볼 필요가 있다. 먼저 『기록휘편』의 원문[酸橘甚廣, 四時常有. 若洞庭獅柑 · 綠橘樣, 不酸, 可以久留不爛]은 『삼보정이집』에 "柑橘甚廣, 四時常有. 若洞庭獅柑 · 綠橘樣, 不酸, 可以久留不爛"이라고 하였다. 또한 『설집』에는 "甘橘甚廣,

⑧ 이상 두 글자[其味]는 『승조유사』본에 따라 보충하였다.[621]

⑨ ['소(消)'자는] 『승조유사』본에 '사(渣)'자로 되어 있다.

⑩ 이상 네 글자[批切外肉]는 『국조전고』본에 "피를 벗겨내고 과육을 자르다(去皮切肉)" 라고 되어 있다.[622]

7-7. 가축

인가에서는 황우를 많이 길러, 유락(乳酪)을 파는 사람이 많다. 양은 모두

四時常有. 若洞庭獅柑樣綠橘, 不酸, 可以久留不爛", 『담생당』본에는 "甘橘甚廣, 四時常有. 若洞庭ㅁㅁ樣綠橘, 不酸, 可以久留不爛"이라 하며 『삼보정이집』과 거의 같은 문장을 보여 준다. 하지만 『국조전고』에서는 "감귤은 매우 널리 나는데, 파사(波斯)의 귤과 같으며 시지 않고 오래 두어도 무르지 않는다(柑橘甚廣, **如波斯橘樣**, 不酸, 可以久留不爛)"라는 상당히 다른 설명을 했다. 마지막으로 『서양번국지』에는 "柑橘甚多, 四時皆有, 狀與洞庭獅柑綠橘同, 其味不酸, 可以久留不腐"라고 하며 『삼보정이집』, 『설집』, 『담생당』본과 유사한 기술을 하고 있다.

첫째, 『기록휘편』의 '산귤(酸橘)'은 설명에서 이미 시지 않다(不酸)라고 했으므로, 다른 필사본에 따라 감귤(柑橘) 또는 감귤(甘橘)로 교정해야 한다. 둘째 『국조전고』의 '파사(波斯)'가 대륙에 있는 페르시아거나, 동남해에 있는 파세(Pasé)라도, 다른 필사본들이 '동정(洞庭)'을 제시하고 있고, 『승조유사(勝朝遺事)』본에서는 "감귤은 매우 많고 사시사철 항상 있다. 모두 오나라 지역과 동정호의 황감(黃柑)과 녹귤(綠橘)의 모양이다(柑橘甚多, 四時常有. 一如吳中洞庭黃柑綠橘之樣)"라고 중국 남방 지역임을 특정했으므로 '파사'는 제외하는 것이 맞다. '사감(獅柑)'이란 사두감(獅頭柑), 또는 황감(黃柑)이라고 하는 감귤의 일종이다. 또한 '녹귤(綠橘)'이란 껍질이 초록색인 작은 감귤을 말한다. 한편 『서양조공전록』(사방, 교주본, 68쪽)에서도 "이 감귤은 사철 끊이지 않고 나는데, 사귤(獅橘), 녹귤(綠橘)로, 시거나 문드러지지 않아 저장할 수 있다(其柑橘四時不絶. 獅橘 · 綠橘不酸壞而可藏)"라고 한 문장에서 확인할 수 있다. 감(柑)은 『남방초목상(南方草木狀)』에서 귤 속으로 설명하고 있으므로, '감'과 '귤'은 얼마든지 바꾸어 쓸 수 있을 것이다. '사감'은 중국 문헌에서 찾기 어렵지만, 사귤(獅橘)은 꽤 많이 보이는데, 『명일통지』 권43에 따르면 서안현(西安縣)에서 나는 것으로 기록하고 있다. 따라서 여기의 '사감'은 '사귤'로 보는 것이 맞을 것이다. 『절강통지(浙江通志)』 권106에 "[사귤은] 껍질이 두껍고 추위를 잘 견뎌 서울에 이를 수 있지만, 색과 맛이 주귤(朱橘)에 훨씬 못 미친다(皮厚耐寒, 可達京師, 而色味遠不逮朱橘)"라고 하였다.

621 이 교정에 해당하는 『기록휘편』 원문[不酸]은 『국조전고』, 『삼보정이집』, 『설집』, 『담생당』본 모두 '불산(不酸)'이라고만 하였으므로, 풍승균 씨의 보충은 불필요하다. 하지만 『서양번국지』는 『승조유사』본과 같은 문장을 보여 준다.

622 『기록휘편』의 이 문장[批切外肉而食]에서 첫 글자인 '비(批)'자는 『설집』, 『담생당』본에도 마찬가지인데, 『삼보정이집』에만 '도(挑)'자로 되어 있다. 여기서는 『삼보정이집』본을 따라야 할 것이다. 한편 풍승균 씨가 주에서 밝힌 『국조전고』의 문장은 "欲食簽去外皮, 切肉而食…"으로 구두를 잘못하고 있다.

검은 털이고, 흰 것은 전혀 없다. 거세한 닭이 없어, 그곳 사람들은 선계(扇雞, 거세한 닭)는 알지 못하고 다만 모계(母鷄, 암탉)만 있을 뿐이다. 수컷 중에 큰 것은, 7근이 나가고, 살짝 삶으면 더 부드럽고 맛이 매우 좋아, 다른 나라의 닭들보다 훨씬 뛰어나다. 오리의 다리는 뭉떵하고 작은데, 큰 것은 5~6근 나가는 것도 있다. 뽕나무도 있어, 인가에서 양잠하지만, 실을 잣을 줄은 모르고 다만 면(棉)만 만들 수 있다.

人家廣養黃牛,[623] 乳酪多有賣者. 羊皆黑毛, 竝無白者.[624] 雞無鐦①者, 番人不識扇②雞. 惟有母雞.[625] 雄雞大者七斤,[626] 略煑便軟, 其味甚美, 絕勝別國之雞.[627] 鴨腳低矮,[628] 大有五六斤者. 桑樹亦有, 人家養蠶, 不會繅絲, 只會做棉.[629]

623 『기록휘편』의 이 문장[人家廣養黃牛]은 『국조전고』에 "황우를 두루 기른다(黃牛廣蓄)"라고 하였고, 『삼보정이집』, 『설집』, 『담생당』본, 『서양번국지』에는 '광(廣)'자가 '다(多)'자로 되어 있다.

624 『기록휘편』의 이 문장[竝無白者]은 『국조전고』, 『설집』, 『담생당』본에 "온통 하얀 것은 없다(無一白者)"로 되어 있고, 『삼보정이집』과 『서양번국지』에는 "無白者"로 되어 있다. 전혀 없다는 말과 그냥 없다는 말은 다르지만, 『기록휘편』을 따른다.

625 『기록휘편』의 이 문장[惟有母雞]은 『삼보정이집』, 『설집』, 『담생당』본에도 일치하고 있는데, 『국조전고』에서는 "惟有竹鷄"로 되어 있다. 이에 따라 만명 씨는 '모(母)'자를 '죽(竹)'자로 고쳤다(『명초본영애승람교주』, 47쪽). 죽계(竹雞)란 'Chinese bamboo partridge'로 알려져 있으며 학명은 Bambusicola thoracica이다. 대만과 장강 이남 대나무 숲에서 많이 서식한다.

626 『기록휘편』의 이 문장[雄雞大者七斤]은 『국조전고』에는 "큰 것은 6~7근이 나간다(大者重六七斤)"라고 되어 있고, 『삼보정이집』에서는 "수컷 중에 큰 것은 5~6근이다(雄雞大者五六斤)"라고 하였으며, 『설집』, 『담생당』본에서는 "雄雞大者七八斤重"으로 되어 있다. 따라서 『기록휘편』의 '칠(七)'자 앞에 '육(六)'이 빠졌든지, 아니면 '칠'자 뒤에 '팔(八)'이 빠진 형태로 보면 무난할 것이다. 그래도 공진의 『서양번국지』(상달 교주본, 19~20쪽)에는 "其大者重六七斤"으로 『국조전고』와 같은 수치를 보여 주고 있으므로, '칠'자 앞에 '육'자가 빠진 것으로 본다. 한편 『삼보정이집』에서 5~6근이라 한 것은, 『기록휘편』에서 뒤이어 나오는 문장들인 "略煑便軟, 其味甚美, 絕勝別國之雞. 鴨腳低矮, 大有五六斤者"가 모두 생략되어 있는데, 여기 마지막 문장에 보면 "큰 것은 5~6근 되는 것이 있다"라고 한 것의 남상이 연결된 것으로 생각한다. 한편 조선 후기 이규경(李圭景, 1788~1856)은 『오주연문장전산고(五洲衍文長箋散稿)』, 만물편(萬物篇)·조수류(鳥獸類), 조(鳥)에서 『영애승람』 소문답랄 조목을 인용하여, "수컷 닭 중에 큰 것은 7~8근이 나간다(雄雞大者七八斤)"라고 하였다. 이규경이 어느 판본을 근거했는지는 확인할 수 없지만, 『설집』과 『담생당』본과 거의 같다.

627 '별국(別國)'은 『국조전고』, 『설집』, 『담생당』본에는 '타처(他處)'로 되어 있다.

① [‘선(劘)’자는] 『승조유사』본에 ‘선(線)’자로 되어 있다.[630]

② [‘선(扇)’자는] 『승조유사』본에 ‘선(線)’자로 되어 있다.

7-8. 생활문화

이 나라의 풍속은 순후하다. 언어, 서법, 혼·상례, 입고 치장하는 의복 등의 일들은 모두 만랄가국과 같다. 그 백성의 거주는, 집은 누대와 같고, 높지만 판자를 깔지 않고, 다만 야자나 빈랑 두 나무를 쪼개어 조각으로 만들고, 등나무로 묶은 다음, 다시 등나무 자리를 깐다. 높이는 8척으로 그 위에서 거주하고, 높은 곳에는 또한 누각의 울타리를 설치한다.

其國風俗淳厚. 言語書記①婚喪穿拌衣服等事, 皆與滿剌加國相同. 其民之居住, 其屋如樓, 高不鋪板, 但用椰子檳榔二②木劈成條片, 以藤札縛, 再鋪藤簟. 高八尺, 人居其上,③ 高處亦鋪閣柵.

① 이상 두 글자[書記]는 『승조유사』본에 따라 보충하였다.[631]

628 ‘왜(矮)’자는 『기록휘편』, 『설집』, 『담생당』본에 일치하지만, 『국조전고』에는 ‘편(匾, 평평하다)’자로 되어 있다.

629 『기록휘편』의 이상 두 문장[不會繰絲, 只會做棉]은 먼저 『국조전고』에 “명주실을 잘 다룰 수는 있지만, 비단을 짜낼 줄은 모른다(會練絲, 不曉做綿)”라고 되어 있다. 이와는 상반되게, 『삼보정이집』, 『설집』, 『담생당』본에는 “고치실을 켤 줄은 모르고 다만 비단 솜을 만들 줄 안다(不會繅絲, 只會做綿子)”라고 하였다. 여기의 ‘소(繅)’자는 『기록휘편』의 ‘소(繰)’자와 ‘고치를 켜다’라는 의미로 통용하여 쓰는 글자이다. 또한 『기록휘편』의 ‘면(棉)’자는 ‘면(綿, 비단 솜)’자로 고쳐야 한다. 『국조전고』의 설명은 논리적으로 말이 되지 않는다. 따라서 여기서는 『삼보정이집』과 『설집』본을 따라야 할 것이다.

630 『기록휘편』의 이 문장[雞無劘者]은 『국조전고』에는 ‘鷄無線者’로 되어 있고, 『삼보정이집』과 『설집』에는 ‘선’자가 ‘녹(綠)’자로 되어 있다. 『담생당』본에 이 정보는 보이지 않는다. 선(劘), 선(騸), 선(扇), 선(線) 모두 거세한다는 의미이다. 『삼보정이집』과 『설집』의 ‘녹’자는 ‘선(線)’자의 오기일 것이다. 이는 『서양번국지』에서 “雞無線者”라고 한 것으로 확인할 수 있다.

631 이 교정에 해당하는 『기록휘편』 원문[言語婚喪穿拌衣服等事]은 『국조전고』에서 “언어, 혼례, 상례, 그

② 이상 두 글자[榔二]는 『승조유사』본에 따라 보충하였다.

③ 이상 일곱 글자[高八尺, 人居其上]는 『기록휘편』에 '어상이거지(於上而居之)'로 되어 있어 『승조유사』본에 따라 보충하였다.[632]

7-9. 화폐

이곳에는 외국 선박의 왕래가 잦아 나라 안에는 제반 외국 상품을 파는 자들이 많다. 이 나라에는 금전과 주석 돈을 사용하는데, 금전은 이곳에서 '저나아(底那兒)'[633]라고 하고, 순금 7할을 섞어 주조한 것으로, 각 동전의 지

리고 남녀가 의복을 입고 치장하는 등의 일은(言語婚喪, 幷男婦穿扮衣服等事)"이라고 되어 있고, 『삼보정이집』에서는 『국조전고』의 '남부(男婦)'가 '남자(男子)'로 되어 있으며, 『설집』, 『담생당』본에는 "言語和軟, 婚喪幷男婦穿扮衣服等事"라고 하였다. 따라서 풍승균 씨가 『승조유사』본에 따라 보충한 '서기(書記)'는 불필요하며, 『기록휘편』의 '천반(穿拌)'은 '남부천분(男婦穿扮)'으로 고치고 보완해야 할 것이다. 한편 『서양번국지』에서는 '語言 · 衣服 · 婚 · 喪等事'로 되어 있다.

632 '기민지거주(其民之居住)'에서 '고처역포각책(高處亦鋪閣柵)'까지 주거문화를 설명하고 있는 문장들은 의미에는 큰 변화가 없지만, 글자의 출입이 상당하다. 먼저 『기록휘편』의 원문을 보면, "그 백성이 거주하는 집은 누대와 같고, 높지만 판자를 깔지 않고, 다만 야자나 빈랑나무를 쪼개어 조각으로 만들어 등나무로 묶은 다음 다시 등나무 자리를 깔고 그 위에서 거주한다. 높은 곳에는 또한 누각의 울타리를 설치한다(其民之居住, 其屋如樓, 高不鋪板, 但用椰子檳榔木劈成條片, 以藤札縛, 再鋪藤簟, 於上而居之. 高處亦鋪閣柵)"라고 하였다. 다음 『국조전고』에서는 "그곳에 사는 사람들의 집은 누대처럼 세워 짓는데, 7~8척의 높이이고, 누각의 울타리는 하지 않고 또 판자도 깔지 않는다. 다만 야자, 빈랑나무를 쪼개 조각으로 만들어 등나무로 묶고 고정한 다음 다시 등나무 자리를 그 위에 깔고 생활한다(其居民之屋, 如樓起造, 七八尺高, 不布閣柵, 亦不鋪板, 止用椰子木桄榔木劈成條片, 以藤縛定, 再鋪藤簟于其上而居)"라고 하였다. 한편 『삼보정이집』에는 "其民之屋, 如樓起造, 不鋪板, 但用椰子木桄榔木劈成條片, 以藤縛之, 再鋪藤簟於上而居之. 高處亦布閣柵"으로, 『설집』에는 "其民之屋, 如樓起造, 不鋪板, 但用椰子木桄榔木劈成條片, 以藤縛定, 再鋪其簟於其上而居之. 高處鋪閣柵"으로 되어 있다. 이로써 『국조전고』본이 가장 문장 구성에 조리가 있고, 정보를 빠뜨리지 않고 있으므로 그에 따라 고치고 보완하는 것이 타당하다. 다만 『국조전고』본에 『기록휘편』, 『삼보정이집』, 『설집』, 『담생당』본의 "高處亦鋪閣柵"을 보충하여야 할 것이다. "그곳에 사는 사람들의 집은 누대처럼 세워 짓는데, 7~8척의 높이이고, 누각의 울타리는 하지 않고 또 판자도 깔지 않는다. 다만 야자, 빈랑나무를 쪼개 조각으로 만들어 등나무로 묶고 고정한 다음 다시 등나무 자리를 그 위에 깔고 생활하는데, 높은 곳에는 또한 누각의 울타리를 설치한다(其居民之屋, 如樓起造, 七八尺高, 不布閣柵, 亦不鋪板, 止用椰子木桄榔木劈成條片, 以藤縛定, 再鋪藤簟于其上而居, 高處亦鋪閣柵)."

633 저나아(底那兒)는 호르무즈 왕국(18-5) 조목에서도 언급된 주화 명칭으로, 이슬람 세계의 금이나 은으

름은 중국 촌(寸)으로 5푼이며, 배면에는 문양이 있다. 중국 저울로 2푼 3리이며, 어떤 이는 48개는 1냥 4푼의 무게가 나간다고 한다. 주석 돈은 그곳에서는 '가실(加失)'634이라 하는데, 모든 매매는 항상 주석 돈을 사용한다.

로 만든 주화인 디나르(dīnār)에 해당하는 음이다. 영국의 동양학자이자 고화폐 전문가였던 프린셉(James Prinsep, 1799~1840)은 페르시아의 이슬람 주화에 관하여 설명하며, "주화에 관한 아랍어 명칭들은 한결같이 부수적인 전설에 들어 있고, 모두 다뉴브강 이남의 로마제국 주화에서 가져온 것들이다. 구리 주화는 폴리스(follis)에 어원을 둔 '팔스(fals)'로 불렸고, 은화는 드라크마(drachma)에 어원을 둔 '디르함(dirham)'으로 불렸고, 금화는 데나리우스(denarius)에서 나온 '디나르(dínár)'라고 하였다. 이 디나르는 원래 은화였지만, 데나리우스 에리스(denarius œris), 데나리우스 아우리(auri) 또는 아우루스(aureus)처럼 다른 금속의 주화들을 지칭하는 데 사용되었다"(James Prinsep, 『Essays on Indian Antiquities…』, I, London, 1858, 19쪽) 한편, 정수일 씨는 이븐 바투타 여행기를 번역하면서 "디나르는 이슬람 세계에서 사용한 금화(金貨)의 단위이다. 최초의 디나르는 우마위야조의 할리파 압둘 말리크(재위 687~705) 시대에 다마스쿠스에서 주조하였다. 당시의 순도는 96~98%이고 중량은 4.25g으로서 은화(銀貨)의 단위인 디르함(dirham)과의 환산율을 1디나르가 10디르함이었다"라는 주를 붙였다(『이븐 바투타 여행기』, 1, 2020, 37쪽). 이 설명은 근거도 없고, 정확하지도 않다. 5세기경의 산스크리트어 자료로 추정되는 '불멸의 사전'이란 뜻을 가진 『아마라코샤(Amarakosha)』에는 "[금화인] 니슈카(nishkah)는 디나라(dīnāra)와 같다"라고 하는 언급이 보이고, 『현겁경(賢劫經, Kalpasūtra of Bhadrabāhu)』(5세기경), 36장에서 '디나라(dīnāra) 목걸이'가 언급되었다(「영국-인도 용어사전」, 440쪽 재인용). 율(Yule)과 부르넬(Burnel)에 따르면(440쪽), 현 페르시아에서 디나르는 매우 작은 실재하지 않는 주화로, 1만 디나르가 토마운(tomaun)이 된다. 중세에 아랍의 작가들은 디나르를 금화와 은화에 모두 사용했다고 한다. 한편, 이븐 바투타는 1333년경, 사유스탄(서파키스탄 사흐완) 술탄의 재산을 기술하면서, "라크(Lac, lakkā)는 100,000(은)디나르이다. 이 금액은 인도의 10,000금디나르에 해당하고, 인도의 금디나르는 마그레브(Maghreb, 모로코) 돈으로 2.5디나르의 가치이다"(『Voyages d'Ibn Batoutah』, III, 106~107쪽)라고 하였다. 인도의 디나르에 관해서는 율, 『Cathay and the Way Thither』, II, 440쪽을 참고하시오.

634 가실(加失)에 관하여, 만명 씨는 "주석 동전으로, 말레이어로는 '티마(timah)'라고 하며, 토메 피레스(Tomé Pires)의 『동방지: 홍해에서 중국까지(Suma Oriental que trata do Mar Roxo até aos Chins)』에 '카이샤(caixa)'로 되어 있다"라고 설명했다(『명초본영애승람교주』, 48쪽). 동인도 회사의 관리이자 골동품에 조예가 깊었던 에드워드 토마스(Edward Thomas, 1813~1886)는 로디 왕국의 건국자인 부룰 로디(buhlol lodi, 1489년 죽음)의 주화를 설명하면서, 산스크리트어 카르샤(kársha)는 "타밀어로 '동전'이라는 뜻인 [카수(kásu)], 토다어로는 [kas], 중국어로는 [카슈, Cash]"라고 한다고 하였다(『The Chronicles of The Pathan Kings of Delhi』, 361쪽). 토마스가 말하는 중국어 카슈는 바로 마환의 가실(加失)에 해당하는 음으로 보인다. '가(加)'자의 고음은 [ga]로 여러 방언에도 마찬가지이다. 음성적으로 산스크리트어 카르샤(kársha)에 근접한 것은 분명하다. 『영국-인도 용어사전』(167쪽)의 설명에 따르면, 타밀어 카수(kásu)는 인도 고아의 공용어였던 콘칸어(Konkani)에서 나왔을 것으로 추측하고 있고, 포르투갈인들이 카이샤로 변형시켰으며, 그것이 영어의 캐쉬(cash)가 되었다. 또한 싱할라어로는 '카시(kāsi)'라고 하는데, 일반적으로 '동전'이란 의미로 사용되었다고 한다. 1510년, 루도비코 디 바르테마는 "그들에게는 '카스(cas)'라는 또 다른 주화가 있는데, 16카스는 은 1타르(tare)에 해당한다"라고 하였고

나라 안의 일체 매매 교역은 모두 16냥을 1근으로 하고, 수시로 가격을 따져 사방에 유통한다.

此處多有番船往來, 所以國中諸般①番貨多有賣者. 其國使金錢·錫錢, 金錢番名底那②兒, 以七成淡③金鑄造, 每箇圓徑官寸五分,[635] 而底④有紋. 官秤二分三釐,⑤ 一曰每四十八箇重金一兩四分.⑥ 錫錢番名加失,⑦ 凡買賣恒⑧以錫錢使用. 國中一應買賣交易, 皆以十六兩爲一斤,⑨ 數論價以通行四方.⑩

① 이상 네 글자[國中諸般]는 『승조유사』본에 따라 보충하였다.[636]

② ['나(那)'자는] 『기록휘편』에 '각(脚)'자로 잘못되어 『승조유사』본과 『서양조공전록』에 따라 고쳤다.[637]

③ '담(淡)'자는 『승조유사』본에 따라 보충하였다.[638]

④ ['이저(而底)'는] 『서양조공전록』에 '면저(面底)'로, 『승조유사』본에는 '기배(其背)'로 되어 있다.[639]

(『The travels of Ludovico di Varthema』, London, Hakluyt Society, 1863, 130쪽), 또 "이 지역(캘리컷)에서는 많은 원숭이가 나는데, 한 마리에 4카쓰(casse)이며, 1카쓰는 [13~14세기 이탈리아에서 주조된 구리화폐인] 1까트리노에 해당한다"라고 하였다(앞의 책, 172쪽). 이로부터 볼 때, 마환의 원문에 이러한 가실(加失)에 관한 설명이 들어 있었다면, 수마트라섬에서도 인도의 '카르샤'라는 주화가 통용되었으며, 그것이 구리가 아니라 주석으로 만들어졌다는 찾아보기 힘든 정보를 얻었다는 점에서 그 의미가 크다.

635 '관촌오푼(官寸五分)'은 『국조전고』와 『설집』에는 '촌오푼(寸五分)'으로 되어 있고, 『삼보정이집』에는 '오푼(五分)'으로만 되어 있다. 『서양번국지』에도 "圓徑官寸五分"을 보여 주므로, 중국식 촌(寸)으로 5푼, 약 1.5㎝로 읽는 것이 맞을 것이다.

636 이 교정에 해당하는 『기록휘편』 원문[所以番貨多有賣者]은 『국조전고』에 "諸般番貨多有賣者"라고 하였고, 『삼보정이집』에는 "所以諸般番貨多有賣者"로, 『설집』, 『담생당』본에는 "所以諸般番貨**都**有賣者"로 되어 있다. 따라서 풍승균 씨가 보충해 넣은 '국중'은 불필요하다. 이 정보는 『서양번국지』에 보이지 않는다.

637 '저나아(底那兒)'는 『국조전고』, 『삼보정이집』, 『설집』, 『담생당』본, 『서양번국지』 모두에 이본이 없다.

638 '칠성담금(七成淡金)'은 『국조전고』, 『삼보정이집』, 『설집』, 『담생당』본, 『서양번국지』 모두에서 확인된다.

639 『기록휘편』의 이 문장[而底有紋]은 『국조전고』, 『삼보정이집』, 『설집』 모두 "面底有文"으로, 『담생당』본에는 "面底有紋"으로 되어 있다. 『기록휘편』의 '이(而)'자는 '면(面)'자의 오기로 생각한다. 문제는 '문

⑤ [‘관칭이분삼리(官秤二分三氂)’는] 『승조유사』본과 『서양조공전록』 모두 ‘삼분오리(三分五氂)’로 되어 있다.[640]

⑥ 이상 열세 글자[一日每四十八箇重金一兩四分]는 『서양조공전록』에 따라 보충하였다.[641]

⑦ 이상 여섯 글자[錫錢番名加失]는 『국조전고』본에 따라 보충하였다.[642]

⑧ [‘항(恒)’자는] 『기록휘편』에 ‘도(到)’자로 되어 있어 『서양조공전록』에 따라 고쳤다.[643]

⑨ 이 글자[斤] 아래 한 글자가 빠진 것 같다.

⑩ 이상 스물네 글자[國中一應買賣交易, 皆以十六兩爲一斤, 數論價以通行四方]는 『승조유사』본에 따라 보충하였다.[644]

(文)’과 ‘문(紋)’은 통용하는 글자지만, 동전의 뒷면에 글자가 있는 것인지, 문양(이미지)이 있는 것인지는 확인할 수 없다. 참고로 『서양번국지』에는 “底面有紋”으로 되어 있다.

640 『기록휘편』의 이 문장[官秤二分三氂]은 『국조전고』에 “무게는 5푼 5리이다(重五分五厘)”라고 하였고, 『삼보정이집』, 『설집』, 『담생당』본에는 “官秤三分五氂”로 되어 있다. ‘삼(三)’자와 ‘오(五)’자는 필사본에서 혼동될 가능성이 크고, ‘이(二)’자와 ‘삼(三)’자 역시 그러하다. 『서양번국지』(상달 교주본, 20쪽)에는 “官秤二分三厘”를 보여 준다.

641 풍승균 씨가 『서양조공전록』에 따라 보충해 넣은 이 문장[一日每四十八箇重金一兩四分]은 『기록휘편』, 『국조전고』, 『삼보정이집』, 『설집』, 『담생당』본, 『서양번국지』 등 어디에도 보이지 않는다. 사실 『서양조공전록』의 이 문장은 비신의 『성사승람』(풍승균, 교주본, 전집, 22쪽)에 “금 디나르[抵納]는 바로 금전으로 48개의 무게는 금 1냥 4푼이다(金抵納即金錢也, 每四十八箇, 重金一兩四分)”라고 하였다. 이 금 주화 디나르의 무게에 관하여, 밀스 씨의 계산에 따르면(『영애승람역주』, 120쪽), 1.04냥은 40.94g이므로, 디나르 1개의 무게는 0.85g에 해당한다. 『기록휘편』에서 디나르 1개는 2푼 3리라고 했으므로 0.90g이다. 이 계산대로라면 3푼 5리, 또는 5푼 5리는, 48개가 1.04냥이라는 계산에 맞지 않는다. 사실 0.85~0.90g 무게의 주화는 이해하기 쉽지 않다. 너무 가볍다. 한편, 비신의 『성사승람』(고금설해본)에는 “금 디나르[抵納]는 바로 금전인데, 20개가 금 5냥 2전의 무게이다(金抵納, 即金錢也, 每二十箇, 重金五兩二錢)”(사고전서본, 권19, 1b)라고 하였다. 1냥은 37g 정도이고, 1전은 3.7g이므로, 5냥 2전은 192.4g이다. 1개의 디나르는 9.62g으로 계산된다. 알려진 최초의 금 디나르 무게가 4.25g이었다고 하였으므로, 이 기술이 맞을 것 같다.

642 풍승균 씨가 보충해 넣은 이 문장[錫錢番名加失]은 『국조전고』, 『삼보정이집』에는 보이지만, 『기록휘편』, 『설집』, 『담생당』본을 비롯한, 『서양번국지』에도 보이지 않는다.

643 이 교정에 해당하는 『기록휘편』 원문[凡買賣到以錫錢使用]은 『국조전고』에서 “자잘한 매매는 주석 돈을 사용한다(零碎買賣則以錫錢使用)”라고 하였고, 『삼보정이집』에는 “凡買賣則以錫錢使用”으로, 『설집』, 『담생당』본에는 “凡賣則以錫使用”으로 되어 있다. 또한 『서양번국지』에서도 “買賣則用錫錢”이라고 했으므로 풍승균 씨가 교정해 넣은 ‘항(恒)’자는 ‘즉(則)’자로 고치는 것이 맞다.

644 풍승균 씨가 마지막에 보충한 문장[國中一應買賣交易, 皆以十六兩爲一斤, 數論價以通行四方]들은 확실

7-10. 나고아국(那孤兒國)[645]

히 마환의 일반적인 끝맺음은 아니다. 마환은 각 조목 끝에는 항상 중국으로의 조공을 기록해 왔다. 따라서 풍씨가 『승조유사』에 따라 보충한 이 추가 정보는 다른 명나라 필사본들과 『서양번국지』에 전혀 보이지 않으므로 빼는 것이 맞다.

645 소문답랄국 조목에 딸린 이 나라의 기술에는 근본적인 문제가 있다. 1천여 가구가 사는 넓지 않은 땅에 밭이 적은 것은 이해하겠지만 사람이 많다고 한다. 이 나라 왕을 '화면왕(花面王)'이라고도 한다고 하였으므로, 『도이지략』의 '화면' 조목을 연상할 수 있다. 내용은 대동소이하지만, 결정적인 모순이 있다. "산은 구불구불 이어졌고, 땅은 습지로 이루어졌으며, **밭은 매우 비옥하고 훌륭하여 먹고도 남음이 있다.** 남녀가 먹물로 얼굴에 문신을 새기기 때문에 '화면'이라 하고, 그로 인하여 나라의 이름이 되었다. 기후는 곱절로 덥다. 풍속은 순박하고 추장이 있다(其山逶迤, 其地沮洳, **田極肥美, 足食有餘.** 男女以墨汁刺於其面, 故謂之花面, 國名因之. 氣候倍熱. 俗淳, 有酋長)"라고 하였다(소계경 『도이지략교석』의 교정문을 따름). 이는 다시 마환과 동시대 사람인 비신(費信)의 『성사승람』에서도 확인할 수 있다. "이곳은 소문답랄국과 접경해 있다. **구불구불한 산지지만 농토에는 곡물이 풍족하다.** 기후는 고르지 않고 풍속은 고상하고 후하다. 남녀노소 모두 검은 액즙으로 얼굴에 꽃과 짐승의 모양을 새긴다. 원숭이 머리에 나체이며, 단포(單布)를 허리에 두른다. 소와 양을 기르고, 닭과 오리가 널리 분포한다. 강자는 약자에게 빼앗지 않고, 위아래가 자신이 농사지어 각자가 먹으며, **부유해도 사치하지 않고, 가난해도 도둑질하지 않으니** 선한 지역이라 할 만하다(其處與蘇門答剌國接境. 逶迤山地, 田足稻禾. 氣候不常, 風俗尙厚. 男女大小皆以黑汁刺面, 爲花獸之狀. 猱頭裸體, 單布圍腰. 孳生牛羊, 鷄鴨羅布. 强不奪弱, 上下自耕自食, 富不倚奢, 貧不生盜, 可爲一區之善也)"라고 하였다(풍승균의 『성사승람교주』의 교정문을 따름). 이처럼 상반된 기술 내용은 『명사』 권325, 「나고아전」에도 이어진다. 이러한 기술상의 상치를 어떻게 설명할 것인가?

서양학자로는 슐레겔(G. Schlegel)이 비신(費信)의 여정을 설명하면서, 화면국왕(花面國王) 또는 나고아(那孤兒)를 수마트라섬 북서쪽 해안에 있는 나쿠르(Nakur)로 추정했다(「지리 설명(Geographical Notes)」, 『통보』, 1898, 367쪽). 이어서 『제번지』에 보이는 발답(拔沓)을 수마트라 북부에 있는 '바탁(Battak)' 또는 '바타(Batta)'로 추정했다(「지리 설명(Geographical Notes)」, 『통보』(1901), 135쪽). 히어트와 록힐은 슐레겔의 이 추정을 그대로 따랐다(『조여괄』, 66쪽). 제리니(Gerini)는 1909년 "이곳이 수마트라 북부 사말랑간(Samalāngan)과 파상간(Pasāngan) 사이에 있는 페다다(Pedada) 또는 피다다(Pidada)[드 바로스(De Barros)의 확인되지 않은 '피라다(Pirada)'일 것임]라고 생각하고 싶다. 물론 동자바 북위 3도 31분의 베다제(Bedagē)일지도 모른다"라고 하며(『Researches On Ptolemy's Geography Of Eastern Asia』, 627쪽) '바탁'을 전혀 언급하지 않았다. 1915년 록힐이 다시 「14세기 중국과 인도양 연안, 동부 열도와의 무역 관계에 관한 주석」(『통보』, 146~147쪽)에서 "『제번지』에서 삼불제의 속국인 발답(拔沓)이 같은 종족이 아니라면, 이것이 중국 작가들이 이 종족을 언급한 최초의 기록이다. 니콜로 데 콘티(Ramusio, I, 339쪽)는 타프로바나(Taprobana, 수마트라) 섬의 바테크(Batech) 사람들을 언급했다"라고 하며 화면=발답=바탁임을 확신했다. 그리고 드비치와 판 데르 리트(Devic and Van der Lith)의 『인도의 경이로운 것들에 관한 책(Livre des merveilles de l'Inde)』, 126쪽을 참조하게 했는데(「14세기 중국과 인도양 연안, 동부 열도와의 무역 관계에 관한 주석」, 146쪽 주2), 드비치의 불어본 해당 페이지에 바탁은 거론되지 않았다. 해당 페이지는 235쪽이다. "아자이브들은 라메리(Lamêri)와 판수르(Fansour)는 이웃하고 있지 않으며, 판수르와 라메리 땅 사이에는 식인종들이 살고 있다고 말해 주었다. 그들은 바로 바탁족들이다. 이들은 분명히 중국 역사서에서 보이는 여대(黎代)일

나고아의 왕은 또한 '화면왕(花面王)'이라고도 한다. 그 땅은 소문답랄 서쪽에 있고, 땅의 경계가 서로 붙어 있는데, 큰 산촌에 불과할 따름이다. 단

것이고, 그들은 오늘날에도 수마트라 바로스(Baros)와 매우 가까운 내륙 지방에 살고 있다"라고 하였다. 이 설명에서는 바탁족=리데(Lidé)=식인종임을 확인할 수 있다.

이후 다시 『제번지』의 발답=『도이지략』의 화면=『영애승람』의 나고아(那孤兒) 등식을 들고 나온 학자는 풍승균이다(『바다의 왕국들』, 81쪽). 이는 슐레겔과 히어트, 록힐의 설을 받아들인 것으로, 이러한 추정을 가능케 하는 공통 요소는 바로 이들에게 보이는 식인풍습이다. 나아가 세데스(Cœdès)는 이미 1918년에(『BEFEO』, XVIII, VI, 11쪽) 조여괄의 '발답'은 말레이반도에 있어야 한다고 하였고, 루파에르는 발답이 바탁족일 수 있음을 인정하면서도 이들은 대륙의 바탁족일 것이라고 하였다(『네덜란드 동인도의 언어, 토지 및 민족에 대한 기고(Bijdragen tot de Taal-, Land- en Volkenkunde van Nederlandsch-Indië)』, LXVII, 93, 135쪽). 이러한 주장들을 폐기하고 다르게 접근해야 한다고 보는 학자는 펠리오다.

펠리오에 따르면, "나고아는 [Nagur]에 해당한다. 바탁 왕국이라는 이름 때문에, 적어도 명칭에 관해서는 옛 나구르 바탁 왕국으로부터 분리될 수 없다, 그러나 이 옛 나구르 왕국은 더 남동쪽으로 토바(Toba)호에서 파네(Pané)강까지 펼쳐진 지역에 있다. 한편으로 루파에르는 중국어 나고아(那孤兒)를 'Nagore'로 보았다. 이는 페디르(Pedir)의 옛 명칭이었다. 아마도 이는 타협이 가능하다. 중국 지도는 '크고 작은 화면[大小花面]'을 모두 언급하고 있는데, '대화면'이 아마도 토바호에서 파네까지의 나구르 바탁 왕국이고, '소화면'은 페디르 지역에 있었던 나구르('나고르') 바탁 왕국일 것이다. [나구르]가 페디르만큼 서쪽으로 놓는 것에 대해서는 확신이 서지 않는다. 왜냐하면, 이들은 리데의 동쪽이어야 하고(『통보』, 1915, 147쪽), 리데는 바로스(Barros)의 수마트라인 나라 목록에서 페디르의 동쪽에 있기 때문이다. 그렇지만 나고아와 연결하여 언급한 유황이 나는 산은 보류(Beaulieu)가 페디르 쪽에 있다고 한, 그 산일 것임을 덧붙여야겠다"(『Notes on Marco Polo』, II, 614쪽). 따라서 나고아=화면은 성립하지만, 나고아=화면=발답은 아니라는 것이다. 펠리오 씨는 "발답은 [Bardap] 또는 [Badap]으로 예상된다. 지역이나 명칭이 전혀 바탁족과 맞지 않는다"라고 하며 『도이지략』에 보이는 팔도마(八都馬), 즉 마르타반(Martaban), 『나가라크르타가마』의 마루트마(Marutma)로 추정했다(앞의 출처, 615쪽).

다시 문제로 돌아와, 그렇다면 내용상의 상반된 내용은 어찌 된 것인가? 역자의 생각으로는, 이 나고아국 조목은 미완성 원고인 것을, 이후 편집자들이 소문답랄에 부속시켜 편집한 것일 가능성이 크다. 첫째 기술한 내용이 『도이지략』과 『성사승람』의 내용과 상반된다는 점이고, 둘째로, 나고아국은 수마트라 조목에 부속되어 있고, 나고아국과 인접하고 있는 작은 나라인 '여대(黎代)'라는 나라는 별도의 조목으로 두고 있다는 점이며, 셋째로 『고금설해(古今說海)』본 『성사승람』에는 "나고아의 한 산에서는 유황이 난다. 우리 조정의 선박이 수마트라에 머물 때, 선원들을 차출하여 이 산에서 유황을 채취하게 했다(那姑兒一山產硫黃, 我朝海船駐札蘇門答剌, 差人船於其山採取硫黃)"라는 기술이 더 보인다. 이 나라에서 유황이 난다는 것은 중요한 정보임으로 마환은 분명 기록했을 것이지만, 남아 있는 마환의 기록에는 보이지 않는다는 것을 근거로 들 수 있을 것이다. 이 유황에 대한 정보는 『기행 통사(Histoire générale des voyages)』, IX, Paris, 1751, 340쪽에 보이는 보리유(Beaulieu)의 기술에 "아체 왕국은 옛날 많은 후추가 났다. 그러나 이러한 상업이 백성들을 게으르게 하는 것을 지켜본 어떤 왕이 대부분의 후추나무를 없애게 했다. 수도의 6류(약 24㎞) 지점에 봉우리 모양의 높은 산이 페디르(Pedir) 쪽으로 펼쳐져 있다. 그곳에서는 많은 유황을 채취한다"라고 한 것에서 확인할 수 있다.

관리하는 사람들은 모두 얼굴 세 곳이 뾰족한 푸른 꽃을 새겨 호칭으로 삼기 때문에 '화면왕'이라 부른다.[646] 땅은 넓지 않고, 백성들도 1천여 가구가 있을 뿐이다. 밭은 적고 사람은 많아 땅을 경작하는 것을 생업으로 삼지만, 식량이 매우 적고, 돼지, 양, 닭, 오리가 모두 있다. 언어와 동정(動靜)은 소문답랄국과 서로 같으며, 땅에는 나는 것이 없는 작은 나라이다.

那孤①兒②王, 又名花面王. 其地③在蘇門答剌西, 地里之界相連,④ 止是⑤一大山村. 但所管人民皆於面上刺三尖青花爲號,[647] 所以稱爲花面王. 地方不廣, 人民祇有千餘家, 田少人多, 以耕陸爲生.[648] 米糧稀少,[649] 猪・羊・雞・鴨皆有. 言語動靜⑥與

646 얼굴에 문신하는 수마트라섬의 인종에 관하여 율(Yule)은 『중국 그리고 그쪽으로 가는 길(Cathay and the Way Thither)』(Hakluyt Society, 1866), 86쪽에서 "같은 섬에서 남쪽으로 '수몰트라(Sumoltra)'라는 다른 왕국이 있다. 그곳에는 특이한 사람들이 있다. 그들은 얼굴 12곳에 달군 작은 쇠로 낙인을 찍는데 남녀 모두 그렇게 한다. 이들 풍습은 벌거벗고 다니는 다른 사람들과 항상 싸운다. 이 나라에는 아주 많은 산물이 난다"라는 오도릭(Odoric of Pordenone, 1286~1331)의 진술을 인용했다. 이어서 주석에서 "오도릭(Odoric)은 수마트라라는 이름을 매우 분명하게 사용한 서양 최초의 여행가로 인정받고 있다. 그렇지만 나는 이곳이 폴로의 사마라(Samara), 사마르챠(Samarcha)와 같은 곳임을 의미하며, 폴로가 정확하게 기술했을 것으로 생각한다. '사무드라(Samudra)'라는 도시는 이 이름이 섬 전체를 부르는 명칭이 되었는데 아무도 어떻게 되었는지 잘 모른다. 이 도시는 말레이 연대기에서 자주 언급되었고, 왕은 오도릭의 시대 또는 조금 이전 말릭 알 살라(Malik-al-Sálah)라 불리는 무슬림이었다. 파세이(Pasei), 페디르(Pedir) 사이, 지금은 '사마를랑가(Samarlanga)'라고 불리는 곳에서 가까운 곳에 있었다고 생각된다. 나는 오도릭이 묘사한 문신이 수마트라섬 어디에서 아직 이루어지고 있는지 모르지만, 서쪽 해안에서 떨어져 있는 파기(Pagi)섬 사람들은 아마도 세상 어느 곳에서보다 높은 수준으로 남녀 모두 문신을 한다. 같은 해안에 있는 더 개화된 민족인 니아스(Nyas)족에게서도 찾을 수 있다"라고 하였다. 결국 오도릭과 왕대연에 의해 수마트라섬 서북부 내륙에서 얼굴에 문신하는 인종이 확인된 셈이다.

647 『기록휘편』에 따른 이 문장[但所管人民皆於面上刺三尖青花爲號]은 『국조전고』에 "但是所管人民皆於面上刺三尖青花爲號"라고 하였고, 『삼보정이집』에는 "但**其**所管人民皆於面上刺**字**三尖青花爲號", 『설집』, 『담생당』본에는 "但**其**所管人民皆於面上刺山尖青花爲號"라고 되어 있다. 먼저 『기록휘편』의 '소(所)'자 앞에는 '기(其)'자를 보충하는 것이 맞다. 다음으로 문제가 되는 것은 '삼(三)'자인지 '산(山)'자인지이다. 즉 얼굴에 세 개의 뾰족한 파란 꽃을 새긴다는 말인지, 얼굴에 뾰족한 산 모양으로 파란 꽃을 새긴다는 말인지는 판단하기 어렵다. 하지만 『설집』과 『담생당』본의 문장은 그 구조가 분명 어색하다. 공진의 『서양번국지』에는 '삼(三)'으로 되어 있으므로(상달 교주본, 20쪽) 여기서는 『기록휘편』을 따르는 것이 좋겠다.

648 '경육(耕陸)'은 『국조전고』, 『삼보정이집』, 『설집』에는 '육경(陸耕)'으로, 『담생당』본에는 '육종(六種)'

蘇門答剌國相同, 土無出產,⑦ 乃小國也.

① [‘고(孤)’자는] 『승조유사』본에는 ‘고(姑)’자로 되어 있다.

② ‘아(兒)’자는 『기록휘편』에 빠져 있어 보충하였다.[650]

③ 이상 세 글자[王. 其地]는 『승조유사』본에 따라 보충하였다.[651]

④ 이상 여섯 글자[地里之界相連]는 『기록휘편』에 ‘지련(地連)’으로 되어 있어 『승조유사』본에 따라 보충하였다.

⑤ [‘시(是)’자는] 『기록휘편』에 ‘유(有)’자로 되어 있어 『승조유사』본에 따라 고쳤다.[652]

⑥ [‘정(靜)’자는] 『승조유사』본에는 ‘작(作)’자로 되어 있다.[653]

으로, 『서양번국지』에는 ‘육종(陸種)’으로 되어 있다.

649 식량이 적다[米糧稀少]는 이 설명은 명나라의 다른 필사본들과 『서양번국지』에서 확인된다. 그러나 왕대연(汪大淵)의 『도이지략(島夷志略)』 기록과는 매우 상반된다. 왕대연에 따르면, “밭은 매우 비옥하고 훌륭하여 먹고도 남음이 있다(田極肥美, 足食有餘)”라고 하였다(『도이지략역주』, 302쪽). 또한 『명사』 권325, 「나고아전(那孤兒傳)」도 왕대연의 기술을 따르고 있다.

650 풍승균 씨가 교정한 ‘나고아왕(那孤兒王)’은 『기록휘편』과 『설집』에 ‘나고왕(那孤王)’으로 되어 있는데, 『국조전고』와 『삼보정이집』에는 분명히 ‘나고아왕’으로 되어 있다. 사실 나라 이름에 ‘왕(王)’자를 쓰는 사례를 이미 임읍(林邑)을 지칭하는 ‘환왕(環王)’을 보았으므로, 크게 이상한 점은 없다. 그렇지만 『담생당』본에 ‘나고아국’이라 하였고, 『서양번국지』에서 ‘나고아(那孤兒)’라고 하였으므로, ‘왕(王)’자는 ‘국(國)’자의 오기일 가능성이 얼마든지 있다. 요컨대 『기록휘편』의 이 문장[那孤兒王, 又名花面王]은 『서양번국지』에서 “그래서 이 나라 왕은 또한 ‘화면왕’이라고도 부른다(所以其王又呼爲花面王)”라고 되어 있다.

651 이 교정에 해당하는 『기록휘편』의 원문[在蘇門答剌西, 地連]은 『국조전고』에 “在蘇門答剌**國**西, 地里相連”, 『삼보정이집』에는 “在蘇門答剌國西, 地相連”, 『설집』, 『담생당』본에는 “在蘇門答剌**國**西**北**, 里相連”을로 되어 있다. 풍승균 씨가 보충해 넣은 ‘기지(其地)’ 두 글자는 어디에도 보이지 않는다. 또한, 다른 네 사본에 ‘소문달랄’ 뒤에 ‘국(國)’자를 넣고 있다. 따라서 『기록휘편』의 원문에도 ‘국’자를 추가하는 것이 맞다. 한편 마지막의 ‘서(西)’자는 『설집』과 『담생당』본에는 ‘서북(西北)’으로 되어 있다. 한편 공진의 『서양번국지』에는 방향을 언급하지 않고 “**其地與**蘇門答剌相連”으로 되어 있다(상달 교주본, 20쪽). 소문답랄(蘇門答剌)을 사무드라에 놓고, 나고아를 나쿠르, 즉 『무비지』 「항해도」에 그려진 ‘화면(花面)’의 위치로 본다면, 서쪽이 더 그럴법하다. 풍씨의 두 번째 문장[地里之界相連] 교정은 『삼보정이집』본을 따르는 것이 가장 분명하다.

652 ‘지시(止是)’는 『국조전고』, 『삼보정이집』, 『설집』, 『담생당』본 모두에 이본이 없다.

653 『기록휘편』의 ‘언어동정(言語動靜)’은 『삼보정이집』과 『설집』에 ‘國語動用’으로, 『담생당』본에는 “語言動用”으로 되어 있다. 『국조전고』에는 “…米糧稀少, 乃一小邦也”라고 하며 중간의 정보들이 모두 빠져 있다. 공진의 『서양번국지』에는 “語言動用”으로 되어 있으므로(상달 교주본, 20쪽) 『기록휘편』의 ‘동정(動靜)’은 ‘동용(動用, 생활)’으로 바꾸는 것이 유리할 것 같다. ‘동용’의 쓰임은 다음 보이는 여대국 조목에서 찾아볼 수 있다.

⑦ [‘토무출산(土無出產)’은] 『승조유사』본에 “별다른 토산이 없다(別無土產)”로 되어 있다.[654]

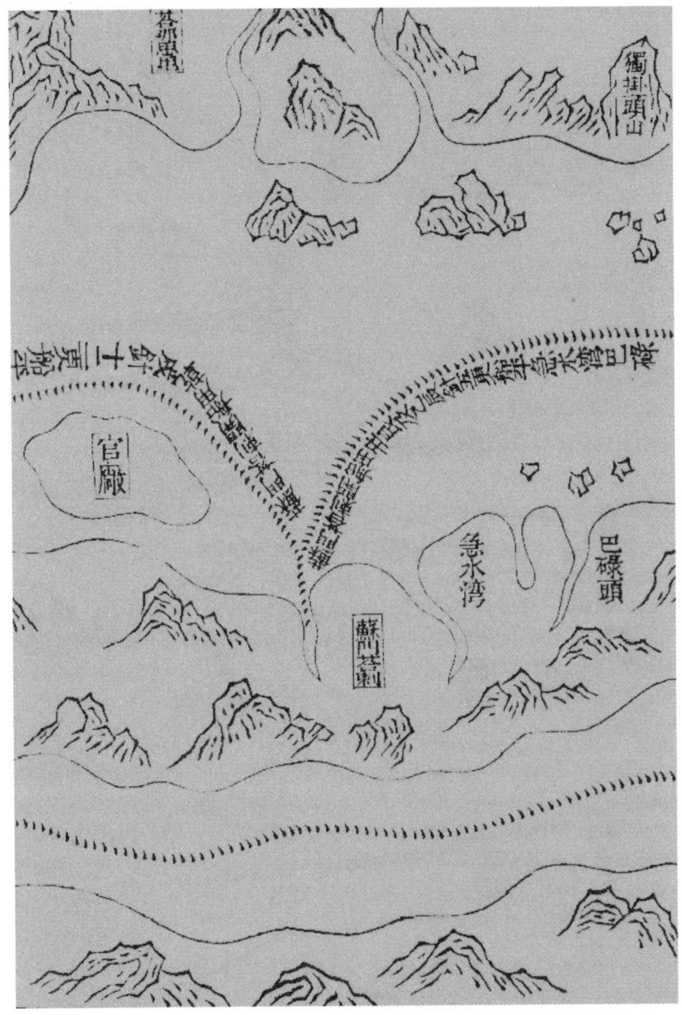

모원의(茅元儀, 1594~1640), 『무비지(武備志)』, 권240, 17b.

654 『기록휘편』의 이 문장[土無出產]은 『삼보정이집』, 『설집』, 『담생당』본에도 마찬가지이다. 『국조전고』에는 “土無所產”으로 공진의 『서양번국지』에는 “달리 산출되는 것이 없다(無他出產)”라고 되어 있다.

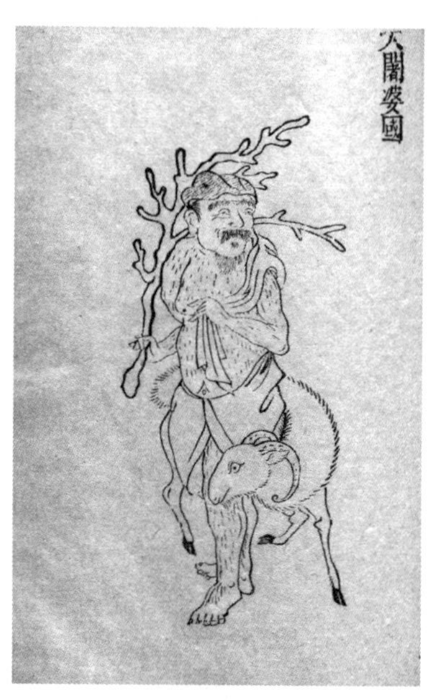

참고도 설명 1607년 명나라 왕기(王圻)와 아들 왕사의(王思義)의 『삼재도회(三才圖會)』, 인물, 권12 「대사바국(大闍婆國)」. "대사바국은 포가룡에 있다. 순풍에 8일이면 도착할 수 있다. 옛날 전설에 그 나라 왕손은 천둥과 벼락이 바위를 가르자, 한 사람이 나와 뒤에 왕이 되었으며 그 자손들이 아직도 있다고 한다. 청염, 면양, 앵무, 유주(瑜珠), 보패 등이 난다. 또, 그 나라에는 비두(飛頭)가 있는데, 그 사람은 눈동자가 없고, 머리가 날아갈 수 있다고 한다. 그 풍속에, 제사 지내는 곳을 각기 '충락(蟲落)'이라고 하므로 '낙씨(落氏)'라고 부른다. 한나라 때 나라의 사신을 … 했다. 남방에는 몸을 해체할 수 있는 사람들이 있는데, 먼저 머리를 남해로 날리고, 왼손은 동해로 날리며, 오른손은 서택으로 날려 보냈다가 저녁이 되어서 어깨 위로 돌아오고, 두 손은 질풍을 만나면 바닷물 밖에서 떠다닌다(大闍婆國在莆家龍. 風帆八日可到. 舊傳, 其國王孫, 雷震石裂, 有一人出, 後立爲王, 其子孫尙存. 産青鹽・綿羊・鸚鵡・瑜珠・寶貝等. 又言, 其國中有飛頭者, 其人目無瞳子, 其頭能飛. 其俗所祠, 各曰蟲落, 因號落氏. 漢武帝時, 因悍國使. 南方有解形之民, 能先使頭飛南海, 左手飛東海, 右手飛西澤, 至暮頭還肩上, 兩手遇疾, 風飄於海水外)"라고 하였다. 기술한 내용이 뒤죽박죽이며, 정보도 정확하지 않다. 여기의 '포가룡'은 『영외대답』에 "사바국은 '포가룡'이라고도 하는데, 바다 동남쪽에 있으며, 지세가 낮아 '하안(下岸)'이라고도 부른다"라고 하였고, 『명사』에서 "이 나라는 '포가룡', '하항(下港)', '순탑(順塔)'이라고도 한다"라고 하였다. 모두 서부 자바를 가리키고 있다. 또 바위에서 나와 왕이 되었다는 전설은 남송말 진원정(陳元靚)의 『사림광기(事林廣記)』 대사바(大闍婆) 조목에 "옛 전설에 국왕은 천둥과 벼락을 맞아 갈라진 바위에서 나온 사람으로 이후 자립하여 왕이 되었는데, 그 자손이 아직 남아 있다(舊傳國王係雷震石裂, 有一人出, 後立爲王, 其子孫尙存)"라고 한 것을 그대로 옮겨 두고 있다. 이 전설이 자바의 것임은 마환의 『영애승람』에서도 확인된다. 설명의 마지막 부분, 즉 비두(飛頭)에 관한 이야기는, 853년 이후의 저술로 보이는 『유양잡조』 전집 권4에서 인용한 우씨(于氏)의 『지괴(志怪)』의 정보이다. 사실 비두에 관한 전설은 점성(占城) 즉 참파와 만랄가[말라카]에만 있는 것으로 알려져 있다. 분명, 『영외대답』과 『명사』 두 자료는 '사바(闍婆)'라고 했지 '대사바'를 설명한 것이 아니다. 왜 '대(大)'자를 붙였는지는 확인하기 어렵다. 당연히 '소사바'가 있다는 것을 전제한 것이지만 '소사바'에 대한 중국의 기록은 보이지 않는다. 자바섬의 서부와 중부를 나누어 설명하는 것일 수도 있겠지만, 『삼재도회』, 인물 12에는 조와(爪哇, 자바)의 인물과 기록이 별도로 주어져 있다. 따라서 여기서 말하는 '대사바'는 수마트라일 가능성이 있다.

해제

수마트라 옆에 있는 이 '여대'라는 나라는 『도이지략』과 『성사승람』에는 보이지 않는다. 여기 『영애승람』에만 보이는 세계 최초의 기록이자 정보인 셈이다. 이 왕국을 드 바로스(De Barros, 1496~1570)가 수마트라의 여러 나라를 열거한 가운데 보이는 '리데(Lide)'와 연결 지은 것은 제리니(Colonel G.E. Gerini)이다. "마환(馬歡)은 그의 시대에 람브리(Lambri) 사람들은 모두 이슬람교도였다고 하였다. 그리고 그는 동쪽에 경계를 이루고 있는 '여대(黎代)'라는 왕국을 추가했다. 이 왕국은 틀림없이 드 바로스(De Barros)의 리데(Lide)로, 내가 생각하기에 오늘날 트링가딩(Tringading) 근처의 란테이(Rantei) 또는 란타이 판장(Rantei Panjang)에 해당한다. 드 바로스는 리데이(Ridei) 또는 란테이(Rantei)를 '리데(Lide)'로 잘못 썼을 가능성이 크다. 또는 필사자나 인쇄공의 잘못으로 보는 것이 더 그럴법하다. 여대 또는 리데는 옛날 가유(Gāyu) 나라인 나쿠르(Nakur)와 동쪽으로 경계하고 있다"라고 하였다(Colonel G.E. Gerini,

『Researches On Ptolemy's Geography Of Eastern Asia』, 688쪽). 여기의 나쿠르 왕국에 관하여 마환은 '나고아국(那孤兒國)'으로 짤막한 기록을 남겼다(앞의 7-10 조목을 참고하시오).

마환과 동시대 사람으로 정화의 항해에 참여했던 공진(鞏珍)의 『서양번국지』에는 "여대 또한 작은 나라이다. 또 나쿠르의 서쪽에 있다. 그곳은 남쪽으로 큰 산에 이르고, 북쪽으로는 대해에 임해 있으며, 서쪽으로는 람브리 왕국의 경계와 닿아 있다. 나라 사람들은 1천~2천 가구이고, 자체적으로 한 사람을 추대하여 군주로 삼고, 나랏일을 처리한다. 수마트라(사무드라) 왕국의 지휘 통제를 받아, 언어와 복식 역시 수마트라 왕국과 서로 같다. 땅에서 나는 것이 없고, 단지 야생 무소들만 있어, 왕이 사람을 보내 포획하기도 한다. 수마트라 왕국을 [사신들을] 따라 조공해 왔다(黎代亦小邦也. 又在那孤之西. 其地南距大山, 北臨大海, 西連南浡里國界. 國人一二千家, 自推一人爲主, 以主國事. 受蘇門答剌國節制, 語言服用亦與蘇門答剌國相同. 土無所出, 只出野犀牛, 王亦遣人採捕. 隨蘇門答剌國進貢)"라고 기술하고 있다(상달 교주, 『서양번국지』, 1961, 20~21쪽).

이러한 정보들은 『명사(明史)』 권325, 「여벌국전(黎伐國傳)」(8427쪽)으로도 이어진다. "여벌(黎伐)은 나쿠르[那孤兒]의 서쪽에 있다. 남쪽으로는 큰 산이고, 북쪽으로는 대해이며, 서쪽으로는 람브리[南渤利]와 접해 있다. 사는 사람들은 3천 가구이고, 한 사람을 추대하여 군주로 삼는다. 수마트라(사무드라)에 예속되어 있으므로 언어와 풍속이 대부분 그 나라와 같다. 영락 연간(1403~1424)에 그 나라에 간 사신을 따라 조공을 들인 적이 있다(黎代, 在那孤兒之西. 南大山, 北大海, 西接南渤利. 居民三千家, 推一人爲主. 隶蘇門答剌, 聲音風俗多與之同. 永樂中, 嘗隨其使臣入貢)"라고 하였다.

이상의 세 기록을 비교하면, 『명사』의 기술이 어디에서 온 것인지를 짐작할 수 있다. 마환의 『영애승람』과 공진(鞏珍)의 『서양번국지』는 거의 일치하는 모습이다. 두 사람이 기술한 것으로 보기는 어렵다. 공진의 『서양번국지』는 전하는 판본이 없었으나, 상달 씨는 "해방 1년 전(1948) 천진의 주숙도(周叔弢) 선생이 이 책을 소장하고 있었는데, 바로 팽원서(彭元瑞)의 지성도재(知聖道齋) 초본(鈔本)이었다. 해방 후에 주선생은 자신이 소장한 선본의 책들을 북경도서관에 기증했는데 공진의 『서양번국지』도 그 속에 있었다. 이에 정화가 '서양'으로 간 책 세 권의 기록이 갖추어졌다"라고 평가하면서(서문, 1961년 중화서국, 『서양번국지』, 2쪽) 1961년 중화서국에서 교주본을 출간했다. 하지만 공진의 문장은, 전체 조목이 여기 여대(黎代)의 조목과 같은 유사성을 보여, 『영애승람』의 또 다른 이본에 지나지 않는 것으로 판단된다.

주목할 만한 점은 『영애승람』과 『서양번국지』의 여대(黎代)가 여벌(黎伐)로 기록되어 있음을 알 수 있다. 『명사』는 다른 곳에서도 일관적으로 '벌(伐)'자를 쓰고 있다. 즉 「정화·후현열전」(7768쪽)에서는 정화가 사신으로 간 나라의 목록에 들어 있다. 『도서집성』, 「변예전(邊裔典)」(권78)에 인용된 「영애승람」, 소문답랄 조목 권86; 「궁위전(宮闈典)」 권163에서는 모두 '여벌(黎伐)'로 표기하고 있다. 또한 명나라 시기 『죄유록(罪惟錄)』(사고전서본, 권36, 45a), 『도서편(圖書編)』(사고전서본, 권51, 69a)에 '여벌'로 되어 있고, 청나라 『자치통감강목삼편(資治通鑑綱目三編)』(사고전서본, 권5, 12a), 『속문헌통고(續文獻通考)』(사고전서본, 권29, 34b), 『속통전(續通典)』(사고전서본, 권148, 33a)도 마찬가지이다.

반면 『하문지(廈門志)』 권8, 273쪽에서는 소문답랄을 기술하며, 『영애승람』을 인용하여 "옆으로 나고아, 여대라는 작은 두 나라가 있는데 모두 사무드라에 예속되어 있다(旁有那孤兒·黎代二小國, 皆隸焉)"라고 하였다. 이로써 『명사』를 따라 '여벌(黎伐)'로 표기한 것과, 『영애승람』에 따라 '여대(黎代)'로 표기한 것으로 나뉜다. 게다가 『명실록』에서는 나고아(那孤兒), 여대(黎代),

여벌(黎伐)은 전혀 보이지 않는다. 우리는 여대[liei−dʰɑ̆i]로 읽을 것인가, 아니면 여벌[liei-bhi̯wat]로 읽을 것인가. 중국정사외국전 주석에 따르면, '여벌'은 '여대'의 잘못으로 읽고 "이 나라는 15세기 무렵 수마트라 북부에 있던 작은 국가로 나고아(那孤兒)의 서쪽에 위치해 있으며, 지금의 인도네시아 아제성(亞齊省, Aceh province)에 속해 있는 도시인 무루두(Meureudu)에 있던 나라이다"라고 설명했다. 출처를 밝히지 않은 이 주석은 『고대남해지명회석』(849쪽)을 참조한 것으로 보인다. 여기 무루두(Meureudu)는 비루엔(Bireuën)과 시글리(Sigli) 중간지점에 있는데, 두 지점의 거리는 100㎞ 남짓이다. 이 지역에 우리는 동남쪽에서 시작하여 서북쪽으로 사무드라-나쿠르-리데-람브리를 두어야 하는 것은 분명하다. 마환이 말하는 것처럼, 아무것도 나지 않고, 사무드라에 예속되어 있으며, 거리도 멀지 않은 이곳에 과연 마환은 들린 것일까? 항구를 잘못 찾아 들어간 것일까?

리데 왕국[黎代國]

여대(黎代)라는 곳 역시 하나의 작은 나라이다. [여대국은] 나고아(那孤兒) 땅의 서쪽 경계에 있다. 이곳의 남쪽은 큰 산이고, 북쪽은 대해에 임해 있고, 서쪽으로는 남발리국(南浡里國)과 연이어 경계를 이룬다. 나라 사람들은 3천 가구이고, 한 사람을 추대하여 왕으로 삼고 그 일을 주관하게 하며, 소문답랄국의 관할에 속한다. 땅에는 나는 것이 없고, 언어와 생활은 소문답랄국과 같다. 산에는 야생 서우(犀牛)가 아주 많은데, 왕 역시 사람을 보내 포획하여, 소문답랄국을 따라와 함께 중국에 진공했다.

黎代之地, 亦一小邦也.① 在那孤②兒地界之西.[655] 此處南是大山, 北臨大海, 西連南浡里國爲界. 國人三千家,③ 自推一人爲王, 以主其④事, 屬蘇門答剌國所轄.[656] 土無所產, 言語行用與蘇門答剌同.[657] 山有野犀牛至多, 王亦差人捕獲,[658] 隨同蘇

655 『기록휘편』의 이 문장[在那孤兒地界之西]에서 '나고아(那孤兒)'는 『국조전고』, 『삼보정이집』, 『설집』 모두 '나고아왕(那孤兒王)'으로 되어 있다. 또 공진의 『서양번국지』에는 "在那孤之西"를 보여 준다. 한편 마지막 글자인 '서(西)'자는 『삼보정이집』, 『설집』, 『담생당』본에는 '서북(西北)'으로 되어 있다. 본문에서 남발리국과 서쪽으로 경계를 이루고 있다고 했으므로 서북 방향으로 보는 것이 좋겠다.

656 '할(轄)'자는 『국조전고』, 『삼보정이집』, 『설집』, 『담생당』본 모두 '관(管)'자로 되어 있다. 의미는 같지만, '관'자로 바꾸는 것이 좋겠다.

657 '언어행용(言語行用)'은 『삼보정이집』, 『설집』과 일치하지만, 『국조전고』, 『담생당』본에서는 '어언동용(語言動用)'으로 변화가 있다. 앞서 나고아의 언어를 기술하면서 '동용(動用)'이란 표현이 사용되었으므로, '동용'으로 바꿔야 할 것이다. 마지막 '동(同)'자는 『국조전고』, 『삼보정이집』, 『설집』, 『담생당』본 모두 '상동(相同)'으로 되어 있다. 한편, 『서양번국지』에는 "語言服用亦與蘇門答剌國相同"을 보여 준다.

658 『기록휘편』의 이 문장[王亦差人捕獲]은 『국조전고』와 일치하지만 '차인(差人)' 두 글자는 『삼보정이집』, 『설집』, 『담생당』본에 빠져 있다. 『서양번국지』에서도 "王亦遣人採捕"라고 했으므로, 『기록휘편』본이 선본일 것이다.

'서(犀)'는 이미 『설문해자』에서부터 정확히 기술된 동물이다. 그 풀이에 "[중국의] 남쪽 변방 밖에 있는 소[牛]로 뿔 하나는 코에 있고, 하나는 정수리에 있다(南徼外牛, 一角在鼻, 一角在頂)"라고 하였다. 또 『이아(爾雅)』 곽박(郭璞)의 주에 따르면, "모양은 물소와 비슷하고, 돼지머리에 배가 크고 다리는 짧다. 다리에는 3개의 굽이 있고 색은 검다. 세 개의 뿔이 있는데, 하나는 정수리에, 하나는 이마에, 하나는 코에 있다. 코에 있는 뿔이 바로 식각(食角)으로, 작으며 길쭉하지 않다. 가시나무를 즐겨 먹는다. 하나의 뿔만 있는 것도 있다(形似水牛, 豬頭, 大腹, 庳脚. 脚有三蹄, 黑色. 三角, 一在頂上, 一在額上, 一在鼻上, 鼻上者即食角也, 小而不橢. 好食棘. 亦有一角者)"라고 하였다(『이아주소(爾雅註疏)』(사고전서본), 권11, 10b). 앞의 출처에는 유흔기(劉欣期)의 『교주기(交州記)』를 인용하여 "서(犀)는 구덕(九德)에서 나는데, 털은 돼지 같고, 발굽에는 발톱이 있으며 머리는 말과 비슷하다(犀, 出九德, 毛如豕, 蹄有甲, 頭似馬)"라고 설명했다. 이로부터 중국 본토에서 나는 것이 아니라, 물론 교지(통킹)가 중국에 속한 시기도 있었지만, 교지 아래의 남쪽에서 나는 것으로 보인다.

코뿔소[서우]를 가장 상세하게 묘사한 자료는 10세기 초 유순(劉恂)의 『영표록이(嶺表錄異)』 권하의 기술일 것이다. "영남[嶺表, 현 광동성 일대]에서 나는 서우(犀牛)는 대략 소와 비슷하나 돼지머리 모양이고 다리는 코끼리 발굽과 비슷하게 3개의 발톱이 있다. 머리에는 두 개의 뿔이 있는데, 하나는 이마에 있고 '**시서(兕犀)**'라고 하며, 하나는 코 위에 비교적 작게 있는데, '**호모서(胡帽犀)**'라고 한다. 코 위에 있는 것은 모두 막히고 묶여 있으며 화점이 작고 기이한 문양이 많다. 암컷 역시 2개의 뿔이 있는데, 모두 **모서(毛犀)**로, 좁쌀 문양이 있어 허리띠로 만들 수 있다. 수많은 무소 중에서 통(通)이 있는 것은 꽃문양 점의 크고 작음이 기이하고 고정된 것이 없다. 공기구멍에는 꽃이 한쪽에만 치우쳐 있고, 정수리의 꽃문양 점은 크면서 뿌리 부분의 꽃문양 점은 작은 것이 있는데 '도삽통(倒插通)'이라 한다. 이 두 종류도 오색이 일정하지 않다. 통이 흑백으로 분명하며 꽃문양 점이 다르고 기이한 것은, 값이 수만 전으로, 세상에서 보기 드문 보물이다. 또한 **타라서(墮羅犀)**가 있는데 코뿔소[犀] 중에 가장 큰 것으로 한 개의 무게가 7~8근이 나간다. 이것이 '고서(牯犀)'라고 한다. 이마에는 심화(心花)가 있는데, 대부분 콩을 뿌려 놓은 것 같고 반점의 색이 진한 것은 과[胯, 허리띠 고리의 과(銙)]를 만들 수 있고, 반점이 산만하고 옅은 것은 잔 받침이나 그릇 등을 만든다. 또 **해계서(駭雞犀)**【모인 닭이 이것을 보면 놀라 흩어진다】, **벽진서(辟塵犀)**【부녀의 비녀와 빗을 만드는데 먼지가 붙지 않는다】, **벽수서(辟水犀)**【이 코뿔소는 바닷물에 다니면서 운무에 노출되어도 젖지 않는다고 한다】, **광명서(光明犀)**【암실에 두어도 빛이 있다】 등이 있는데, 이들 코뿔소는 전하는 말을 들은 것이지 얻어 볼 수는 없다(嶺表所產犀牛, 大約似牛, 而豬頭, 脚似象蹄, 有三甲. 首有二角, 一在額上爲兕犀, 一在鼻上較小爲胡帽犀. 鼻上者, 皆窘束而花點少, 多有奇文. 牯犀亦有二角, 皆爲毛犀, 俱有粟文, 堪爲腰帶. 千百犀中或遇有通者, 花點大小奇異, 固無常定. 有偏花路通, 有頂花大而根花小者, 謂之倒插通. 此二種亦五色無常矣. 若通白黑分明, 花點差奇, 則價計巨萬, 乃希世之寶也. 又有墮羅犀, 犀中最大, 一株有重七八斤者, 云是牯犀. 額上有心花, 多是撒豆, 斑色深者堪爲胯, 其斑散而淺, 即製爲杯盤器皿之類. 又有駭雞犀【羣雞見之驚散】·辟塵犀【爲婦人簪梳, 塵不着也】·辟水犀【云此犀行于海水, 為之開置角于霧之中, 不濕矣】·光明犀【處于暗室則有光明】, 此數犀但聞其說不可得而見也)"라고 하였다(사고전서본, 권하, 6a~6b).

이상의 설명을 정리하자면, 서우는 두 개의 뿔이 있는데, 큰 것은 시서(兕犀), 작은 것은 호모서(胡帽犀)라고 하며, 암컷의 두 뿔은 모두 '모서(毛犀)'라고 한다는 것이다. 또 그 공기구멍[通]에 나 있는 꽃문양에 따라 뿔을 구분하는데, '도삽통(倒插通)'이 지고의 보물이라고 한다. 이어서 그릇이나 잔 받침을 만드는 '타라서(墮羅犀)', 닭은 놀라게 하는 해계서(駭鷄犀), 먼지가 타지 않는 벽진서(辟塵犀), 물에 젖지 않는 벽수서(辟水犀), 어둠에서도 빛을 발하는 광명서(光明犀) 등을 들고 있다. 저자 유순은 '타라서'의 '타라'가 무엇을 의미하는지 설명하지 않고 있다.

풍승균 씨는『제번지교주』(136쪽)에서 "여기서 말하는 타라서(墮羅犀)는 타화라국(墮和羅國)에서 나는 무소를 가리키는 것으로 보인다. 타화라(墮和羅)는『신당서』권222하,『대당서역기』권10에서는 타라발저(墮羅鉢底, Dvaravati)로 되어 있다. 오늘날 섬라(暹羅, 태국) 남부이다"라고 설명했다. 요컨대 '타라(墮羅)'를 '타화라(墮和羅)'나 '타라발저(墮羅鉢底)'의 약칭으로 보고 있다. 먼저 타라서가 타화라에서 나는 코뿔소라는 설은『신당서』권222하, 남만전(南蠻傳) 타화라 조목에(6303쪽) "타화라(墮和羅)는 독화라(獨和羅)라고도 하는데, 남쪽은 반반(盤盤)과 떨어져 있고, 북쪽은 가라사불(迦邏舍弗)이며, 서쪽으로는 바다에 접해 있고, 동쪽은 캄보디아[眞臘]이다. [이곳은] 광주(廣州)에서 다섯 달은 가야 이른다. 나라에는 세상에서 '타화라의 코뿔소[墮和羅犀]'라는 아름다운 코뿔소[犀]가 많다. 담릉(曇陵)과 타원(陀洹)이라는 두 속국이 있다(墮和羅, 亦曰獨和羅, 南距盤盤, 北迦邏舍弗, 西屬海, 東眞臘. 自廣州行五月乃至. 國多美犀, 世謂墮和羅犀. 有二屬國, 曰曇陵 · 陀洹)"라고 한 사서의 기록에 근거한 것이다. 하지만 '화(和)'자의 탈락을 설명하고 있지 않으므로 확신할 수는 없다. 그래서인지 풍승균 씨는『대당서역기』, 권10에 보이는 '타라발저(墮羅鉢底)'라는 나라를 찾아냈다. 둘째 '타화라'가 '타라발저'와 같은 나라인가? 계선림 씨는 '타라발저=드바라파티(Dvārapatī)=『남해기귀내법전』의 사화발저(社和鉢底)=『구당서』의 타화라(墮和羅)=『신당서』의 독화라(獨和羅)'라고 고증하고, 이곳이 태국의 옛 도읍인 '아유타야(Ayutthaya)'의 산스크리트어 명칭이라고 주석했다(『대당서역기교주』, 804쪽). '발저'는 '파티(patī, 땅 또는 나라)'에 해당하므로, '타라발저'는 '타라'라는 나라 또는 땅이라는 의미이다. 따라서 '타라서(墮羅犀)'라는 표현이 가능해진다. 마지막으로 문제는 타라발저가 현 태국 남부에 있느냐는 점이다. 앞서 본『신당서』에서 지칭하는 곳과 '아유타야'와는 설명이 상응하지 않는다. 제리니(Gerini)는 타화라(墮和羅)를 마르타반(Martaban)만, 즉 미얀마 모울메인으로 추정했는데(『Researches On Ptolemy's Geography Of Eastern Asia』, 831쪽), 타당한 고증이다. 따라서 지리적으로 '타라발저'는 제외해야 하므로, '타라'='타화라'라는 설을 선뜻 지지할 수는 없다.

『제번지』에서는 통킹[交阯], 참파[占城], 탐브라링가[單馬令], 랑카수카[凌牙斯加], 자바, 인도[天竺], 베르베라[弼琶囉] 등의 조목에서 모두 무소가 있다고 기록하고 있다. 또 왕대연의『도이지략』에는 캄보디아[眞臘], 나혹(羅斛, 메남강 일대로 추정), 만타랑(曼陀郎)에서 서각(犀角)을 언급했다. 여기『영애승람』에서는 참파[占城], 리데[黎代], 람브리[南浡里] 등의 산물로 기록되었고,『성사승람』에서는 참파, 시암[暹羅], 캄보디아[眞臘], 바라와[卜剌哇] 등의 지역에서 언급되었다. 이로써 볼 때, 현 베트남 지역에서 남쪽으로 자바, 수마트라, 인도, 아프리카 동해안 지역이 산지로 거론되고 있다. 중국에서도 쉽게 구할 수 있었던 것이라면, 13세기부터 이렇게 많은 책에서 산지를 언급할 필요가 없었을 것이다.

알 마수디(Al-Mas'udi, 896?~956)의 여행 기록에 따르면, 타펜(Tafen) 근처의 '라흐마(Rahma)'라는 왕국을 기술하면서 "발하라(Balhara), 구제라트의 왕, 타펜의 왕보다 더 많은 사람, 코끼리, 말을 소유하고 있다. …모든 거래는 그 나라의 화폐인 카우리로 이루어진다. 이곳에는 알로에, 금, 은이 난다. 사람들은 섬세한 최상의 직물을 짠다. 그들은 상아와 은으로 만든 손잡이가 있는 파리채를 만드는 '앗-도마르(ed-Domar)'라는 말총을 수출하고, 국내에서는 조회할 때 왕의 머리 위에 쓴다. 이들 나라에서는 공식적으로는 '안-니찬(en-nichan)'이라 하고, '알-케르케덴(el-kerkeden)'으로 속칭하는 코뿔소가 나는데, 정면에 하나의 뿔이 있다. 코끼리 꼬리보다는 작고, 들소 꼬리보다는 크며, 색깔은 검다. 소처럼 되새김질한다. 이 동물이 나타나면 모든 동물 중에서 가장 센 짐승 앞에 있는 것처럼 코끼리는 도망친다. 다리에 있는 관절을 빼고, 대부분 뼈는 함께 붙어 있어 밀림의 나무에 기대지 않는 한, 웅크리거나 잠을 잘 수도 없다. 이들 나라에 사는 인도 사람들과 이슬람교도들은 이 코뿔소의 고기를 먹는데, 인도와 중국의 물소의 일종이기 때문이다. 이 동물은 인도에서 숲이 우거진 대부분 지역에 있지만, 라흐마 왕국만

門答剌國以⑤進貢于⑥中國.

① 이상 아홉 글자[黎代之地, 亦一小邦也]는 『승조유사』본에 따라 보충하였다.[659]
② ['고(孤)'자는] 『승조유사』본에는 '고(姑)'자로 되어 있다.
③ ['국인삼천가(國人三千家)'는] 『승조유사』본에 "사는 사람들은 2천여 가구에 가깝다(居民近二千餘家)"라고 하였고, 『서양조공전록』에는 "2천여 가구(戶二千餘)"라고 되어 있으며, 장승의 개정본과 『국조전고』본에는 "사는 사람들은 1천~2천 가구가 있다(居民有一二千家)"라고 되어 있다.[660]
④ ['기(其)'자는] 『승조유사』본에는 '정(政)'자로 되어 있다.[661]
⑤ '이(以)'자는 『승조유사』본에 따라 보충하였다.
⑥ '우(于)'자는 『승조유사』본에 따라 보충하였다.[662]

큼 널리 서식하는 곳은 없다. 이곳에서 이 코뿔소의 뿔은 특히나 아름답고 매끄럽다. 이 코뿔소 뿔은 희고, 중간에 검은 문양이 있다. 이 문양으로 사람 또는 선과 꼬리의 모습을 한 공작, 또는 물고기, 또는 코뿔소, 또는 그 지역의 다른 짐승들의 모습을 한 것들이 있다. 사람들은 이 뿔을 사서, 끈으로 금은을 장식한 틀에 따라 허리띠를 만든다. 중국의 왕과 대신들은 이 장신구를 간혹 2천~4천 디나르에 살 정도로, 무엇보다도 높이 평가한다"라고 하였다(『Les Prairies D'or』(Paris, 1861), 385~387쪽).

이 라흐마 왕국에 관하여, 히어트와 록힐은 다카(Dacca) 또는 아라칸(Arracan), 즉 벵골만 쪽으로 추정하고 있다(『조여괄』, 233쪽). 하지만, 발하라, 구제라트 등의 나라는 모두 서인도지역에 해당한다. 한편 조여괄은 이러한 코뿔소를 잡은 방법으로, 993년 중국에 사신으로 온 대식국(大食國)의 사신 이아물(李亞勿)의 증언을 인용하고 있는데, "무소는 사람들에게 큰 나무에 오르게 하고 화살을 쟁여 지나가는 것을 기다렸다가 쏘아 죽이는데, 작은 것은 화살을 사용하지 않고도 포획할 수 있습니다(犀則使人升大樹, 操弓矢伺其至, 射而殺之, 其小者不用弓矢亦可捕獲)"라고 하였으므로(『바다의 왕국들』, 185쪽), 알마수디가 말한 라흐마 왕국은 인도 서북의 인도양 해변에 있는 나라로 보는 편이 합리적이다.

659 풍승균 씨가 『승조유사』본에 따라 보충한 이 문장[黎代之地, 亦一小邦也]은, 『국조전고』에서는 "여대 또한 작은 나라이다. 여대는 또한(黎代, 亦小邦也. 黎代又…)"이라고 시작하고 있고, 『삼보정이집』에서는 "黎代亦一小國也"로, 『설집』, 『담생당』본에서는 "黎代國, 亦一小國也"라고 시작한다. 『기록휘편』에서는 이러한 정보들은 빠져 있고, 원문이 "나고아 땅 경계의 서쪽에 있다(在那孤兒地界之西)"로 시작하므로, 적어도 '여대국' 또는 '여대'라는 주어가 필요한 것은 분명하다.

660 『기록휘편』의 이 문장[國人三千家]은 『국조전고』에 "居民一二千家"로, 『삼보정이집』에서는 "國民一二千餘家", 『설집』, 『담생당』본에서는 "國人一二千家"로 되어 있는데, 『서양번국지』도 『설집』, 『담생당』본과 같다. 따라서 『기록휘편』의 '삼천(三千)'은 '일이천(一二千)'으로 바로잡아야 할 것이다.

661 '기사(其事)'는 『삼보정이집』에 '국사(國事)', 『설집』, 『담생당』본에는 '기국사(其國事)'로 되어 있다. 이에 따라 '국'자를 보충해 넣는 것이 좋겠다.

662 이 교정에 해당하는 『기록휘편』 원문[隨同蘇門答剌國進貢中國]은 『설집』본과 일치하고 있고, 『담생당』

수마트라산과 같은 종으로 확인되는 자바산 수컷 코뿔소(Rhinoceros sondaicus),
1934년 1월 31일 촬영. 자바 보고르(Bogor) 동물 박물관 소장.
Charles W. Loch, 「Rhinoceros sondaicus」, 『MBRAS』, XV, 1937(II).

본에서는 '동(同)'자가 없다. 『국조전고』에서는 "隨蘇門進貢"으로, 『삼보정이집』에서는 "隨同蘇門答剌國進貢朝廷"이라 하였다. 또한, 『서양번국지』에서도 "隨蘇門答剌國進貢"이라고 하였다. 따라서 '이(以)'자를 풍승균 씨가 왜 보충해 넣은 것인지 이해되지 않는다. 또한 '우(于)'자를 보충해 넣은 것 또한 불필요하다. 마환은 중국과의 조공 관계를 언급할 때, 중국 또는 조정(朝廷) 앞에 조사를 넣어 표현한 때도 있었지만, 다른 사본에서 보이지 않으므로 필요한 교정은 아닌 것 같다. 다만 마환은 '중국'이란 표현은 쓰지 않은 것으로 보이므로, '조정(朝廷)'으로 고치는 편이 좋겠다.

마지막으로, 이 '여대'라는 나라가 수마트라의 사신들을 따라서 중국에 산물을 바쳤다고 하는 이 기록은 『명사』에도 반영되었다. 그러나 앞서 언급한 것처럼 『명사』의 기술은 본서 또는 『서양번국지』에 근거하고 있다. 다른 사료에서는 이러한 조공 사실은 전혀 보이지 않는다. 이후 가필되었을 가능성이 있다.

해제

'남발리(南浡里)'라는 옛 왕국은 현 인도네시아 수마트라 북서 지역을 차지하고 있었던 왕국으로 현재는 아체주에 속하는 곳이다. 중국 문헌에는 주거비(周去非)의 『영외대답』(1178년)에 '남리(藍里)'라는 명칭으로 가장 빨리 나타난다. 이후 1225년 조여괄(趙汝适)의 『제번지』에는 '남무리(藍無里)'로 표기되었고, 『원사』에서는 '남무리(南巫里)', '남무력(南無力)' 또는 '몰리(沒理)'로 명명했으며, 1349~1350년 『도이지략』에서는 '남무리(喃啞哩)'로 기록되어 있다. 한편 페르시아 지리학자 이븐 코르다베(Ibn Khordabeh, 820~912)의 책에서 '람미(Ram[n]li)'라는 명칭으로 처음 기록되었고, 943년경 마수디(Al-Mas'udi, 896?~956)는 '라민(Ramin)'으로 표기했으며, 이후 1030년의 탄조레 비문에서 '하무리(Hāmuri)'라는 이름으로 나타나고 있으므로, 10~11세기 아랍의 세계에 먼저 알려지지 시작했음을 알 수 있다. 이후 마르코 폴로는 '람브리(Lambrij)'로, 라시드 앗 딘(Rashīd al-Dīn, 1247~1318)은 '라무리(Lāmūrī)'로, 오도릭

(Odoric, 1286~1331)은 '라모리(Lamori)'로, 프라 마우로(Fra Mauro, 1400?~1464)는 '라무리(Lamuri)'로 거명하고 있다(H.K.J. Cowan, 「Lamuri - Lambri- Lawri- Ram(n)i - Lan-li-Lan-wu-li- Nan-po-li」, 『Bijdragen tot de Taal-, Land- en Volkenkunde van Nederlandsch-Indie』, 1933(90), 421~424쪽 또는 폴 펠리오, 『Note on Marco Polo』, Vol.2, 761~762쪽을 참고하시오).

소계경 씨는 『도이지략교석』(262~263쪽)에서 "『수서 · 적토전』의 파라사(婆羅沙), 『남해기귀내법전』의 파로사주(婆魯師洲), 『대당서역구법고승전』의 파로사국(婆魯師國), 『신당서 · 환왕전』의 파라국(婆羅國), 『황화사달기』의 파로국(婆露國)은 송나라 이전의 문헌에서 보이는 남무리(南巫里)인데, 모두 바루스(Barus)에 해당하는 음이다. 『신당서 · 실리불서전』의 낭파로사(郎婆露斯)도 이 나라를 지칭하는데, 이 명칭은 '람 바루스(Lam-Barūs)'로 복원할 수 있고, 이 람(Lam)은 아체어로 '지역'이라는 의미인데, 의미를 확장하여 '나라'라는 뜻이다. '람브리(Lambri)'라는 명칭은 이 '람 바루스'에서 나온 것이다"라고 하며 파라사(婆羅沙)=파로사(婆魯師)=파라국(婆羅國)=파로국(婆露國)=바루스(Barus)=람브리 설을 주장했다. 무엇보다도 바루스와 람브리의 연관성이라고는 수마트라 북부에 있으리라는 것 외에는 아무런 근거가 없고, 음성적 접근성도 빈약하다. 학자들은 일반적으로 바루스를 '판수르'(Fansur, 또는 Pancur)로 추정하고 있다(John N. Miksic, 『Historical Dictionary of Ancient Southeast Asia』, 2007, 53쪽). 또 『수서 · 적토전』에는 "동으로는 파라랄국(波羅剌國), 서로는 파라사국(婆羅娑國), 남으로는 가라단국(訶羅旦國), 북쪽으로는 큰 바다를 대하고 있으며, 땅은 사방 수천 리이다"라고 하였다. 이들 나라 중 정확히 위치가 밝혀진 나라는 한 곳도 없다.

16세기 초 토메 피레스(Tomé Pires)는 "아친(Achin, 아체)은 수마트라섬의 해협 옆에 있는 첫 번째 나라이고, 람브리(Lambry)는 바로 그 옆에서 내륙으로 펼쳐져 있으며 비아르(Biar)의 땅은 아친과 페디르(Pedir) 사이에 있다. 현재 이들 나라는 아친의 왕에게 종속되어 있고, 그는 이들 나라를 통치하며 그곳의 유일한 왕이다”(『The Suma oriental of Tome Pires』, New Delhi, Asian Educational Services, 2005, 138쪽)라고 하였다. 한편, 『서양조공전록』 남발리(南浡里) 조목에서는 “이 나라는 소문[답랄국]에서 서쪽으로 6백 리쯤에 있다(其國在蘇門西可六百里)”라고 하였는데, 여기 『영애승람』에서 “수마트라에서 정서쪽으로 가서, 순풍에 사흘 밤낮을 가면 도착할 수 있다(自蘇門答剌往正西, 好風行三晝夜可到)”라고 하였으므로, 거리는 서로 부합한다고 할 수 있다. 소계경 씨는 “이 두 나라의 명칭은 모두 명나라 중엽 이후의 역사 기록에서는 보이지 않는데, 합병되어 ‘아제(亞齊)’로 국명을 바꾸었기 때문일 것이다. 그러므로 『동서양고』에는 아제국(亞齊國)은 있어도 남무리(南巫里)는 없으며, 또 소문답랄국을 아제의 다른 명칭이라고 하므로, ‘아제는 바로 소문답랄국으로, ‘소문달나’라고도 하며, 서양의 중심지이다(啞齊卽蘇門答剌國, 一名蘇文達那, 西洋之要會也)’라고 한 것이다”라고 하였다(『도이지략교석』, 263쪽). 소계경 씨의 이 설명은 토메 피레스의 기술과 일치한다. 크로포드에 따르면, 아체라는 명칭은 리치 나무를 뜻하는 텔링가(Telinga) 또는 텔루구(Telugu)에서 나왔을 것으로 추정한다[『인도 군도에 관한 사전(A Descriptive Dictionary of the Indian Islands & Adjacent Countries)』, 2쪽].

그렇다면 람브리의 정확한 중심 도시가 어디인가? 학자들의 견해에 따라 대략 세 곳으로 좁혀 볼 수 있는데, 반다 아체(Banda Aceh)로 보는 설과, 람바로(lambaro)와 판추(Pancu)로 보는 설, 또 람레(Lam Reh)로 보는 설이 있다. 모두 수마트라 북단의 아체주에 있다. 가장 오른쪽, 말하자면 수마트라의 가장 북단인 아체 곶이고, 다음으로 말라카 해협 쪽으로, 반다 아체가 있고, 더 동쪽으로는 람레가 있다. 반다 아체와 아체 곶은 4㎞ 이내로 붙어 있고, 람레는 20㎞ 정도로 떨어져 있다. 마환은 모산(帽山)까지 반나절 간다고 하였고, 그곳이 바로 '나몰리(那沒嚟)'라는 바다이며, 그곳에서 본격적인 '서양'이 시작된다고 하였다. 또 서쪽에서 대양을 지나오는 선박들은 돛을 접고 이 산을 기준으로 삼는다고 하였다. 마환이 본 모산은 어디일까?

A. H. Hill, 「Hikayat Raja-Raja Pasai」, 『Journal of the Malayan Branch of the Royal Asiatic Society』 (33-2, 1960), 6쪽.

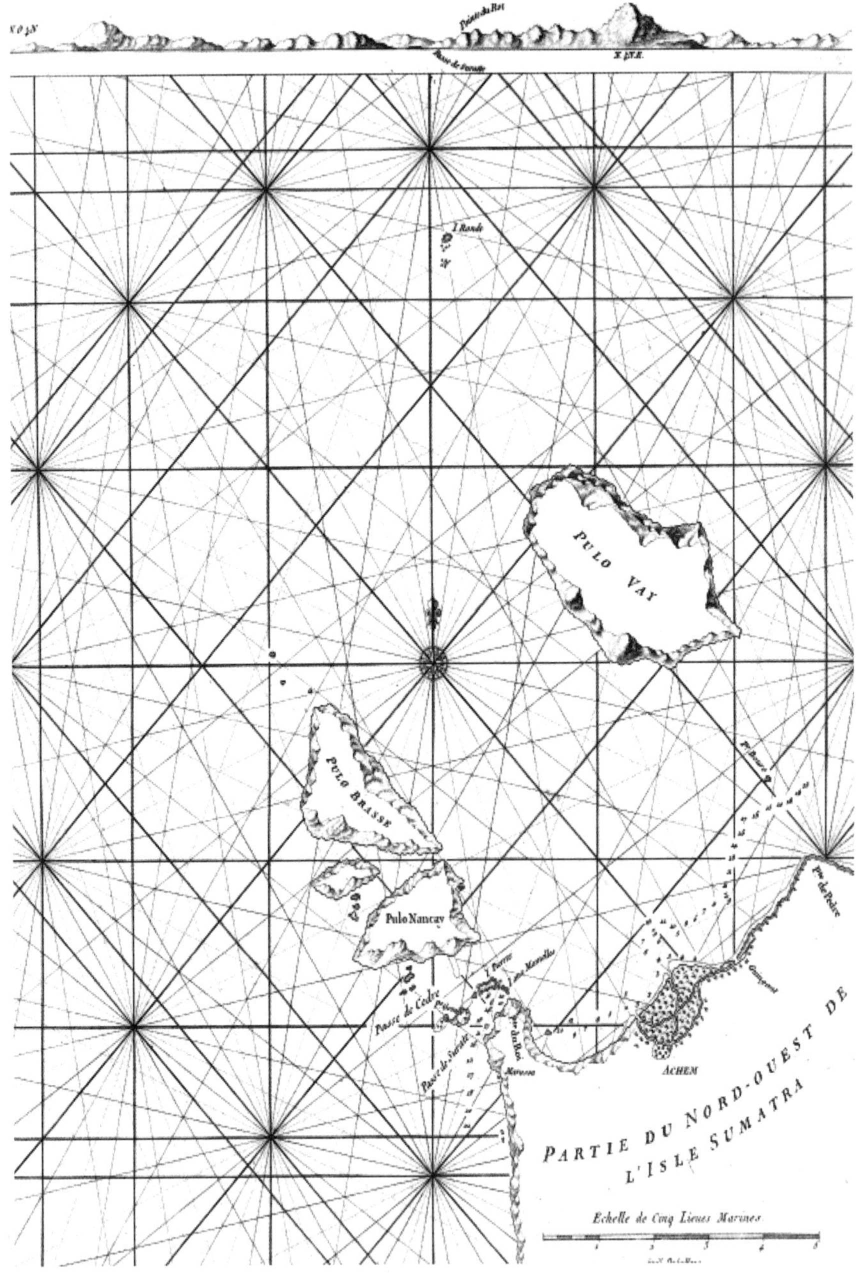

Jean-Baptiste d'Après de Mannevillette(1707~1780), 『Le Neptune Oriental ou Routier Général des Cotes des Indes Orientales et de la Chine enrichi de cartes hydrographiques』 (1745년 초판본, 1775년 재판본이 간행되었고, 이후 1810년까지 지도들이 추가되었다)에 수록된 「수마트라 북서 지역에 있는 섬들과 아체 지도」.

람브리 왕국[南浡里國][663]

9-1. 지리

소문답랄에서 정서쪽으로 가서, 순풍에 사흘 낮과 밤을 가면 도착할 수 있다. 이 나라는 바닷가에 있고, 백성들은 1천 가구 남짓에 불과하지만, 모두 아랍인들이며 매우 소박하다. 땅은 동쪽으로 여대왕(黎代王)의 경계와 접해 있고, 서북쪽은 모두 대해에 임해 있으며, 남쪽으로 가면 산이고, 산의 남쪽은 또한 대해이다. 국왕 또한 아랍인이다.

自蘇門答剌往正西, 好風行三①晝夜可②到.③ 其國邊海, 人民止有千家有④餘, 皆是回回人, 甚是朴實. 地方東接黎代王界, 西北皆臨大海, 南去是山, 山⑤之南又是大海. 國王亦是回回人.[664]

① ['삼(三)'자는] 『승조유사』본에 '일(一)'자로 되어 있다.[665]

② ['가(可)'자는] 『기록휘편』에 '이(以)'자로 되어 있어 『승조유사』본에 따라 고쳤다.

③ 『서양조공전록』에 "남발리(南浡里, Lambri)는 '남무리(南巫里, Lamuri)'라고도 한다"

663 『담생당』본에는 표제에 나라 이름이 빠져 있다.

664 『국조전고』에는 "甚是朴實. 地方東接黎代王界, 西北皆臨大海, 南去是山, 山之南又是大海. 國王亦是回回人"이라는 문장 전체가 빠져 있다.

665 이 교정에 해당하는 『기록휘편』 원문[好風行三晝夜以到]은 『삼보정이집』, 『설집』, 『담생당』본에 "…連山, 好風行三晝夜可到"라고 하였다. 그리고 『국조전고』에는 '삼(三)'자 없이 "好風行晝夜可到"로 되어 있는데, 이를 통해 '삼(三)'자를 보충해 넣을 수 있다. 이는 『서양번국지』(상달, 교주본, 21쪽)에서 "好風三晝夜可到"라는 문장으로 확인된다. 한편 『삼보정이집』, 『설집』, 『담생당』본의 '연산(連山)'은 덧붙여진 것으로 보인다.

라고 하였고, 『승조유사』본에서는 "그 나라의 산은 모두 서로 연결되어 있다(其國山皆相連)"라고 되어 있다.

④ '유(有)'자는 『기록휘편』에 '지(之)'자로 되어 있다. 『승조유사』본에는 '간유여가(干有餘家)'로 되어 있어 이에 근거하여 바로잡았다.[666]

⑤ '산(山)'자는 『기록휘편』에 빠져 있는데, 『승조유사』본에는 "남쪽으로 가면 역시 산이 있고, 산의 남쪽 또한 대해이다(南去亦皆有山, 山之南亦大海)"라고 되어 있어 이에 따라 보충하였다.[667]

9-2. 왕의 주거

왕의 거처는 큰 나무를 사용하는데, 높이가 4장이고, 누대처럼 세워 만들며, 누대 아래에는 장식이 전혀 없고 그 아래에 소, 양, 가축을 풀어 기른다. 누대 위는 사방을 판자로 쪼개 낙성하여 매우 정결하고, 앉거나 눕거나 밥을 먹는 곳이 모두 그 위에 있다. 민간인이 사는 집은 소문답랄국과 같다.

王居屋處,[668] 用大木, 高四丈,① 如樓起造, 樓下俱無裝飾,② 縱放牛羊牲畜在下. 樓上四邊以板折落,③ 甚潔, 坐臥食處④皆在其上. 民居之屋, 與蘇門答剌國同.

① ['고사장(高四丈)'은] 『승조유사』본에 '높이 3~4장(高三四丈)'으로 되어 있다.[669]

666 이 교정에 해당하는 『기록휘편』 원문[人民止有千餘之家]은 『국조전고』, 『삼보정이집』, 『설집』, 『담생당』본 모두 "人民止有千餘家"라고 되어 있다. 이는 『서양번국지』에서도 같으므로 풍승균 씨의 교정은 따를 수 없다. 『기록휘편』의 '지(之)'자는 빼는 것이 맞다.

667 풍승균 씨는 '산(山)'자가 빠졌다고 밝혔지만, 『기록휘편』 원문에는 정확히 기록되어 있다.

668 『기록휘편』의 이 문장[王居屋處]은 『국조전고』에 '왕이 사는 집은(王居房屋)'으로, 『삼보정이집』, 『설집』, 『담생당』본에는 '王之居室'로 되어 있다.

669 '고사장(高四丈)'은 『국조전고』, 『삼보정이집』, 『설집』, 『담생당』본, 『서양번국지』 모두 '高三四丈'으로 되어 있으므로, '삼(三)'자를 보충해 넣는 것이 맞다.

② ['식(飾)'자는] 『기록휘편』에 '절(折)'자로 되어 있어 『승조유사』본에 따라 고쳤다.[670]

③ '절락(折落)'은 『승조유사』본에 '장수(裝修)'로 되어 있다.[671]

④ ['처(處)'자는] 『승조유사』본에 '음(飮)'자로 되어 있다.[672]

9-3. 산물

이곳에는 황우(黃牛), 수우(水牛), 산양, 닭, 오리, 채소는 모두 적다. 물고기와 새우는 지천이며, 미곡은 적다. 동전을 사용한다. 산에는 강진향이 나는데, 이곳이 가장 좋으며, '연화강(蓮花降)'이라 부른다. 아울러 서우(犀牛)가 있다.

其處黃牛・水牛・山羊・雞・鴨・蔬菜皆少.① 魚蝦甚賤, 米穀少.② 使用銅錢.[673] 山產降眞香, 此處至好, 名蓮花降.[674] 幷有犀牛.

670 『기록휘편』의 이 문장[樓下俱無裝飾]은 『국조전고』에 "누대 아래에는 아무런 장식도 하지 않고(樓下幷不裝飾)"라고 하였고, 『삼보정이집』, 『설집』, 『담생당』본 모두 『기록휘편』과 같은 문장을 보여 준다. 여기서는 문맥에 따라 『국조전고』본을 따라야 할 것 같다.

671 『기록휘편』의 이 문장[樓上四邊以板折落]은 『국조전고』와 『삼보정이집』에 "止將樓上四圍以板折落"으로, 『설집』, 『담생당』본에는 "止得樓上四圍以板折落"으로 되어 있으므로, 『기록휘편』에 '지장(止將)' 두 글자를 보충해야 할 것이다. '절락(글자 의미로는 쪼개서 낙성하다)'이 무슨 뜻인지 명확하지 않다. 공진의 『서양번국지』(상달 교주본, 21쪽)에는 "樓上四面用板, 裝脩甚潔"로 되어 있다. 풍승균 씨가 『승조유사』본에 따라 제시한 것과 일치한다. '절락'의 정확한 의미가 밝혀지지 않는 한 『서양번국지』를 따라야 할 것 같다.

672 이 교정에 해당하는 『기록휘편』의 원문[坐臥食飮]은 『국조전고』에 '坐臥食處', 『삼보정이집』, 『설집』, 『담생당』본에는 '坐臥食息'으로 되어 있다. 여기서는 『국조전고』본을 따라야 한다. 이는 『서양번국지』에서 확인할 수 있다. 한편 『설집』에는 이 문장 다음에 "국토는 서북쪽으로 모두 큰 바다로 이어지고, 남쪽은 이 산과 떨어져 있으며, 산의 남쪽은 [큰 바다]이다. [사람들이 사는] 집들은 사무드라[소문답랄]과 같다(國土西北皆連大海, 南去是山, 山之南又是[大海], [民居]之屋, 與蘇門答剌國同)"라고 매우 뒤섞여 있다.

673 이상 『기록휘편』의 두 문장[米穀少. 使用銅錢]은 『국조전고』에 "미곡을 돈으로 사용한다(米穀當錢使用)"라고 되어 있다. 『삼보정이집』, 『설집』, 『담생당』본에는 "米穀亦少. 使用銅錢"으로 되어 있고, 『서양번국지』에서는 "미곡은 비싸다. 동전을 사용한다(米穀貴. 銅錢使用)"라고 하였다.

674 이상 『기록휘편』의 세 문장[山產降眞香, 此處至好, 名蓮花降]은 『국조전고』에 "산에는 강진향이 나는데, '연화강'이라 하며 이곳이 가장 좋다(山產降眞香, 名連花降, 此處最好)"라고 하였고, 『삼보정이집』

① ['소(少)'자는] 『국조전고』본에 '유(有)'자로 되어 있다.[675]

② [이상의 문장(其處黃牛 · 水牛 · 山羊 · 雞 · 鴨 · 蔬菜皆少. 魚蝦甚賤, 米穀少)은] 『승조유사』본에는 "그곳에는 황우, 수우, 산양, 닭, 오리가 모두 있고, 물고기 새우는 지천이며 채소와 미곡은 역시 적다(其處黃牛 · 水牛 · 山羊 · 雞 · 鴨皆有, 魚蝦至賤, 蔬菜米穀亦少)"라고 되어 있다.

9-4. 모산(帽山)

나라의 서북쪽 바다에는 꼭대기가 평평한 험준한 산이 하나 있다. 반나절이면 이를 수 있는데, '모산(帽山)'[676]이라 한다. 그 산의 서쪽 또한 모두 대해

에는 "山產降眞香, 此處降眞至好, 名蓮花降"으로 되어 있고, 『설집』, 『담생당』본에는 "出產降眞香, 此處降眞香甚好, 名蓮花降"이라고 되어 있다. 한편 『서양번국지』에서는 "산에서는 강진향이 나는데, 매우 좋아, 속칭하여 '연화강'이라 부른다(山產降眞香, 至好, 俗呼蓮花降)"라고 하였다.

675 『기록휘편』의 이 문장[其處黃牛 · 水牛 · 山羊 · 雞 · 鴨 · 蔬菜皆少]은 『삼보정이집』과 『설집』에도 "其處黃牛 · 水牛 · 山羊 · 雞 · 鴨 · 蔬菜稀少"로 되어 있고, 『담생당』본에도 '소(少)'자만 없이 되어 있지만, 『국조전고』에만 "黃牛 · 水牛 · 山羊 · 鷄 · 鴨皆有, 蒜 · 菜皆少…"라는 두 문장으로 되어 있다. 『서양번국지』에는 "그곳에는 황우, 물소, 산양, 닭, 오리가 모두 있고, 물고기가 새우가 지천이나 채소는 희소하며 미곡은 귀하다(其處黃牛 · 水牛 · 山羊 · 雞 · 鴨皆有, 魚蝦賤, 蔬菜稀少, 米穀貴)"라고 하였으므로, 채소가 드물다는 의미로 읽어야 할 것 같다.

676 중국의 항해가들은 '섬'을 '산(山)'으로 의역하기도 했다. 예를 들어, 석란산(錫蘭山)은 바로 스리랑카섬을 말한다. 마환도 니르코바 군도를 '취람산(翠藍山)'이라고 했다가 '취람서(翠藍嶼)'라고 한 바 있다. 따라서 모산은 섬을 가리키는 것으로 봐야 할 것이다. 흐루너펠트 씨는 모산을 추정하여 "아체에서 떨어져 있는 브라스(Bras) 또는 나시(Nasi)와 완전히 부합한다. 최근에 세워진 등대를 갖추면서 브라스섬은 근대 항해가들의 이정표인데, 바로 마환이 원주민들에게 들은 대로이다. 논란이 되었던 마르코 폴로의 람브리 위치는 결정적으로 해결되었다고 생각고자 한다"라고 의미를 부여했다(『말레이반도와 말라카에 관한 주석』, 100쪽). 하지만 록힐은 주저 없이 '풀로 웨(Pulo Weh)'로 보고, 그 위치에 대하여 "아체에서 떨어진 가장 북서쪽이면서 가장 큰 섬으로, 해발 2,395피트에 달하는 산봉우리(Lemoh Mati)가 있어서 맑은 날에는 36마일의 거리에서도 보인다"라고 하였다. 록힐은 『China Sea Pilot』, I, 61쪽을 제시했으나 이 참조 사항은 잘못되었다. 15쪽이며, 1,360피트로 바로잡아야 한다.
한편 밀스 씨도 모산을 '풀로 웨'섬으로 보았는데, 그가 제시한 설명 중에 주목할 것이 있다. "모산의 전체 명칭은 가남모(伽倆貌), 케렘박(Kerembak)의 중국 번역이므로, 최상의 침향을 의미한다. [mao]음을 표현하기 위해 『순풍상송』은 얼굴이란 '모(貌)'자를 사용했는데, 제리니(Gerini)와 펠리오(Pelliot)는 '모(帽)'자를 '모자'로 번역해야 한다고 생각하는 것은 틀렸다. 이 섬은 풀푸로 웨(Poulo Wei, 북위 5도 14분 동경 95도 13분)이다. 아체에서 약 9마일(16.6㎞) 떨어져 있다"라고 하였다(밀스, 『영애승람역주』,

인데, 바로 서양이다. 현지에서는 '나몰리(那沒嚟)' 바다라고 한다. 서쪽에서 대양을 지나오는 선박들은 돛을 접고 모두 이 산을 향하여 기준으로 삼는다.

國之西北海內有一大平頂峻山,① 半日可到, 名帽山. 其山②之西亦皆③大海, 正是西洋也, 番名那沒嚟洋.[677] 西來過洋船隻收帆,④ 俱望⑤此山爲准.

① ['태평정준산(大平頂峻山)'은] 『기록휘편』에 '태평예준산(太平預峻山)'으로 잘못되어, 『국조전고』본과 『승조유사』본에 따라 고쳤다.[678]

② 이상 두 글자[其山]는 『승조유사』본에 따라 보충하였다.

③ 이상 두 글자[亦皆]는 『승조유사』본에 따라 보충하였다.[679]

④ 이상 두 글자[收帆]는 『승조유사』본에 따라 보충하였다.[680]

⑤ ['망(望)'자는] 『기록휘편』에 '쌍(雙)'자로 잘못되어 『승조유사』본에 따라 고쳤다.[681]

123쪽). 또 사방 씨는 『서양조공전록』을 교주하면서, "「정화항해도」에도 보이는데, 수마트라 서북쪽 모퉁이 바다, 취란서(翠蘭嶼, 지금의 니코바르 군도) 동남쪽에 있다. 지금의 와이(Wai) 군도이다"라고 하였다(『서양조공전록교주』, 72쪽). 이처럼 학자들 대부분 제리니의 설(Researches On Ptolemy's Geography Of Eastern Asia』, 689~693쪽)에 동의하고 있다. 그러나 여기 『영애승람』 본문을 잘 읽을 필요가 있다. "서쪽에서 대양을 지나오는 선박들은 돛을 접고 이 산을 기준으로 삼는다"라고 하였으므로, 또 그곳은 인도양이 시작되는 '서양'이라면, 당연히 흐루너펠트가 본 것처럼 브라스 또는 나시섬이 되어야겠지만, 실론에서 말라카 해협으로 향하는 배라면 '푸로 웨'로 보아야 할 것이고, 반면, 실론에서 직접 아체로 향하는 배라면 웨섬보다는 브라스섬이 더 어울린다. 한편, 말라카 해협에서 실론 쪽으로 가는 배라면, 당연히 웨섬이 되어야 한다. 따라서 양방향의 공통 지점은 '웨섬'밖에 없다.

677 풍승균 씨는 『성사승람교주』 서문에서 '명(名)'자 앞에 '번(番)'자를 인쇄하면서 빠뜨린 실수를 인정하였다. '나몰리(那沒嚟)'는 『삼보정이집』, 『설집』, 『담생당』본에는 '나몰여(那沒黎)'로 되어 있다.

678 '예(預)'자는 『국조전고』, 『삼보정이집』, 『설집』, 『담생당』본, 『서양번국지』 모두 '정(頂)'자로 되어 있다. 자형에서 비롯한 오기로 보인다.

679 이 교정에 해당하는 『기록휘편』의 원문[之西大海]은 확실히 글자를 빠뜨리고 있음을 짐작할 수 있다. 『국조전고』, 『삼보정이집』에는 "山之西大海"라고 하였고, 『설집』과 『담생당』본에는 "山之西是大海" 따라서 『기록휘편』에 '산(山)'자만 여러 사본에 따라 추가하면 된다. 풍승균 씨의 다른 보충은 크게 필요하지 않다. 이는 『서양번국지』에서 "山西大海卽西洋也"라고 한 문장에서 확인할 수 있다.

680 풍승균 씨가 보충해 넣은 '수범(收帆)'은 『국조전고』, 『삼보정이집』, 『설집』, 『담생당』본이 모두 "西來過洋船隻"으로 일치하고 있으므로, 불필요하다.

681 이 교정에 해당하는 『기록휘편』 원문[西來過洋船隻俱雙此山爲准]은 『국조전고』, 『삼보정이집』, 『설집』

9-5. 모산의 산호

이 산 옆에 위아래로 2장(丈)의 얕은 물에는 해수(海樹)가 자라는데, 그곳 사람들은 [그것을] 건져 올려 보물로 여기며 상품으로 파는데 바로 산호이다. 그 나무 중에 큰 것은 2~3척이고, 뿌리에는 엄지손가락만 한 큰 뿌리가 있는데, 먹처럼 새까맣고, 옥석처럼 따뜻하며 윤기가 나고, 끝에는 아귀[椏枝]가 있어 아름답고 예쁘다. 뿌리가 큰 것은 갈아서 모자 구슬과 기물을 만들 수 있다.

其山邊二丈上下淺水內生海樹, 彼人撈取爲寶物貨賣, 卽珊瑚也.[682] 其樹大者高二①三尺, 根頭有一大拇指大根,[683] 如墨之沈黑,[684] 如玉石之溫潤,[685] 稍上椏枝, 婆娑可愛.[686] 根頭大處可碾爲帽②珠器物.[687]

모두 "西來過洋船隻俱投此山爲准"으로 되어 있고, 『담생당』본에는 "西來過洋船隻俱是投此山爲准"라고 하였다. 따라서 풍승균 씨가 『승조유사』본에 따라 고친 '망(望)'자는 '투(投)'자로 고치는 것이 더 적절하다. 이는 『서양번국지』에서 "凡西洋過來舡俱收此山爲准"이라고 한 문장을 근거로 삼을 수 있다.

682 『기록휘편』의 이 문장[卽珊瑚也]은 『국조전고』에 "바로 흑산호이다(卽黑珊瑚也)"라고 하였고, 『삼보정이집』과 『설집』에는 "卽珊瑚樹也"라고 하였으며, 『담생당』본에는 "卽山珊瑚樹也"라고 되어 있다. 여기서는 『삼보정이집』, 『설집』, 『담생당』본에 따라 '수(樹)'자를 보충하는 것이 무난하다.

683 『기록휘편』의 이 문장[根頭有一大拇指大根]에서 마지막 '근(根)'자는 덧붙여졌다. 『국조전고』, 『삼보정이집』, 『설집』, 『담생당』본 모두 "根頭有大拇指大"로 되어 있고, 『서양번국지』에도 "根如拇指大"라고 하였으므로, 빼는 것이 맞다.

684 『기록휘편』의 이 문장[如墨之沈黑]은 『국조전고』에 "如墨之黑"으로 되어 있지만, 『삼보정이집』, 『설집』, 『담생당』본은 『기록휘편』의 원문과 일치한다.

685 『기록휘편』의 이 문장[如玉石之溫潤]은 『국조전고』에 "似玉石之溫潤", 『삼보정이집』에는 "如土[玉]之溫潤"으로, 『설집』, 『담생당』본에는 "似玉之溫潤"으로 되어 있다. 이상 산호수의 색과 질감에 대하여 『서양번국지』에서는 "먹처럼 검고, 옥처럼 윤기가 난다(其黑如墨, 其潤如玉)"라는 상당히 세련된 문장 구성을 보여 준다.

686 『기록휘편』의 이상 두 문장[稍上椏枝, 婆娑可愛]은 『국조전고』에 "稍有椏枝, 婆娑可愛"라고 되어 있고, 『삼보정이집』에는 "稍山椏枝, 婆[娑]可愛", 『설집』, 『담생당』본에는 "稍上柳枝, 婆婆可愛"라고 하였다. 따라서 『기록휘편』의 '초상(稍上)'은 '초유(稍有)'로 고쳐야 할 것으로 보인다.

687 『기록휘편』의 이 문장[根頭大處可碾爲帽珠器物]은 『국조전고』에만 "뿌리 끝의 큰 곳은 갈아서 여러 개

① '이(二)'자는 『기록휘편』에 빠져 있어 『승조유사』본과 『서양조공전록』에 따라 보충하였다.[688]

② ['모(帽)'자는] 『승조유사』본과 『서양조공전록』에 '수(數)'자로 되어 있다.

9-6. 모산(帽山)의 주민

모산(帽山) 기슭 아래에는 또한 20~30여 가구의 주민이 있는데, 각기 자신을 '왕'이라 한다. 성명을 물으면, "아고라사(阿菰喇楂)이고, 내가 바로 왕이다"라고 대답한다. 그다음 사람에게 물어도, "아고라사이고 나도 왕이다"라고 하니 매우 가소롭다. 그 나라는 남발리국의 관할에 속한다.

其帽山腳下亦有居民二三十家,[689] 各自稱爲王. 若問其姓名, 則曰, 阿菰喇楂,① 我便是王以②答. 或問其次, 則曰,③ 阿菰喇楂, 我亦是王, 甚可笑④也. 其國屬南浡里國所轄.[690]

① ['아고라사(阿菰喇楂)'는] 말레이어로 아카라자(akaraja)이다.[691]

의 구슬을 만들 수 있다(根頭大處可碾爲數珠)"라고 되어 있다.

688 『기록휘편』의 '삼척(三尺)'은 『국조전고』, 『삼보정이집』, 『설집』, 『담생당』본, 그리고 『서양번국지』 모두 '二三尺'으로 되어 있다. 『기록휘편』에서는 사물의 길이나 무게를 기록하면서 일관적으로 앞의 숫자를 빠뜨리고 있다.

689 '거민(居民)'은 『국조전고』, 『삼보정이집』, 『설집』, 『담생당』본, 그리고 『서양번국지』 모두 '거인(居人)'으로 되어 있다.

690 『기록휘편』의 이 문장[其國屬南浡里國所轄]에서 '국(國)'자는 『국조전고』에 '처(處)'자로, 『삼보정이집』, 『설집』, 『담생당』본에는 '지(地)'자로 되어 있다. 따라서 '국'자는 '처' 또는 '지'자로 고치는 것이 좋겠다.

691 '아고라사(阿菰喇楂)'는 『국조전고』, 『삼보정이집』, 『설집』, 『담생당』본 모두 '阿孤喇楂'로 되어 있다. 한편, 『서양번국지』에서는 '아고랄사(阿孤剌楂)'로 표기되어 있다. 만명 씨의 설명에 따르면, 말레이어로 '아쿠에 라자(akue raja)'에 해당하는 음역으로, '아쿠'는 '나'를 의미하고 '라자'는 '국왕'이란 의미라고 설명한다(『명초본영애승람교주』, 51쪽). 만명 씨의 이 설명은 밀스 씨의 주석에 따른 것이다(『영애승람역주』, 124쪽).

② ['이(以)'자는] 『기록휘편』에 '지(之)'자로 되어 있어 고쳤다.[692]

③ 이상 여섯 글자[或問其次, 則曰]는 『기록휘편』에 '혹문차왈(或問次曰)'로 되어 있어 『승조유사』본에 따라 고쳤다.[693]

④ ['소(笑)'자는] 『기록휘편』에 '탄(嘆)'자로 되어 있어 『승조유사』본에 따라 고쳤다.[694]

9-7. 조공

이 남발리왕은 항상 보선을 따라와, 강진향(降眞香) 등의 물품을 중국에 바쳤다.

其南浡里①王常跟②寶船, 將降眞香等物貢於中國.

① '이(里)'자는 『기록휘편』에 빠져 보충하였다.

② ['근(跟)'자는] 『기록휘편』에 '근(根)'자로 되어 있어 고쳤다.[695]

692 『기록휘편』의 이 문장[我便是王之答]은 『국조전고』, 『삼보정이집』, 『설집』 모두 일치하고 있고, 『담생당』본에만 "我是王之答"으로 되어 있다. 풍승균 씨의 '이(以)'자는 문맥상 자의적으로 고친 것이다.

693 『기록휘편』의 "혹문차왈(或問次曰)"은 『국조전고』에 "或問其次, 曰…"로, 『삼보정이집』, 『설집』, 『담생당』본에는 "或問其次, 則曰…"로 되어 있다. 여기서는 다른 사람에게 물어봐도 역시 같은 대답을 한다는 것을 말하므로 『기록휘편』의 '차(此)'자 앞에는 '기(其)'자가 필요하다.

694 '소(笑)'자는 『국조전고』, 『삼보정이집』, 『설집』, 『담생당』본, 『서양번국지』 모두에 이본이 없다.

695 이상 두 교정에 해당하는 『기록휘편』의 원문[其南浡王常根寶船, 將降眞香等物貢於中國]은 『국조전고』에 "그 남발리 왕은 강진향 등의 물품을 중국에 바쳤다(其南浡里王將降香等物進于中國)"라고 하였고, 『삼보정이집』, "其南浡里王常**自跟同**寶船, 將降眞香等物貢於朝廷"으로 되어 있으며, 『설집』, 『담생당』본에는 『삼보정이집』의 '조정(朝廷)'이 '중국(中國)'으로 바뀐 것만 다르다. 따라서 풍승균 씨의 두 교정은 정확하다. 『삼보정이집』, 『설집』, 『담생당』본의 '자근동(自跟同)'은 덧붙여진 표현임을 알 수 있다. 한편, 『서양번국지』에서는 "남발리국 왕은 일찍이 직접 땅에서 나는 진귀한 것을 가지고, 보선을 따라 중국에 조공했다(其南浡里國王嘗親齎土產珍異, 隨寶舡朝貢中國)"라고 하였다.

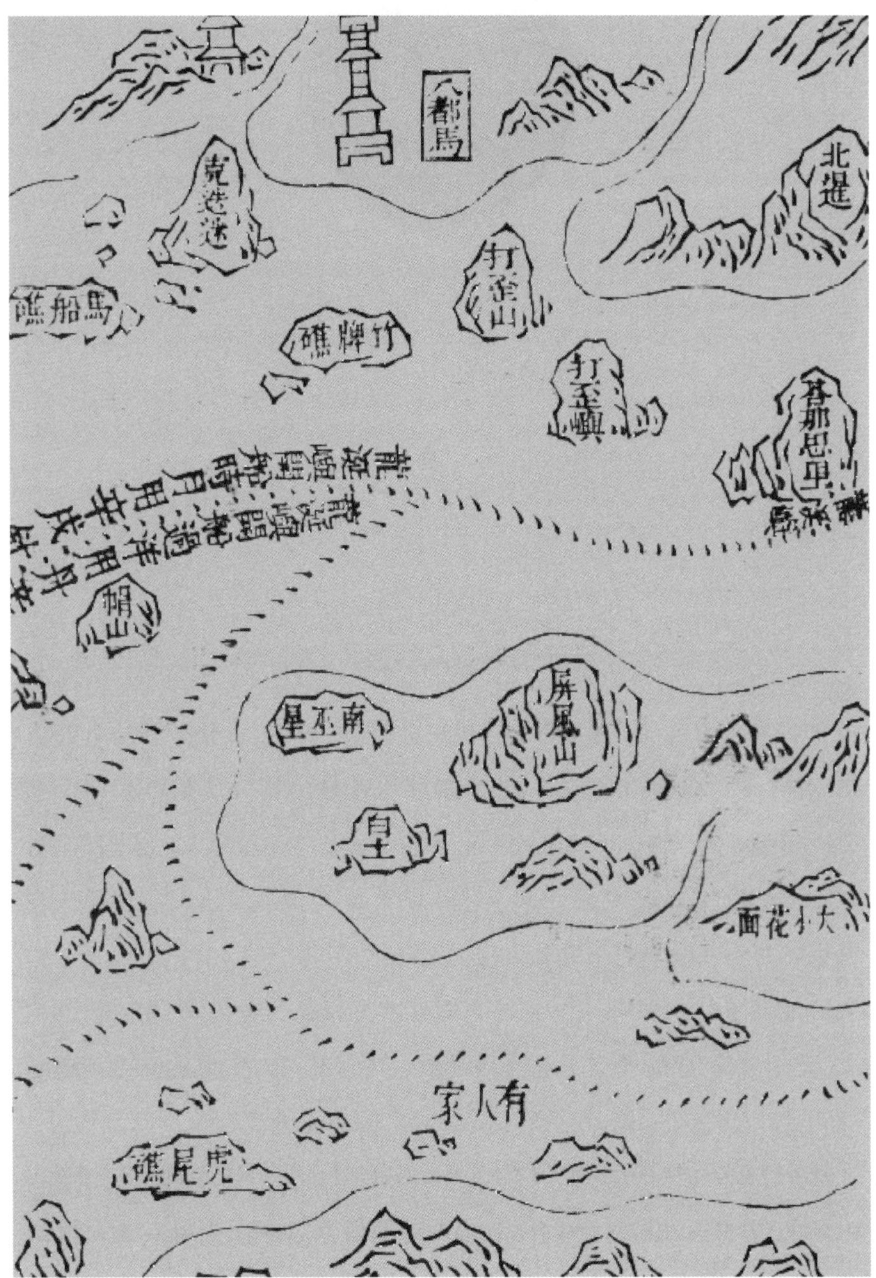

모원의(茅元儀, 1594~1640), 『무비지(武備志)』, 권240, 18b.

해제

기록상으로 기원전 4세기부터 언급되기 시작하는 이 섬은 인도의 동남쪽에 마치 목걸이처럼 걸려 있어, '인도의 눈물'이라는 별칭을 가지고 있다. 또 '실론(Ceylon)'이란 이름으로 잘 알려져 있다. 이 나라는 해양 실크로드의 중요 거점 중의 하나로, 고대로부터 많은 주목을 받은 만큼 그 명칭도 다양하게 불렀다. 1505년부터 포르투갈의 지배를 받았고, 1638년 네덜란드의 가세로 1656년 네덜란드령으로 넘어갔다. 이후 1815년 아미엥(Amien) 조약으로 영국령이 되었다가 1948년 독립하여 1972년 '실론'이란 명칭을 버리고, '스리랑카 자유 주권 독립공화국'인 공식 명칭을 가졌다. 이후 1978년 '스리랑카 민주 사회주의 공화국'으로 국호를 변경해 오늘에 이르고 있다.

기록상으로 어떤 명칭이 가장 먼저 사용되었을까 하는 문제는 단정하기 어렵다. 먼저 '스리'라는 말은 수식어로 '위대한'이라는 의미로 해석되고, '랑카'는 섬이라는 뜻이라고 한다. 고대 인도의 산스크리트어 서사시인 『라마야남(Rāmāyaṇam)』에 언급되어 있다. 이 '랑카'라는 명칭으로 양나라 시기(502~557) 승가파라(僧伽婆羅)가 한역한 『공작왕경(孔雀王經, Mahāmāyūrī)』에서 '낭가(朗柯)'로 음역된 것이 가장 빠른 중국 문헌일 것이다. 이후 중국의 불교 문헌에서는 '능가(楞伽)', '능가산(駿迦山)', '능가산(棱伽山)' 등으로 보인다.

한편, 율은 『영국-인도 용어사전』에서 362년경 스리랑카를 설명하는 라틴어 문장을 인용하고 있는데, '세렌디비스(Serendivis)'를 언급하고 있다(181쪽). '디비스'는 섬을 의미하므로, 그곳의 명칭이 '세렌(Seren)'이라는 말이다. 이 '세렌'은 실론(Ceylon)을 연상시킨다. 이 '세렌'의 어원을 율(Yule)은 '신할라(Sinhala)' 또는 '시할라(Sihala)'로 추정하고 있는 것 같다. 이 '신할라'는 '사자의 서식지'라는 의미이므로 중국 문헌에서는 법현(法顯)의 책에서부터 '사자국(師子國)'으로 의역해 사용했다. 또 이 신할라를 음역하여 승가라(僧伽羅), 승하라국(僧訶羅國), 사하라국(私訶羅國)으로 지칭한 예도 보인다. 율에 따르면, 신할라 또는 시할라에 '섬'을 뜻하는 드위빠(dvipa)라는 말을 붙여 '시할라드위빠(Sihala-dvipa)'라는 명칭이 생겨났고, 이 명칭은 코스마스(Cosmas)에서 '시엘레디바(Σιελεδίβα)'로 전해지고 있다고 하였다. 이 명칭이 『원사』에는 '신합납적음(新合納的音)', '신합납첩음(信合納帖音)', '성합랄적위(星哈剌的威)' 등으로 음역되었고, 후한(後漢)의 지루가참(支婁迦讖)이 번역한 『잡비유경(雜譬喩經)』의 '사하첩국(私訶疊國)', 후한 시기 역자를 알 수 없는 사람이 번역한 『잡비유경(雜譬喩經)』의 '사하결국(私訶絜國)', 『태평어람』 권932에 인용된 지승재(支僧載)의 『외국사(外國事)』, 『수경주』 권2에 인용된 축지(竺芝)의 『부남기』와 『유양잡조』의 '사하조국(私訶條國)'으로 표기되기도 하였다.

또 시할라는 팔리어로 '시할란(Sihalan)'이라 하는데, 여기에서 [h] 발음이 탈락하고 아랍의 선원들에 의해 사란디프(Sarandīp)와 사란디브(Sarandīb)가 형성되었고, 이어서 '실란(Silan)'으로 축약되었다고 추정했다. 이러한 명칭들은 『영외대답』과 『제번지』에서 ‘세란(細蘭)’으로 음역되었고, 『제번지』 세란 조목에 보이는 ‘세륜첩(細輪疊)’, 『송사 · 주련전』의 ‘실란지(悉蘭池)’와 ‘서란산(西蘭山)’, 『대덕남해지』의 ‘세람(細藍)’, 『영애승람』의 석란(錫蘭), 『성사승람』, 『정화항해도』, 『명사』에 보이는 ‘석란산(錫蘭山)’, 『순풍상송(順風相送)』의 ‘색란산(色蘭山)’, 『해국문견록(海國聞見錄)』의 ‘서륜(西侖)’, 『해록』의 ‘서령(西嶺)’ 등이 모두 여기에서 출발하고 있다. 한편 마르코 폴로의 ‘세일란(Seilan)’, 라시드 앗 딘의 ‘실란(Sílán)’, 오도릭의 ‘실란(Sillan)’, 이븐 바투타의 ‘사란디브(Sarandīb)’와 ‘세일란(Ceylan)’, 마리뇰리의 ‘세일란(Seillan)’, 니콜로 데 콘티의 ‘세일람(Zeilam)’, 바스코 다 가마의 ‘실람(Cillam)’, 드 바르보사의 ‘세일람(Ceylam)’과 지금까지 알려진 실론(Ceylon) 등이 모두 같은 명칭에서 비롯되고 있음을 알 수 있다.

이 밖에도 실론섬에 대한 산스크리트어 명칭 중에서 ‘탐라파르니(Tāmraparnī)’라는 이름도 보이는데, ‘탐라’는 청동이란 뜻이고, ‘파르니’는 땅이란 의미로, 그곳 땅의 색깔이 붉은 청동 같으므로 붙여진 이름이라고 한다. 이 명칭은 승가파라가 한역한 『공작왕경』에는 ‘단라발마국(担羅跋魔國)’으로 음역되었고, 의정(義淨)의 역본과 불공(不空)의 역본에는 ‘적동읍(赤銅邑)’과 ‘동읍국(銅邑國)’으로 의역되어 있다. 고대 그리스 지리서에 보이는 타프로바네(Taprobane)는 바로 이 탐라파르니에서 변형된 것으로 보인다. 또, ‘보석의 섬’이라는 의미로 ‘라트나드위빠(Ratnadvīpa)’라고 불렸고, 9세기 아랍의 역사가 자지랏 알 야쿠트(Jazīrat-al Yaḳūt)는 ‘루비의 섬’으로 언급하기도 했다. 참고로 반 데어 툭(Van der Tuuk)은 이 ‘사일란(Sailan)’ 또는 ‘실란(Silan)’이라는 명칭이 사실은 인도 산스크리트 어원을 가지는 것이 아니라 자바어 어원을 가진다고 주장했다. 그에 따르면 셀라(sela, 바위나 돌을 의미하는 산스크리트어 śilā에서 나옴)가 자바어(그리고 말레이어)로 ‘보석’을 의미하므로, 풀로 셀란

(Pulo Selan)은 '보석의 섬'이란 의미일 것이라고 주장했다. 당시 말레이가 해상 주도권을 쥐고 있었으므로 상당히 그럴법한 해석이기는 하지만, 앞서 본 바와 같이 산스크리트어에서 이어지는 명칭의 연원이 너무나도 명확하다.

실론, 즉 스리랑카는 법현의 『불국기』, 『송서』, 『후한서』 등에서 언급되었다. 또 1178년 『영외대답』에서 언급되었고, 1225년 『제번지』, 14세기에는 『도이지략』에서 별도의 항목으로 기술된 것으로 보아 중국의 자료에는 잘 알려진 이국임이 분명하다. 이렇게 많은 자료가 언급하고 있는 것은 그곳이 그만큼 해상교역에 중요한 위치를 차지하고 있었음을 방증해 주는 것일 것이다. 우리는 여기 『영애승람』에서 직접(?) 견문한 15세기의 스리랑카를 만날 수 있다.

15세기 실론의 항구 별라리(別羅里)의 위치 추정을 위해서는 당시의 스리랑카의 역사적 상황을 조금 살펴볼 필요가 있다. 이븐 바투타가 북부 스리랑카를 장악하고 있었던 자프나(Jaffna) 왕국을 찾은 것은 1344년이었다. 그는 왕이 거주하고 있는 항구인, 바로타야(Varōtaya)의 후계자인 마르탄다 싱카이야리얀(Mārttānta Ciňkaiyāriyan)이 임시로 거주하고 있었던 푸탈람(Puttalam)에 상륙한 것으로 보인다. 왕은 거대한 상단을 소유하고 있었고 주로 계피 수출을 주도했다. 이것이 남서쪽 해안을 공략한 주된 원인이었을 것이다. 싱카이야리얀은 1359년 감폴라(Gampola)의 비크라마바후 3세(Vikramabahu III, 1356~1374)의 조공을 압류하고, 더 남쪽의 해안을 따라 콜롬보와 같은 군사기지를 건설했다. 이것은 싱할라 사람들과 왕조의 분쟁을 초래했다. 이러한 남하는 당시 스리랑카 남부를 실질적으로 통치하고 있었던 니쌍카 알라각코나라(Nissanka Aḷagakkōnāra)의 강력한 저항이 따랐다.

니쌍카 알라각코나라는 마르탄다 싱카이야리얀의 공격을 물리치고, 콜롬보에서 13㎞ 떨어진 코테(Koṭṭē, 현 스리랑카 수도인 스리자야와르데네푸라 코테)

에 요새를 건설했다. 1368년 콜롬보를 차지하고 있던 자프나 세력을 축출하려 했으나 실패하고 그의 후계자인 부바네카바후 5세(Bhuvanekabāhu V)가 1396년 공식적으로 수도를 코테로 옮겼다. 이후 알라각코나라 가문은 중국 정화함대의 원정이 성공했던 1411년까지 이어졌다. 니쌍카 알라각코나라(Nissanka Aḷagakkōnāra)는 1406년 정화 함대의 첫 번째 원정에서 알라케슈바라(Alakeśvara)와의 충돌로 철수했고, 두 번째 원정에서는 스리랑카를 피했지만, 세 번째 원정에서 코테(Koṭṭē)를 공격하여 통치자의 온 가족을 사로잡았다. 이를 계기로 파라크라마바후(Parākramabāhu VI, 1412~1467)의 시대가 열렸고, 중국에 조공을 바쳤다(Patrick Peebles, 『The History of Sri Lanka』, London, 2006, 34쪽 참고).

마환이 『영애승람』에서 기술하고 있는 시기는 앞서 피블(Peebles)이 말한 대로, 정화의 세 번째 항해 때인 것으로 추정된다. 왜냐하면, 마환의 기술에는 왕대연의 『도이지략』에서도 보였던 콜롬보[高郞步]와 그에 관한 기술이 전혀 없기 때문이다. 알라각코나라는 『명실록』 영락 9년(1411) 6월(권77, 2a) 조목에 보이는 아열고내아(亞烈苦奈兒)이고, 이들의 수도는 코테였다. 정화의 함대가 상륙한 곳이 콜롬보가 아니라 남부의 '별라리'라는 점에서 그 위치 추정은 중요한 의미가 있다. 이는 국제 교역의 중심이 북부에서 남부로 옮겨졌다는 것을 뜻한다. 『고대남해지명회석』(421쪽)에 따르면, '별나리(別那里)', '별라(別羅)', '라리(羅里)'로도 표기된다고 하였다. 그 위치에 대해서는 대략 현 스리랑카 서남쪽 해안에 있는 갈(Galle)의 북쪽이 있다는 설과 또 지금의 '벨리감(Belligame)', 혹은 '브루왈라(Beruwala)'라고 보는 설이 있다. 『무비지 · 항해도』에 따르면, 별라리는 예금무(禮金務, Negombo) 아래 고랑무(高朗務, 콜롬보)가 있고 서남단에 표기되어 있다. 중국 문헌에서 별라리는 '발지리(勃支利)'라는 음역으로 처음 보이는 것 같다.

『정원신정석교목록(貞元新定釋敎目錄)』, 권14, 금강지(金剛智, 671~741) 조목에서 "화상은 동쪽으로 문수보살에 예불하고 서쪽으로 관음보살에게 예불한 다음 곧바로 대중들과 작별하고 배를 타고 바다로 나아갔다. 순풍을 만나 밤낮으로 하루 만에 바다를 건너 사자국(師子國, 실론) '발지리(勃支利)' 항구에 이르렀다. 페르시아 선박 35척을 보았는데 그 나라에서 진귀한 보석들을 교역하고 있었다. 장사치들이 화상을 보고 같은 마음으로 따랐다. 사자국의 왕 실리실라(室哩室囉)가 화상이 다시 왔다는 소식을 듣고 다시 궁중으로 맞이하여 1개월을 공양했다. 오래 머물지 않고, 다시 불아(佛牙)에 예배하고 곧바로 길에 올랐다. 왕의 사신과 승려 및 사람들이 향과 꽃을 공양하고 음악을 베풀며 해안에서 전별해 주었다. 화상이 출발하는 날이 되자 장사치들이 함께 수행하여 바다를 건넜다. 한 달이 걸려 불서국(佛逝國)에 이르렀다(和上東向遙禮文殊, 西禮觀音菩薩, 便與徒衆告別, 登舶入海. 得好風, 便一日一夜渡海, 卻到師子國勃支利津口. 逢波斯舶三十五只, 其國市易珍寶. 諸商主見和上, 同心陪從. 師子國王室哩室囉聞和上再至, 又迎宮中一月供養. 苦留不住, 重禮佛牙, 便即進路. 王使道俗, 香花音樂, 餞送海岸. 和上至發行日, 是諸商主竝相隨渡海. 經一月, 至佛逝國)"라고 하였다. 여기서 말하는 '발지리(勃支利)'가 바로 거리나 정황으로 보았을 때, 마환의 별라리(別羅里)와 근접해 보인다. 그렇다면 별라리를 언급한 가장 빠른 문헌 기록이 된다.

『원사 · 세조본기』, 지원(至元) 21년(1284) 11월 "계묘에 복건행성(福建行省)이 보낸 사신 팔합노사(八合魯思)가 남무리(南巫里), 별리랄(別里剌), 이륜(理倫), 대력(大力) 등 네 나라를 불러 타이르고 항복시켜 각기 그 재상을 보내 표문을 올리고 방물을 바쳤다(癸卯, 福建行省遣使人八合魯思招降南巫里 · 別里剌 · 理倫 · 大力等四國, 各遣其相奉表以方物來貢)"라고 하였다. 록힐은 여기의 '별리랄'을 『영애승람』을 비롯한 명나라 시기 자료에서 말하는 별라리(別羅里)로 보았다.

록힐은 이 별라리에 대해 명나라 시기의 문헌을 참고하여 실론의 큰 항구이며, 소갈란(小葛蘭, 퀼론)에서 1,200리 떨어져 있다고 하였다. 또 출처를 밝히지는 않았지만, 이븐 바투타가 말한 '바딸라(Batthālah)'로 보는 사람도 있다고 하면서, 이 '바딸라'는 남실론의 중심 도시자, 콜롬보의 북쪽, 육로로 3일 여정에 있는 주요 항구라고 하였다. 별라리의 위치에 대해서는 필립스(G. Phillips)가 갈(Galle)에서 약 13마일 거리에 있는 '벨리감(Beligamme)'이라고 추정한(『JChBRAS』, XX, 211쪽) 것에 동의하고 있다(「14세기 중국과 인도양 연안, 동부 열도와의 무역 관계에 관한 주석」, 『통보』, 1914, 439쪽).

이븐 바투타의 여행기를 보면, "우리는 '칼리(Kaly, Galle)'란 도시로 향했다. 이곳은 작고 디네웨르(Dīnéwer, Dondra)에서 약 36㎞ 떨어져 있다. …우리는 세란디브(Sérendīb)섬에서 가장 아름답고 가장 큰 도시인 '칼렌부(Calenbou, 콜롬보)'라는 도시로 출발했다. 바로 바다의 군주 고문관 자레스티(Djālesty)가 사는 곳이다. 그의 측근에는 약 5백 명의 아비시니아 사람들이 지킨다"(『Voyages d'Ibn Batoutah』, IV, 185쪽). 이븐 바투타가 실론을 방문한 것은 1344년으로 당시까지는 콜롬보가 가장 크고 가장 번성한 항구였을 것이다. 1411년에 온 마환이 말하는 "왕이 사는 곳[王居]"은 별라리에서 북쪽으로 40~50리 떨어져 있다고 하였으므로, 그 위치는 알라각코나라(Aḷagakkōnāra) 시대의 코테임이 분명하다. 따라서 별라리와 코테의 거리는 40~50리이다.

『서양조공전록』 석란산국 조목에 "이 나라는 남모산(南帽山) 서쪽으로 3천 리쯤에 있다. 수마트라(Samudra)에서 출발하는 침위(針位)는 다음과 같다. 12경을 가면 '남모(南帽)'라는 산이 나타나고, 또 4경 반을 가면 용연(龍涎)의 섬을 지난다. 또 10경을 가서 취람(翠藍)의 섬을 통과하는데, 섬의 수심은 30탁(托)이다. '안독만(桉篤蠻)'이라는 산이 있는데, 그 산에는 7개의 해협[門]이 있고, 4첩(疊)과 하나의 높은 산으로 구성되어 있다. … 또 90경을 가면

'앵가취(鸚鵑嘴)'라는 산이 보이고 이어서 불당(佛堂)의 산에 이른다. 또 5경을 가면 아리(牙里)에 이르는데, 그 아래에는 '침우(沉牛)'라는 암초가 있어 파도가 몰아친다. 밖으로 지나는 수심은 30탁이다. 또 10경을 가면 별라리(別羅里)에 이르는데, 바로 석란국(錫蘭國)의 항구이다. 또 북쪽으로 50리를 가면 그 왕국에 이른다(其國在南帽山西可三千里. 由蘇門答剌而往, 鍼位: 十二更見南帽之山, 又四更半歷龍涎之嶼. 又十更過翠藍之嶼, 嶼之水三十托. 一曰桉篤蠻山, 山有七門, 四疊而一峻山. …又九十更見鸚鵑嘴之山, 又至佛堂之山. 又五更平牙里, 其下有沉牛之礁鼓浪焉. 外過之水三十托. 又十更至別羅里, 是爲錫蘭國之港. 又北行五十里而至國)"라고 하였다(『서양조공전록교주』, 79~80쪽).

별라리를 실론의 항구로 기술한 것은 당시 교역의 중심이 콜롬보에서 남쪽의 항구로 내려왔음을 말해 주고 있다. 이상의 정보들을 종합해 보면, 어쨌든 별라리는 콜롬보보다 남쪽에 있어야 하고, 돈드라 헤드(Dondra Head, 佛堂山)와도 가까워야 한다. 이븐 바투타가 말한 바딸라(Batthālah)는 오늘날 '푸탈람(Puttalam)'으로, 콜롬보 북쪽에 위치하므로, 별라리가 될 수 없다. 벨리감(Belligamme)은 오늘날 '웰리가마(Weligama)'로 표기하는데, 돈드라 헤드와는 상당히 가깝지만, 반면 콜롬보와는 거리가 직선거리로만 100km 이상으로 멀어진다. 유일한 가능성은 브루왈라(Beruwala)일 것이다. 금강지의 발지리(勃支利), 『원사』의 별리랄(別里剌), 마환의 별라리(別羅里)와 비슷한 음들을 보여 주고 있다.

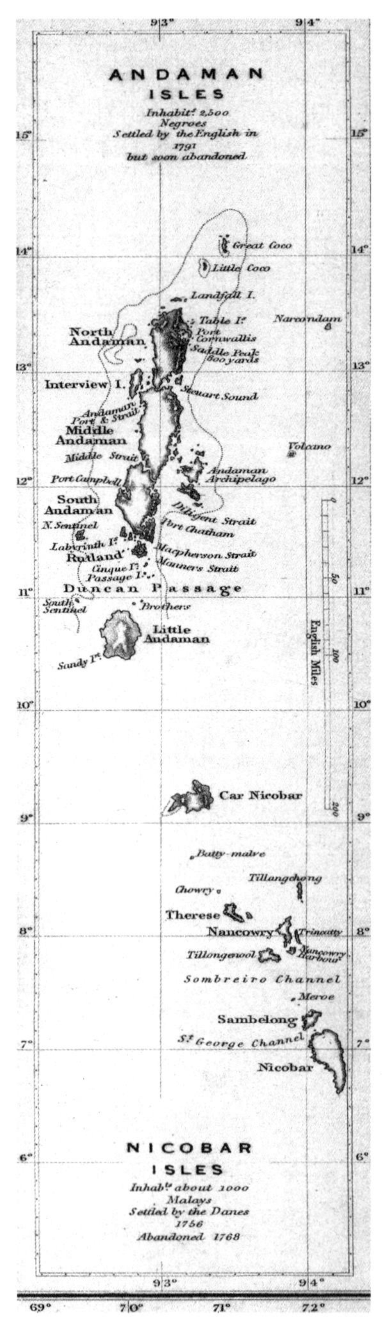

John Walker, 「인도양의 군도(Islands in Indian Ocean)」, 런던, 1856. 32×39m. 안다만-니코바르 제도 부분.

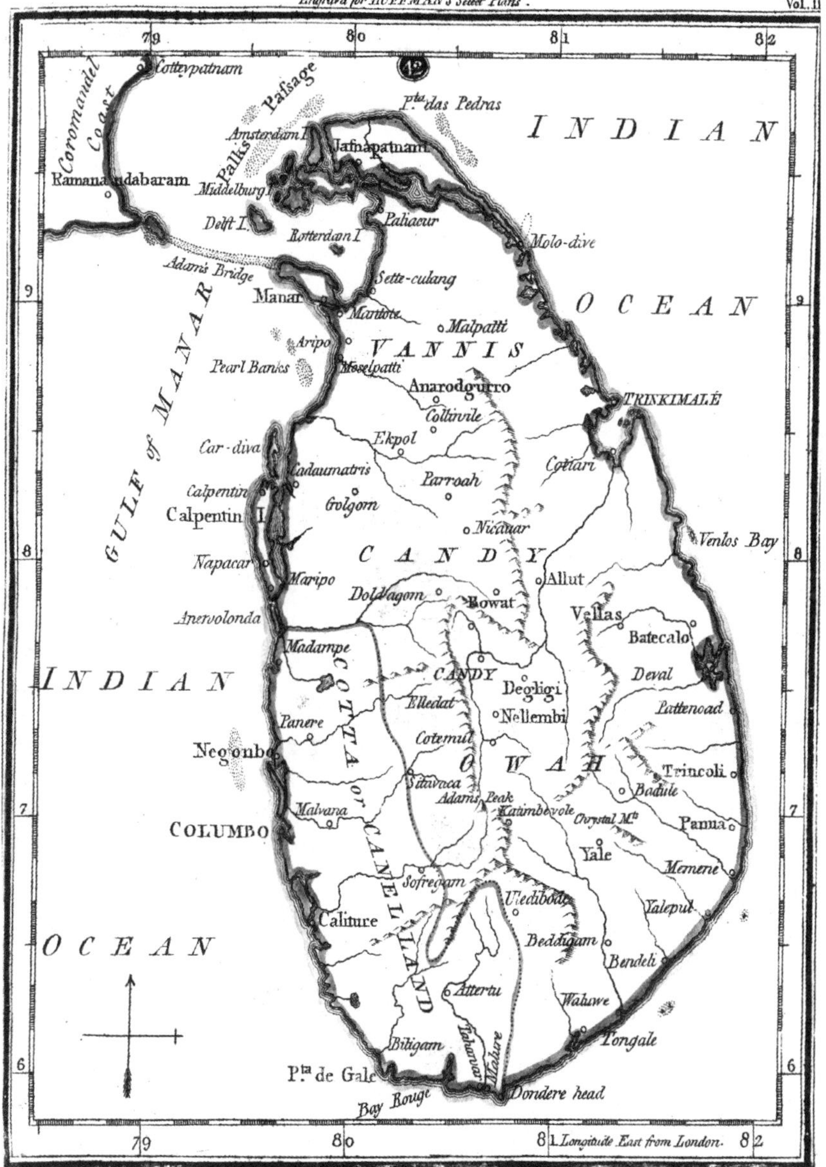

John Luffman(1756~1846), 『Select plans of the principal cities, ports, harbours, forts, &c. in the world』, London, 1801, 42쪽. 23x18㎝.

✺

실론 왕국[錫蘭國] · 니코바르 왕국[裸形國][696]

10-1. 니코바르[翠藍山][697]

696 『담생당』본에는 "석란국, 『일통지』에 석란국은 나형국과 같다(錫蘭國, 【一統志曰錫蘭山同裸形國】)"라고 제목을 붙여 두고 있다.

697 니코바르는 말라카 해협에서 인도와 스리랑카로 항해하는 중요한 정박지였다. 기록상 가장 빠른 언급은 1050년에 쓰인 탄자부르(탄조르) 비문으로, 안다만은 니코바르와 함께 '나카바람(Nakkavaram), 벌거벗은 사람들의 땅'으로 번역되어 나타나고 있다. 명나라 시기의 기록에는 취람서(翠藍嶼), 취람산(翠藍山), 취란서(翠蘭嶼), 취란산(翠蘭山) 등의 음역 명칭이 나타난다. 중국인들은 언제부터 안다만-니코바르 제도를 알았을까? 중국의 학자들은 곧장 7세기 의정의 기록으로 거슬러 올라간다. "[의정은] **함형(咸亨) 2년(671)** 양부(揚府)에서 하안거를 행했다. 초가을, 우연히 공주(龔州, 광서장족차치구)의 사또 풍효전(馮孝詮)을 만나 [그를] 따라 광부(廣府, 광주)에 갔다. [그곳에서] 파사(波斯) 선주와 남쪽으로 갈 때 만나기로 약속했다. …11월에 이르러, 익진(翼軫, 남방의 별자리) 방향으로 번우(番禺)를 등졌다. 녹원(鹿苑, 녹야원)을 향해 멀리 상상해 보고, 계봉(雞峰, 계족산)을 향해 크게 탄식했다. …2순(旬, 10일)도 되지 않아 마침내 **불서(佛逝)**에 이르렀다. [그곳에서] 6개월을 머물며, 점차 성명(聲明)을 배웠다. 왕이 지지하며 보내 주어 **말라유(末羅瑜)** 왕국으로 갔다. 【지금은 **실리불서(室利佛逝)**로 바뀌었다.】 다시 두 달을 머문 뒤에 갈도(羯荼)로 향했다. 12월이 되어서 돛을 올려[타고 온 파사의 배를 타고 가서] 왕의 선박으로 환승하여 점차 동천축으로 향해 갔다. 갈도에서 **북쪽으로** 10여 일을 항해하여 나인국(裸人國)에 도착했다. 동쪽으로 멀리 보이는 해안은 1~2리쯤 되었지만, 야자수, 빈랑의 숲이 빽빽하여 아름다웠다. 저들은 선박이 이른 것을 보고, 다투어 작은 정(艇)을 타고 [우리에게] 왔는데, 백여 척이 넘었다. 모두 야자, 바나나 그리고 등나무로 엮은 대나무 그릇을 가져와 교역하려 했다. 그들이 좋아했던 것은 쇠뿐이었다. 두 손가락만큼 큰 것으로, 야자 다섯 개 내지 열 개를 얻었다. 남자들은 모두 신체를 드러냈고, 여인들은 작은 잎으로 몸을 가렸다. 상인들이 장난삼아 옷을 주자, 곧바로 손을 흔들며 입지 않았다. 소문에, 이 나라는 촉천(蜀川)의 서남쪽 경계에 해당한다고 했다. 이 나라에는 철이 나지 않았고, 또 금과 은도 적었다. 단지 야자와 저근(藷根, 사탕수수? 마?)을 먹으며 벼와 곡물은 많지 않다. 이 때문에 노가(盧呵)가 가장 진귀했다. 【이 나라에서는 철을 '노가'라고 하였다.】 그들의 모습은 검지 않았고 중간 몸집쯤 되었다. 직조에 뛰어나고 등나무 상자를 잘 만들어 다른 곳의 [제품은] 그에 미치지 못한다. 함께 교역하지 않으면, 곧바로 독화살을 쏜다. 하나라도 맞은 자는 다시 살아날 수 없다. 여기에서 반 달 정도 있다가 서북쪽으로 가서, 마침내 탐마립저(耽摩立底) 왕국에 도착했다. …"(『대당서역구법고승전교주』, 중화서국, 1988, 152~153쪽).

이상으로 볼 때, 의정은 안다만-니코바르 제도를 거쳐 동인도로 간 것처럼 보인다. 9세기 아랍 상인 술레이만의 기록과 비교해 보면 의정의 나인국(裸人國)과는 어울리지 않는다. 레이노(M. Reinaud), 『9세기 인도와 중국으로 간 아랍인과 페르시아인들의 여행 기록(Relation des voyages faits par les Arabes et les Persans dans l'Inde et à la Chine dans le IXe siècle de l'ère chrétienne)』 I(1845, 8~9쪽)에, "그

너머 두 섬은 안다만이라는 바다로 분리되어 있다. 이들 섬의 원주민들은 **산 사람을 먹으며**, 그들의 **피부색은 검고** 머리카락은 양털 같으며, 얼굴과 눈은 무서운 뭔가가 있다. 그들은 **긴 다리를 가졌고** 그들의 발은 대략 1완척이다. 그들은 벗고 다니며 **배가 없다**. 그들이 배를 가졌다면 인근을 지나는 모든 사람을 먹어 버렸을 것이다. 간혹 선박들이 바다에서 막히거나 바람 때문에 항해를 이어 갈 수 없는 때도 있는데, 비축해 둔 물이 고갈되면 선원들은 주민들에게 다가가 물을 요구한다. 간혹 선원들은 주민들에게 붙들리기도 하는데 대부분이 죽임을 당한다"라고 하였다. 적도 근처의 원주민들은 옷을 입지 않는 것이 일반적이다. 옷을 벗고 산다는 것만으로, 나인국=니코바르임을 입증해 주지는 않는다.

율(Yule)에 따르면, 네쿠베란(Necuveran) 또는 네쿠란(Necouran, 필사본 형태 그대로)의 근접한 흔적은 군도에 있는 '난쿠리(Nancouri)'라는 섬에 그 형태가 남아 있다고 한다. 이어서 "현장이 실론 남쪽으로 수천 리 떨어져 있다고 말한 코코넛의 섬 즉 나라계라주(那羅稽羅洲, Narikela-dvipa)일 것이다. 현장이 들은 바에 따르면, 남자들은 키가 3피트밖에 되지 않고, 새 부리를 가졌다고 한다. 그들은 경작하지 않고 코코넛으로 산다. 그 군도는 또한, 아랍 항해가들의 '란자 바루스(Lanja bálús)', 또는 '란카 바루스(Lankha bálús)'로 생각된다. '이들 섬에는 많은 사람이 살고 있다. 남녀 모두 나체로 다니며, 여자들만 나뭇잎으로 만든 거들을 입는다. 배가 근처에 지나가면 남자들이 다양한 크기의 배를 타고 나와 용연향과 코코넛으로 쇠와 교역한다.' 이러한 기술은 수 세기 동안 정확하게 적용되었다. 이븐 코르다베는 세렌디브(실론)에서 10~15일 거리에 있는 섬인 니코바르에 사는 사람들(Alankabālous)은 나체이고, 그들은 바나나, 생선 그리고 코코넛으로 살며 이들 나라에서 쇠가 가장 귀하여 외국 상인들을 자주 찾는다고 한다[후에(De Goeje)의 번역본, 45쪽]. 라시드 앗 딘은 라무리의 맞은편에 있는 '라카바람(Lákváram)'이라는 명칭으로 이와 비슷한 말로 기술했다. 오도릭 또한 니코베란(Nicoveran)섬에 관해 한 장을 할애했으나 우화로 가득하다"라고 설명하고 있다(『The Book of Ser Marco Polo』, II, 307~308쪽). 여기서 율이 제시한 나라계라주(那羅稽羅洲)는 이 니코바르와 거리가 멀다. 『대당서역기』 권11에 능가산(駿迦山, 스리랑카)에서 "남쪽으로 수천 리를 항해해 가면 나라계라주에 이른다. 섬사람들은 작아 키가 3척 남짓 되며, 사람의 몸에 새의 부리 모습을 하고 있다. 곡물을 경작하지 않고 야자만 먹는다(國南浮海數千里, 至那羅稽羅洲. 洲人卑小, 長餘三尺, 人身鳥喙. 既無穀稼, 唯食椰子)"라고 하였다. 나라계라(那羅稽羅)는 산스크리트어 나리켈라(Nārikela)를 음역한 것으로, 야자를 뜻한다. 계선림(季羡林)은 "이곳은 전해 들은 도서로, 정확한 위치는 알 수 없다. 방향과 거리를 비추어 볼 때, 몰디브 군도를 가리키는 것 같다. 콜롬보에서 오스트레일리아 서남쪽 알바니(Albany)에 이르는 항로에 야자섬이라는 외딴 섬이 있다"라고 설명한 바 있다(季羡林 校注, 『大唐西域記校注』, 885쪽을 참고).

한편 필립스(G. Phillips)에 따르면, '취람'이란 명칭은 마르코 폴로가 이 군도를 부른 명칭인 노쿠에란(Nocueran)이 변형된 것이다. 취람은 아모이[하문]어로 [Ch'ui-lan]으로 읽는데, '쿠에란'으로 되기 쉽다. 중국인들은 마르코 폴로의 '노쿠에란'의 첫 번째 음절을 생략하고 '쿠에란 군도'로 불렀다고 추정한다(『JRAS』, 1895, 529쪽). 필립스의 이 설명은 취람이란 명칭이 왕대연의 『도이지략』에 처음 보인다면, 왕대연이 아모이 출신이라는 점에서 그럴법하겠지만, 왕대연은 '취람'을 언급하지 않았다. 한편, 제리니(Gerini)는 '취람'이 니코바르 군도에서 북동단에 있는 틸란-충(Tilan-chong)에 해당하는 음이라고 추정했다(『Researches On Ptolemy's Geography Of Eastern Asia』, 396쪽). 사실 중국어를 몰랐던 제리니의 생각일 뿐, 중국어 발음과 거리가 멀다.

슐레겔은 니코바르 군도를 나찰국(羅刹國)에 연관 지어 설명하고 있다. "사람을 잡아먹는 락차, 즉 악마라는 명칭으로 중국인들에 의해 알려졌다. 원주민이 식인종이라는 믿음으로. 607년 수양제는 시암에 사신을 보냈고 그 사신은 락차의 나라에 이르렀다. 두우(杜佑)의 『통전』에 따르면, 니코바는 바리의 동

[서]쪽에 있다. 사는 사람들은 매우 추하게 생겼으며, 붉은 머리에 몸은 검으며, 이빨은 금수 같고 발톱은 매와 같다. 가끔 임읍(참파)와 교역하지만, 밤에만 이루어지고, 낮에는 자신들의 얼굴을 가린다(G. Schlegel, 「지리에 관한 주석(Geographical notes)」, 『통보』, 1898, 178쪽).

이상에서 율의 나라계라주(那羅稽羅洲)와 연관성, 슐레겔의 나찰국 설은 지리적으로, 의미상으로 전혀 부합하지 않으므로 폐기되는 것이 맞다. 그러나 이 나라계라주 설은 『고대남해지명회석』에서도 여전히 받아들여지고 있다. 다만 필립스가 노쿠에란에서 첫 음절을 빼고 '취람'이 되었다는 설을 주목할 필요가 있지만, 마르코 폴로의 명명이 정확한 구성인지도 확인할 수 없고, 또 그러한 명칭은 마르코 폴로 이전부터 있었다고 보는 것이 타당하다. 그것을 마환은 정확히 기록하고 있다. 바로 출란서(出卵嶼) 또는 출란오(出卵塢)였을 것이다.

한편 1349~1350년 왕대연의 『도이지략』에는 안다만-니코바르에 해당하는 조목이 보이지 않는다. 나파사(羅婆斯) 조목을 보면, "나라는 승가나(僧加那)의 오른쪽 산과 이어져 있고, 기이한 봉우리들이 겹겹이 쌓여 마치 천마가 달려가는 듯하다. 형세는 바다에 임해 있고, 남녀는 모습이 다르다. 직조를 못해 옷을 입지 않으며, 새 깃털로 몸을 가린다. 음식을 할 때는 불이 없어 원시인처럼 털이 있는 채로 먹고 피를 마시며, 둥지나 굴에서 거처할 뿐이다(國與僧加那之右山聯屬, 奇峰磊磊, 如天馬奔馳. 形勢臨海, 男女異形. 不織不衣, 以鳥羽掩身. 食無烟火, 惟有如茹毛飲血, 巢居穴處而已)"라고 하였다. 이 나파사(羅婆斯)에 관하여 심증식 씨는 "홍해 동쪽 해안에 있는 곳이다. 마가나(麻加那)는 바로 메카, 이슬람교의 발상지다. 서북쪽으로 랍파(拉波), 즉 여기의 파사라는 성이 있다"라고 하였다(『도이지략광증』, 19쪽). 그러나 그가 말한 '랍파'가 구체적으로 어디를 말하는지 확인되지 않지만, 나파사가 홍해 동안에 있는 곳으로 추정한 것임에는 분명하다.

한편, 『신당서』, 221하(6261쪽) 불름(拂菻) 열전에 "불림(拂林)에서 서남쪽으로 사막을 건너 2천 리 가면 마린(磨鄰), 노발살(老勃薩)이라는 나라들이 있다(自拂菻西南度磧二千里, 有國曰磨鄰, 曰老勃薩)"라고 하였는데, 록힐은 여기 '노발살'이 본 조목의 나파사(羅婆斯)일 것으로 추정한다. 록힐에 따르면, "이 노발살은 소말리 해안에 있을 것이다. 동물의 피를 마신다는 것이 이를 알려 준다. 하지만 히어트는 『중국과 동로마(China and the Roman Orient)』, 204쪽에서 시나이(Sinai) 반도(<u>지중해와 홍해 사이에 있는 삼각형 모양의 반도</u>)에 있을 것으로 추정했다. 이 나라 또한 왕대연이 방문하지 않은 나라 중의 하나이다"(625쪽)라고 하였다. 결국 히어트와 록힐은 심증식의 설을 참고한 것으로 보인다.

하지만 여기 후지타 도요하치는 상당히 독창적인 견해를 폈다. "본서의 나바사(羅婆斯)는 파라사(婆羅斯)가 도치된 것으로 바로 바루스(Barus)에 해당하는 음이다. '나라는 승가나의 오른쪽 산과 연결되어 있다(國與僧加那之右山聯屬)'라고 했는데, '승가나'는 승가랄(僧加剌, Sinhala)의 다른 음역 같다. 남무리(南巫里)에서 승가랄에 이르는 바다에서 이 산이 멀리 보이므로, 승가랄 오른쪽 산과 연속해 있다고 생각한 것이다"라고 하였다(『도이지략교주』, 169~170쪽). 그의 생각은 첫 문장에 보이는 승가나(僧加那)를 싱할라, 즉 스리랑카로 생각하면서 영감을 얻은 것 같다. 스리랑카는 승가라(僧伽羅), 승가랄(僧加剌) 등으로 옮기므로, 얼마든지 '승가나'로의 변형을 짐작할 수 있다. 그러나 이 '승가나'는 『사고전서』본에는 '마가나(麻加那)'로 되어 있다는 점이고, 정녕 '실론섬'이라고 하더라도 "승가나의 오른쪽 산과 연이어 있다"라는 말과 니코바르 군도는 전혀 어울리지 않는다. 또한, 851년 술레이만 알 타지르(Sulaymān Al-Tājir) 등이 편집한 아부 자이드 알 시라피(Abū Zayd al-Sīrāfī)의 『중국과 인도에 관한 기술(Akhbār Al-Ṣīn wa'l-Hind)』에 "[세런디브] 다음에, '란자발루스(Lanjabālūs)'라는 군도가 있다. 많은 인구가 살고 있고 남녀 모두 벌거벗고 산다. 다만 여인의 음부만 나뭇잎으로 가려져 있다. 배가 지날 때마다 크고 작은 카누를 타고 와서 지나가는 사람들에게 용연향과 코코넛을 팔아 그들이 필요로 하는 모산(帽山) 남쪽에서 대양으로 나가 순풍에 동북쪽으로 3일을 가면 바다 가운데 취람산(翠藍山)이 보인다. 그 산은 3~4개 좌(座)로 되어 있고, 산 한 개가 가장 높고 큰데, 그곳 사람들은 '안독만(按篤蠻)' 산이라고 한다. 그곳의 사람들은 동굴에 깃들어 사는데 남녀 모두 나체이며 약간의 실도 없어 짐승처럼 생겼다. 땅에서는 쌀이 나지 않고 산토란, 파라밀(波羅蜜), 파초자(芭蕉子)를 먹으며 혹은 바다에서 물고기와 새우를 잡아먹기도 한다. 사람들이 전하는 말에 따르면, 몸에 약간의 천만 걸쳐도 부스럼이 생긴다고 한다. 옛날 석가불(釋迦佛)이 바다를 지나며 이곳 해안에 올라 옷을 벗고 씻었는데 그 사람들이 그의 옷을 훔쳐 숨겨 버렸다. 이에 석가(釋迦)의 저주를 받아 지금까지 사람들은 옷을 입지 못한다고 한다. 민간에서 '출란오(出卵塢)'[또는 출란서(出卵嶼)]라고 하는 곳이 바로 이곳이다.

自帽山南放洋, 好風向東北行三日,[698] 見翠藍山在海中.[699] 其山三四座, 惟一山最

쇠붙이와 천을 교역하는데, 그곳에는 추위나 더위가 없기 때문이다"(『Arabic Classical Account of India and China』, 마끄불 아흐메드(Maqbul Ahmed) 역주본, 1989, 35쪽)라고 하였다. 따라서 '파라사'는 '발루스'를 옮긴 것으로 생각할 수도 있다. 그러나 '발루스'라는 명칭은 수마트라섬 서남안에서도 보이고, 명나라 기록에는 '반졸(班卒)'로 보인다. 그러므로 '파라사'=난자발루스의 등식도 억지스럽고, 난자발루스=니코바르는 단지 옷을 벗고 다닌다는 것만 빼면 니코바르로 볼 수 있는 근거는 거의 없다. 이러한 후지타 씨의 단순한 착오를 믿고 따른 학자가 바로 풍승균이고(『중국남양교통사』, 89쪽), 이후 소계경 씨는 한 걸음 더 나가, 앞서 본 『대당서역기』 권11에 보이는 나라계라주(那羅稽羅洲, Nārikeladvīpa)에 대응시키는 지경에 이르게 되었다(『도이지략교석』, 374~375쪽). 따라서 나파사=니코바르=나인국의 등식은 성립하지 않는다. 제리니의 고증에 따르면, 니코바르는 '니코'의 어원인 '낙카(Nakka)'가 '옷을 벗은'이란 의미이고 '바르'의 어원인 바람(varam)은 '옷'을 의미하는 단어의 변형일 것이라고 했다(G. E. Gerini, 『Researches On Ptolemy's Geography Of Eastern Asia』, 380~384쪽을 참고하시오). 역자의 생각으로, 안다만-니코바르 제도는 당시 식인의 섬으로 소문나 있었으므로 왕대연이 그곳에 갔을 가능성은 극히 적다.

698 「석란」 조목을 시작하는 두 문장[自帽山南放洋, 好風向東北行三日]은, 『국조전고』에 "남발산[모산]에서 바다로 나가 순풍에 사흘을 가면(自南孛山開洋, 好風行三日)"이라고 하였고, 『삼보정이집』에는 "모산 남쪽에서 바다로 나가 순동풍에 배로 사흘을 가면(自帽山南放洋, 好**東**風船行三日)"으로, 『설집』, 『담생당』본에서는 "모산 남쪽에서 배를 타고, 동북풍에 사흘을 가면(自帽山南開船, 好**東北**風三日)"이라고 하

高大, 番名桉篤蠻山.① 彼處之人巢居穴處, 男女赤體, 皆無寸絲,② 如獸畜之形. 土不出米, 惟食山芋・波羅蜜・芭蕉子之類, 或海中捕魚蝦而食.[700] 人傳云, 若有寸布在身, 卽生爛瘡. 昔釋迦佛過海, 於此處登岸, 脫衣入水澡浴,[701] 彼人盜藏其衣, 被釋迦呪訖,[702] 以此至今人不能穿衣,[703] 俗言出③卵塢, 卽此地也.

① ['안독만산(桉篤蠻山)'은] 『기록휘편』에 '사독만산(梭篤蠻山)'으로 되어 있고, 『서양조공전록』에도 마찬가지로 잘못되어 있다. 여기서는 『국조전고』본에 따라 고쳤다. 『승조유사』본에는 '찬도만(竄都蠻)'으로 되어 있는데, 아마도 '안도만(案都蠻)' 또는 '안도만(晏都蠻)'을 잘못 기록한 것이리라. 이로써 당시 사람들은 안다만(Andaman) 군도와 니코바르(Nicobar) 군도를 대충 '취람산(翠藍山)'으로 불렀음을 알 수 있다.[704]

였다. 또 공진의 『서양번국지』(상달 교주본, 22쪽)에는 '好東北風'으로만 되어 있다. 한편 비신은 『성사승람』(『고금설해』본)에서 "이 나라는 소문답랄[사무드라]에서 순풍에 12일 밤낮을 [항행하면] 이를 수 있다(其國自蘇門答剌順風十二晝夜可至)"라고(사고전서본, 권19, 4a) 여정을 기술했다.

699 '취람산(翠藍山)'은 『설집』, 『담생당』본에 '취란산(翠蘭山)'으로 되어 있다. '남(藍)'자와 '난(蘭)'자의 혼용된 표기는 다음 소갈란 조목에서 구람(俱藍)=갈란(葛蘭)에서도 찾아볼 수 있다.

700 '해중(海中)'은 『국조전고』, 『설집』, 『담생당』본에 '입해(入海)'로 되어 있다.

701 『기록휘편』의 이 문장[脫衣入水澡浴]은 『국조전고』와 일치하지만, 『설집』, 『담생당』본에는 "脫衣入海澡浴"으로 되어 있다. 하지만 『삼보정이집』에서는 "脫衣入水澡"으로 되어 있고, 이후 '속언(俗言)' 앞까지의 문장이 빠져 있다.

702 『기록휘편』의 이 문장[被釋迦呪訖]은 『국조전고』에 "被釋迦呪誓"로, 『설집』, 『담생당』본에는 "被釋迦佛呪乞"[『담생당』본에는 '석가'가 '가석'으로 되어 있음]로 되어 있다. 여기서는 『국조전고』의 '주서(呪誓, 저주 또는 발원)'가 문맥에 가장 부합한다. 한편 『서양번국지』에서는 "부처가 원주민들을 저주하여(佛咒土人)"라는 깔끔한 문장을 보여 준다.

703 『기록휘편』의 이 문장[不能穿衣]은 『국조전고』에 "莫能穿衣服"으로 되어 있고, 『설집』, 『담생당』본에는 "不穿衣"로 되어 있다.

704 『기록휘편』 원문에는 '사독만산(梭篤蠻山)'으로 되어 있는 것을 풍승균 씨가 『국조전고』에 따라 '안독만산(桉篤蠻山)'으로 고쳤는데, 여기의 '안(桉)'자는 '안(按)'자의 오기이다. '사독만산'은 『삼보정이집』과 같은 글자로 표기되었고, 『설집』, 『담생당』본에는 '사(梭)'자를 '준(峻)'자로 표기했는데, 자형에서 비롯한 오기로 보인다. 『서양번국지』에도 '사독만산(梭篤蠻山)'을 보여 주지만, 상달 씨도 '사(梭)'자를 여기 『영애승람』에 근거하여 '안(按)'로 교정했다.

페랑(G. Ferrand)이 아랍어에서 번역한 『아랍 상인 술레이만의 인도와 중국 여행(Voyage du marchand arabe Sulaymân en Inde et en Chine)』(Paris, Bossard, 1922)에 따르면, "랑가발루스(Langabālūs, 니코바르 군도) 저편은 '안다만(Andāmān) 해'라고 부르는 바다로 나뉜다. 이들 두 군도에 사는 원주민들은 산 사람을 먹는다. 그들은 검고 곱슬머리며 얼굴과 눈이 무섭고 발이 길다. 이들의

② ['사(絲)'자는] 『승조유사』본에 '의(衣)'자로 되어 있다.[705]

③ ['출(出)'자는] 장승 개정본에 '적(赤)'자로 되어 있다.[706]

10-2. 석란산(錫蘭山)

이곳을 지나 서쪽으로 배를 타고 7일을 가면 앵가취산(鶯歌嘴山)[707]이 보인

발은 약 50㎝ 정도 된다. 그들은 나체이며, 카누가 없다. 그들이 카누를 가졌다면 그들 군도의 해안을 지나는 사람들을 모두 잡아먹었을 것이다. 혹 선박이 고장이라도 나면, 바람이 없어 항해할 수 없다. 비축한 물이 떨어지면, 섬사람들에게 가서 물을 요청하기도 한다. 간혹 섬사람들이 선원들을 붙잡아 가지만 대부분 도망쳐 나온다"라고 안다만 군도에 사는 사람들을 기술하고 있다. 슐레이만의 여행기는 851년에 편집되었으므로, 안다만을 언급한 최초의 기록이라고 볼 수 있다. 이후 마르코 폴로는 '안가마남(Angamanam)'으로 기술하고 있다.

안다만에 관한 중국기록은 『제번지』에 보이는 안타만(晏陀蠻)이 가장 빠른 것으로 보인다. 『무비지 · 항해도』에는 '안득만산(安得蠻山)'으로, 『순풍상송(順風相送)』에는 '안덕만산(安德蠻山)'으로, 『해록(海錄)』에는 '우두마면산(牛頭馬面山)'으로 되어 있다. 『영애승람』, 『국조전고』본에만 '안독만(桉篤蠻)'을 보여 주고, 『설집』과 『담생당』본에는 '사(梭)'자를 잘못 쓴 것으로 보이는 '준(崚)'자로 되어 있다['사(梭)'자에는 '준'의 발음도 있다]. 한편 『영애승람』의 『삼보정이집』본, 『서양번국지』, 『서양조공전록』에는 '사독만산(梭篤蠻山)'으로 되어 있다. 이로써 전통 주석가들은 여기 '사(梭)'자를 '안(桉)' 또는 '안(按)'의 오기로 추정한다. 앞서 본 술레이만의 기술은 확실히 『영애승람』의 내용과 부합한다. 이로써 니코바르와 안다만 제도를 혼동했을 수가 있다. 또 오늘날에도 두 군도를 크게 '안다만 니코바르 군도'라고 명명하고 있다. 하지만 마환의 위치는 분명 취람산에 머물고 있다. 니코바르 제도의 가장 북단에 있는 것으로 확인되는 페르카(Perka)섬과 리틀 안다만섬까지는 적어도 150㎞ 이상은 떨어져 있다. 분명 마환은 '번명(番名)'으로 현지 명칭을 전해 주고 있다. 즉 니코바르에서 그곳 사람들이 '사(또는 준)독만'으로 발음하는 것을 옮겨 적었을 가능성이 있다. 한편 마환의 행로는 니코바르에서 실론으로 이어지는 것으로 추정되므로, 안다만 제도로 가면 우회하게 된다. 니코바르와 비슷한 야만(식인) 문화를 가지고 있었던 안다만에 정화의 선단이 갔다고는 생각하기 어렵다.

705 '사(絲)'자는 『삼보정이집』, 『설집』, 『담생당』본에서 일치하고 있지만, 『국조전고』에만 '의(衣)'자로 되어 있고, 『서양번국지』에는 '포(布)'자로 되어 있다. '사'자가 문맥에는 더 어울린다.

706 『기록휘편』의 이 문장[俗言出卵塢]은 『국조전고』에 "俗言出卵嶼"로, 『삼보정이집』에는 "俗言赤卯塢", 『설집』, 『담생당』본에는 "俗語赤卯塢"로 되어 있다. '적(赤)'자는 '취람'의 발음과 아무런 연관성이 없고, 다른 사본에 이본이 없으므로, 여기서는 『국조전고』의 '출란서(出卵嶼)', 즉 '취람서(翠藍嶼)'로 보는 것이 타당할 것이다.

707 이 '앵가취산(鶯歌嘴山)'이라는 곳은 확인되지 않았다. 니코바르에서 7~8일을 정서쪽으로 항해하면 스리랑카의 남부 쪽에 이른다. 스리랑카의 산들은 대부분 중부에 몰려 있다. 동부 연안에서 눈으로 확인할 수 있는 높은 산을 찾을 수 없다. 『고대남해지명회석』(625쪽)에서는 스리랑카 동부의 나무나쿨리(Namunakuli)산을 지칭한다고 했지만, 바다에서 이 산을 볼 수는 없다. 후지타 도요하치는 스리랑카

다. 다시 이틀을 가면 불당산(佛堂山)[708]에 이르러서야 '별라리(別羅里)'라고 부르는 석란국의 도회지에 도착하는데,[709] 여기에서부터 배를 정박시키고 해안으로 올라 육지로 간다. 이곳 해변의 산기슭 빛나는 돌 위에는 발자국 하나가 있는데, 길이는 2척쯤이다. 석가모니가 취람산(翠藍山)에서 와서, 이곳으로 뭍에 오를 때, 이 바위를 밟아서 이러한 발자국이 남았다고 한다. [발자국] 안에 있는 얕은 물은 마르지 않아 사람들은 모두 손을 그 물에 담가 얼굴과 목을 씻으며, "부처의 물이 청정하다"라고 한다. 왼쪽에는 불교 사원이 있는데, 안에는 석가모니불 전신이 옆으로 누워 있지만, 여전히 썩지

북동부에 있는 항구도시인 트링코말리(Trincomalee)를 제시하면서 물음표를 붙였다(『도이지략교주』, 109쪽). 후지타 도요하치의 이 설은 제리니(Colonel G.E. Gerini)의 추정에 근거하고 있는데, 제리니는 『Researches On Ptolemy's Geography Of Eastern Asia』(386쪽)에서 "첫 번째 두 글자인 앵가(鸚哥, Trinko?)가 의미하는 것처럼 트링코말레(Trinkomalé) 근처의 어떤 산이다. …그러나 음역한 원래 명칭은 앵무새, 독수리, 올빼미 등과는 아무런 관련이 없으며, 분명히 크링코말레와 관계된 것이다"라고 하며, 앵가취산을 트링코말레와 관련된 것으로 추정한 바 있다. 그러나 이 항구는 스리랑카 동북부에 있으므로 남부에 있는 별라리로 가는 항로를 많이 둘러 가는 것이기 때문에 그럴 가능성이 작다. 『영애승람』에서 '섬'을 '산'으로 불렀으므로, 여기서도 이정표 역할을 하는 섬을 상정해 볼 수 있다. 스리랑카 동남부의 얄라 국립공원 맞은편 해상에는 라와나(Rawana)섬이 있고, 큰 등대가 있어 니코바르에서 오는 선박들의 이정표 역할을 하고 있다. 하지만 앵가취와 음성적으로 거리도 멀고, 또 본문에서 앵가취에서 2~3일 뒤에 불당산(돈드라 헤드)에 이른다고 기술하고 있다. 그러나 이 라와나 섬과 돈드라 헤드까지는 육로로 150㎞ 안팎에 지나지 않는다. 한편 『무비지 · 항해도』를 보면 스리랑카 남동단 해변에 작은 섬들을 그려 두고 있다. 이들 섬 중의 하나일 것이다. 그렇지만 현재 지도상에 그 섬들은 보이지 않는다. 『서양번국지』에서는 '앵가취(鶯哥嘴)'로 『서양조공전록』에서는 '앵가취(鸚鵡嘴)'로 표기되어 있다.

708 불당산(佛堂山, Dondera Head)은 "실론 남단 지점으로 성지인 불교 사원에 따라 붙여진 명칭이다. 성지 순례의 한 장소였던 이곳은 1587년 포르투갈 사람들에 의해 파괴되었다. 이곳의 원래 명칭은 데와나가라(Dewa nagara), 옛 싱할라어로는 '데우 누와라(Dewu nuwara)', 근대 싱할라어로는 '데웅다라(Dewuňdara)'라고 했던 것이 '돈드라'로 변형된 것이다." '데와'는 신을 의미하고 '나가라'는 마을 또는 도시를 뜻하므로, 마환은 '불당산(佛堂山)'으로 의역한 것으로 보인다. 바로 이븐 바투타의 디네웨르(Dīnéwer, Dīnawar)이다(『Hobson-Jobson』, 322쪽 참고).

709 마환은 실론 왕국의 중심지에 도착하는 여정을 모산(帽山)에서 시작하여, 취람산(翠藍山)까지는 3일, 취람산에서 다시 서쪽으로 7일을 항행하여 앵가취산(鶯歌嘴山)에 이르고, 다시 2~3일을 더 간다고 하였다. 즉 모산에서 별라리(別羅里)까지 12~13일 여정이다. 이 여정은 비신의 기록과 상당히 부합한다. 『성사승람』(고금설해본) 석란산국(錫蘭山國) 조목에, "이 나라는 사무드라[소문답랄]에서 순풍에 12일 밤낮으로 [항행하면] 이를 수 있다(其國自蘇門答剌順風十二晝夜可至)"라고 하였다(사고전서본, 권19, 4a).

않고 남아 있다. 그 누워 있는 자리는 각양의 보석으로 장식하고 상감하고, 침향나무로 만들어 매우 화려하며, 또 당에는 부처의 치아와 생생한 사리(유골) 등의 물품들이 있다. 석가모니가 열반에 든 곳이 바로 이곳이다.[710]

過此投西, 船行七日,[711] 見鶯歌嘴山.[712] 再三兩日, 到佛堂山,① 纔到錫蘭國馬頭名別羅里,② 自此③泊船, 登岸陸行. 此處④海邊山脚光石上有一足跡, 長二尺許, 云是釋迦從翠藍山來, 從此處登岸,[713] 脚踏此石, 故⑤跡存焉. 中有淺水不乾, 人皆手蘸其水洗面拭目, 曰佛水清淨. 左有⑥佛寺, 內有釋迦佛混⑦身側臥, 尙存不朽. 其寢座用各樣寶石妝嵌,[714] 沉香木爲之, 甚是華麗,[715] 又⑧有佛牙并活舍利子等物在堂.

710 마환은 부처가 열반에 든 진신(眞身)이 있는 이 사원에 대하여 중요한 정보를 빠뜨리고 있다. 비신은 『성사승람』(풍승균, 교주본, 30쪽)에서 "영락(永樂) 7년(1409) 황상께서 정사 태감 정화 등에게 조칙을 받들어 가져가, 금은으로 만든 공양 그릇[金銀供器], 채색 장식[彩粧], 황금과 보석을 엮어 만든 깃발[織金寶幡]을 절에 보시하고, 비석을 세우게 했으며, 황제의 다스림[皇圖之治]을 숭상하여, 국왕과 두목에게 상을 내리게 하였다(永樂七年, 皇上命正使太監鄭和等齎捧詔勅・金銀供器・彩粧・織金寶幡, 布施於寺, 及建石碑, 以崇皇圖之治, 賞賜國王・頭目)"라고 하였다. 이 정보를 빠뜨렸다는 것은 마환이 1409년 이전, 즉 비석이 세워지기 이전에 갔다는 것을 의미한다. 이 비석에 관하여 펑청쥔 씨의 주석에 따르면, "이 비석은 이미 민국 초기에 발견되었다. 내 친구인 샹달(向達)이 런던에서 그 비문을 베껴 왔는데, 그 비문 앞머리는 다음과 같다. '대 명나라 황제가 태감 정화, 왕칭롄 등을 보내 불세존께 밝혀 아뢰니다(大明皇帝遣太監鄭和王淸濂等昭告于佛世尊)'라고 운운했다. 뒤에는 보시한 금은, 금실과 저사(紵絲)로 짠 보물 깃발[織金紵絲寶幡], 향로, 꽃병, 채색 실[綵絲], 옷감[表裏], 등촉(燈燭) 등이 열거되어 있다. 그 끝에는 영락(永樂) 7년(1409) 세차로는 기축(己丑) 2월 갑술(甲戌) 삭일(朔日)에 삼가 썼다고 서명되어 있다. 그 아래에는 외국의 문자들이 보이는데, 하나는 타밀어이고, 하나는 페르시아어이다. 다만 야마모토 다쓰로(山本達郎, 1910~2001)는 「정화의 서정(鄭和の西征)」(『동양학보』, 21권)에서 이 탁본을 언급하고 있는데, 두 번째 인물은 왕귀통(王貴通)으로 되어 있다"라고 하였다.

711 이상 『기록휘편』의 두 문장[過此投西, 船行七日]은 『국조전고』에 "過此山投正西, 船行七八日"로, 『삼보정이집』, 『설집』, 『담생당』본에는 "過此投正西, 船行七八日"이라고 되어 있으므로, 『기록휘편』의 '서(西)'자는 '정서(正西)'로 고치고, '칠(七)'자는 '칠팔(七八)'로 보충하는 것이 맞다. 이는 『서양번국지』에서도 확인할 수 있다.

712 '가(歌)'자는 『국조전고』, 『삼보정이집』, 『설집』, 『담생당』본 모두 '가(哥)'자로 되어 있는데, 음가가 같을 뿐만 아니라 통용하는 글자이므로 문제될 것이 없다.

713 『기록휘편』의 이 문장[從此處登岸]은 『국조전고』, 『삼보정이집』, 『설집』 모두 "從此上岸"으로 되어 있으므로, 『기록휘편』의 문장도 이에 따라야 할 것이다.

714 '좌(座)'자는 『국조전고』, 『삼보정이집』, 『설집』, 『담생당』본 모두에 '좌(坐)'자로 되어 있다. 통용하는

其釋迦涅槃, 正此處也.

① 『도이지략』「대불산(大佛山)」 조목에 "대불산 경계는 아리(迓里, Galle)와 고랑보(高郞步, Colombo) 사이에 있다(大佛山界于迓里・高郞步之間)"라고 하였다.[716]

② 사람들이 이곳[別羅里]을 고증하는 데에는 두 가지 설이 있다. 하나는 갈레(Galle)에서 13마일 떨어진 '벨리감(Belligamme)'이라 하고, 하나는 콜롬보 또는 그 부근에 있다고 하는 설이다. 내 생각으로 콜롬보는 『도이지략』의 음역 명칭인 고랑보(高郞步) 또는 고랑부(高浪阜)일 것이다.[717]

글자지만 『기록휘편』의 '좌(座)'자가 가장 명확하다. 이는 『서양번국지』에서도 확인할 수 있다.

715 『기록휘편』의 이 문장[甚是華麗]은 『국조전고』에 "甚華麗"로, 『삼보정이집』, 『설집』, 『담생당』본에는 "만든 것이 매우 화려하다(制甚華麗)"[『담생당』본에는 '제(製)'자로 되어 있음]라고 하였다.

716 풍승균 씨는 교정 원문에 불당산을 돈드라 헤드라고 영문 표기를 했음에도, 그 주석에는 『도이지략』에 나오는 대불산(大佛山) 조목의 첫 번째 문장을 들어 대불산과 불당산을 혼동하게 했다. 『도이지략』의 대불산은 바로 애덤스 피크(Adam's Peak)를 지칭하는 것에 대부분 학자가 동의하고 있다.

717 별라리(別羅里)는 『영애승람』, 『서양조공전록(西洋朝貢典錄)』 모두 일치하는 표기를 보여 준다. 여기 풍승균 씨가 말하는 별라리(別羅里)에 관한 두 가지 설이란, 조지 필립스(George Phillips)가 1886년 「인도와 실론의 항구들(The seaports of India and Ceylon)」(『Journal of the China Branch of the Royal Asiatic Society』, XX, 211쪽)에서 "여기에서 언급된 이 항구는 갈(Galle)에서 약 13마일 떨어져 레드 베이(Red Bay)에 있는 벨리감(Belligamme)이 틀림없다고 생각한다"라고 한 것과 찰스 프리드햄(Charles Pridham)이 "마투라(Matura)의 다음은 벨리감(Belligamme, Welligama)인데, 11마일 이상 떨어져 있으며 여러 바위섬과 수목이 있는 두 섬으로 둘러싸인 아름다운 두 곶으로 형성된 레드 베이(Red Bay)에 있다. 어촌이자, 수출입 항구면서 코를(Korle)의 중심 도시로, 코코넛, 빵나무, 잭푸르트, 빈랑나무가 빽빽하다. '벨리(Beli)'라는 나무(Crataeva Marmelos L.)와 '마을'을 의미하는 '감메(gammé)'에서 그 명칭이 유래했다. 중간 지방은 비옥하고 잘 경작되며 길이 좋다(『An historical, political, and statistical account of Ceylon and its dependencies』, II, 1849, 597쪽)"라고 제기한 설을 말한다. 록힐은 '별라리=벨리감' 등식을 확신했다(『통보』, 1914, 439쪽과 1915, 378쪽).

실뱅 레비(Sylvain Lévi) 씨는 「왕현책의 인도 사신행(Les missions de Wang Hiuen-ts'e dans l'Inde)」에서 "필립스 씨는 [원문을] 오독하고 마환의 설명을 고치려 했다. 바티콜로아(Batticoloa) 쪽의 앵가취(鶯哥嘴)산과 불당산(佛堂山)을 섬의 남단에 있는 돈드라(Dondra) 곶으로 확인하려 했다. 따라서 그는 같은 지역에서 그가 별라리(別羅里) 항구라고 생각한 벨리감의 뒤쪽에서 수도를 찾으려 했다. 그러나 별라리는 벨리감이 아닐 것이다. 별라리는 콜롬보에 있거나 그 주변에 있어야 한다. 중국 항해가들의 앵가취산(鶯歌嘴山)은 돈드라 곶이고, 불당산(佛堂山)은 라비니아(Lavinaia)산임이 분명하다"(『JA』, 1900, 439쪽)라고 하였다. 레비 씨의 이러한 추정은 애덤스 피크, 즉 스리 파다(Sri Pada)에 있는 부처의 발자국을 염두에 둔 추정인데, 돈드라 헤드 바다에도 이러한 발자국이 있으므로, 레비 씨가 콜롬보 근처에 있을 것이라는 가설은 재고해야 한다.

③ 앞의 두 글자[自此]는 『승조유사』본에 따라 보충하였다.[718]

④ 앞의 네 글자[陸行. 此處]는 『승조유사』본에 따라 보충하였다.[719]

⑤ 앞의 두 글자[石, 故]는 『승조유사』본에 따라 보충하였다.[720]

⑥ ['유(有)'자는] 『기록휘편』 원문에 '우(右)'자로 잘못되어 『승조유사』본과 『서양조공전록』에 따라 고쳤다.[721]

⑦ '혼(混)'자는 잘못된 것 같다. 『명사』에는 '진(眞)'자로 되어 있다.[722]

⑧ ['우(又)'자는] 『기록휘편』에 '급(及)'자로 잘못되어 『승조유사』본에 따라 고쳤다.[723]

10-3. 수도의 종교문화

또 북쪽으로 40~50리를 가면, 왕이 사는 성(城)에 이른다. 국왕은 쇄리(鎖俚) 사람의 성씨이고, 불교를 신봉하며, 코끼리와 소를 존숭한다. 사람들은 소똥을 태운 재를 몸에 골고루 바르며, 소는 감히 먹지 못하고 단지 그 우

718 이 교정에 해당하는 『기록휘편』 원문[泊船, 登岸]은 『국조전고』, 『삼보정이집』, 『설집』에도 일치를 보이고, 『담생당』본에만 "泊舟, 登岸"으로 되어 있으며, 공진의 『서양번국지』에는 "泊舡, 登岸"으로 되어 있으므로 풍승균 씨가 『승조유사』본에 따라 보충해 넣은 것은 불필요하다.

719 이 교정에 해당하는 『기록휘편』의 원문[海邊山腳光石上有一足跡]은 『국조전고』, 『삼보정이집』, 『설집』 모두 일치하고 있고, 『담생당』본에는 "海邊山根腳光石上有一足跡"으로 되어 있다. 따라서 문두에 풍승균 씨가 보충해 넣은 '此處'는 불필요하다.

720 이 교정에 해당하는 『기록휘편』의 원문[腳踏, 此跡存焉]은 『국조전고』에 "腳踏, 其跡存焉"이라고 되어 있다. 또한 『삼보정이집』, 『설집』, 『담생당』본에는 "腳踏, 此存者"라고 하였고, 『서양번국지』에서는 "足跡存焉"이라고 하였다. 여기서는 의미를 정확히 하기 위해 풍승균 씨가 『승조유사』본에 따라 보충한 것을 따를 만하지만, 원문을 고칠 필요는 없다.

721 이 교정에 해당하는 『기록휘편』의 원문[左右佛寺]은 『담생당』본과 일치하지만, 『국조전고』, 『삼보정이집』, 『설집』, 그리고 『서양번국지』 모두에서 풍승균 씨가 교정한 "左有佛寺"를 확인할 수 있다.

722 '석가불혼신(釋迦佛混身)'은 『국조전고』에서도 보이지만, 『삼보정이집』, 『설집』, 『담생당』본에는 '불'자 없이 '釋迦混身'으로 되어 있다. 여기의 '혼신'은 전신(全身)의 의미이다. 풍승균 씨는 무엇을 근거로 '혼(混)'자가 잘못되었다고 생각했는지 모르겠다. 후지타 도요하치는 이 '혼(混)'자를 '횡(橫)'자의 잘못으로 보았지만, 근거를 제시하지는 않았다(『도이지략교주』, 110쪽). 문맥으로 보았을 때, 후지타 도요하치가 제시한 '횡'자도 그럴법하다. 그러나 바로 뒤에 '측(側)'자가 나오므로 의미가 중복된다.

723 '우(又)'자는 『국조전고』, 『삼보정이집』, 『설집』, 『담생당』본, 그리고 『서양번국지』 모두에 '급(及)'자로 되어 있으므로, 풍씨의 교정을 따를 필요가 없다.

유만을 먹는다. 소가 죽으면 매장하고, 사사로이 소를 잡은 자는 왕의 법으로 사형에 처하고, 혹 소머리 크기의 금을 바치면 그 죄를 면제받는다. 왕의 거처와 큰 집 작은 집 할 것 없이 새벽마다 소똥을 물과 섞어 집 아래 땅에 골고루 바른 다음 예불한다. 두 손은 앞으로 쭉 펴고, 두 다리는 뒤로 쭉 뻗쳐 가슴과 배 모두 땅에 붙여서 절한다.

又北去四五十里,① 纔到王居之城.② 國王係鎖俚人氏, 崇信釋教, 尊敬象牛. 人將牛糞燒灰, 遍搽其體, 牛不敢食,③ 止食其乳. 如有牛死, 卽埋之,[724] 若私宰牛者, 王法罪死, 或納牛頭大④金以贖其罪. 王之居址, 大家小戶每晨⑤將牛糞用水調稀, 遍塗屋下地面, 然後拜佛. 兩手直舒於前, 兩腿直伸於後, 胸腹皆貼地而爲拜.[725]

① 이상 일곱 글자[又北去四五十里]는 『기록휘편』에 '북쪽으로 4~5리(去北四五里)'로 되어 있고, 『국조전고』본에는 '여기에서 40~50리(去此四五十里)'로 되어 있으며, 『서양조공전록』에는 '또 북쪽으로 50리를 가면(又北行五十里)'으로 되어 있다. 『승조유사』본에는 '또 북쪽으로 40리 떨어진(又北去四十里)'으로 되어 있고, 장승 개정본에는 '또 서북쪽 육로로 50리를 가서(又西北陸行五十里)'로 되어 있는데 장승의 개정본의 '서북'은 근거가 없다. 따라서 위의 문장과 같이 고쳤다.[726]

724 이상 『기록휘편』의 두 문장[如有牛死, 卽埋之]은 『국조전고』와는 일치하지만, 『삼보정이집』, 『설집』, 『담생당』본, 『서양번국지』에는 "牛死卽埋之"로 되어 있다.

725 "첩지(貼地)"는 『국조전고』에 "着于地"로, 『삼보정이집』과 『설집』에는 "착지(着地)"로 되어 있으므로, 의미는 같지만 '첩'자는 '착(着)'자로 고치는 것이 맞다. 이는 『서양번국지』에서 "著地"라고 한 표현으로 근거 삼을 수 있다.

726 이 교정에 해당하는 『기록휘편』 원문[去北四五里]은 『삼보정이집』에 "去北西五十里"로, 『설집』, 『담생당』본에서는 "去西北五十里"라고 되어 있다. 한편 『국조전고』의 "去此四五十里"에서 '此四'는 '北西'의 오기일 수도 있고, 또는 그 반대일 수도 있다. 공진의 『서양번국지』(상달 교주본, 23쪽)에는 "北去四五十里"로 되어 있는 것으로 볼 때, 『삼보정이집』, 『설집』, 『담생당』본의 '서(西)'자는 '사(四)'자의 오기일 것이다. 풍씨의 교정문 문두에 보이는 '우(又)'자도 다른 판본에 없으므로, 삭제하는 것이 좋고, '십(十)'자는 보충하는 것이 맞다.

② ['왕거지성(王居之城)'은] 당시 실론[석란]의 왕성(王城)은 감폴라(Gampola)에 있었다.[727]

③ ['우불감식(牛不敢食)'은] 마땅히 『국조전고』본에 따라 "감히 소를 먹지 않는다(不敢食牛)"라고 고쳐야 할 것이다.[728]

④ '대(大)'자는 『승조유사』본에 따라 보충하였다.[729]

⑤ ['신(晨)'자는] 『기록휘편』에 '일(日)'자로 되어 있어 『승조유사』본과 『서양조공전록』에 따라 고쳤다.[730]

10-4. 애덤스 피크(Adam's Peak)[731]

727 '성(城)'자는 『국조전고』, 『삼보정이집』, 『설집』 모두에 '처(處)'자로 되어 있으므로, 이에 따라 고치는 것이 타당하다. 『담생당』본에는 해당 글자가 빠져 있다.

728 『기록휘편』의 이 문장[牛不敢食]은 『국조전고』에 "不敢食牛"로, 『삼보정이집』, 『설집』, 『담생당』본에는 "소고기를 먹지 않는다(不食牛肉)"라고 되어 있으므로, 풍승균 씨의 교정은 적절하다.

729 이 교정에 해당하는 『기록휘편』 원문[혹 소의 값에 해당하는 금을 바치면 그 죄를 면제받는다(或納牛頭金以贖其罪)]은 『삼보정이집』, 『설집』과 일치하고 있지만, 『국조전고』에서는 '대(大)'자를 넣어 "혹 소 머리 크기의 금을 바치면 그 죄를 면제받는다(或納牛頭大金以贖其罪)"라고 하였다. 의미의 전달 측면에서 『국조전고』본이 더 자연스럽다. 따라서 풍승균 씨의 보충은 따를 만하다. 한편 『담생당』본에서는 "國[或]納牛金以贖"으로 되어 있다. 또한 『담생당』본은 여기에서부터 빠진 문장이 많고, 마지막 중국과 교역하는 대목의 "國射[麝]香…"으로 이어 간다. 게다가 『서양번국지』에도 "或納牛頭金以贖其罪"로 되어 있으므로, '대(大)'자를 추가하는 교정이 꼭 필요한 것은 아니다.

730 이 교정에 해당하는 『기록휘편』 원문[大家小戶每日將牛糞用水調稀]은 『국조전고』에 "王居之址幷大家小戶, 每日侵晨, 先將牛糞用水調稀"라고 되어 있고, 『삼보정이집』과 『설집』에는 "王居之址, 大家小戶每日侵晨, 先將牛糞用水調稀"라고 하였다. 또한 『서양번국지』에는 "每早國人皆以牛糞調水"라고 하였으므로, 풍승균 씨가 『기록휘편』의 '일(日)'자를 '신(晨)'자로 고친 것보다는 '일'자를 그대로 살리고 '侵晨'을 더 추가하는 것이 더 완전한 문장일 것이다.

731 애덤스산은 스리랑카 중남부 스리 파다(Sri Pada, 신성한 발자국)에 있는 해발 2,243m의 봉우리를 말한다. '스리 파다'라는 명칭은 4세기 팔리어 연대기인 『디빠왐사(Dīpavaṃsa)』에 처음으로 언급되는데, 부처의 발자국으로 기술되어 있다. 이후 불교도들은 부처의 발자국이라 주장하고, 힌두교도들은 시바(Siva), 무슬림과 기독교도들은 아담, 중국인들은 반고(盤古)의 발자국이라고 신성시한다. 앞서 언급했듯이 스리랑카에는 이러한 발자국이 여기 애덤스산과 스리랑카 남단의 돈드라에 있었지만, 돈드라의 유적은 1578년 포르투갈인의 훼손으로 사라진 것으로 보인다.

이 산은 법현(法賢) 『불국기(佛國記)』에 가장 먼저 언급된 것 같다. 그에 따르면, "부처가 이 나라에 와서 악한 용들을 교화하려고 했다. 신비로운 발걸음으로 왕성의 북쪽에 한 발자국을 남겼고, 한 발자국은 산꼭대기를 밟았다. 두 발자국의 거리는 15유연이다(佛至其國欲化惡龍. 以神足力一足躡王城北. 一足躡山頂, 兩跡相去十五由延)"라고 기술하였다. 드레주(J.P. Drège)는 이 단락을 주석하면서, 하나는 왕의 거처 측면에는 큰 산이 있는데, 구름을 찌를 듯 높이 솟아 있고, 산꼭대기에는 사람의 발자국 하나가 있다. 들어간 돌의 깊이는 2척이고 길이는 8척 남짓이다. 사람의 조상인 아담(阿聃) 성인, 즉 반고(盤古)의 발자국이라고 한다.

돈드라 헤드에 있는 발자국과 하나는 애덤스 피크에 있는 것이라고 확신했다(Faxian: Mémoire sue les Pays Bouddhiques, Paris, 2013, 68쪽, 주348). 그러나 문장을 세밀하게 볼 필요가 있다. 하나가 애덤스 피크에 있다는 것은 정확하지만, 첫 번째 발자국에 대해 법현은 왕성(王城)의 북쪽에 있다고 하였다. 돈드라 헤드는 스리랑카 남단의 해변에 자리하고 있다. 그 남쪽은 바다로 왕성이 있을 곳이 아니다. 포르투갈 사람들이 오기 이전에 부처의 발자국이 돈드라에 있었던 것은 틀림없다. 그렇다면 왕성의 북쪽이 아니라 남쪽이 되어야 맞을 것이다. 법현이 말한 두 발자국 사이의 거리를 표기한 요자나(yojana)는 인도의 거리 단위로 12~15㎞에 해당한다고 한다. 따라서 두 발자국의 거리는 180~225㎞이다. 직선거리로만 100㎞ 이상이므로 법현이 기술한 거리는 그럴법하다. 법현 이후, 현장이나 의정 같은 구법승들은 스리랑카의 부처 발자국에 관해 아무런 언급도 하지 않았다. 13세기 송나라에 이르러서야 다시 전문(傳聞)을 통해 기술되었다.

조여괄의 『제번지』의 세란국(細蘭國) 조목에, "'세륜첩(細輪疊)'이라는 산이 있는데, 산꼭대기에는 거인의 발자국이 있다. 길이는 7척 남짓이고, 그중 하나는 물속에 있는데 산에서 3백여 리쯤 된다(有山名細輪疊, 頂有巨人跡, 長七尺餘, 其一在水內, 去山三百餘里)"라고 하였다. 첫 번째 발자국은 애덤스 피크의 것이고, 하나는 바닷속에 있다고 하였으며, 두 발자국의 거리는 300리 즉 117㎞라고 한 것을 보면, 두 발자국 간의 거리는 상당히 근접하고 있다. 조여괄이 전문에 따라 바닷속에 있다고 하는 발자국은 바로 남단의 돈드라 헤드일 것이다. 하지만 조여괄은 부처가 아니라 거인(巨人)의 발자국이라고 기술하고 있다는 점에 주목할 필요가 있다. 법현의 기술에서 그 발자국이 부처의 것임을 확인할 수 있음에도, 조여괄의 거인 발자국이 왕대연의 『도이지략』에서 부처의 것으로 되었다고, 드레주는 설명하고 있다. 왕대연은 고랑보(高郎步) 조목에서 대불산(大佛山)을 언급했고, 다시 대불산 조목을 별도로 두어 기술하고 있지만, 발자국에 관한 이야기는 찾을 수 없다. 분명 드레주의 설명에는 착오가 있다.

비신(費信)의 『성사승람』 석란국(錫蘭國) 조목에는 "해변에는 반석 하나가 있고, 위에는 발자국이 찍혀 있는데, 길이는 3자쯤 되며 항상 물이 있어 마르지 않는다. [사람들은] 이전 세상에서 석가불이 니코바르 군도[翠藍嶼]에서 이 해안으로 뭍에 올라 밟은 이러한 발자국이 오늘날까지도 성스러움 발자취로 남아 있는 것이라고 하였다. 산 아래에는 한 사찰이 있는데, 석가불이 열반에 든 진신(眞身)이 사찰에 옆으로 누워 아직 남아 있고, 또 사리가 그의 침소에 남아 있다고 한다(海邊有一盤石, 上印足跡, 長三尺許, 常有水不乾, 稱爲先世釋迦佛從翠藍嶼來登此岸, 足躡其跡, 至今爲聖跡也. 山下有一寺, 稱爲釋迦佛涅槃眞身, 在寺側臥尙存, 亦有舍利子在其寢處)"라고 기록했는데(풍승균, 『성사승람교주』 전집 29쪽), 비신은 돈드라의 발자국만 확인했고, 애덤스산의 발자국은 언급하지 않고 있다. 기록에 따르면 비신은 정화의 두 번째 항해에 따라갔다. 그때는 1410년, 즉 아열고내아(亞烈苦奈兒, Aḷagakkōnāra)를 사로잡기 한 해 전으로 당시는 돈드라 항구에서 석란국과의 충돌을 피했기 때문에 애덤스산을 기록하지 않았다고 추측할 수 있겠다. 이처럼 스리랑카의 두 곳 발자국을 둘 다 정확히 기록하고 있는 것은, 마환의 『영애승람』으로, 이 둘을 모두 기술한 최초의 기록인 셈이다.

王居之側有一大山, 侵雲高聳, 山頂有人脚跡一箇, 入石深二尺,[732] 長八尺餘.① 云是人祖阿聃②聖人, 卽盤古之足跡也.

① ['장팔척여(長八尺餘)'는] 장승 개정본도 이와 같다. 『승조유사』본에는 '깊이는 1척, 길이는 8척(深一尺, 長八尺)'으로 되어 있고, 『서양조공전록』에는 '2척 가량(二尺許)'으로 되어 있다.[733]

② '조아(祖阿)' 두 글자는 『기록휘편』에 인쇄된 것이 마멸되어 있고, '담(聃)'자는 '염(冉)'자로 잘못되어 모두 『승조유사』본에 따라 보충하고 고쳤다.[734]

10-5. 애덤스산의 보석

이 산 안에는 홍아고(紅雅姑), 청아고(青雅姑), 황아고(黃雅姑), 청미람심(青米藍心),[735] 석랄니(昔剌泥),[736] 굴몰람(窟沒藍)[737] 등 일체의 보석이 모두 있다. 큰

732 『기록휘편』의 이 문장[入石深二尺]에서 '입석(入石)'은 『삼보정이집』과 『설집』에 '인석(人石)'으로 잘못되어 있다. 『국조전고』에만 '이척(二尺)'이 '삼척(三尺)'으로 되어 있다. 『서양번국지』에도 '2척'으로 되어 있는 것을 보면 2척이 선본으로 판단된다.

733 『기록휘편』의 이 정보[長八尺餘]는 『삼보정이집』과 『설집』에도 같다. 단 『국조전고』본에만 '長八尺'으로 되어 있다. 『서양번국지』에도 '여(餘)'자가 들어 있다.

734 이 교감 사항은 풍승균 씨가 어떤 판본을 근거했는지는 모르지만, 『기록휘편』뿐만 아니라, 『국조전고』, 『삼보정이집』, 『설집』, 그리고 『서양번국지』 모두 '人祖阿聃'을 보여 주고 있다.

735 청미람석(青米藍石)의 미람(米藍)은 도종의(陶宗儀), 『철경록(輟耕錄)』(총서집성초편, 109쪽) 권7, 회회석두(回回石頭) 조목에 보이는 '니람(你藍)'이란 보석의 다른 음역인 것으로 보인다. 도종의의 설명에 따르면 "니람은 중등품이며 연한 청색이다"라고 했다. 이 밖에도 옥박니람(屋撲你藍)도 들어 있는데, "하등품이다. 물방울 같은 모양이고 돌이 붙어 있으며, 온통 청색이다"라고 설명되어 있다. 이들은 아골(鴉鶻)의 7종 중에 들어 있으므로 야쿠트의 일종으로 봐야 할 것이다. 자세한 것은 섬라국 조목 4-10의 주석을 참고하시오.

736 '석랄니(昔剌泥)'라는 보석은 도종의, 『철경록(輟耕錄)』(총서집성초편, 108쪽) 권7, 회회석두(回回石頭) 조목에서 홍석두(紅石頭)의 4종류 중 하나로 기록되어 있다. 그에 따르면 "검은 홍색이다(昔剌泥【黑紅色】)"라고 하였다. '석랄'은 말레이어 시라(sirah)의 음역으로 홍색을 의미하며, 석류석(石榴石, Garnet)을 말한다.

737 굴몰람(窟沒藍)은 도종의, 『철경록(輟耕錄)』(총서집성초편, 108쪽) 권7, 회회석두(回回石頭) 조목에서

비가 내릴 때마다 흙에서 나온 것들이 모래 속으로 흘러 들어가므로 찾아 주우면 된다. 이러한 보석들은 바로 부처의 눈물이 맺혀 만들어진 것이라고 늘 말해진다.

此山內出紅雅姑①·青雅姑②·黃雅姑·青米藍心·昔剌泥·窟③沒藍等一切寶石皆有. 每有大雨, 冲出土, 流下沙中, 尋拾則有.[738] 常言寶石乃是佛祖眼泪結成.[739]

① '아고(雅姑)'는 내 생각에 아랍어와 페르시아어의 야쿠트(yaqut)에 해당하는 음으로 보인다. 『승조유사』본에는 모두 '아골(鴉鶻)'로 되어 있다.[740]
② 이상 두 글자[雅姑]는 흐릿하여 『서양조공전록』에 따라 보충했다.
③ ['굴(窟)'자는] 『서양조공전록』에 '굴(屈)'자로 되어 있다.[741]

홍석두(紅石頭)로 분류하고 있는 보석으로, 『철경록』에서는 고목란(古木蘭), 고목란(苦木蘭)으로 옮기고 있다. 도종의는 "고목란(古木蘭)【붉고, 검고, 노란색이 일정하지 않은 색을 띠고 있다. 덩어리는 크지만, 돌의 값은 싸다】(古木蘭 【紅黑黃不正之色, 塊雖大, 石至低者】)"이라고 설명했다. 만명 씨는 말레이어 쿠물라(kumula), 쿠말라(kumala)의 음역으로 보았다(『명초본영애승람교주』, 55쪽). 한편 임매촌 씨는 아랍어 [humrah]에 대응하는 음으로 보았는데, '잡색'이란 의미가 있다고 하였다(「보석예술과 중외문화교류(珠寶藝術與中外文化交流)」, 『考古與文物』, 2014, 83쪽).

738 이상 『기록휘편』의 네 문장[每有大雨, 冲出土, 流下沙中, 尋拾則有]은 『국조전고』에 "每過大雨, 水衝出土, 流下沙中, 尋拾則有"라고 하였고, 『삼보정이집』에는 "每遇大海, 水冲土, 流下沙中, 尋拾則得之"라고 하였으며, 『설집』에는 "每遇雨, 水冲土, 流下沙中, 尋拾得之"라고 되어 있다. 따라서 『기록휘편』의 '매유(每有)'는 '매과(每過)' 또는 '매우(每遇)'의 의미로 읽으면 될 것이다.

739 『기록휘편』의 '불조(佛祖)'는 『국조전고』, 『삼보정이집』, 『설집』 모두에 '인조(人祖)'로 되어 있다. 또 『서양번국지』에서도 '인조'로 되어 있으므로 여기서는 아담성인, '인조(人祖)'로 고치는 것이 맞다.

740 아고(雅姑)에 관하여 자세한 설명은 섬라국 조목의 4-10을 참고하시오.

741 애덤스산에서 나는 보석들을 설명하고 있는 『기록휘편』의 이 문장들[此山內出紅雅姑·青雅姑·黃雅姑·青米藍心·昔剌泥·窟沒藍等一切寶石皆有]은 『국조전고』에 "此山出青·紅·黃鴉鳥, 青米藍石·昔喇泥·窟沒藍等一應寶石皆有"라고 하였고, 『삼보정이집』과 『설집』에는 "이 큰 산 안에서는 홍아고, 청아고, 청미람석, 석랄니, 굴몰람 등 온갖 보석이 난다(其大山內出紅雅姑·青雅姑·青米藍石·昔剌泥·窟沒藍等一切寶石)"라고 하였다. 분명 『삼보정이집』과 『설집』에는 '황아고'가 빠져 있다. 한편 『서양번국지』에는 "此山出紅雅**胡**·黃雅**胡**·青米藍**石**·昔剌泥·窟沒藍等諸寶石"이라고 하였다. 따라서 『기록휘편』의 '청미람심(青米藍心)'은 여기서는 보석을 말하고 있으므로, '심(心)'자는 '석(石)'으로 고쳐야 할 것이다.

10-6. 진주 연못

그 바다에는 하얗게 떠 있는 듯한 모래사장 한 조각이 있다. 일월이 그 모래사장을 비추면, 광채가 찬란하게 반짝이는데, 날마다 모래사장에는 진주 나합(조개)들이 몰려든다. 왕은 진주 연못[珠池]을 마련하여, 2, 3년마다 한 번씩 사람을 보내 채취한 나합들을 연못 속에 쏟아붓게 하고, 사람을 보내 그 못을 지키게 한다. 썩기를 기다렸다가, 물로 진주를 씻어 내 관청에 바치게 한다. 몰래 훔쳐서 다른 나라에 파는 사람들도 있다.[742]

其海中有雪白浮沙一片，日月照其沙,[743] 光采瀲灩，日有珍①珠螺蚌聚集沙上．其

742 실론의 진주 생산과 명성은 플리니의『자연사(Naturalis Historia)』, 6세기 그리스 상인 코스마스 인디고플레우스테스(Cosmas Indicopleustes)의『Christian Topography』, 11세기 알 비루니(al Biruni)의 증언에서도 확인된다. 진주를 생산하는 연못 즉 주지(珠池)에 관한 기술은 비신의『성사승람』에서도 여실히 확인할 수 있지만, 전하는 말을 옮겨 두었다는 의심이 많이 든다. 왜냐하면 두 사람의 기술이 한 자료에 근거한 듯이 대동소이하기 때문이다. 알 비루니(Al Biruni)에 따르면, 이전 시대에는 사란디브(Sarandib, 실론)의 만에는 진주가 나는 모래톱이 있었지만, 지금은(1030년경) 이들은 방치되었다. 사란디브의 진주가 사라진 이래로, 다른 진주들이 잔즈(Zanj)라는 나라에 있는 수팔라(Sufala, 소팔라)에서 발견되자, 사람들은 사란디브의 진주들이 소팔라로 옮겨 갔다고 한다고 설명했다(Qeyamuddin Ahmad ed., Edward C. Sachau tr.,『India by Al Biruni』, 1983, 101~102쪽). 말하자면, 마환과 비신의 시대에는 이미 진주 생산의 명성은 다른 나라로 넘어간 상태였을 것이다. 동시대의 15세기 유럽 여행자들은 실론의 진주를 언급하지 않고 있다. 먼저 1414~1439년 참파까지 여행한 이탈리아 상인 니콜로 데 콘티(Niccolò de' Conti)는 "이 만의 중간에 '세일란(Zeilan)'이라는 매우 아름다운 섬이 있는데, 둘레는 3천 마일이며 이곳에서 땅을 파면 루비, 사파이어, 석류석 그리고 '고양이 눈동자'라고 부르는 돌을 찾을 수 있다"라고 하였고[메이저(R.H. Major) 편,『India in the Fifteenth century』(London, Hakluyt Society, 1857),「니콜로 콘티의 여행」, 8쪽], 또 30여 년 뒤에 인도를 여행[1466~1472년]한 러시아의 아파나시우스 니키틴(Athanasius Nikitin)는 "실론은 인도양의 적지 않은 또 다른 항구이다. 언덕에는 아담의 무덤이 있고 그 주변에서는 보석들, 안티모니(antimony), 파스티쓰(fastisse), 마노(agate), 친차이(cinchai), 크리스털, 숨바다(sumbada, 유향 수지?) 등이 난다. 코끼리와 타조가 그곳에 서식하는데 코끼리는 크기로, 타조는 무게로 팔린다"라고 하며(앞의 책,「Travels of Nikitin」, 20쪽) 진주에 대한 언급이 없다.

743『기록휘편』의 이 문장[日月照其沙]은『국조전고』,『삼보정이집』,『설집』모두에 '월(月)'자 없이 "日照其沙"라고 하였고,『서양번국지』에서도 "日照之光彩橫發"로 되어 있으므로, '월(月)'자는 빼는 것이 맞다.

王置珠池,[744] 二②三年一次令人取螺蚌傾入池中, 差人看守此池, 候其壞爛, 則用水③淘珠, 納官. 亦有偷盜賣於他國④者.

① '진(珍)'자는 『승조유사』본에 따라 보충하였다.[745]

② ['이(二)'자는] 『승조유사』본에 '매(每)'자로 되어 있고, 『서양조공전록』에는 '범(凡)'자로 되어 있다.

③ 이상 일곱 글자[候其壞爛, 則用水]는 『승조유사』본에 따라 보충하였다.[746]

④ 이상 세 글자[於他國]는 『승조유사』본에 따라 보충하였다.[747]

10-7. 복식

이 나라의 땅은 넓고 사람은 조밀하여, 조와(爪哇)에 버금가며 민속은 풍요롭다. 남자들은 상반신을 그대로 드러내고, 아래는 유색 명주실로 짠 수건을 두르며 압요(壓腰)[748]를 더한다. 온몸의 털은 모두 깎아 말끔하며, 그

744 '주지(珠池)' 앞에 『국조전고』, 『삼보정이집』, 『설집』 모두 '일(一)'자가 들어 있으므로, 여기에 보충해 넣는 것이 맞다.

745 이 교정에 해당하는 『기록휘편』 원문[日有珠螺蚌聚集沙上]은 『국조전고』에 "曰有珍珠螺蚌聚集其上"이라고 하였고, 『삼보정이집』에는 "日有珍珠螺蚌聚止于上", 『설집』에는 "日有珍珠螺蚌聚于上"으로 되어 있다. 따라서 '진(珍)'자를 보충한 것은 당연한 교정이다. 한편 여기 『기록휘편』, 『삼보정이집』, 『설집』의 문장에서 '일(日)'자는 『국조전고』의 '왈(曰)'자로 바꾸는 것이 문맥에 잘 어울린다.

746 이 교정에 해당하는 『기록휘편』의 원문[二三年一次, 令人取螺蚌傾入池中, 差人看守此池, 淘珠, 納官]은 『삼보정이집』과 『설집』에서 "二三年一次, 令人取螺蚌傾入珠池之內, 差人看守此池, 淘珠, 納官"이라고 한 문장과 거의 일치를 보인다. 이러한 정보들은 『국조전고』에 "2, 3년마다 한 번씩 나합을 잡아서 진주 연못 속에 넣고 썩히고, 사람들 보내 지키게 한다. 물에 진주를 씻어내 관청에 바친다(二三年一次, 令人取螺蚌傾入珠池內**作爛, 差人看守, 水淘珠出**, 納官)"라고 하였다. 한편 『서양번국지』에서는 "每三年或二年取沙上螺蚌入珠池養之, 令人看守淘珠納官"이라고 되어 있다. 따라서 풍승균 씨가 『승조유사』본에 따라 보충해 넣은 말은 『국조전고』본을 따라야 할 것이다.

747 이 교정에 해당하는 『기록휘편』의 원문[亦有偷盜賣者]은 『국조전고』, 『삼보정이집』, 『설집』 모두에 "亦有竊取而賣者"라고 되어 있으며, 『서양번국지』에도 "亦有竊取而賣者"라고 하였으므로 풍승균 씨의 보충은 불필요하다.

748 압요(壓腰)에 관해서는 2-4를 참고하시오.

머리털만 남겨 두고, 흰 천으로 머리를 싸맨다. 부모가 죽은 자는 수염은 깎지 않는 것이 효도이다. 부인들은 머리 뒤로 상투를 매고, 아래는 흰 천을 두른다. 신생아는 머리를 자르고, 여자아이는 태어날 때의 머리를 유지하며 자르지 않고, 성인이 될 때까지 기른다.

其國地廣人稠, 亞於爪哇, 民俗饒富. 男子上身赤膊,① 下圍色絲②手巾, 加以壓腰. 滿身毫毛俱剃淨,[749] 止留其髮, 用白布纏頭. 如有父母死者, 其鬚毛卽不剃, 此爲孝禮. 婦人撮髻腦後, 下圍白布. 其新生③小兒則剃頭, 女留胎髮④不剃, 就養至成人.[750]

① [‘박(膊)’자는] 『기록휘편』에 ‘박(剝)’자로 되어 있어 『승조유사』본에 따라 고쳤다.[751]
② [‘사(絲)’자는] 『기록휘편』에 ‘녹(綠)’자로 잘못되어 『승조유사』본에 따라 고쳤다.[752]
③ [‘생(生)’자는] 『기록휘편』에 ‘왕(王)’자로 잘못되어 『국조전고』본에 따라 고쳤다.
④ 이상 네 글자[女留胎髮]는 『기록휘편』에 “여자는 다박머리에 비녀를 한다(女則髫髻)”로 되어 있어 『승조유사』본에 따라 고쳤다.[753]

749 『기록휘편』의 이 문장[滿身毫毛俱剃淨]은 『국조전고』에 “鬢鬚幷滿身毫毛皆剃去淨”으로 되어 있고, 『삼보정이집』에는 “髮鬚幷滿身毫毛皆剃淨”으로, 『설집』에는 “髭鬚幷滿身毫毛皆剃淨”으로 되어 있다. 하지만 『서양번국지』에도 “온몸의 털은 모두 항상 깎는다(渾身毫毛皆長剃)”라고 하며 『기록휘편』과 아주 비슷한 문장을 보여 준다. 그러나 다음 문장에서 머리털을 남겨 둔다고 했으므로, 『기록휘편』에는 『국조전고』의 ‘鬢鬚幷’ 세 글자를 더 보완해 넣어야 한다.

750 『기록휘편』의 이 문장[就養至成人]은 『국조전고』와 정확히 일치하는 반면, 『삼보정이집』과 『설집』에서 “養就至長”으로 되어 있다. 『서양번국지』에는 “태아 때의 머리털을 길러 길게 한다(就養胎髮至長)”라고 되어 있다.

751 ‘적박(赤膊)’은 『기록휘편』 원문에 ‘적박(赤剝)’으로 되어 있는데, 『삼보정이집』과 『설집』에도 마찬가지이다. 공진의 『서양번국지』(상달 교주본, 24쪽)에는 ‘적체(赤體)’로 되어 있다. 여기의 ‘적박(赤膊)’은 상체에 옷을 입지 않는 것을 말하므로, 『국조전고』본을 따르는 것이 맞다.

752 이 교정에 해당하는 『기록휘편』 원문[下圍色綠手巾]은 『국조전고』에 “下圍絲布手巾”으로, 『삼보정이집』에는 “下圍繫手巾”으로, 『설집』에는 “下圍絲嵌手巾”으로 되어 있다. 한편 『서양번국지』에는 ‘下圍絲手巾’으로 되어 있다. 여기서는 본서에서 많이 보이는 명주실을 섞어 짠 수건[絲嵌手巾], 바로 『설집』본이 가장 적합해 보인다.

10-8. 음식

수유(酥油)[754]와 우유가 없으면 밥을 먹지 않는다. 사람들이 밥을 먹으려면, 어두운 곳에서 먹고 다른 사람이 보지 않게 한다. 평소 빈랑, 부엽(蒟葉)을 입에서 떼지 않는다. 미곡, 지마(芝麻), 녹두 모두 있지만, 대맥과 소맥만 없다. 야자가 매우 많아, 기름, 당(糖), 술, 장(醬) 모두 이것으로 만들어 먹는다.

753 이상 신생아와 여자아이의 머리에 관한 『기록휘편』 원문[신생아는 머리를 자르고, 여자아이는 다박머리를 하고 자르지 않는다(其新王小兒則剃頭, **女則髫髻**不剃)]은 『설집』과 정확히 일치하고 있다. 『국조전고』에는 "신생아는 머리를 깎고, 여자아이는 태어날 때의 머리를 하고 자르지 않는다(其新生小兒則剃頭, 女則胎髮不剃)"라고 하였다. 한편, 『삼보정이집』에는 "其新生小兒則髮髻不剃"라고 여자아이의 머리에 대해서는 빠뜨려 버렸다. 하지만 『서양번국지』에서도 "아이가 태어나면 모두 머리를 자르지만, 여자아이는 자르지 않고 태어날 때의 머리를 아주 길게 기른다(兒生皆剃頭, 女則不剃, 就養胎髮至長)"라고 하였으므로 여기서는 『기록휘편』과 『설집』본을 그대로 따르는 것이 맞다. 당연히 『기록휘편』의 '왕(王)'자는 '생(生)'자의 오기이다. 또한 『기록휘편』의 '여즉초계(女則髫髻)'를 『승조유사』에 따라 고칠 필요는 없다.

754 '수(酥)'자는 『옥편』에 낙(酪)으로 정의되었다. 낙(酪)은 유장(乳漿) 즉 우유에서 단백질과 지방을 뺀 성분을 말한다. 남송 대통(戴侗)의 『육서고(六書攷)』(사고전서본, 권28, 34b)에 따르면, "주류이다. 북방에서는 말 젖을 '낙'이라고 하므로 '동락(湩酪)'이라 하고, 수(酥)와 제호(醍醐)는 모두 이로부터 나온다(酒類也. 北方以馬乳爲酪, 故因謂湩酪, 而酥與醍醐皆因之)"라고 하였다. 『본초강목』(사고전서본, 권50하, 36b) 수(酥) 조목에서 명칭을 해석하여, "수유는 북방 오랑캐들은 '마사가유(馬思哥油)'라 한다(酥油, 北虜名馬思哥油)"라고 하였다. 원나라 홀사혜(忽思慧)가 1330년에 지은 요리책인 『음선정요(飮膳正要)』(사고전서본, 권2, 8쪽)에 "마사가유(馬思哥油)는 깨끗한 소의 우유를 채취하여 손을 대지 않고 아적(阿赤, 기름을 젓는 나무 도구)으로 저어, 떠서 응결된 것을 얻는데, '마사가유'라고 한다. 지금은 '백수유(白酥油)'라고 한다(取淨牛妳子, 不住手, 用阿赤打, 取浮凝者爲馬思哥油, 今亦雲白酥油)"라고 설명했다. 도홍경(陶弘景, 456~536)에 따르면(『본초강목』, 앞의 출처), "수(酥)는 외국에서 나고, 익주(益州, 사천성의 후한 13주 중 하나)에서도 들어온다. 원래 소나 양의 젖으로 만든 것이다(酥出外國, 亦從益州來. 本牛·羊乳所作也)"라고 하였으므로, 수(酥)의 존재는 위진남북조시대로 거슬러 올라갈 수 있다. 다시 수유를 만드는 방법에 대하여 『정자통(正字通)』에 인용된 『음선정요』에, "우유 반 국자를 솥에 넣고 볶은 다음, 나머지 우유를 넣어 수십 차례 끓이면서 국자로 휘저어 대야에 부어 식혀 떠 있는 표층을 취하면 수(酥)가 되고 있던 낙(酪)을 조금 넣어 종이로 봉해 저장하면 낙(酪)이 된다(用乳半杓, 鍋內炒過, 入餘乳熬數十沸, 頻以杓縱橫攪之, 傾出, 罐盛待冷, 略取浮皮爲酥, 入舊酪少許, 紙封貯卽成酪)"라고 하였다(『강희자전』, 권30, 102a). 이로써 볼 때, 수(酥)는 버터이고, 낙(酪)은 발효 우유, 즉 요거트를 말한다.

無酥油①牛乳不食飯. 人②欲食飯, 則於暗處潛食,[755] 不令人見. 平居③檳榔荖葉不絕於口. 米穀・芝蔴・菉豆皆有, 惟無大小二④麥. 椰子至多, 油・糖・酒・醬⑤皆以⑥此物借造而食.

① ['유(油)'자는] 『기록휘편』에 '낙(酪)'자로 되어 있어 『승조유사』본에 따라 고쳤다.[756]
② ['인(人)'자는] 『승조유사』본에는 '종(縱)'자로 되어 있다.[757]
③ 이상 두 글자[平居]는 『승조유사』본에 따라 보충하였다.[758]
④ 이상 세 글자[大小二]는 『기록휘편』에 '면(麵)'자로 되어 있어 『승조유사』본에 따라 고쳤다.[759]
⑤ ['유당주장(油糖酒醬)'은] 『기록휘편』에 '유주당반(油酒糖飯)'으로 되어 있어 『승조유사』본에 따라 고쳤다.
⑥ 이상 두 글자[皆以]는 『승조유사』본에 따라 보충하였다.[760]

755 『기록휘편』의 이 문장[則於暗處潛食]은 『국조전고』, 『삼보정이집』, 『설집』 모두 "則於暗處而食"으로 되어 있다. 의미상의 변화는 없으므로 그대로 둔다. 『서양번국지』에서는 "어두운 곳에서 혼자 먹는다(則自食于暗處)"라고 기술했다.

756 이 교정에 해당하는 『기록휘편』 원문[無酥酪牛乳不食飯]은 『국조전고』에 "無酥油牛乳不食其飯"이라고 하였고, 『삼보정이집』과 『설집』에는 '무(無)'자 앞에 '인(人)'자를 더 넣어 "人無酥油牛乳不食飯"이라고 하였다. 또한 『서양번국지』에도 "其飯食皆不缺酥乳"라고 하였으므로, 『기록휘편』의 '낙(酪)'자는 '유(油)'자로 고치는 것이 맞고, 문두에는 '인(人)'자를 보충해 넣는 것이 문맥에 유리하다.

757 『기록휘편』의 이 문장[人欲食飯]은 『국조전고』에 "若人欲喫飯"으로, 『삼보정이집』과 『설집』에는 "人欲喫飯"으로 되어 있다.

758 이 교정에 해당하는 『기록휘편』 원문[檳榔荖葉不絕於口]은 『국조전고』에 "檳榔荖葉不絕其口而食"으로 되어 있을 뿐, 『삼보정이집』, 『설집』 그리고 공진의 『서양번국지』에도 풍승균 씨가 보충한 '평거(平居)'는 없으므로 불필요한 교정이라 할 수 있다.

759 이 교정에 해당하는 『기록휘편』 원문[惟無麵麥]은 『국조전고』, 『삼보정이집』, 『설집』 모두 일치를 보이고 있고, 『서양번국지』에도 '무맥(無麥)'으로만 되어 있으므로 풍승균 씨의 교정은 불필요하다.

760 이 교정에 해당하는 『기록휘편』 원문[油・糖・酒・飯此物借造而食]은 『국조전고』에 "油・酒・糖・飯皆將此物做造而食用之"라고 하였고, 『삼보정이집』과 『설집』 "油・酒・糖・飯皆將此物做造而食"으로 되어 있다. 풍승균 씨가 『승조유사』본에 따라 '장(醬)'자로 고친 글자가 모두 '반(飯)'자로 되어 있음을 확인할 수 있다. 이는 『서양번국지』에서도 마찬가지이다. 따라서 우리는 『기록휘편』의 원문에서 '차(此)'자 앞에 '皆將' 두 글자를 보충해 넣는 것 이외에 교정할 수 있는 것은 없다.

10-9. 상례

사람이 죽으면 화장하고 뼈를 매장한다. 상가에는 친척과 이웃의 부인들이 모여서 모두 두 손으로 일제히 젖가슴을 치며 울부짖고 통곡하는 것을 예로 여긴다.

人死則以火化埋骨.[761] 其喪家聚親鄰之婦, 都將兩手齊拍胸乳而叫號哭泣爲禮.

10-10. 과일과 가축

과일에는 파초자(芭蕉子), 파라밀(波羅蜜), 감자(甘蔗), 오이, 가지, 채소가 있고, 소, 양, 닭, 오리가 모두 있다.

果有芭蕉子・波羅蜜・甘蔗・瓜・茄・蔬菜,[762] 牛・羊・雞・鴨皆有.

10-11. 통화와 교역

왕은 금으로 돈을 만들어 유통해 사용하는데, 금전 1개의 무게는 중국 저울로 1푼 6리이다. 중국의 사향(麝香), 저사(紵絲), 색견(色絹), 청자반완(青

761 『기록휘편』의 이 문장[人死則以火化埋骨]은 『국조전고』에 "人死則火化埋骨"이라고 하였고, 『설집』에는 "人死則火化而埋其骨"로 되어 있지만, 『삼보정이집』에만 '골(骨)'자를 빠뜨렸다. '화화(火化)'란 화장(火葬)한다는 뜻이므로, 『기록휘편』의 '이(以)'자는 다른 사본들에 따라 빼는 것이 적절하다.

762 이 『기록휘편』의 문장[果有芭蕉子・波羅蜜・甘蔗・瓜・茄・蔬菜]은 구두하기가 매우 애매하다. 약간의 빠진 문장이 있는 듯하지만, 『국조전고』에는 "其芭蕉子・波羅蜜・甘蔗等菓皆有, 瓜・茄・蔬菜, …" 라고 하였다. 그러나 사탕수수는 과일에 들지 않으므로 뒤로 붙여 읽는 것이 좋겠지만, 뒤의 문장은 가축을 말하고 있으므로 여의치 않다.

磁盤碗), 동전(銅錢), 장뇌(樟腦)[763]를 매우 좋아하여 보석, 진주와 교역한다.

王以金爲錢, 通行使用,[764] 每錢一箇重官秤一分六釐.[765] 中國麝①香·紵絲·色絹·靑磁盤碗·銅錢·樟腦, 甚喜, 則將寶石珍珠換易.

① ['사(麝)'자는] 『기록휘편』에 '사(射)'자로 되어 있어 『승조유사』본과 『서양조공전록』에 따라 고쳤다.[766]

10-12 조공

왕은 항상 사람을 보내 보석 등의 물품을 가지고, 바다에서 돌아오는 보선을 따라와, 중국에 진공했다.

763 '장뇌(樟腦)'란 녹나무 조각을 달이거나 증류하여 얻은 진액을 말한다. 『본초강목(本草綱目)』(사고전서본, 권34, 64b)에 따르면, 소뇌(韶腦)라고도 부르며, "장뇌(樟腦)는 소주(韶州)와 장주(漳州)에서 난다. 모양은 용뇌(龍腦)와 비슷하고 색은 눈처럼 희며, 녹나무 지고(脂膏)이다(樟腦出韶州·漳州. 狀似龍腦, 白色如雪, 樟樹脂膏也)"라고 설명하였다. 『동의보감』, 「탕액편(湯液篇)」에서 『입문(入門)』을 인용하여 "바로 녹나무 조각을 달여 만든 것이다. 개선과 나창(癩瘡)으로 나는 열을 치료할 때 부가한다, 향료로도 쓴다. '소뇌(昭腦)'라고도 한다(乃樟木屑液造成. 治疥癬癩瘡作熱, 付之. 入香料, 一名昭腦)"라고 하였다. 또 이시진이 인용한 고연승(胡演升)의 『연방(煉方)』에 따르면, 증류하여 만든 장뇌는 편뇌(片腦) 즉 용뇌를 대체할 수 있다고 한 것으로 보아, 구하기 힘든 용뇌의 대체 약물로 사용된 것으로 보인다. 용뇌에 관해서는 『바다의 왕국들』, 301~306쪽을 참고하시오.

764 『기록휘편』의 이 두 문장[王以金爲錢, 通行使用]은 『국조전고』와 일치하지만, 『삼보정이집』과 『설집』에는 "國王以金錢通行使用"으로 되어 있고 『서양번국지』에는 "왕은 금으로 돈을 만들어 쓰게 한다(王以金爲錢使用)"라고 하였다.

765 『기록휘편』의 이 문장[每錢一箇重官秤一分六釐]은 『국조전고』에 "每箇重一分六厘"로, 『삼보정이집』과 『설집』에는 "每錢可重官秤一分六厘"로 되어 있다. 『기록휘편』의 문장이 가장 정확하다. 이는 『서양번국지』에도 정확히 일치하고 있다.

766 '사향(麝香)'은 『삼보정이집』, 『담생당』본에도 '사향(射香)'으로 되어 있다. '심희(甚喜)'는 『삼보정이집』과 『설집』에서 문두에 있는데, 의미의 변화가 생기는 것은 아니다. 『담생당』본은 "國射[麝]香·紵絲·色絹·靑磁盤碗·銅錢·樟腦 則將寶石珍珠換易"으로 되어 있다.

王常差人賫寶石等物,[767] 隨同回洋寶船進貢<u>中國</u>.[768]

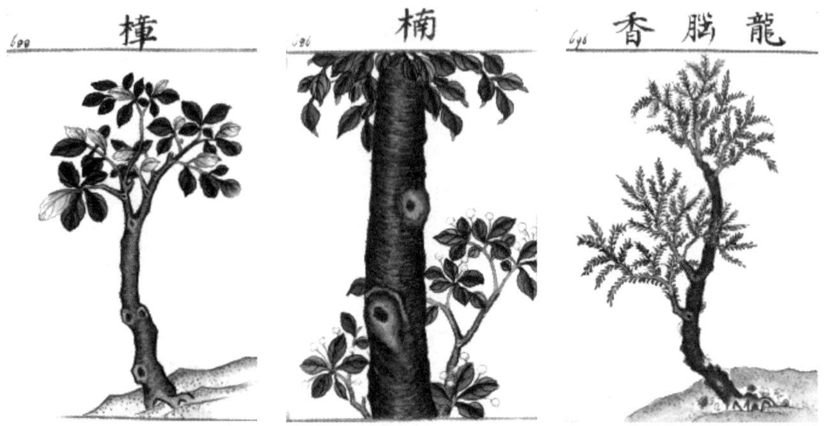

18세기 익명의 필사본, 『중국 약용 식물론과 라틴어 번역(Traité chinois de botanique médicale et traduction en latin)』(la collection Jehannin de Chamblanc).

767 『기록휘편』의 이 문장[王常差人賫寶石等物]은 『국조전고』에 "왕은 항상 사람들이 가져갈 보석 등의 물품을 살폈다가(王常看人賫寶石等物)"라고 하였는데, 『기록휘편』의 문장보다 못하며, 『삼보정이집』에는 "王常差人賫珍珠 · 寶石等物"이라고 하였고, 『설집』에는 "왕 또한 사람을 뽑아 진주, 보석 등의 물품을 가져가게 하여(王亦令差人賫珍珠 · 寶石等物)"로, 『담생당』본에는 "王常差人賫金珠 · 寶石等物"로 되어 있다. 따라서 『삼보정이집』과 『설집』에는 '진주'가 더 들어가 있다. 위에서 본 것처럼 이 나라에는 진주와 애덤스산에서 나는 보석들이 특산으로 기록되어 있으므로, 여기 『기록휘편』의 원문에도 '진주'를 넣어야 할 것이다. 이는 『서양번국지』의 문장을 통해서도 확인할 수 있다.

768 『기록휘편』, 『설집』, 『담생당』본의 '중국(中國)'은 『국조전고』와 『삼보정이집』에는 '조정(朝廷)'으로 되어 있다. 여기에서도 '조정'으로 바꾸는 것이 적절하다고 생각한다. 『서양번국지』는 일관적으로 '중국(中國)'으로 기록하고 있다.

모원의(茅元儀, 1594~1640), 『무비지(武備志)』, 권240, 19b.

해제

퀼론은 인도 동남부 케랄라(Kerala)주의 주도인 티루바난타푸람(Thiruvananthapuram)에서 해안을 따라 북서쪽으로 대략 70㎞ 지점에 있는 항구도시로, 현재 명칭은 콜람(Kollam)이다. 이 항구도시는 아랍과 유럽의 여행자나 지리학자들이 '후추의 나라'로 불렀던 곳이다. 중국에서는 12세기부터 고림[kuo-li̯əm](故臨), 구람[ki̯u-lɑm](俱藍), 구남[gʰi̯u-nǎm](唄喃), 갈란[kɑt-lɑn](葛蘭) 등으로 음역하여 불렀다. 율(Yule)은 『영국-인도 용어 사전(Hobson-Jobson)』 퀼론(Quilon) 조목(751~753쪽)에서 다음과 같이 역사적 자료를 분석하여 정리해 두었다.

트라방코르(Travancore)를 포함하는 한 도시를 지칭하는 포르투갈인의 지명에서 가져온 지명이다. 이곳은 말라바르의 매우 유명하고 자주 드나드는 항구로 아랍인들에게는 '카울람(Kaulam)'으로 알려진 곳이다. 원래 명칭은 타밀어 콜람(Kaollam)인데, 어떤 의미로 쓰이는지는 의문스럽다. 비숍 칼드웰

(Bishop Caldwell)은 '대전(大殿)'이란 의미인 '콜루(Kolu)'로부터 '황실'이란 의미로 설명될 수 있을 것으로 생각했다. 로간(William Logan) 씨는 "콜람은 단지 '왕의 집'이라는 뜻인 코일라감(Koyilagam) 또는 코윌라감(Kovilagam)을 줄인 형태일 뿐이다"라고 했다(『Malabar Manual』, I, 231쪽 주석). 수 세기 동안 카울람은 서아시아와 특히 후추와 소방목(蘇方木)을 교역하는 인도의 가장 큰 항구 중 하나로 알려졌다. 이곳은 아마도 6세기 코스마스(Cosmas)의 '말레(Malé)'였을 것이다. 그러나 현재까지 이곳을 언급한 최초의 기록은 약 3세기 뒤인 851년 아랍 상인 술레이만의 진술이다. 이 자료는 레이노(Joseph-Toussaint Reinaud)가 『9세기 인도와 중국으로 아랍인과 페르시아인이 행한 항해에 관한 설명(Relation des voyages faits par les Arabes et les Persans dans L'Inde et à la Chine dans le IXe siècle de L'ère Chrétienne)』(Paris, 1845)에서이다. 레이노는 15쪽에서 "이곳[Mascata]에서 배들은 인도로 향해 돛을 올리고 '쿨람 말레이(Koulam-Malay)'로 향한다. 마스카타와 쿨람 말레이 사이의 거리는 순풍에 한 달 여정이다"라고 번역했다. 말라바르(Malabar)에서 일반적으로 쓰는 '콜람의 시대'는 824년으로 추정된다. 그러나 이 도시가 이전에 존재하지 않았다는 것을 말하지는 않는다. 얀 피에테르 니콜라스 란트(Jan Pieter Nicolaas Land, 1834~1897)의 『시리아 일화(Anecdota Syriaca)』(라틴어 본 I, 125쪽, 시리아어본 27쪽)에는 세 명의 시리아 선교사들이 823년 카울람에 와서 샤키르비르티(Shakīrbīrtī) 왕을 떠나, 카울람에 교회와 도시를 건설했다고 기록되어 있다. 이 일에 제시된 연대와 '콜람 시대' 사이에는 어떤 연관이 있는 것 같다. 그러나 샤키르비르티가 '샤크라라르티 라자(Chakrarartti Rāja)'라고 확신할 수는 없다. 우리가 그곳을 부르고 있는 퀼론은 1891년 인구가 23,380명이었던 트라방코르(Travancore) 지역의 세 번째 도시로 교역이 거의 없었다.

마르코 폴로는 '코일람(Coilam)'으로, 동시대의 라시드 앗 딘은 '쿨람'(Kúlam,

엘리엇 번역본, I, 68쪽), 1343년경 이븐 바투타는 '카울람'(Kaulam, 『이븐 바투타』, IV, 10쪽)이라 부른 곳이다. 이후 1516년에 바르보사는 '쿨람(Coulam)'이라 하였다. 모두 현재의 명칭인 콜람(Kollam)에 근접하고 있음을 알 수 있다.

펠리오 씨는 『마르코 폴로에 관한 주석(Notes on Marco Polo)』, I(399~402쪽)에서 앞서 본 율의 정보를 통합하고, 이곳을 언급한 중국 자료를 분석하여 상당히 명쾌한 설명을 제시했다. 펠리오의 설명은 다음과 같다. 복잡한 주석 사항은 조금 생략했고, 펠리오가 참조한 중국 자료들은 현재 통행하는 판본에 따라 페이지를 새로 부여했다.

퀼론은 9세기 아랍 여행가들의 쿨람 말라이(Kūlam-Malai=Kūlam of Malabar)로 처음 나타난다. 851년에 술레이만(Sulaamān)은 쿨람 말라이에서 중국 선박에 의해 부과된 세금을 언급하고 있다(Ferrand, Voyage du marchand arabe Sulayamân, 40쪽). 이 지명에 관한 중세 서구의 형태는 쥬르댕 카탈라(Jourdain Cathala de Sévérac)와 마리뇰리(Marignolli)에서 카탈란 아틀라스(Catalan Atlas)까지 많은 자료에서 보이는 콜룸붐(Columbum), 콜룸보(Columbo) 등이다. 이미 보이는 다양한 언급에, 나는 기욤 아담(Guillaume Adam)의 콜롬(Colom)을 추가하고자 한다. '클름부(Khlmbū)'라는 명칭은 카이로 게니자(Geniza)에서 발굴된 히브리어 문서에서 보인다. 그리고 나는 콜롬보보다는 퀼론을 지칭하는 것으로 보았다. 그러나 나는 '콜룸붐' 등등과는 별개로 이븐 바투타의 쿨란부(Kulanbū, 앞의 두 모음은 불확실함)가 사실은 콜롬보임을 제시하는 과정에서 실수했다. 히브리 문서는 상당히 늦은 것이지만, 결국 마찬가지로 콜롬보를 지칭할 것이다.

983년 중국의 한 불교 승려는 여러 나라에 내리는 칙서를 가지고 인도로 갔는데, 그중 하나는 '가란(柯蘭)'의 왕에게 주는 것이었다(『송사』, 권490, 14105

쪽). 이 표기는 '칼란(Kalan)'을 연상시키지만, 명나라 시기의 늦은 형태에 호응할 뿐, 지칭하는 곳은 아마도 퀼론일 것이다. 1178년 『영외대답』은 '고림(故臨, Kulom)'으로 표기했고, 조여괄(趙汝适)도 같은 글자로 썼다.

몽골 시기에 퀼론은 특히 『원사』, 권210, 「마팔아등국전(馬八兒等國傳)」에서 많이 언급되었는데, 이 자료는 뽀띠에(G. Pauthier)의 『베니스의 시민 마르코 폴로의 책(Le Livre de Marco Polo citoyen de Venise)』, 603~605쪽에서 끔찍하게 번역되었고, 록힐(『통보』, 1914, 431~436쪽)도 매우 만족스럽지 못한 번역을 보여 주었다. 뽀띠에는 율(Yule)을 당혹스럽게 했던 'A-pu-ho-ta'라는 가짜 왕성에 대해 책임져야 한다. 그 원문은 마아바르[馬八兒]에서 아불합(阿不合) 대왕, 즉 일칸 아바야(Ilkhan Abaya)의 성까지의 거리를 말하고 있다. 나는 여기에서 이 조목에서 지명이 '구람(俱藍, Kulam 또는 Kulom)'으로 표기되었고, 1280년에 재위하고 있던 왕은 '필나적(必那的)'으로 불렸으며, 그의 동생은 케노카 부라무싱(Kenokä Buramušing, 肯那却不剌木省)이다. 퀼론은 또한 『원사』 권12 [1283년 그 나라의 왕은 와니(瓦你)였음, 251쪽], 권14 [1287년 퀼론에서 온 사신의 이름은 부루우나이(Buruwunai), 不六溫乃, 295쪽], 16권(1291년, 351쪽)에도 같은 표기를 보여 주고 있다. 또 내가 언급하지 않는 다른 언급들이 분명히 더 있을 것이다. 1293년에 퀼투차(Qultuqa, 忽魯禿花), 1294년 투구타무르(Tügü-Tämür, 禿古鐵木)가 '각람(閣藍)'에 사신으로 간 사실이 권17(374쪽), 18(387쪽)에 보인다. 이 또한 퀼론이다.

『원사』 권94(2402쪽)에는 1296년 발령된 마아바르(Ma'abar, 馬八兒), 패남(唄喃), 판다라이나(Fandaraīna, 梵答剌亦納)와의 교역을 금하는 것을 언급하고 있는데, 꼬르디에 씨가 알려 준 것처럼 패남(唄喃)은 '구남(唄南, 唄喃)', 즉 '퀼론'으로 읽어야 한다. 같은 교정이 1291년에, 마 부르하누 웃 딘(Ma Burhanu-'d-Din, 馬不剌罕丁)이란 사신을 보낸 저남번방(咀喃番邦)의 '저남'에도(『원사』 권16, 356쪽) 적용되어야 한다. 구람(俱藍)과 각람(閣藍) 대신에 구남(唄喃)은 1349~1350년 『도이지략』, 소구남(小唄喃) 조목에서 채택되었다. 15세기 초 중반에 퀼론은 필립스의 지도(『JCBRAS』, XIX, 222쪽), 『영애승람』, 개정본 『성사승람』과 『명사』에서 '소갈란(小葛蘭)'으로 표기되었다. 원본 『성사승람』에는 『도이지략』과 같이 '소구남(小唄喃)'으로 쓰여 있다. 『성사승람』에는 별도로 대구남(大唄喃) 조목이 들어 있는데, 원본에 대구남으로 쓰인 이 명칭은 개정본에서는 '대갈란(大葛蘭)'으로 되어 있다. **그러나 '대구남'이든 '대갈란'이든 『성사승람』이 임의로 만들어 낸 것으로, 그 조목들은 『도이지략』의 소구남 조목을 베낀 것에 지나지 않는다.** 갈란(葛蘭)의 '란'이 [m]으로 끝나지 않고, 15세기 초에 갈란은 골란(Golan)을 재현한 것임이 분명할지라도 그것이 지칭하는 것은 콜람(Kollam) 또는 쿨람(Kulam), 즉 '퀼론'임은 의심할 수 없다.

대구남 또는 대갈란은 『성사승람』이 만들어 낸 것이라고 할지라도, 14세기 중반에 형용사 없는 퀼론이 '작은 퀼론'으로 변화했다는 사실은 남는다. 많은 학자가 그에 관하여 이미 썼지만, 그 문제는 쉬운 문제는 아니다.

록힐은 '작은 퀼론'이 "카얀 쿨람(Kayan Kulam) 또는 카인 콜람(Kain Colam), 요르다누스(Friar Jordanus)의 '싱귈리(Singuyli)', 율이 제기한 것처럼, 『원사』 권210의 '승급리(僧急里)'"라고 제기했다(『통보』, 1915, 446쪽). 꼬르디에 또한 『아시아의 신비한 것들(Les Merveilles de l'Asie』, 84쪽)에서 싱귈리를 카얀 쿨람(Kayan Kullam)에 위치시켰다. 그러나 싱귈리는 버려져야 한다. 율은 1863년 출판된 쥬르댕 카탈라의 번역에서 이러한 대응을 생각했으나 『중국으로 가는 길(Cathay and the Way Thither)』, 『영국-인도 용어사전(Hobson-Jobson)』에서 곧바로 폐기했다. 오도릭의 신길린(Syngilin) 등에서 출발하여 율이 그곳을 '크랑가노르(Cranganore, 현 Kodunggallur)'로 확인했다고 알았던 하이드(Heyd)는 '카인콜론(Caincolon)'으로부터 시작함으로써 '카얀 쿨람'으로 추정하는 것을 유지하려 했다. 그러나 우리는 실제 지명인 카인 쿨람과 실제 이름인 싱길리(Singili)를 알고 있으므로, 당연히 이들로부터 음성적 유사점을 발견할 수 없다. 싱길리는 분명 크랑가노르의 옛 명칭이다.

카얀 쿨람은 퀼론 북쪽으로 몇 마일 떨어진 후미진 항구이다. 이 명칭은 바르보사의 라무시오(Ramusio) 이탈리아어 판본에서는 '카인쿨란(Caincoulan)'으로, 스페인어 판본에는 '카임콜란(Caymcolan)'으로, 포르투갈어 판본에는 '칼레 코일람(Cale Coilam)'으로 되어 있다. 익명의 라무시오 판본의 솜마리오(Sommario, 개요)에서 '카이콜람(Caicolam)'을 찾을 수 있고, 아메리고 베스푸치(Amerigo Vespucci, 1454~1512)의 편지에서는 '카인콜론(Caincolon)'으로 되어 있다(하이드, II, 661쪽). 16세기 초 중반의 아랍 자료에는 '카인 쿨람(Kāīn Kūlam)'으로 되어 있다. 다메스(Dames)는 '칼레 코일람(Cale Coilam)'을 채택하고(『The Book Of Duarte Barbosa』, London, II(1921), 96쪽), 그것이 "말라얄람(Malayālam) 명칭에 대한 아랍어 형태"이며, "칼레(Cale)는 분명히 아랍어 칼라(Kal'a) 즉 '요새'이다"라고 추측했다. 이는 전혀 그럴법하지 않다. 우리는 현지어 카얀 쿨람과 일치하는 '카인 쿨람(Kāīn Kūlam)'이라는 아랍어 형태를 알고 있고, 바르보사의 이탈리아와 스페인 번역가들이 어떻게 추측성의 확인되지 않은 다른 아랍어 형태로 정확한 현지 명칭을 바꾸도록 했는지 아무도 알 수 없다. 바르보사의 이탈리아어와 스페인어 판본들이 현재까지 우리가 가지고 있는 포르투갈어 판본보다 우월하다는 다른 사례들이 있다. 나는 칼레 코일람(Cale Coilam)이 카인콜람(Caincolam)의 잘못으로 본다. 바르보사가 코일람(Coilam)을 전혀 쓰지 않았을지라도, 여기에서는 둘 다, 그의 책 나머지 부분에서 보이는 것처럼 쿨람(Coulam)이다.

록힐에게 영감을 받은 페랑(G. Ferrand)은 '작은 퀼론'이 카얀 쿨람이고 『성사승람』의 '큰 퀼론'이 퀼론임을 확인된 사실로 간주했다(『JA』, 1920, II, 101쪽;

1924, I, 115쪽). 그러나 우리는 '큰 퀼론'은 존재하지 않는다는 것을 앞서 보았다. 전체적인 문제는 구남(唄喃)에서 소구남(小唄喃)과 소갈란(小葛蘭)으로의 변화가 항구의 변화에 기인하는지, 그렇다면 그 변화가 무엇이었는지를 결정해야 한다. 나는 왜 중국 명칭이 14세기 중반에 변경되었는지 설명할 수는 없지만, 나는 어떤 경우라도 그곳은 퀼론을 지칭할 뿐이고, 다메스(Dames)도 같은 견해를 취했다(『Duarte Barbosa』, II, 97쪽)고 생각한다. 아랍 지도의 중국식 번역인 필립스의 지도는 소갈란(小葛蘭)만 언급하고 있는데, 내가 보기에 15세기 초 원래 아랍 지도가 카얀 콜람을 언급하면서 퀼론을 빠뜨렸다는 것은 거의 불가능하다. 그곳은 그쪽 해안의 주요 항구였고 그렇게 유지되어 왔다. 황제의 명을 현지의 왕들에게 가져오는 중국의 함대가 그곳에 들어가지 못했다고 할 수는 없다.

부르한 이 카띠(Burhan-i Qaṭī)는 페르시아어로 '검은 후추'를 의미하는 '카울람(kaūlam)'이란 단어를 제시했다(Vullers, 『Lexicon persico-latinum etymologicum』, II, 920쪽). 틀림없이 '퀼론'이란 명칭은 그곳의 주요 상품 중의 하나를 지칭하는 것으로 채택되었을 것이다.

1178년 주거비는 『영외대답』 권2에서 퀼론을 '고림(故臨)'으로 표기하고 다음과 같은 중국 자료에서 가장 빠른 설명을 남겼다. 조여괄은 1225년 주거비의 설명을 대체로 따르고 있지만, 기술한 구체적 항목들은 상당히 다르다. 정확한 비교를 위하여 표로 만들어 보자. 여기서는 번역문만 놓고 말한다. 원문이나 자세한 설명은 『바다의 왕국들』, 132~135쪽을 참고하시오.

1178년 주거비 『영외대답』(사고전서본), 권2, 14b~15a.	1225년 조여괄 『제번지』(사고전서본), 권상, 19a~19b.
고림국과 대식국은 서로 가깝다. **광주에서 배로 40일 가면 남리(藍里)에 도착하고 겨울을 지내고 다음 해 다시 출발하여 약 1개월이면 도착한다.** 그 나라 사람들은 검으며, 몸에는 흰 천을 두른다. 수염과 머리는 직모이고, 머리를 드러내어 상투를 맨다. 그림에서 나한이 신은 것 같은[如畫羅漢脚踏者] 붉은 가죽신을 신는다. **활쏘기를 즐겨하고 적과 전투할 때는 무늬가 있는 비단[綵纈]으로 상투를 싸맨다.** 국왕의 몸에는 베를 두르고 출입할 때는 베로 만든 연두(軟兜)를 타거나 코끼리를 탄다. 나라 사람들은 부처를 섬긴다. 그 나라에는 대식국 상인[蕃客]들이 많이 살고 있다. **목욕을 마칠 때마다 울금(鬱金)을 몸에 바르는데 부처의 황금 몸과 같게 하려고 함이다.** 감비국(監篦國)은 해를 걸러 코끼리와 소를 팔고 대식국은 말을 팔 때, 먼저 이 나라에 와서 거래한다. 국왕은 하늘을 섬기고 소를 존중하여 죽이면 죽음으로 보상시킨다. 중국의 상선이 대식으로 가려면 반드시 고림에서 작은 배로 갈아타고 간다. 비록 1월 남풍으로 간다고 해도 왕복 2년은 걸린다.	고림(故臨)은 남비(南毗)에서 배를 타고 순풍이면 5일 만에 도착한다. **천주(泉州)에서는 배로 40여 일이면 남리(藍里)에 이르고 [그곳에서] 겨울을 살고 다음 해 다시 출발하여, 한 달이면 도착한다.** 토속은 대체로 남비와 다를 바 없다. 이곳에서는 야자(椰子), 소목(蘇木)이 난다. 술은 밀당(蜜糖)과 야자꽃 즙으로 빚어 만든다. [사람들은] **활쏘기를 일삼고, 전투에서 대적할 때는 무늬가 있는 비단[綵纈]으로 상투를 싸맨다.** 교역에는 금은의 동전을 사용하는데 은전 12개는 금전 1개를 기준으로 한다. 그곳은 따뜻하고 추위가 없다. 매년 슈리비자야[三佛齊], 캄파르[監篦], 케다[吉陀] 등의 나라에서 배가 오고, 교역하는 물품도 남비와 같다. 대식[아랍] 사람들이 많이 이 나라에 살고 있다. **목욕을 마치면 울금(鬱金)을 몸에 바르는데 황금의 몸[金身]으로 보이기 위함이다.**

조여괄은 퀼론의 복식, 소를 숭상한다는 정보, 퀼론에서 대식으로 가는 기술을 빼 버린 대신, 현지에서 통용되는 통화, 산물, 교역하는 나라를 넣었다. 이 두 사람의 정보는 다시 1세기를 넘겨 왕대연(汪大淵)의 『도이지략』(1349~1350년)에서 '소구남(小唄喃)'이란 명칭으로 경신되었다.

"이곳은 도란[tuo-lan]초(都欄礁)와 서로 가깝다. 그 땅은 검은 언덕으로 원래부터 곡물과 맥(麥)에 적합하다. 사는 사람들은 농사일에 게을러 해마다 오다

(烏爹)에서 빌려 온 쌀을 공급한다. 혹 [계절]풍이 [그 시기가] 빠르거나 늦으면 말을 운송하는 배[馬船]가 가더라도 화물을 가득 싣지 못한다. 혹 바람이 빠르거나 역풍이면 남무리 바다를 지날 수 없거니와 콜롬보[高浪阜]의 노고석(鹵股石) 위험에 막힌다. 그러므로 이곳[퀼론]에서 겨울 동안 머물다가 이듬해 8~9월 마선(馬船)이 오기를 기다려 배를 갈아타고 캘리컷[古里佛]으로 돌아가 교역한다. 풍속과 남녀의 의복은 고리불과 같다. 촌주(村主)는 있으나 추장은 없다. 땅에서는 후추[胡椒], 야자(椰子), 빈랑(檳榔), 유어(溜魚, 건어)가 난다. 교역하는 상품은 금, 은, 청백의 꽃문양이 들어간 자기[青白花器], 팔단포(八丹布), 오색단(五色緞), 철기 등이다(地與都欄礁相近. 厥土黑墳, 本宜穀麥. 民居懶事耕作, 歲藉烏爹運米供給. 或風迅到遲, 馬船已去, 貨載不滿, 風迅或逆, 不得過喃外字啞哩洋, 且防高浪阜中鹵股石之厄. 所以此地駐冬, 候下年八九月馬船復來, 移船回古里佛互市. 風俗・男女衣著與古里佛同. 有村主, 無酋長. 地產胡椒・椰子・檳榔・溜魚. 貿易之貨, 用金・銀・青白花器・八丹布・五色緞・鐵器之屬)"(『도이지략교주』, 140~142쪽. 『바다와 문명: 도이지략역주』(423~424쪽)의 번역이 잘못되어 이로써 바로잡는다).

이상의 세 자료를 비교하면, 왕대연은 왜 소구남(小唄喃), 즉 퀼론에서 겨울을 보내야 하는지를 설명했다. 또 조여괄이 빠뜨린 말 교역을 언급했고, 주거비가 기술하지 않은 대표 산물을 열거했다. 조여괄은 야자, 소목(蘇木)을 언급했지만, 왕대연은 후추, 야자, 빈랑, 건어(乾魚)를 들었다. 공통된 산물은 야자뿐이다. 또 조여괄은 남비(南毗)와 비교하여 설명했지만, 왕대연은 그곳을 고리불(古里佛)과 비교했다. 왕대연은 그곳의 풍습이나 종교에 관한 설명은 전혀 언급하지 않고 고리불과 같다고 하였다. 전체적으로 왕대연의 기술은 이전 두 자료와 상당한 차이를 보인다. 비슷하지만 다른 곳일 가능성을 담고 있다. 이에 대해 후지타 도요하치는 "본서의 고리불(古里佛)은 '콜람'에 해당하는 음이고 소구남(小唄喃)은 '판다라이나'를 말하는 것 같다. 『원사 · 식화지』 시박(市舶) 조목에 '원정(元貞) 2년(1296), 바다를 오가는 상인들에게 마팔아, 구남(唄喃), 범답랄역나(梵答剌亦納) 등 세 외국과 세세한 상품을 교역하지 못하게 금했다(元貞二年, 禁海商以細貨於馬八兒 · 唄喃 · 梵答剌亦納三蕃國交易)'[769]라고 하였는데, 구남은 바로 콜람(퀼론)에 해당하는 음으로, 본서에서 말하는 고리불이다. 범답랄역납(梵答剌亦納)은 판다라이나에 해당하는 음이다. 『정화 항해도』에는 고리국(古里國) 서쪽 옆으로 번답리납(番答里納) 또한 그렇다. 그러나 명나라 시기에 고리국은 '콜리컷(Colicut)'이라 했고, 본서의 고리불과 명칭이 비슷하지만, 그곳이 아니다. 판다라이나 또한 '판다라이나-콜람'이라고도 하므로 '소구남(小唄喃)'이라 한 것이다"(『도이지략교주』, 141~142쪽)라고 하며, 『도이지략』의 소구남을 구남(唄喃), 즉 퀼론과 비슷한 판다라이나-콜람으로 보았다.

왕대연의 설명에 크게 의존하고 있는 15세기 비신(費信)의 『성사승람』의 소구남국(小唄喃國) 조목을 살펴볼 차례이다. 비신은 자신의 서문에서 직접 견문한 나라들은 전집에 수록했고, 전하는 말을 기록한 나라들은 후집에 넣었다고 밝혔다(『성사승람교주』, 9쪽). 이 소구남국은 전집에 수록되어 있다.

"산들은 적토(赤土)에 이어지고, 땅은 하리(下里)에 접해 있다. 한낮에 시장이 열린다. 서양 여러 나라의 중심항구이다. 이 나라에서는 '당가(倘伽)'라는 금전을 유통해 사용하는데, 한 개에 8푼이 나간다. 작은 금전은 '파남(吧喃)'이

769 이 인용문은 『원사』, 「식화지(食貨志)」, 시박(市舶) 조목(중화서국, 2402쪽)에 보인다. 역자는 『바다와 문명: 도이지략역주』(425쪽)에서, "정원 2년에 정교한 제품을 마팔아, 구남(唄喃), 범답랄역나(梵答剌亦納) 등 세 외국과의 교역을 금지했다(貞元二年, 禁海商以細貨於馬八兒 · 唄喃 · 梵答剌亦納三蕃國交易)"라고 오역하고 원문을 잘못 옮기는 실수를 범했다. 이 지면을 통해 바로잡는다.

라 하는데, 40개는 큰 금전 1개를 기준으로 삼아, 그 때문에 사람들에게 편리하다. 농토는 척박하고 곡물은 드물어 해마다 방갈랄(榜葛剌)의 쌀로 식량을 충족시킨다. 기후는 항상 덥고 풍속은 순박하고 아름답다. 남자는 적고 여자는 많으며 남비(南毗) 사람이 있다. 땅에서는 후추가 나는데 하리에 버금간다. 말린 빈랑, 파라밀, 색포(色布), 기목향(其木香), 유향(乳香), 진주, 산호, 수유(酥油), 해아다(海兒茶)는 모두 다른 나라에서 온다. 교역하는 상품으로, 정향, 두구, 소목, 색가(色叚, '가'자는 '단(段)'의 오자일 것임), 사향, 금은과 구리로 만든 그릇, 철선, 흑연 등이 있다(山連赤土, 地接下里. 日中爲市. 西洋諸國之馬頭也. 本國流通使用金錢名倘伽, 每箇重八分. 小金錢名吧喃, 四十箇準大金錢一箇, 以便民也. 田瘠而穀少, 歲籍榜葛剌米足食. 氣候常熱, 風淳俗美. 男少女多, 有南毗人. 地產胡椒, 亞於下里. 乾檳榔·波羅蜜·色布·其木香·乳香·珍珠·珊瑚·酥油·孩兒茶·梔子花, 皆自他國也. 貨用丁香·荳蔻·蘇木·色叚·麝香·金銀銅器·鐵線·黑鉛之屬)" (『성사승람교주』 전집, 31~32쪽).

왕대연 시기부터 '소'자로 구분하는 구남(唄喃)=구람(俱藍)=고림(故臨)이 비신의 기록에서도 이어진다. 그러나 비신의 이러한 소구남 설명은 왕대연의 소구남과 전혀 다르다. 오히려 설명이 배치되는 곳도 더러 보인다. 비신에 따르면 이 나라는 후추를 대량으로 생산하여 다른 수입품으로 교역하며 경제를 유지하고 있는 것으로 읽을 수밖에 없다. 비신은 다시 후집에서 대구남(大唄喃) 조목을 별도로 두고 있다[『기록휘편』 본에는 대갈란(大葛蘭)으로 되어 있음]. 비신의 대구남 조목은 왕대연의 소구남 설명을 고스란히 옮겨 놓고 있다. 바로 이 점에서 펠리오 씨가 『성사승람』이 임의로 만들어 냈다는 추정을 하게 된 것이다. 하지만 이러한 비신의 서로 다른 두 조목을 배제해야 하는 것은 아니다. 비신에게 대구남이 왕대연의 소구남이라면, 비신은 소구남의 기술은 어디서 가져온 것인가? 과연 완전히 비신이 지어낸 것일까?

펠리오처럼 『성사승람』의 대구남=대갈란을 부정한다면, 왕대연의 소구남도 인정하지 않아야 한다. 왜냐하면 비신은 왕대연의 문장을 거의 그대로 풀어놓고 있기 때문이다. 이상에서 우리는 두 곳의 콜람이 있었음을 인정해야 한다. 말하자면 한 곳은 동서양의 선박들이 몰려드는 중심지이고, 다른 한 곳은 지리적 환경 때문에 출입이 드문 곳이었음을 인정해야만 한다. 역자가 아는 한, 인도 서해안 지역에서 '콜람'이란 이름이 들어간 곳은 후지타 씨가 이븐 바투타의 판다라이나의 다른 명칭으로 찾은 '판다라이나-콜람'과 앞서 언급한 '카얀 콜람'이다. 이로써 후지타 씨는 왕대연의 소구남을 '판다라이나-콜람'으로, 록힐은 '카얀 콜람'으로 추정한 것이고, 나아가 페랑 씨는 『성사승람』의 대구남=대갈란을 퀼론, 즉 '콜람'으로 추정코자 했다. 후지타 씨가 추정하지 못한 『도이지략』의 반달리(班達里)가 이븐 바투타의 '판다라이나'라고 여러 학자에 의해 확인되었으므로, 후지타 씨의 소구남=판다라이나 설은 철회하는 것이 타당하다. 역자의 생각으로, 비신이 왕대연의 소구남을 대구남=대갈란으로 고쳐 기록한 곳은 바로 '카얀 콜람'이고, 비신의 소구남=소갈란, 『영애승람』의 소갈란은 퀼론 즉 '콜람'에 대응시킬 수밖에 없다.

이제 우리는 고림(故臨)=구람(俱藍)=구남(唄喃)=소갈란(小葛蘭)=퀼론(콜람)이 맞는 것인지 마환의 목소리를 들어 볼 차례이다.

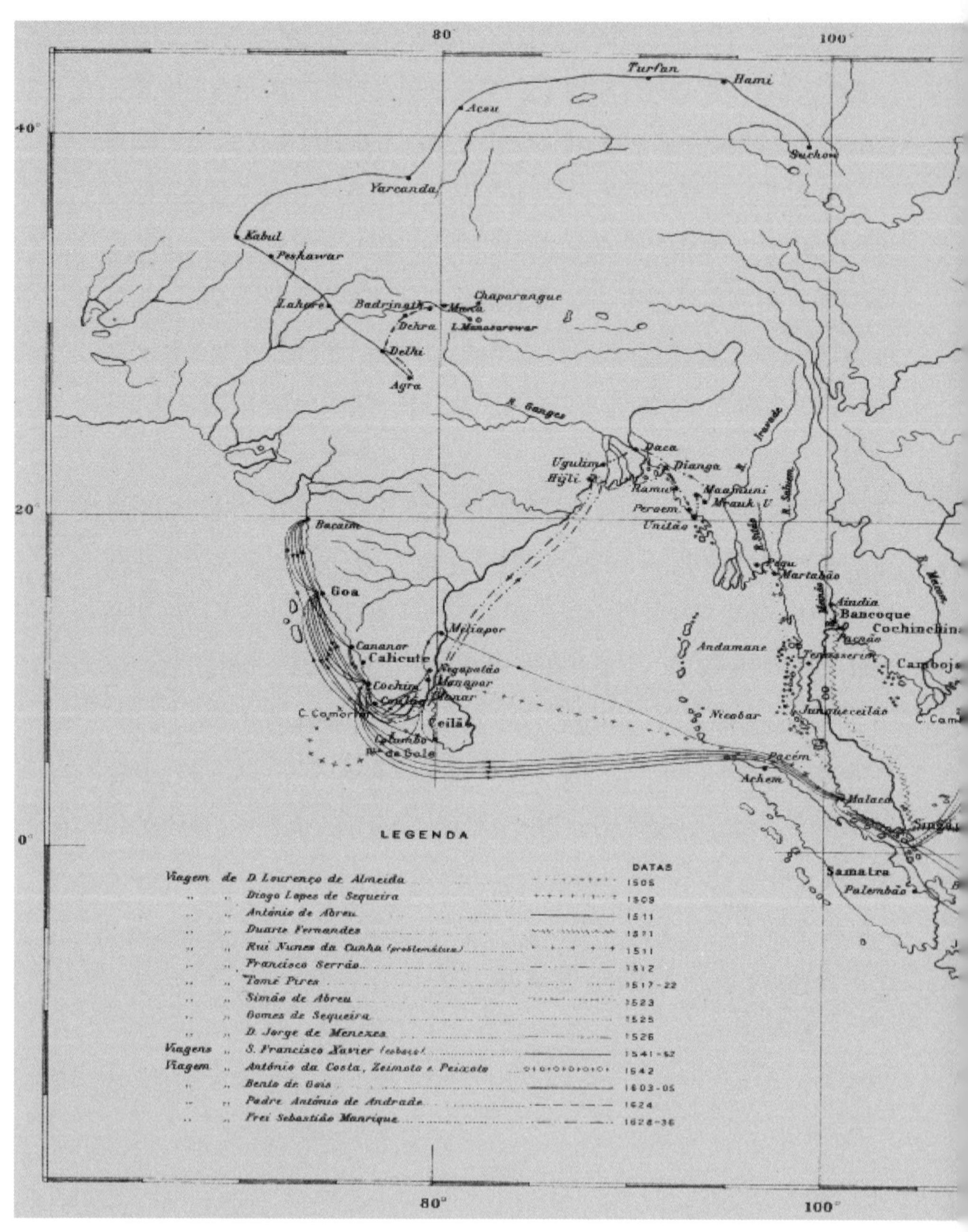

식민지 조사 위원회(Junta de Investigações Coloniais), 「극동으로의 항해(Viagens no extremo oriente)」 지도, 리스본, 1947. 22×36㎝. 1:30,0

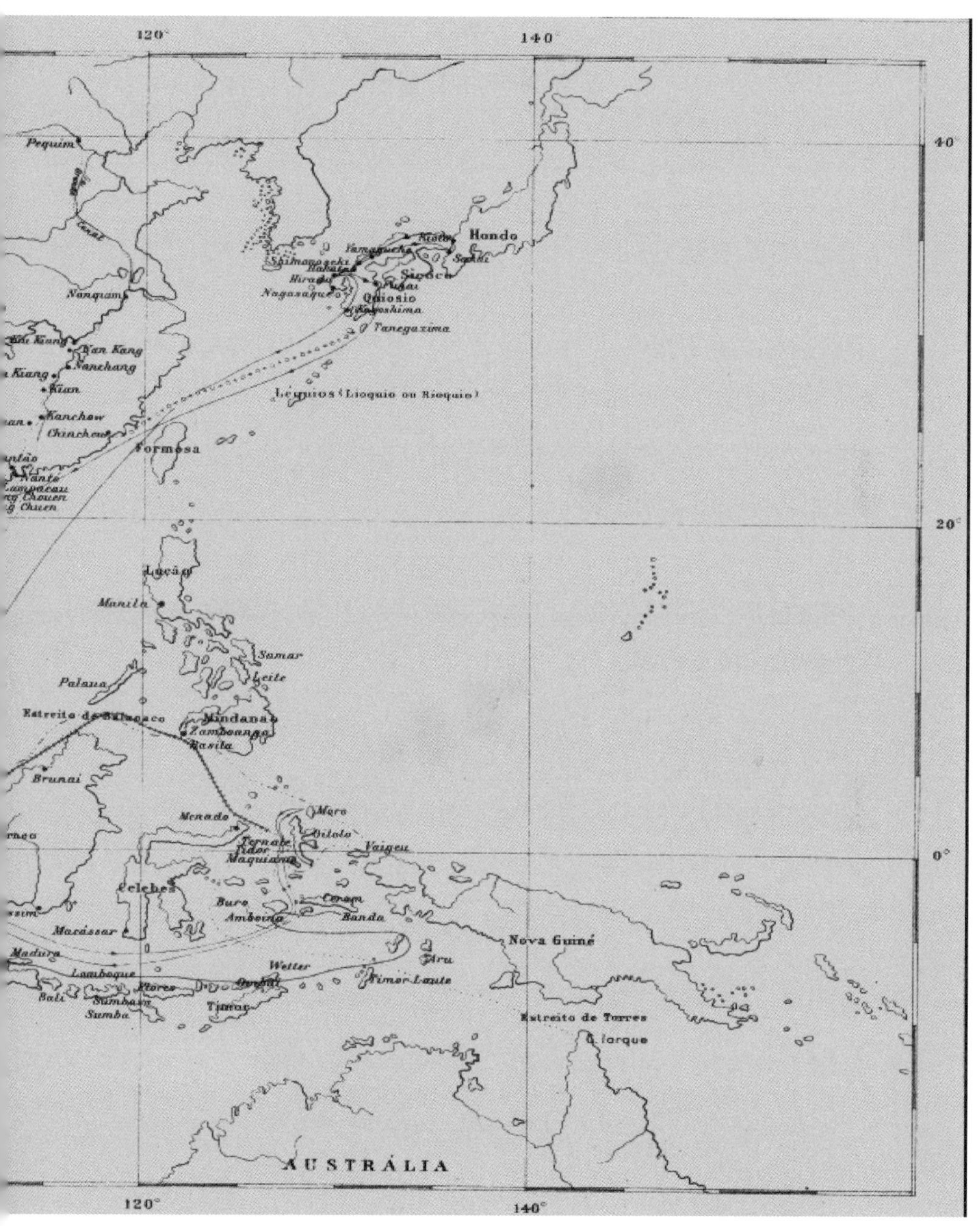

실론 왕국[小葛蘭國]

11-1. 지리 환경

석란국(錫蘭國)의 '별라리(別羅里)'라고 하는 부두에서 서북쪽으로 가서 순풍에 엿새 밤낮을 가면 도착할 수 있다. 이 나라는 바닷가에 있고, 동쪽은 큰 산이 이어져 있으며, 서쪽은 대해이고, 남북의 땅은 좁고 바깥 역시 대해이며, 바다와 연접하여 있다.

自錫蘭國馬頭名別羅里開船, 往西北, 好風行六晝夜, 可①到. 其國邊海, 東連大山, 西是大海, 南北地狹, 外亦大海,② 連海而居.

① '가(可)'자는 『승조유사』본에 따라 보충하였다.[770]

② 이상 네 글자[外亦大海]는 『승조유사』본에 따라 보충하였다.[771]

770 풍승균 씨가 교정한 '가도(可到)'는 『국조전고』, 『삼보정이집』, 『설집』, 『담생당』본 모두 "到小葛蘭國"이라고 되어 있다. 따라서 풍승균 씨가 보충해 넣은 '가(可)'자는 불필요하고 '소갈란국'을 보충해 넣어야 다음 나오는 '기(其)'자의 지칭 대상이 된다. 한편 『서양번국지』(상달 교주본, 24쪽)는 『기록휘편』본과 정확히 일치하는 문장을 보여 준다.

771 이 교정에 해당하는 『기록휘편』의 원문[南北地狹, 連海而居]은 『삼보정이집』, 『설집』, 『담생당』본에 "南北地狹臨海"로 되어 있지만 『국조전고』에 이 정보는 빠져 있다. 또한 『서양번국지』에는 "南北地狹亦臨海"로 되어 있으므로 풍승균 씨가 『승조유사』본에 따라 보충해 넣은 것은 불필요해 보인다.

11-2. 민족과 풍습

국왕과 나라 사람들은 모두 쇄리(鎖俚) 사람이다.[772] 불교를 신봉하며, 코끼리와 소를 경배하며, 혼인과 장례 등의 일은 석란국과 같다.

國王國人皆鎖俚人氏. 崇信釋教,[773] 尊敬象牛, 婚姻喪葬①等事與錫蘭國同.

① 이상 두 글자[喪葬]는 『승조유사』본에 따라 보충하였다.[774]

11-3. 토산

땅에는 소목(蘇木), 후추가 나지만 많지 않고,[775] 과일과 채소류는 모두 있다. 소와 양은 다른 곳에서 나는 것과 사뭇 다른데, 그 양은 털이 푸르고, 다리는 길며, 키는 2~3척이며, 황우(黃牛) 중에는 3백~4백 근 나가는 것이 있

772 '쇄리(鎖俚)'는 인도 동부의 코로만델 해안에 있는 왕국을 지칭한다. 하지만 비신의 『성사승람』 소구남(小唄喃) 조목(풍승균, 교주본, 31쪽)에 따르면, "남자는 적고 여자는 많으며 남비(南毗) 사람이 있다(男少女多, 有南毗人)"라고 하였다. 여기의 남비(南毗)는 인도 서남부의 말라바르 해안에 위치한다. 여기 비신의 소구남 조목은 왕대연의 『도이지략』에 보이는 소구남의 내용과 완전히 다르다. 이는 비신이 이곳을 견문하고 기록한 것임을 의미한다. 어쨌든 마환과 비신의 기술은 상당히 엇갈린다.

773 『기록휘편』의 이 문장[崇信釋教]은 『삼보정이집』에만 "崇信釋迦佛教"라고 덧붙여져 있다.

774 이 교정에 해당하는 『기록휘편』의 원문[婚姻等事與錫蘭國同]은 『국조전고』, 『삼보정이집』, 『설집』, 『담생당』본과 일치하고 있으며, 어디에도 풍승균 씨가 보충해 넣은 '상장(喪葬)'은 보이지 않는다. 교정한다면, 『서양번국지』의 '婚喪諸事'를 따라, 『기록휘편』 원문에 보이는 '혼인'의 '인'자를 '상(喪)'자로 바꾸면 된다.

775 후추가 나지만 많지 않다[胡椒不多]라는 정보에 관하여, 왕대연은 『도이지략』 소구남(小唄喃) 조목에서 이곳의 산물로 후추[胡椒]와 야자(椰子) 등을 들고 있다(『바다와 문명: 도이지략역주』, 424쪽). 또한 비신의 『성사승람』(풍승균 교주본, 31쪽)에도 "땅에서는 후추가 나는데 하리(下里)에 버금간다(地產胡椒, 亞於下里)"라고 하였다. 한편 마르코 폴로도 코일룸(Coilum) 왕국을 설명하면서 고급의 소방목이 나며, 후추가 풍부하다고 하였다. 소갈란과 같은 지역이라면 이렇게 기술이 상반될 리가 없다. 원문에서 '불(不)'자를 빼야 하는지 모르겠다.

다. 수유(酥油)를 파는 사람이 많다. 사람들은 하루에 두 끼를 먹고, 모두 수유를 밥에 섞어 먹는다.

土產蘇木・胡椒不多, 其果菜之類皆有. 牛羊頗異他產,① 其羊青毛長②脚,③ 高二尺三尺者, 黃牛有三四百④斤者. 酥油多有賣者. 人一日二飡,[776] 皆用酥油拌飯而食.

① 이상 두 글자[他產]는 『승조유사』본에 따라 보충하였다.[777]
② 이상 세 글자[青毛長]는 『승조유사』본에 따라 보충하였다.[778]
③ ['각(脚)'자] 아래에는 빠진 글자가 있는 것 같다.
④ '백(百)'자는 『기록휘편』에 빠져 있어 『승조유사』본에 따라 보충하였다.[779]

11-4. 통화

왕은 금으로 돈을 주조하는데, 1개당 중국 저울로 1푼이 나가고, [그것을]

776 『기록휘편』의 이 문장[人一日二飡]은 『국조전고』에 "人日食二飡"으로, 『삼보정이집』에는 "人日食三食"으로, 『설집』과 『담생당』본에는 "人日三餐"으로 되어 있다. 『서양번국지』에는 "人日二餐", 『서양조공전록』에는 "日二食"을 보여 준다. 하루에 세 끼 먹는 것이 특기할 만한 사항은 아니므로 아무래도 여기 『삼보정이집』, 『설집』과 『담생당』본의 '삼(三)'자는 '이(二)'자로 보는 것이 좋겠다.

777 이 교정에 해당하는 『기록휘편』 원문[牛羊頗異]은 『국조전고』, 『삼보정이집』, 『설집』, 『담생당』본 모두 일치하는 문장을 보여 주고, 『서양번국지』에도 "소와 양이 상당히 있다(牛羊頗有)"라고 하였으므로 풍승균 씨의 보충은 불필요하다.

778 이 교정에 해당하는 두 문장[其羊青毛長脚, 高二尺三尺者]은 『기록휘편』에 "其羊脚高二尺三尺者"로 되어 있고, 『국조전고』에는 "羊青毛, 脚高二三尺"으로, 『삼보정이집』, 『설집』, 『담생당』본에는 "其羊青毛, 角長, 高二三尺"으로 되어 있다. 공진의 『서양번국지』에는 "羊毛青, 脚高二三尺"이라고 하였다. 따라서 『기록휘편』의 원문은 『서양번국지』를 따르되, 문두에 '기(其)'자만 추가하면 될 것이다. 또한 풍승균 씨가 '각(脚)'자 아래 빠진 글자가 있는 것 같다는 추측은 해당 사항 없다.

779 '백(百)'자는 『기록휘편』, 『담생당』본에 빠졌지만, 『국조전고』, 『삼보정이집』, 『설집』, 『서양번국지』 모두에 들어 있다.

유통해 사용한다.

王以金鑄錢, 每個重官秤一①分, 通行使用.

① [‘일(一)’자는] 『기록휘편』에 ‘이(二)’자로 되어 있어 『승조유사』본과 『서양조공전록』에 따라 고쳤다.[780]

11-5. 조공

비록 일개 작은 나라지만, 그 왕은 또한 방물을 들려 사람을 보내 중국에 바쳤다.

雖是一小國, 其王亦將方物差人, 貢於中國.[781]

780 ‘일푼(一分)’은 『서양번국지』에서도 확인된다. 하지만 『기록휘편』의 ‘이푼(二分)’은 『삼보정이집』, 『설집』에는 ‘이푼(二分)’으로, 『담생당』에도 ‘이푼(貳分)’으로 확인되므로, 풍승균 씨의 교정은 따를 수 없다. 이러한 통화에 관한 정보는 『국조전고』에 “시장에서는 금전을 사용한다(而市使金錢)”라는 문장만 남아 있다. 한편 동시대 비신(費信)의 『성사승람』, 소구남(小唄喃) 조목에(풍승균 교주본, 전집, 31쪽) 따르면, “이 나라에서는 당가(倘伽)라는 금전을 유통해 사용하는데, 한 개에 8푼이 나간다. 작은 금전은 파남(吧喃)이라 하는데, 40개는 큰 금전 1개를 기준으로 삼아, 그 때문에 사람들에게 편리하다(本國流通使用金錢名倘伽, 數箇重八分. 小金錢名吧喃, 四十箇準大金錢一箇, 以便民也)”라고 하였다. 1푼이든 2푼이든 비신의 ‘8푼’과는 상당한 차이가 있다. 비신의 해당 조목 번역은 부록을 참고하시오.

781 『기록휘편』의 이 문장[雖是一小國, 其王亦將方物差人, 貢於中國]은 『국조전고』에 “雖係小邦, 王亦將方物差人進貢”으로 되어 있고, 『삼보정이집』에는 “雖是小國, 其王亦將方物差人, 貢獻於朝廷”으로, 『설집』에는 “雖是小國, 其王亦將方物差人, 貢於中國”으로, 『담생당』본에는 “雖是小國, 其王亦將方物, 貢于中國”으로 되어 있다. 따라서 『기록휘편』의 ‘일(一)’자는 빼는 것이 맞다. 의미는 비록 같지만, 『삼보정이집』본이 가장 적합하다고 생각한다.

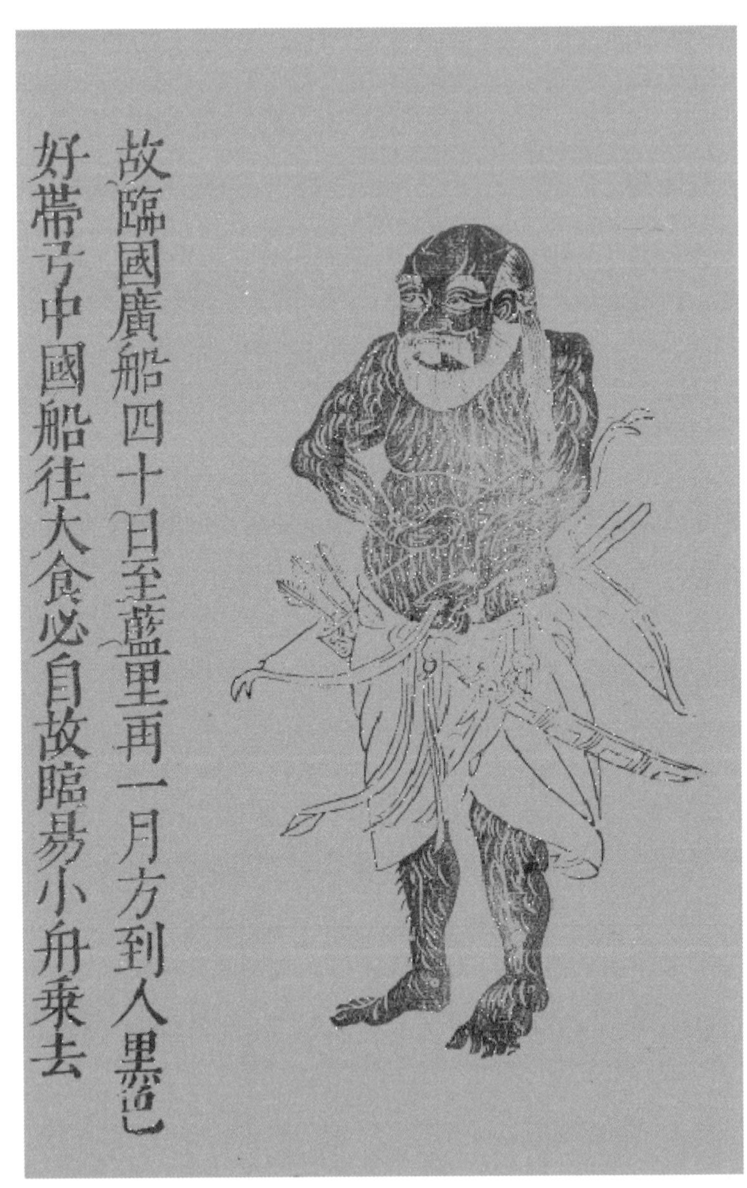
故臨國廣船四十日至藍里再一月方到人黑色
好帶弓中國船往大食必自故臨易小舟乘去

참고도 설명 1607년 명나라 왕기(王圻)와 아들 왕사의(王思義)의 『삼재도회(三才圖會)』, 인물, 권14 「고림국(故臨國)」. "고림국은 광주에서 배로 40일을 가면 남리(藍里)에 이르고, 다시 한 달을 가면 이른다. 사람들은 검고 활을 즐겨 맨다. 중국 배가 대식[아랍]으로 가려면 반드시 고림에서 작은 배로 갈아타고 간다(故臨國, 廣船四十日至藍里, 再一月, 方到. 人黑色, 好帶弓. 中國船往大食, 必自故臨易小舟乘去)."

해제

'가지'는 현재 우리가 '코치(Kochi)'로 표기하는 곳으로, 인도양 서남쪽 말라바르 해안에 자리 잡고 있으며, '아라비아해의 여왕'으로 불릴 정도로 중세 인도양 교역에 있어, 캘리컷(현 코지코드)과 더불어 주요 항구였다. 이 항구도시는 서양인들에게 '코친'으로 더 잘 알려져 있다.

율은 『중국으로 가는 길(Cathay and the Way Thither)』, 2책(1866, 455쪽)에서 "Cochin, Cochim, Gutschin, Cocchi는 원래 카크히(Kachhi, Kochchi의 잘못으로 보임)이다. 14세기 이전에는 어떠한 교역도 없는 장소였다. 1341년에 급격한 범람이 코친 해안에서 큰 변화를 낳았고 커다란 하구를 열었으나, 그곳은 포르투갈 사람들이 오기 전까지는 그다지 주목을 받지 못한 것 같다. 물론 지금은 말라바르의 주요 항구지만 말이다. 내가 아는 한 이곳을 언급한 사람은 콘티의 코침(Cocym)이다. 바로 그 진술된 상황이 코친을 사람들이 종종 주장하는 것처럼 옛날 사람들의 코티아라(Cottiara)였음이 분명하다는 매우 그럴법하지 않게 만들어 버렸다"라고 하였다. 다시 율은 『영국-인도의 용어사전(Hobson-Jobson)』(1903, 225쪽)에서 "[코친은] 말라바르의 유명한 도시의 명칭이다. [작은 장소라는 의미의] '코크치(Kochchi)'는 포르투갈 사람들이 습관적으로 쓰는 비음화 때문에 '코침(Cochim)' 또는 '코친(Cochin)'으로 바뀌었다. … 이러한 비음의 사실상 어원은, 현재의 경우와 아첸(Acheen)의 경우에서처럼 그들의 도착 이전에 있었다는 것은 분명하다. 파드르 파올린(Padre Paoline)은 그 도시가 '코치(Cocci)'라는 작은 강 이름에 따라 불렸다고 하였다. 이는 15세기 콘티가 같은 진술을 한 것으로 볼 수 있을 것이다"라고 하였다.

율은 분명 마환의 기술을 보지 못한 것임이 틀림없다. 하지만 율의 설명에서 하천의 범람으로 1341년 코친 해안에 큰 변화가 생겼고, 그로부터 항구가 열렸다는 사실에는 주목할 필요가 있다. 말하자면, 코친 항구는 1341년 이후에 건설되었다고 짐작할 수 있다. 그러므로 『제번지』나 『도이지략』에 이 항구의 존재가 보이지 않는 이유이다.

현 코친시와 코친 문화유산 연구소에서 내놓은 공식 홍보자료에 따르면, 코친은 원래 말라바르 폰나니 탈룩(Ponnani Taluk)에 있는 한 마을에 따라, '페룸파다푸 나드(Perumpadappu Nad)'로 알려졌다. 코친이라는 명칭은 1341년 항구가 형성된 이후 생긴 도시에 주어졌다. 그 뒤 도시의 인근 지역에서 결국에는 통치 가문이 차지한 전체 영역인 페룸파다푸 스와루팜(Perumpadapu Swaroopam)이 '코친'으로 알려지게 되었다. 플리니우스, 프톨레마이오스, 에리트라해 안내기, 마르코 폴로, 이븐 바투타 그 어디에서도 '코친'이란 이름을 언급하지 않았다. 코친은 항구가 건설되고 60년 후에 중국인 이슬람교도 마환, 그리고 그 이후 이탈리아 여행가 니콜로 데 콘티(1440년)에 의해 언급되었다. 16~17세기에도 마찬가지로, 저자들은 '코침(Cocym, Cochym)', '코친

(Cochin)', '코치(Cochi)' 등으로 불렀다. 산스크리트어로 소[牛]와 함께 번영한다는 의미인 '고 스리(go sri)'의 변형으로 생각되지만, 코친의 첫 번째 부분은 말라얄람어 단어로 작고 어리다는 의미가 있는 '코추(cochu)'이다. 또 이 도시는 케랄라 땅의 기원을 말라얄람어로 기술한 『케랄롤파티(Keralolpathi)』와 다른 산스크리트어로 쓴 책에서는 '발라푸리(Balapuri)'로 불렸다. 니콜로 콘티와 17세기 프라 파올린(Fra Paoline)은 내륙과 바다를 연결하는 강 이름을 따서 '코크치(Kochchi)'로 불렀다고 하였다. 몇몇 역사가들은 코친이 말라얄람어로 작은 바다를 의미하는 코차지(Cochazhi) 형태에서 변형되었다고 생각한다. 어떤 이야기에 따르면, 중국의 쿠빌라이 칸의 조정에서 온 상인들이 고향의 이름을 코친에 부여했다고 한다. 또 다른 설은 코친이 항구를 의미하는 '카치(Kaci)'라는 단어에서 나왔다는 것이다. 또 다른 학자에 따르면, '코친'이란 지명은 성경 용어인 코헨(Cohen)의 변형인 '코차(Cocha)'라는 단어에서 나왔다고 한다.

이처럼 우리는 코친의 어원을 추적할 수는 없을 것 같다. 다만, 위의 정보에서 코친 항구가 1341년 이후에 건설된 것이 사실이라면, 『명사』「가지전(柯枝傳)」의 기록은, 우리가 소개할 마환의 기술에 따른 것이지만, 『명사』는 중국과 코친의 관계 수립에 관한 정보를 제공하고 있다. "영락(永樂) 원년(1403) 10월에 중관 윤경(尹慶)을 그곳에 사신으로 보내어 직금문기(織金文綺), 소금장만(銷金帳幔) 등 여러 물품을 하사했다. 그곳에는 왕이 없고, 또한 나라라고 일컫지도 않았으며, 섬라(暹羅)에 복속되어 매년 금 40량을 세금으로 바쳤다. 윤경이 [이곳에] 이르러 성덕(盛德)과 불러 타이르는[招徠] 뜻을 밝혀 드러내자, 그 추장 배리미소랄(拜里迷蘇剌, Paramešvara, 1400~1414 재위)은 크게 기뻐하며 윤경에게 딸려 사신을 보내 입조하여 방물을 바쳤다. [영락] 3년(1405) 9월에 경사에 이르자, 황제는 이를 가상히 여겨 [배리미소랄을] 만랄가 국왕에 봉하고 고명, 인장, 채폐(綵幣), 황개(黃蓋)를 하사하였으며, 다시 윤경에게 명하여 [이 나라에] 가도록 했다”(권325, 8416쪽)라고 하였다.

이로부터 명나라와 중국은 항구가 건설된 지 반세기 만인 1403년에 국교를 수립하려는 시도를 확인할 수 있다. 코친이 중국에 알려져 국교를 맺을 필요성을 인지했다는 것은 1403년 이전에 항구가 캘리컷에 경쟁할 만한, 주목할 만한 항구도시였음을 입증하는 것이다. 또 『명사』는 이후 격년으로 조공해 온 것을 기록하고 있고, 1436년까지 조공 사신이 왕래한 것을 보여 주고 있다. 이러한 관계 유지는 그만큼 중국이 ‘서양’과의 교역하는 흐름 속에, 코친의 중요성이 여전히 유효했다는 말이다. 명나라의 이러한 조공 관계 설정은 포르투갈의 항해가 페드루 알바르스 카브랄(Pedro Álvares Cabral, 1468~1520)이 1500년 처음으로 발견한 것보다 1세기나 빠른 셈이다. 따라서 코친의 초기 역사 연구에서 마환의 견문록은 가장 최초의 기술이자, 처음 중국어로 음역되어 소개되었다는 점에서 의미를 두어야 할 것이다. 이제 우리는 서양인들보다 1세기나 빠른 세계 최초의 코친 기술을 살펴볼 차례이다.

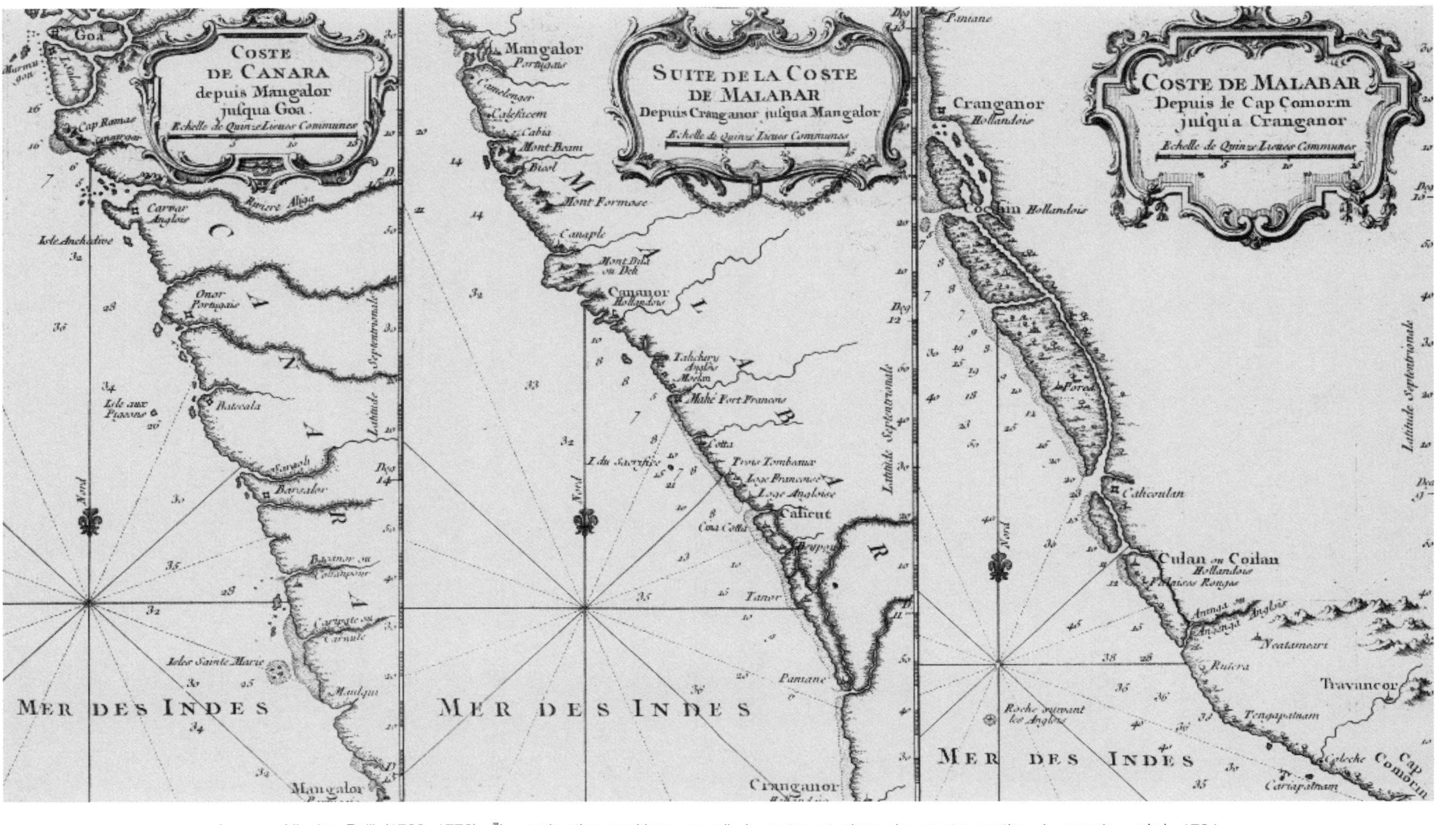

Jacques Nicolas Bellin(1703~1772), 『Le petit atlas maritime, recueil de cartes et plans des quatre parties du monde』, 파리, 1764.
망갈로르에서 고아까지의 카나라 해안-크랑가노르에서 망갈로르까지의 말라바르 해안-코모린 곶에서 크랑가노르까지의 말라바르 해안.

코치 왕국[柯枝國][782]

12-1. 지리 환경

소갈란국(小葛蘭國)에서 배를 타고 산을 따라서 서북쪽으로, 순풍에 밤낮으로 하루를 가면, 그 나라 항구에 이르러 정박한다. 본국의 동쪽은 큰 산이고, 서쪽은 대해에 임해 있으며, 남북의 바닷가에는 길이 있어 이웃 나라로 갈 수 있다.

自小葛蘭國開船，沿山投西北，好風行一晝夜，到其國港口泊①船．本國東是大山,[783] 西臨大海, 南北邊海, 有路可往鄰國.

① ['박(泊)'자는] 『기록휘편』에 '초(稍)'자로 되어 있어 『국조전고』본에 따라 고쳤다.[784]

12-2. 복식

이 나라 왕과 백성은 또한 쇄리(鎖俚) 사람의 성씨이다. 황백의 베로 머리

782 『담생당』본의 표제는 "아지국【『일통지』에는 아지가가 있다】(阿枝國【一統志有阿枝柯】)"이라고 되어 있다.

783 '본(本)'자는 『삼보정이집』, 『설집』, 『담생당』본에는 '차(此)'로 되어 있고, 『국조전고』와 『서양번국지』(상달 교주본, 25쪽)에는 '기(其)'자로 되어 있다.

784 '박선(泊船)'은 『국조전고』, 『삼보정이집』, 『설집』, 『담생당』본 모두에서 확인된다. '기(其)'자는 『국조전고』에만 '본(本)'자로 되어 있다.

를 싸매고, 위에는 옷을 입지 않고, 아래는 저사(紵絲) 수건으로 두른 다음, 다시 유색의 저사 한 필로 허리를 싸매는데, '압요(壓腰)'라고 한다. 두목들과 부자들이 입는 것은 왕과 사뭇 같다.

其國王與民①亦鎖俚人氏. 頭纏黃白布, 上不穿衣, 下圍紵絲②手巾, 再用顏色紵絲一匹③纏之於腰, 名曰壓腰. 其頭目及富人服用與王者頗同.

① 이상 두 글자[與民]는 『승조유사』본에 따라 보충하였다.[785]
② '저사(紵絲)'는 『승조유사』본에 '백포(白布)'로 되어 있다.
③ 이상 여섯 글자[顏色紵絲一匹]는 『기록휘편』에 '저사안색자(紵絲顏色者)'로 되어 있어 『승조유사』본에 따라 고쳤다.[786]

12-3. 주거

사람들이 사는 집은 야자나무를 사용하여 짓는데, 야자 잎을 짚으로 만든 한 조각 거적[草苫]처럼 짜서 덮지만, 비는 새어 들지 않는다. 집마다 진흙 벽돌을 쌓아 흙 창고[土庫] 하나를 만드는데, 크고 작은 구분만 있을 뿐이다. 무릇 약하고 부드러운 물건이 있으면 모두 안에 넣어 화재와 도난을 막는다.

785 이 교정에 해당하는 『기록휘편』 원문[其國王亦鎖俚人氏]은 『국조전고』, 『삼보정이집』, 『설집』, 『담생당』본 모두 일치하고, 『서양번국지』에도 "王鎖俚人"이라 하였으므로, 풍승균 씨의 보충은 불필요하다.

786 이 교정에 해당하는 『기록휘편』 원문[再用紵絲顏色者於腰]은 『국조전고』에 "再用顏色紵絲一匹纏之於腰"라고 하였으며, 『삼보정이집』, 『설집』, 『담생당』본에서는 '어요(於腰)' 없이 "再用顏色紵絲一匹纏之"로 되어 있다. 『서양번국지』에는 "又加顏色紵絲一疋爲壓腰"라고 하였으므로 여기서는 『국조전고』에 따라 고치고 보충하는 것이 적절하다.

民居之屋, 用椰子木起造,[787] 用椰子葉編成片如草苫樣①蓋之, 雨不能漏. 家家用磚泥砌一土庫,② 止③分大小, 凡有細軟之物,[788] 俱放於內, 以防火盜.

① ['편여초점양(片如草苫樣)'은] 『승조유사』본에 위의 '편(片)'자가 없고 ['양(樣)'자] 아래에는 '일편편(一匾片)' 세 글자가 더 많다.[789]

② ['체일토고(砌一土庫)'는] 『기록휘편』에 '전체초고(磚砌土庫)'로 되어 있어 『승조유사』본에 따라 고쳤다. 단 『승조유사』본에는 고(庫)자가 '상(床)'자로 되어 있다.[790]

③ ['지(止)'자는] 『승조유사』본에는 '상(上)'자로 되어 있다.[791]

12-4. 신분

나라에는 다섯 등급의 사람이 있다. 하나는 '남곤(南昆)'이라 하는데, 왕과 같은 부류이며, 그중에는 머리를 깎고 목에 선[끈]을 두른 자도 있는데, 가장 귀족이다. 두 번째는 회회인(回回人)이다. 세 번째는 '철지(哲地)'[792]라고 하는

787 '야자목(椰子木)'은 『삼보정이집』과 『담생당』본에는 '椰木'으로, 『설집』에는 '椰子'로 되어 있다.

788 '범(凡)'자는 『국조전고』, 『삼보정이집』, 『설집』 모두 '가(家)'자로 되어 있다. 이에 따라 고치는 것이 문맥에 유리하다.

789 『기록휘편』의 이 문장[用椰子葉編成片如草苫樣蓋之]은 『삼보정이집』, 『설집』, 『담생당』본에 "用椰子葉編成如草苫樣一片蓋之"라고 하였고, 『서양번국지』에는 "집은 야자나무로 짓고 야자 잎을 엮어 짜 덮는다(屋用椰木造及用椰葉編蓋)"라고 되어 있다. 『기록휘편』의 원문이 가장 이해하기 쉽다. 이상의 문장들은 『국조전고』에 "人樣匾片蓋之"라는 정보만 제시하고 있다.

790 이 교정에 해당하는 『기록휘편』 원문[집마다 벽돌을 쌓아 흙 창고를 만든다(家家用磚砌土庫)]은 『국조전고』와 『설집』에 "家家用磚泥砌一土庫"라고 되어 있고, 『삼보정이집』에서는 "家家用磚泥砌一二土庫"라고 되어 있으며, 『담생당』본에는 '전(磚)'자가 '와(瓦)'자로 되어 있다. 여기서는 『국조전고』와 『설집』 본에 따라 고치는 것이 적절하다.

791 '지(止)'자는 『설집』, 『담생당』본에도 '상(上)'자로 되어 있다.

792 철지(哲地)라는 용어를 처음 'chitti'로 재구성한 것은 히어트와 록힐의 『조여괄』, 89쪽, 주1에서 비롯했다. 이후 후지타 도요하치(『도이지략교주』, 130쪽), 뒤펜다크(『마환』, 49쪽), 풍승균의 『영애승람교주』(43쪽), 상달의 『서양번국지교주』(25쪽), 최근 만명 씨의 『명초본영애승람교주』(59쪽)로 이어졌다. 철지(哲地, zhédì)의 민남 지역 발음은 [tiat | tiek | tsit-te | tue | ti | tiei]로 표기할 수 있다. 이로써 보면, 'chitti'가 '철지'로 전사될 가능성은 충분해 보인다. 그러나 율과 버넬은 『영국-인도용어사전』(189쪽)에

데, 돈이 있는 물주이다. 네 번째는 '혁령(革令)'[793]이라 하고, 중개와 보증하

서, 'chetty'라는 표제어 아래, 말레이어로는 'cheṭṭi', 타밀어로는 'sheṭṭi', 텔루구어 'seṭṭi', 실론에서는 'seḍḍi'라고 한다는 정보를 제시하고 있다. 이로써 'chitti', 'chetty', 'cheṭṭi'의 'ch'는 's' 또는 'sh'발음에 가깝게 읽어야 할 것 같다. 율과 버넬은 'chetty'가 남인도에서 무역에 종사하는 계층의 사람으로 정의하고, 인도의 서쪽과 북쪽에서 사용하는 바니언(Banyan, 상인 계층)에 해당한다고 설명했다(앞의 출처). 14세기 중반 이븐 바투타는 중국 상인들을 기술하면서, "이 사람들의 관습은 모든 거래에서 소유한 금이나 은을 덩어리로 녹여 쓰는데, 한 덩어리는 1퀸탈(100kg) 정도로, 집의 대문 위에 올려놓는다. 다섯 덩어리를 가진 사람은 손가락에 반지를 하고, 열 덩어리를 가진 사람은 반지 두 개를 하며, 열다섯 덩어리를 가진 사람은 '세티(Séty)[satī | ṣăti]'라고 하는데, 이들은 이집트에서 칼레미(câlémy, 특히 향료를 중심으로 한 부유한 상인의 일종)에 해당한다"라고 하였다(『Voyages d'Ibn Batoutah』, IV, 259쪽). 이로부터 'chetty'='cheṭṭi'='sheṭṭi'='seṭṭi'='séty'가 인도에서 무역에 종사하는 계층의 사람들을 지칭하는 용어였다고 추정할 수 있다. 실론 서쪽으로는 모두 's' 또는 'sh'의 발음을 가졌으므로, 마환이 철지(哲地)로 옮긴 것을 보면, 말레이어를 옮겼다고 추정해 볼 수도 있지만, 인도네시아어에서 'ch'는 현재 'kh'로 표기하며 'x' 음가를 가진다. 따라서 철지(哲地)='chitti'의 대응은 만족스럽지 못한 점은 분명하다. 그러나 상인 또는 무역에 종사하는 신분이라는 점은 다음 고리[캘리컷] 조목[13-7]에서도 확인된다.

793 혁령(革令, gélìng)에 대해서도 히어트와 록힐의 책에서 가장 먼저 클링(Kling)으로 재구성되었다. 후지타 도요하치, 풍승균 씨는 주석 없이 이를 그대로 따랐고, 상달 씨는 "남인도 일대를 돌아다니며 전문적으로 매매를 하는 사람을 말한다"라고 설명했다(『서양번국지교주』, 25쪽). 이러한 상달 씨의 설명은 만명 씨까지 이어졌는데, "인도네시아, 말레이어의 클리언(klien), 카링(kăling)에 해당하는 음이다. 남인도, 말레이반도 일대를 돌아다니며, 해협 일대에 정착하여 사는 사람과 인도 대륙의 무역하는 사람, 혹은 정착하여 사는 자손들이다. 이 명칭은 옛날 칼링가(kalinga)와 유관하며, 중국어로는 갈릉가(羯陵伽)로 옮기는데, [이 나라는] 고대인도 중동부 지역의 코로만델 해안 북부에 있었으며 해상무역이 발달했다"(『명초본영애승람교주』, 59쪽)라고 하며 『Hobson-Jobson』의 설명을 훔쳤다.

혁령의 민남어 발음은 'kik | kek | kai | ka | ke | kɛk' 'liŋ | leŋ | lɛŋ'에 해당하므로 음성적 대응은 틀림없다. 율과 버넬은 "클링(Kling)은 해협식민지(Straits Settlements)를 포함한 말레이 국가들에서, 그곳으로 교역하러 오는 대륙의 인도 사람들 또는 그곳에 정착한 사람들과 그들의 후손들에 적용된 명칭[Kălīng]이다"라고 하였다(『Hobson-Jobson』, 487~488쪽). 사실 이 설명은 말라카 해협 일대에 정착한 인도인들을 지칭하는 말로, 여기 마환이 기술하고 있는 말라바르 해안의 나라와 맞지 않는 설명이다.

율은 이 클링이 칼링가(Kalinga)라는 지역, 즉 벵골 만의 텔루구(Telugu) 해안 즉 북쪽 시르카르스(Nothern Circars)로 알려진 지역으로 대략 키스트나(Kistna)에서 마하나디(Mahānadī)까지 펼쳐진 해안을 지칭하며, 이 지역 출신의 사람들, 민족에게도 적용된다고 설명했다. 또한 칼링가는 실론의 불교 연대기에서 꾸준히 언급되는 왕국과 그 수도[Kalinganagara]에도 쓰였다고 설명했다(『영국-인도용어사전』, 488쪽). 이로써 혁령, 즉 클링은 인도 동북부 코로만델 해안 출신의 사람들로, 말라바르 해안 쪽으로 이주한 사람들을 지칭하는 것으로 추정한다. 마환은 전문적으로 사람들과 아보(牙保) 역할을 한다고 기술했다. '아보'란 사전적 정의로 거래를 맺어 주는 중개인이다. 『도서집성 · 변예전(邊裔典)』에서 "아쾌(牙儈)는 혁전(革全)이라 하는데, 네 번째 등급이다(牙儈曰革全, 四等也)"라고 하였는데, 아보(牙保)와 아쾌(牙儈)는 모두 거간꾼을 말한다. 따라서 부유한 상인 계층, 즉 철지(哲地)에 고용되어 상업활동을 하는 사람들을 말하는 것 같다.

는 일을 한다. 다섯 번째는 '목과(木瓜)'[794]라고 한다.

國有五等人.[795] 一等①名南昆,② 與王同類, 內③有剃頭掛④線在頸者, 最爲貴族,⑤ 二等回回人. 三等人名哲地,[796] 係有錢財主.[797] 四等人名革令,⑥ 專與人作牙保.[798]

794 가장 천한 계급으로 기술한 목과(木瓜) 역시 히어트와 록힐의 책에서 무쿠바(Mukuva)로 재구성되었고, 후지타 도요하치, 풍승균, 상달, 사방(謝方), 만명 씨로 이어졌다. 만명 씨는 "말레이어, 타밀어인 'mucoa', 'mukuva', 'mukkuvan'에 해당하는 음이다. 코모린 반도 서쪽 해안에 사는 어민 명칭이다"라고 하며(『명초본영애승람교주』, 59쪽) 다시 『Hobson-Jobson』의 설명을 훔쳤다. 음성적 일치도는 만족스럽다. 율과 버넬은 'mucoa', 'mukuva' 조목에서 "말레이어와 타밀어로 단수형은 무쿠반(Mukkuvan)이고 복수형은 무쿠바르(Mukkuvar)로, '잠수부'란 뜻이다. 코모린 곶 근처 반도 쪽 서부 해안에 사는 어부에 적용하는 명칭이다"라고 설명한 바 있다(『Hobson-Jobson』, 592쪽). 1510년 루도비코 디 바르테마(Ludovico di Varthema)는 여행 기록에서 캘리컷의 파간 사람들을 여섯 계급으로 나누어 다음과 같이 기술했다. "캘리컷에서 파간(Pagan) 사람들의 첫 번째 등급은 '브라민(Brahmin)'으로 불린다. 두 번째 등급은 '나에리(Naeri)'인데, 좋은 가문 출신으로 검과 방패, 또는 활 또는 창을 지닐 수 있으며, 외출할 때 이러한 무기를 지니지 않으면 신사로 여기지 않는다. 세 번째 등급은 '티바(Tiva)'라고 하는데, 상공의 장인들이다. 네 번째 등급은 '므추아(Mechua)'라고 하는데, 어부들이다. 다섯 번째 등급은 '폴리아르(Poliar)'라고 하는데, 후추, 포도, 견과류를 수확하는 사람들이다. 여섯 번째 등급은 '히라바(Hirava)'라고 하는데, 앞의 식물들과 쌀농사를 하는 사람들이다. 이들 마지막 두 등급, 즉 폴리아르와 하라바는 나에리 또는 브라민들이 부르지 않는 이상, 5보 이내로 그들에게 접근할 수 없고 항상 습지인 자신들만 다니는 길로 다닌다. 이러한 곳을 지날 때 항상 고함을 지르며 다니는데, 나에리나 브라민을 만나지 않기 위해서이다. 그들이 소리를 지르지 않으면 나에리가 자신들의 결실을 보기 위해 길을 갈 것이고, 언급한 계급의 사람들을 만나게 되며, 앞에서 언급한 나에리들은 아무런 처벌 없이 그들을 죽이기 때문이다. 이러한 이유로 그들은 항상 소리를 지른다[『The travels of Ludovico di Varthema in Egypt, Syria, Arabia Deserta and Arabia Felix, in Persia, India, and Ethiopia, A.D. 1503 to 1508』(런던, 1863, 142쪽)]

여기 바르테마가 어부들로 설명한 네 번째 등급인 '므추아(Mechua)' 계급이 바로 마환의 목과, 무쿠바르에 해당하는 계층으로 보인다. 바르테마는 마환이 방문한 시기보다 대략 1세기 이전의 상황이다. 어쨌든 목과(木瓜)=무쿠바르=므추아가 어부 계층을 지칭하는 용어로 추정할 근거는 된다.

795 『기록휘편』의 이 문장[國有五等人]은 『국조전고』에 '國人五等'으로, 『삼보정이집』, 『설집』, 『담생당』본, 『서양번국지』에는 "國人有五等"으로 되어 있다.

796 『기록휘편』의 이 문장[三等人名哲地]에서 『국조전고』에는 '명(名)'자가 없고, 『삼보정이집』에는 '인(人)'자가 없다. 『설집』, 『담생당』본에는 "三等名是哲地"로 되어 있다.

797 『기록휘편』의 이 문장[係有錢財主]은 『국조전고』에 "皆有錢財主"라고 되어 있고, 『삼보정이집』, 『설집』, 『담생당』본에는 "皆是有錢財主"라고 하였다. 『삼보정이집』, 『설집』, 『담생당』본이 『기록휘편』 원문과 가장 근접해 보인다.

798 『기록휘편』의 이 문장[專與人作牙保]에서 '작(作)'자는 『국조전고』, 『삼보정이집』, 『설집』 모두에 '위(爲)'자로 되어 있다. 『설집』에는 이 문장 뒤에 "貨賣物件" 네 글자가 더 들어 있다.

五等人名木瓜.[799]

① 이상 두 글자[一等]는 『기록휘편』에 '유(類)'자 아래에 있어 『승조유사』본에 따라 앞으로 이동시켰다.[800]

② '곤(昆)'자는 『승조유사』본, 『서양조공전록』, 『명사』에도 같다. 다만 『제번지』와 장승 개정본에는 '비(毘)'자로 되어 있다. 어느 것이 맞는지 모르겠다. 사람들은 이를 고증하여 '나이르(Nair)'라고도 하고 '남부리(Namburi)'라고 하는데 모두 음에 부합하지 않는다.[801]

799 『기록휘편』의 이 문장[五等人名木瓜]에서 『설집』에는 '명(名)'자 아래 '왈(曰)'자가 들어가 있다. 이상의 인구 구성은 뒤에 보이는 고리국(古里國) 조목(13-3)에도 보이는데, 남비인과 회회인의 순서가 바뀌어 있다.

800 이 교정에 해당하는 『기록휘편』의 원문[名南昆, 與王同類一等]은 『국조전고』와 『삼보정이집』에 "一等南毗, 與王同類"로, 『설집』과 『담생당』본에는 "南昆, 與王同類"라고 되어 있다. 따라서 '일등'을 앞으로 당긴 풍승균 씨의 교정은 타당하다. 문제는 '남비(南毗)'가 맞는지, 남곤(南昆)이 맞는지이다. 『서양번국지』와 『서양조공전록』에는 '남비(南毘)'로 되어 있다. 사방 씨는 원본의 남곤을 남비(南毗)로 고치고, 『제번지』의 '남비국(南毗國)', 『대당서역기』(권10)의 '말라구타국(秣羅矩吒國, Malakuta)', 『영외대답』(권3)의 '마리발국(麻離拔國)'으로, 12세기 이전 인도 서남부의 대국으로 추정했다. 이어서 남비(南毗)는 '남부리(Namburi)'로, 왕족의 명칭으로 부른 것이라고 하였다(『서양조공전록교주』, 95쪽). 이 설은 뒤펜다크가 『마환』(48쪽)에서 제기한 '남비=Nambūri Brahmans'이라는 추정에 근거하고 있다. 『황명상서록(皇明象胥錄)』, 권5의 가지(柯枝) 조목에는 정확히 '남비(南毘)'로 되어 있다. 따라서 남곤(南昆)인지 남비(南毘)인지의 문제는 남곤(南昆)에 해당하는 음을 학자들은 전혀 내놓지 못하고 있으므로, 우선은 조여괄의 『제번지』, 장승(張昇)의 개정본, 『삼보정이집』 그리고 『황명상서록』에 보이는 '남비(南毗)' 또는 '남비(南毘)'로 읽어야 할 것이다.

801 풍승균 씨의 이 설명은 펠리오의 「15세기 초 중국의 대항해」, 405쪽에서 나온 것이다. "남비(南毗, 록힐은 정확하게 毘를 毗로 바꿈)에 관하여, 나는 주석을 이해할 수 없다. 비(毘)와 비(毗)는 같다. 뒤펜다크는 여기에서 록힐의 착오를 재생산하고 있는 것 같다. 록힐은 주1에서 남비에 대한 한자를 남곤(南昆)으로 쓰고 있다. 사실 마환의 텍스트는 『기록휘편』에서[그리고 『승조유사』에서] '남곤(南昆)'으로 되어 있다. 그러나 장승의 세 판본은 '남비(南毘)'로 되어 있고, 황성증(黃省曾)의 『서양조공전록』과 『명사』에는 남곤(南昆)으로 쓰고 있다. 남비(南毘)란 명칭은 1225년 조여괄의 책에서 보이는데(『조여괄』, 87쪽), 나이르(Naïr)에 대응하는 음이라는 것은 필립스 이래로 인정되어 왔는데, 발음상 전혀 만족스럽지 못하다. 1924년에 제기되어 뒤펜다크가 상기시킨 '남부리 브라만(Nambūri Brahmans)' 역시 인정되지 않는 것 같다"라고 하였고, 이후 「다시 정화의 항해에 관하여(Encore à Propos des Voyages de Tcheng Houo)」, 『통보』, 32(1936), 221쪽에서 "풍승균 씨는 망설임이 없는 것은 아니지만, '남곤(南昆)' 형태를 유지하면서(풍승균, 영애승람 교주본, 39쪽), 나이르(Naïr) 또는 남부리(Nambūri)와의 연관성을 짐작했다. 내가 보기에 '나이르'는 음성적으로 불가능해 보인다. 그러나 선본은 '남비(南毗)'라고

③ '내(內)'자는 『승조유사』본에 따라 보충하였다. 위에는 원래 '일등(一等)' 두 글자가 있었지만 앞으로 이동시켰다.[802]

④ ['괘(掛)'자는] 『기록휘편』에 '주(拄)'자로 되어 있어 『승조유사』본에 따라 고쳤다.

⑤ ['귀족(貴族)'은] 바라문(婆羅門)을 가리킨다.

⑥ ['혁령(革令)'은] 장승 개정본과 『명사』에 '혁전(革全)'으로 잘못되어 있고, 『서양조공전록』에는 아래 문장과 이어서 '혁령전(革令專)'으로 되어 있다.[803]

12-5. 목과인

목과는 가장 낮은 사람들로, 현재 이 무리는 바닷가에 거주하며, 집의 처마는 3척을 넘지 못하고 높게 지으면 죄가 된다. 그들이 입는 옷으로, 상의는 배꼽을 넘지 못하고, 하의는 무릎을 넘지 못하며, 길에 나갔다가 남곤이나 철지인을 만나면 땅에 엎드렸다가 지나가기를 기다려 일어나 간다. 목과인들은 오로지 물고기를 잡거나 나무를 하거나, 짐을 지는 일을 생업으로 삼으며, 관청에서는 [그들이] 긴 옷을 입도록 허용하지 않는다. 그 나라의 통상 매매는 중국의 한인(漢人)들과 마찬가지이다.

木瓜者,① 至低賤之人也, 至今②此輩在海濱居住, 房簷高不過三尺,[804] 高者有罪.

생각한다. 남부리 브라만들이 한 큰 역할에 관한 새로운 검토가 이루어진 뒤에 나는 남비가 실제 그들의 음역이라는 가설에 동조할 것이다"라고 하며 판단을 유보했는데, 펠리오의 판단유보가 적절해 보인다.

802 이 교정에 해당하는 『기록휘편』 원문[有剃頭拄線在頸者]은 『국조전고』, 『삼보정이집』에 "內有剃頭挂線在頸者"라고 하였다. 또한 『서양번국지』에는 "中有剃頭掛線在頸者"로 되어 있으므로, 『국조전고』, 『삼보정이집』에 따라 고치고 보충해야 할 것이다. 이 정보는 『설집』과 『담생당』본에는 빠져 있다.

803 『기록휘편』의 이 문장[四等人名革令]에서 『설집』에만 '명(名)'자 아래 '시(是)'자가 들어가 있다. 『담생당』본에는 4등급, 5등급의 사람들에 대한 정보는 빠져 있다.

804 『기록휘편』의 이 문장[房簷高不過三尺]은 『국조전고』에 '방(房)'자가 빠졌고, 『삼보정이집』에는 "其類住屋簷高不過三尺"으로, 『설집』, 『담생당』본에는 "**其類居住**簷高不過三尺"으로 '첨'자 앞에 네 글자가 덧붙여져 있다.

其穿衣上不過臍,[805] 下不過膝, 其出於途, 如遇南昆 · 哲地人, 卽伏於地, 候過卽起而行.[806] 木瓜之輩, 專以漁③樵④及擡負挑擔爲生, 官不容穿長衣, 其經商買賣與中⑤國漢⑥人一般.

① 이상 세 글자[木瓜者]는 『승조유사』본에 따라 보충하였다.[807]
② '지금(至今)'은 『국조전고』본에 '왕령(王令)'으로 되어 있다.[808]
③ 이상 다섯 글자[之輩, 專以漁]는 『기록휘편』에 반은 희미하게 나타난다.
④ '초(樵)'자는 『승조유사』본에 따라 보충하였다.[809]

805 『기록휘편』의 이 문장[其穿衣上不過臍]은 『국조전고』에 '유(類)'자를 더 넣어 '이 부류가 입는 옷은, 위는 배꼽을 넘지 않고(其類穿衣上不過臍)'라고 되어 있다.

806 이상 『기록휘편』의 네 문장[其出於途, 如遇南昆 · 哲地人, 卽伏於地, 候過卽起而行]은 『국조전고』에 "**或**其出於**路**途, 如遇南**毗** · 哲地人, 卽伏於**路傍**, 俟哲地等過卽起而復行"으로, 『삼보정이집』에는 "途中若遇南**毗** · 哲地, 卽伏於地, 候哲地等過則後行"으로 되어 있고, 『설집』본은 "途中若遇南昆 · 哲地, 卽伏於地, 候哲地等過則起而後行"을 보여 주고 있다. 『담생당』본에 이 정보는 빠져 있다. 한편 『서양번국지』(상달 교주본, 26쪽)에는 "路遇南毘 · 哲地, 皆俯伏候過乃起"라고 생략되어 있다. 이상을 종합하여 보면, 주당면의 『국조전고』본이 가장 완전한 문장을 보여 준다. 다만 '노도(路途)'의 '도'자는 의미가 중복되고, '노방(路傍)'은 다른 사본의 '지(地)'자보다 간결하지 않으며, '사(俟)'자는 같은 의미라도 여러 사본에 따라 '후(候)'자가 선본으로 판단되고, 마지막 문장의 '즉(卽)'자는 세 번째 문장에서 '즉복(卽伏)'으로 이미 쓰였으므로, '즉(則)'자로 교정하는 것이 적절할 것이다. 이로써 네 문장은 "**或**其出於**路**, 如遇南**毗** · 哲地人, 卽伏於**地**, **候**哲地等過**則**起而復行"로 재구성할 것을 제안한다.

807 '목과자(木瓜者)'는 『국조전고』, 『삼보정이집』, 『설집』에서 확인된다. 『서양번국지』에서는 '목과(木瓜)'라고만 하였다.

808 『기록휘편』의 이 문장[至今此輩在海濱居住]은 『국조전고』에 "왕은 이들을 모두 바닷가에 거주하게 했다(王令此輩俱在海濱居住)"라고 되어 있고, 『삼보정이집』에는 "至今此輩在邊邊居住"로, 『설집』, 『담생당』본에는 "至今此輩在海邊居住"를 보여 준다. 『담생당』본에 이 정보는 보이지 않는다. 『서양번국지』(상달 교주본, 25쪽)에는 "木瓜居住俱在海濱"으로 되어 있다. 먼저 '지금(至今)'은 『국조전고』본의 '왕령(王令)'과 자형이 유사하여 잘못 읽을 개연성이 다분하고, 『국조전고』의 문장이 문맥에도 더 어울린다. 이 선본일 가능성이 크다. 그러나 본서는 『기록휘편』본을 저본으로 삼고 있으므로, 최대한 『기록휘편』의 원문을 따르기로 한다. 한편, 『삼보정이집』의 '변변(邊邊)'은 해변(海邊)의 잘못임이 분명하고, 해빈(海濱)과 의미가 같으므로, 선택하기 쉽지 않다. 또한 『국조전고』와 『서양번국지』에서 '재(在)'자 앞에 들어 있는 '구(俱)'자는 보충하는 것이 문맥에 훨씬 유리하다.

809 이 교정에 해당하는 『기록휘편』 원문[木瓜之輩, 專以漁及擡負挑擔爲生]은 『국조전고』본에 "그 목과 무리들은 오로지 물고기잡이, 땔나무 하기, 무거운 짐을 지는 것을 생업으로 삼는다(其木瓜之輩, 專以漁 · 樵 · 擡負**重物**爲生)"라고 되어 있고, 『삼보정이집』에서는 '배(輩)'자가 '업(業)'자로 된 것만 다르며, 『설집』에서는 "其木瓜之**業**, 專以漁 · 樵 · 擡負**重物**爲生**理**"로 되어 있다. 이로써 '초(樵)'자를 추가한 풍

⑤ 이상 다섯 글자[商買賣與中]는 『기록휘편』에 완전히 희미해져 『승조유사』본에 따라 보충하였다.

⑥ ['한(漢)'자는] 『기록휘편』에 '나(儺)'자로 되어 있어 『승조유사』본에 따라 고쳤다.[810]

12-6. 종교

이 나라의 왕은 불교를 신봉하고 코끼리와 소를 경배하며, 불전(佛殿)과 청동으로 불상을 만든다. 청석(靑石)으로 불좌(佛座)를 쌓고, 불좌 옆 주위에 돌을 쌓아 물도랑을 만들고 옆에는 우물을 파 놓았다. 매일 아침이면 종을 울리고 북을 치며, 우물물을 길어, 불상의 머리를 두세 차례 씻어 내면, 사람들이 모두 늘어서서 절하고 물러난다.

其國王崇信佛教, 尊敬象牛, 建造佛殿,① 以銅鑄佛②像. 用青石砌座, 佛座邊周圍

씨의 교정은 정확하다. 이는 『서양번국지』의 문장[只以漁樵及擡負重物爲生]에서도 확인할 수 있다. 한편 『기록휘편』의 '대부도담(擡負挑擔)'은 확실히 의미가 중복되어 있고, '대부(擡負)'의 목적어가 없으므로, 『국조전고』, 『삼보정이집』, 『설집』본에 따라 '중물(重物)'로 교정해야 한다. 다음으로 '배(輩)'자와 '업(業)'의 선택 문제는 마지막의 '생(生)'자가 생업(生業)의 의미를 담고 있으므로 '배(輩)'자가 선본으로 생각된다. 마지막으로 『기록휘편』의 문두에는 이미 '목과'라는 명칭이 언급되었으므로, '기(其)'자를 추가하는 것이 적절하다.

810 이상[其經商買賣與中國漢人一般]은 풍승균 씨가 『기록휘편』 원문이 불분명하여 『승조유사』본에 따라 보충한 문장이다. 『국조전고』에는 "관청은 [그들이] 긴 옷을 입는 것과 통상 매매하는 것을 허락하지 않는데, 중국에 푸닥거리하는 사람들과 같다(官不許穿長衣及經商買賣, 如中國漢[儺]人一般)"라고 되어 있고, 『삼보정이집』에는 "官不容他穿長衣・經商買賣, 如中國儺人一般"이라고 하였으며, 『설집』과 『담생당』본에는 『삼보정이집』의 '타(他)'자만 빠져 있을 뿐이다. 의미의 전달 면에서는 『삼보정이집』과 『설집』이 가장 정확하다. 이상의 정보는 『담생당』본과 『서양번국지』에는 보이지 않는다. 따라서 풍승균 씨가 보충하여 교정한 원문은 이에 따라 '기(其)'는 빼고, '여(與)'자는 '여(如)'자로, '한인(漢人)'은 '나인(儺人)'으로 고쳐야 한다. 여기 '나인(儺人)'은 제사 의식에 민간 가무 형식이 결합해서 만들어진 일종의 희극인 나희(儺戲)를 하는 사람을 가리킨다. 마환이 각 나라를 기술하는 습관대로, 여기 목과(木瓜) 계급의 사람들을 설명하는 조목에서 나라 전체의 통상 매매를 설명하는 문장이 들어오는 것은 문맥상 적합하지 않다. 따라서 이 목과인들은 긴 옷을 입을 수 없고, 통상 매매도 할 수 없으며, 이들은 마치 중국의 '나인(儺人)'들과 같다는 말로 읽어야 한다.

砌成水溝,[811] 傍穿一井. 每日侵晨,[812] 則鳴鍾擊鼓, 汲井水, 於佛頂澆之再三,[813] 衆皆羅拜而退.

① [‘전(殿)’자는] 『기록휘편』에 ‘상(像)’자로 잘못되어 『승조유사』본에 따라 고쳤다.[814]
② [‘불(佛)’자는] 『기록휘편』에 ‘선(仙)’자로 잘못되어 『승조유사』본에 따라 고쳤다.[815]

12-7. 종교인

이 밖에 ‘탁기(濁肌)’[816]라는 한 부류의 사람들은 도인(道人)들인데도 처자

811 이상 『기록휘편』의 두 문장[用青石砌座, 佛座邊周圍砌成水溝]은 『국조전고』에 “用青石砌其佛座, 週圍砌成水溝”라고 하였고, 『삼보정이집』에는 “用青石砌佛座, 週回砌成水溝”로 되어 있고, 『설집』, 『담생당』본에는 “用青石砌其仙座, 週圍砌成水溝”라고 하였으며, 『서양번국지』에는 “以青石爲座, 週遭爲溝”라고 하였으므로 여기서는 『국조전고』본에 따라 고치는 것이 맞다.

812 ‘침(侵)’자는 『삼보정이집』에만 ‘청(清)’자로 되어 있다.

813 ‘불정(佛頂)’은 『삼보정이집』에만 ‘두(頭)’자를 덧붙여 ‘불두정(佛頭頂)’으로 되어 있다.

814 ‘전(殿)’자는 『국조전고』, 『삼보정이집』, 『설집』, 『담생당』본에 모두 일치하고 있다. 따라서 풍승균 씨의 교정은 정확하다.

815 ‘불상(佛像)’은 『국조전고』에서 확인된다. 『기록휘편』, 『설집』, 『담생당』본에는 ‘선상(仙像)’으로 되어 있고 『서양번국지』에서는 그냥 ‘상(像)’으로만 되어 있다. 앞에서 불교를 숭상한다고 했으므로 불상이 맞을 것이다.

816 모울(Moule)과 폴 펠리오의 『마르코 폴로』(1938년), I(177장)에 브라아만(Braaman)이 태어난 라르(Lar) 지방에 관한 기술하면서, 치우구이(Ciugui)의 장수하는 음식과 숭배를 기술하는 대목이 들어 있다. “그리고 이 마아바르(Maabar) 왕국에는 ‘치우구이(ciugui)’라는 부르는 계층이 있는데, 그들은 내가 당신들에게 말해 줄 것처럼 매우 절제된, 그리고 강인하고 힘든 삶을 산다. 왜냐하면 당신들은 사실 그들은 국부에 그 무엇도 가리지 않을 정도로 몸 위에 아무것도 입지 않고 알몸으로 다닌다는 것을 알게 될 것이기 때문이다. 그들은 소를 숭배하며, 그들의 대부분은 도금한 구리 또는 청동으로 만든 작은 황소를 이마 중간에 달고 다닌다. 당신들은 거기에 매여 있다고 이해하면 된다. 내가 또 당신에게 말해 주자면, 그들은 그 소의 똥을 태워 가루로 만든다. 그런 다음 그들은 신체의 여러 곳에 아주 경건하게 바르는데, 기독교도들이 성스럽게 성수를 바르는 것처럼 한다(404~405쪽)”라고 하였다. 마르코 폴로의 이 기술은 여기 마환의 기록과 일치하는 부분이다. 이로써 펠리오 씨는 이 치우구이를 마환의 ‘탁기’로 보고, “‘Ciugui’는 산스크리트어 yogīn〉힌디어 ‘Jogī’, 즉 ‘수도자’의 ‘čugi’(Jugi? 그러나 우리는 ‘gioghi’라고 추측함)에 해당하는 음이다. 1433년 전 마환이 인도에서 언급한 ‘탁기(濁肌)’라는 형태도 ‘Jogī’에 해당한다(『통보』, 1915, 450쪽을 참고하시오)”라고 설명했다(『Notes on Marco Polo』, I, 391쪽). 펠리오 씨의 이 설명은 『영국-인도 용어사전』(461쪽)을 따르고 있다. 그에 따르면, “요기(Jogee)는 힌두어 요

가 있다. 이 무리는 어머니의 배에서 나면서부터 머리털을 자른 적이 없고, 빗질도 하지 않으며, 수유(酥油) 등으로 머리를 비벼 몇 가닥으로 만드는데, 혹은 10여 갈래, 혹은 7~8갈래로 만들어 머리 뒤로 나눠 늘어뜨린다. 그렇지만, 황우의 똥을 불에 태워 흰 재로 만든 다음 그 몸에 두루 바르며, 위아래에는 모두 옷을 입지 않고, 다만 손가락 굵기의 누런 등나무로 허리를 두 갈래로 싸매거나 또 흰 베로 사롱[梢, 捎][817]을 두르기도 한다. 손에는 큰 바다 소라를 들고 항상 불면서 다닌다. 그 아내는 대충 천으로 그 추한 부분을 가리고, 남편을 따라다닌다. 이들이 바로 출가한 사람으로, [이들이] 인가에 이르면, 돈과 쌀 등의 물품을 준다.

另有一等人名濁騰,① 卽道人也,[818] 亦有妻子.[819] 此輩自出母胎, 髮不經剃, 亦不梳

기(jogī)이다. 인도의 수도사이고, 때로는 '마법사'를 의미한다. 산스크리트어 '요긴(yogīn)'에서 나왔는데, 이들은 요가(joga)를 수행한다"라고 하였다. 록힐은 이를 그대로 인정하고 다른 설명 없이 탁기를 'yogi'에 대응시켰다(「14세기 중국과 인도양 연안, 동부 열도와의 무역 관계에 관한 주석」, 450쪽). 이 '탁(濁)'자는 방언을 포함하여 모두 [tʂ], [ts], [pf], [dz] 등의 자음 소리를 가지는데, 여기 산스크리트어나 힌디어의 [요] 발음과 거리가 너무 멀다. 펠리오 씨의 추측대로 [조기(gioghi)]로 발음한다면, 마환의 음역어와 근접해진다. 그렇다면 우리가 현재 발음하고 있는 '요가'는 마환의 시기에 [조가]로 발음했다는 말인가? 아니면 우리는 '탁'자를 [요] 발음이 나는 다른 글자의 잘못된 표기로밖에 볼 수 없다. 인도 언어학자들의 고증을 기다린다.

817 『도이지략』 하래물(遐來勿) 조목에 "푸른 면포로 만든 소(捎)를 맨다(繫靑綿布捎)"(『도이지략교주』, 40쪽)라고 하였는데, 후지타 도요하치는 "소(捎)는 말레이어 사롱(sarong)을 음역한 것으로 하체에 두르는 베이다"라고 설명했다. 이에 대해 소계경 씨는 "이 말레이어도 외래어로, 승가라(僧伽羅, 싱할라)의 말로 하체를 두르는 베라는 사라나(sarana)의 변형된 형태인 것 같다. 단 '사롱'이란 말은 현 말레이 사람들도 사용하지 않고, 가장 많이 쓰는 말은 '카인(kain)'으로 '베'라는 뜻이다. 자바 사람들은 하체를 두르는 베를 '자리트(jarit)', '삼핑(samping)'이라 하는데, '삼핑'은 여성들이 사용하는 것이다. 가슴에서 둘러 하체에 이르는 것을 '타페(tapeh)'라고 하는데, 여성들만 사용하며, 바로 '타포(打布)'라고 하는 것이다. 사롱을 현 화교들은 '사롱(紗籠)'이라 부른다"(『도이지략교석』, 95쪽)라고 하였다. 『도이지략』에는 여기저기에서 '초(梢)'자와 '소(捎)'자는 거의 통용하듯 혼용하고 있다.

818 『기록휘편』의 이 문장[卽道人也]은 『국조전고』, 『서양번국지』와 일치하지만, 『삼보정이집』, 『설집』, 『담생당』본에는 "바로 염불하는 도인들이다(卽念佛道人也)"라고 되어 있다.

819 '처자(妻子)'는 『국조전고』, 『삼보정이집』, 『설집』, 『담생당』본 모두에 '처소(妻小)'라고 되어 있고, 『서양번국지』에는 '처실(妻室)'을 보여 준다. 사실 아내가 있다는 말과 처자식이 있다는 말은 다르지만, 선

篦, 以酥油等物將髮搓②成條縷, 或十餘條, 或七八條,③ 披拽腦④後. 卻將黃牛之糞⑤燒成白灰, 遍搽其體,[820] 上下皆不穿衣,⑥ 止用如拇⑦指大黃藤兩轉⑧緊縛其腰, 又以白布爲梢子.[821] 手拿大海螺, 常吹而行. 其妻略以布遮其醜, 隨夫而行.[822] 此等即出家人, 倘到人家,[823] 則與錢米等物.

① ['기(膢)'자는] 『승조유사』본에는 '기(肌)'자로 되어 있다.[824]

② ['차(搓)'자는] 『기록휘편』에 '양(樣)'자로 잘못되어 『승조유사』본에 따라 고쳤다.[825]

③ 이상 네 글자[或七八條]는 『승조유사』본과 장승 개정본에 따라 보충하였다.[826]

④ ['뇌(腦)'자는] 『기록휘편』에 '흉(胷)'자로 잘못되어 『승조유사』본에 따라 고쳤다.[827]

⑤ 이상 네 글자[黃牛之糞]는 『기록휘편』에 '우분(牛糞)'으로 되어 있어 『승조유사』본에 따라 보충하였다.[828]

택의 여지가 없다.

820 '기(其)'자는 『설집』, 『담생당』본에만 '신(身)'자로 되어 있다.

821 '자(子)'는 『국조전고』, 『삼보정이집』, 『설집』, 『담생당』본 모두에 보이지 않으므로, 빼는 것이 좋겠다.

822 이상 『기록휘편』의 두 문장[其妻略以布遮其醜, 隨夫而行]은 『삼보정이집』, 『설집』, 『담생당』본 모두 일치를 보이고 있지만, 『국조전고』에는 "그 처는 대충 베로, 그 추한 부분을 가리고 따라간다(伊妻略以布遮其醜隨行)"라고 하였고, 『서양번국지』에는 "그 처는 대충 베로 앞뒤를 가리고 따라간다(其妻略以布遮蔽前後隨之)"라고 되어 있다.

823 '당(倘)'자는 『삼보정이집』, 『설집』, 『담생당』본에 '약(若)'자로 되어 있다.

824 『기록휘편』의 이 문장[另有一等人名濁膢]에서 '탁기(濁膢)'는 『국조전고』에 '탁기(濁饑)'로 되어 있고, 『서양번국지』에서는 '濁肌'로 표기되었다. '령(另)'자는 『삼보정이집』, 『설집』, 『담생당』본에 '우(又)'자로 되어 있다.

825 이 교정에 해당하는 『기록휘편』 원문[以酥油等物將髮樣成條縷]은 『국조전고』에 "以酥油等物將髮**槎**成條**類氈樣**"이라고 하였고, 『삼보정이집』에는 "以酥油等物將髮**搓**成條縷**如氈**"으로, 『설집』, 『담생당』본에는 "于酥油等物將髮**搓**成條縷**如氈樣**"으로 되어 있다. 따라서 풍승균 씨가 『기록휘편』 원문에서 '髮樣'의 '양'자를 '차(搓, 비비다)'자로 교정한 것은 정확하다. 이는 『서양번국지』의 문장[以酥油等物搓發成縷]에서도 확인된다. 덧붙여, '여전(如氈)' 또는 '여전양(如氈樣)'을 '누(縷)'자 뒤에 보충해 넣어야 한다.

826 풍승균 씨가 교정한 이 두 문장[或十餘條, 或七八條]에서 두 '조(條)'자는 『국조전고』, 『삼보정이집』, 『설집』, 『담생당』본, 『서양번국지』 모두에 '누(縷)'자로 되어 있으므로, 이에 따라 고치는 것이 좋겠다.

827 '뇌(腦)'자는 『국조전고』, 『삼보정이집』, 『설집』, 『담생당』본에서 확인되고, 『서양번국지』에도 '뇌(腦)'자로 되어 있으므로 풍승균 씨의 교정은 정확하다.

828 이 교정에 해당하는 『기록휘편』 원문[卻將牛糞燒成白灰]은 『국조전고』에 "卻將黃牛糞燒爲白灰"라고 되어 있고, 『삼보정이집』, 『설집』, 『담생당』본에는 "却將黃牛糞燒灰"라고 하였다. 또한 『서양번국지』

⑥ 이상 네 글자[皆不穿衣]는 『기록휘편』에 '무의(無衣)'로 되어 있어 『승조유사』본에 따라 고쳤다.[829]

⑦ 이상 두 글자[如拇]는 『승조유사』본에 따라 보충하였다.

⑧ ['전(轉)'자는] 『국조전고』본에 '조(條)'자로 되어 있다.[830]

12-8. 기후

이 나라의 기후는 항상 여름처럼 따뜻하고, 서리와 눈은 없다. 매년 2~3월이 되어 주야간에 한두 차례 소나기가 내리면 그곳 사람들은 각기 집 지붕을 정리하여 덮고, 식량과 용품을 마련한다. 5~6월이 되어 낮과 밤 사이에 큰비가 질펀하게 내리면, 거리와 시장은 강을 이뤄 사람들이 다닐 수 없어, 큰 집 작은 집 할 것 없이 비가 빨리 지나기만 기다린다. 7월에 개이기 시작하여 8월 중반 이후에야 청명해지고, 겨울이 되면 한 방울의 비도 내리지 않다가 줄곧 다음 해 2~3월 사이에 다시 비가 내린다. 늘 말하기를 "반년은 비가 내리고 반년은 개어 있다"라고 하더니 바로 이곳이다.

其國氣候常煖如夏,[831] 無霜雪.[832] 每至二三月,[833] 日①夜間則下陣頭②雨一二次, 番

에도 "人以黃牛糞燒白灰"라고 하였으므로 여기서는 『국조전고』본을 따라 보충해야 할 것이다.

829 이 교정에 해당하는 『기록휘편』 원문[上下無衣]은 『국조전고』, 『삼보정이집』, 『설집』, 『담생당』본 모두 마찬가지이고, 『서양번국지』에도 "俱無衣服"이라고 하였으므로 풍승균 씨의 보충은 불필요하다.

830 이 교정에 해당하는 『기록휘편』 원문[止用指大黃藤兩轉緊縛其腰]은 『국조전고』에 "止有指大黃藤兩條緊縛其腰"라고 되어 있다. 여기 『국조전고』의 '유(有)'자는 '용(用)'자의 잘못이 분명하다. 문제는 '양전(兩轉)'인지, '양조(兩條)'인지이다. 불행하게도 『삼보정이집』에는 "止用指大黃藤緊縛其腰"로, 『설집』과 『담생당』본에는 "上用指大黃藤緊縛于腰"라고 하였을 뿐 두 글자가 빠져 있다. 『서양번국지』에는 "다만 손가락 굵기의 누런 등나무로 허리를 이중으로 탄탄하게 묶는다(只以大如指黃藤繞腰重縛至緊)"라고 했으므로 '두 갈래[양조]'를 선택할 수밖에 없다. 따라서 풍승균 씨의 교정은 부정확하다.

831 '기국(其國)'은 『국조전고』, 『삼보정이집』, 『설집』, 『담생당』본뿐만 아니라, 『서양번국지』 모두 '기지(其地)'로 되어 있다. '지(地)'자로 고치는 것이 맞겠다.

人各整蓋房屋,[834] 備辦食用. 至五六月, 日夜間下滂沱大雨,[835] 街市成河, 人莫能行, 大家小戶坐候雨信過.[836] 七月纔晴,[837] 到八月半後晴起, 到冬點雨皆無,③[838] 直至次年二三月間又下雨.[839] 常言半年下雨半年晴,[840] 正此處也.

① ['일(日)'자는] 『승조유사』본에 '어(於)'자로 되어 있다.

② '두(頭)'자는 『승조유사』본에 따라 보충하였다.[841]

832 '무상설(無霜雪)'은 『국조전고』, 『설집』, 『담생당』본에 "竝無霜雪"로 되어 있고, 『삼보정이집』에는 여기 '병(竝)'자가 '역(亦)'자로 되어 있으므로, '병'자를 추가하는 것이 문맥상 유리하다.

833 '매(每)'자는 『국조전고』, 『삼보정이집』, 『설집』, 『담생당』본 모두에 '매년(每年)'으로 되어 있고 『서양번국지』에는 '매세(每歲)'로 되어 있으므로, '년'자를 보충하는 것이 맞다.

834 『기록휘편』의 이 문장[番人各整蓋房屋]은 『국조전고』에 "番人家即整蓋住屋"으로 되어 있고, 『삼보정이집』에는 "番人家即整蓋房屋"으로, 『설집』, 『담생당』본에는 "人家即整蓋房屋"으로 되어 있으며, 『서양번국지』에는 "人家於二三月間卽脩置房屋"을 보여 주므로, 『기록휘편』의 '번인각(番人各)'은 '인가즉(人家即)'자로 고치는 것이 적절해 보인다.

835 『기록휘편』의 이 문장[日夜間下滂沱大雨]은 『국조전고』에 "晝夜下滂沱大雨"라고 하였고, 『삼보정이집』, 『설집』, 『담생당』본에서는 "日夜間滂沱大雨"라고 되어 있다. 여기 '일야간(日夜間)'은 『국조전고』본에 따라 '주야간(晝夜間)'으로 읽는 것이 좋겠다.

836 『기록휘편』의 이 문장[大家小戶坐候雨信過]은 『삼보정이집』에도 일치하고 있지만, 『국조전고』에는 "候雨信過"라고만 되어 있다. 문제는 『기록휘편』에 보이는 '신(信)'자를 어떻게 해석할 것인가이다. 실수에 의한 것인지, 의도적인지는 모르겠지만 『설집』, 『담생당』본에는 "大家小戶坐候過"라고 되어 있다. '신(信)'자를 넣는다면, '신(迅, 빠르다)'자로 읽을 수밖에 없다.

837 『기록휘편』의 이 문장[七月纔晴]은 『국조전고』에 "至七八月纔晴"으로 되어 있고, 『삼보정이집』은 "八月纔終"을 보여 주며, 『설집』, 『담생당』본에는 "七月盡纔晴"으로 되어 있다. 또한 『서양번국지』에는 "七月盡雨信始過"라고 하였고, 뒤에 다시 팔월에 대한 설명이 나오므로, 『기록휘편』과 『설집』, 『담생당』본을 따르는 것이 합당하다.

838 『기록휘편』의 이 문장[到冬點雨皆無]은 『국조전고』, 『삼보정이집』, 『설집』 모두 "要點雨也無"라고 되어 있고, 『담생당』본에는 '야(也)'자가 '역(亦)'자로 되어 있다. 문맥으로 보면 『기록휘편』이 순리적이지만, 7~8월 이외에는 비가 한 방울도 내리지 않음을 말하고 있으므로, 특정 계절을 의미하는 것이 아니다. 따라서 『국조전고』, 『삼보정이집』, 『설집』, 『담생당』본에 따라 '도동(到冬)'은 빼는 편이 뒤에 이어지는 문장과도 잘 호응한다.

839 『기록휘편』의 이 문장[直至次年二三月間又下雨]은 『국조전고』에 "直至次年三月又下雨"라고 하였고, 『삼보정이집』, 『설집』, 『담생당』본에는 "直至次年三月纔又下雨"라고 했지만, 위의 문장에서 "每至二三月"이라고 했고, 『서양번국지』에도 "다음 해 2~3월이 되어 또 비가 처음처럼 내린다(至次年二三月又雨如初)"라고 되어 있으므로, 『기록휘편』이 가장 선본이다.

840 '하우(下雨)'는 『국조전고』과 『삼보정이집』에 '낙우(落雨)'로 되어 있고, 『설집』, 『담생당』본에는 역시 '하우'로 되어 있다. 하지만 『서양번국지』에 이 문장은 보이지 않는다.

③ '과(過)'자 아래 열일곱 글자[直至次年二三月間又下雨, 常言半年下雨]는 『승조유사』본에 "그 비는 7월 한 달 내내 내리고, 8월 후반에 되어서야 비로소 개기 시작한다(其雨盡七月一個月, 至於八月半後, 方纔晴起)"라는 열여덟 글자로 되어 있다.

12-9. 후추

땅에서 나는 다른 것은 없고 오직 후추만 나는데, 사람들 대부분이 텃밭을 만들어 후추 심는 일을 생업으로 삼는다. 매년 후추가 익으면 그곳에서 수확한 후추를 수매하는 대호(大戶)가 있어 창고에 가득 쌓아 저장했다가 여러 곳의 외국 상인들이 와서 사가기를 기다린다. '파하(播荷)'[842]로 값을 흥정하는데, 1파하는 그곳 저울로 25봉랄(封剌)[843]에 해당하고, 1봉랄은 그곳

841 이 교정에 해당하는 『기록휘편』 원문[於夜間則下陣雨一二次]은 『국조전고』에 "夜間則下陣頭雨一二"라고 하였고, 『삼보정이집』, 『설집』, 『담생당』본에는 "夜間則下陣雨一二"라고 하였다. 이와 비교하여 볼 때, 『기록휘편』에서는 '어(於)'자와 '차(次)'가 덧붙여져 있으므로, 빼면 된다. 그리고 『서양번국지』에는 "夜雨一二番"이라 했으므로, 풍승균 씨가 '일(日)'자로 고치고, '두(頭)'자를 넣은 것은 따를 수 없다.

842 '파하(播荷)'는 남인도에서 대량의 거래에 사용하는 무게의 단위로, 아랍어로는 '바하르(bahār)', 말레이어로는 '바람(bhāram)'으로, 산스크리트어로 '짐'을 뜻하는 '바라(bhāra)'에 어원을 둔다. 이 용어는 인도에서 나왔지만, 중계무역을 담당했던 아랍인들에게 당연시되었다. 인도양에서 1바하르는 일반적으로 3페쿨(pekul) 또는 907㎏에 해당하는 것으로 친다. 하지만 상품에 따라 달랐다고 한다(『영국-인도 용어사전』, 47쪽).

843 '봉랄(封剌)'에 관하여, 펠리오 씨는 이 봉랄이 프라실라(frāsila)의 음을 생략하여 음역한 것으로 보았다(「15세기 초 중국의 대항해」, 408쪽). 이어서 펠리오 씨는 이 봉랄이 고리국 조목(13-8)에서 '번랄실(番剌失)', 즉 '법랄실(法剌失)'로 표기되었다고 하였으나, 고리국 조목(13-8)에서 법랄실(法剌失)의 그곳의 저울 명칭으로 사용되었다. 프라실라는 『영국-인도 용어사전』(358쪽)에 따르면, '프라잘라(frazala)', '파라솔라(farasola)', '프라질(frazil)', '프라일(frail)' 등으로 표기되며, 인도양 교역에서 공식적으로 사용된 무게 단위인 아랍어 '파르살라(fārsala)'라고 하였다. 이어서 이 '파르살라'는 지역마다 다르게 쓰이지만, 9~13㎏으로 보이며, 더 작은 단위인 마운드(maund)와 바하르(Bahar)의 중간단위라고 설명했다. 바흐르와 프라실라의 구체적인 무게 비교에 대하여, 펠리오 씨는 "페랑(Ferrand)이 『JA』, 1920, II, 34-92쪽에서 연구한 안토니오 무네즈(Antonio Munez, 1554)의 『무게에 관한 책(Livre des Poids)』을 참고해 보면, 호르무즈에서 많은 상품의 바하르는 18~24 프라실라였고, 코치(78쪽)에서 1554년, 통상적인 1바하르는 20[페랑은 '20'이 아니라 '12'라고 하였음]프라실라였음을 알 수 있다. 그러나 더 확실하고 더 오래된 다른 것이 있는데, 그것이 후추의 바하르이다. 코치에서 후추 '1바하르'를 마환이 '25봉랄(封剌)'이라 한 것은 사실 15세기 초 이 항구에서 사용되었을 것으로 보이는 25프라실라가 1바하르에

저울로 10근에 해당하며, 중국 저울로는 16근에 달하여, 1파하는 중국 저울로 4백 근에 해당한다. 그곳에서는 금전 1백 개 혹은 90개에 팔리며, 은 5냥의 값어치이다.

土無他出,[844] 祇出①胡椒, 人多置園圃種椒爲業.② 每年椒熟, 本處自有收椒大戶收買,③ 置倉盛貯,[845] 待各處番商來買. 論播荷說價,[846] 每一播荷該番秤二十五封剌, ④ 每一封剌該番秤十斤,⑤ 計⑥官秤十六斤, 每一播荷該官秤四百斤.[847] 賣彼處金錢或一百箇, 或九十箇,[848] 直銀五兩.

① 이상 세 글자[無他出]는 『기록휘편』에 '출산유(出山有)'로 되어 있어 『승조유사』본에 따라 고쳤다.[849]

② ['업(業)'자는] 『기록휘편』에 '산(産)'자로 되어 있어 『승조유사』본에 따라 고쳤다.[850]

해당한다는 것을 의심치 않는다"라고 하였다(앞의 출처). 앞서 바하르 설명에서 본 바와 같이, 여기의 25봉랄은 '250봉랄'로 보는 것이 맞을 것이다.

844 풍승균 씨는 『기록휘편』의 '출(出)'자를 '산(産)'자로 잘못 옮겨 놓았다. 『삼보정이집』은 『기록휘편』과 같고, 『국조전고』에는 '출(出)'자가 '산(産)'자로 되어 있다. 다만 『설집』, 『담생당』본에는 "土地無出"로 잘못되어 있다.

845 '저(貯)'자는 『국조전고』, 『삼보정이집』, 『설집』, 『담생당』본 모두 '돈(頓, 넣어 두다)'자로 되어 있다. 또한 『서양번국지』에서도 같은 글자를 보여 주고 있으므로 이에 따라 '돈'자로 바꾸는 것이 좋겠다.

846 『국조전고』에는 이 문장[論播荷說價]부터 "진주는 푼수(分數)로 값을 매겨 산다(珍珠以分數論價)"[12-10]까지의 정보들이 모두 빠져 있다.

847 『기록휘편』의 이 문장[每一播荷該官秤四百斤]에서 '일(一)'자는 덧붙여져 있다. '사백근(四百斤)'은 『삼보정이집』, 『설집』, 『담생당』본 모두 일치하고 있는데, 마환이 기술된 것으로 계산해 보면, 1봉랄은 현지 저울로 10근, 중국 저울로는 16근이라 하였다. 따라서 250봉랄은 중국 저울로 4천 근이다. 그런데 여기의 설명은 1반하르는 중국 저울로 '4백 근'이라 하였다. '백(百)'자를 '천(千)'자의 오기로 보는 수밖에 없다.

848 금전(金錢)의 개수[或九十箇]는 『설집』, 『담생당』본, 『서양번국지』에도 일치하지만 『삼보정이집』에만 "賣彼處金錢一百一箇"라고 잘못되어 있다.

849 이 교정에 해당하는 『기록휘편』 원문[山有胡椒]은 『삼보정이집』, 『설집』, 『담생당』본에도 마찬가지이다. 다만 『국조전고』에만 "止有胡椒"로 되어 있다. 『기록휘편』, 『삼보정이집』, 『설집』, 『담생당』본의 '산(山)'자는 바로 '지(止)'자의 오기로 봐야 한다.

③ 이상 두 글자[收買]는 『승조유사』본에 따라 보충하였다.[851]

④ ['이십오봉랄(二十五封剌)'은] 『기록휘편』에 '이백오십봉랄(二百五十封剌)'로 되어 있는데, 이후 문장에서 "중국 저울로 400근이다(該官秤四百斤)"라는 말과 부합하지 않는다. 『승조유사』본, 『서양조공전록』은 모두 '이십오봉랄(二十五封剌)'로 되어 있어 이에 따라 고쳤다.[852]

⑤ ['십근(十斤)'은] 『승조유사』본에 '사십근(四十斤)'으로 되어 있다.[853]

⑥ ['계(計)'자는] 『기록휘편』에 '기(記)'자로 잘못되어 『승조유사』본에 따라 고쳤다.[854]

12-10. 상업

'철지(哲地)'라고 하는 사람들은 모두 물주로, 전문적으로 보석, 진주, 향료 등을 수매해 두면, 중국 보석선이나 다른 나라의 뱃사람들이 와서 사 가

850 '업(業)'자가 『기록휘편』에 '산(産)'자로 되어 있는데, 『국조전고』, 『삼보정이집』, 『설집』, 『담생당』본 모두에는 '산업(産業)'으로 되어 있다. 또한 『서양번국지』에는 '업(業)'자로 되어 있으므로, '산업(産業)' 또는 '업(業)'자로 교정하는 편이 맞지만, '산업'이 더 의미가 분명하다.

851 풍승균 씨가 보충해 넣은 '수매(收買)'는 『기록휘편』 원문에 '수초(收椒)'로 되어 있는데, 『설집』, 『담생당』본에도 마찬가지이다. 『국조전고』와 『삼보정이집』, 그리고 『서양번국지』에는 '수매'로 되어 있다. '수매'가 마환의 원문일 것으로 생각한다.

852 이 교정에 해당하는 『기록휘편』 원문[每一播荷該番秤二百五十封剌]은 『삼보정이집』에 "每一播荷該番秤二百五十斤封剌"로, 『설집』과 『담생당』본에는 "每播荷該番秤二百五十斤再有封剌"로 되어 있다. 이로써 『기록휘편』과 『삼보정이집』의 '일(一)'자는 덧붙여진 것임을 알 수 있다. 또한, 모두 '250'이란 숫자를 보여 주고 있고, 『삼보정이집』과 『설집』의 '근(斤)'자는 '봉랄'이 이미 무게의 단위이므로, '근'자는 당연히 덧붙여진 것이다. 풍승균 씨는 뒤에 나오는 400근에 맞추기 위해 앞의 250봉랄을 '25봉랄'로 바꾸었는데, 이는 풍씨가 밝히지는 않았지만, 『서양번국지』에서 "매 파하는 25봉랄에 해당한다(每播荷該二十五封剌)"라고 한 것과 일치하고 있다. 우리는 여기의 '250'이 '25'의 잘못이거나, 뒤에 나오는 '400근'이 '4000근'의 잘못임을 인정해야 한다. 외견상 '사백(四百)'이 '사천(四千)'의 오기일 가능성이 더 커 보인다.

853 이 문장[每一封剌該番秤十斤]에서도 '일(一)'자는 덧붙여져 있다. 이 정보는 『삼보정이집』과 『설집』에는 "該番秤十斤"으로 되어 있지만, 『담생당』본에는 '칭'자가 빠져 있다.

854 '계(計)'자는 『기록휘편』 원문에 '기(記)'자로 되어 있으나 『삼보정이집』, 『설집』, 『담생당』본에는 모두 '계'자로 되어 있으므로 풍승균 씨의 교정은 정확하다. 한편 『서양번국지』(상달 교주본, 27쪽)에서는 "중국의 저울로 비교하면 16근이다(較中國官秤該十六斤)"라고 되어 있다. 덧붙여, 『삼보정이집』에는 '十六'이 '오십(五十)'으로 잘못되어 있다.

는데, 진주는 푼수(分數)로 값을 매겨 산다. 또 진주 중에 한 알이 3푼 반짜리가 있으면, 그곳에서는 금전 1,800개에 팔리고, 은 100냥의 값어치이다. 산호수의 가지는 철지인들이 근으로 달아 수매하는데, 장인을 고용하여 자르고, 물레에 돌려 구슬을 만들고 씻고 연마하여 광택을 낸다. 푼양(分量)으로 달아 사기도 한다.

名①稱哲地者, 皆是財主, 專一收買下寶石・珍珠・香貨之類,[855] 候中國寶石②船或別國番船客人來買, 珍珠以分數論價而買.[856] 且如珠每顆重三分半者,[857] 賣彼處金錢一千八百箇, 直銀一百兩.[858] 珊瑚枝梗, 其哲地論斤重買下, 顧倩匠人, 剪斷車旋成珠, 洗磨光淨,[859] 亦秤分量而買.[860]

① ['명(名)'자는] 『기록휘편』에 '각(各)'자로 잘못되어 『승조유사』본에 따라 고쳤다.[861]

855 '전일(專一)'은 『삼보정이집』, 『설집』, 『담생당』본에 '전(專)'자로만 되어 있다.

856 '매(買)'자는 『삼보정이집』, 『설집』, 『담생당』본에 '매(賣)'자로 되어 있는데, 비록 혼용하여 쓰더라도, 문맥으로 보아 '매(賣)'자로 고치는 것이 맞다. 『서양번국지』에서는 "珍珠以分數論價"라고 되어 있다.

857 『기록휘편』의 이 문장[且如珠每顆重三分半者]은 『국조전고』에 "若一顆重三分五厘"라고 하였고, 『삼보정이집』에는 '주(珠)'자 없이 "且如每顆重三分半者", 『설집』과 『담생당』본에는 "且如每顆珠重三分半者"라고 되어 있다. 여기서는 『국조전고』본에서 '과(顆)'자 뒤에 '주(珠)'자를 넣어 "若一顆珠重三分五厘"로 읽는 것이 적절해 보인다. 이 경우 '과(顆)'자는 작고 둥근 것을 세는 양사로 쓰인다.

858 '일백(一百)'은 『기록휘편』과 『국조전고』에 일치하지만, 『삼보정이집』, 『설집』, 『담생당』본에 '일(一)'자로만 되어 있는데, 이는 '백'자를 잘못 누락시킨 것이다. 『서양번국지』에도 정확히 '일백냥(一百兩)'으로 되어 있다.

859 이상 『기록휘편』의 세 문장[顧倩匠人, 剪斷車旋成珠, 洗磨光淨]은 『국조전고』에 "顧倩人匠, 車旋成珠"라고 하였고, 『삼보정이집』에는 "雇倩匠人剪斷車旋或珠洗磨光淨"으로, 『설집』과 『담생당』본에는 "顧倩匠人剪車璇成珠, 洗磨光淨"으로 되어 있다. 이로써 볼 때, 마환의 원문에는 적어도 '전(剪)'자가 들어 있었던 것으로 볼 수 있다. 따라서 '전'자를 넣어 보면, 『기록휘편』의 원문이 가장 문맥에 순조롭다.

860 『기록휘편』의 이 문장[亦秤分量而買]에서 '양(量)'자는 『국조전고』, 『삼보정이집』, 『설집』, 『담생당』본 모두 '양(兩)'자로 되어 있으므로 이에 따라 고쳐야 한다. 또한 여기의 '매(買)'자는 『국조전고』와 『담생당』본에 따라 '매(賣)'자로 고치는 편이 타당하다. 이는 『서양번국지』에서 "論分兩賣"라고 한 것으로 확인된다.

861 '명(名)'자는 『삼보정이집』, 『설집』, 『담생당』본, 그리고 『서양번국지』 모두 일치하므로, 풍승균 씨의

② '석(石)'자는 덧붙여진 것 같다.[862]

12-11. 화폐

왕은 순금 9할이 들어간 것으로 주화를 만들어 유통하는데, '법남(法南)'[863]이라 하고, 무게는 중국 저울로 1푼 1리 나간다. 또 은으로도 주화를 만드는데, 바다 다슬기 딱지보다는 크다. 개당 중국 저울로 4리 나가며, '답아(荅兒)'[864]라고 한다. 금전 한 개에 은전 15개로 바꾼다. 거리 시장에서 유통해 사용하는데 자질구레하게 쓸 때는 이 돈을 사용한다.

王以九成金鑄錢行使,[865] 名曰法南. 重官秤一分一①釐. 又以銀爲錢, 比海螺靨

교정은 정확하다.

862 '보석선(寶石船)'은 『삼보정이집』, 『설집』, 『담생당』본, 그리고 『서양번국지』에 '보선(寶船)'으로 되어 있으므로, 풍승균 씨의 의심은 타당하다. 마지막의 '내매(來買)' 두 글자는 『삼보정이집』에만 빠져 있다.

863 법남(法南)은 남인도에서 사용한 작은 주화인 '파남(fanam)'에 해당하는 음이다. 다음 고리국 조목(13-8)에서는 '파남(吧南)'으로 표기되었다. '파남'은 말레이어와 타밀어로 '판남(paṇam)'이라 하는데, '돈'을 뜻하는 산스크리트어 '빤나(paṇa)'에서 나왔다. 파남은 원래 금화였으나 이후에는 금을 베이스로 하여 은으로도 만들었다. 또, 1818년까지 통행 된 마드라스(Madras) 통화체계에 따르면, 42파남은 인도 금화인 파고다 1개에 해당했다고 하며(율, 『영국-인도 용어사전』, 348쪽), 토마스(Thomas) 씨는 옛날 파남의 무게가 평균 6g이었다고 하였다(『Pathan Kings of Delhi』, 170쪽). 매우 작은 금화였음을 짐작할 수 있다. 1344년경 이븐 바투타는 "실론에서 100파남은 6개의 황금 디나르에 해당했다"라고 하였다(『이븐 바투타』, IV, 174쪽).

864 『영국-인도 용어사전』(901쪽)에 따르면, 포르투갈인들이 도착할 당시 남인도에서 유통한 작은 은화인 '타라(tara)', 또는 '타르(tare)'라고 한다고 하였는데, 여기 '답아'는 바로 이에 해당하는 음이다. 다음 고리국 조목(13-8)에서는 '탑아(搭兒)'로 표기되었다. 마환과 동시대인 페르시아 역사학자 아브드 알라자크 사마르칸디(Abd-al-Razzāq Samarqandī, 1413~1482)는 1442년 남인도를 여행하고, "[Vijayanagar에서] 합금으로 만든 세 종류의 돈을 사용했는데, 하나는 무게가 약 1미트칼(mithcal)이며 2디나르에 해당하는 바라하(varahah)이고, 하나는 '페르타(pertah)'라고도 불리는 '코페키(kopeki)'로, 바라하의 절반이며, 세 번째는 '파놈(fanom)'으로 코페키의 1/10의 가치이다. 이들 중에서 파놈이 가장 많이 사용된다. 이들은 순은으로 파놈의 1/10에 해당하는 주화를 만들어 '타르(tar)'라고 불렀다. 이 '타르'는 실거래에서 매우 유용했다. 또 타르의 1/3의 가치인 구리 주화는 '지텔(djitel)'이라 한다"라고 하였다(「Narrtive of the Journey of Abd-er-Razzak」, 26쪽, in 『India in the Fifteenth Centuray』, 1857).

大.[866] 每個官秤四釐,[867] 名曰答兒. 每金錢一箇, 倒換銀錢十五個, 街市行使零用, 則以此錢.②

① ['일(一)'자는] 『기록휘편』에 '이(二)'자로 되어 있어 『승조유사』본과 『서양조공전록』에 따라 고쳤다.[868]
② 이상 네 글자[則以此錢]는 『승조유사』본에 따라 보충하였다.[869]

12-12. 관혼상제

나라 사람들의 혼례와 상례는 그 다섯 등급의 사람들 모두 각기 그 부류에 따르므로 같지 않다.

國人婚喪之禮, 其五等人皆各從其類而不同.①

① 이상 열두 글자[其五等人皆各從其類而不同]는 『기록휘편』에 "각기 원래 유형에 따라

865 '성(成)'자는 『삼보정이집』에 '색(色)'자로 잘못되어 있다.

866 '해라엽(海螺靨)'은 『삼보정이집』에 '海螺蛳靨'으로, 『설집』에는 '海螺獅靨'으로 『담생당』본에는 '海螺獅壓'으로 되어 있다. '압(壓)'자는 '엽(靨)'자의 잘못이 분명하고 또한 '엽(靨)'자 앞에는 '사(獅, 사자)'자 또는 '사(螄, 다슬기)'자가 빠져 있다는 것도 짐작된다. 여기서는 '사(螄)'자를 선택하여 보충해야 할 것으로 생각한다. '나사(螺螄)'는 바로 우렁이 같은 것이다.

867 『기록휘편』의 이 문장[每個官秤四釐]은 『삼보정이집』, 『설집』, 『담생당』본 모두 "每個約重官秤四厘"로 되어 있고, 『서양번국지』에는 "官秤重四厘"라고 하였으므로, '매개(每個)' 뒤에 '약중(約重)' 두 글자를 보충하는 것이 문맥에 유리하다.

868 '일리(一釐)'는 확실히 『기록휘편』에 '이리(二釐)'로 되어 있는데, 『삼보정이집』, 『설집』, 『담생당』본, 그리고 『서양번국지』 모두 '일(一)'자로 되어 있으므로 풍승균 씨의 교정은 정확하다.

869 이 교정에 해당하는 『기록휘편』의 원문은 "街市行使零用"으로 끝나고, 『서양번국지』에도 "저잣거리에서 자잘하게 쓴다(街市零用)"라고 되어 있다. 그러나 『삼보정이집』, 『설집』, 『담생당』본에는 "저잣거리에서 자잘하게 쓸 때는 이 돈을 사용한다(街市零用, 則以此錢行使)"라고 되어 있다. 따라서 이에 따라 고치는 것이 맞다. 이상 통화에 관련된 정보들은 『국조전고』에는 "시장에서는 금은의 돈을 사용한다(市使金銀錢)"라고만 하였을 뿐 이상의 정보는 빠져 있다.

다르다(各依本類不同)"라고 되어 있어 『승조유사』본에 따라 고쳤다.[870]

12-13. 산물

쌀, 조, 참마[麻], 콩, 찰기장[黍], 메기장[稷] 모두 있지만 대맥, 소맥은 없다. 코끼리, 말, 소, 양, 개, 고양이, 닭, 오리가 모두 있지만, 나귀, 노새와 거위만 없을 뿐이다.

米·粟·麻·荳①·黍·稷皆有, 止無大小二麥. 象·馬·牛·羊·犬·猫·雞·鴨皆有, 只無驢騾②與鵝爾.

① ['미율마두(米粟麻荳)'는] 『승조유사』본에 '미두지마(米豆芝蔴)'로 되어 있다.
② '나(騾)'자는 『승조유사』본에 따라 보충하였다.[871]

12-14. 조공

국왕은 또한 두목을 선발하여, 바다에서 돌아오는 보선을 따라가 방물을 중국에 바치게 했다.

870 이 교정에 해당하는 『기록휘편』 원문[각각 부류에 따라 다르다(各依本類不同)]은 『삼보정이집』과 『설집』에도 마찬가지이고, 『담생당』본에는 '의(依)'자가 '이(以)'자로 된 것이 다를 뿐이다. 다만 『국조전고』에는 '각(各)'자 없이 "依本類不同"으로 되어 있다. 따라서 풍승균 씨가 『승조유사』본에 따라 보충한 것은 문맥을 이해하는 데는 유리하지만, 사실상 불필요하다.

871 이 교정에 해당하는 『기록휘편』 원문[只無驢與鵝爾]은 『국조전고』에 "只無驢子幷鵞", 『삼보정이집』에는 "只無驢與鵞爾", 『설집』에는 "只無驢與鵞"로, 『담생당』본에는 "只無驢與○"라고 되어 있고, 『서양번국지』에도 "無驢及鵝"라고 하였으므로, 풍승균 씨가 '나(騾)'자를 부연해 넣은 것은 잘못이다.

國王亦差頭目隨共回洋寶船將方物進貢<u>中國</u>.[872]

18세기 타푸 술탄 시기 캘리컷, 페로케(Feroke), 사트야만갈람(Sathyamangalam)의 주화들.
J. R. Henderson, 『The coins of Haidar Ali and Tipu Sultan』, Madras, 1921. 도판 8.

872 『기록휘편』에 따른 이 마지막 문장[國王亦差頭目隨共回洋寶船將方物進貢中國]은 『국조전고』에 "국왕 또한 두목을 보내 조정에 진공했다(國王亦差頭目進奉朝廷)"라고 하였고, 『삼보정이집』에는 "국왕 또한 방물을 두목을 보내 조정에 헌상했다(國王亦將方物差頭目進獻於朝廷)"라고 하였으며, 『설집』에는 "작은 나라이다. 국왕은 두목을 보내 방물을 중국에 바쳤다(乃小國也, 國王差頭目將方物貢于中國)"라고 되어 있고, 『담생당』본에는 "一小國王差頭目將方物貢于中國"으로 되어 있다. 한편, 『서양번국지』에는 "국왕은 사신을 보내 중국에 공물을 바쳤다(國王遣使貢獻中國)"라고 하였다. 이상으로 『기록휘편』의 원문이 가장 정확하고 자세한 것은 사실이나 그만큼 필사자의 가필 가능성도 크다.

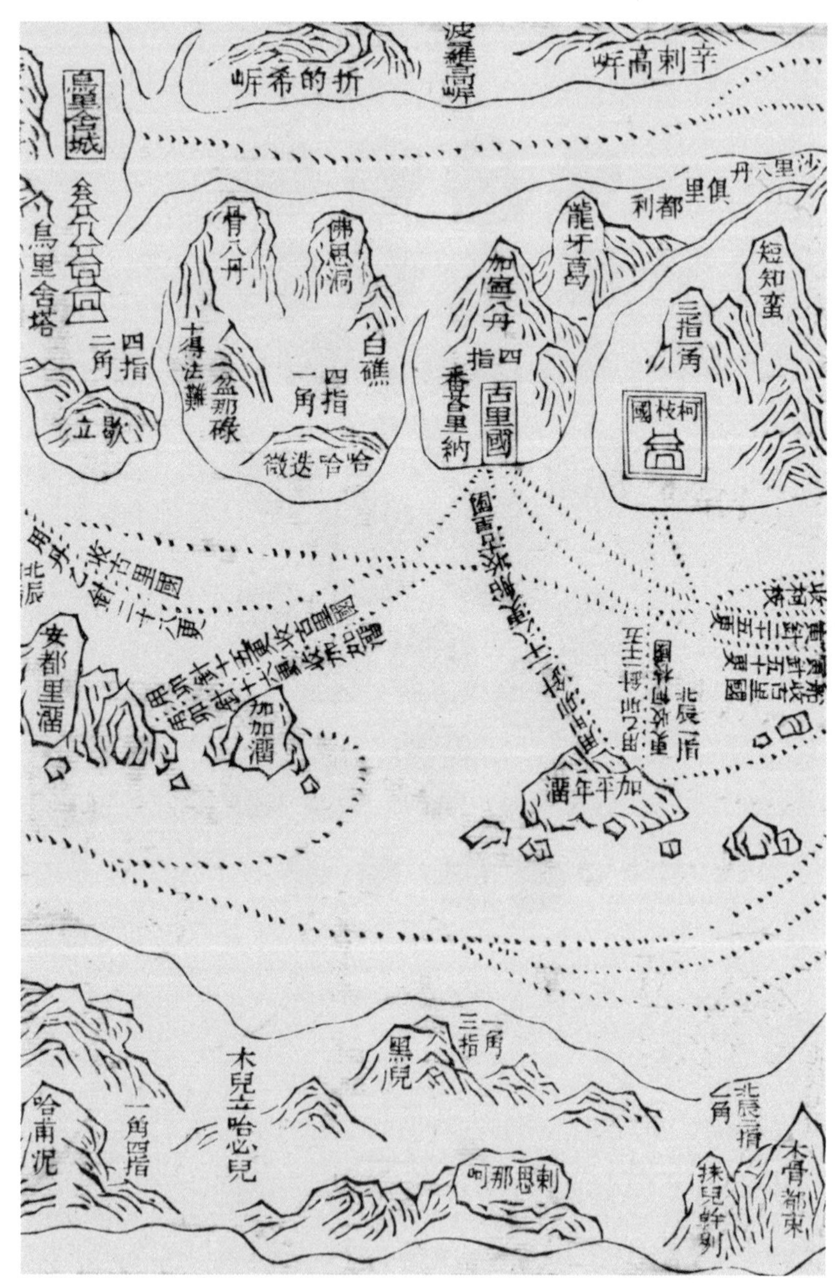

모원의(茅元儀, 1594~1640), 『무비지(武備志)』, 권240, 20a.

색인

ㄴ

ㄷ

ㄹ

ㅂ

ㅅ

ㅇ

ㅈ

ㅌ

ㅍ

ㅎ

저자 **마환(馬歡)**

오늘날 절강성 소흥(紹興) 지역인 회계(會稽) 출신으로 자(字)는 종도(宗道)로 알려졌으며, 정화(鄭和)가 이끄는 원정(1405~1433년)에 통역관으로 3차례 수행했다고 한다.

교주 **풍승균(馮承鈞, 1887~1946)**

호북성 한구(漢口) 출신으로 자(字)는 자형(子衡)이다. 1911년 소르본 대학에서 학사학위를 받고, 콜레주 드 프랑스(Collège de France)에서 폴 펠리오(Paul Pelliot)에게 수학했다. 이후 북경사범대학교 역사과 교수로 재직하며, 동서양 문물 교류 분야의 주요 도서를 교주했고, 특히 당시 서양학자들의 연구를 번역 소개하는 많은 성과를 남겼다.

역주 **박세욱(朴世旭)**

돈황의 부(賦) 문학으로 박사학위를 받고 현 중국 문학과 예술, 특히 동서양 문물교류를 중심으로 공부하고 있는 강사이다. 현재 경북대학교 퇴계연구소 학술연구교수로 활동하고 있다. 연관 역주서로 『제번지역주』, 『8세기 말 중국에서 인도로 가는 두 갈래 여정』, 『진랍풍토기역주』, 『도이지략역주』 등이 있다.

Annotations and Translations of
Yingya Shenglan